ŒUVRES COMPLÈTES

DE

GÉRARD DE NERVAL

III

VOYAGE EN ORIENT

II

ŒUVRES COMPLÈTES

DE

GÉRARD DE NERVAL

PRÉCÉDÉES

D'une Notice par **Théophile Gautier**

Format grand in-18

Les autrres volumes paraîtront successivement.

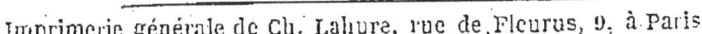

Imprimerie générale de Ch. Lahure, rue de Fleurus, 9, à Paris

VOYAGE
EN ORIENT

PAR

GÉRARD DE NERVAL

II

LES NUITS DU RAMAZAN
DE PARIS A CYTHÈRE — LORELY

SEULE ÉDITION COMPLÈTE

PARIS

MICHEL LÉVY FRÈRES, LIBRAIRES ÉDITEURS
RUE VIVIENNE, 2 BIS, ET BOULEVARD DES ITALIENS, 15
A LA LIBRAIRIE NOUVELLE

—

1867

VOYAGE EN ORIENT

LES NUITS DU RAMAZAN

I

STAMBOUL ET PÉRA

I — BALIK-BAZAR

Ville étrange que Constantinople ! Splendeurs et misères, larmes et joies ; l'arbitraire plus qu'ailleurs, et aussi plus de liberté ; — quatre peuples différents qui vivent ensemble sans trop se haïr : Turcs, Arméniens, Grecs et Juifs, enfants du même sol, et se supportant beaucoup mieux les uns les autres que ne le font, chez nous, les gens de diverses provinces ou de divers partis.

Étais-je donc destiné à assister au dernier acte de fanatisme et de barbarie qui ait pu se commettre encore en vertu des anciennes traditions musulmanes ? — J'avais retrouvé à Péra un de mes plus anciens amis, un peintre français, qui vivait là

depuis trois ans, et fort splendidement, du produit de ses portraits et de ses tableaux ; — ce qui prouve que Constantinople
n'est pas aussi brouillé qu'on le croit avec les Muses. Nous
étions partis de Péra, la ville franque, pour nous rendre aux
bazars de Stamboul, la ville turque.

Après avoir passé la porte fortifiée de Galata, on a encore à
descendre une longue rue tortueuse, bordée de cabarets, de
pâtissiers, de barbiers, de bouchers et de cafés francs qui rappellent les nôtres, et dont les tables sont chargées de journaux
grecs et arméniens ; — il s'en publie cinq ou six à Constantinople seulement, sans compter les journaux grecs qui viennent
de Morée. — C'est là le cas pour tout voyageur de faire appel
à son érudition classique, afin de saisir quelques mots de cette
langue vivace qui se régénère de jour en jour. La plupart des
journaux affectent de s'éloigner du patois moderne et de se
rapprocher du grec ancien jusqu'au point juste où ils pourraient
risquer de n'être plus compris. On trouve là aussi des journaux
valaques et serbes imprimés en langue roumaine, beaucoup
plus facile à comprendre pour nous que le grec, à cause d'un
mélange considérable de mots latins. Nous nous arrêtâmes
quelques minutes dans un de ces cafés, pour y prendre un
gloria sucré, chose inconnue chez les cafetiers turcs. — Plus
bas, on rencontre le marché aux fruits offrant des échantillons
magnifiques de la fertilité des campagnes qui environnent
Constantinople. Enfin, l'on arrive, en descendant toujours, par
des rues tortueuses et encombrées de passants, à l'*échelle* où il
faut s'embarquer pour traverser la *Corne d'or*, golfe d'un quart
de lieue de largeur et d'une lieue environ de longueur, qui est
le port le plus merveilleux et le plus sûr du monde, et qui sépare Stamboul des faubourgs de Péra et de Galata.

Cette petite place est animée par une circulation extraordinaire, et présente, du côté du port, un embarcadère en planches
bordé de caïques élégants. Les rameurs ont des chemises en
crêpe de soie à manches longues d'une coupe tout à fait
galante ; leur barque file avec rapidité, grâce à sa forme

de poisson, et se glisse sans difficulté entre les centaines de vaisseaux de toutes nations qui remplissent l'entrée du port.

En dix minutes, on a atteint l'échelle opposée, qui correspond à Balik-Bazar, le marché aux poissons ; c'est là que nous fûmes témoins d'une scène extraordinaire. — Dans un carrefour étroit du marché, beaucoup d'hommes étaient réunis en cercle. Nous crûmes au premier abord qu'il s'agissait d'une lutte de jongleurs ou d'une danse d'ours. En fendant la foule, nous vîmes à terre un corps décapité, vêtu d'une veste et d'un pantalon bleus, et dont la tête, coiffée d'une casquette, était placée entre ses jambes, légèrement écartées. Un Turc se retourna vers nous et nous dit, en nous reconnaissant pour des Francs :

— Il paraît que l'on coupe aussi les têtes qui portent des chapeaux.

Pour un Turc, une casquette et un chapeau sont l'objet d'un préjugé pareil, attendu qu'il est défendu aux musulmans de porter une coiffure à visière, puisqu'ils doivent en priant se frapper le front à terre, tout en conservant leur coiffure. — Nous nous éloignâmes avec dégoût de cette scène, et nous gagnâmes les bazars. Un Arménien nous offrit de prendre des sorbets dans sa boutique, et nous raconta l'histoire de cette étrange exécution.

Le corps décapité que nous avions rencontré se trouvait depuis trois jours exposé dans Balik-Bazar, ce qui réjouissait fort peu les marchands de poissons. C'était celui d'un Arménien, nommé Owaghim, qui avait été surpris, trois jours auparavant, avec une femme turque. En pareil cas, il faut choisir entre la mort et l'apostasie. — Un Turc ne serait passible que de coups de bâton. — Owaghim s'était fait musulman. Plus tard, il se repentit d'avoir cédé à la crainte ; il se retira dans les îles grecques, où il abjura sa nouvelle religion.

Trois ans plus tard, il crut son affaire oubliée et revint à Constantinople avec un costume de Franc. Des fanatiques le dénoncèrent, et l'autorité turque, quoique fort tolérante alors, dut faire exécuter la loi. Les consuls européens réclamèrent en sa faveur; mais que faire contre un texte précis? En Orient, la loi est à la fois civile et religieuse ; le Coran et le Code ne font qu'un. La justice turque est obligée de compter avec le fanatisme encore violent des classes inférieures. On offrit d'abord à Owaghim de le mettre en liberté moyennant une nouvelle abjuration. Il refusa. On fit plus : on lui donna les moyens de s'échapper. Chose étrange! il refusa encore, disant qu'il ne pouvait vivre qu'à Constantinople ; qu'il mourrait de chagrin en la quittant encore, ou de honte en y demeurant au prix d'une nouvelle apostasie. Alors, l'exécution eut lieu. Beaucoup de gens de sa religion le considérèrent comme un saint et brûlèrent des bougies en son honneur.

Cette histoire nous avait vivement impressionnés. La fatalité y a introduit des circonstances telles, que rien ne pouvait faire qu'elle eût un autre dénoûment. Le soir même du troisième jour de l'exposition du corps à Balik-Bazar, trois juifs, selon l'usage, le chargeaient sur leurs épaules et le jetaient dans le Bosphore parmi les chiens et les chevaux noyés que la mer rejette çà et là contre les côtes.

Je ne veux point, d'après ce triste épisode dont j'ai eu le malheur d'être témoin, douter des tendances progressives de la Turquie nouvelle. Là, comme en Angleterre, la loi enchaîne toutes les volontés et tous les esprits jusqu'à ee qu'elle ait pu être mieux interprétée. La question de l'adultère et celle de l'apostasie peuvent seules aujourd'hui encore donner lieu à de si tristes événements.

Nous avons parcouru les bazars splendides qui forment le centre de Stamboul. C'est tout un labyrinthe solidement construit en pierre dans le goût byzantin et où l'on trouve un abri vaste contre la chaleur du jour. D'immenses galeries, les unes cintrées, les autres construites en ogives, avec des piliers sculptés et des colonnades, sont consacrées chacune à un genre particulier de marchandises. On admire surtout les vêtements et les babouches des femmes, les étoffes brodées et lamées, les cachemires, les tapis, les meubles incrustés d'or, d'argent et de nacre, l'orfévrerie, et plus encore les armes brillantes réunies dans cette partie du bazar qu'on appelle le Bésestain.

Une des extrémités de cette ville, pour ainsi dire souterraine, conduit à une place fort gaie entourée d'édifices et de mosquées, qu'on appelle la place du Sérasquier. C'est le lieu de promenade, pour l'intérieur de la ville, le plus fréquenté par les femmes et les enfants. — Les femmes sont plus sévèrement voilées dans Stamboul que dans Péra; vêtues du *feredjé* vert ou violet, et le visage couvert d'une gaze épaisse, il est rare qu'elles laissent voir autre chose que les yeux et la naissance du nez. Les Arméniennes et les Grecques enveloppent leurs traits d'une étoffe beaucoup plus légère.

Tout un côté de la place est occupé par des écrivains, des miniaturistes et des libraires ; les constructions gracieuses des mosquées voisines, dont les cours sont plantées d'arbres et fréquentées par des milliers de pigeons qui viennent s'abattre parfois sur la place, les cafés et les étalages chargés de bijouteries, la tour voisine du Sérasquier qui domine toute la ville, et même plus loin l'aspect sombre des murs du vieux sérail, où réside la sultane mère, donnent à cette place un caractère plein d'originalité.

II — LE SULTAN.

En redescendant vers le port, j'ai vu passer le sultan dans un cabriolet fort singulier; deux chevaux attelés en flèche tiraient cette voiture à deux roues, dont la large capote, carrée du haut comme un dais, laisse tomber sur le devant une pente de velours à crépine d'or. Il portait la redingote simple et boutonnée jusqu'au col, que nous voyons aux Turcs depuis la réforme, et la seule marque qui le distinguât était son chiffre impérial brodé en brillants sur son tarbouch rouge. Un sentiment de mélancolie est empreint sur sa figure pâle et distinguée.

Par un mouvement machinal, j'avais ôté mon chapeau pour le saluer, ce qui n'était au fond qu'une politesse d'étranger, et non certes la crainte de me voir traiter comme l'Arménien de Balik-Bazar... Il me regarda alors avec attention, car je manifestais par là mon ignorance des usages. On ne salue pas le sultan.

Mon compagnon, que j'avais un instant perdu de vue dans la foule, me dit :

— Suivons le sultan ; il va comme nous à Péra ; seulement, il doit passer par le pont de bateaux qui traverse la Corne d'or. C'est le chemin le plus long, mais on n'a pas besoin de s'embarquer, et la mer en ce moment est un peu houleuse.

Nous nous mîmes à suivre le cabriolet, qui descendait lentement par une longue rue bordée de mosquées et de jardins magnifiques, au bout de laquelle on se trouve, après quelques détours, dans le quartier du *Fanar*, où demeurent les riches négociants grecs, ainsi que les princes de la nation. Plusieurs des maisons de ce quartier sont de véritables palais, et quelques églises ornées à l'intérieur de fraîches peintures s'abritent à l'ombre des hautes mosquées, dans l'enceinte même de Stamboul, la ville spécialement turque.

Chemin faisant, je parlais à mon ami de l'impression que m'avaient causée l'aspect inattendu d'Abdul-Medjid et la pénétrante douceur de son regard, qui semblait me reprocher de l'avoir salué comme un souverain vulgaire. Ce visage pâle, effilé, ces yeux en amande jetant, au travers de longs cils, un coup d'œil de surprise, adouci par la bienveillance, l'attitude aisée, la forme élancée du corps, tout cela m'avait prévenu favorablement pour lui.

— Comment, disais-je, a-t-il pu ordonner l'exécution de ce pauvre homme dont nous avons vu le corps décapité à Balik-Bazar?

— Il n'y pouvait rien, me dit mon compagnon : le pouvoir du sultan est plus borné que celui d'un monarque constitutionnel. Il est obligé de compter avec l'influence des ulémas, qui forment à la fois l'ordre judiciaire et religieux du pays, et aussi avec le peuple, dont les protestations sont des révoltes et des incendies. Il peut sans doute, au moyen des forces armées dont il dispose, et qui souvent ont opprimé ses aïeux, exercer un acte d'arbitraire; mais qui le défendra ensuite contre le poison, arme de ceux qui l'entourent, ou l'assassinat, arme de tous? Tous les vendredis, il est obligé de se rendre en public à l'une des mosquées de la ville, où il doit faire sa prière, afin que chaque quartier puisse le voir tour à tour. Aujourd'hui, il se rend au *téké* de Péra, qui est le couvent des derviches tourneurs.

Mon ami me donna encore sur la situation de ce prince d'autres détails, qui m'expliquèrent jusqu'à un certain point la mélancolie empreinte sur ses traits. Il est peut-être, en effet, le seul de tous les Turcs qui puisse se plaindre de l'inégalité des positions. C'est par une pensée toute démocratique que les musulmans ont placé à la tête de leur nation un homme qui est à la fois au-dessus et différent de tous.

A lui seul, dans son empire, il est défendu de se marier légalement. On a craint l'influence que donnerait à certaines familles une si haute alliance, et il ne pourrait pas davantage épouser une étrangère. Il se trouve donc privé des quatre femmes légitimes accordées par Mahomet à tout croyant qui a le moyen de les nourrir. Ses sultanes, qu'il ne peut appeler épouses, ne sont originairement que des esclaves, et, comme toutes les femmes de l'empire turc, Arméniennes, Grecques, catholiques ou juives, sont considérées comme libres, son harem ne peut se recruter que dans les pays étrangers à l'islamisme, et dont les souverains n'entretiennent pas avec lui de relations officielles.

A l'époque où la Porte était en guerre avec l'Europe, le harem du Grand Seigneur était admirablement fourni. Les beautés blanches et blondes n'y manquaient pas, témoin cette Roxelane française au nez retroussé, qui a existé ailleurs qu'au théâtre, et dont on peut voir le cercueil, drapé de cachemires et ombragé de panaches, reposant près de son époux dans la mosquée de Solimanié. Aujourd'hui, plus de Françaises, plus même d'Européennes possibles pour l'infortuné sultan. S'il s'avisait seulement de faire enlever une de ces grisettes de Péra, qui portent fièrement les dernières modes européennes aux promenades du dimanche, il se verrait écrasé de notes diplomatiques d'ambassadeurs et de consuls, et ce serait peut-être l'occasion d'une guerre plus longue que celle qui fut causée jadis par l'enlèvement d'Hélène.

Quand le sultan traverse, dans Péra, la foule immense de femmes grecques se pressant pour le voir, il lui faut détourner les yeux de toute tentation, car l'étiquette ne lui permettrait pas une maîtresse passagère, et il n'aurait pas le droit d'enfermer une femme de naissance libre. Il doit s'être blasé bien vite sur les Circassiennes, les Malaises ou les Abyssiniennes, qui seules se trouvent dans les conditions possibles de l'esclavage, et souhaiter quelques blondes Anglaises ou quelques spirituelles Françaises ; mais c'est là le fruit défendu.

Mon compagnon m'apprit aussi le nombre actuel des femmes du sérail. Il s'éloigne beaucoup de ce qu'on suppose en Europe. Le harem du sultan renferme seulement trente-trois *cadines* ou dames, parmi lesquelles trois seulement sont considérées comme favorites. Le reste des femmes du sérail sont des *odaleuk* ou femmes de chambre. L'Europe donne donc un sens impropre au terme d'odalisque. Il y a aussi des danseuses et des chanteuses qui ne s'élèveraient au rang de sultanes que par un caprice du maître et une dérogation aux usages. De telle sorte que le sultan, réduit à n'avoir pour femmes que des esclaves, est lui-même fils d'une esclave, — observation que ne lui ménagent pas les Turcs dans les époques de mécontentement populaire.

Nous poursuivions cette conversation en répétant de temps à autre : « Pauvre sultan ! » Cependant, il descendit de voiture sur le quai du Fanar, — car on ne peut passer en voiture sur le pont de bateaux qui traverse la Corne d'or à l'un de ses points les plus rétrécis. Deux arches assez hautes y sont établies pour le passage des barques. Il monta à cheval, et, arrivé sur l'autre bord, se dirigea par les sentiers qui côtoient les murs extérieurs de Galata, à travers le petit champ des Morts, ombragé de cyprès énormes, gagnant ainsi la grande rue de Péra. Les derviches l'attendaient rangés dans leur cour, où il nous fut impossible de pénétrer. C'est dans ce téké ou couvent que se trouve le tombeau du fameux comte de Bonneval, ce renégat célèbre qui fut longtemps à la tête des armées turques et lutta en Allemagne contre les armées chrétiennes. Sa femme, une Vénitienne qui l'avait suivi à Constantinople, lui servait d'aide de camp dans ses combats.

Pendant que nous étions restés arrêtés devant la porte du téké, un cortége funèbre, précédé par des prêtres grecs, montait la rue, se dirigeant vers l'extrémité du faubourg. Les gardes du sultan ordonnèrent aux prêtres de rétrograder, parce qu'il se pouvait qu'il sortît d'un moment à l'autre, et qu'il n'était pas convenable qu'il se croisât avec un enterrement. Il y eut quelques minutes d'hésitation. Enfin l'archimandrite, qui, avec sa couronne de forme impériale et ses longs vêtements byzantins brodés de clinquant, semblait fier comme Charlemagne, adressa vivement des représentations au chef de l'escorte ; puis, se retournant, l'air indigné, vers ses prêtres, il fit signe de la main qu'il fallait continuer la marche, et que, si le sultan avait à sortir dans ce moment-là, ce serait à lui d'attendre que le mort fût passé.

Je cite ce trait comme un exemple de la tolérance qui existe à Constantinople pour les différents cultes. — Il se peut aussi que la protection de la Russie ne soit pas étrangère à cette fierté des prêtres grecs.

III — LE GRAND CHAMP DES MORTS.

J'éprouve quelque embarras à parler si souvent de funérailles et de cimetières, à propos de cette riante et splendide cité de Constantinople, dont les horizons mouvementés et ver-

doyants, dont les maisons peintes et les mosquées si élégantes,
avec leurs dômes d'étain et leurs minarets frêles, ne devraient
inspirer que des idées de plaisir et de douce rêverie. Mais c'est
qu'en ce pays la mort elle-même prend un air de fête. Le cortége grec dont j'ai parlé tout à l'heure n'avait rien de cet appareil funèbre de nos tristes enterrements. Les popes, au visage
enluminé, aux habits éclatants de broderies, de jeunes ecclé-
siastiques venant ensuite, en longues robes de couleurs vives ;
— puis leurs amis vêtus de leurs costumes les plus riches, et
au milieu la morte, jeune encore, d'une pâleur de cire, mais
avec du fard sur les joues, et étendue sur des fleurs, couronnée de roses, vêtue de ses plus beaux ajustements de velours
et de satin, et couverte d'une grande quantité de bijoux en
diamants, qui probablement ne l'accompagnent pas dans la
fosse ; tel était le spectacle, plus mélancolique que navrant,
présenté par ce cortége.

La vue que l'on a du couvent des derviches tourneurs s'é-
tend sur le petit champ des Morts, dont les allées mystérieuses,
bordées d'immenses cyprès, descendent vers la mer jusqu'aux
bâtiments de la marine. Un café, où viennent volontiers s'asseoir les derviches, hommes de leur nature assez gais et assez
causeurs, étend en face du téké ses rangées de tables et de
tabourets, où l'on boit du café en fumant le narghilé ou la
chibouk. On jouit là de la vue des passants européens. Les
équipages des riches Anglais et des ambassadeurs circulent
souvent dans cette rue, ainsi que les voitures dorées des femmes
du pays ou leurs *arabas*, — qui ressemblent à des charrettes
de blanchisseuses, sauf les agréments qu'y ajoutent la peinture
et la dorure. Les arabas sont traînés par des bœufs. Leur
avantage est de contenir facilement tout un harem qui se rend
à la campagne. Le mari n'accompagne jamais ses épouses dans
ces promenades, qui ont lieu le plus souvent le vendredi, ce
jour étant le dimanche des Turcs.

Je compris, à l'animation et à la distinction de la foule, que
l'on se dirigeait vers le théâtre d'une fête quelconque, situé

probablement au delà du faubourg. Mon compagnon m'avait
quitté pour aller dîner chez des Arméniens qui lui avaient commandé un tableau, et avait bien voulu m'indiquer un restaurant
viennois situé dans le haut de Péra. A partir du couvent et de
l'espace verdoyant qui s'étend de l'autre côté de la rue, on se
trouve entièrement dans un quartier parisien. Des boutiques
brillantes de marchandes de modes, de bijoutiers, de confiseurs
et de lingers, des hôtels anglais et français, des cabinets de
lecture et des cafés, voilà tout ce qu'on rencontre pendant un
quart de lieue. Les consulats ont aussi, pour la plupart, leurs
façades sur cette rue. On distingue surtout l'immense palais,
entièrement bâti en pierre, de l'ambassade russe. Ce serait, au
besoin, une forteresse redoutable qui commanderait les trois
faubourgs de Péra, de Tophana et de Galata. Quant à l'ambassade française, elle est moins heureusement située, dans une
rue qui descend vers Tophana; et ce palais, qui a coûté plusieurs millions, n'est pas encore terminé.

En suivant la rue, on la voit plus loin s'élargir et l'on rencontre à gauche le théâtre italien, ouvert seulement deux fois
par semaine. Ensuite viennent de belles maisons bourgeoises
donnant sur des jardins, puis à droite les bâtiments de l'Université turque et des écoles spéciales; puis encore plus loin, à
gauche, l'hôpital français.

Le faubourg se termine au delà de ce point, et la route élar-
gie se trouve encombrée de frituriers et de marchands de fruits,
de pastèques et de poissons; les guinguettes commencent à se
montrer plus librement que dans la ville. Elles ont en général
d'immenses proportions. C'est d'abord une salle vaste comme
l'intérieur d'un théâtre, avec une galerie haute à balustres de
bois tournés. Il y a d'un côté un comptoir où se distribuent les
vins blancs et rouges dans des verres à anse que chaque buveur emporte à la table qu'il a choisie; de l'autre, un immense
fourneau chargé de ragoûts, qu'on vous distribue également
dans une assiette qu'il faut emporter jusqu'à sa table. Dès lors,
il faut s'habituer à manger sur ce petit meuble, qui ne monte

pas à la hauteur du genou. La foule, qui se presse dans ces
sortes de lieux ne se compose que de Grecs, reconnaissables à
leurs tarbouchs, plus petits que ceux des Turcs, de juifs portant
de petits turbans entourés d'une étoffe grise, et d'Arméniens
au kalpak monstrueux, qui semble un bonnet de grenadier
enflé par le haut. Un musulman n'oserait pénétrer publiquement dans ces établissements bachiques.

Il ne faut pas croire, d'après ces coiffures qui distinguent
encore chaque race, dans le peuple surtout, que la Turquie
soit autant qu'autrefois un pays d'inégalité. Jadis les chaussures,
comme les bonnets, indiquaient la religion de tout habitant. Les
Turcs seuls avaient droit de chausser la botte ou la babouche
jaune : les Arméniens la portaient rouge, les Grecs bleue, et
et les juifs noire. Les costumes éclatants et riches ne pouvaient
également appartenir qu'aux musulmans. Les maisons mêmes
participaient à ces distinctions, et celles des Turcs se distinguaient par des couleurs vives ; les autres ne pouvaient être
peintes que de nuances sombres. Aujourd'hui, cela a changé :
tout sujet de l'empire a le droit d'endosser le costume presque
européen de la réforme, et de se coiffer du *fezzi* rouge, qui
disparaît en partie sous un flot de soie bleue, assez fourni pour
avoir l'air d'une chevelure azurée.

C'est ce dont je fus convaincu en voyant un grand nombre
de gens qui se dirigeaient ainsi vêtus, à pied ou à cheval, vers
la promenade européenne de Péra, peu fréquentée par les
Turcs véritables. Les bottes vernies ont aussi fait disparaître,
pour la plupart des *tchélebys* (élégants) de toute race, l'ancienne inégalité des chaussures. Seulement, il faut remarquer
que le fanatisme se montre plus persistant chez les rayas que
chez les musulmans. L'habitude ou la pauvreté n'influe pas
moins d'un autre côté sur la conservation des anciens vêtements qui classifient les races.

Mais qui croirait encore Constantinople intolérante en admirant l'aspect animé de la promenade franque ? Les voitures de
toute sorte se croisent avec rapidité à la sortie du faubourg,

les chevaux caracolent, les femmes parées se dirigent çà et là
vers un bois qui descend à la mer, ou, sur la gauche, vers la
route de Buyukdéré, où sont les maisons de plaisance des
négociants et des banquiers. Si vous allez droit devant vous,
vous arrivez en quelques pas à un sentier creux bordé de
buissons, ombragé de sapins et de mélèzes, et d'où, par éclaircies, vous apercevez la mer et l'embouchure du détroit entre
Scutari et la pointe du sérail qui termine Stamboul. La tour de
Léandre, que les Turcs appellent la tour de la Fille, s'élève
entre les deux villes, au centre du bras de mer qui se prolonge comme un fleuve à votre gauche. C'est une étroite construction carrée posée sur un rocher, et qui semble de loin une
guérite de sentinelle; au delà, les îles des Princes se dessinent
vaguement à l'entrée de la mer de Marmara.

Je n'ai pas besoin de dire que ce bois si pittoresque, si
mystérieux et si frais est encore un cimetière. Il faut en
prendre son parti, tous les lieux de plaisir à Constantinople se
trouvent au milieu des tombes. Voyez, à travers les massifs
d'arbres, de blancs fantômes qui se dressent par rangées, et
qu'un rayon de soleil dessine nettement çà et là; ce sont des
cippes en marbre blanc de la hauteur d'un homme, ayant
pour tête une boule surmontée d'un turban; quelques-uns
sont peints et dorés pour compléter l'illusion; la forme du
turban indique le rang ou l'antiquité du défunt. Quelques-uns
ne sont plus à la dernière mode. Plusieurs de ces pierres figura-
tives ont la tête cassée : c'est qu'elles surmontaient des tombes
de janissaires, et, à l'époque où cette milice fut détruite, la
colère du peuple ne s'arrêta pas aux vivants, on alla dans tous
les cimetières décapiter aussi les monuments des morts.

Les tombes des femmes sont également surmontées de cippes,
mais la tête y est remplacée par une rosace d'ornements
représentant en relief des fleurs sculptées et dorées. Écoutez
aussi les rires bruyants qui résonnent sous ces arbres funèbres :
ce sont des veuves, des mères et des sœurs qui se réunissent en
famille près des tombes d'êtres aimés.

La foi religieuse est si forte dans ce pays, qu'après les pleurs versés au moment de la séparation, personne ne songe plus qu'au bonheur dont les défunts doivent jouir au paradis de Mahomet. Les familles font apporter leur dîner près de la tombe, les enfants remplissent l'air de cris joyeux, et l'on a le soin de faire la part du mort et de la placer dans une ouverture ménagée à cet effet devant chaque tombeau. Les chiens errants, présents d'ordinaire à la scène, conçoivent l'espérance d'un souper prochain, et se contentent, en attendant, des restes du dîner que les enfants leur jettent. Il ne faut pas croire non plus que la famille pense que le mort profitera de l'assiettée de nourriture qui lui est consacrée ; mais c'est une vieille coutume qui remonte à l'antiquité. Autrefois, des serpents sacrés se nourrissaient de ces offrandes pieuses ; mais, à Constantinople, les chiens aussi sont sacrés.

En sortant de ce bois, qui tourne autour d'une caserne d'artillerie, bâtie dans de vastes proportions, je me retrouvai sur la route de Buyukdéré. Une plaine inculte couverte de gazon s'étend devant la caserne ; là, j'assistai à une scène qui ne peut être séparée de ce qui précède ; quelques centaines de chiens se trouvaient réunis sur l'herbe, exhalant des plaintes d'impatience. Peu de temps après, je vis sortir des canonniers qui portaient, deux par deux, d'énormes chaudrons, au moyen d'une longue perche pesant sur leurs épaules. Les chiens poussèrent des hurlements de joie. A peine les chaudrons furent-ils déposés à terre, que ces animaux s'élancèrent sur la nourriture qu'ils contenaient ; et l'occupation des soldats était de diviser le trop grand encombrement qu'ils formaient au moyen des perches qu'ils avaient gardées.

— C'est la soupe que l'on sert aux chiens, me dit un Italien qui passait ; ils ne sont pas malheureux !

» Je crois bien que, au fond, il n'y avait là que les restes de la nourriture des soldats. La faveur dont les chiens jouissent à Constantinople tient surtout à ce qu'ils débarrassent la voie publique des débris de substances animales qu'on

y jette généralement. Les fondations pieuses qui les con-
cernent, les bassins remplis d'eau qu'ils trouvent à l'entrée
des mosquées et près des fontaines, n'ont pas sans doute
d'autre but.

Il s'agissait d'arriver à des spectacles plus séduisants. Après
la façade de la caserne, on se trouve à l'entrée du grand champ
des Morts; c'est un plateau immense ombragé de sycomores
et de pins. On passe d'abord au milieu des tombeaux francs,
parmi lesquels on distingue beaucoup d'inscriptions anglaises
avec des armoiries gravées, le tout sur de longues pierres plates
où chacun vient s'asseoir sans scrupule, comme sur des bancs
de marbre. Un café en forme de kiosque s'élève dans une
éclaircie dont la vue domine la mer. De là, on aperçoit
distinctement le rivage d'Asie, chargé de maisons peintes et de
mosquées, comme si l'on regardait d'un bord à l'autre du
Rhin. L'horizon se termine au loin par le sommet tronqué de
l'Olympe de Bithynie, dont le profil se confond presque avec
les nuages. Sur le rivage, à gauche, s'étendent les bâtiments du
palais d'été du sultan, avec leurs longues colonnades grecques,
leurs toits festonnés et leurs grilles dorées qui brillent au soleil.

Allons plus loin encore. C'est la partie du champ consacrée
aux Arméniens. Les tombes, plates, sont couvertes des caractères réguliers de leur langue, et, sur le marbre, on voit
sculptés les attributs du commerce que chacun a exercé dans sa
vie : là des bijoux, là des marteaux et des équerres, là des
balances, là des instruments de divers états. Les femmes seules
ont uniformément des bouquets de fleurs.

Détournons nos regards de ces impressions toujours graves
pour l'Européen. — La foule est immense; les femmes ne sont
point voilées, et leurs traits, fermement dessinés, s'animent de
joie et de santé sous la coiffure levantine, comme sous les
bonnets ou les chapeaux d'Europe. Quelques Arméniennes
seules conservent sur la figure une bande de gaze légère que
soutient admirablement leur nez arqué, et, qui, cachant à
peine leurs traits, devient pour les moins jeunes une ressource

de coquetterie. Où va toute cette foule parée et joyeuse? —
Toujours à Buyukdéré.

IV — SAN-DIMITRI

Seulement, bien des gens s'arrêtent dans les cafés élégants
qui bordent la route. On en rencontre un sur la gauche ouvrant
ses larges galeries d'un côté sur le grand champ et de l'autre
sur un vaste espace de vallons et de collines chargés de constructions légères, et entremêlés de jardins. Au delà reparaît
la ligne lointaine dentelée par les mosquées et les minarets de
Stamboul. Cette broderie de l'horizon, monotone à la longue,
se retrouve dans la plupart des vues de l'entrée du Bosphore.

Ce café est le rendez-vous de la belle compagnie; on dirait
un café chantant de nos Champs-Élysées. Des rangées de tables
des deux côtés de la route sont garnies des fashionables et des
élégantes de Péra. Tout est servi à la française, les glaces, la
limonade et le moka. Le seul trait de couleur locale est la présence familière de trois ou quatre cigognes qui, dès que vous
avez demandé du café, viennent se poser devant votre table
comme des points d'interrogation. Leur long bec, emmanché
d'un col qui domine de haut la table, n'oserait attaquer le
sucrier. Elles attendent avec respect. Ces oiseaux privés s'en
vont ainsi de table en table, recueillant du sucre ou des bis-
cuits.

A une table près de la mienne se trouvait un homme d'un
certain âge, aux cheveux blancs comme sa cravate, vêtu d'un
habit noir d'une coupe un peu arriérée, et portant à sa bou-
tonnière un ruban rayé de diverses couleurs étrangères. Il
avait accaparé tous les journaux du café; posé le *Journal de
Constantinople* sur l'*Écho de Smyrne*, le *Portefolio maltese* sur
le *Courrier d'Athènes*, enfin tout ce qui aurait fait ma joie dans
ce moment-là, en m'instruisant des nouvelles de l'Europe.
Par-dessus cette masse de feuilles superposées, il lisait attenti-
vement le *Moniteur ottoman*.

J'osai tirer vers moi l'un des journaux, en le priant de m'excuser : il me lança un de ces regards féroces que je n'ai vus qu'aux habitués des plus anciens cafés de Paris...

— Je vais avoir fini le *Moniteur ottoman*, me dit-il.

J'attendis quelques minutes. Il fut clément, et me passa enfin le journal avec un salut qui sentait son xviiie siècle.

— Monsieur, ajouta-t-il, nous avons grande fête ce soir. Le *Moniteur* nous annonce la naissance d'une princesse, et cet événement, qui sera plein de charme pour tous les sujets de Sa Hautesse, coïncide par hasard avec l'ouverture du Ramazan.

Je ne m'étonnai pas, de ce moment, de voir tout le monde en fête, et j'attendis patiemment, tantôt en regardant la route animée par les voitures et les cavalcades, tantôt en parcourant les journaux francs que mon voisin me passait à mesure qu'il en avait terminé la lecture.

Il apprécia sans doute ma politesse et ma patience, et, comme je me préparais à sortir, il me dit :

— Où allez-vous donc ? Au bal ?

— Est-ce qu'il y a un bal ? répondis-je.

— Vous en entendez d'ici la musique.

En effet, les accords stridents d'un orchestre grec ou valaque arrivaient jusqu'à mon oreille. Mais cela ne prouvait pas que l'on dansât ; car la plupart des guinguettes et des cafés de Constantinople ont aussi des musiciens qui jouent même pendant le jour.

— Venez avec moi, me dit l'inconnu.

À deux cents pas peut-être du kiosque que nous venions de quitter, nous vîmes une porte splendidement décorée, formant l'entrée d'un jardin qui, situé à la jonction de deux routes, avait une forme triangulaire. Des quinconces d'arbres reliés par des guirlandes, des salles de verdure entourant les tables, tout cela formait un spectacle assez vulgaire pour un Parisien. Mon guide était enthousiasmé. Nous entrâmes dans l'intérieur, qui se composait de plusieurs salles remplies de consommateurs ; l'orchestre continuait à s'escrimer vaillamment, avec des violons à une corde, des flûtes de roseau, des tambourins et des guitares, exécutant, du reste, des airs assez originaux. Je demandai où était le bal.

— Attendez, me dit le vieillard, le bal ne peut commencer qu'au coucher du soleil. Ceci est dans les règlements de police. Mais, comme vous voyez, ce ne sera pas long.

Il m'avait conduit à une fenêtre, et, en effet, le soleil ne tarda pas à descendre derrière les lignes d'horizon violettes qui dominent la Corne d'or. Aussitôt un bruit immense se fit de tous côtés. C'étaient les canons de Tophana, puis ceux de tous les vaisseaux du port qui saluaient la double fête. Un spectacle magique commençait en même temps sur tout le plan lointain où se découpent les monuments de Stamboul. A mesure que l'ombre descendait du ciel, on voyait paraître de longs chapelets de feu dessinant les dômes des mosquées et traçant sur leurs coupoles des arabesques, qui formaient sans doute des légendes en lettres ornées; les minarets, élancés comme un millier de mâts au-dessus des édifices, portaient des bagues de lumières, dessinant les frêles galeries qu'ils supportent. De tous côtés partaient les chants des *muezzins*, si suaves d'ordinaire, ce jour-là bruyants comme des chants de triomphe.

Nous nous retournâmes vers la salle; la danse avait commencé.

Un grand vide s'était formé au centre de la salle; nous vîmes entrer, par le fond, une quinzaine de danseurs coiffés de rouge, avec des vestes brodées et des ceintures éclatantes. Il n'y avait que des hommes.

Le premier semblait conduire les autres, qui se tenaient par la main, en balançant les bras, tandis que lui-même liait sa danse compassée à celle de son voisin, au moyen d'un mouchoir, dont ils avaient chacun un bout. Il semblait la tête au col flexible d'un serpent, dont ses compagnons auraient formé les anneaux.

C'était là, évidemment, une danse grecque, — avec les balancements de hanches, les entrelacements et les pas en guir-

lande que dessine cette chorégraphie. Quand ils eurent fini, je
commençais à manifester mon ennui des danses d'homme, que
j'avais trop connues en Égypte, lorsque nous vîmes paraître
un égal nombre de femmes qui reproduisirent la même figure.
Elles étaient la plupart jolies et fort gracieuses, sous le costume
levantin ; leurs calottes rouges festonnées d'or, les fleurs et les
gazillons lamés de leurs coiffures, les longues tresses ornées de
sequins qui descendaient jusqu'à leurs pieds leur faisaient de
nombreux partisans dans l'assemblée. Toutefois, c'étaient simplement des jeunes filles ioniennes venues avec leurs amis ou
leurs frères, et toute tentative de séduction à leur égard eût
amené des coups de couteau.[1]

— Je vous ferai voir tout à l'heure mieux que cela, me dit
le complaisant vieillard dont je venais de faire la connaissance.

Et, après avoir pris des sorbets, nous sortîmes de cet établissement, qui est le *Mabille* des Francs de Péra.

Stamboul, illuminée, brillait au loin sur l'horizon, devenu
plus obscur, et son profil aux mille courbes gracieuses se prononçait avec netteté, rappelant ces dessins piqués d'épingles
que les enfants promènent devant les lumières. Il était trop
tard pour s'y rendre ; car, à partir du coucher du soleil, on ne
peut plus traverser le golfe.

— Convenez, me dit le vieillard, que Constantinople est le
véritable séjour de la liberté. Vous allez vous en convaincre
encore mieux tout à l'heure. Pourvu qu'on respecte les chiens,
chose prudente d'ailleurs, et qu'on allume sa lanterne quand le

1. Une insulte, faite récemment dans un cabaret à la maîtresse d'un Grec,
avait occasionné une rencontre terrible entre des Hellènes de Morée et des
Ioniens. Ces derniers sont généralement insolents et querelleurs, parce qu'ils
sont sujets de l'Angleterre. Cela amena un véritable combat qui ne manqua
pas de spectateurs. Plus de cent cinquante hommes des deux nations se mirent
en ligne dans le grand champ des Morts. Il y eut force coups de pistolet et
de poignard. On alla prévenir l'autorité turque. Le pacha s'écria : « *Back-
kaloum* (qu'importe)! que ces chiens-là s'exterminent s'ils veulent, il y en
aura moins. » Il est vrai que la police turque a peu d'action à Péra, à cause
du nombre considérable des étrangers placés sous la protection des consuls.

soleil est couché, on est aussi libre ici toute la nuit qu'on l'est
à Londres... et qu'on l'est peu à Paris !

Il avait tiré de sa poche une lanterne de fer-blanc dont les
replis en toile s'allongeaient comme des feuilles de soufflet qui
s'écartent, et y planta sa bougie.

— Voyez, reprit-il, comme ces longues allées de cyprès du
grand champ des Morts sont encore animées à cette heure.

En effet, des robes de soie ou des féredjés de drap fin passaient çà et là en froissant les feuilles des buissons ; des caque-
tages mystérieux, des rires étouffés traversaient l'ombre des
charmilles. L'effet des lanternes voltigeant partout aux mains
des promeneurs me faisait penser à l'acte des nonnes de *Robert*,
— comme si ces milliers de pierres plates éclairées au passage
eussent dû se lever tout à coup ; mais non, tout était riant et
calme ; seulement, la brise de la mer berçait dans les ifs et dans
les cyprès les colombes endormies. Je me rappelai ce vers de
Gœthe :

Tu souris sur des tombes, immortel Amour !

Cependant nous nous dirigions vers Péra, en nous arrêtant
parfois à contempler l'admirable spectacle de la vallée qui descend vers le golfe, et de l'illumination couronnant le fond
bleuâtre, où s'estompaient les pointes des arbres, et où, par
places, luisait la mer, reflétant les lanternes de couleur suspendues aux mâts des vaisseaux.

— Vous ne vous doutez pas, me dit le vieillard, que vous
causez en ce moment avec un ancien page de l'impératrice Catherine II ?

— Cela est bien respectable, pensai-je ; car cela doit
remonter au moins aux dernières années du siècle dernier.

— Je dois dire, ajouta le vieillard avec quelque prétention,
que notre souveraine (car je suis Russe) était, à cette époque,
un peu... ce que je deviens aujourd'hui.

Il soupira. Puis il se mit à parler longtemps de l'impératrice,
de son esprit, de sa grâce charmante, de sa bonté.

— Le rêve continuel de Catherine, ajouta-t-il, était de voir Constantinople. Elle parlait quelquefois de s'y rendre déguisée en bourgeoise allemande. Mais elle eût, certes, préféré y pénétrer par la conquête, et c'est pour cela qu'elle envoya en Grèce cette expédition commandée par Orlof, qui, de loin, prépara la révolution des Hellènes. La guerre de Crimée n'eut pas non plus d'autre but ; mais les Turcs se défendirent si bien, qu'elle ne put arriver qu'à la possession de cette province, garantie en dernier lieu par un traité de paix.

» Vous avez entendu parler des fêtes qui se donnèrent dans ce pays, et où plusieurs de vos gentilshommes aventuriers assistèrent. On ne parlait que français à sa cour ; on ne s'occupait que de la philosophie des encyclopédistes, de tragédies jouées à Paris et de poésie légère. Le prince de Ligne était arrivé enthousiasmé de l'*Iphigénie en Tauride* de Guymond de la Touche. L'impératrice lui fit aussitôt présent de la partie de l'ancienne Tauride où l'on avait cru retrouver les ruines du temple élevé par le cruel Thoas. Le prince fut très-embarrassé de ce présent de quelques lieues carrées, occupées par des cultivateurs musulmans, qui se bornaient à fumer et à boire du café tout le jour. Comme la guerre les avait rendus trop pauvres pour continuer ce passe-temps, le prince de Ligne se vit encore forcé de leur donner de l'argent afin qu'ils pussent renouveler leurs provisions. Ils se quittèrent très-bons amis.

» Ceci n'était que généreux. Orlof fut plus magnifique. Comme la contrée sablonneuse où l'on se trouvait blessait les yeux de sa souveraine, il fit apporter, de cinquante lieues, des forêts entières de sapins coupés qui, il est vrai, ne donnèrent d'ombrage que pendant le séjour de la cour impériale.

» Catherine, cependant, ne se consolait pas d'avoir perdu l'occasion de visiter la côte d'Asie. Pour occuper les loisirs du séjour en Crimée, elle pria M. de Ségur de lui enseigner à faire des vers français. Cette femme avait tous les caprices. Après s'être rendu compte des difficultés, elle s'enferma quatre heures dans son cabinet, et en ressortit ayant fait en tout deux alexandrins, qui ne sont que passables. Les voici :

> Dans le sérail d'un khan [1], sur des coussins brodés,
> Dans un kiosque d'or, de grilles entouré...

» Elle n'avait pas pu se tirer du reste.

— Ces vers, observai-je, ne manquent pas d'une certaine couleur orientale; ils indiquent même un certain désir de savoir à quoi s'en tenir sur la galanterie des Turcs.

— Le prince de Ligne trouva détestables les rimes de ce distique, ce qui découragea l'impératrice de toute prosodie française... Je vous parle de choses que je ne sais que par ouï dire. J'étais alors au berceau, et je n'ai vu que les dernières années de ce grand règne... Après la mort de l'impératrice, j'héritai sans doute de ce désir violent qu'elle avait eu de voir Constantinople. Je quittai ma famille, et j'arrivai ici avec fort peu d'argent. J'avais vingt ans, de belles dents, et la jambe admirablement tournée...

V — UNE AVENTURE DE L'ANCIEN SÉRAIL

Mon vieux compagnon s'interrompit avec un soupir et me dit en regardant le ciel :

— Je vais reprendre mon récit, je voudrais seulement vous montrer la reine de la fête qui commence pour Stamboul et qui durera trente nuits.

Il indiqua du doigt un point du ciel où se montrait un faible croissant : c'était la nouvelle lune, la lune du Ramazan, qui se traçait faiblement à l'horizon. Les fêtes ne commencent que quand elle a été vue nettement du haut des minarets ou des montagnes avoisinant la ville. On en transmet l'avis par des signaux.

1. Le khan, c'est le sultan, ou encore tout souverain indépendant des pays d'Asie.

— Que fîtes-vous, une fois à Constantinople? repris-je après cet incident, voyant que le vieillard aimait à se représenter ces souvenirs de sa jeunesse.

— Constantinople, monsieur, était plus brillante qu'aujourd'hui; le goût oriental dominait dans ses maisons et dans ses édifices, qu'on a toujours reconstruits à l'européenne depuis. Les mœurs y étaient sévères, mais la difficulté des intrigues en était le charme le plus puissant.

— Poursuivez! lui dis-je vivement intéressé et voyant qu'il s'arrêtait encore.

— Je ne vous parlerai pas, monsieur, de quelques délicieuses relations que j'ai nouées avec des personnes d'un rang ordinaire. Le danger, dans ces sortes de commerces, n'existe au fond que pour la forme, à moins toutefois que l'on n'ait l'imprudence grave de rendre visite à une dame turque chez elle, ou d'y pénétrer furtivement. Je renonce à me vanter des aventures de ce genre que j'ai risquées. La dernière seule peut vous intéresser.

» Mes parents me voyaient avec peine éloigné d'eux; leur persistance à me refuser les moyens de séjourner plus longtemps à Constantinople m'obligea à me placer dans une maison de commerce de Galata. Je tenais les écritures chez un riche joaillier arménien; un jour, plusieurs femmes s'y présentèrent, suivies d'esclaves qui portaient la livrée du sultan.

» A cette époque, les dames du sérail jouissaient de la liberté de venir faire leurs emplettes chez les négociants des quartiers francs, parce que le danger de leur manquer de respect était si grand, que personne ne l'eût osé. De plus, dans ce temps-là, les chrétiens étaient à peine regardés comme des hommes... Lorsque l'ambassadeur français lui-même venait au sérail, on le faisait dîner à part, et le sultan disait plus tard à son premier vizir : « As-tu fait manger le chien? — Oui, le chien a mangé, répondait le ministre. — Eh bien, qu'on le mette dehors ! » Ces mots étaient d'étiquette... Les interprètes traduisaient cela par un compliment à l'ambassadeur et tout était dit.

Je coupai court à ces digressions, en priant mon interlocuteur d'en revenir à la visite des dames du sérail chez le
joaillier.

— Vous comprenez que, dans ces circonstances, ces belles
personnes étaient toujours accompagnées de leurs gardiens
naturels, commandés par le kislar-aga. Au reste, l'aspect
extérieur de ces dames n'avait de charmes que pour l'imagination, puisqu'elles étaient aussi soigneusement drapées et
masquées que des dominos dans un bal de théâtre. Celle qui
paraissait commander aux autres se fit montrer diverses
parures, et, en ayant choisi une, se préparait à l'emporter. Je
fis observer que la monture avait besoin d'être nettoyée, et qu'il
manquait quelques petites pierres.

» — Eh bien, dit-elle, quand faudra-t-il l'envoyer chercher?... J'en ai besoin pour une fête où je dois paraître devant
le sultan.

» Je la saluai avec respect, et, d'une voix quelque peu
tremblante, je lui fis observer qu'on ne pouvait répondre du
temps exact qui serait nécessaire pour ce travail.

» — Alors, dit la dame, quand ce sera prêt, envoyez un de
vos jeunes gens au palais de Béchik-Tasch.

» Puis elle jeta un regard distrait autour d'elle...

» — J'irai moi-même, Altesse, répondis-je ; car on ne
pourrait confier à un esclave, ou même à un commis, une
parure de cette valeur.

» — Eh bien, dit-elle, apportez-moi cela et vous en rece-
vrez le prix.

» L'œil d'une femme est plus éloquent ici qu'ailleurs, car il
est tout ce qu'on peut voir d'elle en public. Je crus démêler
dans l'expression qu'avait celui de la princesse en me parlant
une bienveillance particulière, que justifiaient assez ma figure
et mon âge... Monsieur, je puis le dire aujourd'hui sans amour-
propre, j'ai été l'un des derniers beaux hommes de l'Europe.

Il se redressa en prononçant ces paroles, et sa taille semblait avoir repris une certaine élégance que je n'avais pas encore remarquée.

— Quand la parure, reprit-il, fut terminée, je me rendis à Béchik-Tasch par cette même route de Buyukdéré où nous sommes en ce moment. J'entrai dans le palais par les cours qui donnent sur la campagne. On me fit attendre quelque temps dans la salle de réception ; puis la princesse ordonna qu'on m'introduisît près d'elle. Après lui avoir remis la parure et en avoir reçu l'argent, j'étais prêt à me retirer, lorsqu'un officier me demanda si je ne voulais pas assister à un spectacle de danses de corde qui se donnait dans le palais, et dont les acteurs étaient entrés avant moi. J'acceptai, et la princesse me fit servir à dîner ; elle daigna même s'informer de la manière dont j'étais servi. Il y avait pour moi sans doute quelque danger à voir une personne d'un si haut rang agir envers moi avec tant d'honnêteté... Quand la nuit fut venue, la dame me fit entrer dans une salle plus riche encore que la précédente, et fit apporter du café et des narghilés... Des joueurs d'instruments étaient établis dans une galerie haute, entourée de balustres, et l'on paraissait attendre quelque chose d'extraordinaire que leur musique devait accompagner. Il me parut évident que la sultane avait préparé la fête pour moi ; cependant, elle se tenait toujours à demi couchée sur un sofa au fond de la chambre, et dans l'attitude d'une impératrice. Elle semblait absorbée surtout dans la contemplation des exercices qui avaient lieu devant elle. Je ne pouvais comprendre cette timidité ou cette réserve d'étiquette qui l'empêchait de m'avouer ses sentiments, et je pensai qu'il fallait plus d'audace...

» Je m'étais élancé sur sa main, qu'elle m'abandonnait sans trop de résistance, lorsqu'un grand bruit se fit autour de nous.

» — Les janissaires ! les janissaires ! s'écrièrent les domestiques et les esclaves.

» La sultane parut interroger ses officiers, puis elle leur donna un ordre que je n'entendis pas. Les deux danseurs de corde et moi, nous fûmes conduits, par des escaliers dérobés, à une salle basse, où l'on nous laissa quelque temps dans l'obscurité. Nous entendions au-dessus de nos têtes les pas précipités des soldats, puis une sorte de lutte qui nous glaça d'effroi. Il était évident que l'on forçait une porte qui nous avait protégés jusque-là, et que l'on allait arriver à notre retraite. Des officiers de la sultane descendirent précipitamment par l'escalier et levèrent, dans la salle où nous étions, une espèce de trappe, en nous disant :

» — Tout est perdu !... descendez par ici !

» Nos pieds, qui s'attendaient à trouver des marches d'escalier, manquèrent tout à coup d'appui. Nous avions fait tous les trois un plongeon dans le Bosphore... Les palais qui bordent la mer, et notamment celui de Béchik-Tasch, que vous avez pu voir sur la rive d'Europe, à un quart de lieue de la ville, sont en partie construits sur pilotis. Les salles inférieures sont parquetées de planchers de cèdre, qui couvrent immédiatement la surface de l'eau, et que l'on enlève lorsque les dames du sérail veulent s'exercer à la natation. C'est dans un de ces bains que nous nous étions plongés au milieu des ténèbres. Les trappes avaient été refermées sur nos têtes, et il était impossible de les soulever. D'ailleurs, des pas réguliers et des bruits d'armes s'entendaient encore. A peine pouvais-je, en me soutenant à la surface de l'eau, respirer de temps en temps un peu d'air. Ne voyant plus la possibilité de remonter dans le palais, je cherchais du moins à nager vers le dehors. Mais, arrivé à la limite extérieure, je trouvai partout une sorte de grille formée par les pilotis, et qui probablement servait d'ordinaire à empêcher que les femmes ne pussent, en nageant, s'échapper du palais ou se faire voir au dehors.

» Imaginez, monsieur, l'incommodité d'une telle situation : sur la tête, un plancher fermé partout, six pouces d'air au-dessous des planches, et l'eau montant peu à peu avec ce mouvement presque imperceptible de la Méditerranée qui s'élève, toutes les six heures, d'un pied ou deux. Il n'en fallait pas tant pour que je fusse assuré d'être noyé très-vite. Aussi secouais-je,

avec une force désespérée, les pilotis qui m'entouraient comme
une cage. De temps en temps, j'entendais les soupirs des deux
malheureux danseurs de corde qui cherchaient comme moi à se
frayer un passage. Enfin j'atteignis un pieu moins solide que
les autres, qui, rongé sans doute par l'humidité, ou d'un bois
plus vieux que les autres, paraissait céder sous la main.
J'arrivai, par un effort désespéré, à en détacher un fragment
pourri et à me glisser au dehors, grâce à la taille svelte que
j'avais à cette époque. Puis, en m'attachant aux pieux extérieurs, je parvins, malgré ma fatigue, à regagner le rivage.
J'ignore ce que sont devenus mes deux compagnons d'infor-
tune. Effrayé des dangers de toute sorte que j'avais courus, je
me hâtai de quitter Constantinople.

Je ne pus m'empêcher de dire à mon interlocuteur, après
l'avoir plaint des dangers qu'il avait courus, que je le soupçonnais d'avoir un peu gazé quelques circonstances de son récit.

— Monsieur, répondit-il, je ne m'explique pas là-dessus;
rien, dans tous les cas, ne me ferait trahir des bontés...

Il n'acheva pas. J'avais entendu déjà parler de ces sombres
aventures attribuées à certaines dames du *vieux sérail* vers la
fin du dernier siècle... Je respectai la discrétion de ce Buridan
glacé par l'âge.

VI — UN VILLAGE GREC

Nous étions arrivés sur une hauteur qui domine San-Dimitri.
C'est un village grec situé entre le grand et le petit champ des
Morts. On y descend par une rue bordée de maisons de bois,
fort élégantes et qui rappellent un peu le goût chinois dans la
construction et dans les ornements extérieurs.

Je pensais que cette rue raccourcissait le chemin que nous
avions à faire pour gagner Péra. Seulement, il fallait descendre
jusqu'à une vallée dont le fond est traversé par un ruisseau.
Le bord sert de chemin pour descendre vers la mer. Un grand
nombre de casinos et de cabarets sont élevés des deux côtés.

Mon compagnon me dit :

— Où voulez-vous aller ?

— Je serais bien aise de m'aller coucher.

— Mais, pendant le Ramazan, on ne dort que le jour. Terminons la nuit... Ensuite, au lever du soleil, il sera raisonnable de regagner son lit. Je vais, si vous le permettez, vous conduire dans une maison où l'on joue le baccara.

Les façades des maisons entre lesquelles nous descendions, avec leurs pavillons avancés sur la rue, leurs fenêtres grillées, éclairés au dedans, et leurs parois vernies de couleurs éclatantes, indiquaient, en effet, des points de réunion non moins joyeux que ceux que nous venions de parcourir.

Il faudrait renoncer à la peinture des mœurs de Constantinople, si l'on s'effrayait trop de certaines descriptions d'une nature assez délicate. Les cinquante mille Européens que renferment les faubourgs de Péra et de Galata, Italiens, Français, Anglais, Allemands, Russes ou Grecs, n'ont entre eux aucun lien moral, pas même l'unité de religion, les sectes étant plus divisées entre elles que les cultes les plus opposés. En outre, il est certain que, dans une ville où la société féminine mène une vie si réservée, il serait impossible de voir même un visage de femme née dans le pays, s'il ne s'était créé de certains casinos ou cercles dont, il faut l'avouer, la société est assez mélangée. Les officiers des navires, les jeunes gens du haut commerce, le personnel varié des ambassades, tous ces éléments épars et isolés de la société européenne sentent le besoin de lieux de réunion qui soient un terrain neutre, plus encore que les soirées des ambassadeurs, des drogmans et des banquiers. C'est ce qui explique le nombre assez grand des bals par souscription qui ont lieu souvent dans l'intérieur de Péra.

Ici, nous nous trouvions dans un village entièrement grec, qui est la Capoue de la population franque. J'avais déjà, en plein jour, parcouru ce village sans me douter qu'il recélât tant de divertissements nocturnes, de casinos, de wauxhalls, et même, avouons-le, de tripots. L'air patriarcal des pères et des époux, assis sur des bancs ou travaillant à quelque métier de menuiserie, de tuilerie ou de tissage, la tenue modeste des femmes vêtues à la grecque, la gaieté insouciante des enfants, les rues pleines de volailles et de porcs, les cafés aux galeries hautes à balustres, donnant sur la vallée brumeuse, sur le ruisseau bordé d'herbages, tout cela ressemblait, avec la verdure des pins et des maisons de charpente sculptée, à quelque vue paisible des basses Alpes. — Et comment douter qu'il en fût autrement, la nuit, en ne voyant aucune lumière transpirer à travers les treillages des fenêtres? Cependant, après le couvre-feu, beaucoup de ces intérieurs étaient restés éclairés au dedans, et les danses, ainsi que les jeux, devaient s'y prolonger du soir au matin. Sans remonter jusqu'à la tradition des hétaïres grecques, on pourrait penser que la jeunesse pouvait attacher parfois des guirlandes au-dessus de ces portes peintes, comme au temps de l'antique Alcimadure. — Nous vîmes passer là, non pas un amoureux grec couronné de fleurs, mais un homme à la mine anglaise, marin probablement, mais entièrement vêtu de noir, avec une cravate blanche et des gants, qui s'était fait précéder d'un violon. Il marchait gravement derrière le ménétrier chargé d'égayer sa marche, ayant lui-même la mine assez mélancolique. Nous jugeâmes que ce devait être quelque maître d'équipage, quelque *bossman*, qui dépensait sa paye généreusement après une traversée.

Mon guide s'arrêta devant une maison aussi soigneusement obscure au dehors que les autres, et frappa à petits coups à la porte vernie. Un nègre vint ouvrir avec quelques signes de crainte; puis, nous voyant des chapeaux, il salua et nous appela *effendis*.

La maison dans laquelle nous étions entrés ne répondait pas, quoique gracieuse et d'un aspect élégant, à l'idée que l'on se forme généralement d'un intérieur turc. Le temps a marché, et l'immobilité proverbiale du vieil Orient commence à s'émouvoir au contre-coup de la civilisation. La réforme, qui a coiffé l'Osmanli du tarbouch et l'a emprisonné dans une redingote boutonnée jusqu'au col, a amené aussi, dans les habitations, la sobriété d'ornements-où se plaît le goût moderne. Ainsi, plus d'arabesques touffues, de plafonds façonnés en gâteaux d'abeille ou en stalactites, plus de dentelures découpées, plus de caissons de bois de cèdre, mais des murailles lisses à teintes plates et vernies, avec des corniches à moulures simples; quelques dessins courants pour encadrer les panneaux des boiseries, quelques pots de fleurs d'où partent-des enroulements et des ramages, le tout dans un style, ou plutôt dans une absence de style qui ne rappelle que lointainement l'ancien goût oriental, si capricieux et si féerique.

Dans la première pièce se tenaient les gens de service; dans une seconde, un peu plus ornée, je fus frappé du spectacle qui se présenta. Au centre de la pièce se trouvait une sorte de table ronde couverte d'un tapis épais, entourée de lits à l'antique, qui, dans le pays, s'appellent *tandours;* là s'étendaient à demi couchées, formant comme les rayons d'une roue, les pieds tendus vers le centre où se trouvait un foyer de chaleur caché par l'étoffe, plusieurs femmes, que leur embonpoint majestueux et vénérable, leurs habits éclatants, leurs vestes bordées de fourrures, leurs coiffures surannées montraient être arrivées à l'âge où l'on ne doit pas s'offenser du nom de matrone, pris-en si bonne part chez les Romains; elles avaient simplement amené leurs filles ou nièces à la soirée, et en attendaient la fin comme les mères d'Opéra attendant au foyer de la danse. Elles venaient, la plupart, des maisons voisines, où elles ne devaient rentrer qu'au point du jour.

VII — QUATRE PORTRAITS

La troisième pièce décorée, qui dans nos usages représenterait le salon, était meublée de divans couverts de soie aux couleurs vives et variées. Sur le divan du fond trônaient quatre belles personnes qui, par un hasard pittoresque ou un choix particulier, se trouvaient présenter chacune un type oriental distinct.

Celle qui occupait le milieu du divan était une Circassienne, comme on pouvait le deviner tout de suite à ses grands yeux noirs contrastant avec un teint d'un blanc mat, à son nez aquilin d'une arête pure et fine, à son cou un peu long, à sa taille grande et svelte, à ses extrémités délicates, signes distinctifs de sa race. Sa coiffure, formée de gazillons mouchetés d'or et tordus en turban, laissait échapper des profusions de nattes d'un noir de jais, qui faisaient ressortir ses joues avivés par le fard. Une veste historiée de broderies et bordée de fanfreluches et de festons de soie, dont les couleurs bariolées formaient comme un cordon de fleurs autour de l'étoffe; une ceinture d'argent et un large pantalon de soie rose lamée complétaient ce costume, aussi brillant que gracieux. On comprend que, selon l'usage, ses yeux étaient accentués par des lignes de *surmeh*, qui les agrandissent et leur donnent de l'éclat; ses ongles longs et les paumes de ses mains avaient une teinte orange produite par le henné; la même toilette avait été faite à ses pieds nus, aussi soignés que des mains, et qu'elle repliait gracieusement sur le divan en faisant sonner de temps en temps les anneaux d'argent passés autour de ses chevilles.

A côté d'elle était assise une Arménienne, dont le costume, moins richement barbare, rappelait davantage les modes actuelles de Constantinople; un fezzi pareil à ceux des hommes, inondé par une épaisse chevelure de soie bleue, produite par la houppe qui s'y attache, et posé en arrière, paraît sa tête au profil légèrement busqué, aux traits assez fiers, mais d'une sérénité presque animale. Elle portait une sorte de spencer de velours vert, garni d'une épaisse bordure en duvet de cygne, dont la blancheur et la masse donnaient de l'élégance à son cou entouré de fins lacets, où pendaient des aigrettes d'argent. Sa taille était cerclée de plaques d'orfévrerie, où se relevaient en bosse de gros boutons de filigrane, et, par un raffinement tout

moderne, ses pieds, qui avaient laissé leurs babouches sur le
tapis, se repliaient, couverts de bas de soie à coins brodés.

Contrairement à ses compagnes, qui laissaient librement
pendre sur leurs épaules et leur dos leurs tresses entremêlées
de cordonnets et de petites plaques de métal, la juive, placée
à côté de l'Arménienne, cachait soigneusement les siens,
comme l'ordonne sa loi, sous une espèce de bonnet blanc,
arrondi en boule, rappelant la coiffure des femmes du temps
du xvie siècle, et dont celle de Christine de Pisan peut
donner une idée. Son costume, plus sévère, se composait
de deux tuniques superposées, celle de dessus s'arrêtant à la
hauteur du genou; les couleurs en étaient plus amorties, et les
broderies d'un éclat moins vif que celles des tuniques portées
par les autres femmes. Sa physionomie, d'une douceur résignée
et d'une régularité délicate, rappelait le type juif particulier
à Constantinople, et qui ne ressemble en rien aux types que
nous connaissons. Son nez n'avait pas cette courbure prononcée qui, chez nous, signe un visage du nom de Rébecca on
de Rachel.

La quatrième, assise à l'extrémité du divan, était une jeune
Grecque blonde ayant le profil popularisé par la statuaire antique. Un taktikos de Smyrne aux festons et aux glands d'or,
posé coquettement sur l'oreille et entouré par deux énormes
tresses de cheveux tordus formant turban autour de la tête,
accompagnait admirablement sa physionomie spirituelle, illuminée par un œil bleu où brillait la pensée, et contrastant avec
l'éclat immobile et sans idée des grands yeux noirs de ses rivales en beauté.

— Voici, dit le vieillard, un échantillon parfait des quatre
nations féminines qui composent la population byzantine.

Nous saluâmes ces belles personnes, qui nous répondirent
par un salut à la turque. La Circassienne se leva, frappa des
mains, et une porte s'ouvrit. Je vis au delà une autre salle où
des joueurs, en costumes variés, entouraient une table verte.

— C'est ici tout simplement le *Frascati* de Péra, me dit mon compagnon. Nous pourrons jouer quelques parties en attendant le souper.

— Je préfère cette salle, lui dis-je, peu curieux de me mêler à cette foule — émaillée de plusieurs costumes grecs.

Cependant, deux petites filles étaient entrées, tenant, l'une un compotier de cristal posé sur un plateau, l'autre une carafe d'eau et des verres ; elle tenait aussi une serviette bordée de soie lamée d'argent. La Circassienne, qui paraissait jouer le rôle de *khanoun* ou -maîtresse, s'avança vers nous, prit une cuiller de vermeil qu'elle trempa dans des confitures de roses, et me présenta la cuiller devant la bouche avec un sourire des plus gracieux. Je savais qu'en pareil cas il fallait avaler la cuillerée, puis la faire passer au moyen d'un verre d'eau ; ensuite, la petite fille me présenta la serviette pour m'essuyer la bouche. Tout cela se passait selon l'étiquette des meilleures maisons turques.

— Il me semble, dis-je, voir un tableau des *Mille et une Nuits* et faire en ce moment le rêve du *dormeur éveillé*. J'appellerais volontiers ces belles personnes : Charme-des-cœurs, Tourmente, Œil-du-jour, et Fleur-de-jasmin...

Le vieillard allait me dire leurs noms, lorsque nous entendîmes un bruit violent à la porte, accompagné du son métallique de crosses de fusil. Un grand tumulte eut lieu dans la salle de jeu, et plusieurs des assistants paraissaient fuir ou se cacher.

— Serions-nous chez des sultanes ? dis-je en me rappelant le récit que m'avait fait le vieillard[1], et va-t-on nous jeter à la mer ?

1. Les détails de cette promenade à travers les quartiers de Constantinople n'auraient aucun mérite s'ils péchaient par l'exactitude. L'aventure racontée dans le précédent chapitre n'a pas été inventée. Elle se rapporte, en effet, à la sœur de l'un des précédents sultans, et remonte probablement à l'époque de Sélim. A cette époque, les janissaires étaient chargés de la police nocturne, et pénétraient même dans les palais impériaux s'ils avaient quelques soupçons. La curiosité des femmes pour les bateleurs et les jongleurs fut cause aussi d'une scène analogue, à l'époque de Mahmoud. Une troupe de malheu-

Son air impassible me rassura quelque peu.

— Écoutons, dit-il.

On montait l'escalier, et un bruit de voix confuses s'entendait déjà dans les premières pièces, où se trouvaient les matrones. Un officier de police entra seul dans le salon, et j'entendis le mot *Franguis* que l'on prononçait en nous désignant; il voulut encore passer dans la salle de jeu, où ceux des joueurs qui ne s'étaient pas échappés continuaient leur partie avec calme.

C'était simplement une patrouille de cavas (gendarmes) qui cherchait à savoir s'il n'y avait pas de Turcs ou d'élèves des écoles militaires dans la maison. Il est clair que ceux qui s'étaient enfuis appartenaient à quelqu'une de ces catégories. Mais la patrouille avait fait trop de bruit en entrant pour qu'on ne pût pas supposer qu'elle était payée pour ne rien voir et pour n'avoir à signaler aucune contravention. Cela se passe ainsi, du reste, dans beaucoup de pays.

L'heure du souper était arrivée. Les joueurs heureux ou malheureux, se réconciliant après la lutte, entourèrent une table servie à l'européenne. Seulement, les femmes ne parurent pas à cette réunion devenue cordiale, et s'allèrent placer sur une estrade. Un orchestre établi à l'autre bout de la salle se faisait entendre pendant le repas, selon l'usage oriental.

Ce mélange de civilisation et de traditions byzantines n'est pas le moindre attrait de ces nuits joyeuses qu'à créées le contact actuel de l'Europe et de l'Asie, dont Constantinople est le centre éclatant, et que rend possible la tolérance des Turcs. Il se trouvait réellement que nous n'assistions là qu'à une fête aussi innocente que les soirées des cafés de Marseille. Les jeunes filles qui concouraient à l'éclat de cette réunion étaient engagées, moyennant quelques piastres, pour donner aux étrangers une idée des beautés locales. Mais rien ne laissait penser qu'elles eussent été convoquées dans un autre but que celui de paraître

reux écuyers faillit en être victime. Ils furent sauvés par un batelier de Kouronchesmé qui se trouvait par hasard près du palais.

belles et costumées selon la mode du pays. En effet, tout le
monde se sépara aux premières lueurs du matin, et nous laissâmes le village de San-Dimitri à son calme et à sa tranquillité
apparentes. — Rien n'était plus vertueux au dehors que ce
paysage d'idylle vu à la clarté de l'aube, que ces maisons de
bois dont les portes s'entr'ouvraient çà et là pour laisser paraître des ménagères matinales.

Nous nous séparâmes. Mon compagnon rentra chez lui dans
Péra, et, quant à moi, encore ébloui des merveilles de cette
nuit, j'allai me promener aux environs du téké des derviches,
d'où l'on jouit de la vue entière de l'entrée du détroit. Le soleil ne tarda pas à se lever, ravivant les lignes lointaines des
rives et des promontoires, et à l'instant même le canon retentit
sur le port de Thophana. Du petit minaret situé au-dessus du
téké, partit aussitôt une voix douce et mélancolique qui chantait :

— *Allah akbar! Allah akbar! Allah akbar!*

Je ne pus résister à une émotion étrange. Oui, Dieu est
grand! Dieu est grand!... Et ces pauvres derviches, qui répètent invariablement ce verset sublime du haut de leur minaret,
me semblaient faire, quant à moi, la critique d'une nuit mal
employée. Le muezzin répétait toujours :

— Dieu est grand! Dieu est grand!

« Dieu est grand! Mahomet est son prophète ; mettez vos
péchés aux pieds d'Allah ! » voilà les termes de cette éternelle
complainte... Pour moi, Dieu est partout, quelque nom qu'on
lui donne, et j'aurais été malheureux de me sentir coupable
en ce moment d'une faute réelle ; mais je n'avais fait que me
réjouir comme tous les Francs de Péra, dans une de ces nuits
de fête auxquelles les gens de toute religion s'associent dans
cette ville cosmopolite. — Pourquoi donc craindre l'œil de
Dieu? La terre imprégnée de rosée répondait avec des parfums à la brise marine qui passait, pour venir à moi, au-dessus
des jardins de la pointe du sérail dessinés sur l'autre rivage.
L'astre éblouissant dessinait au loin cette géographie magique

du Bosphore, qui partout saisit les yeux, à cause de la hauteur
des rivages et de la variété des aspects de la terre coupée par
les eaux. Après une heure d'admiration, je me sentis fatigué,
et je rentrai, en plein jour, à l'hôtel des demoiselles Péchefté,
où je demeurais, et dont les fenêtres donnaient sur le petit
champ des Morts.

II

THÉATRES ET FÊTES

I — ILDIZ-KHAN

Après m'être reposé, je m'informai du moyen d'assister aux fêtes nocturnes qui se donnaient dans la ville turque. Mon ami le peintre, que je revis dans la journée, familier avec les mœurs du pays, ne vit pour moi d'autre moyen que de me faire habiter Stamboul ; ce qui présentait de grandes difficultés.

Nous prîmes un caïque pour traverser la Corne d'or, et nous descendîmes à cette même échelle du marché aux poissons où nous avions été, la veille, témoins d'une scène sanglante. Les boutiques étaient fermées partout. Le bazar égyptien, qui vient ensuite, et où se vendent les épiceries, les couleurs, les produits chimiques, était hermétiquement fermé. Au delà, les rues n'étaient habitées et parcourues que par les chiens, étonnés toujours, pendant les premiers jours du Ramazan, de ne plus recevoir leur pitance aux heures accoutumées. Nous finîmes par arriver à une boutique voisine du bazar, occupée par un marchand arménien que connaissait mon ami. Tout était fermé chez lui ; mais, n'étant pas soumis à la loi musulmane, il se permettait de veiller le jour et de dormir la nuit comme à l'ordinaire, sans en rien faire voir extérieurement.

Nous pûmes dîner chez lui, car il avait eu la précaution d'acheter des vivres la veille ; autrement, il eût fallu revenir à Péra pour en trouver. La pensée que j'avais d'habiter Stamboul lui parut absurde au premier abord, attendu qu'aucun chrétien n'a le droit d'y prendre domicile : on leur permet seulement d'y venir pendant le jour. Pas un hôtel, pas une auberge, pas même, un caravansérail qui leur soit destiné; l'exception ne porte que sur les Arméniens, Juifs ou Grecs, sujets de l'empire.

Cependant, je tenais à mon idée, et je lui fis observer que j'avais trouvé le moyen d'habiter le Caire, hors du quartier franc, en prenant le costume du pays et en me faisant passer pour Cophte.

— Eh bien, me dit-il, un moyen seul existe ici, c'est de vous faire passer pour Persan. Nous avons à Stamboul un caravansérail nommé Ildiz-Khan (khan de l'Étoile), dans lequel on reçoit tous les marchands asiatiques des diverses communions musulmanes. Ces gens-là ne sont pas seulement de la secte d'Ali; il y a aussi des guèbres, des parsis, des koraïtes, des wahabis; ce qui forme un tel mélange de langages, qu'il est impossible aux Turcs de savoir à quelle partie de l'Orient ces hommes appartiennent. De sorte qu'en vous abstenant de parler une langue du Nord, que l'on reconnaîtrait à la prononciation, vous pourrez demeurer parmi eux.

Nous nous rendîmes à Ildiz-Khan, situé dans la plus haute partie de la ville, près de la *Colonne brûlée*, l'un des restes les plus curieux de l'ancienne Byzance. Le caravansérail, entièrement bâti en pierre, présentait au dedans l'aspect d'une caserne. Trois étages de galeries occupaient les quatre côtés de la cour, et les logements, voûtés en cintre, avaient tous la même disposition : une grande pièce qui servait de magasin et un petit cabinet parqueté en planches où chacun pouvait placer son lit. De plus, le locataire avait le droit de mettre un chameau ou un cheval aux écuries communes.

N'ayant ni monture ni marchandises, je devais nécessairement passer pour un commerçant qui avait tout vendu déjà, et qui venait dans l'intention de refaire sa pacotille. L'Arménien était en relation d'affaires avec des marchands de Mossoul et de Bassora, auxquels il me présenta. Nous fîmes venir des pipes et du café, et nous leur exposâmes l'affaire. Ils ne virent aucun inconvénient à me recevoir parmi eux, pourvu que je prisse leur costume. Mais, comme j'en avais déjà plusieurs parties, notamment un machlah en poil de chameau, qui m'avait servi en Égypte et en Syrie, il ne me fallait plus qu'un bonnet d'astrakan pointu à la persane, que l'Arménien me procura.

Plusieurs de ces Persans parlaient la langue franque du Levant, dans laquelle on finit toujours par s'entendre, pour peu qu'on ait vécu dans les villes commerçantes; de sorte que je pus facilement lier amitié avec mes voisins. J'étais vivement recommandé à tous ceux qui habitaient la même galerie, et je n'avais à m'inquiéter que de leur trop grand empressement à me faire fête et à m'accompagner partout. Chaque étage du khan avait son cuisinier, qui était en même temps cafetier; nous pouvions donc parfaitement nous passer des relations extérieures. Cependant, quand venait le soir, les Persans, qui, comme les Turcs, avaient dormi toute la journée pour pouvoir fêter ensuite chaque nuit du Ramazan, m'emmenaient avec eux voir la fête continuelle qui devait durer trente lunes.

Si la ville était illuminée splendidement, pour qui la regardait des hauteurs de Péra, ses rues intérieures me parurent encore plus éclatantes. Toutes les boutiques ouvertes, ornées de guirlandes et de vases de fleurs, radieuses à l'intérieur de glaces et de bougies, les marchandises artistement parées, les lanternes de couleur suspendues au dehors, les peintures et les dorures rafraîchies, les pâtissiers surtout, les confiseurs, les marchands de jouets d'enfant et les bijoutiers étalant toutes leurs richesses, voilà ce qui, partout, éblouissait les yeux. Les rues étaient pleines de femmes et d'enfants plus encore que d'hommes; car ces derniers passaient la plus grande partie du temps dans les mosquées et dans les cafés.

Il ne faut pas croire même que les cabarets fussent fermés; une fête turque est pour tout le monde; les rayas catholiques, grecs, arméniens ou juifs pouvaient seuls fréquenter ces éta-

blissements. La porte extérieure doit être toujours fermée ;
mais on la pousse, et l'on peut ensuite s'abreuver d'un bon
verre de vin de Ténédos moyennant dix paras (cinq centimes).

Partout des frituriers, des marchands de fruits ou d'épis de
maïs bouillis, avec lesquels un homme peut se nourrir tout
un jour pour dix paras ; — ainsi que des vendeurs de *baklavas*,
sorte de galettes très-imprégnées de beurre et de sucre, dont
les femmes surtout sont friandes. La place du Sérasquier est la
plus brillante de toutes. Ouverte en triangle, avec les illuminations de deux mosquées à droite et à gauche, et dans le fond
celle des bâtiments de la guerre, elle présente un large espace
aux cavalcades et aux divers cortéges qui la traversent. Un
grand nombre d'étalages de marchands ambulants garnissent
le devant des maisons, et une dizaine de cafés font assaut
d'annonces diverses de spectacles, de baladins et d'ombres
chinoises. Les plus amusants, pour tout homme instruit, sont
naturellement ceux où il se déclame des poëmes, — où il se
raconte des histoires et des légendes.

II — VISITE A PÉRA

N'étant pas forcé, comme les musulmans, de dormir tout
le jour et de passer la nuit entière dans les plaisirs pendant le
bienheureux mois du Ramazan, à la fois carême et carnaval,
j'allais souvent à Péra pour reprendre langue avec les Européens.
Un jour, mes yeux furent frappés d'une grande affiche de
théâtre posée sur les murs, et qui annonçait l'ouverture de la
saison théâtrale. C'était la troupe italienne qui allait commencer
trois mois de représentations, et le nom qui brillait en grosses
lettres comme l'étoile dramatique du moment, c'était celui de
la Ronzi-Tacchinardi, cette cantatrice des plus beaux temps de
Rossini, à laquelle Stendhal a consacré de belles pages. La Ronzi
n'était plus jeune, hélas ! Elle venait à Constantinople, comme
y avait passé, quelques années auparavant, l'illustre tragédienne
mademoiselle Georges, qui, après avoir paru au théâtre de

Péra, et aussi devant le sultan, était allée donner ensuite des représentations en Crimée, et jouer *Iphigénie en Tauride* aux lieux mêmes où s'élevait jadis le temple de Thoas. Les artistes éminents, comme les grands génies de toute sorte, ont le sentiment profond du passé; ils aiment aussi les courses aventureuses, et sont attirés toujours vers le soleil d'Orient, comme se sentant de la nature des aigles. Donizetti présidait l'orchestre, par une permission spéciale du sultan, qui l'a depuis longtemps engagé comme chef de sa musique.

Il est vrai que ce nom rayonnant n'était que celui du frère de ce compositeur que nous avons tant admiré; mais il n'en brillait pas moins sur l'affiche avec un charme particulier pour les Européens; aussi la ville franque n'était-elle occupée que de la représentation prochaine. Les billets, distribués d'avance dans les hôtels et dans les cafés, étaient devenus difficiles à obtenir. J'eus l'idée d'aller voir le directeur du principal journal français de Constantinople, dont les bureaux étaient à Galata. Il parut charmé de ma visite, me retint à dîner et me fit ensuite les honneurs de sa loge.

— Si vous n'avez pas oublié, me dit-il, votre ancien métier de feuilletoniste, vous nous ferez les comptes rendus du théâtre et vous y aurez vos entrées.

J'acceptai un peu imprudemment peut-être; car, lorsqu'on demeure à Stamboul, il n'est pas commode d'y retourner tous les deux jours en pleine nuit, après la fin du spectacle.

On jouait *Buondelmonte*; la salle de spectacle, située dans le haut de Péra, est beaucoup plus longue que large; les loges sont disposées à l'italienne, sans galeries; elles étaient occupées presque toutes par les ambassadeurs et les banquiers. Les Arméniens, les Grecs et les Francs composaient à peu près tout le parquet, et, à l'orchestre seulement, on distinguait quelques Turcs, de ceux sans doute que leurs parents ont envoyés de bonne heure à Paris ou à Vienne; car, si aucun préjugé n'empêche, au fond, un musulman d'aller à nos théâtres, il faut songer que notre musique ne les ravit que médiocrement; la leur, qui

procède par quarts de ton, nous est également incompréhen-
sible, à moins d'être, pour ainsi dire, traduite selon notre système musical. Les airs grecs ou valaques paraissent seuls être
compris de tous. Donizetti avait chargé son frère d'en recueillir
le plus possible, et les utilisait sans doute dans ses opéras.

Le directeur du *Journal de Constantinople* voulait me présenter à l'ambassadeur français ; mais je déclinai cet honneur,
attendu qu'il m'aurait invité à dîner, et l'on m'avait prévenu
contre cette éventualité.

Ce fonctionnaire habitait tout l'été à Thérapia, village situé
sur le Bosphore, à six lieues de Constantinople. Il faut, pour
s'y rendre, louer un caïque avec six rameurs pour une demi-
journée, ce qui coûte environ vingt francs. On le voit, c'est un
dîner assez cher que vous offre l'ambassadeur... On peut ajouter
aussi aux chances fâcheuses de cette invitation, l'ennui de
revenir par mer à une heure assez avancée, quelquefois par le
mauvais temps, dans une barque en forme de poisson, épaisse
comme la main, et accompagnée d'un chœur infatigable de
marsouins qui dansent ironiquement à la pointe des vagues,
dans l'espérance de souper aux dépens des convives attardés
de l'ambassadeur de France.

La représentation se passa comme dans un théâtre italien
quelconque. La Ronzi fut couverte de bouquets, rappelée vingt
fois ; elle dut être satisfaite de l'enthousiasme byzantin. Puis
chacun ralluma sa lanterne, les ambassadeurs et les banquiers
firent avancer leurs voitures, d'autres montèrent à cheval ;
pour moi, je me disposai à regagner Ildiz-Khan ; car, à Péra,
on ne trouverait pas à loger pour une seule nuit.

Je connaissais assez le chemin fort long qui conduit à
Stamboul par le pont de bateaux qui traverse la Corne d'or,
pour ne pas craindre de m'y engager à la pure clarté de la
lune du Ramazan, par une de ces belles nuits qui valent nos
aurores. Les chiens, qui font si exactement la police des rues,
n'attaquent jamais que les imprudents qui, au mépris des or-
donnances, se dispensent de porter une lanterne. Je m'engageai

donc à travers le cimetière de Péra par un chemin qui conduit à la porte de Galata, correspondante aux bâtiments de la marine; l'enceinte fortifiée se termine là; mais on ne peut traverser la Corne d'or sans y pénétrer. On frappe à un guichet, et le portier vous ouvre moyennant un bakchis; on répond au salut des gens du corps de garde par un *aleikoum al salam*; puis, au bout d'une rue qui descend vers la mer, on gagne ce magnifique pont, d'un quart de lieue, qu'a fait construire le sultan Mahmoud.

Une fois sur l'autre rive, j'ai retrouvé avec plaisir les illuminations de la fête, tableau des plus réjouissants quand on vient de faire une lieue, la nuit, à travers les cyprès et les tombes.

Ce quai du Fanar, encombré de vendeurs de fruits, de pâtissiers, de confiseurs, de frituriers ambulants, de Grecs vendant de l'anisette et du rosolio, est très-fréquenté des matelots, dont les navires sont rangés par centaines dans la baie. Les cabarets et les cafés, illuminés de transparents et de lanternes, se voient encore quelque temps dans les rues environnantes, puis les lumières et le bruit diminuent peu à peu, et il faut traverser une longue série de quartiers solitaires et calmes, car la fête n'a lieu que dans les parties commerçantes de la ville. Bientôt apparaissent les hautes arches de l'aqueduc de Valens, dominant de leur immense construction de pierre les humbles maisons turques toutes bâties en bois. Parfois, le chemin s'élève en terrasses dominant d'une cinquantaine de pieds la rue qui se croise avec lui ou qui le suit quelque temps avant de monter ou de descendre vers les collines ou vers la mer.

Stamboul est une ville fort montueuse et où l'art a fait bien peu de chose pour corriger la nature. On se sent sur un meilleur terrain quand on a pris le bout de cette longue rue des Mosquées, qui forme l'artère principale, et qui aboutit aux grands bazars. Elle est admirable, la nuit surtout, à cause des magnifiques jardins, des galeries découpées, des fontaines de

marbre aux grilles dorées, des kiosques, des portiques et des
minarets multipliés qui se dessinent aux vagues clartés d'un
jour bleuâtre; les inscriptions dorées, les peintures de laque,
les grillages aux nervures brillantes, les marbres sculptés et les
ornements rehaussés de couleurs éclatent çà et là, relevant de
teintes vives l'aspect des jardins d'un vert sombre, où frémissent les festons de la vigne suspendue sur de hautes treilles.
Enfin la solitude cesse, l'air se remplit de bruits joyeux, les
boutiques brillent de nouveau. Les quartiers populeux et
riches se déploient dans tout leur éclat; les marchands de
jouets d'enfant étalent sur leurs devantures mille fantaisies
bizarres qui font la joie des mères et des braves pères de famille,
heureux de rentrer chez eux, soit avec un polichinelle de
fabrique française, soit avec des jouets de Nuremberg, ou encore avec de charmants joujoux chinois apportés par les caravanes. Les Chinois sont le peuple du monde qui comprend le
mieux ce qu'il faut pour amuser les enfants.

III — CARAGUEUS

Parmi ces jouets, on distingue de tous côtés la bizarre ma-
rionnette appelée *Caragueus*, que les Français connaissent déjà
de réputation. Il est incroyable que cette indécente figure soit
mise sans scrupule dans les mains de la jeunesse. C'est pourtant
le cadeau le plus fréquent qu'un père ou une mère fasse à
ses enfants. L'Orient a d'autres idées que nous sur l'éducation et sur la morale. On cherche là à développer les sens,
comme nous cherchons à les éteindre...

J'étais arrivé sur la place du Sérasquier : une grande foule se
pressait devant un théâtre d'ombres chinoises signalé par un
transparent sur lequel on lisait en grosses lettres : CARAGUEUS,
victime de sa chasteté!

Effroyable paradoxe pour qui connaît le personnage... L'ad-
jectif et le substantif que je viens de traduire hurlaient sans
doute d'effroi de se trouver réunis sous un tel nom. J'entrai

cependant à ce spectacle, bravant les chances d'une déception grossière.

A la porte de ce *cheb-bazi* (jeu de nuit) se tenaient quatre acteurs, qui devaient jouer dans la seconde pièce; car, après *Caragueus*, on promettait encore *le Mari des Deux Veuves*, farce-comédie, de celles qu'on appelle *taklid*.

Les acteurs, vêtus de vestes brodées d'or, portaient sous leurs tarbouchs élégants de longs cheveux nattés comme ceux des femmes. Les paupières rehaussées de noir et les mains teintes de rouge, avec des paillettes appliquées sur la peau du visage et des mouchetures sur leurs bras nus, ils faisaient au public un accueil bienveillant, et recevaient le prix d'entrée en adressant un sourire gracieux aux *effendis* qui payaient plus que le simple populaire. Un *irmelikalten* (pièce d'or d'un franc vingt-cinq centimes) assurait au spectateur l'expression d'une vive reconnaissance et une place réservée sur les premiers bancs. Au demeurant, personne n'était astreint qu'à une simple cotisation de dix paras. Il faut ajouter même que le prix de l'entrée donnait droit à une consommation uniforme de café et de tabac. Les *scherbets* (sorbets) et les divers rafraîchissements se payaient à part.

Dès que je fus assis sur l'une des banquettes, un jeune garçon, élégamment vêtu, les bras découverts jusqu'aux épaules, et qui, d'après la grâce pudique de ses traits, eût pu passer pour une jeune fille, vint me demander si je voulais un chibouk ou un narghilé, et, quand j'eus choisi, il m'apporta en outre une tasse de café.

La salle se remplissait peu à peu de gens de toute sorte; on n'y voyait pas une seule femme; mais beaucoup d'enfants avaient été amenés par des esclaves ou des serviteurs. Ils étaient la plupart bien vêtus, et, dans ces jours de fête, leurs parents avaient sans doute voulu les faire jouir du spectacle; mais ils ne les accompagnaient pas; car, en Turquie, l'homme ne s'embarrasse ni de la femme ni de l'enfant : chacun va de son côté, et les petits garçons ne suivent plus les mères après le premier âge. Les esclaves auxquels on les confie sont, du reste, regardés comme faisant partie de la famille. Dispensés des travaux pénibles, se bornant, comme ceux des anciens, aux services domestiques, leur sort est envié par les simples rayas, et, s'ils ont de l'intelligence, ils arrivent presque toujours à se faire affranchir, après quelques années de service, avec une rente qu'il est d'usage de constituer en pareil cas. Il est honteux de penser que l'Europe chrétienne ait été plus cruelle que les Turcs, en forçant à de durs travaux ses esclaves des colonies.

Revenons à la représentation. Quand la salle se trouva suffisamment garnie, un orchestre, placé dans une haute galerie, fit entendre une sorte d'ouverture. Pendant ce temps, un des coins de la salle s'éclairait d'une manière inattendue. Une gaze transparente entièrement blanche, encadrée d'ornements en festons, désignait le lieu où devaient paraître les ombres chinoises. Les lumières qui éclairaient d'abord la salle s'étaient éteintes, et un cri joyeux retentit de tous côtés lorsque l'orchestre se fut arrêté. Un silence se fit ensuite ; puis on entendit derrière la toile un retentissement pareil à celui de morceaux de bois tournés qu'on secouerait dans un sac. C'étaient les marionnettes, qui, selon l'usage, s'annonçaient par ce bruit, accueilli avec transport par les enfants.

Aussitôt, un spectateur, un compère probablement, se mit à crier à l'acteur chargé de faire parler les marionnettes :

— Que nous donneras-tu aujourd'hui ?

A quoi celui-ci répondit :

— Cela est écrit au-dessus de la porte pour ceux qui savent lire.

— Mais j'ai oublié ce qui m'a été appris par le *hodja*... (C'est le religieux chargé d'instruire les enfants dans les mosquées.)

— Eh bien, il s'agit ce soir de l'illustre Caragueus, victime de sa chasteté.

— Comment pourras-tu justifier ce titre ?

— En comptant sur l'intelligence des gens de goût, et en implorant l'aide d'Ahmad aux yeux noirs.

Ahmad, c'est le *petit nom*, le nom familier que les fidèles donnent à Mahomet. Quant à la qualification des *yeux noirs*, on peut remarquer que c'est la traduction même du nom de *caragueus...*

— Tu parles bien ! répondit l'interlocuteur ; il reste à savoir si cela continuera !

— Sois tranquille ! répondit la voix qui partait du théâtre ; mes amis et moi, nous sommes à l'épreuve des critiques.

L'orchestre reprit ; puis l'on vit apparaître derrière la gaze une décoration qui représentait une place de Constantinople, avec une fontaine et des maisons, sur le devant. Ensuite passèrent successivement un cavas, un chien, un porteur d'eau, et autres personnages mécaniques dont les vêtements avaient des couleurs fort distinctes, et qui n'étaient pas de simples silhouettes, comme dans les ombres chinoises que nous connaissons.

Bientôt l'on vit sortir d'une maison un Turc, suivi d'un esclave qui portait un sac de voyage. Il paraissait inquiet, et, prenant tout à coup une résolution, il alla frapper à une autre maison de la place, en criant :

— Caragueus ! Caragueus ! mon meilleur ami, est-ce que tu dors encore ?

Caragueus mit le nez à la fenêtre, et, à sa vue, un cri d'enthousiasme résonna dans tout l'auditoire ; puis, ayant demandé le temps de s'habiller, il reparut bientôt et embrassa son ami.

— Écoute, dit ce dernier, j'attends de toi un grand service ; une affaire importante me force d'aller à Brousse. Tu sais que je suis le mari d'une femme fort belle, et je t'avouerai qu'il m'en coûte de la laisser seule, n'ayant pas beaucoup de confiance dans mes gens... Eh bien, mon ami, il m'est venu cette nuit une idée : c'est de te faire le gardien de sa vertu. Je sais ta délicatesse et l'affection profonde que tu as pour moi ; je suis heureux de te donner cette preuve d'estime.

— Malheureux ! dit Caragueus, quelle est ta folie ! regarde moi donc un peu !

— Eh bien ?

— Quoi! tu ne comprends pas que ta femme, en me voyant, ne pourra résister au désir de m'appartenir?

— Je ne vois pas cela, dit le Turc ; elle m'aime, et, si je puis craindre quelque séduction à laquelle elle se laisse prendre, ce n'est pas de ton côté, mon pauvre ami, qu'elle viendra; ton honneur m'en répond d'abord... et ensuite.... Ah! par Allah! tu es si singulièrement bâti... Enfin, je compte sur toi.

Le Turc s'éloigne.

— Aveuglement des hommes! s'écrie Caragueus. Moi! singulièrement bâti! dis donc : Trop bien bâti! trop beau! trop séduisant! trop dangereux!... Enfin, dit-il en monologue, mon ami m'a commis à la garde de sa femme; il faut répondre à cette confiance. Entrons dans sa maison comme il l'a voulu, et allons nous établir sur son divan... Oh! malheur! mais sa femme, curieuse comme elles le sont toutes, voudra me voir... et, du moment que ses yeux se seront portés sur moi, elle sera dans l'admiration et perdra toute retenue. Non! n'entrons pas!... restons à la porte de ce logis comme un spahi en sentinelle. Une femme est si peu de chose... et un véritable ami est un bien si rare!

Cette phrase excita une véritable sympathie dans l'auditoire masculin du café; elle était encadrée dans un couplet, ces sortes de pièces étant mêlées de vaudevilles, comme beaucoup des nôtres; les refrains reproduisent souvent le mot *bakkaloum*, qui est le terme favori des Turcs, et qui veut dire : « Qu'importe! » ou : « Cela m'est égal. »

Quant à Caragueus, à travers la gaze légère qui fondait les tons de la décoration et des personnages, il se dessinait admirablement avec son œil noir, ses sourcils nettement tracés et les avantages les plus saillants de sa désinvolture. Son amour-propre, au point de vue des séductions, ne paraissait pas étonner les spectateurs.

Après son couplet, il sembla plongé dans ses réflexions.

— Que faire? se dit-il. Veiller à la porte, sans doute, en attendant le retour de mon ami... Mais cette femme peut me voir à la dérobée par les *moucharabys* (jalousies). De plus, elle peut être tentée de sortir avec ses esclaves pour aller au bain... Aucun mari, hélas! ne peut empêcher sa femme de sortir sous ce prétexte... Alors, elle pourra m'admirer à loisir... O imprudent ami! pourquoi m'avoir donné cette surveillance?

Ici, la pièce tourne au fantastique. Caragueus, pour se soustraire aux regards de la femme de son ami, se couche sur le ventre, en disant :

— J'aurai l'air d'un pont...

Il faudrait se rendre compte de sa conformation particulière pour comprendre cette excentricité. On peut se figurer Polichinelle posant la bosse de son ventre comme une arche, et figurant le pont avec ses pieds et ses bras. Seulement, Caragueus n'a pas de bosse sur les épaules. Il passe une foule de gens, des chevaux, des chiens, une patrouille, puis enfin un *arabas* traîné par des bœufs et chargé de femmes. L'infortuné Caragueus se lève à temps pour ne pas servir de pont à une aussi lourde machine.

Une scène plus comique à la représentation que facile à décrire succède à celle où Caragueus, pour se dissimuler aux regards de la femme de son ami, a voulu *avoir l'air d'un pont*. Il faudrait, pour se l'expliquer, remonter au comique des *atellanes* latines... Aussi bien Caragueus lui-même n'est-il autre que le Polichinelle des Osques, dont on voit encore de si beaux exemplaires au musée de Naples. Dans cette scène, d'une excentricité qu'il serait difficile de faire supporter chez nous, Caragueus se couche sur le dos, et désire avoir l'air d'un pieu. La foule passe, et tout le monde dit :

— Qui est-ce qui a planté là ce pieu? Il n'y en avait pas hier. Est-ce du chêne? est-ce du sapin?

Arrivent des blanchisseuses, revenant de la fontaine, qui étendent du linge sur Caragueus. Il voit avec plaisir que sa supposition a réussi. Un instant après, on voit entrer des esclaves menant des chevaux à l'abreuvoir; un ami les ren-

contre et les invite à entrer dans une galère (sorte de cabaret)
pour se rafraîchir; mais où attacher les chevaux?

— Tiens, voilà un pieu.

Et on attache les chevaux à Caragueus.

Bientôt des chants joyeux, provoqués par l'aimable chaleur
du vin de Ténédos, retentissent dans le cabaret. Les chevaux,
impatients, s'agitent : Caragueus, tiré à quatre, appelle les passants à son secours, et démontre douloureusement qu'il est
victime d'une erreur. On le délivre et on le remet sur pieds.
En ce moment, l'épouse de son ami sort de la maison pour se
rendre au bain. Il n'a pas le temps de se cacher, et l'admiration de cette femme éclate par des transports, que l'auditoire
s'explique à merveille.

— Le bel homme! s'écrie la dame; je n'en ai jamais vu de
pareil.

— Excusez-moi, madame, dit Caragueus toujours vertueux, je ne suis pas un homme à qui l'on puisse parler...
Je suis un veilleur de nuit, de ceux qui frappent avec leur
hallebarde pour avertir le public s'il se déclare quelque incendie dans le quartier.

— Et comment te trouves-tu là encore à cette heure du
jour?

— Je suis un malheureux pêcheur,... quoique bon musulman; je me suis laissé entraîner au cabaret par des giaours.
Alors, je ne sais comment, on m'a laissé mort-ivre sur cette
place : que Mahomet me pardonne d'avoir enfreint ses prescriptions!

— Pauvre homme!... tu dois être malade... Entre dans la
maison et tu pourras y prendre du repos.

Et la dame cherche à prendre la main de Caragueus en signe
d'hospitalité.

— Ne me touchez pas! s'écrie ce dernier avec terreur;
je suis impur!... Je ne saurais, du reste, entrer dans une honnête maison musulmane... J'ai été souillé par le contact d'un
chien.

Pour comprendre cette supposition héroïque qu'élève la délicatesse menacée de Caragueus, il faut savoir que les Turcs, bien que respectant la vie des chiens, et même les nourrissant au moyen de fondations pieuses, regardent comme une impureté de les toucher ou d'être touchés par eux.

— Comment cela est-il arrivé? dit la dame.

— Le ciel m'a puni justement; j'avais mangé des confitures de raisin pendant mon affreuse débauche de cette nuit; et, quand je me suis réveillé là sur la voie publique, j'ai senti avec horreur qu'un chien me léchait le visage... Voilà la vérité; qu'Allah me pardonne!

De toutes les suppositions qu'entasse Caragueus pour repousser les avances de la femme de son ami, celle-là paraît être la plus victorieuse.

— Pauvre homme! dit-elle avec compassion; personne, en effet, ne pourra te toucher avant que tu aies fait cinq ablutions d'un quart d'heure chacune, en récitant des versets du Coran. Va-t'en à la fontaine, et que je te retrouve ici quand je reviendrai du bain.

— Que les femmes de Stamboul sont hardies! s'écrie Caragueus, resté seul. Sous ce féredjé qui cache leur figure, elles prennent plus d'audace pour insulter à la pudeur des honnêtes gens. Non, je ne me laisserai pas prendre à ces artifices, à cette voix mielleuse, à cet œil qui flamboie dans les ouvertures de son masque de gaze. Pourquoi la police ne force-t-elle pas ces effrontées de couvrir aussi leurs yeux?

Il serait trop long de décrire les autres malheurs de Caragueus. Le comique de la scène consiste toujours dans cette situation de la garde d'une femme confiée à l'être qui semble la plus complète antithèse de ceux auxquels les Turcs accordent ordinairement leur confiance. La dame sort du bain, et retrouve de nouveau à son poste l'infortuné gardien de sa vertu, que divers contre-temps ont retenu à la même place. Mais elle n'a pu s'empêcher de parler aux autres femmes qui se trouvaient au bain avec elle de l'inconnu si beau et si bien

fait qu'elle a rencontré dans la rue; de sorte qu'une foule de
baigneuses se précipitent sur les pas de leur amie. On juge de
l'embarras de Caragueus en proie à ces nouvelles Ménades.

La femme de son ami déchire ses vêtements, s'arrache les
cheveux et n'épargne aucun moyen pour combattre sa rigueur.
Il va succomber... lorsque tout à coup passe une voiture qui
sépare la foule. C'est un carrosse dans l'ancien goût français,
celui d'un ambassadeur. Caragueus se rattache à cette dernière
chance; il supplie l'ambassadeur franc de le prendre sous sa
protection, de le laisser monter dans sa voiture pour pouvoir
échapper aux tentations qui l'assiégent. L'ambassadeur descend; il porte un costume fort galant : chapeau à trois cornes
posé sur une immense perruque, habit et gilet brodés, culotte
courte, épée en verrouil ; il déclare aux dames que Caragueus
est sous sa protection, que c'est son meilleur ami... Ce dernier
l'embrasse avec effusion et se hâte de monter dans la voiture,
qui disparaît, emportant le rêve des pauvres baigneuses.

Le mari revient et s'applaudit d'apprendre que la chasteté
de Caragueus lui a conservé une femme pure. Cette pièce est le
triomphe de l'amitié.

J'aurais donné moins de développement à cette analyse, si
cette pièce populaire ne représentait quelque chose des mœurs
du pays. D'après le costume de l'ambassadeur, on peut juger
qu'elle remonte au siècle dernier, et se joue traditionnellement
comme nos arlequinades. Le Caragueus est l'éternel acteur de
ces farces, où cependant il ne tient pas toujours le principal
rôle. J'ai tout lieu de croire que les mœurs de Constantinople
sont changées depuis la réforme. Mais, aux époques qui précédèrent l'avénement du sultan Mahmoud, on peut croire que le
sexe le plus faible protestait à sa manière contre l'oppression
du fort. C'est ce qui expliquerait la facilité des femmes à se
rendre aux mérites de Caragueus.

Dans les pièces modernes, presque toujours ce personnage
appartient à l'opposition. C'est ou le bourgeois railleur, ou
l'homme du peuple dont le bon sens critique les actes des au-

torités secondaires. A l'époque où les règlements de police
ordonnaient, pour la première fois, qu'on ne pût sortir sans
lanterne après la chute du jour, Caragueus parut avec une lanterne singulièrement suspendue, narguant impunément le pouvoir, parce que l'ordonnance n'avait pas dit que la lanterne
dût enfermer une bougie. Arrêté par les cavas et relâché d'après
la légalité de son observation, on le vit reparaître avec une
lanterne ornée d'une bougie qu'il avait négligé d'allumer...
Cette facétie est pareille à celles que nos légendes populaires
attribuent à Jean de Calais; ce qui prouve que tous les peuples
sont les mêmes. Caragueus a son franc-parler ; il a toujours dé-
fié le pal, le sabre et le cordon.

Après l'entr'acte, pendant lequel on renouvela les provisions
de tabac et les divers rafraîchissements, nous vîmes tomber
tout à coup la toile de gaze derrière laquelle s'étaient dessinées
les marionnettes, et de véritables acteurs parurent sur l'estrade
pour représenter *le Mari des Deux Veuves*. Il y avait dans
cette pièce trois femmes et un seul homme; cependant, il n'y
avait que des hommes pour la représenter ; mais, sous le costume féminin, des jeunes gens orientaux, avec cette grâce toute
féminine, cette délicatesse de teint et cette intrépidité d'imitation qu'on ne trouverait pas chez nous, arrivent à produire une
illusion complète. Ce sont ordinairement des Grecs ou des
Circassiens.

On vit paraître d'abord une juive, de celles qui font à peu
près le métier de revendeuses à la toilette, et qui favorisent les
intrigues des femmes chez lesquelles elles sont admises. Elle
faisait le compte des sommes qu'elle avait gagnées, et espérait
tirer plus encore d'une affaire nouvelle, étant liée avec un jeune
Turc nommé Osman, amoureux d'une riche veuve, épouse *principale* d'un *bimbachi* (colonel) tué à la guerre. Toute femme pouvant se remarier après trois mois de veuvage, il était à croire
que la dame choisirait l'amant qu'elle avait distingué déjà du
vivant de son mari, et qui plusieurs fois lui avait offert, par
l'entremise de la juive, des bouquets emblématiques.

Aussi cette dernière se hâte-t-elle d'introduire l'heureux Osman, de qui la présence dans la maison est désormais sans danger.

Osman espère qu'on ne tardera pas à *allumer le flambeau*, et presse son amante d'y songer... Mais, ô ingratitude! ou plutôt caprice éternel des femmes! celle-là refuse de consentir au mariage, à moins qu'Osman ne lui promette d'épouser aussi la seconde femme du bimbachi.

— Par *Tcheytan* (le diable)! se dit Osman, épouser deux femmes, c'est plus grave... Mais, lumière de mes yeux, dit-il à la veuve, qui a pu vous donner cette idée? C'est une exigence qui n'est pas ordinaire.

— Je vais vous l'expliquer, dit la veuve. Je suis belle et jeune, comme vous me l'avez dit toujours... Eh bien, il y a dans cette maison une femme moins belle que moi, moins jeune aussi, qui, par ses artifices, s'est fait épouser et ensuite aimer de feu mon mari. Elle m'a imitée en tout, et a fini par lui plaire plus que moi... Eh bien, sûre comme je suis de votre affection, je voudrais qu'en m'épousant, vous prissiez aussi cette laide créature comme seconde femme. Elle m'a tellement fait souffrir par l'empire que sa ruse lui avait procuré sur l'esprit très-faible de mon premier mari, que je veux désormais qu'elle souffre, qu'elle pleure de me voir préférée, de se trouver l'objet de vos dédains... d'être enfin aussi malheureuse que je l'ai été.

— Madame, répond Osman, le portrait que vous me faites de cette femme me séduit peu en sa faveur. Je comprends qu'elle est fort désagréable... et qu'au bonheur de vous épouser il faut joindre l'inconvénient d'une seconde union qui peut m'embarrasser beaucoup... Vous savez que, selon la loi du prophète, le mari se doit *également* à ses épouses, soit qu'il en prenne un petit nombre ou qu'il aille jusqu'à quatre... ce que je me dispenserai de faire.

— Eh bien, j'ai fait un vœu à *Fathima* (la fille du prophète), et je n'épouserai qu'un homme qui fera ce que je vous dis.

— Madame, je vous demande la permission d'y réfléchir...
Que je suis malheureux!... se dit Osman resté seul; épouser
deux femmes, dont l'une est belle et l'autre laide. Il faut passer
par l'amertume pour arriver au plaisir...

La juive revient et il l'instruit de sa position.

— Que dites-vous? répond cette dernière; mais la seconde
épouse est charmante! N'écoutez donc pas une femme qui parle
de sa rivale. Il est vrai que celle que vous aimez est blonde et
l'autre brune. Est-ce que vous haïssez les brunes?

— Moi? dit l'amant. Je n'ai pas de tels préjugés.

— Eh bien, dit la juive, craignez-vous tant la possession
de deux femmes également charmantes? car, quoique différentes de teint, elles se valent l'une l'autre... Je m'y connais!

— Si tu dis vrai, reprend Osman, la loi du prophète qui
oblige tout époux à se partager également entre ses femmes
me deviendra moins dure.

— Vous allez la voir, dit la juive; je l'ai prévenue que vous
étiez amoureux d'elle, et que, quand elle vous avait vu passer
dans la rue et vous arrêter sous ses fenêtres, c'était toujours à
son intention.

Osman se hâte de récompenser l'intelligente messagère et
voit bientôt entrer la seconde veuve du bimbachi. Elle est fort
belle, en effet, quoique un peu bronzée. Elle se montre flattée
des attentions du jeune homme et ne recule pas devant le
mariage.

— Vous m'aimiez en silence, dit-elle, et l'on m'a instruite
que vous ne vous déclariez pas par timidité... J'ai été touchée
de ce sentiment. Maintenant, je suis libre et je veux récompenser vos vœux. Faites demander le cadi.

— Il n'y a point de difficultés, dit la juive; seulement, ce
malheureux jeune homme doit de l'argent à la *grande dame*
(la première).

— Quoi! dit la seconde, cette créature laide et méchante
fait l'usure?

— Hélas, oui!... et c'est moi qui me suis entremise dans

cette affaire, par l'empressement que j'ai toujours de rendre
service à la jeunesse. Ce pauvre garçon a été sauvé d'un
mauvais pas, grâce à mon intervention, et, comme il ne peut
pas rendre l'argent, la khanoun ne veut donner quittance que
moyennant le mariage.

— Telle est la triste vérité, dit le jeune homme.

La dame s'attendrit.

— Mais quel plaisir vous auriez, lui dit la juive, à voir cette
emme astucieuse méprisée et dédaignée par l'homme qui vous
aime !

Il est dans la nature d'une femme fière et convaincue de ses
avantages de ne pas douter d'un pareil résultat.

On signe le contrat. Dès lors, la question est de savoir laquelle des deux femmes aura la prééminence. La juive apporte
à l'heureux Osman un bouquet, qui doit devenir le signe du
choix que fera le nouvel époux pour la première nuit des
noces. Embarras de ce dernier : chacune des femmes tend déjà
la main pour recevoir le gage de préférence. Mais, au moment
où il hésite entre la brune et la blonde, un grand bruit se fait
dans la maison ; les esclaves accourent effrayés en disant qu'ils
viennent de voir un revenant. Tableau des plus dramatiques.
Le bimbachi entre en scène avec un bâton. Cet époux si peu
regretté n'est pas mort comme on l'imaginait. Il manquait au
cadre de l'armée, ce qui l'avait fait noter parmi les morts,
mais il n'avait été que prisonnier. Un traité de paix intervenu
entre les Russes et les Turcs l'a rendu à sa patrie... et à ses
affections. Il ne tarde pas à comprendre la scène qui se passe,
et administre une volée de coups de bâton à tous les assistants.
Les deux femmes, la juive et l'amant s'enfuient après les
premiers coups, et le cadi, moins alerte, est battu pour
tout le monde, aux applaudissements les plus enthousiastes du
public.

Telle est cette scène, dont le dénoûment moral réjouit tous
les maris présents à la représentation.

Ces deux pièces peuvent donner une idée de l'état où l'art

dramatique se trouve encore en Turquie. Il est impossible d'y méconnaître ce sentiment de comique primitif que l'on retrouve dans les pièces grecques et latines. Mais cela ne va pas plus loin. L'organisation de la société musulmane est contraire à l'établissement d'un théâtre sérieux. Un théâtre est impossible sans les femmes, et, quoi qu'on fasse, on ne pourra pas amener les maris à les laisser paraître en public. Les marionnettes, les acteurs même qui paraissent dans les représentations des cafés, ne servent qu'à amuser les habitués de ces établissements, peu généreux d'ordinaire... L'homme riche donne des représentations chez lui. Il invite ses amis, ses femmes invitent également leurs connaissances, et la représentation a lieu dans une grande salle de la maison. En sorte qu'il est impossible d'établir un théâtre machiné, excepté chez les grands personnages. Le sultan lui-même, quoique fort amateur de représentations théâtrales, n'a chez lui aucune salle de spectacle solidement construite; il arrive souvent que les dames du sérail, entendant parler de quelque représentation brillante qui s'est donnée au théâtre de Péra, veulent en jouir à leur tour, et le sultan s'empresse alors d'engager la troupe pour une ou plusieurs soirées.

On fait aussitôt construire, au palais d'été, un théâtre provisoire, adossé à l'une des façades du bâtiment. Les fenêtres des *cadines* (dames), parfaitement grillées d'ailleurs, deviennent des loges, d'où partent parfois des éclats de rire ou des signes d'approbation; et la salle en amphithéâtre placée entre ces loges et le théâtre n'est garnie que des invités masculins, des personnages diplomatiques et autres conviés à ces fêtes théâtrales.

Le sultan a eu récemment la curiosité de faire jouer devant lui une comédie de Molière : c'était *M. de Pourceaugnac*; l'effet en a été immense. Des interprètes expliquaient à mesure les situations aux personnes de la cour qui ne comprenaient pas le français. Mais il faut reconnaître que la plupart des hommes d'État turcs connaissent plus ou moins notre langue, attendu

que, comme on sait, le français est la langue diplomatique
universelle. Les fonctionnaires turcs, pour correspondre avec
les cabinets étrangers, sont obligés d'employer notre langue.
C'est ce qui explique l'existence à Paris des collèges turcs et
égyptiens.

Quant aux femmes du sérail, ce sont des savantes : toute
dame appartenant à la maison du sultan reçoit une instruction
très-sérieuse en histoire, poésie, musique, peinture et géographie. Beaucoup de ces dames sont artistes ou poëtes, et l'on
voit souvent courir à Péra des pièces de vers ou des morceaux
lyriques dus aux talents de ces aimables recluses.

IV — LES BUVEURS D'EAU

On peut s'arrêter un instant aux spectacles de la place de
Sérasquier, à ces scènes de folie qui se renouvellent dans tous
les quartiers populaires, et qui prennent partout une teinte
mystique inexplicable pour nous autres Européens. Qu'est-ce,
par exemple, que Caragueus, ce type extraordinaire de fantaisie et d'impureté, qui ne se produit publiquement que dans
les fêtes religieuses? N'est-ce pas un souvenir égaré du dieu
de Lampsaque, de ce Pan, père universel, que l'Asie pleure
encore?...

Lorsque je sortis du café, je me promenai sur la place,
songeant à ce que j'avais vu. Une impression de soif que
je ressentis me fit rechercher les étalages des vendeurs de
boissons.

Dans ce pays où les liqueurs fermentées ou spiritueuses ne
peuvent se vendre extérieurement, on remarque une industrie
bizarre, celle des vendeurs d'*eau* à la mesure et au verre.

Ces cabaretiers extraordinaires ont des étalages où l'on
distingue une foule de vases et de coupes remplis d'une eau
plus ou moins recherchée. A Constantinople, l'eau n'arrive que
par l'aqueduc de Valens, et ne se conserve que dans des
réservoirs dus aux empereurs byzantins, où elle prend souvent

un goût désagréable.... Si bien qu'en raison de la rareté de cet élément, il s'est établi à Constantinople une école de buveurs d'eau, *gourmets* véritables, au point de vue de ce liquide.

On vend, dans ces sortes de boutiques, des eaux de divers pays et de différentes années. L'eau du Nil est la plus estimée, attendu qu'elle est la seule que boive le sultan; c'est une partie du tribut qu'on lui apporte d'Alexandrie. Elle est réputée favorable à la fécondité. L'eau de l'Euphrate, un peu verte, un peu âpre au goût, se recommande aux natures faibles ou relâchées. L'eau du Danube, chargée de sels, plaît aux hommes d'un tempérament énergique. Il y a des eaux de plusieurs années. On apprécie beaucoup l'eau du Nil de 1833, bouchée et cachetée dans des bouteilles que l'on vend très-cher...

Un Européen non initié au dogme de Mahomet n'est pas naturellement fanatique de l'eau. Je me souviens d'avoir entendu soutenir, à Vienne, par un docteur suédois, que l'eau était une pierre, un simple cristal naturellement à l'état de glace, lequel ne se trouvait liquéfié, dans les climats au-dessous du pôle, que par une chaleur relativement forte, mais incapable cependant de fondre les *autres pierres*. Pour corroborer sa doctrine, il faisait des expériences chimiques sur les diverses eaux des fleuves, des lacs ou des sources, et y démontrait, dans le résidu produit par l'évaporation, des substances nuisibles à la santé humaine. Il est bon de dire que le but principal du docteur, en dépréciant l'usage de l'eau, tendait à obtenir du gouvernement un privilége de brasserie impériale. M. de Metternich avait paru frappé de ses raisonnements. Du reste, comme grand producteur de vin, il avait intérêt à en partager l'idée.

Quoi qu'il en soit de la possibilité scientifique de cette hypothèse, elle m'avait laissé une impression vive : on peut n'aimer pas à avaler de la pierre fondue. Les Turcs s'en arrangent, il est vrai ; mais à combien de maladies spéciales, de fièvres, de pestes et de fléaux divers ne sont-ils pas exposés !

Telles sont les réflexions qui m'empêchaient de me livrer à ce rafraîchissement. Je laissai les amateurs à leur débauche d'eaux plus ou moins vieilles, plus ou moins choisies, et je m'arrêtai devant un étalage où brillaient des flacons qui semblaient contenir de la limonade. On m'en vendit un, moyennant une piastre turque (vingt-cinq centimes). Dès que je l'eus porté à ma bouche, je fus obligé d'en rejeter la première gorgée. Le marchand riait de mon innocence (on saura plus tard ce qu'était cette boisson!); de sorte qu'il me fallut retourner à Ildiz-Khan pour trouver un rafraîchissement plus agréable.

Le jour était venu, et les Persans, rentrés de meilleure heure, dormaient depuis longtemps. Quant à moi, excité par cette nuit de courses et de spectacles, je ne pus arriver à m'endormir. Je finis par me rhabiller, et je retournai à Péra pour voir mon ami le peintre.

On me dit qu'il avait déménagé et demeurait à Kouroukschemé, chez des Arméniens qui lui avaient commandé un tableau religieux. Kouroukschemé est situé sur la rive européenne du Bosphore, à une lieue de Péra. Il me fallut prendre un caïque à l'échelle de Tophana.

Rien n'est charmant comme ce quai maritime de la cité franque. On descend de Péra par des rues montueuses aboutissant par en haut à la grande rue, puis aux divers consulats et aux ambassades; ensuite on se trouve sur une place de marché encombrée d'étalages fruitiers où s'entassent les magnifiques productions de la côte d'Asie. Il y a des cerises presque en tout temps, la cerise étant un produit naturel de ces climats. Les pastèques, les figues de cactus et les raisins marquaient la saison où nous nous trouvions, — et d'énormes melons de la Cassaba, les meilleurs du monde, arrivés de Smyrne, invitaient tout passant à un déjeuner simple et délicieux. Ce qui distingue cette place, c'est une fontaine admirable dans l'ancien goût turc, ornée de portiques découpés, soutenue par des colonnettes et des arabesques sculptées et peintes. Autour de la place et dans la rue qui mène au quai, on voit un grand nombre de cafés sur la façade desquels je distinguais encore

des transparents aux lumières éteintes, — qui portaient en
lettres d'or ce même nom de Caragueus, aussi aimé là qu'à
Stamboul.

Quoique Tophana fasse partie des quartiers francs, il s'y
trouve beaucoup de musulmans, la plupart portefaix (*hamals*),
ou mariniers (*caïdjis*). Une batterie de six pièces est en évidence sur le quai; elle sert à saluer les vaisseaux qui entrent
dans la Corne d'or, et à annoncer le lever et le coucher du soleil aux trois parties de la ville séparées par les eaux : Péra,
Stamboul et Scutari.

Cette dernière apparaît majestueusement de l'autre côté du
Bosphore, festonnant l'azur de dômes, de minarets et de kiosques, comme sa rivale Stamboul.

Je n'eus pas de peine à trouver une barque à deux rameurs.
Le temps était magnifique, et la barque, fine et légère, se mit
à fendre l'eau avec une vitesse extraordinaire. — Le respect
des musulmans pour les divers animaux explique comment le
canal du Bosphore, qui coupe comme un fleuve les riches coteaux d'Europe et d'Asie, est toujours couvert d'oiseaux aqua-
tiques qui voltigent ou nagent par milliers sur l'eau bleue, et
animent ainsi la longue perspective des palais et des villas.

A partir de Tophana, les deux rivages, beaucoup plus rapprochés en apparence qu'ils ne le sont en effet, présentent longtemps une ligne continue de maisons peintes de couleurs vives,
relevées d'ornements et de grillages dorés.

Une série de colonnades commence bientôt sur la rive gauche
et dure pendant un quart de lieue. Ce sont les bâtiments du
palais neuf de Béchik-Tasch. Ils sont construits entièrement
dans le style grec et peints à l'huile en blanc; les grilles sont
dorées. Tous les tuyaux de cheminée sont faits en forme de
colonnes doriques, le tout d'un aspect à la fois splendide et
gracieux. Des barques dorées flottent attachées aux quais, dont
les marches de marbre descendent jusqu'à la mer. D'immenses
jardins suivent au-dessus les ondulations des collines. Le pin
parasol domine partout les autres végétations. On ne voit nulle

part de palmiers, car le climat de Constantinople est déjà trop
froid pour ces arbres. Un village, dont le port est garni de ces
grandes barques nommées *caïques*, succède bientôt au palais ;
puis on passe encore devant un sérail plus ancien, qui est le
même qu'habitait en dernier lieu la sultane Esmé, sœur de
Mahmoud. C'est le style turc du dernier siècle : des festons,
des rocailles comme ornements, des kiosques ornés de trèfles
et d'arabesques, qui s'avancent comme d'énormes cages grillées
d'or, des toits aigus et des colonnettes peintes de couleurs
vives... On rêve quelque temps les mystères des *Mille et une
Nuits*.

Dans les caïques, le passager est couché sur un matelas, à
l'arrière, tandis que les rameurs s'évertuent à couper l'onde
avec leurs bras robustes et leurs épaules bronzées, coquettement revêtus de larges chemises en crêpe de soie à bandes sa-
tinées. Ces hommes sont très-polis, et affectent même dans les
attitudes de leur travail une sorte de grâce artistique.

En suivant la côte européenne du Bosphore, on voit une
longue file de maisons de campagne habitées généralement par
des employés du sultan. Enfin, un nouveau port rempli de
barques se présente ; c'est Kouroukschemé.

Je retins la barque pour me ramener le soir, c'est l'usage ;
les rameurs entrèrent au café, et, en pénétrant dans le village,
je crus voir un tableau de Decamps. Le soleil découpait partout des losanges lumineuses sur les boutiques peintes et sur
les murs passés au blanc de chaux ; le vert glauque de la végétation reposait çà et là les yeux fatigués de lumière. J'entrai
chez un marchand de tabac pour acheter du latakeh, et je
m'informai de la maison arménienne où je devais trouver mon
ami.

On me l'indiqua avec complaisance. En effet, la famille qui
favorisait en ce moment la peinture française était celle de
grands personnages arméniens. On m'accompagna jusqu'à la
porte, et je trouvai bientôt l'artiste installé dans une salle magnifique qui ressemblait au café Turc du boulevard du Temple,

dont la décoration orientale est beaucoup plus exacte qu'on ne le croit.

Plusieurs Français se trouvaient réunis dans cette salle, admirant les cartons des fresques projetées par le peintre, plusieurs attachés de l'ambassade française, un prince belge et l'hospodar de Valachie, venu pour les fêtes à Constantinople. Nous allâmes visiter la chapelle, où l'on pouvait voir déjà la plus grande partie de la décoration future. Un immense tableau, représentant l'adoration des Mages, remplissait le fond derrière l'endroit où devait s'élever le maître-autel. Les peintures latérales étaient seules à l'état d'esquisse... La famille qui faisait faire ces travaux, ayant plusieurs résidences à Constantinople et à la campagne, avait donné au peintre toute la maison avec les valets et les chevaux, qui se trouvaient à ses ordres ; de sorte qu'il nous proposa d'aller faire des promenades dans les environs. Il y avait une fête grecque à Arnaut-Kueil, situé à une lieue de là ; puis, comme c'était un vendredi (le dimanche des Turcs), nous pouvions, en faisant une lieue de plus et en traversant le Bosphore, nous rendre aux Eaux-Douces d'Asie.

Quoique les Turcs dorment en général tout le jour pendant le mois du Ramazan, ils n'y sont pas obligés par la loi religieuse, et ne le font que pour n'avoir pas à songer à la nourriture, puisqu'il leur est défendu de manger avant le coucher du soleil. Les vendredis, ils s'arrachent au repos et se promènent comme d'ordinaire à la campagne, et principalement aux Eaux-Douces d'Europe, situées à l'extrémité de la Corne d'or, ou à celles d'Asie, qui devaient être le but de notre promenade.

Nous commençâmes par nous rendre à Arnaut-Kueil ; mais la fête n'était pas encore commencée ; seulement, il y avait beaucoup de monde et un grand nombre de marchands ambulants. Dans une vallée étroite, ombragée de pins et de mélèzes, on avait établi des enceintes et des échafaudages pour les danses et pour les représentations. Le lieu central de la fête était une grotte ornée d'une fontaine consacrée à Élie, dont l'eau ne commence à couler chaque année que le jour d'un certain saint dont j'ai oublié le nom. On distribue des verres de cette eau à tous les fidèles qui se présentent. Plusieurs centaines de femmes grecques se pressaient aux abords de la fontaine sainte ; mais l'heure du miracle n'était pas venue. D'autres se promenaient sous l'ombrage ou se groupaient sur les gazons. Je reconnus parmi elles les quatre belles personnes que j'avais vues déjà dans la maison de jeu de San-Dimitri ; elles ne portaient plus les costumes variés qui servaient là à présenter aux spectateurs l'idéal des quatre races féminines de Constantinople ; seulement, elles étaient très-fardées et avaient des mouches. Une femme âgée les guidait ; la pure clarté du soleil leur était moins favorable que la lumière. Les attachés de l'ambassade paraissaient les connaître de longue date ; ils se mirent à causer avec elles et leur firent apporter des sorbets.

V — LE PACHA DE SCUTARI

Pendant que nous nous reposions sous un énorme sycomore, un Turc d'un âge mûr, vêtu de sa longue redingote boutonnée, coiffé de son fezzi à houppe de soie bleue, et décoré d'un petit *nichan* presque imperceptible, était venu s'asseoir sur le banc qui entourait l'arbre. Il avait amené un jeune garçon vêtu comme lui en diminutif, et qui nous salua avec la gravité qu'ont d'ordinaire les enfants turcs lorsque, sortis du premier âge, ils ne sont plus sous la surveillance des mères. Le Turc, nous voyant louer la gentillesse de son fils, nous salua à son tour, et appela un cafedji qui se tenait près de la fontaine. Un instant après, nous fûmes étonnés de voir apporter des pipes et des rafraîchissements, que l'inconnu nous pria d'accepter. Nous hésitions, lorsque le cafetier dit :

— Vous pouvez accepter ; c'est un grand personnage qui vous fait cette politesse ; c'est le pacha de Scutari.

On ne refuse rien d'un pacha.

Je fus étonné d'être le seul à n'avoir point part à la distribution ; mon ami en fit l'observation au cafedji, qui répondit :

— Je ne sers point un *kafir* (un hérétique).

— Kafir ! m'écriai-je, car c'était une insulte : un kafir, c'est toi-même, fils de chien !

Je n'avais pas songé que cet homme, sans doute fidèle musulman *sunnite*, n'adressait son injure qu'au costume persan que je portais, et qui me déguisait en sectateur d'Ali ou *schiite*.

Nous échangeâmes quelques mots vifs, car il ne faut jamais laisser le dernier mot à un homme grossier en Orient; sans quoi, il vous croit timide et peut vous frapper, tandis que les plus grosses injures n'aboutissent qu'à faire triompher l'un ou l'autre dans l'esprit des assistants. Cependant, comme le pacha voyait la scène avec étonnement, mes compagnons, qui avaient ri beaucoup d'abord de la méprise, me firent reconnaître pour un Franc. Je ne cite cette scène que pour marquer le fanatisme qui existe encore dans les classes inférieures, et qui, très-calmé à l'égard des Européens, s'exerce toujours avec force entre les différentes sectes. Il en est, du reste, à peu près de même du côté des chrétiens : un catholique romain estime plus un Turc qu'un Grec.

Le pacha rit beaucoup de l'aventure et se mit à causer avec le peintre. Nous nous rembarquâmes en même temps que lui après la fête; et, comme nos barques avaient à passer devant le palais d'été du sultan, situé sur la côte d'Asie, il nous permit de le visiter.

Ce sérail d'été, qu'il ne faut pas confondre avec l'autre, situé sur la côte européenne, est la plus délicieuse résidence du monde. D'immenses jardins, étagés en terrasses, arrivent jusqu'au sommet de la montagne, d'où l'on aperçoit nettement Scutari sur la droite, et, aux derniers plans, la silhouette bleuâtre de l'Olympe de Bithynie. Le palais est bâti dans le style du xviiie siècle. Il fallut, avant d'y entrer, remplacer nos bottes par des babouches qui nous furent prêtées ; puis nous fûmes admis à visiter les appartements des sultanes, vides, naturellement, dans ce moment-là.

Les salles inférieures sont construites sur pilotis, la plupart de bois précieux ; on nous a parlé même de pilotis d'aloès, qui résistent davantage à la corruption que produit l'eau de mer. Après avoir visité les vastes pièces du rez-de-chaussée que l'on n'habite pas, nous fûmes introduits dans les appartements. Il y avait, au milieu, une grande salle, sur laquelle s'ouvraient une vingtaine de cabinets avec des portes distinctes, comme dans les galeries des établissements de bains.

Nous pûmes entrer dans chaque pièce, uniformément meublée d'un divan, de quelques chaises, d'une commode d'acajou et d'une cheminée de marbre, surmontée d'une pendule à colonnes. On se serait cru dans la chambre d'une Parisienne, si le mobilier eût été complété par un lit à bateau ; mais, en Orient, les divans seuls servent de lits.

Chacune de ces chambres était celle d'une cadine. La symétrie et l'exacte uniformité de ces chambres me frappèrent : on m'apprit que l'égalité la plus parfaite régnait entre les femmes du sultan... Le peintre m'en donna pour preuve ce fait : que, lorsque Sa Hautesse commande à Péra des boîtes de bonbons, achetées ordinairement chez un confiseur français, on est obligé de les composer de sucreries exactement pareilles. Une papillote de plus, un bonbon d'une forme particulière, des pastilles ou des dragées en plus ou en moins seraient cause de complications graves dans les relations de ces belles personnes ; comme tous les musulmans, quels qu'ils soient, elles ont le sentiment de l'égalité.

On fit jouer pour nous, dans la salle principale, une pendule à musique, exécutant plusieurs airs d'opéras italiens. Des oiseaux mécaniques, des rossignols chantants, des paons faisant la roue, égayaient l'aspect de ce petit monument. Au second étage se trouvaient les logements des *odaleuk*, qui se divisent en chanteuses et en servantes. Plus haut se trouvaient logées les esclaves. Il règne dans le harem un ordre pareil à celui qui existe dans les pensions bien tenues. La plus ancienne cadine exerce la principale autorité ; mais elle est toujours au-dessous de la sultane mère, qu'elle doit, de temps en temps, aller consulter au vieux Séraï, à Stamboul.

Voilà ce que j'ai pu saisir des habitudes intérieures du sérail. Tout s'y passe en général beaucoup plus simplement que ne le supposent les imaginations dépravées des Européens. La question du nombre de femmes ne tient chez les Turcs à aucune autre idée que celle de la reproduction. La race caucasienne, si belle, si énergique, a diminué de beaucoup par un de ces faits physiologiques qu'il est difficile de définir. Les guerres du siècle dernier ont surtout affaibli beaucoup la population spécialement turque. Le courage de ces hommes les a décimés, comme il est arrivé pour les races franques du moyen âge.

Le sultan paraît fort disposé, pour sa part, à repeupler l'empire turc, si l'on se rend compte du nombre de naissances de princes et de princesses annoncées à la ville de temps en temps par le bruit du canon et par les illuminations de Stamboul.

On nous fit voir ensuite les celliers, les cuisines, les appartements de réception et la salle de concert; tout est arrangé de manière à ce que les femmes puissent participer, sans être vues, à tous les divertissements des personnes invitées par le sultan. Partout on remarque des loges grillées ouvertes sur les salles comme des tribunes, et qui permettent aux dames du harem de s'associer d'intention à la politique ou aux plaisirs.

Nous admirâmes la salle des bains, construite en marbre, et la mosquée particulière du palais. Ensuite on nous fit sortir par un péristyle donnant sur les jardins, orné de colonnes et fermé d'une galerie en vitrages qui contenait des arbustes, des plantes et des fleurs de l'Inde. Ainsi, Constantinople, déjà froid à cause de sa position montueuse et des orages fréquents de la mer Noire, a des serres de plantes tropicales comme nos pays du Nord.

Nous parcourûmes de nouveau les jardins, et l'on nous fit entrer dans un pavillon où l'on nous avait servi une collation de fruits du jardin et de confitures. Le pacha nous invita à ce régal; mais il ne mangea rien lui-même, parce que la lune du Ramazan n'était pas encore levée. Nous étions tout confus de sa politesse, et un peu embarrassés de ne pouvoir la reconnaître qu'en paroles.

— Vous pourrez dire, répondit-il à nos remerciments, que vous avez fait un repas chez le sultan!

Sans s'exagérer l'honneur d'une réception si gracieuse, on peut y voir du moins beaucoup de bienveillance, et l'oubli, presque complet aujourd'hui chez-les Turcs, des préjugés religieux.

VI — LES DERVICHES

Après avoir suffisamment admiré les appartements et les jardins du sérail d'Asie, nous renonçâmes à visiter les Eaux-Douces d'Asie; ce qui nous eût obligés à remonter le Bosphore d'une lieue, et, nous trouvant près de Scutari, nous fîmes le projet d'aller voir le couvent des derviches hurleurs.

Scutari est la ville de l'orthodoxie musulmane beaucoup plus que Stamboul, où les populations sont mélangées, et qui appartient à l'Europe. L'asiatique Scutari garde encore les vieilles traditions turques; le costume de la réforme y est presque inconnu; le turban vert ou blanc s'y montre encore avec obstination; c'est, en un mot, le faubourg Saint-Germain de Constantinople. Les maisons, les fontaines et les mosquées sont d'un style plus ancien; les inventions nouvelles d'assainissement, de pavage ou de cailloutage, les trottoirs, les lanternes, les voitures attelées de chevaux, que l'on voit à Stamboul, sont considérés là comme des innovations dangereuses. Scutari est le refuge des vieux musulmans qui, persuadés que la Turquie d'Europe ne tardera pas à être la proie des chrétiens, désirent s'assurer un tombeau paisible sur la terre de Natolie. Ils pensent que le Bosphore sera la séparation des deux empires et des deux religions, et qu'ils jouiront ensuite en Asie d'une complète sécurité.

Scutari n'a de remarquable que sa grande mosquée et son

cimetière aux cyprès gigantesques; ses tours, ses kiosques, ses fontaines et ses centaines de minarets ne la distingueraient pas, sans cela, de l'autre ville turque. Le couvent des derviches *hurleurs* est situé à peu de distance de la mosquée; il est d'une architecture plus vieille que le téké des derviches de Péra, qui sont, eux, des derviches *tourneurs*.

Le pacha, qui nous avait accompagnés jusqu'à la ville, voulait nous dissuader d'aller visiter ces moines, qu'il appelait des fous; mais la curiosité des voyageurs est respectable. Il le comprit, et nous quitta en nous invitant à retourner le voir.

Les derviches ont cela de particulier, qu'ils sont plus tolérants qu'aucune institution religieuse. Les musulmans orthodoxes, obligés d'accepter leur existence comme corporation, ne font réellement que les tolérer.

Le peuple les aime et les soutient; leur exaltation, leur bonne humeur, la facilité de leur caractère et de leurs principes plaisent à la foule plus que la roideur des imans et des mollahs. Ces derniers les traitent de panthéistes et attaquent souvent leurs doctrines, sans pouvoir absolument toutefois les convaincre d'hérésie.

Il y a deux systèmes de philosophie qui forment le fond de la religion turque et de l'instruction qui en découle. L'un est tout aristotélique, l'autre tout platonicien. Les derviches se rattachent au dernier. Il ne faut pas s'étonner de ce rapport des musulmans avec les Grecs, puisque nous n'avons connu nous-mêmes que par leurs traductions les derniers écrits philosophiques du monde ancien.

Que les derviches soient des panthéistes, comme le prétendent les vrais Osmanlis, cela ne les empêche pas toutefois d'avoir des titres religieux incontestables. Ils ont été établis, disent-ils, dans leurs maisons et dans leurs priviléges par Orchan, second sultan des Turcs. Les maîtres qui ont fondé leurs ordres sont au nombre de sept, chiffre tout pythagoricien qui indique la source de leurs idées. Le nom général est *mewelevis*, du nom du premier fondateur; quand à *derviches* ou *durvesch*, cela veut dire *pauvre*. C'est au fond une secte de communistes musulmans.

Plusieurs appartiennent aux *munasihi*, qui croient à la transmigration des âmes. Selon eux, tout homme qui n'est pas digne de renaître sous une forme humaine entre, après sa mort, dans le corps de l'animal qui lui ressemble le plus comme humeur ou comme tempérament. Le vide que laisserait cette émigration des âmes humaines se trouve comblé par celles des bêtes dignes, par leur intelligence ou leur fidélité, de s'élever dans l'échelle animale. Ce sentiment, qui appartient évidemment à la tradition indienne, explique les diverses fondations pieuses faites dans les couvents et les mosquées en faveur des animaux; car on les respecte aussi bien comme pouvant avoir été des hommes que comme capables de le devenir. Cela explique pourquoi aucun musulman ne mange de porc, parce que cet animal semble, par sa forme et par ses appétits, plus voisin de l'espèce humaine.

Les *eschrakis* ou illuminés s'appliquent à la contemplation de Dieu dans les nombres, dans les formes et dans les couleurs. Ils sont, en général, plus réservés, plus aimants et plus élégants que les autres. Ils sont préférés pour l'instruction, et cherchent à développer la force de leurs élèves par les exercices de vigueur ou de grâce. Leurs doctrines procèdent évidemment de Pythagore et de Platon. Ils sont poëtes, musiciens et artistes.

Il y a parmi eux aussi quelques *haïretis* ou étonnés (mot dont peut-être on a fait le mot d'*hérétiques*), qui représentent l'esprit de scepticisme ou d'indifférence. Ceux-là sont véritablement des épicuriens. Ils posent en principe que le mensonge ne peut se distinguer de la vérité, et qu'à travers les subtilités de la malice humaine, il est imprudent de chercher à démêler une idée quelconque. La passion peut vous tromper, vous aigrir et vous rendre injuste dans le bien comme dans le mal; de sorte qu'il faut s'abstenir et dire : *Allah bilour bizé hara-*

nouk! « Dieu le sait et nous ne le savons pas, » ou : « Dieu sait bien ce qui est le meilleur! »

Telles sont les trois opinions philosophiques qui dominent là comme à peu près partout, et, parmi les derviches, cela n'engendre point les haines que ces principes opposés excitent dans la société humaine; les *eschrakis*, dogmatistes spirituels, vivent en paix avec les *munasihi*, panthéistes matériels, et les *hairetis*, sceptiques, se gardent bien d'épuiser leurs poumons à discuter avec les autres. Chacun vit à sa manière et selon son tempérament, les uns usant souvent immodérément de la nourriture, d'autres des boissons et des excitants narcotiques, d'autres encore de l'amour. Le derviche est l'être favorisé par excellence parmi les musulmans, pourvu que ses vertus privées, son enthousiasme et son dévouement soient reconnus par ses frères.

La sainteté dont il fait profession, la pauvreté qu'il embrasse en principe, et qui ne se trouve soulagée parfois que par les dons volontaires des fidèles, la patience et la modestie qui sont aussi ses qualités ordinaires, le mettent autant au-dessus des autres hommes moralement, qu'il s'est mis naturellement au-dessous. Un derviche peut boire du vin et des liqueurs si on lui en offre, car il lui est défendu de rien payer. Si, passant dans la rue, il a envie d'un objet curieux, d'un ornement exposé dans une boutique, le marchand le lui donne d'ordinaire ou le lui laisse emporter. S'il rencontre une femme, et qu'il soit très-respecté du peuple, il est admis qu'il peut l'approcher sans impureté. Il est vrai que ceci ne se passerait plus aujourd'hui dans les grandes villes, où la police est médiocrement édifiée sur les qualités des derviches; mais le principe qui domine ces libertés, c'est que l'homme qui abandonne tout peut tout recevoir, parce que, sa vertu étant de repousser toute possession, celle des fidèles croyants est de l'en dédommager par des dons et des offrandes.

Par la même cause de sainteté particulière, les derviches ont le droit de se dispenser du voyage de la Mecque; ils peuvent

manger du porc et du lièvre, et même toucher les chiens ; ce
qui est défendu aux autres Turcs, malgré la révérence qu'ils
ont tous pour le souvenir du chien des sept Dormants.

Quand nous entrâmes dans la cour du téké, nous vîmes un
grand nombre de ces animaux auxquels des frères servants
distribuaient le repas du soir. Il y a pour cela des donations
fort anciennes et fort respectées. Les murs de la cour, plantée
d'acacias et de platanes, étaient garnis çà et là de petites
constructions en bois peint et sculpté suspendues à une certaine hauteur, comme des consoles. C'étaient des logettes consacrées à des oiseaux qui, au hasard, en venaient prendre possession et qui restaient parfaitement libres.

La représentation donnée par les derviches hurleurs ne
m'offrit rien de nouveau, attendu que j'en avais déjà vu de pareilles au Caire. Ces braves gens passent plusieurs heures à
danser en frappant fortement la terre du pied autour d'un mât
décoré de guirlandes, qu'on appelle *sâry;* cela produit un
peu l'effet d'une farandole où l'on resterait en place. Ils chantent sur des intonations diverses une éternelle litanie qui a
pour refrain : *Allah hay !* c'est-à-dire « Dieu vivant ! » Le public est admis à ces séances dans des tribunes hautes ornées de
balustrades de bois. Au bout d'une heure de cet exercice, quelques-uns entrent dans un état d'excitation qui les rend *melbous*
(inspirés). Ils se roulent à terre et ont des visions béatifiques.

Ceux que nous vîmes dans cette représentation portaient des
cheveux longs sous leur bonnet de feutre en forme de pot de
fleurs renversé ; leur costume était blanc avec des boutons noirs ;
on les appelle *kadris,* du nom de leur fondateur.

Un des assistants nous raconta qu'il avait vu les exercices
des derviches du téké de Péra, lesquels sont spécialement tourneurs. Comme à Scutari, on entre dans une immense salle de
bois, dominée par des galeries et des tribunes où le public est
admis sans conditions ; mais il est convenable de déposer une
légère aumône. Au téké de Péra, tous les derviches ont des
robes blanches plissées comme des fustanelles grecques. Leur

travail est, dans les séances publiques, de tourner sur eux-mêmes pendant le plus longtemps possible. Ils sont tous vêtus de blanc ; leur chef seul est vêtu de bleu. Tous les mardis et tous les vendredis, la séance commence par un sermon, après lequel tous les derviches s'inclinent devant le supérieur, puis se divisent dans toute la salle de manière à pouvoir tourner séparément sans se toucher jamais. Les jupes blanches volent, la tête tourne avec sa coiffe de feutre, et chacun de ces religieux a l'air d'un volant. Cependant, certains d'entre eux, exécutent des airs mélancoliques sur une flûte de roseau. Il arrive pour les tourneurs comme pour les hurleurs un certain moment d'exaltation pour ainsi dire magnétique qui leur procure une extase toute particulière.

Il n'y a nulle raison pour des hommes instruits de s'étonner de ces pratiques bizarres. Ces derviches représentent la tradition non interrompue des cabires, des dactyles et des corybantes, qui ont dansé et hurlé durant tant de siècles antiques sur ce même rivage. Ces mouvements convulsifs, aidés par les boissons et les pâtes excitantes, font arriver l'homme à un état bizarre où Dieu, touché de son amour, consent à se révéler par des rêves sublimes, avant-goût du paradis.

En descendant du couvent des derviches pour regagner l'échelle maritime, nous vîmes la lune levée qui dessinait à gauche les immenses cyprès du cimetière de Scutari, et, sur la hauteur, les maisons brillantes de couleurs et de dorures de la haute ville de Scutari, qu'on appelle la *Cité d'argent*.

Le palais d'été du sultan, que nous avions visité dans la journée, se montrait nettement à droite au bord de la mer, avec ses murs festonnés peints de blanc et relevés d'or pâle. Nous traversâmes la place du marché, et les caïques, en vingt minutes, nous déposèrent à Tophana, sur la rive européenne.

En voyant Scutari se dessiner au loin sur son horizon découpé de montagnes bleuâtres, avec les longues allées d'ifs et de cyprès de son cimetière, je me rappelai cette phrase de Byron :

« O Scutari! tes maisons blanches dominent sur des milliers
de tombes ;— tandis qu'au-dessus d'elles, on voit l'arbre toujours vert, le cyprès élancé et sombre, dont le feuillage est
empreint d'un deuil sans fin — comme un amour qui n'est pas
partagé ! »

III

LES CONTEURS

***

UNE LÉGENDE DANS UN CAFÉ

On ne donnerait qu'une faible idée des plaisirs de Constantinople pendant le Ramazan et des principaux charmes de ses
nuits, si l'on passait sous silence les contes merveilleux récités
ou déclamés par des conteurs de profession attachés aux principaux cafés de Stamboul. Traduire une de ces légendes, c'est
en même temps compléter les idées que l'on doit se faire d'une
littérature à la fois savante et populaire qui encadre spirituellement les traditions et les légendes religieuses considérées au
point de vue de l'islamisme.

Je passais, aux yeux des Persans qui m'avaient pris sous leur
protection, pour un *taleb* (savant); de sorte qu'ils me condui-
sirent à des cafés situés derrière la mosquée de Bayezid, et où
se réunissaient autrefois les fumeurs d'opium. Aujourd'hui,
cette consommation est défendue; mais les négociants étrangers à la Turquie fréquentent par habitude ce point éloigné du
tumulte des quartiers du centre.

On s'assied, on se fait apporter un narghilé ou une chibouk,
et l'on écoute des récits qui, comme nos feuilletons actuels, se
prolongent le plus possible. C'est l'intérêt du cafetier et du
narrateur.

Quoique ayant commencé fort jeune l'étude des langues de
l'Orient, je n'en sais que les mots les plus indispensables;
cependant, l'animation du récit m'intéressait toujours, et, avec

l'aide de mes amis du caravansérail, j'arrivais à me rendre compte au moins du sujet.

Je puis donc rendre à peu près l'effet d'une de ces narrations imagées où se plaît le génie traditionnel des Orientaux. Il est bon de dire que le café où nous nous trouvions est situé dans les quartiers ouvriers de Stamboul, qui avoisinent les bazars. Dans les rues environnantes se trouvent les ateliers des fondeurs, des ciseleurs, des graveurs, qui fabriquent ou réparent les riches armes exposées au Besestain, de ceux aussi qui travaillent aux ustensiles de fer et de cuivre ; divers autres métiers se rapportent encore aux marchandises variées étalées dans les nombreuses divisions du grand bazar.

De sorte que l'assemblée eût paru, pour nos hommes du monde, un peu vulgaire. Cependant, quelques costumes soignés se distinguaient çà et là sur les bancs et sur les estrades.

En Turquie, le sentiment de l'égalité existe sincèrement chez tous, et ce qui le soutient encore, c'est que tout le monde possède une instruction sommaire, suffisante pour tout comprendre et pour tout sentir ; — attendu que l'éducation est obligatoire, et que les gens de toute classe envoient leurs enfants étudier longtemps aux mosquées, où on les instruit gratuitement. — Aussi ne s'étonne-t-on pas de voir l'homme du dernier rang arriver aux plus hautes positions, pour lesquelles il ne lui reste plus à acquérir que les connaissances spéciales.

Le conteur que nous devions entendre paraissait être renommé. Outre les consommateurs du café, une grande foule d'auditeurs simples se pressait au dehors. On commanda le silence, et un jeune homme au visage pâle, aux traits pleins de finesse, à l'œil étincelant, aux longs cheveux s'échappant, comme ceux des santons, de dessous un bonnet d'une autre forme que les tarbouchs ou les fezzi, vint s'asseoir sur un tabouret dans un espace de quatre à cinq pieds qui occupait le centre des bancs. On lui apporta du café, et tout le monde écouta religieusement ; car, selon l'usage, chaque partie du récit devait durer une demi-heure. Ces conteurs de profession ne sont pas des poëtes, ce sont, pour ainsi dire, des rapsodes ; ils arrangent et développent un sujet traité déjà de diverses manières, ou fondé sur d'anciennes légendes. C'est ainsi qu'on voit se-renouveler, avec mille additions ou changements, les aventures d'Antar, d'Abou-Zeyd ou de Medjnoun. Il s'agissait, cette fois d'un roman destiné à peindre la gloire de ces antiques associations ouvrières auxquelles l'Orient a donné naissance.

— Louange à Dieu, dit-il, et à son favori Ahmad, dont les yeux noirs brillent d'un éclat si doux ! Il est le seul apôtre de la vérité.

Tout le monde s'écria :

— *Amin !* (Cela est ainsi.)

HISTOIRE

DE LA REINE DU MATIN ET DE SOLIMAN

PRINCE DES GÉNIES

I — ADONIRAM

Pour servir les desseins du grand roi Soliman Ben-Daoud[1], son serviteur Adoniram avait renoncé depuis dix ans au sommeil, aux plaisirs, à la joie des festins. Chef des légions d'ouvriers qui, semblables à d'innombrables essaims d'abeilles, concouraient à construire ces ruches d'or, de cèdre, de marbre et d'airain que le roi de Jérusalem destinait à Adonaï et préparait à sa propre grandeur, le maître Adoniram passait les nuits à combiner des plans, et les jours à modeler les figures colossales destinées à orner l'édifice.

Il avait établi, non loin du temple inachevé, des forges où sans cesse retentissait le marteau, des fonderies souterraines, où le bronze liquide glissait le long de cent canaux de sable, et

1. Salomon, fils de David.

prenait la forme des lions, des tigres, des dragons ailés, des
chérubins, ou même de ces génies étranges et foudroyés....
races lointaines, à demi perdues dans la mémoire des hommes.

Plus de cent mille artisans soumis à Adoniram exécutaient
ses vastes conceptions : les fondeurs étaient au nombre de
trente mille ; les maçons et les tailleurs de pierre formaient une
armée de quatre-vingt mille hommes; soixante et dix mille
manœuvres aidaient à transporter les matériaux. Disséminés
par bataillons nombreux, les charpentiers épars dans les montagnes abattaient les pins séculaires jusque dans les déserts des
Scythes, et les cèdres sur les plateaux du Liban. Au moyen de
trois mille trois cents intendants, Adoniram exerçait la disci-
pline et maintenait l'ordre parmi ces populations ouvrières qui
fonctionnaient sans confusion.

Cependant, l'âme inquiète d'Adoniram présidait avec une
sorte de dédain à des œuvres si grandes. Accomplir une des
sept merveilles du monde lui semblait une tâche mesquine.
Plus l'ouvrage avançait, plus la faiblesse de la race humaine lui
paraissait évidente, et plus il gémissait sur l'insuffisance et sur
les moyens bornés de ses contemporains. Ardent à concevoir,
plus ardent à exécuter, Adoniram rêvait des travaux gigantesques; son cerveau, bouillonnant comme une fournaise,
enfantait des monstruosités sublimes, et, tandis que son art
étonnait les princes des Hébreux, lui seul prenait en pitié les
travaux auxquels il se voyait réduit.

C'était un personnage sombre, mystérieux. Le roi de Tyr,
qui l'avait employé, en avait fait présent à Soliman. Mais quelle
était la patrie d'Adoniram? Nul ne le savait ! D'où venait-il ?
Mystère. Où avait-il approfondi les éléments d'un savoir si
pratique, si profond et si varié? On l'ignorait. Il semblait tout
créer, tout deviner et tout faire. Quelle était son origine? à
quelle race appartenait-il? C'était un secret, et le mieux gardé
de tous : il ne souffrait point qu'on l'interrogeât à cet égard.
Sa misanthropie le tenait comme étranger et solitaire au milieu
de la lignée des enfants d'Adam; son éclatant et audacieux

génie le plaçait au-dessus des hommes, qui ne se sentaient point ses frères. Il participait de l'esprit de lumière et du génie des ténèbres!

Indifférent aux femmes, qui le contemplaient à la dérobée et ne s'entretenaient jamais de lui, méprisant les hommes, qui évitaient le feu de son regard, il était aussi dédaigneux de la terreur inspirée par son aspect imposant, par sa taille haute et robuste, que de l'impression produite par son étrange et fascinante beauté. Son cœur était muet; l'activité de l'artiste animait seule des mains faites pour pétrir le monde, et courbait seule des épaules faites pour le soulever.

S'il n'avait pas d'amis, il avait des esclaves dévoués, et il s'était donné un compagnon, un seul... un enfant, un jeune artiste issu de ces familles de la Phénicie, qui naguère avaient transporté leurs divinités sensuelles aux rives orientales de l'Asie Mineure. Pâle de visage, artiste minutieux, amant docile de la nature, Benoni avait passé son enfance dans les écoles, et sa jeunesse au delà de la Syrie, sur ces rivages fertiles où l'Euphrate, ruisseau modeste encore, ne voit sur ses bords que des pâtres soupirant leurs chansons à l'ombre des lauriers verts étoilés de roses.

Un jour, à l'heure où le soleil commence à s'incliner sur la mer, un jour que Benoni, devant un bloc de cire, modelait délicatement une génisse, s'étudiant à deviner l'élastique mobilité des muscles, maître Adoniram, s'étant approché, contempla longuement l'ouvrage presque achevé, et fronça le sourcil.

— Triste labeur! s'écria-t-il. De la patience, du goût, des puérilités!... du génie, nulle part; de la volonté, point. Tout dégénère, et déjà l'isolement, la diversité, la contradiction, l'indiscipline, instruments éternels de la perte de vos races énervées, paralysent vos pauvres imaginations. Où sont mes ouvriers: mes fondeurs, mes chauffeurs, mes forgerons?... Dispersés!... Ces fours refroidis devraient, à cette heure, retentir des rugissements de la flamme incessamment attisée;

la terre aurait dû recevoir les empreintes de ces modèles pétris
de mes mains. Mille bras devraient s'incliner sur la fournaise...
et nous voilà seuls !

— Maître, répondit avec douceur Benoni, ces gens grossiers
ne sont pas soutenus par le génie qui t'embrase; ils ont besoin
de repos, et l'art qui nous captive laisse leur pensée oisive.
Ils ont pris congé pour tout le jour. L'ordre du sage Soliman
leur a fait un devoir du repos... Jérusalem s'épanouit en
fête.

— Une fête! que m'importe? Le repos!... je ne l'ai jamais
connu, moi. Ce qui m'abat, c'est l'oisiveté! Quelle œuvre
faisons-nous? Un temple d'orfévrerie, un palais pour l'orgueil
et la volupté, des joyaux qu'un tison réduirait en cendres. Ils
appellent cela créer pour l'éternité!... Un jour, attirés par
l'appât d'un gain vulgaire, des hordes de vainqueurs, conjurés
contre ce peuple amolli, abattront en quelques heures ce fragile
édifice, et il n'en restera rien qu'un souvenir. Nos modèles
fondront aux lueurs des torches, comme les neiges du Liban
quand survient l'été, et la postérité, en parcourant ces coteaux
déserts, redira : « C'était une pauvre et faible nation que cette
race des Hébreux!... »

— Eh quoi! maître, un palais si magnifique,... un temple,
le plus riche, le plus vaste, le plus solide...

— Vanité! vanité! comme dit, par vanité, le seigneur
Soliman. Sais-tu ce que firent jadis les enfants d'Hénoch? Une
œuvre sans nom... dont le Créateur s'effraya : il fit trembler
la terre en la renversant, et, des matériaux épars, on a construit
Babylone,... jolie ville où l'on peut faire voler dix chars sur la
tranche des murailles. Sais-tu ce que c'est qu'un monument, et
connais-tu les Pyramides? Elles dureront jusqu'au jour où
s'écrouleront dans l'abîme les montagnes de Kaf qui entourent le monde. Ce ne sont point les fils d'Adam qui les ont
élevées!

— On dit pourtant...

— On ment : le déluge a laissé son empreinte à leur cime.

Écoute : à deux milles d'ici, en remontant le Cédron, il y a un bloc de rocher carré de six cents coudées. Que l'on me donne cent mille praticiens armés du fer et du marteau ; dans le bloc énorme, je taillerais la tête monstrueuse d'un sphinx... qui sourit et fixe un regard implacable sur le ciel. Du haut des nuées, Jéhovah le verrait et pâlirait de stupeur... Voilà un monument. Cent mille années s'écouleraient, et les enfants des hommes diraient encore : « Un grand peuple a marqué là son passage. »

— Seigneur, se dit Benoni en frissonnant, de quelle race est descendu ce génie rebelle ?...

— Ces collines, qu'ils appellent des montagnes, me font pitié. Encore, si l'on travaillait à les échelonner les unes sur les autres, en taillant sur leurs angles des figures colossales,... cela pourrait valoir quelque chose. A la base, on creuserait une caverne assez vaste pour loger une légion de prêtres : ils y mettraient leur arche avec ses chérubins d'or et ses deux cailloux qu'ils appellent des tables, et Jérusalem aurait un temple ; mais nous allons loger Dieu comme un riche *seraf* (banquier) de Memphis...

— Ta pensée rêve toujours l'impossible.

— Nous sommes nés trop tard ; le monde est vieux, la vieillesse est débile ; tu as raison. Décadence et chute ! tu copies la nature avec froideur, tu t'occupes comme la ménagère qui tisse un voile de lin ; ton esprit hébété se fait tour à tour l'esclave d'une vache, d'un lion, d'un cheval, d'un tigre, et ton travail a pour but de rivaliser par l'imitation avec une génisse, une lionne, une tigresse, une cavale ;... ces bêtes font ce que tu exécutes, et plus encore, car elles transmettent la vie avec la forme. Enfant, l'art n'est point là : il consiste à créer. Quand tu dessines un de ces ornements qui serpentent le long des frises, te bornes-tu à copier les fleurs et les feuillages qui rampent sur le sol? Non : tu inventes, tu laisses courir le stylet au caprice de l'imagination, entremêlant les fantaisies les plus bizarres. Eh bien, à côté de l'homme et des animaux existants,

que ne cherches-tu de même des formes inconnues, des êtres
innomés, des incarnations devant lesquelles l'homme a reculé,
des accouplements terribles, des figures propres à répandre le
respect, la gaieté, la stupeur et l'effroi? Souviens-toi des vieux
Égyptiens, des artistes hardis et naïfs de l'Assyrie. N'ont-ils pas
arraché des flancs du granit ces sphinx, ces cynocéphales, ces
divinités de basalte dont l'aspect révoltait le Jéhovah du vieux
Daoud? En revoyant d'âge en âge ces symboles redoutables,
on répétera qu'il exista jadis des génies audacieux. Ces gens-là
songeaient-ils à la forme? Ils s'en raillaient, et, forts de leurs
inventions, ils pouvaient crier à celui qui créa tout : « Ces êtres
de granit, tu ne les devines point et tu n'oserais les animer. »
Mais le Dieu multiple de la nature vous a ployés sous le joug :
la matière vous limite ; votre génie dégénéré se plonge dans
les vulgarités de la forme ; l'art est perdu.

— D'où vient, se disait Benoni, cet Adoniram dont l'esprit
échappe à l'humanité ?

— Revenons à des amusettes qui soient à l'humble portée du
grand roi Soliman, reprit le fondeur en passant sa main sur
son large front, dont il écarta une forêt de cheveux noirs et
crépus. Voilà quarante-huit bœufs en bronze d'une assez bonne
stature, autant de lions, des oiseaux, des palmes, des chérubins... Tout cela est un peu plus expressif que la nature. Je les
destine à supporter une mer d'airain de dix coudées, coulée
d'un seul jet, d'une profondeur de cinq coudées et bordée d'un
cordon de trente coudées, enrichi de moulures. Mais j'ai des
modèles à terminer. Le moule de la vasque est prêt. Je crains
qu'il ne se fendille par la chaleur du jour : il faudrait se hâter,
et, tu le vois, ami, les ouvriers sont en fête et m'abandonnent...
Une fête ! dis-tu ; quelle fête ? à quelle occasion ?...

Le conteur s'arrêta ici, la demi-heure était passée. Chacun
alors eut la liberté de demander du café, des sorbets ou du
tabac. Quelques conversations s'engagèrent sur le mérite des
détails ou sur l'attrait que promettait la narration. Un des Per-

sans qui étaient près de moi fit observer que cette histoire lui paraissait puisée dans le *Soliman-Nameh*.

Pendant cette *pause*, — car ce repos du narrateur est appelé ainsi, de même que chaque veillée complète s'appelle *séance*, — un petit garçon qu'il avait amené parcourait les rangs de la foule en tendant à chacun une sébile, qu'il rapporta remplie de monnaie aux pieds de son maître. Ce dernier reprit le dialogue par la réponse de Benoni à Adoniram :

II — BALKIS

— Plusieurs siècles avant la captivité des Hébreux en Égypte, Saba, l'illustre descendant d'Abraham et de Kétura, vint s'établir dans les heureuses contrées que nous appelons l'Iémen, où il fonda une cité qui d'abord a porté son nom, et que l'on connaît aujourd'hui sous le nom de Mahreb. Saba avait un frère nommé Iarab, qui légua son nom à la pierreuse Arabie. Ses descendants transportent çà et là leurs tentes, tandis que la postérité de Saba continue de régner sur l'Iémen, riche empire qui obéit maintenant aux lois de la reine Balkis, héritière directe de Saba, de Jochtan, du patriarche Héber,... dont le père eut pour trisaïeul Sem, père commun des Hébreux et des Arabes.

— Tu préludes comme un livre égyptien, interrompit l'impatient Adoniram, et tu poursuis sur le ton monotone de Mousa-Ben-Amran (Moïse), le prolixe libérateur de la race de Iacoub. Les hommes à paroles succèdent aux gens d'action.

— Comme les donneurs de maximes aux poëtes sacrés. En un mot, maître, la reine du Midi, la princesse d'Iémen, la divine Balkis, venant visiter la sagesse du seigneur Soliman, et admirer les merveilles de nos mains, entre aujourd'hui même à Solime. Nos ouvriers ont couru à sa rencontre à la suite du roi, les campagnes sont jonchées de monde et les ateliers sont vides. J'ai couru des premiers, j'ai vu le cortége, et je suis rentré près de toi.

— Annoncez-leur des maîtres, ils voleront à leurs pieds...
Désœuvrement, servitude...

— Curiosité, surtout, et vous le comprendriez, si... Les
étoiles du ciel sont moins nombreuses que les guerriers qui
suivent la reine. Derrière elle apparaissent soixante éléphants
blancs chargés de tours où brillent l'or et la soie ; mille Sabéens
à la peau dorée par le soleil s'avancent, conduisant des chameaux qui ploient les genoux sous le poids des bagages et des
présents de la princesse. Puis surviennent les Abyssiniens,
armés à la légère, et dont le teint vermeil ressemble au cuivre
battu. Une nuée d'Éthiopiens noirs comme l'ébène circulent çà
et là, conduisant les chevaux et les chariots, obéissant à tous et
veillant à tout. Puis... Mais à quoi bon ce récit ? Vous ne
daignez pas l'écouter,

— La reine des Sabéens, murmurait Adoniram rêveur ; race
dégénérée, mais d'un sang pur et sans mélange... Et que vient-
elle faire à cette cour ?

— Ne vous l'ai-je pas dit, Adoniram ? Voir un grand roi,
mettre à l'épreuve une sagesse tant célébrée, et... peut-être
la battre en brèche. Elle songe, dit-on à épouser Soliman-
Ben-Daoud, dans l'espoir d'obtenir des héritiers dignes de
sa race.

— Folie ! s'écrie l'artiste avec impétuosité ; folie !... du sang
d'esclave, du sang des plus viles créatures... Il y en a plein les
veines de Soliman ! La lionne s'unit-elle au chien banal et
domestique ? Depuis tant de siècles que ce peuple sacrifie sur
les hauts lieux et s'abandonne aux femmes étrangères, les générations abâtardies ont perdu la vigueur et l'énergie des aïeux.
Qu'est-ce que ce pacifique Soliman ? L'enfant d'une fille de
guerre et du vieux berger Daoud ; et lui-même, Daoud, pro-
venait de Ruth, une coureuse tombée jadis du pays de Moab
aux pieds d'un cultivateur d'Ephrata. Tu admires ce grand
peuple, mon enfant : ce n'est plus qu'une ombre, et la race
guerrière est éteinte. Cette nation, à son zénith, approche de
sa chute. La paix les a énervés, le luxe, la volupté leur font

préférer l'or au fer, et ces rusés disciples d'un roi subtil et
sensuel ne sont bons désormais qu'à colporter des marchandises ou à répandre l'usure à travers le monde. Et Balkis
descendrait à ce comble d'ignominie, elle, la fille des patriarches!
Et dis-moi, Benoni, elle vient, n'est-ce pas?... Ce soir même,
elle franchit les murs de Jérusalem?

— Demain est le jour du sabbat[1]. Fidèle à ses croyances,
elle s'est refusée à pénétrer ce soir, et en l'absence du soleil,
dans la ville étrangère. Elle a donc fait dresser des tentes au
bord du Cédron, et, malgré les instances du roi, qui s'est
rendu auprès d'elle, environné d'une pompe magnifique, elle
prétend passer la nuit dans la campagne.

— Sa prudence en soit louée! Elle est jeune encore?...

— A peine peut-on dire qu'elle se puisse sitôt encore dire
jeune. Sa beauté éblouit. Je l'ai entrevue comme on voit le
soleil levant, qui bientôt vous brûle et vous fait baisser la paupière. Chacun, à son aspect, est tombé prosterné; moi comme
les autres. Et, en me relevant, j'emportai son image. Mais,
ô Adoniram! la nuit tombe, et j'entends les ouvriers qui
reviennent en foule chercher leur salaire; car demain est le
jour du sabbat.

Alors survinrent les chefs nombreux des artisans. Adoniram,
plaça des gardiens à l'entrée des ateliers, et, ouvrant ses vastes
coffres-forts, il commença à payer les ouvriers, qui s'y présentaient un à un en lui glissant à l'oreille un mot mystérieux;
car ils étaient si nombreux, qu'il eût été difficile de discerner le
salaire auquel chacun avait droit.

Or, le jour où on les enrôlait, ils recevaient un mot de passe
qu'ils ne devaient communiquer à personne sous peine de la
vie, et ils rendaient en échange un serment solennel. Les maîtres
avaient un mot de passe; les compagnons avaient aussi un mot
de passe, qui n'était pas le même que celui des apprentis.

Donc, à mesure qu'ils passaient devant Adoniram et ses in-

1. Saba ou sabbat, — matin.

tendants, ils prononçaient à voix basse le mot sacramentel, et Adoniram leur distribuait un salaire différent, suivant la hiérarchie de leurs fonc tion . . . .

La cérémonie achevée à la lueur des flambeaux de résine, Adoniram, résolu à passer la nuit dans le secret de ses travaux, congédia le jeune Benoni, éteignit sa torche, et, gagnant ses usines souterraines, il se perdit dans les profondeurs des ténèbres.

Au lever du jour suivant, Balkis, la reine du matin, franchit en même temps que le premier rayon du soleil la porte orientale de Jérusalem. Réveillés par le fracas des gens de sa suite, les Hébreux accouraient sur leur porte, et les ouvriers suivaient le cortége avec de bruyantes acclamations. Jamais on n'avait vu tant de chevaux, tant de chameaux, ni si riche légion d'éléphants blancs conduits par un si nombreux essaim d'Éthiopiens noirs.

Attardé par l'interminable cérémonial d'étiquette, le grand roi Soliman achevait de revêtir un costume éblouissant et s'arrachait avec peine aux mains des officiers de sa garde-robe, lorsque Balkis, touchant terre au vestibule du palais, y pénétra après avoir salué le soleil, qui déjà s'élevait radieux sur les montagnes de Galilée.

Des chambellans, coiffés de bonnets en forme de tour, et la main armée de longs bâtons dorés, accueillirent la reine et l'introduisirent enfin dans la salle où Soliman-Ben-Daoud était assis, au milieu de sa cour, sur un trône élevé dont il se hâta de descendre, avec une sage lenteur, pour aller au-devant de l'auguste visiteuse.

Les deux souverains se saluèrent mutuellement avec toute la vénération que les rois professent et se plaisent à inspirer envers la majesté royale; puis ils s'assirent côte à côte, tandis que défilaient les esclaves chargés des présents de la reine de Saba : de l'or, du cinnamome, de la myrrhe, de l'encens surtout, dont l'Iémen faisait un grand commerce; puis des dents d'éléphant, des sachets d'aromates et des pierres précieuses. Elle offrit aussi au monarque cent vingt talents d'or fin.

Soliman était alors au retour de l'âge ; mais le bonheur, en gardant ses traits dans une perpétuelle sérénité, avait éloigné de son visage les rides et les tristes empreintes des passions profondes ; ses lèvres luisantes, ses yeux à fleur de tête, séparés par un nez comme une tour d'ivoire, ainsi qu'il l'avait dit lui-même par la bouche de la Sulamite, son front placide, comme celui de Sérapis, dénotaient la paix immuable et l'ineffable quiétude d'un monarque satisfait de sa propre grandeur. Soliman ressemblait à une statue d'or, avec des mains et un masque d'ivoire.

Sa couronne était d'or et sa robe était d'or ; la pourpre de son manteau, présent d'Hiram, prince de Tyr, était tissée sur une chaîne en fil d'or ; l'or brillait sur son ceinturon et reluisait à la poignée de son glaive ; sa chaussure d'or posait sur un tapis passementé de dorures ; son trône était fait en cèdre doré.

Assise à ses côtés, la blanche fille du matin, enveloppée d'un nuage de tissus de lin et de gazes diaphanes, avait l'air d'un lis égaré dans une touffe de jonquilles. Coquetterie prévoyante, qu'elle fit ressortir davantage encore en s'excusant de la simplicité de son costume du matin.

— La simplicité des vêtements, dit-elle, convient à l'opulence et ne messied pas à la grandeur.

— Il sied à la beauté divine, repartit Soliman, de se confier dans sa force, et à l'homme défiant de sa propre faiblesse, de ne rien négliger.

— Modestie charmante, et qui rehausse encore l'éclat dont brille l'invincible Soliman... l'Ecclésiaste, le sage, l'arbitre des rois, l'immortel auteur des sentences du *Sir-Hasirim*, ce cantique d'amour si tendre... et de tant d'autres fleurs de poésie.

— Eh quoi ! belle reine, repartit Soliman en rougissant de plaisir, quoi ! vous auriez daigné jeter les yeux sur... ces faibles essais !

— Vous êtes un grand poëte ! s'écria la reine de Saba.

Soliman gonfla sa poitrine dorée, souleva son bras doré, et passa la main avec complaisance sur sa barbe d'ébène, divisée en plusieurs tresses et nattée avec des cordelettes d'or.

— Un grand poëte! répéta Balkis. Ce qui fait qu'en vous l'on pardonne en souriant aux erreurs du moraliste.

Cette conclusion, peu attendue, allongea les lignes de l'auguste face de Soliman, et produisit un mouvement dans la foule des courtisans les plus rapprochés. C'étaient : Zabud, favori du prince, tout chargé de pierreries; Sadoc le grand prêtre, avec son fils Azarias, intendant du palais, et très-hautain avec ses inférieurs ; puis Ahia, Elioreph, grand chancelier, Josaphat, maître des archives.... et un peu sourd. Debout, vêtu d'une robe sombre, se tenait Ahias de Silo, homme intègre, redouté à cause de son génie prophétique; du reste, railleur froid et taciturne. Tout proche du souverain, on voyait accroupi, au centre de trois coussins empilés, le vieux Banaïas, général en chef pacifique des tranquilles armées du placide Soliman. Harnaché de chaînes d'or et de soleils en pierreries, courbé sous le faix des honneurs, Banaïas était le demi-dieu de la guerre. Jadis, le roi l'avait chargé de tuer Joab et le grand prêtre Abiathar, et Banaïas les avait poignardés. Dès ce jour, il parut digne de la plus grande confiance au sage Soliman, qui le chargea d'assassiner son frère cadet, le prince Adonias, fils du roi Daoud,... et Banaïas égorgea le frère du sage Soliman.

Maintenant, endormi dans sa gloire, appesanti par les années, Banaïas, presque idiot, suit partout la cour; n'entend plus rien, ne comprend rien, et ranime les restes d'une vie défaillante en réchauffant son cœur aux souriantes lueurs que son roi laisse rayonner sur lui. Ses yeux décolorés cherchent incessamment le regard royal : l'ancien loup-cervier s'est fait chien sur ses vieux jours.

Quand Balkis eut laissé tomber de ses lèvres adorables ces mots piquants, dont la cour resta consternée, Banaïas, qui n'avait rien comprise, et qui accompagnait d'un cri d'admiration chaque parole du roi ou de son hôtesse, Banaïas, seul, au milieu du silence général, s'écria avec un sourire bénin :

— Charmant ! divin !

Soliman se mordit les lèvres et murmura d'une façon assez directe :

— Quel sot !

— Parole mémorable ! poursuivit Banaïas voyant que son maître avait parlé.

Or, la reine de Saba partit d'un éclat de rire.

Puis, avec un esprit d'à-propos dont chacun fut frappé, elle choisit ce moment pour présenter coup sur coup trois énigmes à la sagacité si célèbre de Soliman, le plus habile des mortels dans l'art de deviner les rébus et de débrouiller des charades. Telle était alors la coutume : les cours s'occupaient de science... elles y ont renoncé à bon escient, et la pénétration des énigmes était une affaire d'État. C'est là-dessus qu'un prince ou un sage était jugé. Balkis avait fait deux cent soixante lieues pour faire subir à Soliman cette épreuve.

Soliman interpréta sans broncher les trois énigmes, grâce au grand prêtre Sadoc, qui, la veille, en avait payé comptant la solution au grand prêtre des Sabéens.

— La sagesse parle par votre bouche, dit la reine avec un peu d'emphase.

— C'est du moins ce que plusieurs supposent...

— Cependant, noble Soliman, la culture de l'arbre de sapience n'est pas sans péril : à la longue, on risque de se passionner pour la louange, de flatter les hommes pour leur plaire, et d'incliner au matérialisme pour enlever le suffrage de la foule...

— Auriez-vous donc remarqué dans mes ouvrages...?

— Ah ! seigneur, je vous ai lu avec beaucoup d'attention, et, comme je veux m'instruire, le dessein de vous soumettre certaines obscurités, certaines contradictions, certains... sophismes, tels à mes yeux, sans doute, à cause de mon ignorance, ce désir n'est point étranger au but d'un si long voyage.

— Nous ferons de notre mieux, articula Soliman, non sans

suffisance, pour soutenir thèse contre un si redoutable adversaire.

· Au fond, il eût donné beaucoup pour aller tout seul faire un tour de promenade sous les sycomores de sa villa de Mello. Affriandés d'un spectacle si piquant, les courtisans allongeaient le cou et ouvraient de grands yeux. Quoi de pire que de risquer, en présence de ses sujets, de cesser d'être infaillible? Sadoc semblait alarmé; le prophète Ahias de Silo réprimait à peine un vague et froid sourire, et Banaïas, jouant avec ses décorations, manifestait une stupide allégresse qui projetait un ridicule anticipé sur le parti du roi. Quant à la suite de Balkis, elle était muette et imperturbable : des sphinx. Ajoutez aux avantages de la reine de Saba la majesté d'une déesse et les attraits de la plus enivrante beauté, un profil d'une adorable pureté où rayonne un œil noir comme ceux des gazelles, et si bien fendu, si allongé, qu'il apparaît toujours de face à ceux qu'il perce de ses traits ; une bouche incertaine entre le rire et la volupté; un corps souple et d'une magnificence qui se devine au travers de la gaze; imaginez aussi cette expression fine, railleuse et hautaine avec enjouement des personnes de très-grande lignée habituées à la domination, et vous concevrez l'embarras du seigneur Soliman, à la fois interdit et charmé, désireux de vaincre par l'esprit, et déjà à demi vaincu par le cœur. Ces grands yeux noirs et blancs, mystérieux et doux, calmes et pénétrants, se jouant sur un visage ardent et clair comme le bronze nouvellement fondu, le troublaient malgré lui. Il voyait s'animer à ses côtés l'idéale et mystique figure de la déesse Isis...

La seconde *pause* était terminée. La politesse naturelle aux Orientaux arrêtait encore les observations critiques. On renouvela le tabac et le feu des pipes ; on demanda des rafraîchissements.

Alors, reprit le conteur, s'entamèrent, vives et puissantes,

suivant l'usage du temps, ces discussions philosophiques signa-
lées dans les livres des Hébreux.

— Ne conseillez-vous pas, reprit la reine, l'égoïsme et la
dureté du cœur quand vous dites : « Si vous savez répondre
pour votre ami, vous vous êtes mis dans le piége; ôtez le
vêtement à celui qui s'est engagé pour autrui... » Dans
un autre proverbe, vous vantez la richesse et la puissance
de l'or...

— Mais ailleurs je célèbre la pauvreté.

— Contradiction. L'Ecclésiaste excite l'homme au travail,
fait honte au paresseux, et il s'écrie plus loin : « Que retirera
l'homme de tous ses travaux? Ne vaut-il pas mieux manger et
boire?... » Dans les Sentences, vous flétrissez la débauche, et
vous la louez dans l'Ecclésiaste...

— Vous raillez, je crois...

— Non, je cite. « J'ai reconnu qu'il n'y a rien de mieux
que de se réjouir et de boire; que l'industrie est une inquiétude inutile, parce que les hommes meurent comme les
bêtes, et leur sort est égal. » Telle est votre morale, ô sage !

— Ce sont là des figures, et le fond de ma doctrine...

— Le voici, et d'autres, hélas ! l'avaient déjà trouvé :
« Jouissez de la vie avec les femmes pendant tous les jours
de votre vie; car c'est là votre partage dans le travail... etc... »
Vous y revenez souvent. D'où j'ai conclu qu'il vous sied de
matérialiser votre peuple pour commander plus sûrement à
des esclaves.

Soliman se fût justifié, mais par des arguments qu'il ne voulait point exposer devant son peuple, et il s'agitait impatient
sur son trône.

— Enfin, poursuivit Balkis avec un sourire assaisonné d'une
œillade languissante, enfin, vous êtes cruel à notre sexe, et
quelle est la femme qui oserait aimer l'austère Soliman ?

— O reine ! mon cœur s'est étendu comme la rosée du printemps sur les fleurs des passions amoureuses dans le Cantique
de l'époux !...

— Exception dont la Sulamite doit être glorieuse ; mais vous êtes devenu rigide en subissant le poids des années...

Soliman réprima une grimace assez maussade.

— Je prévois, dit la reine, quelque parole galante et polie. Prenez garde ! l'Ecclésiaste va vous entendre, et vous savez ce qu'il dit : « La femme est plus amère que la mort ; son cœur est un piège et ses mains sont des chaînes. Le serviteur de Dieu la fuira, et l'insensé y sera pris. » Eh quoi ! suivrez-vous de si austères maximes, et sera-ce pour le malheur des filles de Sion que vous aurez reçu des cieux cette beauté par vous-même sincèrement décrite en ces termes : « Je suis la fleur des champs et le lis des vallées ! »

— Reine, voilà encore une figure...

— O roi ! c'est mon avis. Daignez méditer sur mes objections et éclairer l'obscurité de mon jugement ; car l'erreur est de mon côté, et vous avez félicité la sagesse d'habiter en vous. « On reconnaîtra, vous l'avez écrit, la pénétration de mon esprit ; les plus puissants seront surpris lorsqu'ils me verront, et les princes témoigneront leur admiration sur leur visage. Quand je me tairai, ils attendront que je parle ; quand je parlerai, ils me regarderont attentifs ; et, quand je discourrai, ils mettront leurs mains sur leur bouche. » Grand roi, j'ai déjà éprouvé une partie de ces vérités : votre esprit m'a charmée, votre aspect m'a surprise, et je ne doute pas que mon visage ne témoigne à vos yeux de mon admiration. J'attends vos paroles ; elles me verront attentive, et, durant vos discours, votre servante mettra sa main sur sa bouche.

— Madame, dit Soliman avec un profond soupir, que devient le sage auprès de vous ? Depuis qu'il vous écoute, l'Ecclésiaste n'oserait plus soutenir qu'une seule de ses pensées, dont il ressent le poids : « Vanité des vanités ! tout n'est que vanité ! »

Chacun admira la réponse du roi.

— A pédant, pédant et demi, se disait la reine. Si pourtant on pouvait le guérir de la manie d'être auteur... Il ne laisse pas que d'être doux, affable et assez bien conservé.

Quant à Soliman, après avoir ajourné ses répliques, il s'efforça de détourner de sa personne l'entretien qu'il y avait si souvent amené.

— Votre sérénité, dit-il à la reine Balkis, possède là un bien bel oiseau, dont l'espèce m'est inconnue.

En effet, six négrillons vêtus d'écarlate, placés aux pieds de la reine, étaient commis aux soins de cet oiseau, qui ne quittait jamais sa maîtresse. Un de ses pages le tenait sur son poing, et la princesse de Saba le regardait souvent.

— Nous l'appelons *Hud-Hud* [1], répondit-elle. Le trisaïeul de cet oiseau, qui vit longtemps, a été autrefois, dit-on, rapporté par des Malais, d'une contrée lointaine qu'ils ont seuls entrevue et que nous ne connaissons plus. C'est un animal très-utile pour diverses commissions aux habitants et aux esprits de l'air.

Soliman, sans comprendre parfaitement une explication si simple, s'inclina comme un roi qui a dû tout concevoir à merveille, et avança le pouce et l'index pour jouer avec l'oiseau Hud-Hud; mais l'oiseau, tout en répondant à ses avances, ne se prêtait pas aux efforts de Soliman pour s'emparer de lui.

— Hud-Hud est poëte,... dit la reine, et, à ce titre, digne de vos sympathies... Toutefois, elle est comme moi un peu sévère, et souvent elle moralise aussi. Croiriez-vous qu'elle s'est avisée de douter de la sincérité de votre passion pour la Sulamite?

— Divin oiseau, que vous me surprenez! répliqua Soliman.

— « Cette pastorale du Cantique est bien tendre assurément, disait un jour Hud-Hud, en grignotant un scarabée doré; mais le grand roi qui adressait de si plaintives élégies à la fille du pharaon sa femme, ne lui aurait-il pas montré plus d'amour en vivant avec elle, qu'il ne l'a fait en la contraignant d'habiter loin de lui dans la ville de Daoud, réduite à charmer les jours

1. La huppe, oiseau augural chez les Arabes.

de sa jeunesse délaissée avec des strophes... à la vérité les plus belles du monde? »

— Que de peines vous retracez à ma mémoire ! Hélas ! cette fille de la nuit suivait le culte d'Isis... Pouvais-je, sans crime, lui ouvrir l'accès de la ville sainte, la donner pour voisine à l'arche d'Adonaï, et la rapprocher de ce temple auguste que j'élève au Dieu de mes pères?...

— Un tel sujet est délicat, fit observer judicieusement Balkis ; excusez Hud-Hud ; les oiseaux sont quelquefois légers ; le mien se pique d'être connaisseur, en poésie surtout.

— Vraiment ! repartit Soliman-Ben-Daoud ; je serais curieux de savoir...

— De méchantes querelles, seigneur, méchantes, sur ma foi ! Hud-Hud s'avise de blâmer que vous compariez la beauté de votre amante à celle des chevaux du char des pharaons, son nom à une huile répandue, ses cheveux à des troupeaux de chèvres, ses dents à des brebis tondues et portant fruit, ses joues à la moitié d'une grenade, ses mamelles à deux biquets, sa tête au mont Carmel, son nombril à une coupe où il y a toujours quelque liqueur à boire, son ventre à un monceau de froment, et son nez à la tour du Liban qui regarde vers Damas.

Soliman, blessé, laissait choir avec découragement ses bras dorés sur ceux de son fauteuil également dorés, tandis que l'oiseau, se rengorgeant, battait l'air de ses ailes de sinople et d'or.

— Je répondrai à l'oiseau qui sert si bien votre penchant à la raillerie, que le goût oriental permet ces licences, que la vraie poésie recherche les images, que mon peuple trouve mes vers excellents, et goûte de préférence les plus riches métaphores...

— Rien de plus dangereux pour les nations que les métaphores des rois, reprit la reine de Saba : échappées à un style auguste, ces figures, trop hardies peut-être, trouveront plus d'imitateurs que de critiques, et vos sublimes fantaisies risque-

ront de fourvoyer le goût des poëtes pendant dix mille ans.
Instruite à vos leçons, la Sulamite ne comparait-elle pas votre
chevelure à des branches de palmier, vos lèvres à des lis qui
distillent de la myrrhe, votre taille à celle du cèdre, vos jambes
à des colonnes de marbre, et vos joues, seigneur, à de petits
parterres de fleurs aromatiques, plantés par les parfumeurs?
De telle sorte que le roi Soliman m'apparaissait sans cesse
comme un péristyle, avec un jardin botanique suspendu sur un
entablement ombragé de palmiers.

Soliman sourit avec un peu d'amertume; il eût avec satisfaction tordu le cou de la huppe, qui lui becquetait la poitrine
à l'endroit du cœur avec une persistance étrange.

— Hud-Hud s'efforce de vous faire entendre que la source
de la poésie est là, dit la reine.

— Je ne le sens que trop, répondit le roi, depuis que j'ai le
bonheur de vous contempler. Laissons ce discours; ma reine
fera-t-elle à son serviteur indigne l'honneur de visiter Jérusalem, mon palais, et surtout le temple que j'élève à Jéhovah
sur la montagne de Sion?

— Le monde a retenti du bruit de ces merveilles; mon
impatience en égale les splendeurs, et c'est la servir à souhait que de ne point retarder le plaisir que je m'en suis
promis.

A la tête du cortége, qui parcourait lentement les rues de
Jérusalem, il y avait quarante-deux tympanons faisant entendre
le roulement du tonnerre; derrière eux venaient les musiciens
vêtus de robes blanches et dirigés par Asaph et Idithme;
cinquante-six cymbaliers, vingt-huit flûtistes, autant de psalté-
rions, et des joueurs de cithare, sans oublier les trompettes,
instrument que Gédéon avait mis jadis à la mode sous les remparts de Jéricho. Arrivaient ensuite, sur un triple rang, les
thuriféraires, qui, marchant à reculons, balançaient dans les
airs leurs encensoirs, où fumaient les parfums de l'Iémen.
Soliman et Balkis se prélassaient dans un vaste palanquin porté
par soixante et dix Philistins conquis à la guerre...

La *séance* était terminée. On se sépara en causant des diverses péripéties du conte, et nous nous donnâmes rendez-vous pour le lendemain.

Le conteur reprit :

Nouvellement rebâtie par le magnifique Soliman, la ville était édifiée sur un plan irréprochable : des rues tirées au -cordeau, des maisons carrées toutes semblables, véritables ruches d'un aspect monotone.

— Dans ces belles et larges rues, dit la reine, la bise de mer que rien n'arrête doit balayer les passants comme des brins de paille, et, durant les fortes chaleurs, le soleil, y pénétrant sans obstacle, doit les échauffer à la température des fours. A Mahreb, les rues sont étroites, et, d'une maison à l'autre, des pièces d'étoffe tendues en travers de la voie publique appellent la brise, répandent les ombres sur le sol et entretiennent la fraîcheur.

— C'est au détriment de la symétrie, répondit Soliman. Nous voici arrivés au péristyle de mon nouveau palais : on a employé treize ans à le construire.

Le palais fut visité et obtint le suffrage de la reine de Saba, qui le trouva riche, commode, original et d'un goût exquis.

— Le plan est sublime, dit-elle, l'ordonnance admirable, et, j'en conviens, le palais de mes aïeux, les Hémiarites, élevé dans le style indien, avec des piliers carrés ornés de figures en guise de chapiteaux, n'approche pas de cette hardiesse ni de cette élégance : votre architecte est un grand artiste.

— C'est moi qui ai tout ordonné et qui défraye les ouvriers, s'écria le roi avec orgueil.

— Mais les devis, qui les a tracés ? quel est le génie qui a si noblement accompli vos desseins ?

— Un certain Adoniram, personnage bizarre et à demi sauvage, qui m'a été envoyé par mon ami le roi des Tyriens.

— Ne le verrai-je point, seigneur?

— Il fuit le monde et se dérobe aux louanges. Mais que direz-vous, reine, quand vous aurez parcouru le temple d'Adonaï? Ce n'est plus l'œuvre d'un artisan : c'est moi qui ai dicté les plans et qui ai indiqué les matières que l'on devait employer. Les vues d'Adoniram étaient bornées au prix de mes poétiques imaginations. On y travaille depuis cinq ans; il en faut deux encore pour amener l'ouvrage à la perfection.

— Sept années vous auront donc suffi pour héberger dignement votre Dieu; il en a fallu treize pour établir convenablement son serviteur.

— Le temps ne fait rien à l'affaire, objecta Soliman.

Autant Balkis avait admiré le palais, autant elle critiqua le temple.

— Vous avez voulu trop bien faire, dit-elle, et l'artiste a eu moins de liberté. L'ensemble est un peu lourd, quoique fort chargé de détails... Trop de bois, du cèdre partout, des poutres saillantes... Vos bas côtés planchéiés semblent porter les assises supérieures des pierres, ce qui manque à l'œil de solidité.

— Mon but, objecta le prince, a été de préparer, par un piquant contraste, aux splendeurs du dedans.

— Grand Dieu! s'écria la reine arrivée dans l'enceinte, que de sculptures! Voilà des statues merveilleuses, des animaux étranges et d'un imposant aspect. Qui a fondu, qui a ciselé ces merveilles?

— Adoniram : la statuaire est son principal talent.

— Son génie est universel. Seulement, voici des chérubins trop lourds, trop dorés et trop grands pour cette salle qu'ils écrasent.

— J'ai voulu qu'il en fût ainsi : chacun d'eux coûte six vingt talents. Vous le voyez, ô reine! tout ici est d'or, et l'or est ce qu'il y a de plus précieux. Les chérubins sont en or; les colonnes de cèdre, dons du roi Hiram, mon ami, sont revê-

tues de lames d'or ; il y a de l'or sur toutes les parois ; sur ces
murailles d'or, il y aura des palmes d'or et une frise avec des
grenades en or massif, et, le long des cloisons dorées, je fais
appendre deux cents boucliers d'or pur. Les autels, les tables,
les chandeliers, les vases, les parquets et les plafonds, tout sera
revêtu de lames d'or...

— Il me semble que c'est beaucoup d'or, objecta la reine
avec modestie.

— Le roi Soliman reprit :

— Est-il rien de trop splendide pour le roi des hommes ?
Je tiens à étonner la postérité... Mais pénétrons dans le sanctuaire, dont la toiture est encore à élever, et où déjà sont po-
sées les fondations de l'autel, en face de mon trône à peu près
terminé. Comme vous le voyez, il y a six degrés ; le siège est
en ivoire, porté par deux lions, aux pieds desquels sont accroupis douze lionceaux. La dorure est à brunir, et l'on attend que
le dais soit érigé. Daignez, noble princesse, vous asseoir la
première sur ce trône vierge encore ; de là, vous inspecterez les
travaux dans leur ensemble. Seulement, vous serez en butte
aux traits du soleil, car le pavillon est encore à jour.

La princesse sourit, et prit sur son poing l'oiseau Hud-
Hud, que les courtisans contemplèrent avec une vive curiosité.

Il n'est pas d'oiseau plus illustre ni plus respecté dans tout
l'Orient. Ce n'est point pour la finesse de son bec noir, ni pour
ses joues écarlates ; ce n'est pas pour la douceur de ses yeux
gris de noisette, ni pour la superbe huppe en menus plumages
d'or qui couronnent sa jolie tête ; ce n'est pas non plus pour
sa longue queue noire comme du jais, ni pour l'éclat de ses
ailes d'un vert doré, rehaussé de stries et de franges d'or vif,
ni pour ses ergots d'un rose tendre, ni pour ses pattes empourprées, que la sémillante Hud-Hud était l'objet des prédilections
de la reine et de ses sujets. Belle sans le savoir, fidèle à sa
maîtresse, bonne pour tous ceux qui l'aimaient, la huppe
brillait d'une grâce ingénue sans chercher à éblouir. La

reine, on l'a vu, consultait cet oiseau dans les circonstances difficiles.

Soliman, qui voulait se mettre dans les bonnes grâces de Hud-Hud, chercha en ce moment à la prendre sur son poing; mais elle ne se prêta point à cette intention. Balkis, souriant avec finesse, appela à elle sa favorite et sembla lui glisser quelques mots à voix basse... Prompte comme une flèche, Hud-Hud disparut dans l'azur de l'air.

Puis la reine s'assit; chacun se rangea autour d'elle; on devisa quelques instants; le prince expliqua à son hôtesse le projet de la mer d'airain conçu par Adoniram, et la reine de Saba, frappée d'admiration, exigea de nouveau que cet homme lui fût présenté. Sur l'ordre du roi, on se mit à chercher partout le sombre Adoniram.

Tandis que l'on courait aux forges et à travers les bâtisses, Balkis, qui avait fait asseoir le roi de Jérusalem auprès d'elle, lui demanda comment serait décoré le pavillon de son trône.

— Il sera décoré comme tout le reste, répondit Soliman.

— Ne craignez-vous point, par cette prédilection exclusive pour l'or, de paraître critiquer les autres matières qu'Adonaï a créées? et pensez-vous que rien au monde n'est plus beau que ce métal? Permettez-moi d'apporter à votre plan une diversion... dont vous serez juge.

Soudain les airs sont obscurcis, le ciel se couvre de points noirs qui grossissent en se rapprochant; des nuées d'oiseaux s'abattent sur le temple, se groupent, descendent en rond, se pressent les uns uns contre les autres, se distribuent en feuillage tremblant et splendide; leurs ailes déployées forment de riches bouquets de verdure, d'écarlate, de jais et d'azur. Ce pavillon vivant se déploie sous la direction habile de la hüppe, qui voltige à travers la foule emplumée... Un arbre charmant s'est formé sur la tête des deux princes, et chaque oiseau devient une feuille. Soliman, éperdu, charmé, se voit à l'abri du soleil sous cette toiture animée, qui frémit, se soutient en battant des ailes, et projette sur le trône une ombre épaisse d'où s'échappe un suave et doux concert de chants d'oiseaux. Après quoi, la huppe, à qui le roi gardait un reste de rancune, s'en vient, soumise, se poser aux pieds de la reine.

— Qu'en pense monseigneur? demanda Balkis.

— Admirable! s'écria Soliman en s'efforçant d'attirer la huppe, qui lui échappait avec obstination, intention qui ne laissait pas que de rendre la reine attentive.

— Si cette fantaisie vous agrée, reprit-elle, je vous fais hommage avec plaisir de ce petit pavillon d'oiseaux, à la condition que vous me dispenserez de les faire dorer. Il vous suffira de tourner vers le soleil le chaton de cet anneau quand il vous plaira de les appeler... Cette bague est précieuse. Je la tiens de mes pères, et Sarahil, ma nourrice, me grondera de vous l'avoir donnée.

— Ah! grande reine, s'écria Soliman en s'agenouillant devant elle, vous êtes digne de commander aux hommes, aux rois et aux éléments. Fasse le ciel et votre bonté que vous acceptiez la moitié d'un trône où vous ne trouverez à vos pieds que le plus soumis de vos sujets!

— Votre proposition me flatte, dit Balkis, et nous en parlerons plus tard.

Tous deux descendirent du trône, suivis de leur cortége d'oiseaux, qui les suivait comme un dais en dessinant sur leurs têtes diverses figures d'ornement.

Lorsqu'on se trouva près de l'emplacement où l'on avait assis les fondations de l'autel, la reine avisa un énorme pied de vigne déraciné et jeté à l'écart. Son visage devint pensif, elle fit un geste de surprise, la huppe jeta des cris plaintifs, et la nuée d'oiseaux s'enfuit à tire-d'aile.

L'œil de Balkis était devenu sévère; sa taille majestueuse parut se hausser, et, d'une voix grave et prophétique :

— Ignorance et légèreté des hommes? s'écria-t-elle; vanité de l'orgueil!... tu as élevé ta gloire sur le tombeau de tes pères. Ce cep de vigne, ce bois vénérable...

— Reine, il nous gênait; on l'a arraché pour faire place à

l'autel de porphyre et de bois d'olivier que doivent décorer quatre séraphins d'or.

— Tu as profané, tu as détruit le premier plant de vigne... qui fut planté jadis de la main du père de la race de Sem, du patriarche Noé.

— Est-il possible? répondit Soliman profondément humilié; et comment savez-vous...?

— Au lieu de croire que la grandeur est la source de la science, j'ai pensé le contraire, ô roi! et je me suis fait de l'étude une religion fervente... Écoute encore, homme aveuglé de ta vaine splendeur : ce bois que ton impiété condamne à périr, sais-tu quel destin lui réservent les puissances immortelles?

— Parlez.

— Il est réservé pour être l'instrument du supplice où sera cloué le dernier prince de ta race.

— Qu'il soit donc scié par morceaux, ce bois impie, et réduit en cendres !

— Insensé! qui peut effacer ce qui est écrit au livre de Dieu? Et quel serait le succès de ta sagesse substituée à la volonté suprême? Prosterne-toi devant les décrets que ne peut pénétrer ton esprit matériel : ce supplice sauvera seul ton nom de l'oubli, et fera luire sur ta maison l'auréole d'une gloire immortelle...

Le grand Soliman s'efforçait en vain de dissimuler son trouble sous une apparence enjouée et railleuse, lorsque des gens survinrent, annonçant que l'on avait enfin découvert le sculpteur Adoniram.

Bientôt Adoniram, annoncé par les clameurs de la foule, apparut à l'entrée du temple. Benoni accompagnait son maître et son ami, qui s'avança l'œil ardent, le front soucieux, tout en désordre, comme un artiste brusquement arraché à ses inspirations et à ses travaux. Nulle trace de curiosité n'affaiblissait l'expression puissante et noble des traits de cet homme, moins imposant encore par sa stature élevée que par le ca-

ractère grave, audacieux et dominateur de sa belle physionomie.

Il s'arrêta avec aisance et fierté, sans familiarité comme sans
dédain, à quelques pas de Balkis, qui ne put recevoir les traits
incisifs de ce regard d'aigle sans éprouver un sentiment de timidité confuse.

Mais elle triompha bien vite d'un embarras involontaire;
une réflexion rapide sur la condition de ce maître ouvrier, debout, les bras nus et la poitrine découverte, la rendit à elle-
même; elle sourit de son propre embarras, presque flattée de
de s'être sentie si jeune, et daigna parler à l'artisan.

Il répondit, et sa voix frappa la reine comme l'écho d'un
fugitif souvenir; cependant, elle ne le connaissait point et ne
l'avait jamais vu.

Telle est la puissance du génie, cette beauté des âmes; les
âmes s'y attachent et ne s'en peuvent distraire. L'entretien
d'Adoniram fit oublier à la princesse des Sabéens tout ce qui
l'environnait; et, tandis que l'artiste montrait en cheminant
à petits pas les constructions entreprises, Balkis suivait à son
insu l'impulsion donnée, comme le roi et les courtisans suivaient les traces de la divine princesse.

Cette dernière ne se lassait pas de questionner Adoniram sur
ses œuvres, sur son pays, sur sa naissance.

— Madame, répondit-il avec un certain embarras et en fixant
sur elle des regards perçants, j'ai parcouru bien des contrées;
ma patrie est partout où le soleil éclaire; mes premières années
se sont écoulées le long de ces vastes pentes du Liban, d'où
l'on découvre au loin Damas dans la plaine. La nature et aussi
les hommes ont sculpté ces contrées montagneuses, hérissées
de roches menaçantes et de ruines.

— Ce n'est point, fit observer la reine, dans ces déserts que
l'on apprend les secrets des arts où vous excellez.

— C'est là du moins que la pensée s'élève, que l'imagination
s'éveille, et qu'à force de méditer, l'on s'instruit à concevoir.
Mon premier maître fut la solitude; dans mes voyages, depuis,

j'en ai utilisé les leçons. J'ai tourné mes regards sur les souvenirs du passé; j'ai contemplé les monuments, et j'ai fui la société des humains...

— Et pourquoi, maître?

— On ne se plaît guère dans la compagnie de ses semblables... et je me sentais seul.

Ce mélange de tristesse et de grandeur émut la reine, qui
baissa les yeux et se recueillit.

—Vous le voyez, poursuivit Adoniram, je n'ai pas beaucoup de
mérite à pratiquer les arts, car l'apprentissage ne m'a point donné
de peine. Mes modèles, je les ai rencontrés parmi les déserts; je
reproduis les impressions que j'ai reçues de ces débris ignorés et
des figures terribles et grandioses des dieux du monde ancien.

— Plus d'une fois déjà, interrompit Soliman avec une fermeté que la reine ne lui avait point vue jusque-là, plus d'une
fois, maître, j'ai réprimé en vous, comme une tendance idolâtre, ce culte fervent des monuments d'une théogonie impure.
Gardez vos pensées en vous, et que le bronze ou les pierres
n'en retracent rien au roi.

Adoniram, en s'inclinant, réprimait un sourire amer.

— Seigneur, dit la reine pour le consoler, la pensée du
maître s'élève sans doute au-dessus des considérations suscep-
tibles d'inquiéter la conscience des lévites... Dans son âme
d'artiste, il se dit que le beau glorifie Dieu, et il cherche le
beau avec une piété naïve.

— Sais-je d'ailleurs, moi, dit Adoniram, ce qu'ils furent
en leur temps, ces dieux éteints et pétrifiés pas les génies d'autrefois? Qui pourrait s'en inquiéter? Soliman, roi des rois, m'a
demandé des prodiges, et il a fallu me souvenir que les aïeux
du monde ont laissé des merveilles.

— Si votre œuvre est belle et sublime, ajouta la reine avec
entraînement, elle sera orthodoxe, et, pour être orthodoxe à son
tour, la postérité vous copiera.

— Grande reine, vraiment grande, votre intelligence est
pure comme votre beauté.

— Ces débris, se hâta d'interrompre Balkis, étaient donc
bien nombreux sur le versant du Liban ?

— Des villes entières ensevelies dans un linceul de sable que
le vent soulève et rabat tour à tour ; puis des hypogées d'un
travail surhumain connus de moi seul... Travaillant pour les
oiseaux de l'air et les étoiles du ciel, j'errais au hasard, ébau-
chant des figures sur les rochers et les taillant sur place à grands
coups. Un jour... Mais n'est-ce pas abuser de la patience de
si augustes auditeurs ?

— Non ; ces récits me captivent.

— Ébranlée par mon marteau, qui enfonçait le ciseau dans
les entrailles du roc, la terre retentissait, sous mes pas, sonore
et creuse. Armé d'un levier, je fais rouler le bloc..., qui dé-
masque l'entrée d'une caverne où je me précipite. Elle était
percée dans la pierre vive, et soutenue par d'énormes piliers
chargés de moulures, de dessins bizarres, et dont les chapiteaux
servaient de racines aux nervures des voûtes les plus hardies.
A travers les arcades de cette forêt de pierres, se tenaient dis-
persées, immobiles et souriantes depuis des millions d'années,
des légions de figures colossales, diverses, et dont l'aspect me
pénétra d'une terreur enivrante ; des hommes, des géants dis-
parus de notre monde, des animaux symboliques appartenant
à des espèces évanouies ; en un mot, tout ce que le rêve de l'i-
magination en délire oserait à peine concevoir de magnificences !... J'ai vécu là des mois, des années, interrogeant ces spectres d'une société morte, et c'est là que j'ai reçu la tradition
de mon art, au milieu de ces merveilles du génie primitif.

— La renommée de ces œuvres sans nom est venue jusqu'à
nous, dit Soliman pensif : là, dit-on, dans les contrées mau-
dites, on voit surgir les débris de la ville impie submergée
par les eaux du déluge, les vestiges de la criminelle Hénochia...
construite par la gigantesque lignée de Tubal ; la cité des enfants de Kaïn. Anathème sur cet art d'impiété et de ténèbres !
Notre nouveau temple réfléchit les clartés du soleil ; les lignes
en sont simples et pures, et l'ordre, l'unité du plan, traduisent

la droiture de notre foi jusque dans le style de ces demeures
que j'élève à l'Éternel. Telle est notre volonté; c'est celle d'A-
donaï, qui l'a transmise à mon père.

— Roi, s'écria d'un ton farouche Adoniram, tes plans ont
été suivis dans leur ensemble : Dieu reconnaîtra ta docilité;
j'ai voulu qu'en outre le monde fût frappé de ta grandeur.

— Homme industrieux et subtil, tu ne tenteras point le seigneur ton roi. C'est dans ce but que tu as coulé en fonte ces
monstres, objet d'admiration et d'effroi; ces idoles géantes qui
sont en rébellion contre les types consacrés par le rite hébraïque. Mais prends garde : la force d'Adonaï est avec moi,
et ma puissance offensée réduira Baal en poudre.

— Soyez clément, ô roi ! repartit avec douceur la reine de
Saba, envers l'artisan du monument de votre gloire. Les
siècles marchent, la destinée humaine accomplit ses progrès
selon le vœu du Créateur. Est-ce le méconnaître que d'inter-
préter plus noblement ses ouvrages, et doit-on éternellement
reproduire la froide immobilité des figures hiératiques trans-
mises par les Égyptiens, laisser comme eux la statue à demi
enfouie dans le sépulcre de granit dont elle ne peut se dégager,
et représenter des génies esclaves enchaînés dans la pierre?
Redoutons, grand prince, comme une négation dangereuse
l'idolâtrie de la routine.

Offensé par la contradiction, mais subjugué par un charmant
sourire de la reine, Soliman la laissa complimenter avec
chaleur l'homme de génie qu'il admirait lui-même, non sans
quelque dépit, et qui, d'ordinaire indifférent à la louange, la
recevait avec une ivresse toute nouvelle.

Les trois grands personnages se trouvaient alors au péristyle
extérieur du temple, — situé sur un plateau élevé et quadran-
gulaire, — d'où l'on découvrait de vastes campagnes inégales
et montueuses. Une foule épaisse couvrait au loin les campagnes
et les abords de la ville bâtie par Daoub (David). Pour contempler la reine de Saba de près ou de loin, le peuple entier avait
envahi les abords du palais et du temple; les maçons avaient

quitté les carrières de Gelboé, les charpentiers avaient déserté les chantiers lointains, les mineurs avaient remonté à la surface du sol. Le cri de la renommée, en passant sur les contrées voisines, avait mis en mouvement ces populations ouvrières et les avait acheminées vers le centre de leurs travaux. Ils étaient donc là, pêle-mêle, femmes, enfants, soldats, marchands, ouvriers, esclaves et citoyens paisibles de Jérusalem ; plaines et vallons suffisaient à peine à contenir cette immense cohue, et, à plus d'un mille de distance, l'œil de la reine se posait, étonné, sur une mosaïque de têtes humaines qui s'échelonnaient en amphithéâtre jusqu'au sommet de l'horizon. Quelques nuages, interceptant çà et là le soleil qui inondait cette scène, projetaient sur cette mer vivante quelques plaques d'ombre.

— Vos peuples, dit la reine Balkis, sont plus nombreux que les grains de sable de la mer...

— Il y a des gens de tout pays, accourus pour vous voir ; et, ce qui m'étonne, c'est que le monde entier n'assiége pas Jérusalem en ce jour ! Grâce à vous, les campagnes sont désertes ; la ville est abandonnée, et jusqu'aux infatigables ouvriers de maître Adoniram...

— Vraiment! interrompit la princesse de Saba, qui cherchait dans son esprit un moyen de faire honneur à l'artiste : des ouvriers comme ceux d'Adoniram seraient ailleurs des maîtres. Ce sont les soldats de ce chef d'une milice artistique... Maître Adoniram, nous désirons passer en revue vos ouvriers, les féliciter, et vous complimenter en leur présence.

Le sage Soliman, à ces mots, élève ses deux bras au-dessus de sa tête avec stupeur.

— Comment, s'écrie-t-il, rassembler les ouvriers du temple, dispersés dans la fête, errant sur les collines et confondus dans la foule ? Ils sont fort nombreux, et l'on s'ingénierait en vain à grouper en quelques heures tant d'hommes de tous les pays et qui parlent diverses langues, depuis l'idiome sanscrit de l'Himalaya, jusqu'aux jargons obscurs et gutturaux de la sauvage Libye.

— Qu'à cela ne tienne, seigneur, dit avec simplicité Adoniram ; la reine ne saurait demander rien d'impossible, et quelques minutes suffiront.

A ces mots, Adoniram, s'adossant au portique extérieur et se faisant un piédestal d'un bloc de granit qui se trouvait auprès, se tourne vers cette foule innombrable, sur laquelle il promène ses regards. Il fait un signe, et tous les flots de cette mer pâlissent, car tous ont levé et dirigé vers lui leurs clairs visages.

La foule est attentive et curieuse... Adoniram lève le bras droit, et, de sa main ouverte, trace dans l'air une ligne horizontale, du milieu de laquelle il fait retomber une perpendiculaire, figurant ainsi deux angles droits en équerre comme les produit un fil à plomb suspendu à une règle, signe sous lequel les Syriens peignent la lettre T, transmise aux Phéniciens par les peuples de l'Inde, qui l'avaient dénommée *tha*, et enseignée depuis aux Grecs, qui l'appellent *tau*.

Désignant dans ces anciens idiomes, à raison de l'analogie hiéroglyphique, certains outils de la profession maçonnique, la figure T était un signe de ralliement.

Aussi, à peine Adoniram l'a-t-il tracée dans les airs, qu'un mouvement régulier se manifeste dans la foule du peuple. Cette mer humaine se trouble, s'agite, des flots surgissent en sens divers, comme si une trombe de vent l'avait tout à coup bouleversée. Ce n'est d'abord qu'une confusion générale ; chacune court en sens opposé. Bientôt des groupes se dessinent, se grossissent, se séparent ; des vides sont ménagés ; des légions se disposent carrément ; une partie de la multitude est refoulée ; des milliers d'hommes, dirigés par des chefs inconnus, se rangent comme une armée qui se partage en trois corps principaux subdivisés en cohortes distinctes, épaisses et profondes.

Alors, et tandis que Soliman cherche à se rendre compte du magique pouvoir de maître Adoniram, alors tout s'ébranle ; cent mille hommes, alignés en quelques instants, s'avancent silencieux de trois côtés à la fois. Leurs pas lourds et réguliers font retentir la campagne. Au centre, on reconnaît les maçons et tout ce qui travaille à la pierre : les maîtres en première ligne, puis les compagnons, et derrière eux les apprentis. A leur droite, et suivant la même hiérarchie, ce sont les charpentiers, les menuisiers, les scieurs, les équarrisseurs. A gauche, les fondeurs, les ciseleurs, les forgerons, les mineurs et tous ceux qui s'adonnent à l'industrie des métaux.

Ils sont plus de cent mille artisans, et ils approchent, tels que de hautes vagues qui envahissent un rivage...

Troublé, Soliman recule de deux ou trois pas; il se détourne et ne voit derrière lui que le faible et brillant cortége de ses prêtres et de ses courtisans.

Tranquille et serein, Adoniram est debout près des deux monarques. Il étend le bras; tout s'arrête, et il s'incline humblement devant la reine, en disant :

— Vos ordres sont exécutés.

Peu s'en fallut qu'elle ne se prosternât devant cette puissance occulte et formidable, tant Adoniram lui apparut sublime dans sa force et dans sa simplicité.

Elle se remit cependant, et du geste salua la milice des corporations réunies. Puis, détachant de son cou un magnifique collier de perles où s'attachait un soleil en pierreries encadré d'un triangle d'or, ornement symbolique, elle parut l'offrir aux corps de métiers et s'avança vers Adoniram, qui, penché devant elle, sentit en frémissant ce don précieux tomber sur ses épaules et sa poitrine à demi nue.

A l'instant même, une immense acclamation répondit des profondeurs de la foule à l'acte généreux de la reine de Saba. Tandis que la tête de l'artiste était rapprochée du visage radieux et du sein palpitant de la princesse, elle lui dit à voix basse :

— Maître, veillez sur vous, et soyez prudent!

Adoniram leva sur elle ses grands yeux éblouis, et Balkis s'étonna de la douceur pénétrante de ce regard si fier.

— Quel est donc, se demandait Soliman rêveur, ce mortel qui soumet les hommes comme la reine commande aux habitants de l'air?... Un signe de sa main fait naître des armées ; mon peuple est à lui, et ma domination se voit réduite à un misérable troupeau de courtisans et de prêtres. Un mouvement de ses sourcils le ferait roi d'Israël.

Ces préoccupations l'empêchèrent d'observer la contenance de Balkis, qui suivait des yeux le véritable chef de cette nation, roi de l'intelligence et du génie, pacifique et patient arbitre des destinées de l'élu du Seigneur.

Le retour au palais fut silencieux ; l'existence du peuple venait d'être révélée au sage Soliman,... qui croyait tout savoir et ne l'avait point soupçonnée. Battu sur le terrain de ses doctrines ; vaincu par la reine de Saba, qui commandait aux animaux de l'air ; vaincu par un artisan qui commandait aux hommes, l'Ecclésiaste, entrevoyant l'avenir, méditait sur la destinée des rois. et il disait :

— Ces prêtres, jadis mes précepteurs, mes conseillers aujourd'hui, chargés de la mission de tout m'enseigner. m'ont déguisé tout et m'ont caché mon ignorance. O confiance aveugle des rois ! ô vanité de la sagesse!... Vanité ! vanité !

Tandis que la reine aussi s'abandonnait à ses rêveries, Adoniram retournait dans son atelier, appuyé familièrement sur son élève Benoni, tout enivré d'enthousiasme, et qui célébrait les grâces et l'esprit non pareils de la reine Balkis.

Mais, plus tacitement que jamais, le maître gardait le silence. Pâle et la respiration haletante, il étreignait parfois de sa main crispée sa large poitrine. Rentré dans le sanctuaire de ses travaux, il s'enferma seul, jeta les yeux sur une statue ébauchée, la trouva mauvaise et la brisa. Enfin, il tomba terrassé sur un banc de chêne ; et, voilant son visage de ses deux mains, il s'écria d'une voix étouffée :

— Déesse adorable et funeste!... Hélas ! pourquoi faut-il que mes yeux aient vu cette perle de l'Arabie !

IV — MELLO

Pendant le premier repos de cette *séance*, on s'entretint des diverses émotions qu'avait causées le récit. Un des assistants, qu'à ses bras colorés de bleu, on pouvait reconnaître pour un teinturier, paraissait ne pas s'unir au sentiment d'approbation qui avait accueilli la scène précédente. Il s'approcha du conteur et lui dit :

— Frère, tu avais annoncé que cette histoire concernait toutes les classes d'ouvriers, et cependant je vois que, jusqu'à présent, elle est toute à la gloire des ouvriers en métaux, des charpentiers et des tailleurs de pierre... Si cela ne m'intéresse pas davantage, je ne reviendrai pas dans ce café, et plusieurs autres en feront autant.

Le cafetier fronça le sourcil et regarda son conteur avec un sentiment de reproche.

— Frère, répondit le conteur, il y aura quelque chose aussi pour les teinturiers... Nous aurons occasion de parler du bon Hiram de Tyr, qui répandait dans le monde de si belles étoffes de pourpre et qui avait été le protecteur d'Adoniram...

Le teinturier se rassit, la narration recommença.

— C'est à Mello, ville située au sommet d'une colline d'où l'on découvrait dans sa plus grande largeur la vallée de Josaphat, que le roi Soliman s'était proposé de fêter la reine des Sabéens. L'hospitalité des champs est plus cordiale : la fraîcheur des eaux, la splendeur des jardins, l'ombre favorable des sycomores, des tamarins, des lauriers, des cyprès, des acacias et des térébinthes éveille dans les cœurs les sentiments tendres. Soliman aussi était bien aise de se faire honneur de son habitation rustique ; puis, en général, les souverains aiment mieux tenir leurs pareils à l'écart, et les garder pour eux-mêmes, que de s'offrir avec leurs rivaux aux commentaires des peuples de leur capitale.

La vallée verdoyante est parsemée de tombes blanches protégées par des pins et des palmiers : là se trouvent les premières pentes de la vallée de Josaphat. Soliman dit à Balkis :

— Quel plus digne sujet de méditation pour un roi, que le spectacle de notre fin commune! Ici, près de vous, reine, les plaisirs, le bonheur peut-être ; là-bas, le néant et l'oubli.

— On se repose des fatigues de la vie dans la contemplation de la mort.

— A cette heure, madame, je la redoute; elle sépare... Puissé-je ne point apprendre trop tôt qu'elle console !

Balkis jeta un coup d'œil furtif sur son hôte, et le vit réellement ému. Estompé des lueurs du soir, Soliman lui parut beau.

Avant de pénétrer dans la salle du festin, ces hôtes augustes contemplèrent la maison aux reflets du crépuscule, en respirant les voluptueux parfums des orangers qui embaumaient la couche de la nuit.

Cette demeure aérienne est construite suivant le goût syrien. Portée sur une forêt de colonnettes grêles, elle dessine sur le ciel ses tourelles découpées à jour, ses pavillons de cèdre, revêtus de boiseries éclatantes. Les portes, ouvertes, laissaient entrevoir des rideaux de pourpre tyrienne, des divans soyeux tissés dans l'Inde, des rosaces incrustées de pierres de couleur, des meubles en bois de citronnier et de santal, des vases de Thèbes, des vasques en porphyre ou en lapis, chargés de fleurs, des trépieds d'argent où fument l'aloès, la myrrhe et le benjoin, des lianes qui embrassent les piliers et se jouent à travers les murailles : ce lieu charmant semble consacré aux amours. Mais Balkis est sage et prudente : sa raison la rassure contre les séductions du séjour enchanté de Mello.

— Ce n'est pas sans timidité que je parcours avec vous ce petit château, dit Soliman : depuis que votre présence l'honore, il me paraît mesquin. Les villes des Hémiarites sont plus riches, sans doute.

— Non, vraiment ; mais, dans notre pays, les colonnettes les plus frêles, les moulures à jour, les figurines, les campanilles dentelées, se construisent en marbre. Nous exécutons avec la pierre ce que vous ne taillez qu'en bois. Au surplus, ce n'est pas à de si vaines fantaisies que nos ancêtres ont demandé la gloire. Ils ont accompli une œuvre qui rendra leur souvenir éternellement béni.

— Cette œuvre, quelle est-elle? Le récit des grandes entreprises exalte la pensée.

— Il faut confesser tout d'abord que l'heureuse, la fertile contrée de l'Iémen était jadis aride et stérile. Ce pays n'a reçu du ciel ni fleuves ni rivières. Mes aïeux ont triomphé de la nature et créé un Éden au milieu des déserts.

— Reine, retracez-moi ces prodiges.

— Au cœur des hautes chaînes de montagnes qui s'élèvent à l'orient de mes États, et sur le versant desquelles est située la ville de Mahreb, serpentaient çà et là des torrents, des ruisseaux qui s'évaporaient dans l'air, se perdaient dans des abîmes et au fond des vallons avant d'arriver à la plaine complétement desséchée. Par un travail de deux siècles, nos anciens rois sont parvenus à concentrer tous ces cours d'eau sur un plateau de plusieurs lieues d'étendue, où ils ont creusé le bassin d'un lac sur lequel on navigue aujourd'hui comme dans un golfe. Il a fallu étayer la montagne escarpée sur des contre-forts de granit plus hauts que les pyramides de Gizèh, arc-boutés par des voûtes cyclopéennes sous lesquelles des armées de cavaliers et d'éléphants circulent facilement. Cet immense et intarissable réservoir s'élance en cascades argentées dans des aqueducs, dans de larges canaux qui, subdivisés en plusieurs biez, transportent les eaux à travers la plaine et arrosent la moitié de nos provinces. Je dois à cette œuvre sublime les cultures opulentes, les industries fécondes, les prairies nombreuses, les arbres séculaires et les forêts profondes qui font la richesse et le charme du doux pays de l'Iémen. Telle est, seigneur, notre mer d'airain, sans déprécier la vôtre, qui est une charmante invention.

— Noble conception! s'écria Soliman, et que je serais fier

d'imiter; si Dieu, dans sa clémence, ne nous eût réparti les eaux abondantes et bénies du Jourdain.

— Je l'ai traversé hier à gué, ajouta la reine; mes chameaux en avaient presque jusqu'aux genoux.

— Il est dangereux de renverser l'ordre de la nature, prononça le sage, et de créer, en dépit de Jéhovah, une civilisation artificielle, un commerce, des industries, des populations subordonnées à la durée d'un ouvrage des hommes. Notre Judée est aride; elle n'a pas plus d'habitants qu'elle n'en peut nourrir, et les arts qui les soutiennent sont le produit régulier du sol et du climat. Que votre lac, cette coupe ciselée dans les montagnes, se brise, que ces constructions cyclopéennes s'écroulent, — et un jour verra ce malheur! — vos peuples, frustrés du tribut des eaux, expirent consumés par le soleil, dévorés par la famine au milieu de ces campagnes artificielles.

Saisie de la profondeur apparente de cette réflexion, Balkis demeura pensive.

— Déjà, poursuivit le roi, déjà, j'en ai la certitude, les ruisseaux tributaires de la montagne creusent des ravines et cherchent à s'affranchir de leurs prisons de pierre, qu'ils minent incessamment. La terre est sujette à des tremblements, le temps déracine les rochers, l'eau s'infiltre et fuit comme les couleuvres. En outre, chargé d'un pareil amas d'eau, votre magnifique bassin, que l'on a réussi à établir à sec, serait impossible à réparer. O reine! vos ancêtres ont assigné aux peuples l'avenir limité d'un échafaudage de pierre. La stérilité les aurait rendus industrieux; ils eussent tiré parti d'un sol où ils périront oisifs et consternés avec les premières feuilles des arbres, dont les canaux cesseront un jour d'aviver les racines. Il ne faut point tenter Dieu, ni corriger ses œuvres. Ce qu'il fait est bien.

— Cette maxime, repartit la reine, provient de votre religion, amoindrie par les doctrines ombrageuses de vos prêtres. Ils ne vont pas à moins qu'à tout immobiliser, qu'à tenir la société dans les langes et l'indépendance humaine en tutelle. Dieu a-t-il labouré et semé des champs? Dieu a-t-il fondé des villes, édifié des palais? A-t-il placé à notre portée le fer, l'or, le cuivre et tous ces métaux qui étincellent à travers le temple de Soliman? Non. Il a transmis à ses créatures le génie, l'activité; il sourit à nos efforts, et, dans nos créations bornées, il reconnaît le rayon de son âme, dont il a éclairé la nôtre. En le croyant jaloux, ce Dieu, vous limitez sa toute-puissance, vous déifiez vos facultés, et vous matérialisez les siennes. O roi! les préjugés de votre culte entraveront un jour le progrès des sciences, l'élan du génie, et, quand les hommes seront rapetissés, ils rapetisseront Dieu à leur taille et finiront par le nier.

— Subtil, dit Soliman avec un sourire amer; subtil, mais spécieux...

La reine reprit :

— Alors, ne soupirez pas quand mon doigt se pose sur votre secrète blessure. Vous êtes seul, dans ce royaume, et vous souffrez : vos vues sont nobles, audacieuses, et la constitution hiérarchique de cette nation s'appesantit sur vos ailes; vous vous dites, et c'est peu pour vous : « Je laisserai à la postérité la statue du roi trop grand d'un peuple si petit! » Quant à ce qui regarde mon empire, c'est autre chose... Mes aïeux se sont effacés pour grandir leurs sujets. Trente-huit monarques successifs ont ajouté quelques pierres au lac et aux aqueducs de Mahreb : les âges futurs auront oublié leurs noms, que ce travail continuera de glorifier les Sabéens; et, si jamais il s'écroule, si la terre, avare, reprend ses fleuves et ses rivières, le sol de ma patrie, fertilisé par mille années de culture, continuera de produire; les grands arbres dont nos plaines sont ombragées retiendront l'humidité, conserveront la fraîcheur, protégeront les étangs, les fontaines, et l'Iémen, conquis jadis sur le désert, gardera jusqu'à la fin des âges le doux nom d'Arabie Heureuse... Plus libre, vous auriez été grand pour la gloire de vos peuples et le bonheur des hommes.

— Je vois à quelles aspirations vous appelez mon âme... Il est trop tard; mon peuple est riche : la conquête ou l'or lui procure ce que la Judée ne fournit pas ; et, pour ce qui est des bois de construction, ma prudence a conclu des traités avec le roi de Tyr ; les cèdres, les pins du Liban encombrent mes chantiers ; nos vaisseaux rivalisent sur les mers avec ceux des Phéniciens.

— Vous vous consolez de votre grandeur dans la paternelle sollicitude de votre administration, dit la princesse avec une tristesse bienveillante.

Cette réflexion fut suivie d'un moment de silence ; les ténèbres épaissies dissimulèrent l'émotion empreinte sur les traits de Soliman, qui murmura d'une voix douce :

— Mon âme a passé dans la vôtre et mon cœur la suit.

A demi troublée, Balkis jeta autour d'elle un regard furtif ; les courtisans s'étaient mis à l'écart. Les étoiles brillaient sur leur tête au travers du feuillage, qu'elles semaient de fleurs d'or. Chargée du parfum des lis, des tubéreuses, des glycines et des mandragores, la brise nocturne chantait dans les rameaux touffus des myrtes ; l'encens des fleurs avait pris une voix ; le vent avait l'haleine embaumée ; au loin gémissaient des colombes ; le bruit des eaux accompagnait le concert de la nature ; des mouches luisantes, papillons enflammés, promenaient dans l'atmosphère tiède et pleine d'émotions voluptueuses leurs verdoyantes clartés. La reine se sentit prise d'une langueur enivrante ; la voix tendre de Soliman pénétrait dans son cœur et le tenait sous le charme.

Soliman lui plaisait-il, ou bien le rêvait-elle comme elle l'eût aimé ?... Depuis qu'elle l'avait rendu modeste, elle s'intéressait à lui. Mais cette sympathie éclose dans le calme du raisonnement, mêlée d'une pitié douce et succédant à la victoire de la femme, n'était ni spontanée, ni enthousiaste. Maîtresse d'elle-même comme elle l'avait été des pensées et des impressions de son hôte, elle s'acheminait à l'amour, si toutefois elle y songeait, par l'amitié, et cette route est si longue !

Quant à lui, subjugué, ébloui, entraîné tour à tour du dépit à l'admiration, du découragement à l'espoir, et de la colère au désir, il avait déjà reçu plus d'une blessure, et, pour un homme, aimer trop tôt, c'est risquer d'aimer seul. D'ailleurs, la reine de Saba était réservée; son ascendant avait constamment dominé tout le monde, et même le magnifique Soliman. Le sculpteur Adoniram[1] l'avait seul un instant rendue attentive; elle ne l'avait point pénétré : son imagination avait entrevu là un mystère; mais cette vive curiosité d'un moment était sans nul doute évanouie. Cependant, à son aspect, pour la première fois, cette femme forte s'était dit :

— Voilà un homme!

Il se peut donc faire que cette vision effacée, mais récente, eût rabaissé pour elle le prestige du roi Soliman. Ce qui le prouverait, c'est qu'une ou deux fois, sur le point de parler de l'artiste, elle se retint et changea de propos.

Quoi qu'il en soit, le fils de Daoud prit feu promptement : la reine avait l'habitude qu'il en fût ainsi; il se hâta de le dire, c'était suivre l'exemple de tout le monde; mais il sut l'exprimer avec grâce; l'heure était propice, Balkis en âge d'aimer, et, par la vertu des ténèbres, curieuse et attendrie.

Soudain des torches projettent des rayons rouges sur les buissons, et l'on annonce le souper.

— Fâcheux contre-temps! pensa le roi.

— Diversion salutaire! pensait la reine.

On avait servi le repas dans un pavillon construit dans le goût sémillant et fantasque des peuples de la rive du Gange. La salle octogone était illuminée de cierges de couleur et de lampes où brûlait le naphte mêlé de parfums; la lumière ombrée jaillissait au milieu des gerbes de fleurs. Sur le seuil, Soliman offre la main à son hôtesse, qui avance son petit pied et le retire vivement avec surprise. La salle est couverte d'une nappe

---

1. Adoniram s'appelle autrement Hiram, nom qui lui a été conservé par la tradition des associations mystiques. *Adoni* n'est qu'un terme d'excellence, qui veut dire maître ou seigneur. Il ne faut pas confondre cet Hiram avec le roi de Tyr, qui portait par hasard le même nom.

d'eau dans laquelle la table, les divans et les cierges se reflètent.

— Qui vous arrête ? demande Soliman d'un air étonné.

Balkis veut se montrer supérieure à la crainte ; d'un geste charmant, elle relève sa robe et plonge avec fermeté.

Mais le pied est refoulé par une surface solide.

— O reine ! vous le voyez, dit le sage, le plus prudent se trompe en jugeant sur l'apparence ; j'ai voulu vous étonner et j'y ai enfin réussi... Vous marchez sur un parquet de cristal.

Elle sourit, en faisant un mouvement d'épaules plus gracieux qu'admiratif, et regretta peut-être que l'on n'eût pas su l'étonner autrement.

Pendant le festin, le roi fut galant et empressé ; ses courtisans l'entouraient, et il régnait au milieu d'eux avec une si incomparable majesté, que la reine se sentit gagnée par le respect. L'étiquette s'observait rigide et solennelle à la table de Soliman.

Les mets étaient exquis, variés, mais fort chargés de sel et d'épices : jamais Balkis n'avait affronté de si hautes salaisons. Elle supposa que tel était le goût des Hébreux : elle ne fut donc pas médiocrement surprise de s'apercevoir que ces peuples qui bravaient des assaisonnements si relevés s'abstenaient de boire. Point d'échansons ; pas une goutte de vin ni d'hydromel ; pas une coupe sur la table.

Balkis avait les lèvres brûlantes, le palais desséché, et, comme le roi ne buvait pas, elle n'osa demander à boire : la dignité du prince lui imposait.

Le repas terminé, les courtisans se dispersèrent peu à peu et disparurent dans les profondeurs d'une galerie à demi éclairée. Bientôt, la belle reine des Sabéens se vit seule avec Soliman plus galant que jamais, dont les yeux étaient tendres et qui, d'empressé, devint presque pressant.

Surmontant son embarras, la reine, souriante et les yeux baissés, se leva, annonçant l'intention de se retirer.

7.

— Eh quoi! s'écria Soliman, laisserez-vous ainsi votre humble esclave sans un mot, sans un espoir, sans un gage de votre compassion? Cette union que j'ai rêvée, ce bonheur sans lequel je ne puis désormais plus vivre, cet amour ardent et soumis qui implore sa récompense, les foulerez-vous à vos pieds?

Il avait saisi une main qu'on lui abandonnait en la retirant sans effort; mais on résistait. Certes, Balkis avait songé plus d'une fois à cette alliance; mais elle tenait à conserver sa liberté et son pouvoir. Elle insista donc pour se retirer, et Soliman se vit contraint de céder.

— Soit, dit-il, quittez-moi; mais je mets deux conditions à votre retraite.

— Parlez.

— La nuit est douce et votre conversation plus douce encore. Vous m'accorderez bien une heure?

— J'y consens.

— Secondement, vous n'emporterez avec vous, en sortant d'ici, rien qui m'appartienne.

— Accordé, et de grand cœur! répondit Balkis en riant aux éclats.

— Riez, ma reine! on a vu des gens très-riches céder aux tentations les plus bizarres...

— A merveille! vous êtes ingénieux à sauver votre amour-propre. Point de feinte; un traité de paix.

— Un armistice, je l'espère encore...

On reprit l'entretien, et Soliman s'étudia, en seigneur bien appris, à faire parler la reine autant qu'il put. Un jet d'eau, qui babillait aussi dans le fond de la salle, lui servait d'accompagnement.

Or, si trop parler cuit, c'est assurément quand on a mangé sans boire et fait honneur à un souper trop salé. La jolie reine de Saba mourait de soif; elle eût donné une de ses provinces pour une patère d'eau vive.

Elle n'osait pourtant trahir ce souhait ardent. Et la fontaine

claire, fraîche, argentine et narquoise grésillait toujours à côté
d'elle, lançant des perles qui retombaient dans la vasque avec
un bruit très-gai. Et la soif croissait : la reine, haletante, n'y
résistait plus.

Tout en poursuivant son discours, voyant Soliman distrait et
comme appesanti, elle se mit à se promener en divers sens à
travers la salle, et par deux fois, passant bien près de la fontaine, elle n'osa...

Le désir devint irrésistible. Elle y retourna, ralentit le pas,
s'affermit d'un coup d'œil, plongea furtivement dans l'eau sa
jolie main ployée en creux ; puis, se détournant, elle avala vivement cette gorgée d'eau pure.

Soliman se lève, s'approche, s'empare de la main luisante et
mouillée, et, d'un ton aussi enjoué que résolu :

— Une reine n'a qu'une parole, et, aux termes de la vôtre,
vous m'appartenez.

— Qu'est-ce à dire ?

— Vous m'avez dérobé de l'eau... et, comme vous l'avez
judicieusement constaté vous-même, l'eau est très-rare dans
mes États.

— Ah ! seigneur, c'est un piége, et je ne veux point d'un
époux si rusé !

— Il ne lui reste qu'à vous prouver qu'il est encore plus
généreux. S'il vous rend la liberté, si malgré cet engagement
formel...

— Seigneur, interrompit Balkis en baissant la tête, nous
devons à nos sujets l'exemple de la loyauté.

— Madame, répondit, en tombant à ses genoux, Soliman,
le prince le plus courtois des temps passés et futurs, cette
parole est votre rançon.

Se relevant très-vite, il frappa sur un timbre : vingt serviteurs accoururent, munis de rafraîchissements divers, et
accompagnés de courtisans. Soliman articula ces mots avec
majesté :

— Présentez à boire à votre reine !

A ces mots, les courtisans tombèrent prosternés devant la reine de Saba et l'adorèrent.

Mais elle, palpitante et confuse, craignait de s'être engagée plus avant qu'elle ne l'aurait voulu...

Pendant la pause qui suivit cette partie du récit, un incident assez singulier occupa l'attention de l'assemblée. Un jeune homme, qu'à la teinte de sa peau, de la couleur d'un sou neuf, on pouvait reconnaître pour Abyssinien (Habesch), se précipita au milieu du cercle et se mit à danser une sorte de *bamboula*, en s'accompagnant d'une chanson en mauvais arabe dont je n'ai retenu que le refrain. Ce chant partait en fusée avec les mots : *Iaman! Iamani!* accentués de ces répétitions de syllabes traînantes particulières aux Arabes du Midi. *Iaman! Iaman! Iamani!... Sélam-Aleik Belkiss-Makéda!... Iamani! Iamani!...* Cela voulait dire : « Iémen! ô pays de l'Iémen!... Salut à toi, Balkis la grande!... O pays d'Iémen! »

Cette crise de nostalgie ne pouvait s'expliquer que par le rapport qui a existé autrefois entre les peuples de Saba et les Abyssiniens, placés sur le bord occidental de la mer Rouge, et qui faisaient aussi partie de l'empire des Hémiarites. Sans doute, l'admiration de cet auditeur, jusque-là silencieux, tenait au récit précédent, qui faisait partie des traditions de son pays. Peut-être aussi était-il heureux de voir que la grande reine avait pu échapper au piége tendu par le sage roi Salomon.

Comme son chant monotone durait assez longtemps pour importuner les habitués, quelques-uns d'entre eux s'écrièrent qu'il était *melbous* (fanatisé), et on l'entraîna doucement vers la porte. Le cafetier, inquiet des cinq ou six paras (trois centimes) que lui devait ce consommateur, se hâta de le suivre au dehors. Tout se termina bien sans doute, car le conteur reprit bientôt sa narration au milieu du plus religieux silence.

V — LA MER D'AIRAIN

A force de travaux et de veilles, maître Adoniram avait
achevé ses modèles, et creusé dans le sable les moules de ses
figures colossales. Profondément fouillé et percé avec art, le
plateau de Sion avait reçu l'empreinte de la mer d'airain
destinée à être coulée sur place, et solidement étayée par des
contre-forts de maçonnerie, auxquels, plus tard, on devait
substituer les lions, les sphinx gigantesques destinés à servir de
supports. C'est sur des barres d'or massif, rebelles à la fusion
particulière au bronze, et disséminées çà et là, que portait le
recouvrement du moule de cette vasque énorme. La fonte
liquide, envahissant par plusieurs rigoles le vide compris entre
les deux plans, devait emprisonner ces fiches d'or et faire corps
avec ces jalons réfractaires et précieux.

Sept fois le soleil avait fait le tour de la terre depuis que le
minerai avait commencé de bouillir dans la fournaise couverte
d'une haute et massive tour de briques, qui se terminait à
soixante coudées du sol par un cône ouvert, d'où s'échappaient
des tourbillons de fumée rouge et de flammes bleues pailletées
d'étincelles.

Une excavation, pratiquée entre les moules et la base du
haut fourneau, devait servir de lit au fleuve de feu lorsque
viendrait le moment d'ouvrir avec des barres de fer les entrailles
du volcan.

Pour procéder au grand œuvre du coulage des métaux, on
choisit la nuit : c'est le moment où l'on peut suivre l'opération,
où le bronze, lumineux et blanc, éclaire sa propre marche;
et, si le métal éclatant prépare quelque piége, s'il s'enfuit par
une fissure ou perce une mine quelque part, il est démasqué
par les ténèbres.

Dans l'attente de la solennelle épreuve qui devait immortaliser ou discréditer le nom d'Adoniram, chacun dans Jérusalem
était en émoi. De tous les points du royaume, abandonnant

leurs occupations, les ouvriers étaient accourus, et, le soir qui précéda la nuit fatale, dès le coucher du soleil, les collines et les montagnes d'alentour s'étaient couvertes de curieux.

Jamais fondeur n'avait, de son chef, et en dépit des contradictions, engagé si redoutable partie. En toute occasion, l'appareil de la fonte offre un intérêt vif, et souvent, lorsqu'on moulait des pièces importantes, le roi Soliman avait daigné passer la nuit aux forges avec ses courtisans, qui se disputaient l'honneur de l'accompagner.

Mais la fonte de la mer d'airain était une œuvre gigantesque, un défi du génie aux préjugés humains, à la nature, à l'opinion des plus experts, qui tous avaient déclaré le succès impossible.

Aussi des gens de tout âge et de tout pays, attirés par le spectacle de cette lutte, envahirent-ils de bonne heure la colline de Sion, dont les abords étaient gardés par des légions ouvrières. Des patrouilles muettes parcouraient la foule pour y maintenir l'ordre, et empêcher le bruit... Tâche facile, car, par ordre du roi, on avait, à son de trompe, prescrit le silence le plus absolu sous peine de la vie; précaution indispensable pour que les commandements pussent être transmis avec certitude et rapidité.

Déjà l'étoile du soir s'abaissait sur la mer; la nuit profonde, épaissie des nuages roussis par les effets du fourneau, annonçait que le moment était proche. Suivi des chefs ouvriers, Adoniram, à la clarté des torches, jetait un dernier coup d'œil sur les préparatifs et courait çà et là. Sous le vaste appentis adossé à la fournaise, on entrevoyait les forgerons, coiffés de casques de cuir à larges ailes rabattues et vêtus de longues robes blanches à manches courtes, occupés à arracher de la gueule béante du four, à l'aide de longs crochets de fer, des masses pâteuses d'écume à demi vitrifiées, scories qu'ils entraînaient au loin; d'autres, juchés sur des échafaudages portés par de massives charpentes, lançaient, du sommet de l'édifice, des paniers de charbon dans le foyer, qui rugissait au souffle

impétueux des appareils de ventilation. De tous côtés, des
nuées de compagnons armés de pioches, de pieux, de pinces,
erraient, projetant derrière eux de longues traînées d'ombre.
Ils étaient presque nus : des ceintures d'étoffe rayée voilaient
leurs flancs; leurs têtes étaient enveloppées de coiffes de laine
et leurs jambes étaient protégées par des armures de bois recouvert de lanières de cuir. Noircis par la poussière charbonneuse,
ils paraissaient rouges aux reflets de la braise; on les voyait çà
et là comme des démons ou des spectres.

Une fanfare annonça l'arrivée de la cour : Soliman parut
avec la reine de Saba, et fut reçu par Adoniram, qui le conduisit au trône improvisé pour ses nobles hôtes. L'artiste avait
endossé un plastron de buffle; un tablier de laine blanche lui
descendait jusqu'aux genoux; ses jambes nerveuses étaient
garanties par des guêtres en peau de tigre, et son pied était nu,
car il foulait impunément le métal rougi.

— Vous m'apparaissez dans votre puissance, dit Balkis au roi
des ouvriers, comme la divinité du feu. Si votre entreprise
réussit, nul ne se pourra dire, cette nuit, plus grand que maître
Adoniram !...

L'artiste, malgré ses préoccupations, allait répondre, lorsque
Soliman, toujours sage et quelquefois jaloux, l'arrêta.

— Maître, dit-il d'un ton impératif, ne perdez pas un temps
précieux; retournez à vos labeurs, et que votre présence ici ne
nous rende point responsables de quelque accident.

La reine le salua d'un geste, et il disparut.

— S'il accomplit sa tâche, pensait Soliman, de quel monument magnifique il honore le temple d'Adonaï ! mais quel éclat
il ajoute à une puissance déjà redoutable !

Quelques moments après, ils revirent Adoniram devant la
fournaise. Le brasier, qui l'éclairait d'en bas, rehaussait sa
stature et faisait grimper son ombre contre le mur, où était ac-
crochée une grande feuille de bronze sur laquelle le maître
frappa vingt coups avec un marteau de fer. Les vibrations du
métal résonnèrent au loin, et le silence se fit plus profond

qu'auparavant. Soudain, armés de leviers et de pics, dix fantômes se précipitent dans l'excavation pratiquée sous le foyer
du fourneau et placée en regard du trône. Les soufflets râlent,
expirent, et l'on n'entend plus que le bruit sourd des pointes
de fer pénétrant dans la glaise calcinée qui lute l'orifice par où
va s'élancer la fonte liquide. Bientôt l'endroit attaqué devient
violet, s'empourpre, rougit, s'éclaire, prend une couleur oran-
gée ; un point blanc se dessine au centre, et tous les manœuvres, sauf deux, se retirent. Ces derniers, sous la surveillance d'Adoniram, s'étudient à amincir la croûte autour du
point lumineux, en évitant de le trouer... Le maître les observe
avec anxiété.

Durant ces préparatifs, le compagnon fidèle d'Adoniram, ce
jeune Benoni qui lui était dévoué, parcourait les groupes d'ouvriers, sondant le zèle de chacun, observant si les ordres
étaient suivis, et jugeant tout par lui-même.

Et il advint que ce jeune homme, accourant, effaré, aux pieds
de Soliman, se prosterna et dit :

— Seigneur, faites suspendre la coulée, tout est perdu, nous
sommes trahis !

L'usage n'était point que l'on abordât ainsi le prince sans y
être autorisé ; déjà les gardes s'approchaient de ce téméraire ;
Soliman les fit éloigner, et, se penchant sur Benoni agenouillé,
il lui dit à demi-voix :

— Explique-toi en peu de mots.

— Je faisais le tour du fourneau : derrière le mur, il y avait
un homme immobile, et qui semblait attendre ; un second sur-
vint, qui dit à demi-voix au premier : *Vehmamiah!* On lui répondit : *Eliael!* Il en arriva un troisième qui prononça aussi :
Vehmamiah! et à qui l'on répliqua de même : *Eliael!* ensuite
l'un s'écria :

» — Il a asservi les charpentiers aux mineurs.

» Le second : — Il a subordonné les maçons aux mineurs.

» Le troisième : — Il a voulu régner sur les mineurs.

» Le premier reprit : — Il donne sa force à des étrangers.

» Le second : — Il n'a pas de patrie.

» Le troisième ajoute : — C'est bien.

» — Les compagnons sont frères,... recommença le premier.

» — Les corporations ont des droits égaux, continua le second.

» Le troisième ajouta : — C'est bien.

» J'ai reconnu que le premier est maçon, parce qu'il a dit ensuite : — J'ai mêlé le calcaire à la brique, et la chaux tombera en poussière. Le second est charpentier; il a dit : — J'ai prolongé les traverses des poutres, et la flamme les visitera. Quant au troisième, il travaille les métaux. Voici quelles étaient ses paroles : — J'ai pris dans le lac empoisonné de Gomorrhe des laves de bitume et de soufre; je les ai mêlées à la fonte.

» En ce moment, une pluie d'étincelles a éclairé leurs visages. Le maçon est Syrien et se nomme Phanor; le charpentier est Phénicien, on l'appelle Amrou; le mineur est Juif de la tribu de Ruben, son nom est Méthousaël. Grand roi, j'ai volé à vos pieds : étendez votre sceptre et arrêtez les travaux!

— Il est trop tard, dit Soliman pensif; voilà le cratère qui s'entr'ouvre; garde le silence, ne trouble point Adoniram, et redis-moi ces trois noms.

— Phanor, Amrou, Méthousaël.

— Qu'il soit fait selon la volonté de Dieu!

Benoni regarda fixement le roi et prit la fuite avec la rapidité de l'éclair. Pendant ce temps-là, la terre cuite tombait autour de l'embouchure bâillonnée du fourneau, sous les coups redoublés des mineurs, et la couche amincie devenait si lumineuse, qu'il semblait qu'on fût sur le point de surprendre le soleil dans sa retraite nocturne et profonde... Sur un signe d'Adoniram, les manœuvres s'écartent, et le maître, tandis que les marteaux font retentir l'airain, soulevant une massue de fer, l'enfonce dans la paroi diaphane, la tourne dans la plaie et l'arrache avec violence. A l'instant, un torrent de liquide, rapide et blanc, s'élance dans le chenal et s'avance comme un serpent d'or strié de cristal et d'argent, jusqu'à un bassin creusé dans le sable, à l'issue duquel la fonte se disperse et suit son cours le long de plusieurs rigoles.

Soudain une lumière pourpre et sanglante illumine, sur les coteaux, les visages des spectateurs innombrables; ces lueurs pénètrent l'obscurité des nuages et rougissent la crête des rochers lointains. Jérusalem, émergeant des ténèbres, semble la proie d'un incendie. Un silence profond donne à ce spectacle solennel le fantastique aspect d'un rêve.

Comme la coulée commençait, on entrevit une ombre qui voltigeait aux entours du lit que la fonte allait envahir. Un homme s'était élancé, et, en dépit des défenses d'Adoniram, il osait traverser ce canal destiné au feu. Comme il y posait le pied, le métal en fusion l'atteignit, le renversa, et il disparut en une seconde.

Adoniram ne voit que son œuvre; bouleversé par l'idée d'une imminente explosion, il s'élance, au péril de sa vie, armé d'un crochet de fer; il le plonge dans le sein de la victime, l'accroche, l'enlève, et, avec une vigueur surhumaine, la lance comme un bloc de scories sur la berge, où ce corps lumineux va s'éteindre en expirant... Il n'avait pas même eu le temps de reconnaître son compagnon, le fidèle Benoni.

Tandis que la fonte s'en va, ruisselante, remplir les cavités de la mer d'airain, dont le vaste contour déjà se trace comme un diadème d'or sur la terre assombrie, des nuées d'ouvriers portant de larges pots à feu, des poches profondes emmanchées de longues tiges de fer, les plongent tour à tour dans le bassin de feu liquide, et courent çà et là verser le métal dans les moules destinés aux lions, aux bœufs, aux palmes, aux chérubins aux figures géantes qui supportent la mer d'airain. On s'étonne de la quantité de feu qu'ils font boire à la terre; couchés sur le sol, les bas-reliefs retracent les silhouettes claires et vermeilles des chevaux, des taureaux ailés, des cynocéphales, des chimères monstrueuses enfantées par le génie d'Adoniram.

— Spectacle sublime ! s'écrie la reine de Saba. O grandeur !
ô puissance du génie de ce mortel, qui soumet les éléments et
dompte la nature !

— Il n'est pas encore vainqueur, repartit Soliman avec
amertume ; Adonaï seul est tout-puissant !

VI — L'APPARITION

Tout à coup Adoniram s'aperçoit que le fleuve de fonte déborde ; la source béante vomit des torrents ; le sable trop chargé
s'écroule : il jette les yeux sur la mer d'airain ; le moule re-
gorge ; une fissure se dégage au sommet ; la lave ruisselle de
tous côtés. Il exhale un cri si terrible, que l'air en est rempli
et que les échos le répètent sur les montagnes. Pensant que la
terre, trop chauffée, se vitrifie, Adoniram saisit un tuyau flexible
aboutissant à un réservoir d'eau, et, d'une main précipitée,
dirige cette colonne d'eau sur la base des contre-forts ébranlés
du moule de la vasque. Mais la fonte, ayant pris l'essor, dévale
jusque-là : les deux liquides se combattent ; une masse de métal
enveloppe l'eau, l'emprisonne, l'étreint. Pour se dégager, l'eau
consumée se vaporise et fait éclater ses entraves. Une détonation retentit ; la fonte rejaillit dans les airs en gerbes éclatantes
à vingt coudées de hauteur ; on croit voir s'ouvrir le cratère
d'un volcan furieux. Ce fracas est suivi de pleurs, de hurlements affreux ; car cette pluie d'étoiles sème en tous lieux la
mort : chaque goutte de fonte est un dard ardent qui pénètre
dans les corps et qui tue. La place est jonchée de mourants,
et au silence a succédé un immense cri d'épouvante. La terreur est au comble, chacun fuit ; la crainte du danger précipite
dans le feu ceux que le feu pourchasse... Les campagnes, illuminées, éblouissantes et empourprées, rappellent cette nuit terrible où Gomorrhe et Sodome flamboyaient, allumées par les
foudres de Jéhovah.

Adoniram, éperdu, court çà et là pour rallier ses ouvriers et
fermer la gueule à l'abîme inépuisable ; mais il n'entend que

des plaintes et des malédictions; il ne rencontre que des cadavres : le reste est-dispersé. Soliman seul est demeuré impassible sur son trône; la reine est restée calme à ses côtés. Ils font encore briller dans ces ténèbres le diadème et le sceptre.

— Jéhovah l'a châtié! dit Soliman à son hôtesse. Et il me punit, par la mort de mes sujets, de ma faiblesse, de mes complaisances pour un monstre d'orgueil.

— La vanité qui immole tant de victimes est criminelle, prononça la reine. Seigneur, vous auriez pu périr durant cette infernale épreuve: l'airain pleuvait autour de nous.

— Et vous étiez là! et ce vil suppôt de Baal a mis en péril une vie si précieuse! Partons, reine; votre péril m'a seul inquiété.

Adoniram, qui passait près d'eux, l'entendit; il s'éloigna en rugissant de douleur. Plus loin, il avisa un groupe d'ouvriers qui l'accablaient de mépris, de calomnies et de malédictions. Il fut rejoint par le Syrien Phanor, qui lui dit:

— Tu es grand; la fortune t'a trahi; mais elle n'a pas eu les maçons pour complices.

Amrou le Phénicien le rejoignit à son tour et lui dit:

— Tu es grand, et tu serais vainqueur, si chacun eût fait son devoir comme les charpentiers.

— Et le Juif Méthousaël lui dit :

— Les mineurs ont fait leur devoir; mais ce sont ces ouvriers étrangers qui, par leur ignorance, ont compromis l'entreprise. Courage! une œuvre plus grande nous vengera de cet échec.

— Ah! pensa Adoniram, voilà les seuls amis que j'aie trouvés...

Il lui fut facile d'éviter les rencontres; chacun se détournait de lui, et les ténèbres protégeaient ces désertions. Bientôt les lueurs des brasiers et de la fonte qui rougissait en se refroidissant à la surface n'éclairaient plus que des groupes lointains, qui se perdaient peu à peu dans les ombres. Adoniram, abattu, cherchait Benoni.

— Il m'abandonne à son tour!... murmura-t-il avec tristesse.

Le maître restait seul au bord de la fournaise.

—Déshonoré! s'écria-t-il avec amertume; voilà le fruit d'une existence austère, laborieuse et vouée à la gloire d'un prince ingrat! Il me condamne, et mes frères me renient! Et cette reine, cette femme... elle était là, elle a vu ma honte, et son mépris... j'ai dû le subir! Mais où donc est Benoni, à cette heure où je souffre? Seul! je suis seul et maudit! L'avenir est fermé. Adoniram, souris à ta délivrance, et cherche-la dans ce feu, ton élément et ton rebelle esclave!

Il s'avance, calme et résolu, vers le fleuve, qui roule encore son onde embrasée de scories, de métal fondu, et qui, çà et là, jaillit et pétille au contact de l'humidité. Peut-être que la lave tressaillait sur des cadavres. D'épais tourbillons de fumée violette et fauve se dégageaient en colonnes serrées, et voilaient le théâtre abandonné de cette lugubre aventure. C'est là que ce géant foudroyé tomba assis sur la terre et s'abîma dans sa méditation... l'œil fixé sur ces tourbillons enflammés qui pouvaient s'incliner et l'étouffer au premier souffle du vent.

Certaines formes étranges, fugitives, flamboyantes se dessinaient parfois parmi les jeux brillants et lugubres de la vapeur ignée. Les yeux éblouis d'Adoniram entrevoyaient, au travers des membres de géants, des blocs d'or, des gnomes qui se dissipaient en fumée ou se pulvérisaient en étincelles. Ces fantaisies ne parvenaient point à distraire son désespoir et sa douleur. Bientôt, cependant, elles s'emparèrent de son imagination en délire, et il lui sembla que du sein des flammes s'élevait une voix retentissante et grave qui prononçait son nom. Trois fois le tourbillon mugit le nom d'Adoniram.

Autour de lui, personne... Il contemple avidement la tourbe enflammée, et murmure :

—La voix du peuple m'appelle !

Sans détourner la vue, il se soulève sur un genou, étend la main, et distingue au centre des fumées rouges une forme humaine indistincte, colossale, qui semble s'épaissir dans les flammes, s'assembler, puis se désunir et se confondre. Tout s'agite et flamboie à l'entour ;... elle seule se fixe, tour à tour obscure dans la vapeur lumineuse, ou claire et éclatante au sein d'un amas de fuligineuses vapeurs. Elle se dessine, cette figure, elle acquiert du relief, elle grandit encore en s'approchant, et Adoniram, épouvanté, se demande quel est ce bronze qui est doué de la vie.

Le fantôme s'avance. Adoniram le contemple avec stupeur. Son buste gigantesque est revêtu d'une dalmatique sans manches ; ses bras nus sont ornés d'anneaux de fer ; sa tête bronzée, qu'encadre une barbe carrée, tressée et frisée à plusieurs rangs,... sa tête est coiffée d'une mitre vermeille ; il tient à la main un marteau. Ses grands yeux, qui brillent, s'abaissent sur Adoniram avec douceur, et, d'un son de voix qui semble arraché aux entrailles du bronze :

— Réveille ton âme, dit-il ; lève-toi, mon fils !... Viens, suis-moi... J'ai vu les maux de ma race, et je l'ai prise en pitié...

— Esprit, qui donc es-tu ?

— L'ombre du père de tes pères, l'aïeul de ceux qui travaillent et qui souffrent. Viens ; quand ma main aura glissé sur ton front, tu respireras dans la flamme. Sois sans crainte, comme tu fus sans faiblesse...

Soudain, Adoniram se sentit enveloppé d'une chaleur pénétrante qui l'animait sans l'embraser ; l'air qu'il aspirait était plus subtil ; un ascendant invincible l'entraînait vers le brasier où déjà plongeait son mystérieux compagnon.

— Où suis-je ? Quel est ton nom ? Où m'entraînes-tu ? murmura-t-il.

— Au centre de la terre... dans l'âme du monde habité ; là s'élève le palais souterrain d'Hénoch, notre père, que l'Égypte appelle Hermès, que l'Arabie honore sous le nom d'Édris.

— Puissances immortelles ! s'écria Adoniram ; ô mon seigneur ! est-il donc vrai, vous seriez ?...

— Ton aïeul, homme... artiste, ton maître et ton patron :
je fus Tubal-Kaïn.

Plus ils s'avançaient dans la profonde région du silence et de
la nuit, plus Adoniram doutait de la réalité de ses impressions. Peu à peu, distrait de lui-même, il subit le charme de
l'inconnu, et son âme, attachée tout entière à l'ascendant qui
le dominait, fut toute à son guide mystérieux.

Aux régions humides et froides avait succédé une atmosphère tiède et raréfiée ; la vie intérieure de la terre se manifestait par des secousses, par des bourdonnements singuliers ;
des battements sourds, réguliers, périodiques, annonçaient le
voisinage du cœur du monde ; Adoniram le sentait battre avec
une force croissante, et il s'étonnait d'errer parmi des espaces
infinis ; il cherchait un appui, ne le trouvait pas, et suivait sans
la voir l'ombre de Tubal-Kaïn, qui gardait le silence.

Après quelques instants qui lui parurent longs comme la vie
d'un patriarche, il découvrit au loin un point lumineux. Cette
tache grandit, grandit, s'approcha, s'étendit en longue perspective, et l'artiste entrevit un monde peuplé d'ombres qui s'agitaient, livrées à des occupations qu'il ne comprit pas. Ces clartés
douteuses vinrent enfin expirer sur la mitre éclatante et sur la
dalmatique du fils de Kaïn.

En vain Adoniram s'efforça-t-il de parler : la voix expirait
dans sa poitrine oppressée ; mais il reprit haleine en se voyant
dans une large galerie d'une profondeur incommensurable,
très-large, car on n'en découvrait point les parois, et portée
sur une avenue de colonnes si hautes, qu'elles se perdaient
au-dessus de lui dans les airs, et que la voûte qu'elles portaient échappait à la vue.

Soudain il tressaillit ; Tubal-Kaïn parlait :

— Tes pieds foulent la grande pierre d'émeraude qui sert de
racine et de pivot à la montagne de Kaf ; tu as abordé le domaine de tes pères. Ici règne sans partage la lignée de Kaïn.
Sous ces forteresses de granit, au milieu de ces cavernes
inaccessibles, nous avons pu trouver enfin la liberté. C'est là

qu'expire la tyrannie jalouse d'Adonaï, là qu'on peut, sans périr, se nourrir des fruits de l'arbre de la science.

Adoniram exhala un long et doux soupir : il lui semblait qu'un poids accablant, qui toujours l'avait courbé dans la vie, venait de s'évanouir pour la première fois.

Tout à coup la vie éclate ; des populations apparaissent à travers ces hypogées : le travail les anime, les agite ; le joyeux fracas des métaux résonne ; des bruits d'eaux jaillissantes et de vents impétueux s'y mêlent ; la voûte éclaircie s'étend comme un ciel immense d'où se précipitent sur les plus vastes et les plus étranges ateliers des torrents d'une lumière blanche, azurée, et qui s'irise en tombant sur le sol.

Adoniram traverse une foule livrée à des labeurs dont il ne saisit pas le but ; cette clarté, cette coupole céleste dans les entrailles de la terre l'étonne ; il s'arrête.

— C'est le sanctuaire du feu, lui dit Tubal-Kaïn ; de là provient la chaleur de la terre, qui, sans nous, périrait de froid. Nous préparons les métaux, nous les distribuons dans les veines de la planète, après en avoir liquéfié les vapeurs.

» Mis en contact et entrelacés sur nos têtes, les filons de ces divers éléments dégagent des esprits contraires qui s'enflamment et projettent ces vives lumières... éblouissantes pour tes yeux imparfaits. Attirés par ces courants, les sept métaux se vaporisent à l'entour, et forment ces nuages de sinople, d'azur, de pourpre, d'or, de vermeil et d'argent qui se meuvent dans l'espace, et reproduisent les alliages dont se composent la plupart des minéraux et des pierres précieuses. Quand la coupole se refroidit, ces nuées condensées font pleuvoir une grêle de rubis, d'émeraudes, de topazes, d'onyx, de turquoises, de diamants, et les courants de la terre les emportent avec des amas de scories : les granits, les silex, les calcaires qui, soulevant la surface du globe, la rendent bosselée de montagnes. Ces matières se solidifient en approchant du domaine des hommes... et à la fraîcheur du soleil d'Adonaï, fourneau manqué qui n'aurait même pas la force de cuire un œuf. Aussi, que deviendrait la vie de l'homme, si nous ne lui faisions passer en secret l'élément du feu, emprisonné dans les pierres, ainsi que le fer propre à retirer l'étincelle ?

Ces explications satisfaisaient Adoniram et l'étonnaient. Il s'approcha des ouvriers sans comprendre comment ils pouvaient travailler sur des fleuves d'or, d'argent, de cuivre, de fer, les séparer, les endiguer et les tamiser comme l'onde.

— Ces éléments, répondit à sa pensée Tubal-Kaïn, sont liquéfiés par la chaleur centrale : la température où nous vivons ici est à peu près une fois plus forte que celle des fourneaux où tu dissous la fonte.

Adoniram, épouvanté, s'étonna de vivre.

— Cette chaleur, reprit Tubal-Kaïn, est la température naturelle des âmes qui furent extraites de l'élément du feu. Adonaï plaça une étincelle imperceptible au centre du moule de terre dont il s'avisa de faire l'homme, et cette parcelle a suffi pour échauffer le bloc, pour l'animer et le rendre pensant ; mais, là-haut, cette âme lutte contre le froid : de là les limites étroites de vos facultés; puis il arrive que l'étincelle est entraînée par l'attraction centrale, et vous mourez.

La création ainsi expliquée causa un mouvement de dédain à Adoniram.

— Oui, continua son guide ; c'est un dieu moins fort que subtil, et plus jaloux que généreux, le dieu Adonaï ? Il a créé l'homme de boue, en dépit des génies du feu ; puis, effrayé de son œuvre et de leurs complaisances pour cette triste créature, il l'a, sans pitié pour leurs larmes, condamnée à mourir. Voilà le principe du différend qui nous divise : toute la vie terrestre procédant du feu est attirée par le feu qui réside au centre. Nous avions voulu qu'en retour le feu central fût attiré par la circonférence et rayonnât au dehors · cet échange de principes était la vie sans fin.

» Adonaï, qui règne autour des mondes, mura la terre et intercepta cette attraction externe. Il en résulte que la terre mourra comme ses habitants. Elle vieillit déjà; la fraîcheur la pénètre de plus en plus ; des espèces entières d'animaux et de plantes ont disparu ; les races s'amoindrissent, la durée de la vie s'abrége, et, des sept métaux primitifs, la terre, dont la moelle se congèle et se dessèche, n'en reçoit déjà plus que cinq [1]. Le soleil lui-même pâlit ; il doit s'éteindre dans cinq ou six milliers d'années. Mais ce n'est point à moi seul, ô mon fils, qu'il appartient de te révéler ces mystères : tu les entendras de la bouche des hommes, tes ancêtres.

VII — LE MONDE SOUTERRAIN

Ils pénétrèrent ensemble dans un jardin éclairé des tendres lueurs d'un feu doux, peuplé d'arbres inconnus dont le feuillage, formé de petites langues de flamme, projetait, au lieu d'ombre, des clartés plus vives sur le sol d'émeraudes, diapré de fleurs d'une forme bizarre, et de couleurs d'une vivacité surprenante. Écloses du feu intérieur dans le terrain des métaux, ces fleurs en étaient les émanations les plus fluides et les plus pures. Ces végétations arborescentes du métal en fleur rayonnaient comme des pierreries, et exhalaient des parfums d'ambre, de benjoin, de myrrhe et d'encens. Non loin serpentaient des ruisseaux de naphte, fertilisant les cinabres, la rose de ces contrées souterraines. Là se promenaient quelques vieillards géants, sculptés à la mesure de cette nature exubérante et forte. Sous un dais de lumière ardente, Adoniram découvrit une rangée de colosses, assis à la file, et reproduisant les costumes sacrés, les proportions sublimes et l'aspect impo-

---

1. Les traditions sur lesquelles sont fondées les diverses scènes de cette légende ne sont pas particulières aux Orientaux. Le moyen âge européen les a connues. On peut consulter principalement l'*Histoire des Préadamites* de Lapeyrière, l'*Iter subterraneum* de Klimius, et une foule d'écrits relatifs à la kabbale et à la médecine spagyrique. L'Orient en est encore là. Il ne faut donc pas s'étonner des bizarres hypothèses scientifiques que peut contenir ce récit. La plupart de ces légendes se rencontrent aussi dans le Talmud, dans les livres des néoplatoniciens, dans le Coran et dans le livre d'Hénoch, traduit récemment par l'évêque de Canterbury.

sant des figures qu'il avait jadis entrevues dans les cavernes du Liban. Il devina la dynastie disparue des princes d'Hénochia. Il revit autour d'eux, accroupis, les cynocéphales, les lions ailés, les griffons, les sphinx souriants et mystérieux, espèces condamnées, balayées par le déluge, et immortalisées par la mémoire des hommes. Ces esclaves androgynes supportaient les trônes massifs, monuments inertes, dociles, et pourtant animés.

Immobiles comme le repos, les princes fils d'Adam semblaient rêver et attendre.

Parvenu à l'extrémité de la lignée, Adoniram, qui marchait toujours, dirigeait ses pas vers une énorme pierre carrée et blanche comme la neige... Il allait poser le pied sur cet incombustible rocher d'amiante.

— Arrête !... s'écria Tubal-Kaïn. Nous sommes sous la montagne de Sérendib ; tu vas fouler la tombe de l'inconnu, du premier-né de la terre. Adam sommeille sous ce linceul, qui le préserve du feu. Il ne doit se relever qu'au dernier jour du monde ; sa tombe captive contient notre rançon. Mais écoute : notre père commun t'appelle.

Kaïn était accroupi dans une posture pénible ; il se souleva. Sa beauté est surhumaine, son œil triste, et sa lèvre pâle. Il est nu ; autour de son front soucieux s'enroule un serpent d'or, en guise de diadème... L'homme errant semble encore harassé.

— Que le sommeil et la mort soient avec toi, mon fils ! Race industrieuse et opprimée, c'est par moi que tu souffres. Héva fut ma mère ; Éblis, l'ange de lumière, a glissé dans son sein l'étincelle qui m'anime et qui a régénéré ma race ; Adam, pétri de limon et dépositaire d'une âme captive, Adam m'a nourri. Enfant des Éloïms[1], j'aimai cette ébauche d'Adonaï, et j'ai mis au service des hommes ignorants et débiles l'esprit des génies

---

1. Les *Éloïms* sont des génies primitifs que les Égyptiens appelaient les *dieux ammonéens*. Dans le système des traditions persanes, Adonaï ou Jéhovah (le dieu des Hébreux) n'était que l'un des *Éloïms*.

qui résident en moi. J'ai nourri mon nourricier sur ses vieux jours, et bercé l'enfance d'Habel... qu'ils appelaient mon frère. Hélas! hélas!

» Avant d'enseigner le meurtre à la terre, j'avais connu l'ingratitude, l'injustice et les amertumes qui corrompent le cœur. Travaillant sans cesse, arrachant notre nourriture au sol avare, inventant, pour le bonheur des hommes, ces charrues qui contraignent la terre à produire, faisant renaître pour eux, au sein de l'abondance, cet Éden qu'ils avaient perdu; j'avais fait de ma vie un sacrifice. O comble d'iniquité! Adam ne m'aimait pas! Héva se souvenait d'avoir été bannie du paradis pour m'avoir mis au monde, et son cœur, fermé par l'intérêt, était tout à son Habel. Lui, dédaigneux et choyé, me considérait comme le serviteur de chacun : Adonaï était avec lui, que fallait-il de plus? Aussi, tandis que j'arrosais de mes sueurs la terre où il se sentait roi, lui-même, oisif et caressé, il paissait ses troupeaux en sommeillant sous les sycomores. Je me plains : nos parents invoquent l'équité de Dieu ; nous lui offrons nos sacrifices, et le mien, des gerbes de blé que j'avais fait éclore, les prémices de l'été! le mien est rejeté avec mépris... C'est ainsi que ce Dieu jaloux a toujours repoussé le génie inventif et fécond, et donné la puissance avec le droit d'oppression aux esprits vulgaires. Tu sais le reste; mais ce que tu ignores, c'est que la réprobation d'Adonaï, me condamnant à la stérilité, donnait pour épouse au jeune Habel notre sœur Aclinia, dont j'étais aimé. De là provint la première lutte des djinns ou enfants des Éloïms, issus de l'élément du feu, contre les fils d'Adonaï, engendrés du limon.

» J'éteignis le flambeau d'Habel... Adam se vit renaître plus tard dans la postérité de Seth; et, pour effacer mon crime, je me suis fait bienfaiteur des enfants d'Adam. C'est à notre race, supérieure à la leur, qu'ils doivent tous les arts, l'industrie et les éléments des sciences. Vains efforts! en les instruisant, nous les rendions libres... Adonaï ne m'a jamais pardonné, et c'est pourquoi il me fait un crime sans pardon d'avoir brisé un vase d'argile, lui qui, dans les eaux du déluge, a noyé tant de milliers d'hommes! lui qui, pour les décimer, leur a suscité tant de tyrans!

Alors, la tombe d'Adam parla.

— C'est toi, dit la voix profonde, toi qui as enfanté le meurtre; Dieu poursuit, dans mes enfants, le sang d'Héva dont tu sors et que tu as versé! C'est à cause de toi que Jéhovah a suscité des prêtres qui ont immolé les hommes, et des rois qui ont sacrifié des prêtres et des soldats. Un jour, il fera naître des empereurs pour broyer les peuples, les prêtres et les rois eux-mêmes, et la postérité des nations dira : « Ce sont les fils de Kaïn! »

Le fils d'Héva s'agita, désespéré.

— Lui aussi! s'écria-t-il; jamais il n'a pardonné.

— Jamais!... répondit la voix.

Et, des profondeurs de l'abîme, on l'entendit gémir encore :

— Habel, mon fils, Habel, Habel!... qu'as-tu fait de ton frère Habel?...

Kaïn roula sur le sol, qui retentit, et les convulsions du désespoir lui déchiraient la poitrine...

Tel est le supplice de Kaïn, parce qu'il a versé le sang.

Saisi de respect, d'amour, de compassion et d'horreur, Adoniram se détourna.

— Qu'avais-je fait, moi? dit, en secouant sa tête coiffée d'une tiare élevée, le vénérable Hénoch. Les hommes erraient comme des troupeaux; je leur appris à tailler les pierres, à bâtir des édifices, à se grouper dans les villes. Le premier, je leur ai révélé le génie des sociétés. J'avais rassemblé des brutes;... je laissai une nation dans ma ville d'Hénochia, dont les ruines étonnent encore les races dégénérées. C'est grâce à moi que Soliman dresse un temple en l'honneur d'Adonaï, et ce temple fera sa perte; car le Dieu des Hébreux, ô mon fils, a reconnu mon génie dans l'œuvre de tes mains.

Adoniram contempla cette grande ombre : Hénoch avait la barbe longue et tressée; sa tiare, ornée de bandes rouges et

d'une double rangée d'étoiles, était surmontée d'une pointe
terminée en bec de vautour. Deux bandelettes à franges
retombaient sur ses cheveux et sa tunique. D'une main, il tenait
un long sceptre, et, de l'autre, une équerre. Sa stature colossale
dépassait celle de son père Kaïn. Près de lui se tenaient Irad
et Maviaël, coiffés de simples bandelettes. Des anneaux s'enroulaient autour de leurs bras : l'un avait jadis emprisonné les
fontaines; l'autre avait équarri les cèdres. Mathusaël avait
imaginé les caractères écrits et laissé des livres dont s'empara
depuis Édris, qui les enfouit dans la terre; les livres du *Tau*...
Mathusaël avait sur l'épaule un pallium hiératique; un para-
zonium armait son flanc, et sur sa ceinture éclatante brillait en
traits de feu le *T* symbolique qui rallie les ouvriers issus des
génies du feu.

Tandis qu'Adoniram contemplait les traits souriants de
Lamech, dont les bras étaient couverts par des ailes repliées
d'où sortaient deux longues mains appuyées sur la tête de
deux jeunes gens accroupis, Tubal-Kaïn, quittant son protégé,
avait pris place sur son trône de fer.

— Tu vois la face vénérable de mon père, dit-il à Adoniram. Ceux-ci, dont il caresse la chevelure, sont les enfants
d'Ada : Jabel, qui dressa des tentes et apprit à coudre la peau
des chameaux, et Jubal, mon frère, qui le premier tendit les
cordes du cinnor, de la harpe, et sut en tirer des sons.

— Fils de Lamech et de Sella, répondit Jubal d'une voix
harmonieuse comme les vents du soir, tu es plus grand que tes
frères, et tu règnes sur tes aïeux. C'est de toi que procèdent
les arts de la guerre et de la paix. Tu as réduit les métaux, tu
as allumé la première forge. En donnant aux humains l'or,
l'argent, le cuivre et l'acier, tu as remplacé par eux l'arbre de
science. L'or et le fer les élèveront au comble de la puissance,
et leur seront assez funestes pour nous venger d'Adonaï. Honneur à Tubal-Kaïn !

Un bruit formidable répondit de toute part à cette exclamation, répétée au loin par les légions de gnomes, qui reprirent

leurs travaux avec une ardeur nouvelle. Les marteaux reten-
tirent sous les voûtes des usines éternelles, et Adoniram... l'ouvrier, dans ce monde où les ouvriers étaient rois, ressentit une
allégresse et un orgueil profonds.

—Enfant de la race des Éloïms, lui dit Tubal-Kaïn, reprends
courage, ta gloire est dans la servitude. Tes ancêtres ont rendu
redoutable l'industrie humaine, et c'est pourquoi notre race a
été condamnée. Elle a combattu deux mille ans ; on n'a pu nous
détruire, parce que nous sommes d'une essence immortelle ; on
a réussi à nous vaincre, parce que le sang d'Héva se mêlait à
notre sang. Tes aïeux, mes descendants, furent préservés des
eaux du déluge. Car, tandis que Jéhovah, préparant notre destruction, les amoncelait dans les réservoirs du ciel, j'ai appelé
le feu à mon secours et précipité de rapides courants vers la
surface du globe. Par mon ordre, la flamme a dissous les pierres
et creusé de longues galeries propres à nous servir de retraites.
Ces routes souterraines aboutissaient dans la plaine de Gizèh,
non loin de ces rivages où s'est élevé depuis la cité de Memphis.
Afin de préserver ces galeries de l'invasion des eaux, j'ai réuni
la race des géants, et nos mains ont élevé une immense pyramide qui durera autant que le monde. Les pierres en furent
cimentées avec du bitume impénétrable ; et l'on n'y pratiqua
d'autre ouverture qu'un étroit couloir fermé par une petite
porte que je murai moi-même au dernier jour du monde ancien.

» Des demeures souterraines furent creusées dans le roc : on
y pénétrait en descendant dans un abîme ; elles s'échelonnaient
le long d'une galerie basse aboutissant aux régions de l'eau que
j'avais emprisonnée dans un grand fleuve propre à désaltérer
les hommes et les troupeaux enfouis dans ces retraites. Au delà
de ce fleuve, j'avais réuni, dans un vaste espace éclairé par le
frottement des métaux contraires, les fruits végétaux qui se
nourrissent de la terre.

» C'est là que vécurent à l'abri des eaux les faibles débris de
la lignée de Kaïn. Toutes les épreuves que nous avons subies

et traversées, il fallut les subir encore pour revoir la lumière, quand les eaux eurent regagné leur lit. Ces routes étaient périlleuses, le climat intérieur dévore. Durant l'aller et le retour, nous laissâmes dans chaque région quelques compagnons. Seul, à la fin, je survécus avec le fils que m'avait donné ma sœur Noéma.

» Je rouvris la pyramide, et j'entrouvris la terre. Quel changement! Le désert!... des animaux rachitiques, des plantes rabougries, un soleil pâle et sans chaleur; et çà et là des amas de boue inféconde où se traînaient des reptiles! Soudain un vent glacial et chargé de miasmes infects pénètre dans ma poitrine et la dessèche. Suffoqué, je le rejette, et l'aspire encore pour ne pas mourir. Je ne sais quel poison froid circule dans mes veines ; ma vigueur expire, mes jambes fléchissent, la nuit m'environne, un noir frisson s'empare de moi. Le climat de la terre était changé : le sol, refroidi, ne dégageait plus assez de chaleur pour animer ce qu'il avait fait vivre autrefois. Tel qu'un dauphin enlevé du sein des mers et lancé sur le sable, je sentais mon agonie, et je compris que mon heure était venue...

» Par un suprême instinct de conservation, je voulus fuir, et, rentrant sous la pyramide, j'y perdis connaissance. Elle fut mon tombeau; mon âme alors, délivrée, attirée par le feu intérieur, revint trouver celles de mes pères. Quant à mon fils, à peine adulte, il grandissait encore ; il put vivre; mais sa croissance s'arrêta.

« Il fut errant suivant la destinée de notre race, et la femme de Cham[1], second fils de Noé, le trouva plus beau que le fils des hommes. Il la connut : elle mit au monde Koûs, le père de Nemrod, qui enseigna à ses frères l'art de la chasse et fonda Babylone. Ils entreprirent d'élever la tour de Babel ; dès lors, Adonaï reconnut le sang de Kaïn et recommença à le persécu-

---

[1]. Selon une tradition du Talmud, ce serait l'épouse même de Noé qui aurait mêlé la race des génies à la race des hommes, en cédant aux séductions d'un esprit issu des dives. Voir le Comte de Gabalis, de l'abbé de Villars.

ter. La race de Nemrod fut de nouveau dispersée. La voix de mon fils achèvera pour toi cette douloureuse histoire.

Adoniram chercha autour de lui le fils de Tubal-Kaïn d'un air inquiet.

—Tu ne le reverras point, repartit le prince des esprits du feu : l'âme de mon enfant est invisible, parce qu'il est mort après le déluge, et que sa forme corporelle appartient à la terre. Il en est ainsi de ses descendants, et ton père, Adoniram, est errant dans l'air enflammé que tu respires... Oui, ton père.

—Ton père, oui, ton père..., redit comme un écho, mais avec un accent tendre, une voix qui passa comme un baiser sur le front d'Adoniram.

Et, se retournant, l'artiste pleura.

— Console-toi, dit Tubal-Kaïn ; il est plus heureux que moi. Il t'a laissé au berceau, et, comme ton corps n'appartient pas encore à la terre, il jouit du bonheur d'en voir l'image. Mais sois attentif aux paroles de mon fils.

Alors, une voix parla :

—Seul parmi les génies mortels de notre race, j'ai vu le monde avant et après le déluge, et j'ai contemplé la face d'A- donaï. J'espérais la naissance d'un fils, et la froide bise de la terre vieillie oppressait ma poitrine. Une nuit, Dieu m'appa- raît : sa face ne peut être décrite. Il me dit :

» — Espère !...

» Dépourvu d'expérience, isolé dans un monde inconnu, je répliquai timide :

» — Seigneur, je crains.

» Il reprit :

» — Cette crainte sera ton salut. Tu dois mourir ; ton nom sera ignoré de tes frères et sans écho dans les âges ; de toi va naître un fils que tu ne verras pas. De lui sortiront des êtres perdus parmi la foule comme les étoiles errantes à travers le firmament. Souche de géants, j'ai humilié ton corps ; tes des- cendants naîtront faibles ; leur vie sera courte ; l'isolement sera leur partage. L'âme des génies conservera dans leur sein sa précieuse étincelle, et leur grandeur fera leur supplice. Supérieurs aux hommes, ils en seront les bienfaiteurs et se verront l'objet de leurs dédains ; leurs tombes seules seront honorées. Méconnus durant leur séjour sur la terre, ils posséderont l'âpre sentiment de leur force, et ils l'exerceront pour la gloire d'autrui. Sensibles aux malheurs de l'humanité, ils voudront les prévenir, sans se faire écouter. Soumis à des pouvoirs médiocres et vils, ils échoueront à surmonter ces tyrans méprisables. Supérieurs par leur âme, ils seront le jouet de l'opulence et de la stupidité heureuse. Ils fonderont la renommée des peuples et n'y participeront pas de leur vivant. Géants de l'intelligence, flambeaux du savoir, organes du progrès, lumières des arts, instruments de la liberté, eux seuls resteront esclaves, dédaignés, solitaires. Cœurs tendres, ils seront en butte à l'envie ; âmes énergiques, ils seront paralysés pour le bien... Ils se reconnaîtront entre eux.

» — Dieu cruel ! m'écriai-je ; du moins, leur vie sera courte et l'âme brisera le corps.

» — Non ; car ils nourriront l'espérance, toujours déçue, ravivée sans cesse, et plus ils travailleront à la sueur de leur front, plus les hommes seront ingrats. Ils donneront toutes les joies et recevront toutes les douleurs ; le fardeau de labeurs dont j'ai chargé la race d'Adam s'appesantira sur leurs épaules ; la pauvreté les suivra, la famille sera pour eux compagne de la faim. Complaisants ou rebelles, ils seront constamment avilis, ils travailleront pour tous, et dépenseront en vain le génie, l'industrie et la force de leurs bras.

» Jéhovah dit ; mon cœur fut brisé ; je maudis la nuit qui m'avait rendu père, et j'expirai.

Et la voix s'éteignit, laissant derrière elle une longue traînée de soupirs.

— Tu le vois, tu l'entends, repartit Tubal-Kaïn, et notre exemple t'est offert. Génies bienfaisants, auteurs de la plupart des conquêtes intellectuelles dont l'homme est si fier, nous sommes à ses yeux les maudits, les démons, les esprits du mal.

Fils de Kaïn! subis ta destinée; porte-la d'un front imperturbable, et que le Dieu vengeur soit atterré de ta constance. Sois grand devant les hommes et fort devant nous : je t'ai vu près de succomber, mon fils, et j'ai voulu soutenir ta vertu. Les génies du feu viendront à ton aide; ose tout; tu es réservé à la perte de Soliman, ce fidèle serviteur d'Adonaï. De toi naîtra une souche de rois qui restaureront sur la terre, en face de Jéhovah, le culte négligé du feu, cet élément sacré. Quand tu ne seras plus sur la terre, la milice infatigable des ouvriers se ralliera à ton nom, et la phalange des travailleurs, des penseurs abaissera un jour la puissance aveugle des rois, ces ministres despotiques d'Adonaï. Va, mon fils, accomplis tes destinées...

A ces mots, Adoniram se sentit soulevé; le jardin des métaux, ses fleurs étincelantes, ses arbres de lumière, les ateliers immenses et radieux des gnomes, les ruisseaux éclatants d'or, d'argent, de cadmium, de mercure et de naphte se confondirent sous ses pieds en un large sillon de lumière, en un rapide fleuve de feu. Il comprit qu'il filait dans l'espace avec la rapidité d'une étoile. Tout s'obscurcit graduellement : le domaine de ses aïeux lui apparut un instant tel qu'une planète immobile au milieu d'un ciel assombri, un vent frais frappa son visage, il ressentit une secousse, jeta les yeux autour de lui, et se retrouva couché sur le sable, au pied du moule de la mer d'airain, entouré de la lave à demi refroidie, qui projetait encore dans les brumes de la nuit une lueur roussâtre.

— Un rêve! se dit-il; était-ce donc un rêve? Malheureux! ce qui n'est que trop vrai, c'est la perte de mes espérances, la ruine de mes projets, et le déshonneur qui m'attend au lever du soleil...

Mais la vision se retrace avec tant de netteté, qu'il suspecte le doute même dont il est saisi. Tandis qu'il médite, il relève les yeux et reconnaît devant lui l'ombre colossale de Tubal-Kaïn.

— Génie du feu, s'écrie-t-il, reconduis-moi dans le fond des abîmes. La terre cachera mon opprobre.

— Est-ce ainsi que tu suis mes préceptes? réplique l'ombre d'un ton sévère. Point de vaines paroles; la nuit s'avance, bientôt l'œil flamboyant d'Adonaï va parcourir la terre; il faut se hâter. Faible enfant! t'aurais-je abandonné dans une heure si périlleuse? Sois sans crainte; tes moules sont remplis : la fonte, en élargissant tout à coup l'orifice du four muré de pierres trop peu réfractaires, a fait irruption, et le trop-plein a jailli par-dessus les bords. Tu as cru à une fissure, perdu la tête, jeté de l'eau, et le jet de fonte s'est étoilé.

— Et comment affranchir les bords de la vasque de ces bavures de fonte qui y ont adhéré?

— La fonte est poreuse et conduit moins bien la chaleur que ne le ferait l'acier. Prends un morceau de fonte, chauffe-le par un bout, refroidis-le par l'autre, et frappe un coup de masse : le morceau cassera juste entre le chaud et le froid. Les terres et les cristaux sont dans le même cas.

— Maître, je vous écoute.

— Par Éblis! mieux vaudrait me deviner. Ta vasque est brûlante encore : refroidis brusquement ce qui déborde les contours, et sépare les bavures à coups de marteau.

— C'est qu'il faudrait une vigueur...

— Il faut un marteau. Celui de Tubal-Kaïn a ouvert le cratère de l'Etna pour donner un écoulement aux scories de nos usines.

Adoniram entendit le bruit d'un morceau de fer qui tombe; il se baissa et ramassa un marteau pesant, mais parfaitement équilibré pour la main. Il voulut exprimer sa reconnaissance; l'ombre avait disparu, et l'aube naissante avait commencé à dissoudre le feu des étoiles.

Un moment après, les oiseaux qui préludaient à leurs chants prirent la fuite au bruit du marteau d'Adoniram, qui, frappant à coups redoublés sur les bords de la vasque, troublait seul le profond silence qui précède la naissance du jour...

Cette *séance* avait vivement impressionné l'auditoire, qui

s'accrut le lendemain. On avait parlé des mystères de la montagne de Kaf, qui intéressent toujours vivement les Orientaux. Pour moi, cela m'avait paru aussi classique que la descente d'Énée aux enfers.

VIII — LE LAVOIR DE SILOÉ

Le conteur reprit :

C'était l'heure où le Thabor projette son ombre matinale sur le chemin montueux de Béthanie : quelques nuages blancs et diaphanes erraient dans les plaines du ciel, adoucissant la clarté du matin ; la rosée azurait encore le tissu des prairies ; la brise accompagnait de son murmure dans le feuillage la chanson des oiseaux qui bordaient le sentier de Moria ; l'on entrevoyait de loin les tuniques de lin et les robes de gaze d'un cortège de femmes qui, traversant un pont jeté sur le Cédron, gagnèrent les bords d'un ruisseau qu'alimente le lavoir de Siloé. Derrière elles marchaient huit Nubiens portant un riche palanquin, et deux chameaux qui cheminaient chargés en balançant la tête.

La litière était vide ; car, ayant, dès l'aurore, quitté, avec ses femmes, les tentes où elle s'était obstinée à demeurer avec sa suite hors des murs de Jérusalem, la reine de Saba, pour mieux goûter le charme de ces fraîches campagnes, avait mis pied à terre.

Jeunes et jolies pour la plupart, les suivantes de Balkis se rendaient de bonne heure à la fontaine pour laver le linge de leur maîtresse, qui, vêtue aussi simplement que ses compagnes, les précédait gaiement avec sa nourrice, tandis que, sur ses pas, cette jeunesse babillait à qui mieux mieux.

— Vos raisons ne me touchent pas, ma fille, disait la nourrice ; ce mariage me paraît une folie grave ; et, si l'erreur est excusable, c'est pour le plaisir qu'elle donne.

— Morale édifiante ! Si le sage Soliman vous entendait...,

— Est-il donc si sage, n'étant plus jeune, de convoiter la rose des Sabéens ?

— Des flatteries ! Bonne Sarahil, tu t'y prends trop matin.

— N'éveillez pas ma sévérité encore endormie ; je dirais...

— Eh bien, dis !...

— Que vous aimez Soliman ; et vous l'auriez mérité.

— Je ne sais..., répondit la jeune reine en riant ; je me suis sérieusement questionnée à cet égard, et il est probable que le roi ne m'est pas indifférent.

— S'il en était ainsi, vous n'eussiez pas examiné ce point délicat avec tant de scrupule. Non, vous combinez une alliance... politique, et vous jetez des fleurs sur l'aride sentier des convenances. Soliman a rendu vos États, comme ceux de tous ses voisins, tributaires de sa puissance, et vous rêvez le dessein de les affranchir en vous donnant un maître dont vous comptez faire un esclave. Mais prenez garde !...

— Qu'ai-je à craindre ? Il m'adore.

— Il professe envers sa noble personne une passion trop vive pour que ses sentiments à votre égard dépassent le désir des sens, et rien n'est plus fragile. Soliman est réfléchi, ambitieux et froid.

— N'est-il pas le plus grand prince de la terre, le plus noble rejeton de la race de Sem, dont je suis issue ? Trouve dans le monde un prince plus digne que lui de donner des successeurs à la dynastie des Hémiarites !

— La lignée des Hémiarites, nos aïeux, descend de plus haut que vous ne le pensez. Voyez-vous les enfants de Sem commander aux habitants de l'air ?... Enfin, je m'en tiens aux prédictions des oracles : vos destinées ne sont point accomplies, et le signe auquel vous devez reconnaître votre époux n'a point apparu, la huppe n'a point encore traduit la volonté des puissances éternelles qui vous protégent.

— Mon sort dépendra-t-il de la volonté d'un oiseau ?

— D'un oiseau unique au monde, dont l'intelligence n'appartient pas aux espèces connues ; dont l'âme, le grand prêtre me l'a dit, a été tirée de l'élément du feu. Ce n'est point un animal terrestre, et il relève des djinns (génies).

— Il est vrai, repartit Balkis, que Soliman tente en vain de l'apprivoiser et lui présente inutilement ou l'épaule ou le poing.

— Je crains qu'elle ne s'y repose jamais. Au temps où les animaux étaient soumis, — et, de ceux-là, la race est éteinte, — ils n'obéissaient point aux hommes créés du limon. Ils ne relevaient que des dives, ou des djinns, enfants de l'air ou du feu... Soliman est de la race formée d'argile par Adonaï.

— Et pourtant la huppe m'obéit...

Sarahil sourit en hochant la tête : princesse du sang des Hémiarites, et parente du dernier roi, la nourrice de la reine avait approfondi les sciences naturelles : sa prudence égalait sa discrétion et sa bonté.

— Reine, ajouta-t-elle, il est des secrets supérieurs à votre âge, et que les filles de notre maison doivent ignorer avant leur mariage. Si la passion les égare et les fait déchoir, ces mystères leur restent fermés, afin que le vulgaire des hommes en soit éternellement exclu. Qu'il vous suffise de le savoir : Hud-Hud, cette huppe renommée, ne reconnaîtra pour maître que l'époux réservé à la princesse de Saba.

— Vous me ferez maudire cette tyrannie emplumée.

— Qui, peut-être, vous sauvera d'un despote armé du glaive.

— Soliman a reçu ma parole, et, à moins d'attirer sur nous de justes ressentiments,... Sarahil, le sort en est jeté ; les délais expirent, et, ce soir même...

— La puissance des Éloïms (les dieux) est grande !... murmura la nourrice.

Pour rompre l'entretien, Balkis, se détournant, se mit à cueillir des jacinthes, des mandragores, des cyclamens qui diapraient le vert de la prairie, et la huppe, qui l'avait suivie en voletant, piétinait autour d'elle avec coquetterie, comme si elle eût cherché son pardon.

Ce repos permit aux femmes attardées de rejoindre leur souveraine. Elles parlaient entre elles du temple d'Adonaï, dont
on découvrait les murs, et de la mer d'airain, texte de toutes
les conversations depuis quatre jours.

La reine s'empara de ce nouveau sujet, et ses suivantes, curieuses, l'entourèrent. De grands sycomores, qui étendaient
au-dessus de leurs têtes de verdoyantes arabesques sur un fond
d'azur, enveloppaient ce groupe charmant d'une ombre transparente.

— Rien n'égale l'étonnement dont nous avons été saisis hier
au soir, leur disait Balkis. Soliman lui-même en fut muet de
stupeur. Trois jours auparavant, tout était perdu ; maître Adoniram tombait foudroyé sur les ruines de son œuvre. Sa
gloire, trahie, s'écoulait à nos yeux avec les torrents de la
lave révoltée ; l'artiste était replongé dans le néant... Maintenant, son nom victorieux retentit sur les collines ; ses ouvriers ont entassé au seuil de sa demeure un monceau de
palmes, et il est plus grand que jamais dans Israël.

— Le fracas de son triomphe, dit une jeune Sabéenne, a retenti jusqu'à nos tentes, et, troublées du souvenir de la récente catastrophe, ô reine ! nous avons tremblé pour vos jours.
Vos filles ignorent ce qui s'est passé.

— Sans attendre le refroidissement de la fonte, Adoniram,
ainsi me l'a-t-on conté, avait appelé dès le matin les ouvriers
découragés. Les chefs mutinés l'entouraient ; il les calme en
quelques mots : durant trois jours, ils se mettent à l'œuvre, et
dégagent les moules pour accélérer le refroidissement de la
vasque que l'on croyait brisée. Un profond mystère couvre
leur dessein. Le troisième jour, ces innombrables artisans, de-
vançant l'aurore, soulèvent les taureaux et les lions d'airain
avec des leviers que la chaleur du métal noircit encore. Ces
blocs massifs sont entraînés sous la vasque et ajustés avec une
promptitude qui tient du prodige ; la mer d'airain, évidée, iso-
lée de ses supports, se dégage et s'assied sur ses vingt-quatre
cariatides ; et, tandis que Jérusalem déplore tant de frais inu-

tiles, l'œuvre admirable resplendit aux regards étonnés de ceux qui l'ont accomplie. Soudain, les barrières dressées par les ouvriers s'abattent : la foule se précipite ; le bruit se propage jusqu'au palais. Soliman craint une sédition ; il accourt, et je l'accompagne. Un peuple immense se presse sur nos pas. Cent mille ouvriers en délire et couronnés de palmes vertes nous accueillent. Soliman ne peut en croire ses yeux. La ville entière élève jusqu'aux nues le nom d'Adoniram.

— Quel triomphe ! et qu'il doit être heureux !

— Lui ! génie bizarre ! âme profonde et mystérieuse !... A ma demande, on l'appelle, on le cherche, les ouvriers se précipitent de tous côtés... vains efforts ! Dédaigneux de sa victoire, Adoniram se cache ; il se dérobe à la louange : l'astre s'est éclipsé. « Allons, dit Soliman, le roi du peuple nous a disgraciés. » Pour moi, en quittant ce champ de bataille du génie, j'avais l'âme triste et la pensée remplie du souvenir de ce mortel, si grand par ses œuvres, plus grand encore par son absence en un moment pareil.

— Je l'ai vu passer l'autre jour, reprit une vierge de Saba ; la flamme de ses yeux a effleuré mes joues et les a rougies : il a la majesté d'un roi.

— Sa beauté, poursuivit une de ses compagnes, est supérieure à celle des enfants des hommes ; sa stature est imposante et son aspect éblouit. Tels ma pensée se représente les dieux et les génies.

— Plus d'une, parmi vous, à ce que je suppose, unirait volontiers sa destinée à celle du noble Adoniram ?

— O reine ! que sommes-nous devant la face d'un si haut personnage ? Son âme est dans les nuées, et ce cœur si fier ne descendrait pas jusqu'à nous.

Des jasmins en fleur que dominaient des térébinthes et des acacias, parmi lesquels de rares palmiers inclinaient leurs chapiteaux blêmes, encadraient le lavoir de Siloé. Là croissaient la marjolaine, les iris gris, le thym, la verveine et la rose ardente de Saaron. Sous ces massifs de buissons étoilés, s'éten-

daient, çà et là, des bancs séculaires au pied desquels gazouil-
laient des sources d'eau vive, tributaires de la fontaine. Ces
lieux de repos étaient pavoisés de lianes qui s'enroulaient aux
branches. Les apios aux grappes rougeâtres et parfumées, les
glycines bleues s'élançaient, en festons musqués et gracieux,
jusqu'aux cimes des pâles et tremblants ébéniers.

Au moment où le cortége de la reine de Saba envahit les
abords de la fontaine, surpris dans sa méditation, un homme,
assis sur le bord du lavoir, où il abandonnait une main aux
caresses de l'onde, se leva, dans l'intention de s'éloigner. Balkis
était devant lui; il leva les yeux au ciel, et se détourna plus
vivement.

Mais elle, plus rapide encore, et se plaçant devant lui :

— Maître Adoniram, dit-elle, pourquoi m'éviter?

— Je n'ai jamais recherché le monde, répondit l'artiste, et
je crains le visage des rois.

— S'offre-t-il donc en ce moment si terrible? répliqua la
reine avec une douceur pénétrante qui arracha un regard au
jeune homme.

Ce qu'il découvrit était loin de le rassurer. La reine avait
déposé les insignes de la grandeur, et la femme, dans la simplicité de ses atours du matin, n'était que plus redoutable. Elle
avait emprisonné ses cheveux sous le pli d'un long voile flottant, sa robe diaphane et blanche, soulevée par la brise curieuse, laissait entrevoir un sein moulé sur la conque d'une
coupe. Sous cette parure simple, la jeunesse de Balkis semblait plus tendre, plus enjouée, et le respect ne contenait plus
l'admiration ni le désir. Ces grâces touchantes qui s'ignoraient, ce visage enfantin, cet air virginal, exercèrent
sur le cœur d'Adoniram une impression nouvelle et profonde.

— A quoi bon me retenir? dit-il avec amertume. Mes maux
suffisent à mes forces, et vous n'avez à m'offrir qu'un surcroît
de peines. Votre esprit est léger, votre faveur passagère, et
vous n'en présentez le piége que pour tourmenter plus cruel-

lement ceux qu'il a rendus captifs... Adieu, reine qui si vite oubliez, et qui n'enseignez pas votre secret.

Après ces derniers mots, prononcés avec mélancolie, Adoniram jeta un regard sur Balkis. Un trouble soudain la saisit. Vive par nature et volontaire par l'habitude du commandement, elle ne voulut pas être quittée. Elle s'arma de toute sa coquetterie pour répondre :

— Adoniram, vous êtes un ingrat.

C'était un homme ferme ; il ne se rendit pas.

— Il est vrai ; j'aurais tort de ne pas me souvenir : le désespoir m'a visité une heure dans ma vie, et vous l'avez mise à profit pour m'accabler auprès de mon maître, de mon ennemi.

— Il était là !... murmura la reine honteuse et repentante.

— Votre vie était en péril ; j'avais couru me placer devant vous.

— Tant de sollicitude en un péril si grand ! observa la princesse, et pour quelle récompense !

La candeur, la bonté de la reine lui faisaient un devoir d'être attendrie, et le dédain mérité de ce grand homme outragé lui creusait une blessure saignante.

— Quant à Soliman-Ben-Daoud, reprit le statuaire, son opinion m'inquiétait peu : race parasite, envieuse et servile, travestie sous la pourpre... Mon pouvoir est à l'abri de ses fantaisies. Quant aux autres qui vomissaient l'injure autour de moi, cent mille insensés sans force ni vertu, j'en fais moins de compte que d'un essaim de mouches bourdonnantes... Mais vous, reine, vous que j'avais seule distinguée dans cette foule, vous que mon estime avait placée si haut !... mon cœur, ce cœur que rien jusque-là n'avait touché, s'est déchiré, et je le regrette peu... Mais la société des humains m'est devenue odieuse. Que me font désormais des louanges ou des outrages qui se suivent de si près, et se mêlent sur les mêmes lèvres comme l'absinthe et le miel !

— Vous êtes rigoureux au repentir ! faut-il implorer votre merci, et ne suffit-il pas...?

— Non ; c'est le succès que vous courtisez : si j'étais à terre, votre pied foulerait mon front.

— Maintenant?... A mon tour, non, et mille fois non.

— Eh bien, laissez-moi briser mon œuvre, la mutiler et replacer l'opprobre sur ma tête. Je reviendrai suivi des huées de la foule ; et, si votre pensée me reste fidèle, mon déshonneur sera le plus beau jour de ma vie.

— Allez, faites ! s'écria Balkis avec un entraînement qu'elle n'eut pas le temps de réprimer.

Adoniram ne put maîtriser un cri de joie, et la reine entrevit les conséquences d'un si redoutable engagement. Adoniram se tenait majestueux devant elle, non plus sous l'habit commun aux ouvriers, mais dans le costume hiérarchique du rang qu'il occupait à la tête du peuple des travailleurs. Une tunique blanche plissée autour de son buste, dessiné par une large ceinture passementée d'or, rehaussait sa stature. A son bras droit s'enroulait un serpent d'acier, sur la crête duquel brillait une escarboucle, et, à demi voilé par une coiffure conique, d'où se déployaient deux larges bandelettes retombant sur la poitrine, son front semblait dédaigner une couronne.

Un moment, la reine, éblouie, s'était fait illusion sur le rang de cet homme hardi ; la réflexion lui vint ; elle sut s'arrêter, mais ne put surmonter le respect étrange dont elle s'était sentie dominée.

— Asseyez-vous, dit-elle ; revenons à des sentiments plus calmes, dût votre esprit défiant s'irriter ; votre gloire m'est chère ; ne détruisez rien. Ce sacrifice, vous l'avez offert ; il est consommé pour moi. Mon honneur en serait compromis, et vous le savez, maître, ma réputation est désormais solidaire de la dignité du roi Soliman.

— Je l'avais oublié, murmura l'artiste avec indifférence. Il me semble avoir ouï conter que la reine de Saba doit épouser le descendant d'une aventurière de Moab, le fils du berger Daoud et de Bethsabée, veuve adultère du centenier Uriah.

Riche alliance... qui va certes régénérer le sang divin des Hémiarites !

La colère empourpra les joues de la jeune fille, d'autant plus que sa nourrice, Sarahil, ayant distribué les travaux aux suivantes de la reine, alignées et courbées sur le lavoir, avait entendu cette réponse, elle si opposée au projet de Soliman.

— Cette union n'a point l'assentiment d'Adoniram ? risposta Balkis avec un dédain affecté.

— Au contraire, et vous le voyez bien.

— Comment ?

— Si elle me déplaisait, j'aurais déjà détrôné Soliman, et vous le traiteriez comme vous m'avez traité ; vous n'y songeriez plus, car vous ne l'aimez pas.

— Qui vous le donne à croire ?

— Vous vous sentez supérieure à lui ; vous l'avez humilié ; il ne vous pardonnera pas, et l'aversion n'engendre pas l'amour.

— Tant d'audace...

— On ne craint... que ce que l'on aime.

La reine éprouva une terrible envie de se faire craindre.

La pensée des futurs ressentiments du roi des Hébreux, avec qui elle en avait usé si librement, l'avait jusque-là trouvée incrédule, et sa nourrice y avait épuisé son éloquence. Cette objection, maintenant, lui paraissait mieux fondée. Elle y revint en ces termes :

— Il ne me sied point d'écouter vos insinuations contre mon hôte, mon...

Adoniram l'interrompit.

— Reine, je n'aime pas les hommes, moi, et je les connais. Celui-là, je l'ai pratiqué pendant longues années. Sous la fourrure d'un agneau, c'est un tigre muselé par les prêtres et qui ronge doucement sa muselière. Jusqu'ici, il s'est borné à faire assassiner son frère Adonias : c'est peu !... mais il n'a pas d'autres parents.

— On croirait vraiment, articula Sarahil jetant l'huile sur le feu, que maître Adoniram est jaloux du roi..

Depuis un moment, cette femme le contemplait avec attention.

— Madame, répliqua l'artiste, si Soliman n'était d'une race inférieure à la mienne, j'abaisserais peut-être mes regards sur lui ; mais le choix de la reine m'apprend qu'elle n'est pas née pour un autre...

Saharil ouvrit des yeux étonnés, et, se plaçant derrière la reine, figura dans l'air, aux yeux de l'artiste, un signe mystique qu'il ne comprit pas, mais qui le fit tressaillir.

— Reine, s'écria-t-il encore en appuyant sur chaque mot, mes accusations, en vous laissant indifférente, ont éclairci mes doutes. Dorénavant, je m'abstiendrai de nuire dans votre esprit à ce roi qui n'y tient aucune place...

— Enfin, maître, à quoi bon me presser ainsi ? Lors même que je n'aimerais pas le roi Soliman...

— Avant notre entretien, interrompit à voix basse et avec émotion l'artiste, vous aviez cru l'aimer.

Saharil s'éloigna, et la reine se détourna confuse.

— Ah ! de grâce, madame, laissons ces discours : c'est la foudre que j'attire sur ma tête ! Un mot, errant sur vos lèvres, recèle pour moi la vie ou la mort. Oh ! ne parlez pas ! Je me suis efforcé d'arriver à cet instant suprême, et c'est moi qui l'éloigne. Laissez-moi le doute ; mon courage est vaincu, je tremble. Ce sacrifice, il faut m'y préparer. Tant de grâces, tant de jeunesse et de beauté rayonnent en vous, hélas !... et qui suis-je à vos yeux ? Non, non, dussé-je y perdre un bonheur... inespéré, retenez votre souffle, qui peut jeter à mon oreille une parole qui tue. Ce cœur faible n'a jamais battu ; sa première angoisse le brise, et il me semble que je vais mourir.

Balkis n'était guère mieux assurée ; un coup d'œil furtif sur Adoniram lui montra cet homme si énergique, si puissant et si fier, pâle, respectueux, sans force, et la mort sur les lèvres. Victorieuse et touchée, heureuse et tremblante, le monde disparut à ses yeux.

— Hélas! balbutia cette fille royale, moi non plus, je n'a jamais aimé.

Sa voix expira sans qu'Adoniram, craignant de s'éveiller d'un rêve, osât troubler ce silence.

Bientôt Sarahil se rapprocha, et tous deux comprirent qu'il fallait parler, sous peine de se trahir. La huppe voltigeait çà et là autour du statuaire, qui s'empara de ce sujet.

— Que cet oiseau est d'un plumage éclatant! dit-il d'un air distrait; le possédez-vous depuis longtemps?

Ce fut Saharil qui répondit, sans détourner sa vue du sculpteur Adoniram :

— Cet oiseau est l'unique rejeton d'une espèce à laquelle, comme aux autres habitants des airs, commandait la race des génies. Conservée on ne sait par quel prodige, la huppe, depuis un temps immémorial, obéit aux princes hémiarites. C'est par son entremise que la reine rassemble à son gré les oiseaux du ciel.

Cette confidence produisit un effet singulier sur la physionomie d'Adoniram, qui contempla Balkis avec un mélange de joie et d'attendrissement.

— C'est un animal capricieux, dit-elle. En vain Soliman l'a-t-il accablée de caresses, de friandises, la huppe lui échappe avec obstination, et il n'a pu obtenir qu'elle vînt se poser sur son poing.

Adoniram réfléchit un instant, parut frappé d'une inspiration et sourit. Sarahil devint plus attentive encore.

Il se lève, prononce le nom de la huppe, qui, perchée sur un buisson, reste immobile et le regarde de côté. Faisant un pas, il trace dans les airs le *Tau* mystérieux, et l'oiseau, déployant ses ailes, voltige sur sa tête, et se pose avec docilité sur son poing.

— Mes soupçons étaient fondés, dit Sarahil; l'oracle est accompli.

— Ombres sacrées de mes ancêtres! ô Tubal-Kaïn, mon père! vous ne m'avez point trompé! Balkis, esprit de lumière;

ma sœur, mon épouse, enfin je vous ai trouvée! Seuls sur la
terre, vous et moi, nous commandons à ce messager ailé des
génies du feu dont nous sommes descendus.

— Quoi ! seigneur, Adoniram serait... ?

— Le dernier rejeton des Koûs, petit-fils de Tubal-Kaïn,
dont vous êtes issue par Saba, frère de Nemrod le chasseur et
trisaïeul des Hémiarites... Et le secret de notre origine doit
rester caché aux enfants de Sem, pétris du limon de la terre.

— Il faut bien que je m'incline devant mon maître, dit
Balkis en lui tendant la main, puisque, d'après l'arrêt du destin,
il ne m'est pas permis d'accueillir un autre amour que celui
d'Adoniram.

— Ah ! répondit-il en tombant à ses genoux, c'est de Balkis
seule que je veux recevoir un bien si précieux ! Mon cœur a
volé au-devant du vôtre, et, dès l'heure où vous m'êtes déjà
apparue, j'ai été votre esclave.

Cet entretien eût duré longtemps, si Sarahil, douée de la
prudence de son âge, ne l'eût interrompu en ces termes :

— Ajournez ces tendres aveux ; des soins difficiles vont
fondre sur vous, et plus d'un péril vous menace. Par la vertu
d'Adonaï, les fils de Noé sont maîtres de la terre, et leur pouvoir s'étend sur vos existences mortelles. Soliman est absolu
dans ses États, dont les nôtres sont tributaires. Ses armées sont
redoutables, son orgueil est immense ; Adonaï le protége ; il a
des espions nombreux. Cherchons le moyen de fuir de ce dangereux séjour, et, jusque-là, de la prudence. N'oubliez pas,
ma fille, que Soliman vous attend ce soir à l'hôtel de Sion...
Se dégager et rompre, ce serait l'irriter et éveiller le soupçon.
Demandez un délai pour aujourd'hui seulement, fondé sur
l'apparition de présages contraires. Demain, le grand prêtre
vous fournira un nouveau prétexte. Votre étude sera de charmer l'impatience du grand Soliman. Quant à vous, Adoniram,
quittez vos servantes : la matinée s'avance ; déjà la muraille
neuve qui domine la source de Siloé se couvre de soldats ; le
soleil, qui nous cherche, va porter leurs regards sur nous.

Quand le disque de la lune percera le ciel au-dessus des coteaux d'Éphraïm, traversez le Cédron, et approchez-vous de
notre camp jusqu'au bosquet d'oliviers qui en masque les tentes
aux habitants des deux collines. Là, nous prendrons conseil de
la sagesse et de la réflexion.

Ils se séparèrent à regret : Balkis rejoignit sa suite, et Adoniram la suivit des yeux jusqu'au moment où elle disparut
dans le feuillage des lauriers-roses.

IX — LES TROIS COMPAGNONS

A la séance suivante, le conteur reprit :

Soliman et le grand prêtre des Hébreux s'entretenaient depuis quelque temps sous les parvis du temple.

— Il le faut bien, dit avec dépit le pontife Sadoc à son roi,
et vous n'avez que faire de mon consentement à ce nouveau
délai. Comment célébrer un mariage, si la fiancée n'est pas là ?

— Vénérable Sadoc, reprit le prince avec un soupir, ces
retards décevants me touchent plus que vous, et je les subis
avec patience.

— A la bonne heure ; mais, moi, je ne suis pas amoureux,
dit le lévite en passant sa main sèche et pâle, veinée de lignes
bleues, sur sa longue barbe blanche et fourchue.

— C'est pourquoi vous devriez être plus calme.

— Eh quoi ! repartit Sadoc, depuis quatre jours, hommes
d'armes et lévites sont sur pied ; les holocaustes volontaires
sont prêts ; le feu brûle inutilement sur l'autel, et, au moment
solennel, il faut tout ajourner. Prêtres et roi sont à la merci
des caprices d'une femme étrangère, qui nous promène de
prétexte en prétexte et se joue de notre crédulité.

Ce qui humiliait le grand prêtre, c'était de se couvrir inutilement chaque jour des ornements pontificaux, et d'être obligé
de s'en dépouiller ensuite sans avoir fait briller, aux yeux de
la cour des Sabéens, la pompe hiératique des cérémonies

d'Israël. Il promenait, agité, le long du parvis intérieur du temple, son costume splendide devant Soliman consterné.

Pour cette auguste cérémonie, Sadoc avait revêtu sa robe de lin, sa ceinture brodée, son éphod ouvert sur chaque épaule ; tunique d'or, d'hyacinthe et d'écarlate deux fois teinte, sur laquelle brillaient deux onyx, où le lapidaire avait gravé les noms des douze tribus. Suspendu par des rubans d'hyacinthe et des anneaux d'or ciselé, le rational étincelait sur sa poitrine ; il était carré, long d'une palme et bordé d'un rang de sardoines, de topazes et d'émeraudes, d'un second rang d'escarboucles, de saphirs et de jaspe ; d'une troisième rangée de ligures, d'améthystes et d'agates ; d'une quatrième, enfin, de chrysolithes, d'onyx et de béryls. La tunique de l'éphod, d'un violet clair, ouverte au milieu, était bordée de petites grenades d'hyacinthe et de pourpre, alternées de sonnettes en or fin. Le front du pontife était ceint d'une tiare terminée en croissant, d'un tissu de lin, brodé de perles, et sur la partie antérieure de laquelle resplendissait, rattachée avec un ruban couleur d'hyacinthe, une lame d'or bruni, portant ces mots gravés en creux : ADO-NAÏ EST SAINT.

Et il fallait deux heures et six serviteurs des lévites pour revêtir Sadoc de ces ajustements sacrés, rattachés par des chaînettes, des nœuds mystiques et des agrafes d'orfévrerie. Ce costume était sacré ; il n'était permis d'y porter la main qu'aux lévites ; et c'est Adonaï lui-même qui en avait dicté le dessin à Moussa-Ben-Amran (Moïse), son serviteur.

Depuis quatre jours donc, les atours pontificaux des successeurs de Melchisédech recevaient un affront quotidien sur les épaules du respectable Sadoc, d'autant plus irrité, que, consacrant, bien malgré lui, l'hymen de Soliman avec la reine de Saba, le déboire devenait assurément plus vif.

Cette union lui paraissait dangereuse pour la religion des Hébreux et la puissance du sacerdoce. La reine Balkis était instruite... Il trouvait que les prêtres sabéens lui avaient permis de connaître bien des choses qu'un souverain prudemment élevé doit ignorer ; et il suspectait l'influence d'une reine versée dans l'art difficile de commander aux oiseaux. Ces mariages mixtes qui exposent la foi aux atteintes permanentes d'un conjoint sceptique n'agréaient jamais aux pontifes. Et Sadoc, qui avait à grand'peine modéré en Soliman l'orgueil de savoir, en lui persuadant qu'il n'avait plus rien à apprendre, tremblait que le monarque ne reconnût combien de choses il ignorait.

Cette pensée était d'autant plus judicieuse, que Soliman en était déjà aux réflexions, et trouvait ses ministres à la fois moins subtils et plus despotes que ceux de la reine. La confiance de Ben-Daoud était ébranlée ; il avait, depuis quelques jours, des secrets pour Sadoc, et ne le consultait plus. Le fâcheux, dans les pays où la religion est subordonnée aux prêtres et personnifiée en eux, c'est que, du jour où le pontife vient à faillir, et tout mortel est fragile, la foi s'écroule avec lui, et Dieu même s'éclipse avec son orgueilleux et funeste soutien.

Circonspect, ombrageux, mais peu pénétrant, Sadoc s'était maintenu sans peine, ayant le bonheur de n'avoir que peu d'idées. Étendant l'interprétation de la loi au gré des passions du prince, il les justifiait avec une complaisance dogmatique, basse, mais pointilleuse pour la forme ; de la sorte, Soliman subissait le joug avec docilité... Et penser qu'une jeune fille de l'Yémen et un oiseau maudit risquaient de renverser l'édifice d'une si prudente éducation !

Les accuser de magie, n'était-ce pas confesser la puissance des sciences occultes, si dédaigneusement niées ? Sadoc était dans un véritable embarras. Il avait, en outre, d'autres soucis : le pouvoir exercé par Adoniram sur les ouvriers inquiétait le grand prêtre, à bon droit alarmé de toute domination occulte et cabalistique. Néanmoins, Sadoc avait constamment empêché son royal élève de congédier l'unique artiste capable d'élever au dieu Adonaï le temple le plus magnifique du monde, et d'attirer au pied de l'autel de Jérusalem l'admiration et les offrandes de tous les peuples de l'Orient. Pour perdre Adoniram, Sadoc attendait la fin des travaux, se bornant jusque-là à entretenir la défiance ombrageuse de Soliman. Depuis quelques jours, la situation s'était aggravée. Dans tout l'éclat d'un triomphe inespéré, impossible, miraculeux, Adoniram, on s'en souvient, avait disparu. Cette absence étonnait toute la cour, hormis, apparemment, le roi, qui n'en avait point parlé à son grand prêtre ; retenue inaccoutumée.

De sorte que le vénérable Sadoc, se voyant inutile, et résolu à rester nécessaire, était réduit à combiner, parmi de vagues déclamations prophétiques, des réticences d'oracle propres à faire impression sur l'imagination du prince. Soliman aimait assez les discours, surtout parce qu'ils lui offraient l'occasion d'en résumer le sens en trois ou quatre proverbes. Or, dans cette circonstance, les sentences de l'Ecclésiaste, loin de se mouler sur les homélies de Sadoc, ne roulaient que sur l'utilité de l'œil du maître, de la défiance, et sur le malheur des rois livrés à la ruse, au mensonge et à l'intérêt. Et Sadoc, troublé, se repliait dans les profondeurs de l'inintelligible.

— Bien que vous parliez à merveille, dit Soliman, ce n'est point pour jouir de cette éloquence que je suis venu vous trouver dans le temple : malheur au roi qui se nourrit de paroles ! Trois inconnus vont se présenter ici, demander à m'entretenir, et ils seront entendus, car je sais leur dessein. Pour cette audience, j'ai choisi ce lieu ; il importait que leur démarche restât secrète.

— Ces hommes, seigneur, quels sont-ils ?

— Des gens instruits de ce que les rois ignorent : on peut apprendre beaucoup avec eux.

Bientôt, trois artisans, introduits dans le parvis intérieur du temple, se prosternèrent aux pieds de Soliman. Leur attitude était contrainte et leur regard inquiet.

— Que la vérité soit sur vos lèvres, leur dit Soliman, et n'espérez pas en imposer au roi : vos plus secrètes pensées lui sont connues. Toi, Phanor, simple ouvrier du corps des maçons, tu es l'ennemi d'Adoniram, parce que tu hais la suprématie des mineurs, et, pour anéantir l'œuvre de ton maître, tu as mêlé des pierres combustibles aux briques de ses fourneaux. Amrou, compagnon parmi les charpentiers, tu as fait plonger les solives dans la flamme, pour affaiblir les bases de la mer d'airain. Quant à toi, Méthousaël, le mineur de la tribu de Ruben, tu as aigri la fonte en y jetant des laves sulfureuses, recueillies aux rives du lac de Gomorrhe. Tous trois, vous aspirez vainement au titre et au salaire des maîtres. Vous le voyez, ma pénétration atteint le mystère de vos actions les plus cachées.

— Grand roi, répondit Phanor épouvanté, c'est une calomnie d'Adoniram, qui a tramé notre perte.

— Adoniram ignore un complot connu de moi seul. Sachez-le, rien n'échappe à la sagacité de ceux qu'Adonaï protége.

L'étonnement de Sadoc apprit à Soliman que son grand prêtre faisait peu de fond sur la faveur d'Adonaï.

— C'est donc en pure perte, reprit le roi, que vous déguiseriez la vérité. Ce que vous allez révéler m'est connu, et c'est votre fidélité que l'on met à l'épreuve. Qu'Amrou prenne le premier la parole.

— Seigneur, dit Amrou, non moins effrayé que ses complices, j'ai exercé la surveillance la plus absolue sur les ateliers, les chantiers et les usines. Adoniram n'y a pas paru une seule fois.

— Moi, continua Phanor, j'ai eu l'idée de me cacher, à la nuit tombante, dans le tombeau du prince Absalon-Ben-Daoud, sur le chemin qui conduit de Moria au camp des Sabéens. Vers la troisième heure de la nuit, un homme vêtu d'une robe longue et coiffé d'un turban comme en portent ceux de l'Yémen, a passé devant moi ; je me suis avancé et j'ai reconnu Adoniram ; il allait du côté des tentes de la reine, et, comme il m'avait aperçu, je n'ai osé le suivre.

— Seigneur, poursuivit à son tour Méthousaël, vous savez tout et la sagesse habite en votre esprit ; je parlerai en toute sincérité. Si mes révélations sont de nature à coûter la vie de ceux qui pénètrent de si terribles mystères, daignez éloigner mes compagnons, afin que mes paroles retombent sur moi seulement.

Dès que le mineur se vit seul en présence du roi et du grand
prêtre, il se prosterna et dit :

— Seigneur, étendez votre sceptre afin que je ne meure
point.

Soliman étendit la main et répondit :

— Ta bonne foi te sauve ; ne crains rien, Méthousaël, de la
tribu de Ruben !

— Le front couvert d'un cafetan, le visage enduit d'une
teinture sombre, je me suis mêlé, à la faveur de la nuit, aux
eunuques noirs qui entourent la princesse : Adoniram s'est
glissé dans l'ombre jusqu'à ses pieds ; il l'a longuement entretenue, et le vent du soir a porté jusqu'à mon oreille le frémissement de leurs paroles ; une heure avant l'aube, je me suis
esquivé : Adoniram était encore avec la princesse...

Soliman contint une colère dont Méthousaël reconnut les
signes sur ses prunelles.

— O roi ! s'écria-t-il, j'ai dû obéir ; mais permettez-moi de
ne rien ajouter.

— Poursuis ! je te l'ordonne.

— Seigneur, l'intérêt de votre gloire est cher à vos sujets.
Je périrai s'il le faut ; mais mon maître ne sera point le jouet
de ces étrangers perfides. Le grand prêtre des Sabéens, la nourrice et deux des femmes de la reine sont dans le secret de ces
amours. Si j'ai bien compris, Adoniram n'est point ce qu'il paraît être, et il est investi, ainsi que la princesse, d'une puissance
magique. C'est par là qu'elle commande aux habitants de l'air,
comme l'artiste aux esprits du feu. Néanmoins, ces êtres si fa-
vorisés redoutent votre pouvoir sur les génies, pouvoir dont
vous êtes doué à votre insu. Sarahil a parlé d'un anneau con-
stellé dont elle a expliqué les propriétés merveilleuses à la
reine étonnée, et l'on a déploré à ce sujet une imprudence de
Balkis. Je n'ai pu saisir le fond de l'entretien, car on avait
baissé la voix ; et j'aurais craint de me perdre en m'approchant
de trop près. Bientôt Sarahil, le grand prêtre, les suivantes, se
sont retirés en fléchissant le genou devant Adoniram, qui,

comme je l'ai dit, est resté seul avec la reine de Saba. O roi ! puissé-je trouver grâce à vos yeux, car la tromperie n'a point effleuré mes lèvres !

— De quel droit penses-tu donc sonder les intentions de ton maître ? Quel que soit notre arrêt, il sera juste... Que cet homme soit enfermé dans le temple comme ses compagnons ; il ne communiquera point avec eux, jusqu'au moment où nous ordonnerons de leur sort.

Qui pourrait dépeindre la stupeur du grand prêtre Sadoc, tandis que les muets, prompts et discrets exécuteurs des volontés de Soliman, entraînaient Méthousaël terrifié ?

— Vous le voyez, respectable Sadoc, reprit le monarque avec amertume, votre prudence n'a rien pénétré ; sourd à nos prières, peu touché de nos sacrifices, Adonaï n'a point daigné éclairer ses serviteurs, et c'est moi seul, à l'aide de mes propres forces, qui ai dévoilé la trame de mes ennemis. Eux, cependant, ils commandent aux puissances occultes. Ils ont des dieux fidèles... et le mien m'abandonne !

— Parce que vous le dédaignez pour rechercher l'union d'une femme étrangère. O roi, bannissez de votre âme un sentiment impur, et vos adversaires vous seront livrés. Mais comment s'emparer de cet Adoniram qui se rend invisible, et de cette reine que l'hospitalité protége ?

— Se venger d'une femme est au-dessous de la dignité de Soliman. Quant à son complice, dans un instant vous le verrez paraître. Ce matin même, il m'a fait demander audience, et c'est ici que je l'attends.

— Adonaï nous favorise. O roi ! qu'il ne sorte pas de cette enceinte !

— S'il vient à nous sans crainte, soyez assuré que ses défenseurs ne sont pas loin ; mais point d'aveugle précipitation : ces trois hommes sont ses mortels ennemis. L'envie, la cupidité ont aigri leur cœur. Ils ont peut-être calomnié la reine... Je l'aime, Sadoc, et ce n'est point sur les honteux propos de trois misérables que je ferai à cette princesse l'injure de la croire souillée d'une passion dégradante... Mais, redoutant les sourdes menées d'Adoniram, si puissant parmi le peuple, j'ai fait surveiller ce mystérieux personnage.

— Ainsi, vous supposez qu'il n'a point vu la reine?...

— Je suis persuadé qu'il l'a entretenue en secret. Elle est curieuse, enthousiaste des arts, ambitieuse de renommée, et tributaire de ma couronne. Son dessein est-il d'embaucher l'artiste, et de l'employer dans son pays à quelque magnifique entreprise, ou bien d'enrôler, par son entremise, une armée pour s'opposer à la mienne, afin de s'affranchir du tribut? Je l'ignore... Pour ce qui est de leurs amours prétendues, n'ai-je pas la parole de la reine? Cependant, j'en conviens, une seule de ces suppositions suffit à démontrer que cet homme est dangereux... J'aviserai...

Comme il parlait de ce ton ferme en présence de Sadoc, consterné de voir son autel dédaigné et son influence évanouie, les muets reparurent avec leurs coiffures blanches, de forme sphérique, leurs jaquettes d'écailles, leurs larges ceintures où pendaient un poignard et leur sabre recourbé. Ils échangèrent un signe avec Soliman, et Adoniram se montra sur le seuil. Six hommes, parmi les siens, l'avaient escorté jusque-là; il leur glissa quelques mots à voix basse, et ils se retirèrent.

X — L'ENTREVUE

Adoniram s'avança d'un pas lent, et avec un visage assuré, jusqu'au siége massif où reposait le roi de Jérusalem. Après un salut respectueux, l'artiste attendit, suivant l'usage, que Soliman l'exhortât à parler.

—Enfin, maître, lui dit le prince, vous daignez, souscrivant à nos vœux, nous donner l'occasion de vous féliciter d'un triomphe... inespéré, et de vous témoigner notre gratitude. L'œuvre est digne de moi; digne de vous, c'est plus encore. Quant à votre récompense, elle ne saurait être assez éclatante; désignez-la vous-même : que souhaitez-vous de Soliman?

— Mon congé, seigneur : les travaux touchent à leur terme ; on peut les achever sans moi. Ma destinée est de courir le monde ; elle m'appelle sous d'autres cieux, et je remets entre vos mains l'autorité dont vous m'avez investi. Ma récompense, c'est le monument que je laisse, et l'honneur d'avoir servi d'interprète aux nobles desseins d'un si grand roi.

— Votre demande nous afflige. J'espérais vous garder parmi nous avec un rang éminent à ma cour.

— Mon caractère, seigneur, répondrait mal à vos bontés. Indépendant par nature, solitaire par vocation, indifférent aux honneurs pour lesquels je ne suis point né, je mettrais souvent votre indulgence à l'épreuve. Les rois ont l'humeur inégale ; l'envie les environne et les assiége ; la fortune est inconstante : je l'ai trop éprouvé. Ce que vous appelez mon triomphe et ma gloire n'a-t-il pas failli me coûter l'honneur, peut-être la vie ?

— Je n'ai considéré comme échouée votre entreprise qu'au moment où votre voix a proclamé le résultat fatal, et je ne me targuerai point d'un ascendant supérieur au vôtre sur les esprits du feu...

— Nul ne gouverne ces esprits-là, si toutefois ils existent. Au surplus, ces mystères sont plus à la portée du respectable Sadoc que d'un simple artisan. Ce qui s'est passé durant cette nuit terrible, je l'ignore : la marche de l'opération a confondu mes prévisions. Seulement, seigneur, dans une heure d'angoisse, j'ai attendu vainement vos consolations, votre appui, et c'est pourquoi, au jour du succès, je n'ai plus songé à attendre vos éloges.

— Maître, c'est du ressentiment et de l'orgueil.

— Non, seigneur, c'est de l'humble et sincère équité. De la nuit où j'ai coulé la mer d'airain jusqu'au jour où je l'ai découverte, mon mérite n'a certes rien gagné, rien perdu. Le succès fait toute la différence..., et, comme vous l'avez vu, le succès est dans la main de Dieu. Adonaï vous aime ; il a été touché de vos prières, et c'est moi, seigneur, qui dois vous féliciter et vous crier merci !

— Qui me délivrera de l'ironie de cet homme? pensait Soliman. — Vous me quittez sans doute pour accomplir ailleurs d'autres merveilles? demanda-t-il.

— Naguère encore, seigneur, je l'aurais juré. Des mondes s'agitaient dans ma tête embrasée; mes rêves entrevoyaient des blocs de granit, des palais souterrains avec des forêts de colonnes, et la durée de nos travaux me pesait. Aujourd'hui, ma verve s'apaise, la fatigue me berce, le loisir me sourit, et il me semble que ma carrière est terminée...

Soliman crut entrevoir certaines lueurs tendres qui miroitaient autour des prunelles d'Adoniram. Son visage était grave, sa physionomie mélancolique, sa voix plus pénétrante que de coutume ; de sorte que Soliman, troublé, se dit :

— Cet homme est très-beau... — Où comptez-vous aller, en quittant mes États? demanda-t-il avec une feinte insouciance.

— A Tyr, répliqua sans hésiter l'artiste : je l'ai promis à mon protecteur, le bon roi Hiram, qui vous chérit comme un frère, et qui eut pour moi des bontés paternelles. Sous votre bon plaisir, je désire lui porter un plan, avec une vue en élévation, du palais, du temple, de la mer d'airain, ainsi que des deux grandes colonnes torses de bronze, Jakin et Booz, qui ornent la grande porte du temple.

— Qu'il en soit selon votre désir. Cinq cents cavaliers vous serviront d'escorte, et douze chameaux porteront les présents et les trésors qui vous sont destinés.

— C'est trop de complaisance : Adoniram n'emportera que son manteau. Ce n'est pas, seigneur, que je refuse vos dons. Vous êtes généreux ; ils sont considérables, et mon départ soudain mettrait votre trésor à sec sans profit pour moi. Permettez-moi une si entière franchise. Ces biens que j'accepte, je les laisse en dépôt entre vos mains. Quand j'en aurai besoin, seigneur, je vous le ferai savoir.

— En d'autres termes, dit Soliman, maître Adoniram a l'intention de nous rendre son tributaire.

L'artiste sourit et répondit avec grâce :

— Seigneur, vous avez deviné ma pensée.

— Et peut-être se réserve-t-il un jour de traiter avec nous en dictant ses conditions.

Adoniram échangea avec le roi un regard fin et défiant.

— Quoi qu'il en soit, ajouta-t-il, je ne puis rien demander qui ne soit digne de la magnanimité de Soliman.

— Je crois, dit Soliman en pesant l'effet de ses paroles, que la reine de Saba a des projets en tête, et se propose d'employer votre talent...

— Seigneur, elle ne m'en a point parlé.

Cette réponse donnait cours à d'autres soupçons.

— Cependant, objecta Sadoc, votre génie ne l'a point laissée insensible. Partirez-vous sans lui faire vos adieux ?

— Mes adieux...? répéta Adoniram, et Soliman vit rayonner dans son œil une flamme étrange ; mes adieux ? Si le roi le permet, j'aurai l'honneur de prendre congé d'elle.

— Nous espérions, repartit le prince, vous conserver pour les fêtes prochaines de notre mariage ; car vous savez...

Le front d'Adoniram se couvrit d'une rougeur intense, et il ajouta sans amertume :

— Mon intention est de me rendre en Phénicie sans délai.

— Puisque vous l'exigez, maître, vous êtes libre : j'accepte votre congé...

— A partir du coucher du soleil, objecta l'artiste. Il me reste à payer les ouvriers, et je vous prie, seigneur, d'ordonner à votre intendant Azarias de faire porter au comptoir établi au pied de la colonne de Jakin l'argent nécessaire. Je solderai comme à l'ordinaire, sans annoncer mon départ, afin d'éviter le tumulte des adieux.

— Sadoc, transmettez cet ordre à votre fils Azarias. Un mot encore : qu'est-ce que trois compagnons nommés Phanor, Amrou et Méthousaël?

— Trois pauvres ambitieux honnêtes, mais sans talent. Ils aspiraient au titre de maître, et m'ont pressé de leur livrer le mot de passe, afin d'avoir droit à un salaire plus fort. A la fin, ils ont entendu raison, et tout récemment j'ai eu à me louer de leur bon cœur.

— Maître, il est écrit : « Crains le serpent blessé qui se replie. » Connaissez mieux les hommes : ceux-là sont vos ennemis; ce sont eux qui ont, par leurs artifices, causé les accidents qui ont risqué de faire échouer le coulage de la mer d'airain.

— Et comment savez-vous, seigneur...?

— Croyant tout perdu, confiant dans votre prudence, j'ai cherché les causes occultes de la catastrophe, et, comme j'errais parmi les groupes, ces trois hommes, se croyant seuls, ont parlé.

— Leur crime a fait périr beaucoup de monde. Un tel exemple serait dangereux; c'est à vous qu'il appartient de statuer sur leur sort. Cet accident me coûte la vie d'un enfant que j'aimais, d'un artiste habile : Benoni, depuis lors, n'a pas reparu. Enfin, seigneur, la justice est le privilége des rois.

— Elle sera faite à chacun. Vivez heureux, maître Adoniram ; Soliman ne vous oubliera pas.

Adoniram, pensif, semblait indécis et combattu. Tout à coup, cédant à un moment d'émotion :

— Quoi qu'il advienne, seigneur, soyez à jamais assuré de mon respect, de mes pieux souvenirs, de la droiture de mon cœur. Et, si le soupçon venait à votre esprit, dites-vous : « Comme la plupart des humains, Adoniram ne s'appartenait pas; il fallait qu'il accomplît ses destinées ! »

— Adieu, maître... Accomplissez vos destinées !

Ce disant, le roi lui tendit une main sur laquelle l'artiste s'inclina avec humilité; mais il n'y posa point ses lèvres, et Soliman tressaillit.

— Eh bien, murmura Sadoc en voyant Adoniram s'éloigner; eh bien, qu'ordonnez-vous, seigneur?

— Le silence le plus profond, mon père; je ne me fie désormais qu'à moi seul. Sachez-le bien, je suis le roi. Obéir sous peine de disgrâce et se taire sous peine de la vie, voilà votre lot... Allons, vieillard, ne tremble pas : le souverain qui te livre ses secrets pour t'instruire est un ami. Fais appeler ces trois ouvriers enfermés dans le temple; je veux les questionner encore.

Amrou et Phanor comparurent avec Méthousaël : derrière eux se rangèrent les sinistres muets, le sabre à la main.

— J'ai pesé vos paroles, dit Soliman d'un ton sévère, et j'ai vu Adoniram, mon serviteur. Est-ce l'équité, est-ce l'envie qui vous anime contre lui? Comment de simples compagnons osent-ils juger leur maître? Si vous étiez des hommes notables et des chefs parmi vos frères, votre témoignage serait moins suspect... Mais non : avides, ambitieux du titre de maître, vous n'avez pu l'obtenir, et le ressentiment aigrit vos cœurs.

— Seigneur, dit Méthousaël en se prosternant, vous voulez nous éprouver. Mais, dût-il m'en coûter la vie, je soutiendrai qu'Adoniram est un traître; en conspirant sa perte, j'ai voulu sauver Jérusalem de la tyrannie d'un perfide qui prétendait asservir mon pays à des hordes étrangères. Ma franchise imprudente est la plus sûre garantie de ma fidélité.

— Il ne me sied point d'ajouter foi à des hommes méprisables, aux esclaves de mes serviteurs. La mort a créé des vacances dans le corps des maîtrises : Adoniram demande à se reposer, et je tiens, comme lui, à trouver parmi les chefs des gens dignes de ma confiance. Ce soir, après la paye, sollicitez près de lui l'initiation des maîtres; il sera seul... Sachez faire entendre vos raisons. Par là, je connaîtrai que vous êtes laborieux, éminents dans votre art et bien placés dans l'estime de vos frères. Adoniram est éclairé : ses décisions font loi. Dieu l'a-t-il abandonné jusqu'ici? a-t-il signalé sa réprobation par un de ces avertissements sinistres, par un de ces coups terribles dont son bras invisible sait atteindre les coupables? Eh

bien, que Jéhovah soit juge entre vous : si la faveur d'Adoniram vous distingue, elle sera pour moi une marque secrète
que le ciel se déclare pour vous, et je veillerai sur Adoniram.
Sinon, s'il vous dénie le grade de maîtrise, demain vous com-
paraîtrez avec lui devant moi ; j'entendrai l'accusation et la
défense entre vous et lui : les anciens du peuple prononceront.
Allez, méditez sur mes paroles, et qu'Adonaï vous éclaire.

Soliman se leva de son siége, et, s'appuyant sur l'épaule du
grand prêtre impassible, il s'éloigna lentement.

Les trois hommes se rapprochèrent vivement dans une pensée commune.

— Il faut lui arracher le mot de passe ! dit Phanor.

— Ou qu'il meure ! ajouta le Phénicien Amrou.

— Qu'il nous livre le mot de passe des maîtres et qu'il
meure ! s'écria Méthousaël.

Leurs mains s'unirent pour un triple serment. Près de franchir le seuil, Soliman, se détournant, les observa de loin, res-
pira avec force, et dit à Sadoc :

— Maintenant, tout au plaisir !... Allons trouver la reine.

XI — LE SOUPER DU ROI

A la séance suivante, le conteur reprit :

Le soleil commençait à baisser ; l'haleine enflammée du désert embrasait les campagnes illuminées par les reflets d'un
amas de nuages cuivreux ; l'ombre de la colline de Moria projetait seule un peu de fraîcheur sur le lit desséché du Cédron ;
les feuilles s'inclinaient mouvantes, et les fleurs consumées des
lauriers-roses pendaient éteintes et froissées ; les caméléons,
les salamandres, les lézards frétillaient parmi les roches, et les
bosquets avaient suspendu leurs chants, comme les ruisseaux
avaient tari leurs murmures.

Soucieux et glacé durant cette journée ardente et morne,
Adoniram, comme il l'avait annoncé à Soliman, était venu

prendre congé de sa royale amante, préparée à une séparation qu'elle avait elle-même demandée.

— Partir avec moi, avait-elle dit, ce serait affronter Soliman, l'humilier à la face de son peuple, et joindre un outrage à la peine que les puissances éternelles m'ont contrainte de lui causer. Rester ici après mon départ, cher époux, ce serait chercher votre mort. Le roi vous jalouse, et ma fuite ne laisserait à la merci de ses ressentiments d'autre victime que vous.

— Eh bien, partageons la destinée des enfants de notre race, et soyons sur la terre errants et dispersés. J'ai promis à ce roi d'aller à Tyr. Soyons sincères dès que votre vie n'est plus à la merci d'un mensonge. Cette nuit même, je m'acheminerai vers la Phénicie, où je ne séjournerai guère avant d'aller vous rejoindre dans l'Yémen, par les frontières de la Syrie, de l'Arabie Pierreuse, et en suivant les défilés des monts Cassanites. Hélas! reine chérie, faut-il déjà vous quitter, vous abandonner sur une terre étrangère, à la merci d'un despote amoureux?

— Rassurez-vous, monseigneur, mon âme est toute à vous, mes serviteurs sont fidèles, et ces dangers s'évanouiront devant ma prudence. Orageuse et sombre sera la nuit prochaine qui cachera ma fuite. Quant à Soliman, je le hais; ce sont mes États qu'il convoite : il m'a environnée d'espions, il a cherché à séduire mes serviteurs, à suborner mes officiers, à traiter avec eux de la remise de mes forteresses. S'il eût acquis des droits sur ma personne, jamais je n'aurais revu l'heureux Yémen. Il m'avait extorqué une promesse, il est vrai; mais qu'est-ce que mon parjure au prix de sa déloyauté? Étais-je libre, d'ailleurs, de ne point le tromper, lui qui tout à l'heure m'a fait signifier, avec des menaces mal déguisées, que son amour est sans bornes et sa patience à bout?

— Il faut soulever les corporations!

— Elles attendent leur solde; elles ne bougeraient pas. A quoi bon se jeter dans des hasards si périlleux? Cette déclaration, loin de m'alarmer, me satisfait; je l'avais prévue, et je l'attendais impatiente. Allez en paix, mon bien-aimé! Balkis ne sera jamais qu'à vous !

— Adieu donc, reine : il faut quitter cette tente où j'ai trouvé un bonheur que je n'avais jamais rêvé; il faut cesser de contempler celle qui est pour moi la vie. Vous reverrai-je? hélas! et ces rapides instants auront passé comme un songe !

— Non, Adoniram ; bientôt, réunis pour toujours !... Mes rêves, mes pressentiments, d'accord avec l'oracle des génies, m'assurent de la durée de notre race, et j'emporte avec moi un gage précieux de notre hymen. Vos genoux recevront ce fils destiné à nous faire renaître et à affranchir l'Yémen et l'Arabie entière du faible joug des héritiers de Soliman. Un double attrait vous appelle; une double affection vous attache à celle qui vous aime, et vous reviendrez.

Adoniram, attendri, appuya ses lèvres sur une main où la reine avait laissé tomber des pleurs, et, rappelant son courage, il jeta sur elle un long et dernier regard; puis, se détournant avec effort, il laissa retomber derrière lui le rideau de la tente, et regagna le bord du Cédron.

C'est à Mello que Soliman, partagé entre la colère, l'amour, le soupçon et des remords anticipés, attendait, livré à de vives angoisses, la reine souriante et désolée, tandis qu'Adoniram, s'efforçant d'enfouir sa jalousie dans les profondeurs de son chagrin, se rendait au temple pour payer les ouvriers avant de prendre le bâton de l'exil. Chacun de ces personnages pensait triompher de son rival, et comptait sur un mystère pénétré de part et d'autre. La reine déguisait son but, et Soliman, trop bien instruit, dissimulait à son tour, demandant le doute à son amour-propre ingénieux.

Du sommet des terrasses de Mello, il examinait la suite de la reine de Saba, qui serpentait le long du sentier d'Émathie, et, au-dessus de Balkis, les murailles empourprées du temple où régnait encore Adoniram, et qui faisaient briller sur un nuage sombre leurs arêtes vives et dentelées. Une moiteur

froide baignait la tempe et les joues pâles de Soliman ; son
œil agrandi dévorait l'espace. La reine fit son entrée, accompagnée de ses principaux officiers et des gens de son service,
qui se mêlèrent à ceux du roi.

Durant la soirée, le prince parut préoccupé ; Balkis se montra froide et presque ironique : elle savait Soliman épris. Le
souper fut silencieux ; les regards du roi, furtifs ou détournés
avec affectation, paraissaient fuir l'impression de ceux de la
reine, qui, tour à tour abaissés ou soulevés par une flamme
languissante et contenue, ranimaient en Soliman des illusions
dont il voulait rester maître. Son air absorbé dénotait quelque
dessein. Il était fils de Noé, et la princesse observa que, fidèle
aux traditions du père de la vigne, il demandait au vin la résolution qui lui manquait. Les courtisans s'étant retirés, des
muets remplacèrent les officiers du prince ; et, comme la reine
était servie par ses gens, elle substitua aux Sabéens des Nubiens, à qui le langage hébraïque était inconnu.

— Madame, dit avec gravité Soliman-Ben-Daoud, une explication est nécessaire entre nous.

— Cher seigneur, vous allez au-devant de mon désir.

— J'avais pensé que, fidèle à la foi donnée, la princesse de
Saba, plus qu'une femme, était une reine...

— Et c'est le contraire, interrompit vivement Balkis ; je suis
plus qu'une reine, seigneur, je suis femme. Qui n'est sujet à
l'erreur ? Je vous ai cru sage ; puis je vous ai cru amoureux...
C'est moi qui subis le plus cruel mécompte.

Elle soupira.

— Vous le savez trop bien, que je vous aime, repartit Soliman ; sans quoi, vous n'auriez pas abusé de votre empire, ni
foulé à vos pieds un cœur qui se révolte, à la fin.

— Je comptais vous faire les mêmes reproches. Ce n'est pas
moi que vous aimez, seigneur, c'est la reine. Et, franchement,
suis-je d'un âge à ambitionner un mariage de convenance ? Eh
bien, oui, j'ai voulu sonder votre âme : plus délicate que la
reine, la femme, écartant la raison d'État, a prétendu jouir de

son pouvoir : être aimée, tel était son rêve. Reculant l'heure d'acquitter une promesse subitement surprise, elle vous a mis à l'épreuve ; elle espérait que vous ne voudriez tenir votre victoire que de son cœur, et elle s'est trompée ; vous avez procédé par sommations, par menaces ; vous avez employé avec mes serviteurs des artifices politiques, et déjà vous êtes leur souverain plus que moi-même. J'espérais un époux, un amant ; j'en suis à redouter un maître. Vous le voyez, je parle avec sincérité.

— Si Soliman vous eût été cher, n'auriez-vous point excusé des fautes causées par l'impatience de vous appartenir ? Mais non, votre pensée ne voyait en lui qu'un objet de haine, ce n'est pas pour lui que...

— Arrêtez, seigneur, et n'ajoutez pas l'offense à des soupçons qui m'ont blessée. La défiance excite la défiance, la jalousie intimide un cœur, et, je le crains, l'honneur que vous vouliez me faire eût coûté cher à mon repos et à ma liberté.

Le roi se tut, n'osant, de peur de tout perdre, s'engager plus avant sur la foi d'un vil et perfide espion.

La reine reprit avec une grâce familière et charmante :

— Écoutez, Soliman, soyez vrai, soyez vous-même, soyez aimable. Mon illusion m'est chère encore... mon esprit est combattu ; mais, je le sens, il me serait doux d'être rassurée.

— Ah ! que vous banniriez tout souci, Balkis, si vous lisiez dans ce cœur où vous régnez sans partage ! Oublions mes soupçons et les vôtres, et consentez enfin à mon bonheur. Fatale puissance des rois ! que ne suis-je, aux pieds de Balkis, fille des pâtres, un pauvre Arabe du désert !

— Votre vœu s'accorde avec les miens, et vous m'avez comprise. Oui, ajouta-t-elle en approchant de la chevelure du roi son visage à la fois candide et passionné ; oui, c'est l'austérité du mariage hébreu qui me glace et m'effraye : l'amour, l'amour seul m'eût entraînée, si...

— Si ?... Achevez, Balkis : l'accent de votre voix me pénètre et m'embrase.

— Non, non... Qu'allais-je dire, et quel éblouissement soudain ?... Ces vins si doux ont leur perfidie, et je me sens tout agitée.

Soliman fit un signe : les muets et les Nubiens remplirent les coupes, et le roi vida la sienne d'un seul trait, en observant avec satisfaction que Balkis en faisait autant.

— Il faut avouer, poursuivit la princesse avec enjouement, que le mariage, suivant le rite juif, n'a pas été établi à l'usage des reines, et qu'il présente des conditions fâcheuses.

— Est-ce là ce qui vous rend incertaine ? demanda Soliman en dardant sur elle des yeux accablés d'une certaine langueur.

— N'en doutez pas. Sans parler du désagrément de s'y préparer par des jeûnes qui enlaidissent, n'est-il pas douloureux de livrer sa chevelure au ciseau, et d'être enveloppée de coiffes le reste de ses jours ? A la vérité, ajouta-t-elle en déroulant de magnifiques tresses d'ébène, nous n'avons pas de riches atours à perdre.

— Nos femmes, objecta Soliman, ont la liberté de remplacer leurs cheveux par des touffes de plumes de coq agréablement frisées [1].

La reine sourit avec quelque dédain.

— Puis, dit-elle, chez vous, l'homme achète la femme comme une esclave ou une servante ; il faut même qu'elle vienne humblement s'offrir à la porte du fiancé. Enfin, la religion n'est pour rien dans ce contrat tout semblable à un marché, et l'homme, en recevant sa compagne, étend la main sur elle en lui disant : *Mekudescheth-li*; en bon hébreu : « Tu m'es consacrée. » De plus, vous avez la faculté de la répudier, de la trahir, et même de la faire lapider sur le plus léger prétexte...

---

1. En Orient, encore aujourd'hui, les juives mariées sont obligées de substituer des plumes à leurs cheveux, qui doivent rester coupés à la hauteur des oreilles et cachés sous leur coiffure.

Autant je pourrais être fière d'être aimée de Soliman, autant je redouterais de l'épouser.

— Aimée ! s'écria le prince en se soulevant du divan où il reposait; être aimée, vous ! jamais femme exerça-t-elle un empire plus absolu ? J'étais irrité : vous m'apaisez à votre gré; des préoccupations sinistres me troublaient : je m'efforce à les bannir. Vous me trompez; je le sens, et je conspire avec vous à abuser Soliman...

Balkis éleva sa coupe au-dessus de sa tête en se détournant par un mouvement voluptueux. Les deux esclaves remplirent les hanaps et se retirèrent.

La salle du festin demeura déserte; la clarté des lampes, en s'affaiblissant, jetait de mystérieuses lueurs sur Soliman pâle, les yeux ardents, la lèvre frémissante et décolorée. Une langueur étrange s'emparait de lui : Balkis le contemplait avec un sourire équivoque.

Tout à coup il se souvint... et bondit sur sa couche.

— Femme, s'écria-t-il, n'espérez plus vous jouer de l'amour d'un roi... La nuit nous protége de ses voiles, le mystère nous environne, une flamme ardente parcourt tout mon être; la rage et la passion m'enivrent. Cette heure m'appartient, et, si vous êtes sincère, vous ne me déroberez plus un bonheur si chèrement acheté. Régnez, soyez libre; mais ne repoussez pas un prince qui se donne à vous, que le désir consume, et qui, dans ce moment, vous disputerait aux puissances de l'enfer.

Confuse et palpitante, Balkis répondit en baissant les yeux :

— Laissez-moi le temps de me reconnaître; ce langage est nouveau pour moi...

— Non ! interrompit Soliman en délire, en achevant de vider la coupe où il puisait tant d'audace; non, ma constance est à son terme. Il s'agit pour moi de la vie ou de la mort. Femme, tu seras à moi, je le jure. Si tu me trompais,... je serai vengé; si tu m'aimes, un amour éternel achètera mon pardon.

Il étendit les mains pour enlacer la jeune fille; mais il n'embrassa qu'une ombre : la reine s'était reculée doucement, et les

bras du fils de Daoud retombèrent appesantis. Sa tête s'inclina ;
il garda le silence, et, tressaillant soudain, se mit sur son
séant... Ses yeux étonnés se dilatèrent avec effort ; il sentait le
désir expirer dans son sein, et les objets vacillaient sur sa tête.
Sa figure morne et blême, encadrée d'une barbe noire, expri-
mait une terreur vague ; ses lèvres s'entr'ouvrirent sans articuler
aucun son, et sa tête, accablée du poids du turban, retomba
sur les coussins du lit. Garrotté par des liens invisibles et pesants,
il les secouait par la pensée, et ses membres n'obéissaient plus
à son effort imaginaire.

La reine s'approcha, lente et grave ; il la vit avec effroi, debout, la joue appuyée sur ses doigts repliés, tandis que, de
l'autre main, elle faisait un support à son coude. Elle l'observait,
il l'entendit parler et dire :

— Le narcotique opère...

La prunelle noire de Soliman tournoya dans l'orbite blanc
de ses grands yeux de sphinx, et il resta immobile.

— Eh bien, poursuivit-elle, j'obéis, je cède, je suis à
vous !...

Elle s'agenouilla et toucha la main glacée de Soliman, qui
exhala un profond soupir.

— Il entend encore,... murmura-t-elle. Écoute, roi d'Israël,
toi qui imposes au gré de ta puissance l'amour avec la servitude
et la trahison, écoute ! J'échappe à ton pouvoir. Mais, si la
femme t'abusa, la reine ne t'aura point trompé. J'aime, et ce
n'est pas toi ; les destins ne l'ont point permis. Issue d'une lignée supérieure à la tienne, j'ai dû, pour obéir aux génies qui
me protégent, choisir un époux de mon sang. Ta puissance expire devant la leur ; oublie-moi. Qu'Adonaï te choisisse une
compagne. Il est grand et généreux : ne t'a-t-il pas donné la
sagesse, et bien payé de tes services en cette occasion ? Je t'a-
bandonne à lui, et te retire l'inutile appui des génies que tu
dédaignes et que tu n'as pas su commander...

Et Balkis, s'emparant du doigt où elle voyait briller le talisman de l'anneau qu'elle avait donné à Soliman, se disposa à le

reprendre ; mais la main du roi, qui respirait péniblement, se contractant par un sublime effort, se referma crispée, et Balkis s'efforça inutilement de la rouvrir.

Elle allait parler de nouveau, lorsque la tête de Soliman-Ben-Daoud se renversa en arrière, les muscles de son cou se détendirent, sa bouche s'entr'ouvrit, ses yeux à demi clos se ternirent ; son âme s'était envolée dans le pays des rêves.

Tout dormait dans le palais de Mello, hormis les serviteurs de la reine de Saba, qui avaient assoupi leurs hôtes. Au loin grondait la foudre ; le ciel noir était sillonné d'éclairs ; les vents déchaînés dispersaient la pluie sur les montagnes.

Un coursier d'Arabie, noir comme la tombe, attendait la princesse, qui donna le signal de la retraite, et bientôt le cortége, tournant le long des ravines autour de la colline de Sion, descendit dans la vallée de Josaphat. On traversa à gué le Cédron, qui déjà s'enflait des eaux pluviales pour protéger cette fuite ; et, laissant à droite le Thabor couronné d'éclairs, on parvint à l'angle du jardin des Oliviers et du chemin montueux de Béthanie.

— Suivons cette route, dit la reine à ses gardes ; nos chevaux sont agiles ; à cette heure, les tentes sont repliées, et nos gens s'acheminent déjà vers le Jourdain. Nous les retrouverons à la deuxième heure du jour au delà du lac Salé, d'où nous gagnerons les défilés des monts d'Arabie.

Et, lâchant la bride à sa monture, elle sourit à la tempête en songeant qu'elle en partageait les disgrâces avec son cher Adoniram, sans doute errant sur la route de Tyr.

Au moment où ils s'engageaient dans le sentier de Béthanie, le sillage des éclairs démasqua un groupe d'hommes qui le traversaient en silence, et qui s'arrêtèrent stupéfaits au bruit de ce cortége de spectres chevauchant dans les ténèbres.

Balkis et sa suite passèrent devant eux, et l'un des gardes, s'étant avancé pour les reconnaître, dit à voix basse à la reine:

— Ce sont trois hommes qui emportent un mort enveloppé d'un linceul.

XII — MACBÉNACH.

Pendant la pause qui suivit ce récit, les auditeurs étaient agités par des idées contraires. Quelques-uns refusaient d'admettre la tradition suivie par le narrateur. Ils prétendaient que la reine de Saba avait eu réellement un fils de Soliman et non d'un autre. L'Abyssinien surtout se croyait outragé dans ses convictions religieuses par la supposition que ses souverains ne fussent que les descendants d'un ouvrier.

— Tu as menti, criait-il au rapsode. Le premier de nos rois d'Abyssinie s'appelait Ménilek, et il était bien véritablement fils de Soliman et de Belkis-Makéda. Son descendant règne encore sur nous à Gondar.

— Frère, dit un Persan, laisse-nous écouter jusqu'à la fin, sinon tu te feras jeter dehors comme cela est arrivé déjà l'autre nuit. Cette légende est orthodoxe à notre point de vue et, si ton petit *prêtre Jean* d'Abyssinie[1] tient à descendre de Soliman, nous lui accorderons que c'est par quelque noire Éthiopienne, et non par la reine Balkis, qui appartenait à notre couleur.

Le cafetier interrompit la réponse furieuse que se préparait à faire l'Abyssinien, et rétablit le calme avec peine.

Le conteur reprit :

Tandis que Soliman accueillait à sa maison des champs la princesse des Sabéens, un homme passant sur les hauteurs de Moria, regardait pensif le crépuscule qui s'éteignait dans les nuages, et les flambeaux qui s'allumaient comme des constellations étoilées, sous les ombrages de Mello. Il envoyait une pensée dernière à ses amours, et adressait ses adieux aux roches de Solime, aux rives du Cédron, qu'il ne devait plus revoir.

Le temps était bas, et le soleil, en pâlissant, avait vu la nuit

---

1. Le roi actuel d'Abyssinie descend encore, dit-on, de la reine de Saba. Il est à la fois souverain et pape : on l'a toujours appelé le *prêtre Jean*. Ses sujets s'intitulent aujourd'hui *chrétiens de saint Jean*.

sur la terre. Au bruit des marteaux sonnant l'appel sur les timbres d'airain, Adoniram, s'arrachant à ses pensées, traversa la foule des ouvriers rassemblés ; et, pour présider à la paye, il pénétra dans le temple, dont il entr'ouvrit la porte orientale, se plaçant lui-même au pied de la colonne Jakin.

Des torches allumées sous le péristyle petillaient en recevant quelques gouttes d'une pluie tiède, aux caresses de laquelle les ouvriers haletants offraient gaiement leur poitrine.

La foule était nombreuse ; et Adoniram, outre les comptables, avait à sa disposition des distributeurs préposés aux divers ordres. La séparation des trois degrés hiérarchiques s'opérait par la vertu d'un mot d'ordre qui remplaçait, en cette circonstance, les signes manuels dont l'échange aurait pris trop de temps. Puis le salaire était livré sur l'énoncé du mot de passe.

Le mot d'ordre des apprentis avait été précédemment JAKIN, nom d'une des colonnes de bronze ; le mot d'ordre des autres compagnons, BOOZ, nom de l'autre pilier ; le mot des maîtres, JÉHOVAH.

Classés par catégories et rangés à la file, les ouvriers se présentaient aux comptoirs, devant les intendants, présidés par Adoniram, qui leur touchait la main, et à l'oreille de qui ils disaient un mot à voix basse. Pour ce dernier jour, le mot de passe avait été changé. L'apprenti disait TUBAL-KAÏN ; le compagnon, SCHIBBOLETH ; et le maître, GIBLIM.

Peu à peu la foule s'éclaircit, l'enceinte devint déserte, et, les derniers solliciteurs s'étant retirés, l'on reconnut que tout le monde ne s'était pas présenté, car il restait encore de l'argent dans la caisse.

— Demain, dit Adoniram, vous ferez des appels, afin de savoir s'il y a des ouvriers malades, ou si la mort en a visité quelques-uns.

Dès que chacun fut éloigné, Adoniram, vigilant et zélé jusqu'au dernier jour, prit, suivant sa coutume, une lampe pour aller faire la ronde dans les ateliers déserts et dans les divers quartiers du temple, afin de s'assurer de l'exécution de ses

ordres et de l'extinction des feux. Ses pas résonnaient tristement sur les dalles; une fois encore, il contempla ses œuvres,
et s'arrêta longtemps devant un groupe de chérubins ailés,
dernier travail du jeune Benoni.

— Cher enfant! murmura-t-il avec un soupir.

Ce pèlerinage accompli, Adoniram se retrouva dans la grande
salle du temple. Les ténèbres épaissies autour de sa lampe se
déroulaient en volutes rougeâtres, marquant les hautes nervures
des voûtes, et les parois de la salle, d'où l'on sortait par trois
portes regardant le septentrion, le couchant et l'orient.

La première, celle du Nord, était réservée au peuple; la
seconde livrait passage au roi et à ses guerriers; la porte de
l'Orient était celle des lévites; les colonnes d'airain, Jakin et
Booz, se distinguaient à l'extérieur de la troisième.

Avant de sortir par la porte de l'Occident, la plus rapprochée
de lui, Adoniram jeta la vue sur le fond ténébreux de la salle,
et son imagination, frappée des statues nombreuses qu'il venait
de contempler, évoqua dans les ombres le fantôme de Tubal-
Kaïn. Son œil fixe essaya de percer les ténèbres; mais la chi-
mère grandit en s'effaçant, atteignit les combles du temple et
s'évanouit dans les profondeurs des murs, comme l'ombre portée
d'un homme éclairé par un flambeau qui s'éloigne. Un cri
plaintif sembla résonner sous les voûtes.

Alors, Adoniram se détourna, s'apprêtant à sortir. Soudain
une forme humaine se détacha du pilastre, et d'un ton farouche
lui dit:

— Si tu veux sortir, livre-moi le mot de passe des maîtres!

Adoniram était sans armes; objet du respect de tous, habitué
à commander d'un signe, il ne songeait pas même à défendre
sa personne sacrée.

— Malheureux! répondit-il en reconnaissant le compagnon
Méthousaël, éloigne-toi! Tu seras reçu parmi les maîtres quand
la trahison et le crime seront honorés! Fuis avec tes complices
avant que la justice de Soliman atteigne vos têtes.

Méthousaël l'entend, et lève d'un bras vigoureux son marteau, qui retombe avec fracas sur le crâne d'Adoniram. L'artiste chancelle étourdi ; par un mouvement instinctif, il cherche une issue à la seconde porte, celle du Septentrion. Là se trouvait le Syrien Phanor, qui lui dit :

— Si tu veux sortir, livre-moi le mot de passe des maîtres !

— Tu n'as pas sept années de campagne ! répliqua d'une voix éteinte Adoniram.

— Le mot de passe !

— Jamais !

Phanor, le maçon, lui enfonça son ciseau dans le flanc ; mais il ne put redoubler, car l'architecte du temple, réveillé par la douleur, vola comme un trait jusqu'à la porte d'Orient, pour échapper à ses assassins.

C'est là qu'Amrou le Phénicien, compagnon parmi les charpentiers, l'attendait pour lui crier à son tour :

— Si tu veux passer, livre-moi le mot de passe des maîtres !

— Ce n'est pas ainsi que je l'ai gagné, articula avec peine Adoniram épuisé ; demande-le à celui qui t'envoie.

Comme il s'efforçait de s'ouvrir un passage, Amrou lui plongea dans le cœur la pointe de son compas.

C'est en ce moment que l'orage éclata, signalé par un grand coup de tonnerre.

Adoniram était gisant sur le pavé, et son corps couvrait trois dalles. A ses pieds s'étaient réunis les meurtriers, se tenant par la main.

— Cet homme était grand, murmura Phanor.

— Il n'occupera pas dans la tombe un plus vaste espace que toi, dit Amrou.

— Que son sang retombe sur Soliman-Ben-Daoud !

— Gémissons sur nous-mêmes, répliqua Méthousaël ; nous possédons le secret du roi. Anéantissons la preuve du meurtre ; la pluie tombe ; la nuit est sans clarté ; Éblis nous protége. Entraînons ces restes loin de la ville, et confions-les à la terre.

Ils enveloppèrent donc le corps dans un long tablier de peau

blanche, et, le soulevant dans leurs bras, ils descendirent sans
bruit au bord du Cédron, se dirigeant vers un tertre solitaire
situé au delà du chemin de Béthanie. Comme ils y arrivaient,
troublés et le frisson dans le cœur, ils se virent tout à coup en
présence d'une escorte de cavaliers. Le crime est craintif,
ils s'arrêtèrent; les gens qui fuient sont timides... et c'est
alors que la reine de Saba passa en silence devant des assassins
épouvantés qui traînaient les restes de son époux Adoniram.

Ceux-ci allèrent plus loin et creusèrent un trou dans la terre
qui recouvrit le corps de l'artiste. Après quoi, Méthousaël, arrachant une jeune tige d'acacia, la planta dans le sol fraîchement labouré sous lequel reposait la victime.

Pendant ce temps-là, Balkis fuyait à travers les vallées; la
foudre déchirait les cieux, et Soliman dormait.

Sa plaie était plus cruelle, car il devait se réveiller.

Le soleil avait accompli le tour du monde, lorsque l'effet
léthargique du philtre qu'il avait bu se dissipa. Tourmenté
par des songes pénibles, il se débattait contre des visions, et ce
fut par une secousse violente qu'il rentra dans le domaine de
la vie.

Il se soulève et s'étonne; ses yeux errants semblent à la
recherche de la raison de leur maître; enfin il se souvient...

La coupe vide est devant lui; les derniers mots de la reine
se retracent à sa pensée : il ne la voit plus et se trouble; un
rayon de soleil qui voltige ironiquement sur son front le fait
tressaillir; il devine tout et jette un cri de fureur.

C'est en vain qu'il s'informe : personne ne l'a vue sortir,
et sa suite a disparu dans la plaine; on n'a retrouvé que les
traces de son camp.

— Voilà donc, s'écrie Soliman en jetant sur le grand prêtre
Sadoc un regard irrité, voilà le secours que ton Dieu prête à
ses serviteurs! Est-ce là ce qu'il m'avait promis? Il me livre
comme un jouet aux esprits de l'abîme, et toi, ministre imbé-
cile, qui règnes sous son nom par mon impuissance, tu m'as
abandonné, sans rien prévoir, sans rien empêcher! Qui me

donnera des légions ailées pour atteindre cette reine perfide?
Génies de la terre et du feu, dominations rebelles, esprits de
l'air, m'obéirez-vous?

— Ne blasphémez pas, s'écria Sadoc : Jéhovah seul est
grand, et c'est un Dieu jaloux.

Au milieu de ce désordre, le prophète Ahias de Silo apparaît sombre, terrible et enflammé du feu divin ; Ahias, pauvre
et redouté, qui n'est rien que par l'esprit. C'est à Soliman qu'il
s'adresse :

— Dieu a marqué d'un signe le front de Caïn le meurtrier, et il a prononcé : « Quiconque attentera à la vie de Caïn
sera puni sept fois ! » Et Lamech, issu de Caïn, ayant versé le
sang, il a été écrit : « On vengera la mort de Lamech septante
fois sept fois. » Or, écoute, ô roi, ce que le Seigneur m'ordonne de te dire : « Celui qui a répandu le sang de Caïn et de
Lamech sera châtié sept cents fois sept fois. »

Soliman baissa la tête ; il se souvint d'Adoniram, et sut par
là que ses ordres avaient été exécutés, et le remords lui arracha ce cri :

—Malheureux ! qu'ont-ils fait? Je ne leur avais pas dit de le
tuer.

Abandonné de son Dieu, à la merci des génies, dédaigné,
trahi par la princesse des Sabéens, Soliman, désespéré, abaissait sa paupière sur sa main désarmée, où brillait encore l'anneau qu'il avait reçu de Balkis. Ce talisman lui rendit une
lueur d'espoir. Demeuré seul, il en tourna le chaton vers le
soleil, et vit accourir à lui tous les oiseaux de l'air, hormis
Hud-Hud, la huppe magique. Il l'appela trois fois, la força
d'obéir, et lui commanda de le conduire auprès de la reine.
La huppe à l'instant reprit son vol, et Soliman, qui tendait son
bras vers elle, se sentit soulevé de terre et emporté dans les
airs. La frayeur le saisit, il détourna sa main et reprit pied sur
le sol. Quant à la huppe, elle traversa le vallon et alla se poser
au sommet d'un tertre sur la tige frêle d'un acacia que Soliman ne put la forcer à quitter.

Saisi d'un esprit de vertige, le roi Soliman songeait à lever des armées innombrables pour mettre à feu et à sang le royaume de Saba. Souvent il s'enfermait seul pour maudire son sort et évoquer des esprits. Un afrite, génie des abîmes, fut contraint de le servir et de le suivre dans les solitudes. Pour oublier la reine et donner le change à sa fatale passion, Soliman fit chercher partout des femmes étrangères qu'il épousa selon des rites impies, et qui l'initièrent au culte idolâtre des images. Bientôt, pour fléchir les génies, il peupla les hauts lieux et bâtit, non loin du Thabor, un temple à Moloch.

Ainsi se vérifiait la prédiction que l'ombre d'Hénoch avait faite dans l'empire du feu, à son fils Adoniram, en ces termes : « Tu es destiné à nous venger, et ce temple que tu élèves à Adonaï causera la perte de Soliman. »

Mais le roi des Hébreux fit plus encore, ainsi que nous l'enseigne le Talmud ; car, le bruit du meurtre d'Adoniram s'étant répandu, le peuple soulevé demanda justice, et le roi ordonna que neuf maîtres justifiassent de la mort de l'artiste, en retrouvant son corps.

Il s'était passé dix-sept jours : les perquisitions aux alentours du temple avaient été stériles, et les maîtres parcouraient en vain les campagnes. L'un d'eux, accablé par la chaleur, ayant voulu, pour gravir plus aisément, s'accrocher à un rameau d'acacia d'où venait de s'envoler un oiseau brillant et inconnu, fut surpris de s'apercevoir que l'arbuste entier cédait sous sa main, et ne tenait point à la terre. Elle était récemment fouillée, et le maître, étonné, appela ses compagnons.

Aussitôt les neuf creusèrent avec leurs ongles et constatèrent la forme d'une fosse.

Alors, l'un d'eux dit à ses frères :

— Les coupables sont peut-être des félons qui auront voulu arracher à Adoniram le mot de passe des maîtres. De crainte qu'ils n'y soient parvenus, ne serait-il pas prudent de le changer ?

— Quel mot adopterons-nous? objecta un autre.

— Si nous retrouvons là notre maître, repartit un troisième, la première parole qui sera prononcée par l'un de nous
servira de mot de passe ; elle éternisera le souvenir de ce
crime et du serment que nous faisons ici de le venger, nous
et nos enfants, sur ses meurtriers, et leur postérité la plus reculée.

Le serment fut juré; leurs mains s'unirent sur la fosse, et ils
se reprirent à fouiller avec ardeur.

Le cadavre ayant été reconnu, un des maîtres le prit par un
doigt, et la peau lui resta à la main ; il en fut de même pour un
second ; un troisième le saisit par le poignet de la manière dont
les maîtres en usent envers le compagnon, et la peau se sépara
encore; sur quoi, il s'écria: MAKBÉNACH ! qui signifie : LA CHAIR
QUITTE LES OS !

Sur-le-champ ils convinrent que ce mot serait dorénavant
le mot de maître et le cri de ralliement des vengeurs d'Adoniram, et la justice de Dieu a voulu que ce mot ait, durant
bien des siècles, ameuté les peuples contre la lignée des rois.

Phanor, Amrou et Méthousaël avaient pris la fuite ; mais,
reconnus pour de faux frères, ils périrent de la main des
ouvriers, dans les États de Maaca, roi du pays de Geth,
où ils se cachaient sous les noms de Sterkin, d'Oterfut et de
Hoben.

Néanmoins, les corporations, par une inspiration secrète,
continuèrent toujours à poursuivre leur vengeance déçue sur
Abiram ou le meurtrier... Et la postérité d'Adoniram resta
sacrée pour eux; car, longtemps après, ils juraient encore par
les fils de la veuve ; ainsi désignaient-ils les descendants d'A-
doniram et de la reine de Saba.

Sur l'ordre exprès de Soliman-Ben-Daoud, l'illustre Adoniram fut inhumé sous l'autel même du temple qu'il avait élevé;
c'est pourquoi Adonaï finit par abandonner l'arche des Hébreux
et réduisit en servitude les successeurs de Daoud.

Avide d'honneurs, de puissance et de volupté, Soliman épousa cinq cents femmes, et contraignit enfin les génies réconciliés à servir ses desseins contre les nations voisines, par la vertu du célèbre anneau, jadis ciselé par Irad, père du Kaïnite Maviaël, et tour à tour possédé par Hénoch, qui s'en servit pour commander aux pierres, puis par Jared le patriarche, et par Nemrod, qui l'avait légué à Saba, père des Hémiarites.

L'anneau de Salomon lui soumit les génies, les vents et tous les animaux. Rassasié de pouvoir et de plaisirs, le sage allait répétant :

— Mangez, aimez, buvez; le reste n'est qu'orgueil.

Et, contradiction étrange, il n'était pas heureux ! ce roi, dégradé par la matière, aspirait à devenir immortel...

Par ses artifices, et à l'aide d'un savoir profond, il espéra d'y parvenir moyennant certaines conditions : pour épurer son corps des éléments mortels, sans le dissoudre, il fallait que, durant deux cent vingt-cinq années, à l'abri de toute atteinte, de tout principe corrupteur, il dormît du sommeil profond des morts. Après quoi, l'âme exilée rentrerait dans son enveloppe, rajeunie jusqu'à la virilité florissante dont l'épanouissement est marqué par l'âge de trente-trois ans.

Devenu vieux et caduc, dès qu'il entrevit, dans la décadence de ses forces, les signes d'une fin prochaine, Soliman ordonna aux génies qu'il avait asservis de lui construire, dans la montagne de Kaf, un palais inaccessible, au centre duquel il fit élever un trône massif d'or et d'ivoire, porté sur quatre piliers faits du tronc vigoureux d'un chêne.

C'est là que Soliman, prince des génies, avait résolu de passer ce temps d'épreuve. Les derniers temps de sa vie furent employés à conjurer, par des signes magiques, par des paroles mystiques, et par la vertu de l'anneau, tous les animaux, tous les éléments, toutes les substances douées de la propriété de décomposer la matière. Il conjura les vapeurs du nuage, l'humidité de la terre, les rayons du soleil, le souffle des vents, les papillons, les mites et les larves. Il conjura les oiseaux de proie, la chauve-souris, le hibou, le rat, la mouche impure, les fourmis et la famille des insectes qui rampent ou qui rongent. Il conjura le métal ; il conjura la pierre, les alcalis et les acides, et jusqu'aux émanations des plantes.

Ces dispositions prises, quand il se fut bien assuré d'avoir soustrait son corps à tous les agents destructeurs, ministres impitoyables d'Éblis, il se fit transporter une dernière fois au cœur des montagnes de Kaf, et, rassemblant les génies, il leur imposa des travaux immenses, en leur enjoignant, sous la menace des châtiments les plus terribles, de respecter son sommeil et de veiller autour de lui.

Ensuite il s'assit sur son trône, où il assujettit solidement ses membres, qui se refroidirent peu à peu ; ses yeux se ternirent, son souffle s'arrêta, et il s'endormit dans la mort.

Et les génies esclaves continuaient à le servir, à exécuter ses ordres et à se prosterner devant leur maître, dont ils attendaient le réveil.

Les vents respectèrent sa face ; les larves qui engendrent les vers ne purent en approcher ; les oiseaux, les quadrupèdes rongeurs furent contraints de s'éloigner ; l'eau détourna ses vapeurs, et, par la force des conjurations, le corps demeura intact pendant plus de deux siècles.

La barbe de Soliman ayant crû, se déroulait jusqu'à ses pieds ; ses ongles avaient percé le cuir de ses gants et l'étoffe dorée de sa chaussure.

Mais comment la sagesse humaine, dans ses limites bornées, pourrait-elle accomplir l'INFINI ? Soliman avait négligé de conjurer un insecte, le plus infime de tous... Il avait oublié le ciron.

Le ciron s'avança mystérieux... invisible... Il s'attacha à l'un des piliers qui soutenaient le trône, et le rongea lentement, lentement, sans jamais s'arrêter. L'ouïe la plus subtile n'aurait pas entendu gratter cet atome, qui secouait derrière lui, chaque année, quelque grains d'une sciure menue.

Il travailla deux cent vingt-quatre ans... Puis tout à coup le pilier rongé fléchit sous le poids du trône, qui s'écroula avec un fracas énorme [1].

Ce fut le ciron qui vainquit Soliman et qui le premier fut instruit de sa mort; car le roi des rois, précipité sur les dalles, ne se réveilla point.

Alors, les génies humiliés reconnurent leur méprise et recouvrèrent la liberté.

Là finit l'histoire du grand Soliman-Ben-Daoud, dont le récit doit être accueilli avec respect par les vrais croyants, car il est retracé en abrégé de la main sacrée du prophète, au trente-quatrième *fatihat* du Coran, miroir de sagesse et fontaine de vérité.

Le conteur avait terminé son récit, qui avait duré près de deux semaines. J'ai craint d'en diviser l'intérêt en parlant de ce que j'avais pu observer à Stamboul dans l'intervalle des soirées. Je n'ai pas non plus tenu compte de quelques petites histoires intercalées çà et là, selon l'usage, soit dans les moments où le public n'est pas encore nombreux, soit pour faire diversion à quelques péripéties dramatiques. Les cafédjis font souvent des frais considérables pour s'assurer le concours de tels ou tels narrateurs en réputation. Comme la séance n'est jamais que d'une heure et demie, ceux-ci peuvent paraître dans plu-

1. Selon les Orientaux, les puissances de la nature n'ont d'action qu'en vertu d'un contrat consenti généralement. C'est l'accord de tous les êtres qui fait le pouvoir d'*Allah* lui-même. On remarquera le rapport qui se rencontre entre le ciron triomphant des combinaisons ambitieuses de Salomon et la légende de l'Edda, qui se rapporte à Balder. Odin et Freya avaient de même conjuré tous les êtres, afin qu'ils respectassent la vie de Balder, leur enfant. Ils oublièrent le gui de chêne, et cette humble plante fut cause de la mort du fils des dieux. C'est pourquoi le gui était sacré dans la religion druidique, postérieure à celle des Scandinaves.

sieurs cafés la même nuit. Ils donnent aussi des séances dans
les harems, lorsque le mari, s'étant assuré de l'intérêt d'un
conte, veut faire participer sa famille au plaisir qu'il a éprouvé.
Les gens prudents s'adressent, pour faire leur marché, au syndic
de la corporation des conteurs, qu'on appelle *khassidéens* ; car
il arrive quelquefois que des conteurs de mauvaise foi, mé-
contents de la recette du café ou de la rétribution donnée dans
une maison, disparaissent au milieu d'une situation intéres-
sante, et laissent les auditeurs désolés de ne pouvoir connaître
la fin de l'histoire.

J'aimais beaucoup le café fréquenté par mes amis les Persans, à cause de la variété de ses habitués et de la liberté de
parole qui y régnait ; il me rappelait le *café de Surate* du bon
Bernardin de Saint-Pierre. On trouve, en effet, beaucoup plus de
tolérance dans ces réunions cosmopolites de marchands des
divers pays de l'Asie, que dans les cafés purement composés
de Turcs ou d'Arabes. L'histoire qui nous avait été racontée
était discutée à chaque séance entre les divers groupes d'habitués, car, dans un café d'Orient, la conversation n'est jamais
générale, et, sauf les observations de l'Abyssinien, qui, comme
chrétien, paraissait abuser un peu du jus de Noé, personne
n'avait mis en doute les données principales du récit. Elles
sont, en effet, conformes aux croyances générales de l'Orient ;
seulement, on y retrouve quelque chose de cet esprit d'opposition populaire qui distingue les Persans et les Arabes de
l'Yémen. Notre conteur appartenait à la secte d'Ali, qui est
pour ainsi dire la tradition catholique d'Orient, tandis que les
Turcs, ralliés à la secte d'Omar, représenteraient plutôt une
sorte de protestantisme qu'ils ont fait dominer en soumettant
les populations méridionales.

Je retournai à Ildiz-Khan tout préoccupé des détails singuliers de la légende, et principalement du tableau qui venait
de nous être fait de la chute posthume de Salomon. Je me re-
présentais surtout les merveilles intérieures de cette montagne
de Kaf, dont parlent si souvent les poëmes orientaux ; selon les

renseignements que j'obtins de mes compagnons, Kaf est le roc
central constituant, pour ainsi dire, l'armature intérieure du
globe, et les diverses chaînes de montagnes qui apparaissent à
la surface n'en sont que les branches prolongées. C'est l'Atlas,
le Caucase et l'Himalaya qui en représentent les contre-forts
les plus puissants ; d'anciens auteurs placent encore un autre
rameau au delà des mers occidentales, vers un point qu'ils appellent *Yni-Dounya,* nouveau monde, et qui doit avoir été l'*At-
lantide* de Platon, au cas où l'on ne penserait pas qu'ils auraient eu quelque idée de l'Amérique.

Il est probable que la scène où fut confondu l'orgueil de
Salomon — d'après le Coran — se passa dans la *galerie
d'Argent,* construite au centre de la montagne par les génies,
et dans laquelle on voyait les statues des quarante Solimans ou
empereurs qui avaient gouverné la terre dans l'époque préa-
damite, ainsi que les figures peintes de toutes les créatures
raisonnables qui avaient habité le globe avant la création des
enfants du limon. La plupart avaient des aspects monstrueux,
des têtes et des bras en grand nombre ou des formes bizarres
se rapprochant des animaux ; ce qui, évidemment, rentre dans
les légendes primitives des Indous, des Égyptiens, et des Pé-
lages.

Ce nombre de quarante souverains préadamites qui, selon
les légendes, auraient eu chacun un règne de mille ans, m'a
rappelé une hypothèse du savant Letronne, que je l'avais entendu développer à son cours, et qui faisait remonter l'antiquité du monde à quarante mille ans environ avant la création
présumée d'Adam. Il en tirait la démonstration surtout de la
retraite régulière des eaux de la mer sur la terre d'Égypte, et,
je crois aussi, de certaines pierres dont les couches donnaient
le nombre antérieur des inondations du Nil. Les recherches de
Cuvier conduiraient aussi à des suppositions analogues, si ce
savant n'avait tenu surtout à mettre ses découvertes en rapport
avec les récits bibliques.

Quoi qu'il en soit, il est impossible de comprendre les romans ou poëmes de l'Orient sans se persuader qu'il a existé avant Adam une longue série de populations singulières dont le dernier roi a été Glan-Ben-Glan. Adam représente, pour les Orientaux, une simple race nouvelle, pétrie et formée d'une terre particulière par Adonaï, le Dieu de la Bible, qui aurait agi, en cette circonstance, comme le titan Prométhée, animant du feu divin une race dédaignée des Olympiens, auxquels le monde avait appartenu jusqu'alors.

Mais, trève de symboles : je n'ai voulu que jeter un peu de lumière dans la partie féerique de la légende racontée plus haut; mais c'est le rayon égaré dans les ombres, qui, selon l'expression de Milton, ne sert qu'à rendre les ténèbres visibles.

IV

LE BAÏRAM

I — LES EAUX-DOUCES D'ASIE

Nous n'avions pas renoncé à nous rendre un vendredi aux Eaux-Douces d'Asie. Cette fois, nous choisîmes la route de terre qui mène plus loin à Buyukdéré.

Sur le chemin, nous nous arrêtâmes à une maison de campagne, qui était la demeure de B***-Effendi, l'un des hauts employés du sultan. C'était un Arménien qui avait épousé une parente des Arméniens chez lesquels se trouvait mon ami. Un jardin orné de plantes rares précédait l'entrée de la maison, et deux petites filles fort jolies, vêtues comme des sultanes en miniature, jouaient au milieu des parterres sous la surveillance d'une négresse. Elles vinrent embrasser le peintre, et nous accompagnèrent jusque dans la maison. Une dame, en costume levantin, vint nous recevoir, et mon ami lui dit :

— *Kaliméra, kokona!* (Bonjour, madame.)

Il la saluait en grec, car elle était de cette nation, quoique alliée des Arméniens.

On est toujours embarrassé d'avoir à parler, dans une relation de voyage, de personnes qui existent, et qui ont accueilli de leur mieux l'Européen qui passe, cherchant à rapporter dans son pays quelque chose de vrai sur les mœurs étrangères, sur des sociétés sympathiques partout aux nôtres, et vers lesquelles la civilisation franque jette aujourd'hui des rayons de lumière... Dans le moyen âge, nous avons tout reçu de l'Orient ;

maintenant, nous voudrions rapporter à cette source commune de l'humanité les puissances dont elle nous a doués, pour faire grande de nouveau la mère universelle.

Le beau nom de la France est cher à ces nations lointaines : c'est là notre force future ;... c'est ce qui nous permet d'attendre, quoi que fasse la dynastie usée de nos gouvernements.

On peut se dire, en citant des personnes de ces pays, ce que disait Racine dans la préface de *Bajazet : «* C'est si loin ! » Mais n'est-il pas permis de remercier d'un bon accueil des hôtes si empressés que le sont pour nous les Arméniens ? Plus en rapport que les Turcs avec nos idées, ils servent, pour ainsi dire, de transition à la bonne volonté de ces derniers, pour qui la France a toujours été particulièrement la nation amie.

J'avoue que ce fut pour moi un grand charme de retrouver, après une année d'absence de mon pays, un intérieur de famille tout européen, sauf les costumes des femmes, qui, heureusement pour la couleur locale, ne se rapportaient qu'aux dernières modes de Stamboul.

Madame B*** nous fit servir une collation par ses petites filles ; ensuite, nous passâmes dans la principale pièce, où se trouvaient plusieurs dames levantines. L'une d'elles se mit au piano pour exécuter un des morceaux le plus nouvellement venus de Paris : c'était une politesse que nous appréciâmes vivement en admirant des fragments d'un opéra nouveau d'Halévy.

Il y avait aussi des journaux sur les tables, des livres de poésie et de théâtre, du Victor Hugo, du Lamartine. Cela semble étrange quand on arrive de Syrie, et c'est fort simple quand on songe que Constantinople consomme presque autant que Pétersbourg les ouvrages littéraires et artistiques venus de Paris.

Pendant que nous parcourions des yeux les livres illustrés et les albums, M. B*** rentra ; il voulait nous retenir à dîner ;

mais, ayant projeté d'aller aux Eaux-Douces, nous remerciâmes. M. B*** voulut nous accompagner jusqu'au Bosphore.

Nous restâmes quelque temps sur la berge à attendre un caïque. Pendant que nous parcourions le quai, nous vîmes venir de loin un homme d'un aspect majestueux, d'un teint pareil à celui des mulâtres, magnifiquement vêtu à la turque, non dans le costume de la réforme, mais selon la mode ancienne. Il s'arrêta en voyant M. B***, qui le salua avec respect, et nous les laissâmes causer un instant. Mon ami m'avertit que c'était un grand personnage, et qu'il fallait avoir soin de faire un beau *salamalek*, quand il nous quitterait, en portant la main à la poitrine et à la bouche, selon l'usage oriental. Je le fis d'après son indication, et le mulâtre y répondit fort gracieusement.

J'étais sûr que ce n'était pas le sultan, que j'avais vu déjà.

— Qui est-ce donc? dis-je lorsqu'il se fut éloigné.

— C'est le kislar-aga, me répondit le peintre avec un sentiment d'admiration, et un peu aussi de terreur.

Je compris tout. Le kislar-aga, c'est le chef des eunuques du sérail, l'homme le plus redouté après le sultan et avant le premier vizir. Je regrettai de n'avoir pas fait plus intimement la connaissance de ce personnage, qui paraissait, du reste, fort poli, mais fort convaincu de son importance.

Des attachés arrivèrent enfin ; nous quittâmes B***-Effendi, et un caïque à six rameurs nous emporta vers la côte d'Asie.

Il fallut une heure et demie environ pour arriver aux Eaux-Douces. A droite et à gauche des rivages, nous admirâmes les châteaux crénelés qui gardent, du côté de la mer Noire, Péra, Stamboul et Scutari contre les invasions de Crimée ou de Trébizonde. Ce sont des murailles et des tours génoises, comme celles qui séparent Péra et Galata.

Quand nous eûmes dépassé les châteaux d'Asie et d'Europe, notre barque entra dans la rivière des Eaux-Douces. De hautes herbes, d'où s'envolaient çà et là des échassiers, bordaient cette embouchure, qui me rappelait un peu les derniers courants du Nil se jetant près de la mer dans le lac de Péluse. Mais, ici, la

nature, plus calme, plus verte, plus septentrionale, traduisait
les magnificences du Delta d'Égypte, à peu près comme le latin
traduit le grec... en l'affaiblissant.

Nous débarquâmes dans une prairie délicieuse et coupée
d'eaux vives. Les bois, éclaircis avec art, jetaient leur ombre
par endroits sur les hautes herbes. Quelques tentes, dressées
par des vendeurs de fruits et de rafraîchissements, donnaient
à la scène l'aspect d'une de ces oasis où s'arrêtent les tribus
errantes. La prairie était couverte de monde. Les teintes variées
des costumes nuançaient la verdure comme les couleurs vives
des fleurs sur une pelouse du printemps. Au milieu de l'éclaircie
la plus vaste, on distinguait une fontaine de marbre blanc,
ayant cette forme de pavillon chinois dont l'architecture spéciale
domine à Constantinople.

La joie de boire de l'eau a fait inventer à ces peuples les
plus charmantes constructions dont on puisse avoir l'idée. Ce
n'était pas là une source comme celle d'Arnaut-Keuil, devant
laquelle il fallait attendre le bon plaisir d'un saint, qui ne fait
couler la fontaine qu'à partir du jour de sa fête. Cela est bon
pour des giaours, qui attendent patiemment qu'un miracle leur
permette de s'abreuver d'eau claire... Mais, à la fontaine des
Eaux-Douces d'Asie, on n'a pas à souffrir de ces hésitations.
Je ne sais quel saint musulman fait couler les eaux avec une abondance et une limpidité inconnues aux saints grecs. Il fallait
payer un para pour un verre de cette boisson, qui, pour l'obtenir sur les lieux mêmes, coûtait comme voyage environ dix
piastres.

Des voitures de toute sorte, la plupart dorées et attelées de
bœufs, avaient amené aux Eaux-Douces les dames de Scutari.
On ne voyait près de la fontaine que des femmes et des enfants,
parlant, criant, causant avec des expansions, des rires ou des
lutineries charmantes, dans cette langue turque dont les syllabes
douces ressemblent à des roucoulements d'oiseaux.

Si les femmes sont plus ou moins cachées sous leurs voiles,
elles ne cherchent cependant pas à se dérober d'une façon trop

cruelle à la curiosité des Francs. Les règlements de police qui leur ordonnent, le plus souvent possible, d'épaissir leurs voiles, de soustraire aux infidèles toute attitude extérieure qui pourrait avoir action sur les sens, leur inspirent une réserve qui ne céderait pas facilement devant une séduction ordinaire.

La chaleur du jour était en ce moment très-forte, et nous avions pris place sous un énorme platane entouré de divans rustiques. Nous essayâmes de dormir; mais, pour des Français, le sommeil de midi est impossible. Le peintre, voyant que nous ne pouvions dormir, raconta une histoire.

C'étaient les aventures d'un artiste de ses amis, qui était venu à Constantinople pour faire fortune, au moyen d'un daguerréotype.

Il cherchait les endroits où se trouvait la plus grande affluence, et vint un jour installer son instrument reproducteur sous les ombrages des Eaux-Douces.

Un enfant jouait sur le gazon : l'artiste eut le bonheur d'en fixer l'image parfaite sur une plaque; puis, dans sa joie de voir une épreuve si bien réussie, il l'exposa devant les curieux, qui ne manquent jamais dans ces occasions.

La mère s'approcha, par une curiosité bien naturelle, et s'étonna de voir son enfant si nettement reproduit. Elle croyait que c'était de la magie.

L'artiste ne connaissait pas la langue turque, de sorte qu'il ne comprit point, au premier abord, les compliments de la dame. Seulement, une négresse qui accompagnait cette dernière lui fit un signe. La dame avait monté dans un arabas et se rendait à Scutari.

Le peintre prit sous son bras la boîte du daguerréotype, instrument qu'il n'est pas facile de porter, et se mit à suivre l'arabas pendant une lieue.

En arrivant aux premières maisons de Scutari, il vit de loin l'arabas s'arrêter et la femme descendre à un kiosque isolé qui donnait vers la mer.

La vieille lui fit signe de ne pas se montrer et d'attendre;

puis, quand la nuit fut tombée, elle l'introduisit dans la maison.

L'artiste parut devant la dame, qui lui déclara qu'elle l'avait fait venir pour qu'il se servît de son instrument en faisant son portrait de la même façon qu'il avait employée pour reproduire la figure de son enfant.

— Madame, répondit l'artiste, — ou du moins il chercha à le faire comprendre, — cet instrument ne fonctionne qu'avec le soleil.

— Eh bien, attendons le soleil, dit la dame.

C'était une veuve, heureusement pour la morale musulmane.

Le lendemain matin, l'artiste, profitant d'un beau rayon de soleil qui pénétrait à travers les fenêtres grillées, s'occupa de reproduire les traits de la belle dame du faubourg de Scutari. Elle était fort jeune, quoique mère d'un petit garçon assez grand, car les femmes d'Orient, comme on sait, se marient la plupart dès l'âge de douze ans. Pendant qu'il polissait ses plaques, on entendit frapper à la porte extérieure.

— Cachez-vous! s'écria la dame.

Et, aidée de sa servante, elle se hâta de faire entrer l'homme, avec son appareil daguerrien, dans une cellule fort étroite, qui dépendait de la chambre à coucher. Le malheureux eut le temps de faire des réflexions fort tristes. Il ignorait que cette femme fût veuve, et pensait naturellement que le mari était survenu inopinément à la suite de quelque voyage. Il y avait une autre hypothèse non moins dangereuse : l'intervention de la police dans cette maison où l'on avait pu, la veille, remarquer l'entrée d'un giaour. Cependant il prêta l'oreille, et, comme les maisons de bois des Turcs n'ont que des cloisons fort légères, il se rassura un peu en n'entendant qu'un chuchotement de voix féminines.

En effet, la dame recevait simplement la visite d'une de ses amies; mais les visites que se font les femmes de Constantinople durent d'ordinaire toute une journée, ces belles désœuvrées cherchant toute occasion de tuer le plus de temps possible. Se

montrer était dangereux : la visiteuse pouvait être vieille ou
laide ; de plus, quoique les musulmanes s'accommodent forcément d'un partage d'époux, la jalousie n'est point absente de
leur âme quand il s'agit d'une affaire de cœur. Le malheureux
avait plu.

Quand le soir arriva, l'amie importune, après avoir dîné,
pris des rafraîchissements plus tard, et s'être livrée longtemps,
sans doute, à des causeries médisantes, finit par quitter la
place, et l'on put faire sortir enfin le Français de son étroite
cachette.

Il était trop tard pour reprendre l'œuvre longue et difficile
du portrait. De plus, l'artiste avait contracté une faim et une
soif de plusieurs heures. On dut alors remettre la séance au
lendemain.

Au troisième jour, il se trouvait dans la position du matelot
qu'une chanson populaire suppose avoir été longtemps retenu
chez une certaine présidente du temps de Louis XV...; il commença à s'ennuyer.

La conversation des dames turques est assez uniforme. De
plus, lorsqu'on n'entend pas la langue, il est difficile de se distraire longtemps dans leur compagnie. Il était parvenu à réussir
le portrait demandé, et fit comprendre que des affaires majeures
le rappelaient à Péra. Mais il était impossible de sortir de la
maison en plein jour, et, le soir venu, une collation magnifique,
offerte par la dame, le retint encore, non moins que la reconnaissance d'une si charmante hospitalité. Cependant, le jour
suivant, il marqua énergiquement sa résolution de partir. Il
fallait encore attendre le soir. Mais on avait caché le daguerréotype, et comment sortir de cette maison sans ce précieux
instrument, dont, à cette époque, on n'aurait pas retrouvé le
pareil dans la ville ? C'était de plus son gagne-pain. Les femmes
de Scutari sont un peu sauvages dans leurs attachements ;
celle-ci fit comprendre à l'artiste, qui, après tout, finissait par
saisir quelques mots de la langue, que, s'il voulait la quitter
désormais, elle appellerait les voisins en criant qu'il était

entré furtivement dans la maison pour attenter à son honneur.

Un attachement si incommode finit par mettre à bout la patience du jeune homme. Il abandonna son daguerréotype, et
parvint à s'échapper par la fenêtre pendant que la dame dormait.

Le triste de l'aventure, c'est que ses amis de Péra, ne l'ayant
pas vu pendant plus de trois jours, avaient averti la police. On
avait obtenu quelques indications sur la scène qui s'était passée
aux Eaux-Douces d'Asie. Des gens de la campagne avaient vu
passer l'arabas, suivi de loin par l'artiste. La maison fut signa-
lée, et la pauvre dame turque eût été tuée par la population
fanatique pour avoir accueilli un giaour, si la police ne l'eût
fait enlever secrètement. Elle en fut quitte pour cinquante
coups de bâton, et la négresse pour vingt-cinq, la loi n'appli-
quant jamais à l'esclave que la moitié de la peine qui frappe
une personne libre.

Cette anecdote peut donner une idée de la force des pen-
chants chez des femmes dont la vie s'écoule séparée de la société des hommes, quoique sans reclusion positive. Peut-être
aussi cette pauvre dame de Scutari était elle-même une dévote
qui espérait obliger l'artiste à se faire mahométan pour pouvoir
l'épouser. En général, la conduite des femmes turques est digne
et réservée ; les bonnes fortunes dont se vantent les Européens
se rapportant pour la plupart à une certaine classe de femmes
peu estimée, qui, toujours les mêmes, profitent de la facilité
que leur donne leur vêtement mystérieux pour se rendre chez
quelques Européens, où les guident des revendeuses de toilette
ou des esclaves corrompues. Presque toujours, c'est l'attrait seul
de quelque parure — refusée par un époux vieux ou avare —
qui les fait manquer à leur devoir. Le danger n'est alors que
pour elles seules ; car on ne violerait pas le domicile d'un Européen, tandis qu'il risquerait de se faire écharper dans une
maison turque.

II — LA VEILLE DU GRAND BAÏRAM

En retournant de Tophana à Péra, par les rues montueuses qui passent entre les bâtiments des ambassades, nous nous aperçûmes que le quartier franc était plus éclairé et plus bruyant que de coutume. C'est que les fêtes du Baïram, qui succèdent au mois de Ramazan, approchaient. — Ce sont trois journées de réjouissances qui succèdent à ce carême mélangé de carnaval dont j'ai cherché à décrire les phases diverses.

Le Baïram des Turcs ressemble à notre jour de l'an. La civilisation européenne, qui pénètre peu à peu dans leurs coutumes, les attire de plus en plus, quant aux détails compatibles avec leur religion; de sorte que les femmes et les enfants raffolent de parures, de bagatelles et de jouets venus de France ou d'Allemagne. En outre, si les dames turques font admirablement les confitures, le privilége des sucreries, des bonbons et des cartonnages splendides appartient à l'industrie parisienne. Nous passâmes, en revenant des Eaux-Douces, par la grande rue de Péra, qui était devenue, ce soir-là, pareille à notre rue des Lombards. Il était bon de s'arrêter chez la confiseuse principale, madame Meunier, pour prendre quelques rafraîchissements et pour examiner la foule. On voyait là des personnages éminents, des Turcs riches, qui venaient eux-mêmes faire leurs achats, car il n'est pas prudent, en ce pays, de confier à de simples serviteurs le soin d'acheter ses bonbons. Madame Meunier a spécialement la confiance des effendis (hommes de distinction), et ils savent qu'elle ne leur livrerait pas des sucreries douteuses... Les rivalités, les jalousies, les haines amènent parfois des crimes dans la société musulmane; et, si les luttes sanglantes sont devenues rares, le poison est encore, en certains cas, le grand argument des femmes, beaucoup moins civilisées jusqu'ici que leurs maris.

A un moment donné, tous les Turcs disparurent, emportant leurs emplettes, comme des soldats quand sonne la retraite,

parce que l'heure les appelait à l'un des *namaz*, prières qui se
font la nuit dans les mosquées.

Ces braves gens ne se bornent pas, pendant les nuits du Ramazan, à écouter des conteurs et à voir jouer les *Caragueus;*
ils ont des moments de prières, nommés *rikats*, pendant lesquels
on récite chaque fois une dizaine de versets du Coran. Il faut
accomplir par nuit vingt rikats, soit dans les mosquées, ce qui
vaut mieux, — ou chez soi, ou dans la rue, si l'on n'a pas de
domicile; ainsi qu'il arrive à beaucoup de gens qui ne dorment
que dans les cafés. Un bon musulman doit, par conséquent,
avoir récité pendant chaque nuit deux cents versets, ce qui fait
six mille versets pour les trente nuits. Les contes, spectacles
et promenades, ne sont que les délassements de ce devoir religieux.

La confiseuse nous raconta un fait qui peut donner quelque
idée de la naïveté de certains fonctionnaires turcs. Elle avait
fait venir par le bateau du Danube des caisses de jouets de Nuremberg. Le droit de douane se paye d'après la déclaration de
la valeur des objets; mais, à Constantinople, comme ailleurs,
pour éviter la fraude, l'administration a le droit de garder les
marchandises en payant la valeur déclarée, si l'on peut supposer
qu'elles valent davantage.

Quand on déballa les caisses de jouets de Nuremberg, un cri
d'admiration s'éleva parmi tous les employés des douanes. La déclaration était de dix mille piastres (deux mille six cents francs).
Selon eux, cela en valait au moins trente mille. Ils retinrent
donc les caisses, qui se trouvaient ainsi fort bien payées et convenablement vendues, sans frais de montre et de déballage. Madame Meunier prit les dix mille piastres, en riant de leur
simplicité. Ils se partagèrent les polichinelles, les soldats de
bois et les poupées, — non pas pour les donner à leurs enfants,
mais pour s'en amuser eux-mêmes.

Au moment de quitter la boutique, je retrouvai dans une
poche, en cherchant mon mouchoir, le flacon que j'avais
acheté précédemment sur la place du Séraskier. Je demandai à

madame Meunier ce que pouvait être cette liqueur qui m'avait
été vendue comme rafraîchissement, et dont je n'avais pu supporter la première gorgée : était-ce une limonade aigrie, une
bavaroise tournée, ou une liqueur particulière au pays ?

La confiseuse et ses demoiselles éclatèrent d'un fou rire en
voyant le flacon; il fut impossible de tirer d'elles aucune explication. Le peintre me dit, en me reconduisant, que ces sortes
de liqueurs ne se vendaient qu'à des Turcs qui avaient acquis
un certain âge. En général, dans ce pays, les sens s'amortissent
après l'âge de trente ans. Or, chaque mari est forcé, lorsque se
dessine la dernière échancrure de la lune du Baïram, de remplir ses devoirs les plus graves... Il en est pour qui les ébats
de Caragueus n'ont pas été une suffisante excitation.

La veille du Baïram était arrivée : l'aimable lune du Ramazan
s'en allait où vont les vieilles lunes et les neiges de l'an passé,
— chose qui fut un si grave sujet de rêverie pour notre vieux
poëte François Villon. En réalité, ce n'est qu'alors que les fêtes
sérieuses commencent. Le soleil qui se lève pour inaugurer le
mois de Schewal doit détrôner la lune altière de cette splendeur usurpée, qui en a fait pendant trente jours un véritable
soleil nocturne, avec l'aide, il est vrai, des illuminations, des
lanternes et des feux d'artifice. Les Persans logés avec moi à
Ildiz-Khân m'avertirent du moment où devaient avoir lieu
l'enterrement de la lune et l'intronisation de la nouvelle ; ce qui
donnait lieu à une cérémonie extraordinaire.

Un grand mouvement de troupes avait lieu cette nuit-là. On
établissait une haie entre Eski-Sérail, résidence de la sultane
mère, et le grand sérail, situé à la pointe maritime de Stamboul.
Depuis le château des Sept-Tours et le palais de Bélisaire jusqu'à Sainte-Sophie, tous les gens des divers quartiers affluaient
vers ces deux points.

Comment dire toutes les splendeurs de cette nuit privilégiée ?
comment dire surtout le motif singulier qui fait, cette nuit-là,
du sultan le seul homme heureux de son empire ? Tous les fidèles ont dû, pendant un mois, s'abstenir de toute pensée d'a-

mour. Une seule nuit encore, et ils pourront envoyer à une de leurs femmes, s'ils en ont plusieurs, le bouquet qui indique une préférence. S'ils n'en ont qu'une seule, le bouquet lui revient de droit. Mais, quant au sultan, en qualité de padischa et de calife, il a le droit de ne pas attendre le premier jour de la lune de *Lailet-ul-id*, qui est celle du mois suivant, et qui ne paraît qu'au premier jour du grand Baïram. Il a une nuit d'avance sur tous ses sujets pour la procréation d'un héritier, qui ne peut, cette fois, résulter que d'une femme nouvelle.

Ceci était le sens de la cérémonie qui se faisait, m'a-t-on dit, entre le vieux sérail et le nouveau. La mère ou la tante du sultan devait conduire à son fils une esclave vierge, qu'elle achète elle-même au bazar, et qu'elle mène en pompe dans un carrosse de parade [1].

En effet, une longue file de voitures traversa bientôt les quartiers populeux de Stamboul, en suivant la rue centrale jusqu'à Sainte-Sophie, près de laquelle est située la porte du grand sérail. Ces voitures, au nombre d'une vingtaine, contenaient toutes les parentes de Sa Hautesse, ainsi que les sultanes réformées avec pension, après avoir donné le jour à un prince ou à une princesse. Les grillages des voitures n'empêchaient pas que l'on ne distinguât la forme de leurs têtes voilées de blanc et de leurs vêtements de dessus. Il y en avait une dont l'énormité m'étonna. Par privilége sans doute, et grâce à la liberté que pouvait lui donner son rang ou son âge, elle n'avait la tête entourée que d'une gaze très-fine qui laissait distinguer des traits autrefois beaux. Quant à la future cadine, elle était sans doute dans le carrosse principal; mais il était impossible de la distinguer des autres dames. Un grand nombre de valets de pied portaient des torches et des pots à feu des deux côtés du cortége.

On s'arrêta sur cette magnifique place de la porte du sérail, décorée d'une splendide fontaine, ornée de marbre, de décou-

---

1. Cette cérémonie n'a plus lieu depuis quelque temps.

pures, d'arabesques dorées, avec un toit à la chinoise et des bronzes étincelants.

La porte du sérail laisse voir encore entre ses colonnettes les niches qui servaient autrefois à exposer des têtes, les célèbres *têtes du sérail*.

III — FÊTES DU SÉRAIL

Je me vois forcé de ne pas décrire les cérémonies intérieures du palais, ayant l'usage de ne parler que de ce que j'ai pu voir par moi-même. Cependant, je connaissais déjà en partie le lieu de la scène. Tout étranger peut visiter les grandes résidences et les mosquées, à de certains jours désignés, en payant deux ou trois mille piastres turques. Mais la somme est si forte, qu'un touriste ordinaire hésite souvent à la donner. Seulement, comme, pour ce prix, on peut amener autant de personnes que l'on veut, les curieux se cotisent, ou bien attendent qu'un grand personnage européen consente à faire cette dépense. J'avais pu visiter tous ces monuments à l'époque du passage du prince royal de Prusse. Il est d'usage, en de pareils cas, que les Européens qui se présentent soient admis dans le cortége.

Sans risquer une description que l'on peut lire dans tous les récits de voyages, il est bon d'indiquer la situation des nombreux bâtiments et des jardins du sérail occupant le triangle de terre découpé par la Corne-d'or et le Bosphore. C'est toute une ville enfermée de hauts murs crénelés et espacés de tours, se rattachant à la grande muraille construite par les Grecs, qui règne le long de la mer jusqu'au château des Sept-Tours, et qui, de là, ferme entièrement l'immense triangle formé par Stamboul.

Il y a dans les bâtiments du sérail un grand nombre de constructions anciennes, de kiosques, de mosquées ou de chapelles, ainsi que des bâtiments plus modernes, presque dans le goût européen. Des jardinets en terrasse, avec des parterres, des berceaux, des rigoles de marbre, des sentiers formés de mosaïques en cailloux, des arbustes taillés et des carrés de fleurs rares sont consacrés à la promenade des dames. D'autres jardins dessinés à l'anglaise, des pièces d'eau peuplées d'oiseaux, de hauts platanes, avec des saules, des sycomores, s'étendent autour des kiosques dans la partie la plus ancienne.

Toutes les personnes un peu connues ou ayant affaire aux employés peuvent traverser pendant le jour les portions du sérail qui ne sont pas réservées aux femmes. Je m'y suis promené souvent en allant voir soit la bibliothèque, soit la trésorerie. La première, où il est facile de se faire admettre, renferme un grand nombre de livres et de manuscrits curieux, notamment un Coran gravé sur des feuilles minces de plomb, qui, grâce à leur excellente qualité, se tournent comme des feuillets ordinaires; les ornements sont en émail et fort brillants. A la trésorerie, on peut admirer les bijoux impériaux conservés depuis des siècles. On voit aussi dans une salle tous les portraits des sultans peints en miniature, d'abord par les Belin de Venise, puis par d'autres peintres italiens. Le dernier, celui d'Abdul-Medjid, a été peint par un Français, Camille Rogier, auquel on doit une belle série de costumes modernes byzantins.

Ainsi, ces vieux usages de vie retirée et farouche, attribués aux musulmans, ont cédé devant les progrès qu'amènent les idées modernes. Deux cours immenses précèdent, après la première entrée, nommée spécialement LA PORTE, les grands bâtiments du sérail. La plus avancée, entourée de galeries basses, est consacrée souvent aux exercices des pages, qui luttent d'adresse dans la gymnastique et l'équitation. La première, dans laquelle tout le monde peut pénétrer, offre une apparence rustique, avec ses arbres et ses treillages. Une singularité la distingue, c'est un énorme mortier de marbre, qui de loin semble la bouche d'un puits. Ce mortier a une destination toute particulière. On doit y broyer, avec un pilon de fer assorti à sa grandeur, le corps du muphti, chef de la religion, si par hasard il venait à manquer à ses devoirs. Toutes les fois que ce personnage vient faire une visite au sultan, il est forcé de passer devant cet immense égrugeoir, où il peut avoir la chance de terminer ses jours. La terreur salutaire qui en résulte est cause qu'il n'y a eu encore qu'un seul muphti qui se soit exposé à ce supplice. Les coutumes chrétiennes n'ont jamais rien établi de pareil pour les papes.

L'affluence était si grande, qu'il me parut impossible d'entrer même dans la première cour. J'y renonçai, bien que le public ordinaire pût pénétrer jusque-là et voir les dames du vieux sérail descendre de leur voiture. Les torches et les lances à feu répandaient çà et là des flammèches sur les habits, et, de plus, une grande quantité d'estafiers distribuaient force coups de bâton pour établir l'alignement des premières rangées. D'après ce que je puis savoir, il ne s'agissait que d'une scène de parade et de réception. La nouvelle esclave du sultan devait être reçue dans les appartements par les sultanes, au nombre de trois, et par les cadines, au nombre de trente; et rien ne pouvait empêcher que le sultan ne passât la nuit avec l'aimable vierge de la veille du Baïram. Il faut admirer la sagesse musulmane, qui a prévu le cas où une favorite, peut-être stérile, absorberait l'amour et les faveurs du chef de l'État.

Le devoir religieux qui lui est imposé cette nuit-là répond autant que possible de la reproduction de sa race. Tel est aussi pour les musulmans ordinaires le sens des obligations que leur impose la première nuit du Baïram.

Cette abstinence de tout un mois, qui renouvelle probablement les forces de l'homme, ce jeûne partiel qui l'épure doivent avoir été calculés d'après des prévisions médicales analogues à celles que l'on retrouve dans la loi juive. N'oublions pas que l'Orient nous a donné la médecine, la chimie et des préceptes d'hygiène qui remontent à des milliers d'années, et regrettons que nos religions du Nord n'en représentent qu'une imitation imparfaite. — Je regretterais qu'on eût pu voir dans le tableau des coutumes bizarres rapportées plus haut l'intention d'inculper les musulmans de libertinage.

Leurs croyances et leurs coutumes diffèrent tellement des nôtres, que nous ne pouvons les juger qu'au point de vue de notre dépravation relative. Il suffit de se dire que la loi musulmane ne signale aucun péché dans cette ardeur des sens, utile à l'existence des populations méridionales décimées tant de fois par les pestes et par les guerres. Si l'on se rendait compte de la dignité et de la chasteté même des rapports qui existent entre un musulman et ses épouses, on renoncerait à tout ce mirage voluptueux qu'ont créé nos écrivains du xviiie siècle.

Il suffit de se dire que l'homme et la femme se couchent habillés ; que les yeux d'un musulman ne peuvent descendre, de par la loi religieuse, au-dessous de la ceinture d'une femme, — et cela est réciproque, — et que le sultan Mahmoud, le plus progressif des sultans, ayant un jour pénétré, dit-on, dans la salle de bain de ses femmes, fut condamné par elles-mêmes à une longue abstention de leur présence. — De plus, la ville, instruite par quelque indiscrétion de valets, en fut indignée, et des représentations furent faites au sultan par les imans.

Ce fait fut, du reste, regardé par ses partisans comme une calomnie, — qui tenait probablement à ce qu'il avait fait construire au palais des Miroirs, une salle de bain en amphithéâtre. — Je veux croire à la calomnie.

IV — L'ATMÉIDAN

Le lendemain matin était le premier jour du Baïram. Le canon de tous les forts et de tous les vaisseaux retentit au lever du jour, dominant le chant des muezzins saluant Allah du haut d'un millier de minarets. La fête était, cette fois, à l'Atméidan, place illustrée par le souvenir des empereurs de Byzance qui y ont laissé des monuments. Cette place est oblongue et présente toujours son ancienne forme d'hippodrome, ainsi que les deux obélisques autour desquels tournaient les chars au

temps de la lutte byzantine des *verts* et des *bleus*. L'obélisque
le mieux conservé, dont le granit rose est couvert d'hiérogly-
phes encore distincts, est supporté par un piédestal de marbre
blanc entouré de bas-reliefs qui représentent des empereurs
grecs entourés de leur cour, des combats et des cérémonies. Ils
ne sont pas d'une fort belle exécution ; mais leur existence
prouve que les Turcs ne sont pas aussi ennemis des sculptures
que nous le supposons en Europe.

Au milieu de la place se trouve une singulière colonne composée de trois serpents enlacés, laquelle, dit-on, servait autrefois de trépied dans le temple de Delphes.

La mosquée du sultan Ahmed borde un des côtés de la place.
C'était là que Sa Hautesse Abdul-Medjid devait venir faire la
grande prière du Baïram.

Le lendemain, qui était le premier jour du Baïram, un mil-
lion peut-être d'habitants de Stamboul, de Scutari, de Péra et
des environs encombrait le triangle immense, qui se termine
par la pointe du sérail. Grâce à la proximité de ma demeure,
je pus me trouver sur le passage du cortége qui se rendait sur
la place de l'Atméidan. Le défilé, qui tournait par les rues en-
vironnant Sainte-Sophie, dura au moins une heure. Mais les
costumes des troupes n'avaient rien de fort curieux pour un
Franc, car, à part le fezzi rouge qui leur sert uniformément
de coiffure, les divers corps portaient à peu près les uniformes
européens. Les mirlivas (généraux) avaient des costumes pareils à ceux des nôtres, brodés de palmes d'or sur toutes les
coutures. Seulement, c'étaient partout des redingotes bleues ;
on ne voyait pas un seul habit.

Les Européens de Péra se trouvaient mêlés en grand nombre
à la foule ; car, dans les journées du Baïram, toutes les religions prennent part à l'allégresse musulmane. C'est au moins
une fête civile pour ceux qui ne s'unissent pas de cœur aux cérémonies de l'islam. La musique du sultan, dirigée par le frère
de Donizetti, exécutait des marches fort belles, en jouant à
l'unisson, selon le système oriental. La curiosité principale du

12,

cortége était le défilé des icoglans, ou gardes du corps, portant des casques ornés d'immenses cimiers garnis de hauts panaches bleus. On eût cru voir une forêt qui marche, comme au dénoûment de *Maebeth*.

Le sultan parut ensuite, vêtu avec une grande simplicité, et portant seulement sur son bonnet une aigrette brillante. Mais son cheval était tellement couvert de broderies d'or et de diamants, qu'il éblouissait tous les regards. Plusieurs chevaux, également caparaçonnés de harnais étincelant de pierreries, étaient menés par des saïs à la suite du souverain. Les vizirs, les sérasquiers, les kasiaskers, les chefs des ulémas et tout un peuple d'employés suivaient naturellement le chef de l'État, puis de nouvelles troupes fermaient la marche.

Tout ce cortége, arrivant sur l'immense place de l'Atméidan, se fondit bientôt dans les vastes cours et dans les jardins de la mosquée. Le sultan descendit de cheval et fut reçu par les imans et les mollahs, qui l'attendaient à l'entrée et sur les marches. Un grand nombre de voitures se trouvaient rangées sur la place, et toutes les grandes dames de Constantinople s'étaient réunies là, regardant la cérémonie par les grilles dorées des portières. Les plus distinguées avaient obtenu la faveur d'occuper les tribunes hautes de la mosquée.

Je ne pus voir ce qui se passait à l'intérieur; mais j'ai entendu dire que la cérémonie principale était le sacrifice d'un mouton. La même pratique a lieu, ce jour-là, dans toutes les maisons musulmanes.

La place était couverte de jeux, de divertissements et de marchands de toute sorte. Après le sacrifice, chacun se précipita sur les vivres et les rafraîchissements. Les galettes, les crèmes sucrées, les fritures, et les *kébabs*, mets favori du peuple, composé de grillades de mouton que l'on mange avec du persil et avec des tranches découpées de pain sans levain, étaient distribuées à tous, aux frais des principaux personnages. De plus, chacun pouvait se présenter dans les maisons et prendre part aux repas qui s'y trouvaient servis. Pauvres ou riches,

tous les musulmans occupant des maisons particulières traitent
selon leur pouvoir les personnes qui viennent chez eux, sans
se préoccuper de leur état ni de leur religion. C'est, du reste,
une coutume qui existait aussi chez les juifs, à la fête des Sacrifices.

Le second et le troisième jour du Baïram n'offrent que la
continuation des fêtes publiques du premier.

Je n'ai pas entrepris de peindre Constantinople; ses palais,
ses mosquées, ses bains et ses rivages ont été tant de fois décrits ! j'ai voulu seulement donner l'idée d'une promenade à
travers ses rues et ses places à l'époque des principales fêtes.
Cette cité est, comme autrefois, le sceau mystérieux et sublime
qui unit l'Europe à l'Asie. Si son aspect extérieur est le plus
beau du monde, on peut critiquer, comme l'ont fait tant de
voyageurs, la pauvreté de certains quartiers et la malpropreté
de beaucoup d'autres. Constantinople semble une décoration
de théâtre, qu'il faut regarder de la salle sans en visiter les
coulisses. Il y a des Anglais maniérés qui se bornent à tourner
la pointe du sérail, à parcourir la Corne-d'or et le Bosphore
en bateau à vapeur, et qui se disent : « J'ai vu tout ce qu'il est
bon de voir. » Là est l'exagération. Ce qu'il faut regretter,
c'est peut-être que Stamboul, ayant en partie perdu sa physionomie d'autrefois, ne soit pas encore, comme régularité et
comme salubrité, comparable aux capitales européennes. Il est
sans doute fort difficile d'établir des rues régulières sur les
montagnes de Stamboul et sur les hauts promontoires de Péra
et de Scutari; mais on y parviendrait avec un meilleur système de construction et de payage. Les maisons peintes, les
dômes d'étain, les minarets élancés, sont toujours admirables
au point de vue de la poésie; mais ces vingt mille habitations
de bois, que l'incendie visite si souvent; ces cimetières où les
colombes roucoulent sur les ifs, mais où souvent les chacals
déterrent les morts quand les grands orages ont amolli le sol,

tout cela forme le revers de cette médaille byzantine, qu'on
peut se plaire encore à nettoyer, après les savantes et gracieuses descriptions de lady Montagne.

Rien, dans tous les cas, ne peut peindre les efforts que font
les Turcs pour mettre aujourd'hui leur capitale au niveau de
tous les progrès européens. Aucun procédé d'art, aucun per-
fectionnement matériel ne leur est inconnu. Il faut déplorer
seulement l'esprit de routine particulier à certaines classes, et
appuyé sur le respect des vieilles coutumes. Les Turcs sont
sur ce point formalistes comme des Anglais.

Satisfait d'avoir vu, dans Stamboul même, les trente nuits
du Ramazan, je profitai du retour de la lune de Schaban pour
donner congé du local que l'on m'avait loué à Ildiz-Khan.
L'un des Persans qui m'avait pris en amitié, et qui m'appelait
toujours le *myrza* (lettré), voulut me faire un cadeau au moment de mon départ. Il me fit descendre dans un caveau plein,
à ce qu'il disait, de pierreries. Je crus que c'était le trésor
d'Aboulcasem ; mais la cave ne renfermait que des pierres et
des cailloux fort ordinaires.

— Voyez, me dit-il, il y a là des escarboucles, là des améthystes, là des grenats, là des turquoises, là encore des opales :
choisissez quelqu'une de ces pierres que je puisse vous offrir.

Cet homme me semblait un fou : à tout hasard, je choisis les
opales. Il prit une hache, et fendit en deux une pierre blanche
grosse comme un pavé. L'éclat des opales renfermées dans ce
calcaire m'éblouit aussitôt.

— Prenez, me dit-il en m'offrant un des fragments du pavé.

En arrivant à Malte, je voulus faire apprécier quelques-unes
des opales renfermées dans le bloc de chaux. La plupart, les
plus brillantes et les plus grosses en apparence, étaient friables.
On put en tailler cinq ou six, qui m'ont laissé un bon souvenir
de mes amis d'Ildiz-Khan.

Malte.

J'échappe enfin aux dix jours de quarantaine qu'il faut faire
à Malte, avant de regagner les riants parages de l'Italie et de
la France. Séjourner si longtemps dans les casemates poudreuses d'un fort, c'est une bien amère pénitence de quelques
beaux jours passés au milieu des horizons splendides de
l'Orient. J'en suis à ma troisième quarantaine; mais du moins
celles de Beyrouth et de Smyrne se passaient à l'ombre de
grands arbres, au bord de la mer se découpant dans les rochers, bornés au loin par la silhouette bleuâtre des côtes ou
des îles. Ici, nous n'avons eu pour tout horizon que le bassin
d'un port intérieur et les rocs découpés en terrasse de la cité
de la Valette, où se promenaient quelques soldats écossais aux
jambes nues. — Triste impression! je regagne le pays du froid
et des orages, et déjà l'Orient n'est plus pour moi qu'un de ces
rêves du matin auxquels viennent bientôt succéder les ennuis
du jour.

Que te dirai-je encore, mon ami? Quel intérêt auras-tu
trouvé dans ces lettres heurtées, diffuses, mêlées à des fragments de journal de voyage et à des légendes recueillies au
hasard? Ce désordre même est le garant de ma sincérité; ce
que j'ai écrit, je l'ai vu, je l'ai senti. — Ai-je eu tort de rapporter ainsi naïvement mille incidents minutieux, dédaignés
d'ordinaire dans les voyages pittoresques ou scientifiques?

Dois-je me défendre auprès de toi de mon admiration suc-
cessive pour les religions diverses des pays que j'ai traversés?
Oui, je me suis senti païen en Grèce, musulman en Égypte,
panthéiste au milieu des Druses, et dévot sur les mers aux
astres-dieux de la Chaldée; mais, à Constantinople, j'ai compris la grandeur de cette tolérance universelle qu'exercent aujourd'hui les Turcs.

Ces derniers ont une légende des plus belles que je connaisse : « Quatre compagnons de route, un Turc, un Arabe,
un Persan et un Grec, voulurent faire un goûter ensemble. Ils

se cotisèrent de dix paras chacun. Mais il s'agissait de savoir ce qu'on achèterait : » — *Uzum*, dit le Turc. » — *Ineb*, dit l'Arabe. » — *Inghür*, dit le Persan. » — *Staphidion*, dit le Grec.

» Chacun voulant faire prévaloir son goût sur celui des autres, ils en étaient venus aux coups, lorsqu'un derviche qui savait les quatre langues appela un marchand de raisins, et il se trouva que c'était ce que chacun avait demandé. »

J'ai été fort touché à Constantinople en voyant de bons derviches assister à la messe. La parole de Dieu leur paraissait bonne dans toutes les langues. Du reste, ils n'obligent personne à tourner comme un volant au son des flûtes ; — ce qui pour eux-mêmes est la plus sublime façon d'honorer le ciel.

APPENDICE

MOEURS DES ÉGYPTIENS MODERNES.

1 — DE LA CONDITION DES FEMMES[1]

La période littéraire où nous vivons ressemble beaucoup à
celle qui commença la seconde moitié du xviiie siècle. Alors,
comme aujourd'hui, on se jetait dans la curiosité, dans les
recherches excentriques, dans le paradoxe, en un mot. Si le
paradoxe a perdu le xviiie siècle, comme on l'a dit, que
fera-t-il encore du nôtre ? N'y reconnaît-on pas le mélange le
plus incohérent d'opinions politiques, sociales et religieuses,
qui se soit vu depuis la décadence romaine ? Ce qui manque,
c'est un génie multiple, capable de donner un centre à toutes
ces fantaisies égarées. A défaut d'un Lucien ou d'un Voltaire,
la masse du public ne prendra qu'un intérêt médiocre à cet
immense travail de décomposition où s'évertuent tant d'écrivains ingénieux.

Le xviiie siècle a publié la *Défense du mahométisme*,
comme il avait tenté de ressusciter l'épicuréisme et les théories
des néoplatoniciens. Ne nous étonnons pas, après les travaux
qui reparaissent dans ce dernier sens, de voir un écrivain lever
parmi nous l'étendard du prophète. Cela n'est guère plus
étrange que l'annonce de voir se construire une mosquée à
Paris. Après tout, cette fondation ne serait que juste, puisque
les musulmans permettent chez eux nos églises, et que leurs

1. *Mahomet, législateur des femmes*, 1 vol., par M. de Sokolnicki, 1847.

princes nous visitent comme autrefois les rois de l'Orient visi-
taient Rome. Il peut résulter de grandes choses du frottement
de ces deux civilisations longtemps ennemies, qui trouveront
leurs points de contact en se débarrassant des préjugés qui les
séparent encore. C'est à nous de faire les premiers pas et de
rectifier beaucoup d'erreurs dans nos opinions sur les mœurs
et les institutions sociales de l'Orient. Notre situation en Algérie
nous en fait surtout un devoir. Il faut nous demander si nous
avons quelque chose à gagner par la propagande religieuse,
ou s'il convient de nous borner à influer sur l'Orient par les
lumières de la civilisation et de la philosophie. Les deux moyens
sont également dans nos mains; il serait bon de savoir encore
si nous n'aurions pas à puiser dans cette étude quelques ensei-
gnements pour nous-mêmes.

Lorsque l'armée française s'empara de l'Égypte, il ne manquait pas dans ses rangs de moralistes et de réformateurs décidés
à faire briller le flambeau de la raison, comme on disait alors,
sur ces sociétés barbares; quelques mois plus tard, Napoléon
lui-même invoquait dans ses proclamations le nom de Mahomet,
et le successeur de Kléber embrassait la religion des vaincus;
beaucoup d'autres Français ont alors et depuis suivi cet exemple,
et, en regard de quelques illustres personnages qui se sont faits
musulmans, on aurait peine à citer beaucoup de musulmans
qui se soient faits chrétiens. Ceci peut-être prouverait seulement que l'islamisme offre à l'homme certains avantages qui
n'existent pas pour la femme. La polygamie a pu, en effet,
tenter de loin quelques esprits superficiels; mais, certes, ce
motif n'a dû avoir aucune influence sur quiconque pouvait étudier de près les mœurs réelles de l'Orient. M. de Sokolnicki a
réuni, dans un ouvrage un peu paradoxal peut-être, mais où
l'on rencontre beaucoup d'observation et de science, tous les
passages du Coran et de quelques autres livres orientaux qui
ont rapport à la situation des femmes. Il n'a pas eu de peine à
prouver que Mahomet n'avait établi en Orient ni la polygamie,
ni la reclusion, ni l'esclavage; cela ne peut plus même être un

sujet de discussion; il s'est attaché seulement à faire valoir tous les efforts du législateur pour modérer et réduire le plus possible ces antiques institutions de la vie patriarcale, qui furent toujours en partie une question de race et de climat.

L'idée de la déchéance de la femme et la tradition qui la présente comme cause première des péchés et des malheurs de la race humaine, remontent spécialement à la Bible, et ont dû, par conséquent, influer sur toutes les religions qui en dérivent. Cette idée n'est pas plus marquée dans le dogme mahométan que dans le dogme chrétien. Il y a bien une vieille légende arabe qui enchérit encore sur la tradition mosaïque; toutefois, nous hésitons beaucoup à croire qu'elle ait jamais été prise entièrement au sérieux.

On sait que les Orientaux admettent Adam comme le premier homme dans l'acception matérielle du mot, mais que, selon eux, la terre avait été peuplée d'abord par les dives ou esprits élémentaires, créés précédemment par Dieu d'une manière *élevée*, *subtile* et *lumineuse*. Après avoir laissé ces populations préadamites occuper le globe pendant soixante-douze mille ans, et s'être fatigué du spectacle de leurs guerres, de leurs amours et des productions fragiles de leur génie, Dieu voulut créer une race nouvelle, plus intimement unie à la terre et réalisant mieux l'hymen difficile de la matière et de l'esprit. C'est pourquoi il est dit dans le Coran : « Nous avons créé Adam en partie de terre sablonneuse et en partie de limon; mais, pour les génies, nous les avions créés et formés d'un feu très-ardent. » Dieu forma donc un moule composé principalement de ce sable fin dont la couleur devint le nom d'Adam (rouge), et, quand la figure fut séchée, il l'exposa à la vue des anges et des dives, afin que chacun pût en dire son avis. Eblis, autrement nommé Azazel, qui est le même que notre Satan, vint toucher le modèle, le frappa sur le ventre et sur la poitrine, et s'aperçut qu'il était creux. « Cette créature vide, dit-il, sera exposée à se remplir; la tentation a bien des voies pour pénétrer en elle. » Cependant, Dieu souffla la vie dans les narines de l'homme, et lui donna pour compagne la fameuse Lilith, appartenant à la race des dives, qui, d'après les conseils d'Éblis, devint plus tard infidèle, et eut la tête coupée. Ève où *Hava* ne devait donc être que la seconde femme d'Adam. Le Seigneur, ayant compris qu'il avait eu tort d'associer deux natures différentes, résolut de tirer cette fois la femme de la substance même de l'homme. Il plongea celui-ci dans le sommeil, et se mit à extraire l'une de ses côtes, comme dans notre légende. Voici maintenant la nuance différente de la tradition arabe : pendant que Dieu, s'occupant à refermer la plaie, avait quitté des yeux la précieuse côte, déposée à terre près de lui, un singe (*kerd*), envoyé par Éblis, la ramassa bien vite et disparut dans l'épaisseur d'un bois voisin. Le Créateur, assez contrarié de ce tour, ordonna à un de ses anges de poursuivre l'animal. Ce dernier s'enfonçait parmi des branchages de plus en plus touffus. L'ange parvint enfin à le saisir par la queue; mais cette queue lui resta dans la main, et ce fut tout ce qu'il put rapporter à son maître, aux grands éclats de rire de l'assemblée. Le Créateur regarda l'objet avec quelque désappointement. « Enfin, dit-il, puisque nous n'avons pas autre chose, nous allons tâcher d'opérer également. » Et, cédant peut-être légèrement à un amour-propre d'artiste, il transforma la queue du singe en une créature belle au dehors, mais au dedans pleine de malice et de perversité.

Faut-il voir ici seulement la naïveté d'une légende primitive ou la trace d'une sorte d'ironie voltairienne qui n'est pas étrangère à l'Orient? Peut-être serait-il bon, pour la comprendre, de se reporter aux premières luttes des religions monothéistes, qui proclamaient la déchéance de la femme, en haine du polythéisme syrien, où le principe féminin dominait sous les noms d'Astarté, de Derceto ou de Mylitta. On faisait remonter plus haut qu'Ève elle-même la première source du mal et du péché; à ceux qui refusaient de concevoir un Dieu créateur éternellement solitaire, on parlait d'un crime si grand commis par l'antique épouse divine, qu'après une punition dont l'univers avait tremblé, il avait été défendu à tout ange ou créature terrestre de jamais prononcer son nom. Les solennelles obscurités des cosmogonies primitives ne contiennent rien d'aussi terrible que ce courroux de l'Éternel, anéantissant jusqu'au souvenir de la mère du monde. Hésiode, qui peint si longuement les enfantements monstrueux et les luttes des divinités mères du cycle d'Uranus, n'a pas présenté de mythe plus sombre. Revenons aux conceptions plus claires de la Bible, qui s'adoucissent encore et s'humanisent dans le Coran.

On a cru longtemps que l'islamisme plaçait la femme dans une position très-inférieure à celle de l'homme, et en faisait, pour ainsi dire, l'esclave de son mari. C'est une idée qui ne résiste pas à l'examen sérieux des mœurs de l'Orient. Il faudrait dire plutôt que Mahomet a rendu la condition des femmes beaucoup meilleure qu'elle ne l'était avant lui.

Moïse établissait que l'impureté de la femme, qui met au jour une fille et apporte au monde une nouvelle cause de péché, doit être plus longue que celle de la mère d'un enfant mâle. Le Talmud excluait les femmes des cérémonies religieuses et leur défendait l'entrée du temple. Mahomet, au contraire, déclare que la femme est la *gloire* de l'homme ; il lui permet l'entrée des mosquées, et il lui donne pour modèles Asia, femme de Pharaon, Marie, mère du Christ, et sa propre fille Fatime. Abandonnons aussi l'idée européenne qui présente les musulmans comme ne croyant pas à l'âme des femmes. Il est une autre opinion plus répandue encore, qui consiste à penser que les Turcs rêvent un ciel peuplé de houris, toujours jeunes et toujours nouvelles : c'est une erreur ; les houris seront simplement leurs épouses rajeunies et transfigurées, car Mahomet prie le Seigneur d'ouvrir l'Éden aux vrais croyants, ainsi qu'à leurs parents, à leurs épouses et à leurs enfants qui auraient pratiqué la vertu. « Entrez dans le paradis, s'écrie-t-il ; vous *et vos compagnes*, réjouissez-vous ! »

Après une telle citation et bien d'autres qu'on pourrait faire, on se demande d'où est né le préjugé si commun encore parmi

nous. Il faut peut-être n'en pas chercher d'autre motif que
celui qu'indique un de nos vieux auteurs. « Cette tradition fut
fondée sur une plaisanterie de Mahomet à une vieille femme,
qui se plaignait à lui de son sort sur le sujet du paradis; car
il lui dit que les vieilles femmes n'y entreraient pas, et, sur ce
qu'il la voyait inconsolable, il ajouta que toutes les vieilles seraient rajeunies avant d'y entrer. »

Du reste, si Mahomet, comme saint Paul, accorde à l'homme
autorité sur la femme, il a soin de faire remarquer que c'est
en ce sens qu'il est forcé de la nourrir et de lui constituer un
douaire. Au contraire, l'Européen exige une dot de la femme
qu'il épouse.

Quant aux femmes veuves ou libres à un titre quelconque,
elles ont les mêmes droits que les hommes ; elles peuvent acquérir, vendre, hériter ; il est vrai que l'héritage d'une fille
n'est que le tiers de celui du fils ; mais, avant Mahomet, les
biens du père étaient partagés entre les seuls enfants capables
de porter les armes. Les principes de l'islamisme s'opposent si
peu même à la domination de la femme, que l'on peut citer
dans l'histoire des Sarrasins un grand nombre de sultanes ab-
solues, sans parler de la domination réelle qu'exercent du
fond du sérail les sultanes mères et les favorites. De notre
temps encore, les Arabes du Liban avaient conféré une sorte
de souveraineté honorifique à la célèbre lady Stanhope.

Toutes les femmes européennes qui ont pénétré dans les harems s'accordent à vanter le bonheur des femmes musulmanes.
« Je suis persuadée, dit lady Montague, que les femmes seules
sont libres en Turquie. » Elle plaint même un peu le sort des
maris, forcés, en général, pour cacher une infidélité, de
prendre plus de précautions encore que chez nous. Ce dernier
point n'est exact peut-être qu'à l'égard des Turcs qui ont
épousé une femme de grande famille. Lady Morgan remarque
très-justement que la polygamie, *tolérée* seulement par Mahomet, est beaucoup plus rare en Orient qu'en Europe, où elle
existe sous d'autres noms. Il faut donc renoncer tout à fait à

l'idée de ces harems dépeints par l'auteur des *Lettres persanes*, où les femmes, n'ayant jamais vu d'hommes, étaient bien forcées de trouver aimable le terrible et galant Usbek. Tous les voyageurs ont rencontré bien des fois, dans les rues de Constantinople, les femmes des sérails, non pas, il est vrai, circulant à pied comme la plupart des autres femmes, mais en voiture ou à cheval, ainsi qu'il convient à des dames de qualité, et parfaitement libres de tout voir et de causer avec les marchands. La liberté était plus grande encore dans le siècle dernier, où les sultanes pouvaient entrer dans les boutiques des Grecs et des Francs (les boutiques des Turcs ne sont que des étalages). Il y eut une sœur du sultan qui renouvela, dit-on, les mystères de la tour de Nesle. Elle ordonnait qu'on lui portât des marchandises après les avoir choisies, et les malheureux jeunes gens qu'on chargeait de ces commissions disparaissaient généralement sans que personne osât parler d'eux. Tous les palais bâtis sur le Bosphore ont des salles basses sous lesquelles la mer pénètre. Des trappes recouvrent les espaces destinés aux bains de mer des femmes. On suppose que les favoris passagers de la dame prenaient ce chemin. La sultane fut simplement punie d'une reclusion perpétuelle. Les jeunes gens de Péra parlent encore avec terreur de ces mystérieuses disparitions.

Ceci nous amène à parler de la punition des femmes adultères. On croit généralement que tout mari a le droit de se faire justice et de jeter sa femme à la mer dans un sac de cuir avec un serpent et un chat. Et, d'abord, si ce supplice a eu lieu quelquefois, il n'a pu être ordonné que par des sultans ou des pachas assez puissants pour en prendre la responsabilité. Nous avons vu de pareilles vengeances pendant le moyen âge chrétien.

Reconnaissons que, si un homme tue sa femme surprise en flagrant délit, il est rarement puni, à moins qu'elle ne soit de grande famille; mais c'est à peu près comme chez nous, où les juges acquittent généralement le meurtrier en pareil cas; autrement, il faut pouvoir produire quatre témoins, qui, s'ils se trompent ou accusent à faux, risquent chacun de recevoir quatre-vingts coups de fouet. Quant à la femme et à son complice, dûment convaincus du crime, ils reçoivent cent coups de fouet chacun en présence d'un certain nombre de croyants. Il faut remarquer que les esclaves mariées ne sont passibles que de cinquante coups, en vertu de cette belle pensée du législateur que les esclaves doivent être punis moitié moins que les personnes libres, l'esclavage ne leur laissant que la moitié des biens de la vie.

Tout ceci est dans le Coran; il est vrai qu'il y a bien des choses, dans le Coran comme dans l'Évangile, que les puissants expliquent et modifient selon leur volonté. L'Évangile ne s'est pas prononcé sur l'esclavage, et, sans parler des colonies européennes, les peuples chrétiens ont des esclaves en Orient, comme les Turcs. Le bey de Tunis vient, du reste, de supprimer l'esclavage dans ses États, sans contrevenir à la loi musulmane. Cela n'est donc qu'une question de temps. Mais quel est le voyageur qui ne s'est étonné de la douceur de l'esclavage oriental ? L'esclave est presque un enfant adoptif et fait partie de la famille. Il devient souvent l'héritier du maître; on l'affranchit presque toujours à sa mort en lui assurant des moyens de subsistance. Il ne faut voir dans l'esclavage des pays musulmans qu'un moyen d'assimilation, qu'une société qui a foi dans sa force tente sur les peuples barbares.

Il est impossible de méconnaître le caractère féodal et militaire du Coran. Le vrai croyant est l'homme pur et fort qui doit dominer par le courage ainsi que par la vertu ; plus libéral que le noble du moyen âge, il fait part des ses priviléges à quiconque embrasse sa foi; plus tolérant que l'Hébreu de la Bible, qui non-seulement n'admettait pas les conversions, mais exterminait les nations vaincues, le musulman laisse à chacun sa religion et ses mœurs, et ne réclame qu'une suprématie politique. La polygamie et l'esclavage sont pour lui seulement des moyens d'éviter de plus grands maux, tandis que la prostitution, cette autre forme de l'esclavage, dévore comme une lèpre la société européenne, en attaquant la dignité humaine, et en repoussant du sein de la religion, ainsi que les catégories établies par la morale; de pauvres créatures, victimes souvent de l'avidité des parents ou de la misère. Veut-on se demander, en outre, quelle position notre société fait aux bâtards, qui constituent environ le dixième de la population? La loi civile les punit des fautes de leurs pères en les repoussant de la famille et de l'héritage. Tous les enfants d'un musulman, au contraire, naissent légitimes; la succession se partage également entre eux.

Quant au voile que les femmes gardent, on sait que c'est une coutume de l'antiquité que suivent en Orient les femmes chrétiennes, juives ou druses, et qui n'est obligatoire que dans les grandes villes. Les femmes de la campagne et des tribus n'y sont point soumises; aussi les poëmes qui célèbrent les amours de Keïs et Leila, de Khosrou et Schiraï, de Gemil et Schamba et autres ne font-ils aucune mention des voiles ni de la reclusion des femmes arabes. Ces fidèles amours ressemblent, dans la plupart des détails de la vie, à ces belles analyses de sentiment qui ont fait battre tous les cœurs jeunes depuis *Daphnis et Chloé*, jusqu'à *Paul et Virginie*.

Il faut conclure de tout cela que l'islamisme ne repousse aucun des sentiments élevés attribués généralement à la société chrétienne. Les différences ont existé jusqu'ici beaucoup plus dans la forme que dans le fond des idées; les musulmans ne constituent en réalité qu'une sorte de *secte chrétienne;* beaucoup d'hérésies protestantes ne sont pas moins éloignées qu'eux des principes de l'Évangile. Cela est si vrai, que rien n'oblige une chrétienne qui épouse un Turc à changer de religion. Le Coran ne défend aux fidèles que de s'unir à des femmes idolâtres, et convient que, dans toutes les religions fondées sur l'unité de Dieu, il est possible de faire son salut.

C'est en nous pénétrant de ces justes observations et en nous dépouillant des préjugés qui nous restent encore, que nous ferons tomber peu à peu ceux qui ont rendu jusqu'ici douteuses pour nous l'alliance ou la soumission des populations musulmanes.

II — LA VIE INTÉRIEURE AU CAIRE — MOEURS DES HAREMS

L'homme qui a atteint l'âge de se marier et qui ne se marie pas n'est point considéré en Égypte, et, s'il ne peut alléguer des motifs plausibles qui le forcent à rester célibataire, sa réputation en souffre. Aussi voit-on beaucoup de mariages dans ce pays.

Le lendemain de la noce, la femme prend possession du harem, qui est une partie de la maison séparée du reste. Des filles et des garçons dansent devant la maison conjugale, ou dans une de ses cours intérieures. Ce jour-là, si le marié est jeune, l'ami qui, la veille, l'a porté jusqu'au harem[1] vient chez lui accompagné d'autres amis; l'on emmène le marié à la campagne pour toute la journée. Cette cérémonie est nommée *el-houroubeh* (la fuite). Quelquefois, le marié lui-même arrange cette fête et fournit à une partie de la dépense, si elle dépasse le montant de la contribution (*nukout*) que ses amis se sont imposée. Pour égayer la fête, on loue souvent des musiciens et des danseuses. Si le mari est d'une classe inférieure, il est reconduit chez lui processionnellement, précédé de trois ou quatre musiciens qui jouent du hautbois et battent du tambour; les amis et ceux qui accompagnent le nouveau marié portent des bouquets. S'ils ne rentrent qu'après le coucher du soleil, ils sont accompagnés d'hommes portant des *meschals*, espèce de perche munie d'un réceptacle de forme cylindrique en fer, dans lequel on place du bois enflammé. Ces perches

---

1. Le marié, s'il est jeune et célibataire, doit paraître timide, et c'est un de ses amis qui, feignant de lui faire violence, le porte jusqu'à la chambre nuptiale du harem.

supportent quelquefois deux, trois, quatre ou cinq de ces fa-
naux, qui jettent une vive lumière sur le passage de la procession. D'autres personnes portent des lampes, et les amis du
marié des cierges allumés et des bouquets. Si le mari est assez
à son aise pour le faire, il prend ses arrangements de façon
que sa mère puisse demeurer avec lui et sa femme, afin de
veiller à l'honneur de celle-ci et au sien. C'est pour cela,
dit-on, que la belle-mère de sa femme est nommée *hama*; ce
qui veut dire protectrice ou gardienne.

Quelquefois, le mari laisse sa femme chez la propre mère de
celle-ci, et paye l'entretien de toutes deux. On croirait que
cette manière d'agir devrait rendre la mère de la mariée soi-
gneuse de la conduite de sa fille, ne fût-ce que par intérêt,
pour conserver la pension que lui fait le mari, et empêcher que
celui-ci ne trouve un prétexte pour divorcer. Mais il arrive
trop souvent que cet espoir est trompé.

En général, un homme prudent qui se marie craint beaucoup les rencontres de sa femme avec sa belle-mère; il tâche
d'ôter à celle-ci toute occasion de voir sa fille, et ce préjugé
est si enraciné, que l'on croit beaucoup plus sûr de prendre pour
épouse une femme qui n'a ni mère ni proche parente : il est
même défendu à quelques femmes de recevoir aucune amie du
sexe féminin, si ce n'est celles qui sont parentes du mari. Cependant, cette restriction n'est pas généralement observée.

Comme nous l'avons dit plus haut, les femmes habitent le
harem, partie séparée du domicile des Égyptiens; mais, en général, celles qui ont le titre d'*épouses* ne sont pas considérées
comme prisonnières. Elles ont ordinairement la liberté de sortir et de faire des visites, et elles peuvent recevoir presque
aussi souvent qu'elles le désirent la visite des femmes leurs
amies. Il n'y a que les esclaves qui ne jouissent pas de cette liberté, à cause de leur état de servitude qui les rend soumises
aux épouses et aux maîtres.

Un des soins principaux du maître en arrangeant les appar
tements séparés qui doivent servir à l'habitation de ses femmes,

13.

est de trouver les moyens d'empêcher qu'elles ne puissent être vues par des domestiques mâles ou d'autres hommes, sans être couvertes selon les règles que la religion prescrit. Le Coran contient à ce sujet les paroles suivantes, qui démontrent la nécessité où est toute *muslime*, femme d'un homme d'origine arabe, de cacher aux hommes tout ce qui est attrayant en elle, ainsi que les ornements qu'elle porte :

« Dites aux femmes des croyants qu'elles doivent commander à leurs yeux et préserver leur modestie de toute atteinte ; qu'elles ne doivent point faire voir d'autres ornements que ceux qui se montrent d'eux-mêmes ; qu'elles doivent étendre leurs voiles sur leur sein, et ne montrer leurs ornements qu'à leur mari, ou à leur père, ou au père de leur mari, ou à leurs fils, ou aux fils de leur mari, ou à leurs frères, ou aux fils de leurs frères, ou aux fils de leurs sœurs, ou *aux femmes de ceux-ci*, ou *aux esclaves* qu'elles possèdent, ainsi qu'aux hommes qui les servent et n'ont besoin ni de femmes ni d'enfants. — Les femmes s'abstiendront de faire du bruit avec leurs pieds de manière à découvrir les ornements qu'elles doivent cacher. » — Ce dernier passage fait allusion à la coutume qu'avaient les jeunes Arabes, du temps du prophète, de frapper l'un contre l'autre les ornements qu'elles portaient généralement au-dessus de la cheville du pied. Beaucoup de femmes égyptiennes ont conservé ce même genre d'ornements.

Pour expliquer le passage ci-dessus du Coran, qui sans cela pourrait prêter à une fausse idée des coutumes modernes, au sujet de l'admission ou de la non-admission de certaines personnes au harem, il est très-nécessaire de transcrire ici deux notes importantes, tirées d'illustres commentateurs.

La première se rapporte à l'expression : *ou aux femmes de ceux-ci*. C'est-à-dire que ces femmes doivent être de la religion de Mahomet ; car il est considéré comme illégal ou au moins comme indécent qu'une femme qui est une vraie croyante se découvre devant ce qu'on appelle une infidèle,

parce que l'on pense que cette dernière ne s'abstiendra pas de
la décrire aux hommes. D'autres pensent qu'en général les
femmes étrangères doivent être repoussées du harem; mais les
docteurs de la loi ne sont pas d'accord sur ce point. Il est constant qu'en Égypte, et peut-être aussi dans tous les autres
pays où l'islamisme est professé, on ne trouve plus inconve-
nant qu'une femme, qu'elle soit libre, domestique, esclave,
chrétienne ou juive, muslime ou païenne, soit admise dans un
harem. Pour ce qui est de la seconde partie, où il est parlé
d'*esclaves*, on lit dans le Coran : « Les esclaves des deux sexes
font partie de l'exception ; on croit aussi que les domestiques
qui ne sont pas esclaves sont compris dans l'exception, ainsi
que ceux qui sont de nation étrangère. » A l'appui de cette
allégation, on cite que « Mahomet ayant fait à sa fille Fatime
cadeau d'un homme esclave, celle-ci, le voyant entrer, n'ayant
qu'un voile si exigu qu'elle devait opter entre la nécessité de
laisser sa tête découverte, ou de découvrir la partie inférieure
de son corps, se tourna vers le prophète, son père, lequel,
voyant son embarras, lui dit qu'elle ne devait avoir aucun
doute, puisque son père et un esclave étaient seuls présents. »
— Il est possible que cette coutume soit en usage chez les
Arabes des déserts; mais, en Égypte, on ne voit jamais un esclave
adulte pénétrer dans le harem d'un homme considérable, soit
qu'il en fasse partie ou non. L'esclave mâle d'une femme peut
obtenir cette faveur peut-être, parce qu'il ne peut devenir son
mari tant qu'il est esclave.

On s'étonne de ce que, dans l'article du Coran dont nous
parlons, il n'est nullement question des oncles, comme ayant
le privilége de voir leurs nièces sans voile. Mais on pense que
c'est pour éviter qu'ils ne fassent à leurs fils une description trop
séduisante de leurs jeunes cousines. Les Égyptiens considèrent
comme très-inconvenant que l'on fasse l'analyse des traits
d'une femme; il est peu poli de dire qu'elle a de beaux yeux,
un nez grec, une petite bouche, etc., en s'adressant à quelqu'un du sexe masculin auquel la loi défend de la voir; mais

on peut la décrire en termes généraux, en disant qu'elle est aimable et qu'elle est embellie par le *kohel* et le *henné*[1].

En général, un homme ne peut voir sans voile que ses femmes légitimes et ses esclaves femelles, ou bien les femmes que la loi lui défend d'épouser, à cause de leur degré trop rapproché de consanguinité, ou parce qu'elles ont été, ou sa nourrice, ou celle de ses enfants, ou qu'elles sont proches parentes de sa nourrice. — Le voile est de la plus haute antiquité.

On croit en Égypte qu'il est plus nécessaire qu'une femme couvre la partie supérieure, et même le derrière de sa tête, que son visage ; mais ce qui est plus nécessaire encore, c'est qu'elle cache plutôt son visage que la plupart des autres parties de son corps : par exemple, une femme qu'on ne peut décider à ôter son voile devant des hommes, ne se fera aucun scrupule de mettre à nu sa gorge, ou presque toute sa jambe.

La plupart des femmes du peuple se montrent en public la face découverte ; mais on dit que la nécessité les y force, parce qu'elles n'ont pas les moyens de se procurer des *borghots* (voiles de visage).

Lorsqu'une femme respectable est surprise sans voile, elle se couvre précipitamment de son *tarhah* (voile qui couvre la tête) et elle s'écrie : « Ô malheur ! ô peine extrême! » Cependant, nous avons remarqué que la coquetterie les engage quelquefois à faire voir leur visage aux hommes, mais toujours comme par l'effet du hasard. Du haut de la terrasse de leur maison ou à travers des jalousies, elles ont l'air de regarder sans interruption ce qui se passe autour d'elles ; mais souvent elles découvrent leur visage avec le dessein bien arrêté qu'il soit vu.

Au Caire, les maisons sont, en général, petites, et l'on n'y

---

1. Le *kohel* est un collyre aromatique qui noircit les paupières supérieures et inférieures, et que l'on obtient en brûlant des coquilles d'amandes auxquelles on ajoute certaines herbes.

Le *henné* est une poudre végétale avec laquelle les femmes teignent certaines parties de leurs mains et de leurs pieds.

trouve guère, au rez-de-chaussée, d'appartements pour les
hommes ; il faut donc qu'ils montent au premier étage, où sont,
ordinairement, les appartements des femmes. Mais, pour éviter des rencontres que l'on qualifie de fâcheuses en Égypte, et
qu'en France on regarderait comme heureuses, les hommes
qui montent l'escalier ne discontinuent point de crier bien
haut : *Destour* (permission) ! *ya siti* (ô dame) ! ou de faire
d'autres exclamations, afin que les femmes qui pourraient se
trouver sur cet escalier puissent se retirer, ou tout au moins se
voiler ; ce qu'elles font en tirant leur voile, dont elles se couvrent le visage de manière à ne laisser qu'un œil à peine
visible [1].

Les musulmans portent à un tel excès l'idée du caractère
sacré des femmes, qu'il est chez eux défendu aux hommes de
pénétrer dans les tombeaux de quelques-unes d'entre elles ;
par exemple, ils ne peuvent entrer dans ceux des femmes du
prophète, ni dans ceux d'autres femmes de sa famille, que l'on
trouve dans le cimetière de El-Médeneh, tandis qu'il est permis aux femmes de visiter librement tous ces tombeaux. Jamais
non plus on ne dépose dans la même tombe un homme et une
femme, à moins qu'un mur de séparation ne soit élevé entre
les deux cercueils.

Tous les musulmans ne sont pas aussi rigides au sujet des
femmes ; car M. Lane, qui a recueilli ces détails intéressants [2], dit
qu'un de ses amis, musulman, lui a fait voir sa mère, âgée de
cinquante ans, mais qui, par son embonpoint et sa fraicheur,
ne paraissait pas en avoir plus de quarante. « Elle venait, dit-
il, jusqu'à la porte du harem, extrême limite pour les visiteurs ;
elle s'asseyait contre la porte de la pièce sans vouloir y entrer.
Comme si c'était par accident, elle laissait tomber son voile et
voir son visage à découvert ; ses yeux étaient bordés de kohel,

---

1. Les femmes ôtent leur voile en présence des eunuques et des jeunes
garçons.
2. Une grande partie de cette étude est, en effet, traduite ou imitée de
l'ouvrage de William Lane.

et elle ne s'efforçait pas de cacher ses diamants, ses émeraudes et autres bijoux; au contraire, elle avait l'air de vouloir les faire remarquer. Cependant, ce musulman ne m'a jamais permis de voir sa femme, quoiqu'il m'ait laissé causer avec elle, en sa présence, à l'angle d'un mur près de la terrasse, d'où je ne la pouvais pas voir. » Quoi qu'il en soit, les femmes sont généralement moins retenues en Égypte que dans les autres parties de l'empire ottoman; il n'est pas rare de voir des femmes badiner en public avec des hommes, mais ceci se passe dans la classe du peuple. On croirait, d'après cela, que les femmes des classes moyennes et plus élevées se sentent souvent fort malheureuses, et détestent la reclusion à laquelle elles sont condamnées; mais, tout au contraire, une Égyptienne attachée à son mari est offensée si elle jouit de trop de liberté; elle pense que, ne la surveillant pas aussi sévèrement que cela doit avoir lieu d'après les usages, son époux n'a plus pour elle autant d'amour, et souvent elle envie le sort des femmes qui sont gardées avec plus de sévérité.

Quoique la loi autorise les Égyptiens à prendre *quatre* épouses, et autant de concubines esclaves qu'ils en veulent, on les voit assez ordinairement n'avoir qu'une épouse ou une concubine esclave. Cependant, un homme, tout en se bornant à la possession d'une seule femme, peut en changer aussi souvent que la fantaisie lui en prend, et il est rare de trouver au Caire des gens qui n'aient pas divorcé au moins une fois, si leur état d'homme marié date de longtemps. Le mari peut, dès que cela lui plaît, dire à sa femme : *Tu es divorcée*, que ce désir de sa part soit ou non raisonnable. Après la prononciation de cet arrêt, la femme doit quitter la maison du mari, et chercher un abri soit chez des amis ou chez des parents. La faculté qu'ont les hommes de prononcer un divorce injuste est la source de la plus grande inquiétude chez les femmes, et cette inquiétude surpasse toutes les autres peines, lorsqu'elles y voient pour conséquences l'abandon et la misère; d'autres femmes, au contraire, qui voient dans le divorce un moyen d'améliorer leur sort, pensent tout autrement, et appellent le divorce de tous leurs vœux.

Deux fois un homme peut divorcer d'avec la même femme et la reprendre ensuite sans la moindre formalité; mais, la troisième fois, il ne peut la reprendre légalement qu'autant qu'elle ait, dans l'intervalle du divorce, contracté un autre mariage et qu'un divorce de ce mariage ait eu lieu.

« Je puis, dit M. Lane, citer à l'appui de ce que j'avance un cas où l'un de mes amis a servi de témoin. Il se trouvait avec deux autres hommes dans un café; un de ces derniers paraissait irrité contre sa femme, avec laquelle il avait eu quelque différend de ménage. Après avoir exposé ses griefs, le mari irrité envoya querir sa femme, et, aussitôt qu'elle vint, il lui dit :

» — Tu es divorcée triplement!

» Puis, s'adressant aux deux autres hommes présents, il ajouta :

» — Et vous, mes frères, vous êtes témoins.

» Cependant il se repentit bientôt de sa violence et voulut reprendre sa femme; mais celle-ci s'y refusa et en appela à la loi de Dieu (*shara Allah*). La cause fut portée devant le juge. La femme était la plaignante, et le défendeur était le mari; elle déclara que celui-ci avait prononcé contre elle l'arrêt du triple divorce, et qu'à présent il voulait la reprendre et vivre avec elle comme épouse, contrairement à la loi, et conséquemment en état de péché. Le défendeur nia avoir prononcé les mots sacramentels qui constituent le divorce.

» — Avez-vous des témoins? dit le juge à la plaignante.

» — Oui, dit-elle, voici deux témoins.

» Ces témoins étaient les deux hommes qui s'étaient trouvés au café lors de la prononciation de la sentence qui constitue le divorce. Ils furent invités à faire leur déposition, et ils déclarèrent qu'en effet cet homme avait prononcé contre sa femme le triple divorce, et qu'ils étaient présents. Alors, le mari déclara, de son côté, qu'en effet il y avait eu prononciation de divorce, mais qu'une autre de ses femmes en était l'objet. La plaignante assura que cela était impossible, puisque le défendeur n'avait pas d'autre femme ; à quoi le juge répondit qu'il n'était pas possible qu'elle sût cela. Se tournant alors vers les témoins, il leur demanda le nom de la femme divorcée en leur présence, mais ils déclarèrent l'ignorer. Les ayant ensuite questionnés sur l'identité de la femme, les témoins dirent ne pouvoir l'affirmer, puisqu'ils ne l'avaient vue que voilée. Le juge, d'après l'incertitude qui semblait entourer la cause, trouva juste de débouter la femme de sa plainte et d'ordonner qu'elle rentrerait dans le domicile conjugal. Elle aurait pu exiger qu'il fît comparaître la femme contre laquelle il avait prononcé le divorce dans le café ; mais cela lui eût peu servi, car il eût facilement trouvé une femme pour remplir ce rôle, la production d'un acte de mariage n'étant pas nécessaire en Égypte, où presque tous les mariages se font sans acte écrit, et souvent même sans témoins. »

Il arrive assez fréquemment que l'homme qui a prononcé contre sa femme le troisième divorce et qui veut la reprendre de son consentement, surtout lorsque le divorce a été prononcé en l'absence de témoins, n'observe pas la loi prohibitive qui lui interdit de la reprendre si elle n'a pas été remariée dans l'intervalle.

Des hommes, religieusement attachés à l'observance de la loi, trouvent moyen de s'y conformer, en se servant d'un homme qui épouse la femme divorcée, et s'engage à la répudier le lendemain du mariage et à la donner à son précédent mari, dont elle redevient la femme en vertu d'un second contrat, quoique cette manière d'agir soit absolument en contradiction avec la loi. Dans ces cas, la femme peut, si elle est majeure, refuser son consentement ; dans le cas de minorité, son père ou son tuteur légal peut la marier à qui bon lui semble.

Lorsqu'un homme, pour ravoir sa femme divorcée, veut se conformer à l'usage qui exige un mariage intérimaire avant qu'il puisse la reprendre, il la marie d'ordinaire à un pauvre très-laid et quelquefois à un aveugle. Cet homme est appelé *mustahall* ou *mustahull*.

On peut aisément concevoir que la facilité avec laquelle se font les divorces a des effets funestes sur la moralité des deux sexes. On trouve en Égypte bien des hommes qui ont épousé vingt ou trente femmes dans l'espace de dix ans; et il n'est pas rare de voir des femmes, jeunes encore, qui ont été successivement les épouses légitimes d'une douzaine d'hommes. Il y a des hommes qui épousent tous les mois une autre femme. Cette pratique peut avoir lieu même parmi les personnes peu fortunées; on peut choisir, en passant dans les rues du Caire, une belle veuve jeune, ou une femme divorcée de la classe inférieure, qui consent à se marier avec l'homme qui la rencontre, moyennant un douaire d'environ *douze francs cinquante centimes*, et, lorsqu'il la renvoie, il n'est obligé qu'au payement du double de cette somme pour subvenir à son entretien durant l'*eddeh* qu'elle doit alors accomplir. Il faut cependant dire qu'une semblable conduite est généralement considérée comme très-immorale, et qu'il y a peu de parents de la classe moyenne ou des classes élevées qui voudraient donner leur fille à un homme connu pour avoir divorcé plusieurs fois.

La polygamie, qui agit aussi d'une manière bien nuisible sur la moralité des époux, et qui n'est approuvée que parce qu'elle sert à prévenir plus d'immoralité qu'elle n'en occasionne, est plus rare chez les grands et dans la classe moyenne que dans la basse classe, quoique ce cas ne soit pas très-fréquent dans cette dernière. Quelquefois, un pauvre se permet deux ou plusieurs femmes, dont chacune puisse, par le travail qu'elle fait, à peu près fournir à sa subsistance; mais la plupart des personnes des classes moyennes ou élevées renoncent à ce système à cause des dépenses et des désagréments de toute espèce qui en résultent.

Il arrive qu'un homme qui possède une femme stérile, et qui l'aime trop pour divorcer d'avec elle, se voit obligé de prendre une seconde épouse dans le seul espoir d'avoir des enfants ; pour le même motif, il peut en prendre jusqu'à quatre. Mais, en général, c'est l'inconstance qui est la passion principale de ceux qui s'adonnent à la polygamie ou aux divorces fréquents ; peu d'hommes font usage de cette faculté, et l'on rencontre à peine un homme sur vingt qui ait deux femmes légitimes.

Lorsqu'un homme déjà marié désire prendre une deuxième épouse femme ou fille, le père de cette dernière, ou la femme elle-même, refusent de consentir à cette union, à moins qu'il ne divorce préalablement avec sa première femme ; on voit par ceci que les femmes, en général, n'approuvent pas la polygamie. Les hommes riches, ceux dont les moyens sont bornés, et même ceux de la classe inférieure, donnent à chacune de leurs femmes des maisons différentes. L'épouse reçoit, ou peut exiger de l'époux, une description détaillée du logement qui lui est destiné, soit dans une maison seule, soit dans un appartement qui doit contenir une chambre pour coucher et passer la journée, une cuisine et ses dépendances ; cet appartement doit être ou doit pouvoir être séparé ou clos, sans communication avec aucun des appartements de la même maison.

La seconde femme est, comme nous l'avons dit, nommée *durrha* (ce mot veut dire *perroquet*, et est peut-être employé dérisoirement) ; on parle souvent des querelles qu'elles suscitent, chose assez concevable ; car, lorsque deux femmes se partagent les attentions et l'affection d'un seul homme, il est rare qu'elles vivent ensemble en bonne harmonie. Les épouses et les esclaves concubines, vivant sous le même toit, ont aussi souvent des disputes. La loi enjoint aux hommes qui ont deux femmes ou davantage d'être absolument impartiaux à leur égard ; mais la stricte observation de cette loi est bien rare.

Si la *grande dame* est stérile, et qu'une autre épouse, ou même une esclave, donne un enfant au chef de la famille, souvent celle-ci devient la favorite de l'homme, et la *grande dame* est méprisée par elle, comme la femme d'Abraham le fut par

Agar. Il arrive alors, assez fréquemment, que la première épouse perd son rang et ses priviléges, et que l'autre devient la *grande dame*; son titre de favorite du maître lui attire de la part de sa rivale ou de ses rivales, ainsi que de celle de toutes les femmes du harem et des femmes qui viennent y faire visite, toutes les marques extérieures de respect dont jouissait autrefois celle à laquelle elle succède; mais il n'est pas rare que le poison vienne détruire cette prééminence. Lorsqu'un homme accorde cette préférence à une deuxième femme, il s'ensuit souvent que la première est déclarée *nashizeh* [1], soit par son mari, ou à sa propre requête faite au magistrat. Cependant, il y a un grand nombre d'exemples de femmes délaissées qui agissent avec une soumission exemplaire envers leurs maris, et qui sont prévenantes envers la favorite.

Quelques femmes ont des esclaves qui sont leur propriété et qui ont été achetées pour elles, ou qu'elles ont reçues en cadeau avant leur mariage. Celles-ci ne peuvent servir de concubines au mari que du consentement de leur maîtresse. Cette permission est quelquefois accordée, mais ce cas est rare; il est des femmes qui ne permettent pas même à leurs esclaves femelles de paraître sans voile devant leur mari. Si une esclave, devenue la concubine du mari sans le consentement de sa femme, lui donne un enfant, cet enfant est esclave, à moins qu'avant la naissance de cet enfant, l'esclave n'ait été vendue ou donnée au père.

Les esclaves blanches sont ordinairement possédées par les Turcs riches. Les esclaves concubines ne peuvent être idolâtres;

---

1. Lorsqu'une femme refuse d'obéir aux ordres légaux de son mari, il peut (et généralement cela se pratique) la conduire, accompagné de deux témoins, devant le cadi, où il porte plainte contre elle; si le cas est reconnu vrai, la femme est déclarée par un acte écrit *nashizeh*, c'est-à-dire rebelle à son mari : cette déclaration exempte le mari de loger, vêtir et entretenir sa femme. Il n'est pas forcé au divorce, et peut, en refusant de divorcer, empêcher sa femme de se remarier tant qu'il vit. Si elle promet de se soumettre par la suite, elle rentre dans ses droits d'épouse, mais il peut ensuite prononcer le divorce.

elles viennent généralement de l'Abyssinie, et les Égyptiens riches et ceux de la classe moyenne en font l'acquisition; leur peau est d'un brun foncé ou bronzée. D'après leurs traits, elles semblent être d'une race intermédiaire entre les nègres et les blancs, mais elles diffèrent notablement de ces deux races. Elles-mêmes croient qu'il y a si peu de différence entre leur race et celle des blancs, qu'elles se refusent obstinément à remplir les fonctions de servante et à être soumises aux épouses de leur maître.

Les négresses, à leur tour, ne veulent pas servir les Abyssiniennes; mais elles sont toujours très-disposées à servir les femmes blanches. La plupart des Abyssiniennes ne viennent point directement de l'Abyssinie, mais du territoire des Gallas, qui en est voisin; elles sont généralement belles. Le prix moyen d'une de ces filles est de deux cent cinquante à trois cent soixante-quinze francs, si elle est passablement belle : il y a quelques années, on en donnait plus du double.

Les voluptueux de l'Égypte font grand cas de ces femmes; mais elles sont si délicates, qu'elles ne vivent pas longtemps et qu'elles meurent presque toutes de consomption. Le prix d'une esclave blanche est assez ordinairement du triple et jusqu'à dix fois autant que celui d'une Abyssinienne; celui de la négresse n'est que de la moitié ou des deux tiers; mais ce prix augmente considérablement, si elle est bonne cuisinière. Les négresses sont généralement employées comme domestiques.

Presque tous les esclaves se convertissent à l'islamisme; mais ils sont rarement fort instruits des rites de leur nouvelle religion, et encore moins de ses doctrines. La plupart des esclaves blanches qui, dans les premiers temps, se trouvaient en Égypte, étaient des Grecques ayant fait partie du grand nombre de prisonniers faits sur le malheureux peuple grec par les armées turques et égyptiennes sous les ordres d'Ibrahim-Pacha. Ces infortunés, parmi lesquels se trouvaient des enfants qui savaient à peine marcher, furent impitoyablement vendus en Égypte. On s'aperçoit de l'appauvrissement des classes élevées du pays par le peu de demandes d'achat d'esclaves blanches. On en a amené quelques-unes de la Circassie et de la Géorgie, après leur avoir fait donner à Constantinople une espèce d'éducation préparatoire, et leur avoir fait apprendre la musique et autres arts d'agrément. Les esclaves blanches étant souvent les seules compagnes, devenant même quelquefois les épouses des Turcs de la haute volée, et étant estimées au-dessus des dames libres de l'Égypte, sont classées dans l'opinion générale bien plus haut que ces dernières. Ces esclaves sont richement habillées, les cadeaux en bijoux de valeur leur sont prodigués, et elles vivent dans le luxe et l'aisance, de sorte que, lorsqu'on ne les force pas à la servitude, leur position semble fort heureuse. On en trouve la preuve dans le refus de plusieurs femmes grecques qui avaient été placées dans des harems de l'Égypte, et qui, lors de la cessation de la guerre avec la Grèce, ont refusé la liberté qui leur était offerte; car on ne peut supposer que toutes ignoraient la position de leurs parents et qu'elles aient pu craindre de s'exposer à l'indigence en les rejoignant. Mais il est hors de doute que quelques-unes d'entre elles sont, du moins momentanément, heureuses; cependant on est porté à croire que le plus grand nombre, destinées à servir leurs compagnes de captivité plus favorisées, ou les dames turques, ou bien forcées de recevoir les caresses de quelque vieillard opulent, ou d'hommes que les excès de toute espèce ont épuisés de corps et d'esprit, ne sont pas heureuses, exposées qu'elles sont à être vendues ou émancipées sans moyens d'existence à la mort de leur maître ou de leur maîtresse, et à passer ainsi en d'autres mains, si elles n'ont point d'enfant, ou bien à se voir réduites à épouser quelque humble artisan qui ne peut leur procurer l'aisance à laquelle on les a habituées.

Les esclaves femelles, dans les maisons des personnes de la classe moyenne en Égypte, sont généralement mieux traitées que celles qui entrent dans les harems des riches. Si elles sont concubines, ce qui est presque inévitable, elles n'ont point de rivales qui troublent la paix de leur intérieur, et, si elles sont domestiques, leur service est doux et leur liberté est moins restreinte. S'il existe un attachement mutuel entre la concubine et son maître, sa position est plus heureuse que celle d'une épouse, car celle-ci peut être renvoyée par son mari ; dans un moment de mauvaise humeur, il peut prononcer contre elle la sentence irrévocable du divorce et la plonger ainsi dans la misère, tandis qu'il est bien rare qu'un homme renvoie une esclave sans pourvoir à ses besoins assez abondamment pour qu'elle ne perde guère au change si elle n'a pas été gâtée par une vie trop luxueuse. — En la renvoyant, il est d'usage que son maître l'émancipe en lui accordant un douaire, et qu'il la marie à quelque homme honnête, ou bien qu'il en fasse cadeau à un de ses amis ; en général, on considère comme blâmable la vente d'une esclave qui a de longs services. Lorsqu'une esclave a un enfant de son maître et que celui-ci le reconnaît pour le sien, cette femme ne peut être ni vendue ni donnée, et elle devient libre à la mort du maître ; souvent, aussitôt après la naissance d'un enfant que le maître reconnaît, l'esclave est émancipée et devient son épouse ; car, une fois qu'elle est libre, il ne pourrait la garder comme femme sans l'épouser légalement.

La plupart des filles de l'Abyssinie, ainsi que les jeunes négresses, sont horriblement prostituées par les *gellabs* ou marchands d'esclaves de l'Égypte supérieure et de la Nubie, par lesquels elles sont conduites en Égypte. Même à l'âge de huit à neuf ans, elles sont presque toutes victimes de la brutalité de ces hommes, et ces pauvres enfants, surtout ceux qui viennent de l'Abyssinie, filles et garçons, éprouvent une telle horreur des traitements que les gellabs leur font endurer, que, pendant le voyage, beaucoup d'entre eux se jettent dans le Nil et y périssent, préférant la mort à leur triste position.]

Les esclaves femelles sont ordinairement d'un prix plus élevé que les esclaves mâles. Le prix des esclaves qui n'ont pas eu la petite vérole est moindre que le prix de ceux qui l'ont eue. On accorde à l'acquéreur trois jours d'épreuve ; pendant ce temps,

la fille, achetée à condition, reste dans le harem de l'acquéreur ou dans celui d'un de ses amis, et les femmes du harem
sont chargées de faire leur rapport sur la nouvelle venue : ron-
fler, grincer des dents, ou parler pendant le sommeil, sont des
raisons suffisantes pour rompre le marché et la rendre au ven-
deur. Les femmes esclaves portent le même habillement que
les femmes égyptiennes.

Les filles ou femmes égyptiennes qui sont obligées de servir
sont chargées des occupations les plus viles. En présence de
leur maître, elles sont habituellement voilées, et, lorsqu'elles
sont occupées de quelque détail de leur service, elles arrangent
leur voile de manière à ne découvrir qu'un de leurs yeux et à
avoir une de leurs mains en liberté.

Lorsqu'un homme étranger est reçu par le maître de la maison dans une pièce du harem (les femmes composant sa famille
ayant été renvoyées dans une autre pièce), les autres femmes le
servent ; mais alors elles sont toujours voilées.

Telles sont les conditions relatives des diverses classes dans
les harems ; il faut jeter maintenant un coup d'œil sur les habitudes et les occupations de celles qui les habitent.

Les épouses et les femmes esclaves sont souvent exclues du
privilége d'être à table avec le maître de la maison ou sa famille, et elles peuvent être appelées à le servir lorsqu'il dîne
ou qu'il soupe, ou même lorsqu'il entre au harem pour y fumer
ou prendre le café. Elles font souvent l'office de servantes ;
elles bourrent et allument sa pipe, font son café, préparent les
mets qu'il veut manger, surtout lorsqu'il s'agit de plats déli-
cats et extraordinaires. Le plat que l'hôte vous recommande
comme ayant été accommodé par sa femme est ordinairement
parfaitement bon. Les femmes des classes hautes et moyennes
se font une étude toute particulière de plaire à leurs maris, et
de les fasciner par des attentions et des agaceries sans fin. On
remarque leur coquetterie jusque dans leur démarche ; lorsqu'elles sortent, elles savent donner à leur corps un mouvement ondulatoire tout particulier que les Égyptiens nomment

ghung. Elles sont toujours réservées en présence du mari : aussi aiment-elles que ses visites du jour soient peu fréquentes, et qu'elles ne se prolongent pas trop ; pendant son absence, leur gaieté est très-expansive.

La nourriture des femmes, quoique semblable à celle des hommes, est plus frugale ; elles prennent leur repas de la même manière qu'eux. On permet à beaucoup de femmes de fumer, même à celles des plus hautes classes, l'odeur des tabacs fins de l'Égypte étant on ne peut plus parfumée. Les pipes des femmes sont plus minces et plus ornées que celles des hommes. Le bout de la pipe est quelquefois partie en corail au lieu d'être en ambre. Les femmes font usage du musc et d'autres parfums, et elles emploient des cosmétiques ; souvent aussi elles préparent des compositions qu'elles mangent ou boivent dans le but d'acquérir un certain degré d'embonpoint. Contrairement au goût des Africains et des peuples orientaux en général, les Égyptiens ne sont pas de grands admirateurs de très-fortes femmes ; car, dans leurs chants d'amour, les poëtes parlent de l'objet de leur passion comme d'un être svelte et de mince taille. Un des mets auxquels les femmes attribuent la vertu de les rendre plus grasses est très-dégoûtant ; il est principalement composé d'escargots écrasés. Beaucoup de femmes mâchent de l'encens et du laudanum (*ledin*), afin de parfumer leur haleine. L'habitude des ablutions fréquentes rend leur corps d'une propreté extrême. Leur toilette n'est pas longue, et il est rare qu'après s'être habillées le matin, elles changent de toilette dans la journée. On tresse leurs cheveux pendant qu'elles sont au bain, et cette coiffure est si bien faite, qu'elle n'a pas besoin d'être renouvelée de plusieurs jours.

L'occupation principale des dames égyptiennes est le soin de leurs enfants ; elles ont aussi la surintendance des affaires domestiques ; mais, assez généralement, c'est le mari seul qui fait et règle les dépenses. Les heures de loisir sont employées à coudre, à broder surtout des mouchoirs de poche et des voiles. Les broderies sont ordinairement en soie de couleur et or; elles se font sur un métier nommé *menseg*, qui est ordinairement en bois de noyer, incrusté de nacre de perle et d'écaille de tortue (les plus communs sont en hêtre). — Beaucoup de femmes, même de celles qui sont riches, arrondissent leurs bourse particulière en brodant des mouchoirs et autres objets qu'elles donnent à une *dellaseh* (courtière), qui les porte et les expose dans un bazar, ou qui tâche de s'en défaire dans un autre harem. La visite des femmes d'un harem à celles d'un autre harem occupe souvent presque une journée. Les femmes, ainsi réunies, mangent, fument, boivent du café et des sorbets ; elles babillent, font parade de leurs objets de luxe, et tout cela suffit à leur amusement. A moins d'affaires d'une nature très-pressante, le maître de la maison n'est pas admis à ces réunions de femmes, et il doit, dans ce cas, donner avis de son arrivée, afin que les visiteuses aient le temps de se voiler ou de se retirer dans une autre partie de l'appartement. Les jeunes femmes, étant ainsi libres de toute crainte de surprise, se laissent aller à leur gaieté et à leur abandon naturels, et souvent à leur esprit folâtre et bruyant.

III — FÊTES PARTICULIÈRES

Il y a fête chez les Égyptiens lorsqu'un fils est admis comme membre d'une société de marchands ou d'artisans. Parmi les charpentiers, les tourneurs, les barbiers, les tailleurs, les relieurs et gens d'autres états, l'admission a lieu de la manière suivante.

Le jeune homme qui doit être admis dans le corps de métier, accompagné de son père, se rend chez le cheik et lui donne connaissance de l'intention qu'il a que son fils soit admis comme membre de la corporation. Alors, le cheik envoie convier les maîtres du métier dont il est le néophyte et quelques-uns des amis du candidat pour assister à sa réception. Un officier, appelé *nakib*, porte alors une botte d'herbes vertes ou de fleurs qu'il distribue à chacune des personnes invitées en

disant : «Répétez le fattah pour le prophète. » A quoi le nakib
ajoute : « Venez à pareil jour et à pareille heure ici pour
prendre une tasse de café. »

Les personnes ainsi invitées se rassemblent soit chez le père,
soit chez le jeune homme, et quelquefois à la campagne où
ils sont régalés de café et où on leur donne à dîner.

Le néophyte est conduit devant le cheik; on récite des vers
à la louange du prophète, puis on lui met autour de la taille un
châle noué par un nœud aux extrémités. On récite des versets
du Coran, puis on fait au châle un second nœud; au troisième
nœud, qui se fait après qu'on a dit encore quelques versets du
Coran, on fait une rosette au châle, et le jeune homme est admis comme membre du corps de métier auquel il se voue.
Alors, il baise la main du cheik et de chacune des personnes
présentes; il donne une légère contribution et fait partie du
corps de métier.

Les Égyptiens, qui vivent habituellement de la manière la
plus frugale, mettent dans leurs festins le plus de variété et
de profusion; mais le temps consacré au repos est très-
court. Dans les réunions de ce genre, ordinairement on fume,
on boit à petits coups du café ou des sorbets, et on fait la conversation.

Pendant la lecture du Coran, les Turcs s'abstiennent, en général, de fumer, et les honneurs qu'ils rendent au livre sacré
ont fait dire d'eux que « Dieu a mis la race d'Othman au-dessus des autres musulmans, parce qu'ils honorent le Coran plus
que ne le font les autres ! »

Les seuls amusements de ces réunions sont quelques récits
ou quelques contes; mais tous prennent un plaisir extrême aux
danses et aux concerts des musiciens que l'on fait exécuter
pendant ces jours de fêtes.

Il est à remarquer qu'un Égyptien s'amuse à jouer n'importe
à quel jeu, à moins qu'il ne soit en petit comité de deux ou
trois personnes ou dans sa famille. Quoique sociable, l'Égyptien
donne rarement de grandes fêtes, et il faut pour cela des événe-

ments extraordinaires, comme un mariage, une naissance, etc.
Ce n'est aussi qu'alors qu'il est convenable de faire venir des
danseuses dans les maisons particulières ; en toute autre circonstance, on considère cela comme blessant les usages.

Il y a aussi des fêtes à l'occasion des mariages. Le septième
jour (appelé *yom es suboua*) après le mariage, l'épousée reçoit les femmes ses amies, le matin et l'après-midi. Quelquefois, pendant ce temps, le mari reçoit ses amis, qu'il amuse le
soir au moyen de concerts et de danses. La coutume établie en
Égypte veut que le mari s'abstienne des droits que lui donne
le mariage jusqu'après le septième jour, si celle qu'il épouse
est une jeune vierge. A l'issue de ce temps, il est d'usage de
donner une fête et de réunir des amis. Quarante jours après le
mariage, la jeune mariée se rend au bain avec quelques-unes
de ses amies. En revenant chez elle, la mariée leur donne une
collation, puis elles s'en vont. Pendant ce temps, le mari donne
un repas et fait exécuter des danses et un concert.

Le lendemain de la naissance d'un enfant, deux ou trois
danseurs ou danseuses exécutent des pas devant la maison ou
dans la cour. Les fêtes à la naissance d'un fils sont plus belles
qu'à celles d'une fille. Les Arabes conservent encore en cela
le sentiment qui portait leurs ancêtres à détruire leurs enfants
du sexe féminin.

Trois ou quatre jours après la naissance d'un enfant, les
femmes de la maison, si l'accouchée appartient à l'une des
classes élevées ou à l'aise, préparent des mets composés de miel,
de beurre clarifié, d'huile de sésame, d'épices et d'aromates,
auxquels on ajoute parfois des noisettes grillées [1].

L'enfant est ensuite proclamé par des femmes ou des jeunes
filles dans tout le harem ; chacune d'elles porte des cierges
allumés de couleurs différentes : ces cierges, coupés en deux,
sont placés dans des mottes d'une certaine pâte formée de

1. Quelques femmes joignent encore à ces mets, s'ils ne sont pas destinés à
des amies, une pâte composée d'escargots qui doit, à ce qu'elles croient, en-
graisser les femmes.

henné; on en met plusieurs sur un plateau. La sage-femme, ou une autre des dames présentes, jette à terre du sel mêlé avec de la graine de fenouil. Ce mélange, placé la veille à la tête du berceau de l'enfant, sert à le préserver des maléfices. La femme qui répand de ce sel dit : « Que ce sel se loge dans l'œil de celui qui ne bénit pas le prophète! » ou bien : « Que ce sel impur tombe dans l'œil de l'envieux! » et chacune des personnes présentes répond : « O Dieu! protége notre seigneur Mahomet! »

Un plateau en argent est présenté à chacune des femmes ; elles disent à haute voix : « O Dieu ! protége notre seigneur Mahomet ! que Dieu t'accorde de longues années! etc. » Les femmes donnent ordinairement un mouchoir brodé, dans l'un des coins duquel se trouve une pièce d'or ; ce mouchoir est le plus souvent placé sur la tête de l'enfant ou à ses côtés. Le don d'un mouchoir est considéré comme une dette contractée que l'on acquitte en pareille occasion, ou qui sert à payer une dette contractée en une semblable occasion. Les pièces de monnaie ainsi recueillies servent à orner pendant plusieurs années la coiffure de l'enfant. Outre ces largesses, on donne aussi à la sage-femme. La veille du septième jour, une carafe remplie d'eau, et dont le goulot est entouré d'un mouchoir brodé, est placé à la tête du berceau de l'enfant endormi. La sage-femme prend ensuite une carafe qu'elle place sur un plateau, et elle offre à chaque femme qui vient visiter la femme en couche un verre de cette eau, que chacune d'elles paye au moyen d'une gratification.

Pendant un certain temps après l'accouchement, et qui diffère selon la position ou les doctrines des diverses sectes, mais qui d'ordinaire est de quarante jours, la femme qui a mis au monde un enfant est considérée comme impure. Après le temps appelé *nifa*, elle va au bain, et dès lors elle est purifiée.

IV — LES DANSEUSES D'ÉGYPTE

De toutes les danseuses de l'Égypte, les plus renommées sont les *Ghawazies*, ainsi désignées du nom de leur tribu. Une femme de cette tribu est appelée *Gaziyeh*, un homme *Ghazy*, et le pluriel *Ghawazys* est généralement appliqué aux femmes. Leur danse n'est pas toujours gracieuse. D'abord elles commencent avec une sorte de réserve; mais bientôt leur regard s'anime, le bruit de leurs castagnettes de cuivre devient plus rapide, et, par l'énergie croissante de tous leurs mouvements, elles finissent par donner la représentation exacte de la danse des femmes de Gadès, telle qu'elle est décrite par Martial et par Juvénal. Le costume dans lequel elles se montrent ainsi est semblable à celui que les Égyptiennes de la classe moyenne portent dans l'intérieur du harem. Il consiste dans le *yalek* ou *an tery*, le *shintyan*, etc., composés de belles étoffes, et auxquels elles ajoutent des ornements variés. Le tour de leurs yeux est nuancé d'un collyre noir; l'extrémité des doigts, la paume de la main et certaine partie du pied sont colorées avec la teinture rouge du henné, selon l'usage commun aux Égyptiennes de toutes les conditions. En général, ces danseuses sont suivies de musiciens appartenant pour la plupart à la même tribu; leurs instruments sont le *kemenyeh* ou le *rebab*, le *tar* ou *tarabouk* et le *zorah*. Mais le *tar*, en particulier, est ordinairement entre les mains d'une vieille femme. Il arrive souvent qu'à l'occasion de certaines fêtes de famille, telles que mariages ou naissances, on laisse les Ghawazies danser dans la cour des maisons, ou, dans la rue, devant les portes, mais sans jamais les admettre dans l'intérieur d'un harem honnête, tandis qu'au contraire il n'est pas rare qu'on les loue pour le divertissement d'une réunion d'hommes. Dans ce cas, comme on peut l'imaginer, leurs exercices sont encore plus lascifs que nous ne le disions plus haut. Quelques-unes d'entre elles ne portent pour tout vêtement, dans ces réunions privées, que le *shintyan*

14.

(ou caleçon) et le *tob*, c'est-à-dire une chemise ou robe très-ample en gaze de couleur, demi-transparente, et ouverte par devant à peu près jusqu'à mi-jupe. S'il arrive alors qu'elles affectent encore un reste de pudeur, cela ne tient pas long-temps contre les liqueurs enivrantes qu'on leur verse abondamment.

Est-il besoin d'ajouter que ces femmes sont les plus misérables courtisanes de l'Égypte? Cependant, quelques-unes sont d'une grande beauté, la plupart sont richement vêtues, et ce sont, en résumé, les plus belles femmes de la contrée. Il est à remarquer qu'un certain nombre d'entre elles ont le nez légèrement aquilin, bien qu'à tous autres égards on retrouve en elles le type originaire. Les femmes, aussi bien que les hommes, prennent plaisir à se rassembler autour d'elles dans les rues; mais les honnêtes gens et les personnes des hautes classes se détournent d'elles.

Quoique les Ghawazys diffèrent légèrement, dans l'aspect, du reste des Égyptiens, nous doutons fortement qu'ils soient d'une race distincte comme ils l'affirment eux-mêmes. Toutefois, leur origine est enveloppée de beaucoup d'incertitude. Ils prétendent s'appeler *Bara'mikeh* ou *Bormekeh*, et se vantent de descendre de la fameuse famille des Barmécides, qui fut l'objet des faveurs et ensuite de la capricieuse tyrannie de Haroun-al-Raschid, dont il est question plusieurs fois dans les contes arabes des *Mille et une Nuits*. Mais, comme on l'a remarqué plus haut, ils n'ont d'autres droits à porter le nom de *Bara'-mikeh*, que parce qu'ils leur ressemblent en libéralité, bien que la leur soit d'une espèce toute différente.

Sur beaucoup des anciens tombeaux égyptiens, l'on a représenté des Ghawazies (femmes) dansant de leur allure la plus libre aux sons de divers instruments, c'est-à-dire d'une manière analogue à celle des Ghawazies modernes, ou peut-être encore plus licencieuse; car une ou plusieurs de ces figures, bien que placées à côté de personnages éminents, sont ordinairement représentées dans un état de nudité complète. Cette coutume d'orner ainsi les monuments dont nous parlons, et qui, pour la plupart, portent les noms d'anciens rois, montre combien ces danses ont été communes à toute l'Égypte dans les temps les plus reculés, même avant la fuite des Israélites. Il est donc probable que les Ghawazies modernes descendent de cette classe de danseuses qui divertissaient les premiers pharaons. On pourrait inférer, de la ressemblance du *fandango* avec les danses des Ghawazies, qu'il fut introduit en Espagne par les conquérants arabes; mais on sait que les femmes de Gadès (actuellement Cadix) étaient renommées pour ces sortes d'exercices dès les premiers temps des empereurs romains.

Les Ghawazys, hommes et femmes, se distinguent ordinairement des autres classes en ce qu'ils ne se marient qu'entre eux; mais on voit quelquefois une Ghaziyeh faire vœu de pauvreté et épouser quelque Arabe honorable, qui généralement n'est pas déconsidéré par cette alliance. Les Ghawazies sont toutes destinées à de misérables professions, mais toutes ne se consacrent pas à la danse. Le plus grand nombre se marient, mais jamais avant d'avoir embrassé l'état qu'elles ont choisi.

Le mari est soumis à la femme, il lui sert de domestique et de pourvoyeur, et généralement, si elle est danseuse, il est aussi son musicien. Cependant quelques hommes gagnent leur vie comme forgerons, taillandiers ou chaudronniers.

Quoique quelques-unes des Ghawazies possèdent des biens considérables et de riches ornements, beaucoup de leurs costumes sont semblables à celui de ces bohémiens qu'on voit en Europe et que nous supposons être originaires d'Égypte. Le langage ordinaire des Ghawazys des deux sexes est le même que celui du reste des Égyptiens; mais, quelquefois, ils font usage d'un certain nombre de mots particuliers à eux seuls, afin de se rendre inintelligibles aux étrangers. Quant à la religion, ils professent ouvertement le mahométisme, et il arrive souvent que quelques-uns suivent les caravanes égyptiennes jusqu'à la Mecque. On voit un grand nombre de Ghawazies dans presque toutes les villes considérables de l'Égypte. En général, leurs habitations sont des cahutes basses ou des tentes provisoires, car elles voyagent souvent d'une ville à l'autre. Cependant quelques-unes s'établissent dans de grandes maisons et achètent de jeunes esclaves noires, puis des chameaux, des ânes et des vaches sur lesquels elles trafiquent. Elles suivent les camps et se trouvent à toutes les fêtes religieuses ou autres; ce qui, pour beaucoup de gens, en forme le principal attrait. Dans ces occasions, on voit de nombreuses tentes de Ghawazies; quelques-unes ajoutent le chant à la danse et vont de pair avec les Awalim, qui sont de la plus basse classe. D'autres encore portent le *toba* de gaze par-dessus un autre vêtement avec le shintyan et un *tarhah* de crêpe ou de mousseline, et se parent en général d'une profusion d'ornements, tels que dentelles, bracelets et cercles aux jambes. Elles portent aussi un rang de pièces d'or sur le front, et quelquefois un anneau dans l'une des narines, et toutes emploient la couleur du henné pour teindre leurs mains et leurs pieds.

Au Caire, beaucoup de gens qui affectent de croire qu'il n'y a d'autre inconvenance, dans ces danses, que celle d'être exécutées par des femmes, lesquelles ne devraient pas s'exposer ainsi en public, emploient des hommes pour ces sortes de divertissements; mais le nombre de ces danseurs, qui sont pour la plupart de jeunes hommes, et qu'on appelle *khowals*, est fort restreint. Ils sont natifs d'Égypte. Devant représenter des femmes, leurs danses ont le même caractère que celles des Ghawazies, et ils agitent leurs castagnettes de la même manière. Mais, comme s'ils voulaient éviter qu'on ne prît leur rôle au sérieux, leur costume, qui s'accorde en cela avec leur singulière profession, est mi-partie masculin et mi-partie féminin : il consiste principalement en une veste fermée, une ceinture et une espèce de jupe; toutefois, leur ensemble est plutôt féminin que masculin, sans doute parce qu'ils laissent croître leurs cheveux et les tressent à la manière des femmes. Ils imitent les femmes en se nuançant les paupières et en colorant leurs mains avec le henné. Dans les rues, quand ils ne dansent pas, ils sont souvent voilés, non par honte, mais simplement pour mieux imiter les manières féminines. Souvent aussi on les emploie de préférence aux Ghawazies pour danser dans les cours ou aux portes des maisons à l'occasion des fêtes de famille. Il y a au Caire une autre classe de danseurs, tant d'hommes que de jeunes garçons, dont les exercices, le costume et l'aspect sont presque exactement semblables à ceux des kowals ; mais ils se distinguent de ces derniers par le nom de *gink*, mot turc qui exprime parfaitement le caractère de ces danseurs, qui sont généralement juifs, Arméniens, ou Grecs.

V — LES JONGLEURS

Il y a en Egypte une classe d'hommes qui possèdent, à ce qu'on suppose, comme les anciens psylles de Cyrénaïque, cet art mystérieux auquel il est fait allusion dans la Bible, et qui rend invulnérable à la morsure des serpents. Beaucoup d'écrivains ont fait des récits surprenants sur ces psylles modernes, que les Égyptiens les plus éclairés regardent comme des imposteurs ; mais personne n'a donné des détails satisfaisants sur leurs tours d'adresse les plus ordinaires ou les plus intéressants.

Beaucoup des derviches des ordres inférieurs gagnent leur vie en faisant des espèces d'exorcismes autour des maisons pour en écarter les serpents. Ils parcourent l'Égypte en tout sens et trouvent souvent à s'employer ; mais leurs gains sont fort minimes. Le conjurateur prétend découvrir sans le secours de la vue s'il y a des serpents ; et, lorsqu'il y en a, il affirme pouvoir les attirer à lui par la seule fascination de la voix. Alors, il prend un air mystérieux, frappe les murs avec une petite baguette de palmier, siffle, imite le gloussement de la poule avec sa langue, crache à terre et dit : « Que tu sois en haut ou en bas, je t'adjure au nom de Dieu d'apparaître à l'instant ! — Je t'adjure par le plus grand nom ! si tu es obéissant, parais ! et, si tu es désobéissant, meurs ! meurs ! meurs ! » —

Généralement, le serpent est délogé par sa baguette de quelque fissure du mur ou tombe du plafond de la chambre.

Les faiseurs de tours ou jongleurs, appelés houvas, sont nombreux au Caire. On les voit sur les places entourés d'un cercle de spectateurs ; on les voit aussi dans les fêtes publiques, s'attirant des applaudissements par des lazzi souvent inconvenants. Ils exécutent une grande quantité de tours dont voici les plus ordinaires : généralement, le jongleur est assisté de deux compères ; il tire quatre ou cinq serpents de moyenne grandeur d'un sac de cuir, en place un à terre, et lui fait lever la tête et une partie du corps ; d'un second, il coiffe l'un de ses aides comme avec un turban, et lui en roule deux autres autour du cou ; il les retire, ouvre la bouche du garçon et semble lui passer dans la joue le pêne d'une espèce de cadenas, et le refermer ; ensuite, il feint de lui enfoncer une pointe de fer dans la gorge, mais en réalité il la fait rentrer dans une poignée en bois dans laquelle elle est emmanchée. Un autre tour de la même espèce est celui-ci : le jongleur étend l'un de ses garçons à terre, lui appuie le tranchant d'un couteau sur le nez et frappe sur la lame jusqu'à ce qu'elle semble enfoncée à la moitié de sa largeur. La plupart des tours qu'il exécute seul sont plus amusants : par exemple, il tire de sa bouche une grande quantité de soie qu'il roule autour de son bras ; d'autres fois, il remplit sa bouche de coton et rejette du feu ; d'autres fois encore, il fait sortir (toujours de sa bouche) un grand nombre de petites pièces d'étain, rondes comme des dollars, et les rejette par le nez sous la forme d'un tuyau de pipe en terre. Pour la plupart de ses tours, il souffle à diverses reprises dans une grande conque appelée *zommarah*, et dont le son ressemble à celui qu'on tire d'une corne.

Un autre de ces tours assez commun est de mettre un certain nombre de petites bandes de papier blanc dans un vase d'étain de la forme d'un moule à sorbet, et de les en retirer teints de différentes couleurs ; de mettre de l'eau dans ce même vase en y ajoutant un morceau de linge et de l'offrir aux spectateurs, changé en sorbet. Quelquefois, le jongleur coupe un châle en deux ou le brûle par le milieu et le raccommode immédiatement. D'autres fois, il se dépouille de tous ses vêtements, hormis de ses caleçons, et dit à deux personnes de lui lier les pieds et les mains et de le mettre dans un sac; cela fait, il demande une piastre; quelqu'un lui répond qu'il l'aura s'il peut tirer une de ses mains pour la recevoir; aussitôt il tire une main hors du sac, la rentre, et sort ensuite tout entier, lié comme auparavant; puis il est remis dans le sac et en sort immédiatement, dégagé de tous les liens, et portant un petit plateau entouré de chandelles allumées (si c'est le soir que l'exercice a lieu) et garni de cinq ou six petites assiettées de mets variés qui sont offerts aux spectateurs.

Il y a au Caire une autre espèce de jongleurs appelés *skyems*. Dans la plupart de leurs exercices, les skyems ont aussi un compère. Ce dernier, par exemple, place vingt-neuf petites pierres à terre, s'assied auprès et les arrange devant lui. Ensuite il demande à quelqu'un de cacher une pièce de monnaie sous l'une d'elles. Ceci fait, il rappelle le skyem, qui s'est tenu à distance pendant cet arrangement, et, l'informant qu'on a caché une pièce sous une des pierres, il lui demande d'indiquer sous laquelle, ce que le skyem ne manque pas de faire sur-le-champ. Ce tour est fort simple; les vingt-neuf pierres représentent l'alphabet arabe, et le compère a soin de commencer sa demande par la lettre représentée par la pierre sous laquelle est cachée la pièce de monnaie.

L'art de la bonne aventure est souvent pratiqué en Égypte, et la plupart du temps par des bohémiens analogues aux nôtres. On les appelle *Guayaris*. En général, ils prétendent descendre des Barmécides, comme les Ghawazies, mais d'une branche différente.

La plupart des femmes sont diseuses de bonne aventure; on les voit souvent dans les rues du Caire vêtues comme presque toutes les femmes de la plus basse classe, avec le toba et le tarbouch, mais toujours la face découverte. La Guayarie porte ordinairement avec elle un sac de cuir contenant le matériel de sa profession, et elle parcourt les rues en criant : « Je suis la devineresse! j'explique le présent, j'explique l'avenir! »

La plupart des Guayaries tirent leurs horoscopes au moyen d'un certain nombre de coquillages, de morceaux de verre de couleur, de pièces d'argent, etc., qu'elles jettent pêle-mêle, et c'est d'après l'ordre dans lequel le hasard les dispose qu'elles forment leurs inductions. Le plus grand coquillage représente la personne dont ils doivent découvrir le sort ; d'autres coquillages figurent les biens, les maux, etc., et c'est par leur position relative qu'elles jugent si les uns ou les autres arriveront ou n'arriveront pas à la personne en question. Quelques-unes de ces bohémiennes crient aussi : *Nedoukah oué entchir !* (Nous tatouons et circoncisons !)

Quelques bohémiens jouent aussi le rôle d'un *bahlonan*, nom donné en propre à des baladins, spadassins ou champions fameux, tous gens qui se faisaient un renom autrefois au Caire en y déployant leur force et leur dextérité. Mais les exercices des bahlonans modernes sont presque uniquement restreints à la danse de corde, et tous ceux qui pratiquent cet art sont bohémiens. Quelquefois, leur corde est attachée au *medéneh* d'une mosquée, à une hauteur prodigieuse, et s'étend sur une longueur de plusieurs centaines de pieds, soutenue de place en place par des perches plantées dans le sol.

Les femmes, les filles et les garçons suivent volontiers cette carrière; mais ces derniers font aussi d'autres exercices, tels que tours de force, sauts à travers des cercles, etc.

Les *skouradatis* (cette désignation est tirée du mot *singe*), amusent les basses classes au Caire par divers tours exécutés par un singe, un âne, un chien et un chevreau. L'homme et le singe (ce dernier est ordinairement de l'espèce des cynocéphales) combattent les trois autres avec des bâtons. L'homme habille le singe d'une façon bizarre, comme une mariée ou une femme voilée; il le précède en battant du tambourin, et le fait parader ainsi sur le dos de l'âne dans le cercle des spectateurs.

Le singe doit aussi exécuter plusieurs danses grotesques. On dit à l'âne de montrer la plus jolie fille, ce qu'il fait aussitôt en mettant ses naseaux sur le visage de la plus belle, à sa grande satisfaction, comme à celle de tous les assistants. On ordonne au chien d'imiter un voleur, et il se met à ramper sur son ventre. Enfin, le meilleur de tous ces exercices est celui du chevreau. Il se tient sur une petite pièce de bois ayant à peu près la forme d'un cornet à dés, long d'environ quatre pouces sur un et demi de large; en sorte que ses quatre pieds sont rassemblés sur cet étroit espace. Cette pièce de bois portant ainsi le chevreau est soulevée; on en glisse une toute semblable dessous; puis une troisième, une quatrième et une cinquième sont ajoutées sans que le chevreau quitte sa position.

Les Égyptiens s'amusent souvent à voir représenter des farces basses et ridicules qu'on appelle *mouabazins*. Ces représentations ont souvent lieu dans les fêtes qui précèdent les mariages et les circoncisions chez les grands, et attirent quelquefois de nombreux spectateurs sur les places publiques du Caire; mais elles sont rarement dignes d'être décrites, car c'est principalement par de vulgaires et indécentes plaisanteries qu'elles obtiennent des applaudissements. Il n'y a que des hommes pour acteurs, les rôles de femmes étant toujours remplis par des hommes ou de jeunes garçons dans l'accoutrement féminin.

Voici, comme spécimen de leurs pièces, un aperçu de l'une de celles qui furent jouées devant Méhémet-Ali, à l'occasion de la circoncision de l'un de ses fils, où, selon l'usage, plusieurs enfants étaient également circoncis.

Les personnages du drame étaient un *nazir* ou gouverneur de district, un *cheik-el-beled*, ou chef de village, un serviteur de ce dernier, un clerc cophte, un pauvre diable endetté envers le gouvernement, sa femme et cinq autres personnages qui faisaient leur entrée, deux en jouant du tambour, un troisième du hautbois, et les deux autres en dansant. Après qu'ils ont un peu dansé et joué de leurs instruments, le nazir et les autres personnages font leur entrée et se mettent en cercle.

Le nazir demande :

— Combien doit Owad, le fils de Regeb?

Les musiciens et les danseurs, qui jouent alors le rôle de simples fellahs, répondent :

— Dites au clerc de consulter le registre.

Ce clerc est vêtu comme un Cophte ; il a un turban noir et porte à sa ceinture tout ce qu'il faut pour écrire. Le cheik ui dit :

— Pour combien est noté Owad, le fils de Regeb?

Le clerc répond :

— Pour mille piastres.

— Combien a-t-il déjà payé? ajoute le cheik.

On lui répond :

— Cinq piastres.

Alors, il dit au débiteur :

— Homme, pourquoi n'as-tu pas apporté d'argent?

L'homme répond :

— Je n'en ai pas.

— Tu n'en as pas? s'écrie le cheik. Qu'on couche cet homme à terre! ajoute-t-il.

On apporte une espèce de nerf de bœuf dont on frappe le pauvre hère. Alors, il crie au nazir :

— O bey! par l'honneur de la queue de ton cheval ; ô bey! par l'honneur du bandeau de ta tête, ô bey!

Après une vingtaine d'appels aussi absurdes faits à la générosité du nazir, le patient cesse d'être battu, on l'emmène et on le met en prison. Autre scène : la femme du prisonnier vient le voir et lui demande comment il se trouve; il lui répond :

— Fais-moi le plaisir, ma femme, de prendre quelques œufs et quelques pâtisseries, et porte-les à la maison du Cophte en le priant d'obtenir ma liberté.

La femme rassemble les objets demandés et les porte dans

trois paniers chez le Cophte; elle demande s'il est est là; on lui
dit que oui; elle se présente et dit :

— O Mahlem-Hannah! fais-moi la grâce d'accepter ceci, et
d'obtenir la délivrance de mon mari.

— Quel est-il, ton mari?

— C'est le fellah qui doit mille piastres.

— Apportes-en deux ou trois cents comme tribut au cheik-
el-beled.

La femme va chercher de l'argent et délivre son mari.

On voit par là que la comédie sert, pour le peuple, à donner
des avertissements aux grands et à obtenir des améliorations et
des réformes; c'était souvent le sens et le but de l'art dramatique du moyen âge. Les Égyptiens en sont encore là.

VI — LES MAISONS DU CAIRE

La métropole moderne de l'Égypte se nomme en arabe *Al-
Kahira*, d'où les Européens ont formé le nom de *le Caire*. Le
peuple l'appelle *Masr* ou *Misr*, ce qui est aussi le nom de
toute l'Égypte. La ville est située à l'entrée de la vallée de la
haute Égypte, entre le Nil et la chaîne orientale des montagnes
du Mokatam; elle est séparée de la rivière par une langue de
terre presque entièrement cultivée, et qui, du côté du nord, où
se trouve le port de Boulaq, a plus d'un quart de lieue de large,
tandis que sa largeur n'en atteint pas la moitié du côté du
midi.

Un étranger qui ne ferait que parcourir les rues du Caire
croirait que cette ville est resserrée et n'offre que peu d'espace;
mais celui qui voit l'ensemble du haut d'une maison élevée ou
du minaret d'une mosquée s'apercevra bientôt du contraire.
Les rues les plus fréquentées ont généralement une rangée de
boutiques de chaque côté. La plupart des rues écartées sont
munies de portes en bois placées à chacune des extrémités; ces
portes sont fermées la nuit et gardées par un portier, chargé
d'ouvrir à tous ceux qui veulent y passer. Ce qu'on appelle

quartier est un assemblage de quelques ruelles étroites avec
une seule entrée commune.

Les maisons particulières méritent d'être décrites spécialement. Les murs des fondations, jusqu'à la hauteur du premier
étage, sont recouverts, à l'extérieur et souvent à l'intérieur, de
pierres calcaires molles, extraites de la montagne voisine. Cette
pierre, lorsqu'elle est nouvellement taillée, présente une surface d'une légère teinte jaune ; mais bientôt elle brunit à l'air.
Les différents compartiments de la façade sont quelquefois, au
moyen d'ocre rouge et de blanc de chaux, alternativement
peints en rouge et en blanc ; ceci est surtout en usage pour les
grandes maisons et les mosquées. Les constructions supérieures
dont, ordinairement, la façade avance en saillie d'environ deux
pieds, sont supportées par des consoles ou des piles ; ces constructions se font en briques et sont souvent couvertes d'une
couche de plâtre. Les briques sont cuites, leur couleur est
d'un rouge sombre. Les couvertures des maisons sont plates et
enduites d'une couche de plâtre. Les fenêtres en saillie des
étages supérieurs qui se trouvent opposées dans les rues se
touchent presque, et interceptent ainsi presque entièrement les
rayons du soleil, d'où il résulte une agréable fraîcheur pendant l'été.

Les portes des maisons sont ordinairement arrondies du
haut et ornées d'arabesques. Au milieu se trouve un compartiment dans lequel on place souvent une inscription ; cette
inscription est : « Il (Dieu) est le créateur excellent, l'éternel. »
Ce compartiment et les autres de même forme, mais plus petits,
qui se trouvent sur les portes, sont peints en rouge avec une
bordure blanche ; le reste de la surface de la porte est peint
en vert ; le choix de ces couleurs se rattache à des idées super-
stitieuses. Les portes sont munies d'un marteau en fer, et d'une
serrure en bois, et presque partout on trouve à côté des portes
une borne formée de deux marches, pour qu'on puisse, en
sortant, monter à âne ou à cheval.

Les appartements du rez-de-chaussée qui avoisinent la rue

ont de petites fenêtres grillées en bois, mais percées assez haut pour qu'un passant ne puisse regarder dans l'intérieur. Les croisées des appartements font saillie d'un pied et demi environ; ces fenêtres sont généralement garnies d'un treillage en bois tourné, qui est si serré, qu'il empêche la lumière du soleil de pénétrer, tout en laissant circuler l'air. Ces treillages sont rarement peints. Ceux qu'on a voulu embellir sont peints en rouge et en vert. On appelle ces fenêtres *moucharabis*. Ce dernier mot signifie endroit pour boire, et, dans quelques maisons, on place dans les embrasures de ces croisées des vases de terre poreuse qui rafraîchissent l'eau par l'évaporation que cause le courant d'air. Immédiatement au-dessus de la croisée en saillie, on en trouve une autre plate, avec un treillage ou un grillage en bois, ou avec des verres de couleur. Ces fenêtres supérieures, lorsqu'elles sont munies d'un treillage, représentent ordinairement quelques dessins de fantaisie, soit un bassin et une aiguière superposés au-dessus de cette fenêtre, ou bien la figure d'un lion, ou le nom d'*Allah*, ou bien les mots : « Dieu est mon espoir, » etc. Quelques-unes de ces fenêtres en saillie sont construites entièrement en bois, et quelques-unes ont des carreaux de côté.

En général, les maisons sont élevées de deux ou trois étages, et chaque maison renferme une grande cour non pavée, appelée *hosch*, dans laquelle on entre par un passage construit de manière à ce qu'il s'y trouve un ou deux coudes, afin d'empêcher les passants de voir à l'intérieur. On trouve dans ce passage une sorte de banc, adossé au mur dans toute sa longueur, nommé *mastabah*, et qui est destiné au portier et aux domestiques. La cour renferme d'ordinaire un puits d'eau saumâtre, qui s'infiltre du Nil à travers le sol. Le côté de ce puits qui est le plus à l'ombre, est presque toujours pourvu de deux jarres que l'on remplit chaque jour avec de l'eau du Nil qu'on y transporte de la rivière dans des outres. Les principaux appartements donnent sur les cours; quelquefois, les maisons ont deux cours, dont la seconde dépend du harem; chacune de ces cours est ornée de petites niches en forme d'arche, où l'on cultive des arbustes et des fleurs. Les murailles intérieures des maisons formant le carré des cours sont en briques et blanchies à la chaux. Les cours ont plusieurs portes de communication avec l'intérieur, dont l'une est nommée *bâb el harem* (porte du harem); c'est par là qu'on arrive à l'escalier qui conduit aux appartements exclusivement destinés aux femmes, aux maîtres et à leurs enfants.

Le rez-de-chaussée possède aussi un appartement généralement connu sous le nom de *mandarah*, où les hommes sont reçus; cet appartement a une large fenêtre avec une ou deux autres petites fenêtres, taillées sur le même modèle. Le parquet de ces appartements descend en pente de six à sept pouces; cette partie inférieure est appelée *durkah*.

Dans les maisons des riches, le durkah est pavé en losanges de marbre blanc et noir, et tous les interstices sont mosaïqués de morceaux de tuiles d'un rouge vif, qui représentent une incrustation élégante et fantastique. — L'on trouve au milieu dans la cour une fontaine qu'on appelle *faskeyhé*, et dont les jets retombent en cascade dans un bassin pavé de marbre colorés. — Les fontaines, dont les eaux s'élèvent à une assez grande hauteur, font ordinairement face à une tablette en marbre, ou bien en pierres ordinaires d'environ quatre pieds de hauteur, nommée *suffeh*. Cette tablette est supportée par deux ou plusieurs arcades, et même quelquefois par une arcade unique, sous laquelle on place les ustensiles dont on se sert journellement, c'est-à-dire des vases contenant des parfums, ou des vases d'ablution dont on fait usage, avant et après les repas, afin de se préparer à la prière.

La partie la plus élevée des appartements est nommée *divan*, corruption du mot *palais*. En entrant dans cette partie de l'habitation, chacun ôte ses chaussures avant de pouvoir pénétrer dans le divan. Cette pièce, qui, dans le fait, n'est qu'une antichambre, est pavée de pierres communes. L'été, on recouvre le sol d'une natte, et, en hiver, d'un tapis. De trois côtés,

on y voit des matelas et des oreillers. Chaque matelas est ordinairement de trois pouces d'épaisseur; sa largeur est d'environ trois pieds. Les lits sont faits, soit à terre, soit sur des
lits de sangle, et les oreillers, qui ont presque toujours en longueur la largeur du lit lui-même, sur la moitié de cette largeur
en épaisseur, reposent contre le mur. Matelas et oreillers sont
rembourrés de coton renfermé dans des taies de calicot imprimé, de drap, ou de diverses étoffes de prix. Les murs des
maisons sont enduits de plâtre et blanchis à l'intérieur. On
trouve presque partout dans les murailles deux ou trois armoires peu profondes, dont les portes sont faites en panneaux
fort petits. Cette habitude est motivée par la sécheresse et la
chaleur du climat, qui déjette les grandes pièces de bois, au
point que l'on pourrait croire qu'elles ont passé au four. Les
portes des appartements sont, par la même raison, composées
de pièces rapportées. La distribution variée des panneaux que
l'on voit dans toutes les boiseries offre une image curieuse et
riche d'imagination et de combinaison.

Les plafonds sont en bois; les poutres transversales sont
sculptées; on les peint quelquefois en couleur et d'autres fois
on les dore. Le plafond du durkah dans les principales maisons
est d'une richesse extrême, avec des losanges superposées,
formant des dessins bizarres mais réguliers, dont l'effet orne-
mental est du meilleur goût.

Au milieu du carré formé par ces pièces, l'on suspend un
lustre. La manière toute particulière dont les plafonds sont
peints, la bizarrerie des dessins qu'ils représentent et qui semblent se croiser très-irrégulièrement, tandis que toutes ces in-
tersections sont des parties on ne peut plus régulières, forment
un ensemble qui éblouit l'œil.

A l'intérieur de quelques maisons, on voit une pièce appelée *makad*, qui est consacrée au même usage que le mandarah;
son plafond est supporté par une ou deux colonnes et des arches, dont la base est munie d'une grille. Le rez-de-chaussée
a aussi sa pièce de réception, qui s'appelle *tahtabosch*. Elle

est généralement carrée ; sa façade sur la cour est ouverte, et du centre s'élève un pilier destiné à supporter les murs construits au-dessus ; elle est dallée, et un long sofa en bois règne de trois côtés de la muraille. Cette pièce, qui peut être assimilée à une cour, est fréquemment arrosée ; ce qui communique aux appartements voisins, du moins à ceux du rez-de-chaussée, une fraîcheur fort précieuse dans ces climats.

Dans les appartements supérieurs, qui sont ceux du harem, il y en a un, nommé le *kaah*, dont l'élévation est prodigieuse. On y trouve deux divans, longeant chacun des côtés de la pièce ; l'un est plus large que l'autre, et le plus large est celui qu'on offre de préférence à ceux qu'on désire honorer. Une partie du toit de ce salon, celle qui partage les deux divans, est plus élevée que le reste. Au milieu, l'on pend une lanterne, appelée *memrak*, dont les faces sont ornées de treillages, comme ceux des croisées, et qui supporte une petite coupole. Il est rare que le durkah ait une petite fontaine, mais il est souvent pavé de la même manière que le mandarah.

On trouve dans beaucoup de pièces d'étroites planches, surchargées de toute sorte de vases en porcelaine de Chine, qui ne servent que pour l'ornement de l'endroit ; ces planches, placées à plus de sept pieds au-dessus du sol, règnent tout autour de la pièce, sauf les solutions de continuité formées par les embrasures des fenêtres et des portes. Les pièces sont presque toutes fort élevées ; leur hauteur est d'au moins quatorze pieds. On en trouve beaucoup qui ont davantage ; le kaah est pourtant toujours ce qu'il y a de plus spacieux et de plus élevé, et, dans les principales maisons, c'est le plus beau salon.

Dans quelques étages supérieurs des maisons des riches, on voit, outre les fenêtres en treillage, de petites croisées en verres de couleur, représentant des corbeilles de fleurs et d'autres sujets gais et frivoles, ou seulement quelques dessins fantastiques d'un effet charmant. Ces fenêtres en verres de couleur, appelées *kamasyés*, sont presque toutes de deux ou trois pieds de hauteur et d'environ deux pieds de largeur; on les place à plat sur la partie supérieure des croisées en saillie, ou dans quelque partie supérieure des ouvertures de la muraille, d'où elles projettent une lumière douce et magique, dont les reflets sont on ne peut plus charmants. Ces fenêtres se composent de petits morceaux de verre de diverses couleurs, fixés dans des bordures de plâtre fin, et renfermés dans un cadre de bois. On voit sur les murs en stuc de quelques appartements des peintures grossières, représentant le temple de la Mecque ou le tombeau du prophète, ou bien des fleurs et d'autres objets de fantaisie. On y trouve aussi des maximes arabes et des sentences religieuses. La plupart de ces sentences ou maximes sont transcrites sur de beau papier enjolivé de quelque chef-d'œuvre calligraphique et encadré sous verre. Les chambres à coucher ne sont point meublées comme telles; car, le jour, on ramasse le lit, qu'on roule et qu'on pose dans un coin de la pièce ou dans un cabinet qui sert de dortoir pendant l'hiver. L'été, la plupart des habitants couchent sur les terrasses des maisons. Un paillasson ou un tapis étendu sur les pierres dont est pavée la pièce, et un divan, forment l'ameublement complet d'une chambre à coucher, et, en général, de presque toutes les chambres.

Les repas sont servis sur des plateaux ronds que l'on place sur un tabouret peu élevé. Les convives s'asseyent à terre tout autour. L'usage des cheminées est inconnu, et les appartements sont chauffés en hiver au moyen de braise placée dans un réchaud; on ne connaît les cheminées que dans les cuisines.

Beaucoup de maisons ont sur le toit des hangars dont l'ouverture est tournée vers le nord ou le sud-ouest, et destinés à rafraîchir les chambres supérieures.

Chaque porte a sa serrure en bois; elle s'appelle *dabbe*: plusieurs pointes en fer correspondent aux trous qui se trouvent dans le pêne.

Presque toutes les maisons du Caire pèchent par le manque de régularité. Les chambres y sont ordinairement de plusieurs

15.

hauteurs à compter du sol; ce qui fait qu'il faut sans cesse monter ou descendre quelques pas pour passer d'une chambre à une autre. Le but principal de l'architecte est de rendre la maison aussi retirée que possible, surtout dans la partie destinée à l'habitation des femmes, et d'éviter que l'on puisse, des fenêtres, voir dans les appartements, ou être vu des maisons voisines.

Dans les maisons des personnes riches ou d'un certain rang, l'architecte a soin de ménager une porte secrète (*bâb sirr*), nom que l'on donne aussi quelquefois aux portes des harems, pour faciliter une évasion en cas de danger d'arrestation, ou d'assassinat, ou bien pour donner accès à quelque maîtresse qui peut ainsi être introduite et reconduite en secret; les maisons des riches contiennent aussi des cachettes pour les trésors; cet endroit est nommé *makhba*. On trouve encore, dans les harems des grandes maisons, des salles de bains, qui sont chauffées de la même manière que les établissements de bains publics.

Lorsque le bas d'une maison est occupé par des domestiques, les étages supérieurs sont divisés en logements distincts, et cette partie de la maison est nommée *raba*; ces logements sont entièrement séparés les uns des autres, ainsi que des boutiques au-dessous, et on les loue à des familles qui n'ont pas les moyens de payer le loyer d'une maison entière. Chacun des logements d'un raba est composé d'une ou de deux salles, d'une chambre à coucher, et ordinairement d'une cuisine et de ses dépendances. Il est rare de trouver de semblables logements ayant sur la rue une entrée particulière.

Les logements dont il est question ne sont jamais loués meublés, et il est rare qu'une personne n'ayant ni femme ni esclave femelle, soit agréée comme locataire dans de telles maisons et même dans une maison particulière. Une telle personne, à moins d'avoir de proches parents chez lesquels elle puisse demeurer, est forcée de se loger dans un bâtiment nommé *wekaleh*, servant d'asile aux marchands et à leurs ballots.

VII — CÉRÉMONIES DES FUNÉRAILLES

Lorsqu'un mahométan, savant ou pieux, sent la mort approcher, quelquefois il fait l'ablution ordinairement en usage avant la prière, afin qu'en quittant la vie, il soit en état de pureté corporelle; puis, en général, il répète sa profession de foi, en disant : « Il n'y a de Dieu que Dieu et Mahomet est son prophète. » Un musulman partant pour une expédition guerrière ou pour un long voyage, surtout s'il doit traverser le désert, emporte ordinairement son linceul. Dans ce dernier cas, il n'est pas rare que le voyageur soit obligé de creuser lui-même sa fosse; car souvent, exténué par la fatigue et les privations, ou succombant sous le poids de la maladie, si ses compagnons de voyage ne peuvent s'arrêter pour attendre sa guérison ou sa mort, il fait son ablution avec de l'eau si c'est possible, ou bien, ce qui est permis, à défaut d'eau, avec du sable ou de la poussière; puis, ayant creusé une tranchée en forme de fosse, il s'y couche enveloppé dans son linceul; après cette cérémonie, il se recouvre, sauf le visage, avec le sable extrait de cette fosse, et, dans cet état, il attend la mort qui doit mettre fin à ses maux, abandonnant au vent le soin de combler entièrement le lieu de sa sépulture.

Si la mort frappe un des ulémas éminents du Caire, les muezzins du Azhar et ceux de plusieurs autres mosquées annoncent cet événement en psalmodiant du haut des minarets le cri appelé *Abrar*, d'après certains versets du Coran, dont la psalmodie est en usage pendant le Ramazan.

Les cérémonies observées à l'occasion du décès et de l'enterrement d'un homme ou d'une femme sont à peu près semblables. Lorsque le râle ou d'autres symptômes indiquent la mort prochaine d'un homme, une des personnes présentes le tourne de façon à ce qu'il ait la face dans la direction de la Mecque, et lui ferme les yeux. Même avant qu'il ait rendu l'âme, ou un moment après, les hommes qui se trouvent là

s'écrient : « Allah ! il n'y a de force ni de puissance qu'en Dieu !
Nous appartenons à Dieu, et nous devons retourner vers lui !
Dieu, faites-lui miséricorde ! » Pendant ce temps, les femmes
de la famille poussent les cris de lamentation appelés *Wilwal*,
puis des cris plus perçants en prononçant le nom du défunt.
Les exclamations les plus usitées et qui s'échappent des lèvres
de sa femme ou de ses femmes et de ses enfants sont : « O mon
maître ! ô mon chameau ! (ce qui signifie : O toi qui apportais
mes provisions et qui as porté mes fardeaux !) ô mon lion ! ô
chameau de la maison ! ô ma gloire ! ô ma ressource ! ô mon
père ! oh ! malheur ! »

Aussitôt après la mort, le défunt est dépouillé des habits
qu'il portait et recouvert d'autres habits ; puis on le place sur
son lit ou son matelas, et on étend sur lui un drap de lit. Les
femmes continuent leurs lamentations, et beaucoup de voisins,
entendant ce vacarme, viennent se joindre à elles.

En général, la famille envoie chercher deux ou plusieurs
neddabihs (pleureuses publiques). Chacune apporte un tambourin qui n'a point les plaques de métal résonnant dont sont
pourvus les cerceaux des tambourins ordinaires. Ces femmes
frappent sur cet instrument en s'écriant : *Hélas pour lui !* et en
louant le turban du défunt, la beauté de sa personne, etc.,
tandis que les femmes de la famille, les servantes et les amies
du défunt, les cheveux épars et quelquefois les habits déchirés,
crient aussi : *Hélas pour lui !* en se frappant le visage. Ces lamentations durent au moins une heure.

Bientôt arrive le *muggassil* (laveur des morts) avec un banc,
sur lequel il place le cadavre, et une bière. Si la personne
morte est d'un rang respectable, les fakirs qui doivent faire
partie du convoi funèbre sont alors introduits dans la maison
mortuaire. Durant la cérémonie du lavement du corps, ceux-ci
sont placés dans une pièce voisine, ou bien en dehors, à la porte
de l'appartement ; quelques-uns d'entre eux récitent, ou plutôt
psalmodient le sourat *El-Anam* (sixième chapitre du Coran),
tandis que d'autres psalmodient une partie du *Burdeh*, célèbre

poëme à la louange du prophète. Le laveur ôte les habits du défunt, qui sont pour lui un revenant bon ; il lui attache la mâchoire et lui ferme les yeux. L'ablution ordinaire qui prépare à la prière ayant été faite sur le cadavre, à l'exception de la bouche et du nez, le mort est bien lavé de la tête aux pieds avec de l'eau chaude et du savon, et avec des fibres de palmier, ou encore avec de l'eau dans laquelle on a fait bouillir des feuilles d'alizier [1]. Les narines, les oreilles, etc., sont bourrées de coton, et le corps est aspergé d'un mélange d'eau, de camphre pilé, de feuilles d'alizier séchées et également pilées, et d'eau de rose. Les chevilles sont attachées ensemble et les mains placées sur la poitrine.

Le *kifen* [2], vêtement de tombeau du pauvre, se compose d'un ou deux morceaux de coton tout simplement disposés en forme de sac ; mais le corps d'un homme opulent est ordinairement enveloppé, d'abord dans de la mousseline, ensuite dans un drap de coton plus épais, puis dans une pièce d'étoffe de soie et coton rayée, et enfin dans un châle de cachemire. Les couleurs choisies de préférence pour ces objets sont le blanc et le vert, quoiqu'on puisse faire usage de toute autre couleur, excepté du bleu ou de tout ce qui approche de cette couleur. Lorsque le corps a été ainsi préparé pour l'inhumation, on le place dans la bière, qui est ordinairement recouverte d'un châle de cachemire rouge ou d'une autre couleur. Les personnes devant former le convoi funèbre se placent alors dans l'ordre usité, et qui pour les convois ordinaires est le suivant :

D'abord six pauvres ou davantage ; ces hommes, appelés *yiméniyeh*, sont ordinairement choisis parmi les aveugles ; ils marchent deux par deux ou trois par trois, à pas lents, en psalmodiant d'un ton lugubre la profession de foi : « Il n'y a d'autre Dieu que Dieu ; Mahomet est son apôtre. »

---

1. Les pauvres se servent souvent des feuilles d'alizier séchées et pilées en guise de savon.

2. Le *kifen* est souvent aspergé d'eau du puits de *Zemzem*, qui se trouve dans le temple de la Mecque.

Ces pauvres sont suivis de parents et d'amis du défunt, et, en bien des occasions, plusieurs derviches ou autres religieux, portant les bannières de leur ordre, se joignent au cortége ; ensuite viennent trois ou quatre écoliers, dont l'un porte un *mushaf* (ou copie du Coran), ou bien un des volumes contenant une des trente sections du Coran. Ce livre est placé sur une espèce de pupitre fait de baguettes de palmier, et qui est ordinairement recouvert d'un mouchoir brodé. Ces garçons chantent, d'une voix plus haute et plus animée que celle des yiméniyeh, quelques stances d'un poëme nommé *Hauhrigeh*, et qui décrit les événements du dernier jour du jugement.

Voici une traduction du commencement de ce poëme : « Je célèbre la perfection de Celui qui a créé tout ce qui a une forme, et a subjugué ses serviteurs par la mort. — Ils seront tous couchés dans le tombeau. — Je célèbre la perfection du Seigneur de l'Orient. — Je célèbre la perfection de l'illuminateur des deux lumières, le soleil ainsi que la lune. — Sa perfection : combien il est généreux ! — Sa perfection : combien il est clément ! — Sa perfection : combien il est grand ! — Quand un serviteur se révolte contre lui, il le protége ! »

Les jeunes écoliers précèdent immédiatement le cercueil, que l'on porte la tête en avant ; il est d'usage que trois ou quatre amis du défunt le portent quelque temps ; d'autres les relèvent successivement. Souvent des passants participent à ce service, qui est considéré comme grandement méritoire.

Les femmes suivent le cercueil au nombre quelquefois d'une vingtaine ; leurs cheveux épars sont ordinairement cachés par leurs voiles.

Les femmes, parentes ou domestiques de la maison, sont distinguées chacune par une bande de toile, d'étoffe de coton ou de mousseline, ordinairement bleue, attachée autour de la tête par un seul nœud, laissant pendre par derrière les deux bouts [1].

---

1. On voit souvent sur les murs des tombeaux des anciens Égyptiens, où sont représentées des scènes funèbres, des femmes portant une bande semblable autour de la tête.

Chacune d'elles porte aussi un mouchoir, ordinairement teint en bleu, qu'elles mettent sur leurs épaules, et quelques-unes tordent ce mouchoir des deux mains au-dessus de leur tête ou devant leur visage. Les cris des femmes, les chants animés des jeunes garçons et les tons lugubres sur lesquels psalmodient les yiméniyeh produisent une dissonance étrange.

Le prophète avait défendu les lamentations des femmes et la célébration des vertus du défunt à l'occasion des funérailles. Mahomet déclarait que les vertus qui étaient attribuées de la la sorte au mort deviendraient pour celui-ci des sujets de reproche s'il ne les possédait pas dans son état futur. Il est vraiment remarquable de voir combien quelques préceptes du prophète sont chaque jour rejetés par les mahométans modernes, les *wahhabis* seuls exceptés. Nous avons vu quelquefois des pleureuses de la basse classe suivant un cercueil à visage découvert, après avoir eu soin de se barbouiller de boue dont elles avaient aussi couvert leur coiffure et leur poitrine. Cette coutume existait chez les anciens Égyptiens. Le convoi d'un homme opulent ou même d'une personne de la classe moyenne est parfois précédé de quelques chameaux chargés de pain et d'eau que l'on distribue aux pauvres devant le tombeau. Ces convois se composent de personnes plus variées et plus nombreuses. Les yiméniyeh ouvrent la marche en psalmodiant, comme il est dit plus haut, la profession de foi. Ils sont suivis des amis du défunt et de quelques hommes savants et dévots invités à prendre part à la cérémonie. Ensuite vient un groupe de fakirs psalmodiant le sourat *El-Anam;* d'autres religieux suivent en chantant différentes prières, selon les ordres dont ils font partie et que de célèbres cheiks ont fondés; suivent les bannières de l'un ou l'autre supérieur des derviches à moitié déployées; puis viennent les jeunes écoliers, le cercueil et les pleureuses comme dans les autres convois, et, quelquefois, lorsque les porteurs sont d'un certain rang, leurs chevaux de main les suivent. En certaines occasions, le convoi est terminé par un buffle destiné à être sacrifié devant le tombeau ; sa viande est ensuite distribuée aux pauvres.

On voit encore plus de personnes aux convois des cheiks dévots ou de l'un des grands ulémas. On ne couvre point d'un châle le cercueil de ces personnages. Le *wili* (saint) est, en outre, à l'occasion de ces funérailles, honoré d'une manière toute particulière. Des femmes suivent son cercueil ; mais, au lieu de pleurer et de se lamenter comme elles le feraient pour un mortel ordinaire, elles font retentir l'air de cris aigus et de chants de joie nommés *Zugharite*; si elles suspendent ces accents joyeux, ne fût-ce que pour l'espace d'une minute, les porteurs déclarent ne pouvoir avancer, et qu'un pouvoir surnaturel les tient rivés à l'endroit où ils se trouvent.

Les cercueils en usage pour les jeunes garçons et les femmes sont différents de ceux des hommes. Il est vrai que, comme ceux des hommes, ils ont un couvercle de bois sur lequel est étendu un châle; mais ces cercueils ont à la tête un morceau de bois droit, nommé *shahid*. Ce shahid est couvert d'un châle, et la partie supérieure (lorsque le cercueil renferme une femme de la classe moyenne ou une femme d'un haut rang) est parée de divers ornements appartenant à la coiffure féminine. Le haut, en étant plat ou circulaire, sert souvent à y placer un *kurs* (ornement rond en or ou en argent, enrichi de diamants ou d'or ciselé en relief, qui est porté par les femmes sur le sommet de la tête) ; par derrière, on suspend le *safa* (un certain nombre de tresses en soie noire avec des ornements en or, que les dames ajoutent à leurs cheveux nattés, retombant le long de leur dos). On distingue le cercueil d'un garçon par un turban, ordinairement en cachemire rouge, et placé en haut du shahid, et, lorsque le garçon est très-jeune, on y ajoute le kurs et le safa. S'il s'agit d'un enfant en bas âge, un homme le transporte dans ses bras au cimetière; son corps n'est recouvert que d'un châle; quelquefois aussi, on le met dans un petit cercueil, qu'un homme porte sur sa tête.

Les enterrements des femmes et des jeunes garçons, quoique

plus simples, sont presque semblables à ceux des hommes, à
moins que la famille ne soit riche ou haut placée. Un convoi
des plus pompeux que nous ayons vu, est celui d'une jeune
fille de grande famille. Deux hommes, portant chacun un drapeau vert, ferlé, de grande dimension, ouvraient la marche;
les yiméniyeh suivaient au nombre de huit; puis un groupe de
fakirs psalmodiaient un chapitre du Coran. Venait ensuite un
homme portant une branche d'alizier (*nabk*), emblème des
jeunes personnes, entre deux autres hommes, ayant à la main
un long bâton surmonté de plusieurs cerceaux ornés de bandelettes de papier de couleurs variées. Derrière ces trois
personnes marchaient côte à côte deux soldats turcs; un des
soldats portait un petit plateau d'argent doré, sur lequel était
un *kumkum* (flacon) d'eau de rose; l'autre était muni d'un
plateau semblable portant un *mibkarah* (réchaud) en argent
doré, où brûlaient des parfums. Ces vases, qui embaumaient
l'air, étaient destinés à embaumer le caveau sépulcral. De temps
à autre, on aspergeait d'eau de rose les spectateurs. Les soldats
étaient suivis par quatre hommes; chacun de ceux-ci portait,
sur un plateau, plusieurs petits cierges allumés, fixés dans des
morceaux de pâte de *henna*; le cercueil, recouvert de châles
d'une grande richesse, avait son shahid orné de magnifiques
toques, et, outre le safa, un *kussah-ahuas* (ornement d'or et
de diamants pour ceindre le front). Sur le sommet du shahid
se trouvait un riche kurs en diamants. Ces bijoux appartenaient
à la défunte, ou bien, comme cela se fait quelquefois, ils avaient
été empruntés pour la cérémonie. Les femmes, au nombre de
huit, portaient le costume de soie noire des dames égyptiennes;
mais, au lieu de marcher à pied, comme c'est l'usage, elles
étaient montées sur des ânes à haute selle.

Nous allons maintenant passer à la description des rites et
cérémonies dans l'intérieur de la mosquée et du tombeau.

Si le défunt habitait un des quartiers situés au nord de la
ville, on porte, de préférence, le corps à la mosquée de Ha-
saneyn, à moins qu'il ne soit pauvre, et ne soit pas voisin de

ce sanctuaire vénéré. Dans ce cas, ses amis le portent à la
mosquée la plus rapprochée, afin d'épargner du temps et des
dépenses inutiles; s'il était uléma, c'est-à-dire d'une profession
savante quoique humble, on le transporte ordinairement à la
grande mosquée d'El-Azhav. Les habitants de la partie méridionale de la capitale portent, en général, leurs morts à la mosquée de Seiyeden-Zeyneb, ou à celle d'un autre saint célèbre.
La raison de la préférence que l'on donne à ces mosquées par-
dessus les autres, est la croyance que les prières qui se font près
du tombeau des saints sont particulièrement efficaces.

Entré dans la mosquée, le cercueil est placé à terre, à l'endroit habituel de la prière, ayant le côté droit vers la Mecque.
L'iman est debout du côté gauche du cercueil, la face tournée
vers celui-ci, et dans la direction de la Mecque, tandis qu'un
des officiers subalternes, chargé de répéter les paroles de l'iman,
se place aux pieds du défunt. Ceux qui assistent aux funérailles
se rangent derrière l'iman, les femmes à part derrière les
hommes; car il est rare que l'entrée de la mosquée leur soit
interdite lors de ces cérémonies. La congrégation ainsi disposée,
l'iman commence la prière des morts et débute par ces paroles : « Je propose de réciter la prière des quatre tekbires
(prière funèbre qui consiste dans l'exclamation répétée de *Allah
akbar !* ou : Dieu est infiniment grand !) sur le mahométan défunt ici présent. » Après cette espèce de préface, il élève les
deux mains qu'il tient ouvertes, touchant avec l'extrémité des
pouces le tube de ses oreilles, et s'écrie : « Dieu est infiniment
grand ! » Le servant (*muballigh*) répète cette exclamation, et
chacun des individus placés derrière l'iman en fait autant. Ayant
dit la prière *Fathah*, l'iman s'écrie une deuxième fois : « Dieu
est infiniment grand ! » Après quoi, il ajoute : « O Dieu ! favorise notre seigneur Mahomet, le prophète illustre, ainsi que
sa famille et ses compagnons, et conserve-les ! » Une troisième
fois, l'iman crie : « Dieu est infiniment grand ! » puis il dit :
« O Dieu ! en vérité, voici ton serviteur; il a quitté le repos
du monde et son amplitude, tout ce qu'il y a aimé, et ceux

desquels il y était aimé, pour les ténèbres du tombeau et pour
ce qu'il éprouve. Il a proclamé qu'il n'y a de Divinité que toi
seul ; que tu n'as point d'égal, et que Mahomet est ton serviteur et ton apôtre ; tu as la toute science de ce qui te concerne.
O Dieu ! il est parti pour demeurer avec toi, et tu es celui auprès duquel il est infiniment excellent de demeurer. Ta miséricorde lui est devenue nécessaire, et tu n'as pas besoin de son
châtiment. Nous sommes venus vers toi en te suppliant de permettre que nous intercédions en sa faveur. O Dieu ! s'il a fait
le bien, augmente la somme de ses bonnes actions, et, s'il a fait
le mal, oublie ses mauvaises actions. Que ta miséricorde daigne
l'accueillir ; épargne-lui les épreuves de la tombe et ses tourments ; fais que son sépulcre lui soit large, et tiens la terre
loin de ses flancs [1] ; fasse ta miséricorde qu'il puisse être
exempté de tes tourments jusqu'au temps où tu l'enverras en
sûreté au paradis, ô toi ! le plus miséricordieux de ceux qui
montrent de la miséricorde ! » —

Ayant pour la quatrième fois crié : « Dieu est infiniment
grand, » l'iman ajoute :

« O Dieu ! ne nous refuse pas notre récompense pour le service que nous lui avons rendu, et ne nous fais pas passer par
ses épreuves après lui ; pardonne-nous, pardonne-lui, ainsi
qu'à tous les musulmans, ô seigneur de toute créature ! » L'i-
man termine ainsi sa prière, et, saluant les anges à droite et à
gauche, il dit : « Que la paix, ainsi que la miséricorde divine,
soit avec vous ! » — ainsi que cela se pratique à la fin des
prières ordinaires. S'adressant alors aux personnes présentes,
il leur dit : « Donnez votre témoignage à son égard ; » et ils
répondent : « Il fut vertueux. » Ensuite on enlève le cercueil,
et, si la cérémonie a lieu dans la mosquée de quelque saint célèbre, on le place devant le *maksourah*, ou grillage qui entoure
le cénotaphe du saint. Quelques fakirs et les assistants récitent

---

1. Les musulmans croient que les corps des méchants sont douloureusement
oppressés par la terre, qui se serre dans la tombe contre leurs flancs, quoiqu'elle soit toujours faite très-large.

ici d'autres prières funèbres, et le convoi se remet en marche
dans l'ordre précédent jusqu'au cimetière. Ceux du Caire sont
pour la plupart hors de la ville, dans les contrées désertes situées au nord, à l'est et au sud de son enceinte ; les cimetières
dans la ville sont en petit nombre et de peu d'étendue.

Nous allons maintenant donner une description succincte
d'un mausolée. Il se compose d'un caveau oblong, ayant un
toit voûté ; il est généralement construit en briques enduites de
plâtre. Le caveau est profond afin que ceux qui y sont inhumés
puissent à l'aise se mettre sur leur séant, lorsqu'ils sont visités
et examinés par les deux anges *Munkar* et *Nékir*. Un des côtés
du mausolée fait face à la direction de la Mecque, c'est-à-dire
au sud-est ; l'entrée est au nord-est. Devant cette entrée se
trouve une petite cave carrée recouverte en pierres la traversant d'un côté à l'autre, afin d'empêcher la terre de pénétrer
dans le caveau. Cette cavité ainsi maçonnée est à son tour recouverte de terre. Le caveau peut d'ordinaire contenir au moins
quatre cercueils. Il arrive fort rarement que les hommes et les
femmes soient inhumés dans le même caveau ; mais, lorsque cela
a lieu, on y établit un mur de séparation entre les deux sexes.
On construit au-dessus du caveau un monument oblong, nommé
tarkibeh, qui est ordinairement en pierres ou en briques ; sur
ce monument sont placées perpendiculairement deux pierres,
l'une à la tête, l'autre aux pieds. En général, ces pierres sont
d'une grande simplicité ; cependant, on en voit d'ornées, et souvent celle du côté de la tête porte pour inscription un verset
du Coran [1], et le nom du défunt avec la date de son décès. Cette
pierre est quelquefois surmontée d'une sculpture représentant
un turban, un bonnet ou quelque autre coiffure, qui indique le
rang ou la classe des personnes placées dans le tombeau. Sur
le monument d'un cheik éminent, ou d'une personne de haut
rang, l'on érige ordinairement un petit bâtiment surmonté

---

[1]. Le prophète avait pourtant défendu de graver soit le nom de Dieu, soit
aucune parole du Coran sur les tombeaux, qu'il avait prescrit de construire bas
et uniquement en briques nues.

d'une coupole. Beaucoup des tombeaux érigés en l'honneur des notabilités turques ou mameloukes portent des tarkibehs en marbre, couverts d'un dais en forme de coupole, reposant sur quatre colonnes de marbre; alors, la pierre perpendiculairement placée du côté de la tête porte des inscriptions en lettres d'or, sur un fond d'azur. Dans le grand cimetière au midi du Caire, on en voit un grand nombre construits de cette façon. La plupart des tombeaux des sultans sont d'élégantes mosquées; on en trouve quelques-uns dans la capitale, et d'autres dans les cimetières des environs.

Les mausolées décrits, reprenons la suite des cérémonies d'inhumation.

Le tombeau ayant été ouvert avant l'arrivée du corps, l'enterrement n'éprouve aucun retard. Aussitôt le fossoyeur et ses deux assistants tirent le corps du cercueil et le déposent dans le caveau; les bandages dont on l'a entouré sont déliés; on le pose sur le côté droit, ou bien on l'incline à droite, de manière que la face soit tournée vers la Mecque : on l'assujettit dans cette position au moyen de quelques briques crues. Si l'enveloppe extérieure est un châle de cachemire, on le déchire, de peur que sa valeur ne soit un appât pour la violation du tombeau par quelque profane. Quelques-uns des assistants placent doucement un peu de terre auprès du corps et dessus; puis on referme l'entrée du caveau, au moyen des pierres de clôture placées sur la petite cavité qui la précède et de la terre qu'on avait déblayée. On procède alors à une cérémonie qui a lieu pour tous, excepté pour les enfants en bas âge, ceux-ci n'étant pas considérés comme responsables de leurs actions. Un fakir y remplit l'office de *mullakin* (instructeur des morts), et, assis devant le mausolée, il dit : « O serviteur de Dieu! ô fils d'une servante de Dieu! sache qu'à présent descendront deux anges expédiés vers toi et tes semblables. — Lorsqu'ils te demanderont : « Qui est ton seigneur? » réponds-leur : « Dieu est mon » seigneur, en vérité. » Et, quand ils te questionneront concernant ton prophète, ou l'homme qui a été envoyé vers toi, dis-leur : « Vraiment, Mahomet est l'apôtre de Dieu ; » et, lorsqu'ils te questionneront sur ta religion, dis-leur : « L'islamisme est ma » religion; » et, quand ils te demanderont le livre qui est ta règle de conduite, tu leur diras : « Le Coran est le livre qui règle ma » conduite, et les musulmans sont mes frères; » et, lorsqu'ils te questionneront sur ta foi, tu leur répondras : « J'ai vécu et je » suis mort dans la persuasion qu'il n'y a de Dieu que Dieu, et » que Mahomet est l'apôtre de Dieu. » Alors, les anges te diront : » Repose, ô serviteur de Dieu! sous la protection de Dieu ! »

Les Égyptiens croient que l'âme reste avec le corps pendant la première nuit qui suit l'inhumation, et que, cette nuit-là, elle est visitée et examinée par les deux anges indiqués ci-dessus, qui peuvent torturer le corps.

Les personnes louées pour assister aux funérailles sont payées au tombeau; les yiméniyeh reçoivent habituellement une piastre par tête. Il a été dit que les gens opulents font conduire à dos de chameau de l'eau et du pain, qui sont distribués aux pauvres après l'inhumation ; aussi les malheureux se rendent-ils en foule au cimetière, lorsqu'on y sacrifie un buffle, dont la viande est également distribuée aux pauvres; cela s'appelle *el-kaffa-rah* (l'expiation). On croit que ce sacrifice peut expier les petits péchés, mais non pas les gros. Après les funérailles, chaque parent du défunt est complimenté par le vœu « que sa perte puisse être heureusement compensée, » ou bien on le félicite de ce que sa vie est prolongée.

La nuit qui suit l'inhumation est nommée *leylet-el-wahed* (nuit de la solitude), la place du défunt restant abandonnée.

Dès le coucher du soleil, on conduit deux ou trois fakirs à la maison mortuaire, où ils soupent de pain et de lait, à la place où le défunt est mort; ils récitent après le sourat *El-Mulk* (soixante-septième chapitre du Coran). Comme on croit que, durant la première nuit après l'inhumation, l'âme reste avec le corps, pour se rendre ensuite, soit au séjour désigné aux âmes vertueuses jusqu'au jour du dernier jugement, soit dans la pri-

son où les méchants doivent attendre leur arrêt définitif[1], cette
nuit est ainsi nommée *leylet-el-wahed* (nuit de la solitude).

Une autre cérémonie nommée celle du *sebbah* (du rosaire),
a lieu à cette occasion pour faciliter l'entrée du défunt dans
un état de béatitude; elle dure de trois à quatre heures. Après
l'*eshi* (chute du jour), quelques fakirs, souvent au nombre de
cinquante, s'assemblent dans la maison mortuaire; s'il n'y a ni
cour ni grande pièce pour leur réception, on étend des nattes
devant la maison, et ils s'y asseyent.

Un de ces fakirs porte un *sebbah* (rosaire) composé de
mille grains, de la grosseur d'un œuf de pigeon, ou environ.
Ils commencent la cérémonie en récitant le sourat *El-Mulk*;
puis ils répètent trois fois : *Dieu est unique !* Après quoi, ils
récitent le sourat *El-Faluk* (avant-dernier chapitre du Coran) et le premier chapitre *Fathah*. — Ils disent ensuite trois
fois : « O Dieu ! favorise entre tes créatures, notre seigneur
Mahomet, sa famille, ses compagnons et conserve-les ! » Ils
ajoutent : « Tous ceux qui te célèbrent sont les diligents, et ceux
qui négligent de te célébrer sont les négligents. » Puis ils répètent *trois mille fois* : « Il n'y a de Divinité que Dieu ! » L'un
d'entre eux tient le rosaire et compte chaque répétition de ces
mots, en faisant glisser un de ces grains à travers ses doigts.
Après la répétition de chaque mille fois, souvent ils se reposent
et prennent le café. Ayant complété le dernier mille, s'étant
reposés et rafraîchis, ils répètent cent fois : « Je célèbre la perfection de Dieu et sa louange ! » — Puis un nombre égal de
fois : « Je demande pardon à Dieu le grand ! » après quoi, ils
disent cinquante fois : « Je célèbre la perfection du Seigneur,
l'Éternel, la perfection de Dieu, l'Éternel ! » — Puis ils répètent ces mots du Coran : « Célèbre les perfections de ton
Seigneur, le Seigneur de la puissance, en le relevant de ce
qu'on lui attribue (les chrétiens et les autres) d'avoir un fils, ou

---

1. *Sate*, dans son discours préliminaire, sect. IV, a énuméré les opinions
des musulmans au sujet de l'état des âmes dans le temps qui s'écoule entre la
mort et le jugement.

participant à sa divinité; que la paix soit avec les apôtres, et louange à Dieu, le Seigneur de toute créature! » Après, deux ou trois de ces fakirs récitent chacun un verset du Coran. Cela fait, un d'entre eux adresse à ses compagnons la demande suivante : « Avez-vous transmis à l'âme du défunt les mérites de ce que vous avez récité? » Les autres répondent : « Nous l'avons transmis; que la paix soit avec les apôtres, etc. » Ceci termine la cérémonie du *sebbah*, qui chez les riches est répétée la deuxième et la troisième nuit. Cette cérémonie se célèbre aussi dans les familles qui reçoivent la nouvelle du décès d'un proche parent.

Les hommes ne changent rien à leurs habits en signe de deuil; il en est de même chez les femmes lorsqu'il s'agit d'un homme âgé; mais, pour les autres, elles portent le deuil; dans ce cas, elles teignent avec de l'indigo leurs chemises, leurs voiles et leurs mouchoirs, donnant à ces objets une teinte bleue, quelquefois approchant du noir; quelques-unes teignent de même leurs mains et leurs bras jusqu'à la hauteur du coude, et badigeonnent leurs chambres de la même couleur, quand le maître de la maison ou le propriétaire du mobilier vient à mourir, et aussi, dans d'autres cas de douleur, elles mettent à l'envers les tapis, les nattes, les coussins et les couvertures des divans. Durant leur deuil, elles ne tressent point leurs cheveux, elles cessent de porter quelques-unes de leurs parures, et, si elles fument, elles n'emploient que des tuyaux de roseau.

Vers la fin du premier jeudi après les funérailles, et même souvent dans la matinée de ce jour, les femmes de la famille du défunt recommencent leurs lamentations dans la maison mortuaire; quelques-unes de leurs amies se joignent à elles; dans l'après-midi, ou le soir du même jour, les hommes qui furent les amis de la maison y viennent aussi pour faire visite, et trois ou quatre fakirs y font des prières. Le vendredi matin, les femmes se rendent au tombeau, où elles observent le même cérémonial que celui qui a lieu lors de l'inhumation. En partant, elles placent une branche de palmier sur la tombe ou elles distribuent aux pauvres des gâteaux et du pain. Ces cérémonies se renouvellent aux mêmes jours correspondants, pendant quarante jours après les funérailles. (Voir la *Genèse*, liv. III.)

Parmi les paysans de la haute Égypte, il existe une singulière coutume : les parentes et amies de la personne décédée se rassemblent devant sa maison pendant les trois premiers jours qui suivent les funérailles, afin d'y pousser des cris lamentables et d'y exécuter des danses étranges ; elles barbouillent de boue leur visage, leur gorge et une partie de leur habillement, et elles s'attachent autour de la taille, en guise de ceinture, une corde faite d'une herbe grossière appelée *halfa*. (Cette coutume existait chez les anciennes Égyptiennes ; voir Hérodote, livre II, chap. xxv.) Chacune d'elles agite convulsivement dans sa main un bâton de palmier, une lance ou un sabre nu ; elles dansent en même temps d'un pas lent, mais d'une manière irrégulière, en levant et en abaissant leur corps. Cette danse dure une heure et même deux, et on la répète deux ou trois fois par jour. Après le troisième jour, les femmes visitent le tombeau du défunt et y déposent leurs ceintures de cordes ; puis on tue d'ordinaire un agneau, ou un chevreau, comme sacrifice expiatoire, et un festin termine la cérémonie.

VIII — POPULATION DE L'ÉGYPTE

A l'exception de la capitale et de quelques autres villes, l'Égypte a peu de belles maisons. La demeure du bas peuple et surtout celle du paysan est d'une structure misérable; les maisons sont ordinairement construites en briques non cuites, cimentées avec de la boue, et ce ne sont souvent que des cabanes. La plupart sont composées de deux pièces, mais il est rare qu'elles aient deux étages. Dans la basse Égypte, on voit généralement dans l'une de ces pièces, et vis-à-vis, mais aussi loin que possible de l'entrée, un four, nommé *fum*, qui occupe toute la largeur de l'extrémité de la pièce. Ces fours ressemblent à un grand banc ; ils sont voûtés intérieurement, se trouvent à hauteur d'appui, et leur couverture est plate. Comme il est rare que les habitants de semblables maisons possèdent des couvertures, l'hiver, après avoir allumé leur four, ils se couchent dessus. Chez quelques-uns d'entre eux, il n'y a que le mari et la femme qui jouissent de ce privilége; les enfants couchent alors à terre. Les chambres ont de petites ouvertures au haut du mur pour laisser entrer le jour et faire circuler l'air; quelquefois, ces ouvertures sont garnies de grillages en bois. Les toits sont construits de branches de palmier et de feuilles de cet arbre, ou bien de tiges de millet, etc., et recouvertes d'un enduit composé de boue et de paille hachée. L'ameublement se compose d'une natte et quelquefois de deux nattes en guise de lit, de quelques vases en terre et d'un moulin à main pour le blé. L'on voit dans beaucoup de villages de grands pigeonniers carrés placés sur les toits, et dont les parois, ainsi que cela se pratiquait pour les anciens édifices égyptiens, sont légèrement inclinées vers l'intérieur; souvent, on donne à ces pigeonniers la forme d'un pain de sucre; ils sont construits de briques non cuites, de boue et de pots ovales ayant une large ouverture à l'extérieur et un petit trou à l'autre extrémité. Chaque couple de pigeons occupe un pot séparé. La plupart des villages égyptiens sont situés sur des éminences formées de décombres, qui les mettent à quelques pieds au-dessus de la hauteur des inondations; ils sont quelquefois entourés de palmiers. Les décombres avec lesquels ils forment ces éminences proviennent des matériaux d'anciennes cabanes; on remarque qu'elles semblent s'élever presque au même degré que le niveau des alluvions et le lit de la rivière.

Il est difficile de constater la population d'un pays où l'on n'inscrit ni les naissances ni les décès. Il y a quelques années qu'on a voulu établir un calcul à cet égard, en prenant pour base le nombre de maisons qui couvrent l'Égypte, et la supposition que, dans la capitale, chaque maison contient huit personnes, et qu'ailleurs, dans les provinces, elle n'en contient que six. Ce calcul peut approcher assez bien de la vérité; cependant le résultat des observations faites ne donne pour les villes telles que Alexandrie, Boulaq et Masr-al-Kahirah qu'une moyenne d'au moins cinq personnes ; Rashyed (Rosette) est à moitié déserte.

Quant à la ville de Dimya (Damiette), elle est populeuse et peut bien contenir six personnes par maison ; si l'on n'admettait pas ces calculs, on n'atteindrait guère au chiffre supposé du nombre des habitants du pays, et l'addition d'une ou de deux personnes par maison, dans chacune de ces villes, ne peut avoir une bien grande influence sur la supputation de toute la population égyptienne, que l'on a estimée à un peu plus de 2,500,000 âmes. Dans ce nombre, on compte 1,200,000 mâles, dont un tiers ou 400,000 sont propres au service militaire. Les différentes classes dont se compose principalement cette population sont à peu près les suivantes : Égyptiens muslims (fellahs ou paysans, et habitants des villes), 1,750,000 ; Égyptiens chrétiens (Cophtes), 150,000 ; Osmanlis ou Turcs, 10,000 ; Syriens, 5,000 ; Grecs, 5,000 ; Arméniens, 2,000 ; juifs, 5,000.

La classification du reste, s'élevant à environ 70,000 âmes, et qui se compose d'Arabes occidentaux, de Nubiens, d'esclaves nègres, de mamelouks (ou esclaves mâles), de femmes blanches esclaves, de Francs, est très-difficile. Nous ne comprenons pas ici dans le nombre de la population égyptienne les Arabes des déserts voisins.

Les Égyptiens muslims, cophtes, syriens et juifs d'Égyte, ne parlent, à peu d'exceptions près, que la langue arabe, qui est aussi celle que parlent ordinairement les étrangers établis dans le pays. Les Nubiens, entre eux, parlent leur propre idiome.

Le Caire contient environ 300,000 âmes. On serait bien trompé, si l'on voulait juger de la population de cette ville par la foule qui se porte dans les principales rues et les marchés ; car les autres rues et quartiers sont beaucoup moins fréquentés.

IX — LA PEINTURE CHEZ LES TURCS

Les Turcs n'ont point de peinture, au moins dans le vrai sens de ce mot. Cela tient, comme on sait, à un préjugé religieux que cependant les Persans et les autres mahométans de la secte d'Ali ne paraissent pas partager. Les peintures persanes sont fort connues par des manuscrits, des boîtes de carton, de petits objets d'ornement, et même des châles et des soieries, où l'on admire de fort jolis sujets, représentant en général des scènes de chasse. Les poignées d'ivoire des sabres et des yatagans sont couvertes de sculptures compliquées et patientes, qui ressemblent exactement, souvent même par le costume, toujours par l'exécution, à nos sculptures naïves du moyen âge, comme la peinture rappelle aussi les illustrations de nos anciens manuscrits. Le *Shah Nameh* et plusieurs autres poëmes historiques et religieux sont ornés de petites gouaches représentant des scènes de bataille ou de cérémonies. Les portraits des prophètes se rencontrent souvent dans les livres de religion.

Il n'existe donc aucun article du Coran qui prohibe absolument la reproduction des figures d'hommes ou d'animaux, si ce n'est pour en défendre l'adoration. La loi mosaïque était plus sévère encore, et ne permettait d'exécuter que des séraphins et certaines bêtes sacrées, toujours dans la crainte que le peuple ne se fît une idole de telle ou telle image, fût-ce un veau ou bien un serpent, comme dans le désert.

Il ne paraît pas non plus que les Arabes aient toujours respecté ce scrupule religieux, puisque plusieurs califes ont fait graver leur figure sur les monnaies, ou fait décorer leurs palais de tapisseries à personnages.

En voici un exemple frappant, que j'ai lu dans une histoire des califes, au règne du trente-deuxième calife, Mustanser :

« Il fut calife le jour qu'il fit tuer son père, le Mutavacquel. Le peuple disait qu'il ne régnerait que peu, et cela arriva,

L'histoire porte qu'après que Mustanser fût calife, on lui tendit une tapisserie figurée où il y avait le portrait d'un cheval et d'un homme dessus, portant en tête un turban environné d'un cercle fort grand, avec de l'écriture en persan. Le Mustanser fit venir, pour en avoir la traduction, un Persan qui changea aussitôt de visage : « Je suis, lut-il, Siroès, fils de Cosroès, qui ai tué « mon père et n'ai joui du royaume que six mois. » Le Mustanser pâlit, se leva de son siége, et ne régna non plus que six mois. »

A l'Alhambra de Grenade, on peut aussi voir deux tableaux peints sur peau, du temps des Arabes, et décorant le plafond d'une salle. L'un représente le jugement de la sultane adultère, l'autre le massacre des Abencerages dans la cour des Lions. Théophile Gautier remarque que la fontaine représentée sur cette dernière peinture, et qui est toute dorée, n'a pas la même forme que celle d'aujourd'hui.

Les Turcs ont beaucoup de préjugés particuliers à leur race et aux diverses sectes religieuses établies dans leur sein. Tel est celui qui les porte à ne construire aucune maison de pierre, ni de brique, parce que, disent-ils, la maison d'un homme ne doit pas durer plus que lui. Constantinople est entièrement construite en bois, et les palais mêmes du sultan, les plus modernes, qui ont des colonnes de marbre par centaines, présentent partout des murailles de bois, où la peinture seule imite le ton de la pierre ou du marbre. En Syrie, en Égypte, partout ailleurs où règne la loi musulmane, mais où les Turcs n'ont pourtant que la souveraineté politique, les villes sont bâties de matériaux solides, comme les nôtres ; le Turc seul, pacha, bey ou simple particulier riche, en possession des plus beaux palais, ne peut se résoudre à habiter *dans la pierre*, et se fait construire à part des kiosques en bois de charpente, abandonnant le reste de l'édifice aux esclaves et aux chevaux.

Telle est la puissance de certaines idées sur le Turc de race ; il n'a ni la préoccupation de l'avenir, ni le culte du passé. Il est campé en Europe et en Asie, rien n'est plus vrai ; toujours sauvage comme ses pères, Mongols ou Kirguises, n'ayant

16.

besoin sur le sol que d'une tente et d'un cheval, jouissant, du reste, de ses biens sans désir de les transmettre, sans espoir de les garder. Le voyageur qui passe rapidement croit rencontrer chez eux des traces, des germes de science, d'art, d'industrie : il se trompe. L'industrie des Turcs est celle des Arméniens, des Grecs, des juifs, des Syriens, sujets de l'empire ; les sciences viennent des Arabes ou des Persans, et les Turcs n'ont jamais rien su y ajouter. La littérature se borne à quelques documents diplomatiques, à quelques lourdes compilations historiques.

Les poésies mêmes, à part quelques pièces de poésie légère, ne sont guère que des traductions. L'architecture et l'ornementation, empruntées partie aux Byzantins et partie aux Arabes, n'ont pas même gagné à ce mélange un cachet parculier et original. Quant à la musique, elle est valaque, elle est grecque, quand elle est bonne ; les airs spécialement turcs ne se composent que de phrases mélodiques empruntées en différents temps à divers peuples, et assimilées à la fantaisie turque par un rhythme et une instrumentation barbares.

Revenons à la peinture, qui serait peut-être encore le plus plus beau titre des Turcs à l'estime des nations civilisées. Débarqué en Égypte avec le préjugé européen, qui ne suppose pas que les musulmans admettent la peinture d'aucun être vivant, je fus étonné d'abord de rencontrer dans les cafés des figures de léopard, peintes à fresque et assez bien imitées. Mon étonnement augmenta en entrant dans le palais de Méhémet-Ali, et en trouvant tout d'abord le portrait de son petit-fils accroché à la muraille, peint à l'huile, et rendu avec tout l'art de l'Europe ; ceci ne peut compter pour de la peinture orientale, mais il en reste démontré que rien chez les Turcs ne repousse absolument la représentation des figures. J'appris, depuis, qu'il existait à Constantinople une collection de tous les portraits des sultans, depuis Othman et Orkhan Ier. Aucun de ces souverains n'a manqué au désir de transmettre ses traits à la postérité ; ils sont tous peints à l'œuf sur carton fin, avec des légendes de quatre à cinq vers au verso de chaque pein-

ture. Le tout forme un volume in-quarto relié. Mais les souverains seuls jouissent du privilége de pouvoir livrer leur image
à la reproduction, sans crainte qu'on n'en abuse pour diriger
contre eux des conjurations cabalistiques; tel était le scrupule
qui arrêtait beaucoup de musulmans autrefois. D'Ohsson rapporte que, vers la fin du siècle dernier, il n'existait pas deux
Turcs, hors le sultan, qui eussent osé se faire peindre. Un
personnage éminent, qui faisait collection de tableaux, mais
de tableaux de paysage et de marine, et qui encore ne les
montrait pas même à ses amis (voilà, certes, un singulier amateur!), s'était décidé à faire faire son portrait et à le joindre
aux autres tableaux. Mais, se sentant vieillir, il conçut des
scrupules, et se débarrassa de cette terrible image en la donnant
à un Européen.

Aujourd'hui, il est encore peu de Turcs qui fassent faire
d'eux-mêmes leur portrait; mais on n'en voit aucun se refuser
au désir des artistes qui veulent recueillir des physionomies ou
des costumes; ils conservent même leur pose avec la patience
la plus parfaite et une sorte de vanité.

Les portraits des sultans, exécutés non-seulement dans le
livre cité plus haut, mais encore sur une grande toile, en forme
d'arbre généalogique, qui peut se voir dans un des bâtiments
du sérail, ont été peints par des Européens, des Vénitiens pour
la plupart. Tout le monde connaît l'anecdote qui se rapporte à
Gentile Bellini, peintre du xve siècle, dont notre musée possède plusieurs toiles représentant des scènes de cérémonies
et réceptions de la Porte Ottomane. Le sultan Mahomet II,
voulant se faire peindre, demanda cet artiste à la république
de Venise. Gentile Bellini se rendit à Constantinople, fit le portrait du sultan, et aussi plusieurs tableaux pour les églises chrétiennes. C'est pour une de ces dernières qu'il avait peint une
magnifique *Décollation de saint Jean.* Le sultan voulut la voir,
et se fit apporter le tableau dans le sérail. Ce fut alors qu'il
engagea avec le peintre cette discussion célèbre dans les fastes
de l'art, touchant la contraction que devait éprouver la peau

sur le col d'une tête coupée et fit trancher celle d'un esclave, pour justifier sa critique. Gentile Bellini conçut un tel effroi de cette expérience, qu'il se hâta de repartir pour Venise, et ne voulut jamais retourner à Constantinople, quoique le sultan l'eût redemandé à la Seigneurie de Venise par une lettre de sa main conçue dans les termes les plus flatteurs. On peut voir encore aujourd'hui, dans les archives vénitiennes, celle qu'il écrivit à l'occasion du départ de Gentile Bellini.

Les portraits ou figures que l'on peut rencontrer à Constantinople n'ont jamais été exécutés par des peintres turcs, je doute même que l'on doive à ces derniers une miniature qui se trouve en tête du *Voyage au ciel*, de Mahomet, et qui représente le prophète enlevé au milieu des flammes sur la célèbre jument *Borak*, laquelle n'est autre qu'un hippogriffe à tête de femme; quatre chérubins font partie de cette assomption et voltigent autour de l'étrange cavalier, dont le visage est caché par une langue de flamme, car il n'est pas permis, même aux Persans, de représenter les traits du prophète. Cette miniature, reproduite sur tous les manuscrits du même ouvrage, et dont un exemplaire se trouve à Paris, doit avoir été originairement l'œuvre d'un peintre persan.

Je viens de dire ce que n'est pas la peinture des Turcs; voyons maintenant ce qu'elle est. J'en ai aperçu les premiers échantillons dans les palais de Méhémet-Ali, dont plusieurs salles offrent des panneaux peints à la colle avec un talent qui ne dépasse guère le mérite de nos tentures de salle à manger. Les sujets se divisent en trois genres : ce sont des paysages, des villes et des scènes de combat; mais, comme il serait difficile de représenter ces dernières sans figurer les combattants, on a donné la préférence aux combats maritimes et bombardements de ville; là, les vaisseaux semblent avoir déclaré la guerre aux maisons sans l'intervention de la race humaine; les canons font feu, les bombes éclatent, les édifices flambent ou croulent, des flottes furieuses luttent sur les eaux, et toutes ces désolations n'ont pour témoins que d'énormes poissons, peints sur le premier plan, qui soufflent l'eau

par leurs narines sans s'inquiéter autrement des querelles fou-
droyantes d'êtres moins vivants qu'eux.

Il est donc permis de peindre des poissons, des coquillages,
et même certains animaux. Je n'ai vu de ces derniers que des
lions et des léopards. On a vendu, à Constantinople, une
gouache fort bien faite, représentant un de ces animaux, pour
deux cents piastres (quarante-cinq francs). Pendant tout le
mois du Ramazan, j'ai vu exposée à l'entrée du pont de bois
qui traverse la Corne-d'or, du côté de Galata, toute une collection de trois cents tableaux encadrés et sous verre la plupart. Les sujets en étaient un peu monotones, mais l'exécution était fort variée. Les sujets religieux permis se bornent
à deux : la vue à vol d'oiseau de la Mecque et celle de Médine,
les deux villes sacrées, toujours sans aucun personnage. On
peut y ajouter quelques vues de mosquées. Un autre sujet
se compose d'une quantité prodigieuse d'animaux à tête de
femme ; c'est la seule figure humaine qui puisse être représentée. La couleur des yeux, des cheveux, la coupe du visage
sont abandonnées à la fantaisie de l'artiste. Ainsi, un Turc ne
pourrait faire le portrait de sa maîtresse sans lui donner le corps
d'un monstre. D'ailleurs, cette sorte de sphinx a le plus grand
succès et se rencontre chez tous les barbiers. Les tableaux de
genre se bornent à la reproduction des paysages et des vues.
La perspective n'en est pas mauvaise quelquefois, et la couleur,
un peu plate, se rapporte toujours à l'effet de nos papiers
peints. Les sujets de marine sont encore les plus nombreux.
Les vaisseaux de toutes les formes, de tous les pavillons, les
escadres, les combats de mer, les poissons monstrueux nageant
à fleur d'eau, voilà où s'épanouit l'école turque dans toute sa
liberté. Je n'ai point vu de bateau à vapeur. Les peintres turcs
n'ont peut-être pas encore la parfaite certitude que ce ne soit
pas un animal vivant. On remarquait aussi parfois la *vue* d'un
bonnet de derviche posé sur un escabeau. Quelques tableaux,
enfin, se bornaient à représenter le chiffre de la maison ottomane, dessiné en diverses couleurs, ou doré, dans de grandes

proportions. Tel était ce musée, le plus complet sans doute qu'on eût jamais rassemblé, exposé dans une galerie de bois, sous la protection de deux militaires, et devant lequel la foule s'extasiait du matin au soir.

Dans le bazar des épices, toutes les boutiques des droguistes et des marchands de couleurs sont décorées de tableaux semblables, qui servent probablement d'enseignes, et dont plusieurs, exécutés dans le goût turc, sont dus pourtant à des peintres anglais. L'Angleterre ne néglige rien et fait concurrence même à ces pauvres artistes turcs.

Voyons maintenant ces derniers dans leur intérieur. Ils joignent, en général, à cette industrie celle de papetier, et occupent de petites boutiques situées la plupart sur la place du Séraskier, le long de laquelle règne une galerie où l'on circule à l'ombre. Les Turcs viennent dans ces boutiques faire peindre, à défaut de leur portrait, leur chiffre accompagné d'attributs relatifs à leur profession, ou demandent le dessin d'une mosquée qui leur plaît particulièrement. Un de mes amis, le peintre Camille Rogier, qu'un séjour de trois ans a familiarisé avec le turc, s'approche un jour d'un de ces artistes, qui, les jambes croisées sur l'estrade de sa boutique, dessinait pour un soldat la mosquée du sultan Bayézid, située à l'autre bout de la place. Le peintre français s'aperçut que son confrère peignait en rouge le minaret de la mosquée, qui se trouve blanc dans la nature, et crut devoir le conseiller. « *Péki! péki!* (très-bien! très-bien!) lui dit-il, vous dessinez à merveille; mais pourquoi faites-vous le minaret rouge? — Désirez-vous un dessin où le minaret soit bleu? lui répondit le Turc. — Non; mais pourquoi ne pas le faire comme il est?—Parce que ce soldat aime le rouge et me l'a demandé de cette couleur; chacun a une couleur favorite, et, moi, je cherche à satisfaire tous les goûts. »

Le choix des couleurs tient encore, en effet, à la superstition des Turcs au point que la nuance des maisons fait reconnaître la secte à laquelle appartient chaque propriétaire. Les vrais croyants se réservent les couleurs claires et abandonnent les teintes sombres aux Grecs, juifs, Arméniens et autres rayas.

Je viens de dire tout ce que je sais de la peinture chez les Turcs. Il serait difficile de tirer encore quelque détail intéressant d'un sujet si pauvre, qu'on n'avait pas songé encore à le traiter; j'ai voulu seulement rectifier quelques idées fausses répandues parmi nous touchant l'horreur supposée des mahométans pour les images. On a vu déjà que ce préjugé ne devait être attribué qu'aux Turcs de race, et qu'il est encore sujet chez eux à beaucoup d'exceptions. Mais il ne faut pas croire même que les Turcs mutilent les images par fanatisme religieux; cela n'a pu arriver que dans les premiers temps de l'islamisme, lorsqu'il s'agissait d'extirper de l'Asie le culte encore vivace des idoles. Le sphinx de la plaine de Giseh, sculpture colossale d'une belle exécution, a subi la mutilation du nez, parce que, longtemps encore après la conquête de l'Égypte par les mahométans, des Sabéens se réunissaient à de certains jours devant cette figure pour lui sacrifier des coqs blancs. Au reste, tout en s'abstenant de sculpture plus sévèrement encore que de peinture, les Turcs ont fait souvent concourir des statues et des bas-reliefs à l'ornementation de leurs places publiques. Celle de l'Atméidan, qui est l'ancien hippodrome des Byzantins, fut ornée longtemps de trois statues de bronze prises à Bude pendant une guerre contre la Hongrie. Aujourd'hui même, on admire au centre de la place un piédestal couvert de bas-reliefs byzantins, qui sert de base à un obélisque et qui présente une cinquantaine de figures fort bien conservées. Je ne parle pas d'une colonne torse en bronze figurant trois serpents entrelacés, que l'on dit avoir servi de support au trépied d'Apollon à Delphes, et qui se voit sur la même place; d'ailleurs, les têtes manquent.

Quand on traverse pour la première fois les cimetières de Péra et du Scutari, l'on s'imagine voir de loin toute une armée de statues blanches ou peintes dispersée sur les gazons verts à l'ombre des cyprès énormes; les unes portent des turbans, d'autres des fez modernes peints en rouge et à glands dorés. C'est la hauteur d'un homme ordinaire et la forme d'un corps sans bras ; mais, au-dessous de la coiffure, la pierre est plate et couverte d'inscriptions ; des couleurs vives et des dorures distinguent les plus-modernes et les plus riches. Elles seules sont debout ; celles des rayas et celle des francs, placées dans certains quartiers, sont couchées à terre. Ces pierres sont donc presque des images, au point qu'après le massacre et la proscription des janissaires sous le règne de Mahmoud, on fit tomber la tête ou plutôt le turban de toutes celles qui indiquaient les tombes des anciens soldats de ce corps. On les reconnaît aujourd'hui à cette mutilation sacrilége.

Pour tout dire et pour épuiser ce sujet, signalons encore la représentation d'une colombe dorée qui orne la proue du caïque de l'empereur. Du temps de d'Ohsson, c'était un aigle qui décorait la barque du sultan régnant ; peut-être chacun d'eux adopte-t-il un oiseau symbolique ; en tout cas, c'est le seul qu'il soit permis de représenter. Maintenant, comment expliquer encore l'existence première des petites figures qui servent pendant le Ramazan, aux spectacles de Caragueuss. Ce sont à la fois des marionnettes et des ombres chinoises. Leurs couleurs ressortent parfaitement derrière une toile fine très-éclairée, et tous les costumes des différents peuples et des différentes professions sont imités avec une perfection qui ajoute à l'attrait du spectacle ; le principal personnage seul est, comme notre Polichinelle, invariable dans sa forme... et dans sa difformité.

X — LA VIE DOMESTIQUE CHEZ LES ÉGYPTIENS

La vie domestique des classes inférieures est, en général, si simple, comparée à celle des classes plus élevées, qu'elle n'offre que fort peu d'intérêt.

À l'exception d'une petite partie qui demeure dans les villes, la majorité des classes inférieures se compose de gens nommés *fellahs* (agriculteurs). Ceux qui habitent les grandes villes, et même les villes d'une moindre étendue, ainsi qu'un petit nombre de ceux qui se trouvent dans les villages, sont de petits marchands, des artisans ou bien des domestiques; leur salaire est très-minime, et presque généralement il est insuffisant pour les nourrir, eux et leurs familles.

Leur principale nourriture est du pain de millet ou du maïs, du laitage, du fromage mou, des œufs et des petits poissons salés nommés *fiseck*. Ils se nourrissent aussi de concombres, de melons et de gourdes que l'on a en abondance, d'oignons, de poireaux, de fèves, de pois chiches, de lentilles, de dattes fraîches ou séchées, et de légumes marinés. Ils mangent les légumes toujours crus; les paysans se régalent quelquefois d'épis de maïs presque mûrs qu'ils font rôtir devant le feu ou cuire au four. Le prix du riz ne permet pas aux paysans d'en manger; il en est de même de la viande.

Le grand luxe de ces gens simples est le tabac, peu coûteux, qu'ils cultivent et font sécher eux-mêmes. Ce tabac est verdâtre, et son arome est assez agréable.

Quoique toutes les denrées dont il est question ci-dessus soient à bon marché, les personnes pauvres ne peuvent guère se procurer autre chose que du pain grossier qu'elles humectent dans un mélange nommé *sukkah*, qui est composé de sel, de poivre et de *zalaär* (espèce de marjolaine sauvage), ou bien de menthe ou de graine de cumin. A chaque bouchée, le pain est trempé dans ce mélange.— En songeant combien est pauvre la nourriture des paysans égyptiens, on est étonné de voir leur air de santé, leur structure robuste et la somme de travail qu'ils peuvent supporter.

Les femmes des classes inférieures sont rarement inactives, et beaucoup d'entre elles sont vouées à des travaux plus pénibles que ceux des hommes. Leurs occupations consistent notamment à préparer la nourriture du mari, à aller chercher l'eau, qu'elles portent dans de grands vases sur la tête, à filer du coton, du lin ou de la laine, et à faire une espèce de gâteau rond et plat, composé de fumier de bestiaux et de paille hachée qu'elles pétrissent ensemble et qui sert pour le chauffage.

C'est avec ce combustible nommé *gelley* que les fours sont chauffés et les aliments préparés. Dans les classes inférieures, l'assujettissement des femmes à leur mari est bien plus grand que dans les classes élevées. Il n'est pas toujours permis à ces pauvres femmes de dîner avec les hommes, et, lorsqu'elles sortent en compagnie du mari, elles marchent presque toujours derrière; s'il y a quelque chose à porter, c'est la femme qui en est chargée.

Dans les villes, quelques femmes ont des boutiques où elles vendent du pain, des légumes, etc.; de sorte qu'elles contribuent autant et souvent même plus que le mari à l'entretien de la famille.

Lorsqu'un Égyptien pauvre désire se marier, son premier soin est la réalisation du douaire, qui comporte ordinairement la somme de vingt *ryals* (de douze à treize francs); si l'homme voit la possibilité de donner le douaire, il n'hésite guère à se marier, car il ne lui faudra que peu de travail de plus pour pourvoir à l'entretien d'une femme et de deux ou trois enfants. Dès l'âge de cinq ou six ans, les enfants sont utiles à la conduite et à la garde des troupeaux, et, ensuite, jusqu'à l'époque où ils se marient, ils aident le père dans son travail aux champs. Les pauvres, en Égypte, dépendent souvent entièrement, dans leur vieillesse, du travail de leurs enfants; mais bien des parents sont privés de cette aide et se trouvent réduits à mendier ou à mourir de faim. Il y a peu de temps que le pacha, faisant le voyage d'Alexandrie au Caire, débarqua dans un village au bord du Nil; un pauvre homme de l'endroit se saisit de la manche du vêtement du pacha, et tous les efforts des assistants pour lui faire lâcher prise furent vains. Ce pauvre homme se plaignait de ce que, ayant été autrefois à son aise, il se trouvait réduit à la dernière misère, parce que, arrivé à la vieillesse, on lui avait enlevé ses fils pour en faire des soldats. Le pacha, qui examine ordinairement avec attention les demandes qu'on lui fait en personne, vint au secours du malheureux, mais ce fut en ordonnant au plus riche habitant du village de lui donner une vache.

Quelquefois, une jeune famille est une charge insupportable pour de pauvres parents; il n'est donc pas très-rare de voir des enfants qu'on offre à vendre; ces offres se font par la mère elle-même, ou par quelque femme que le père en a chargée; mais il faut que la misère de ces pauvres gens soit extrême. Si, à sa mort, une femme laisse un ou plusieurs enfants non sevrés, et si le père ou les autres parents sont trop pauvres pour se procurer une nourrice, on met les enfants en vente, ou bien on les expose à la porte d'une mosquée lorsque la foule s'y trouve assemblée pour la prière du vendredi, et il arrive, généralement, que quelqu'un, en voyant ce pauvre être ainsi exposé, est saisi de compassion, qu'il l'emporte pour l'élever dans sa famille, non comme esclave, mais comme enfant adoptif; si cela n'a pas lieu, on le confie à quelque personne, jusqu'à ce qu'un père ou une mère d'adoption puisse être découvert.

Il y a quelque temps qu'une femme offrit à une dame un enfant né depuis peu de jours, et que cette femme prétendait avoir trouvé à la porte d'une mosquée. La dame lui dit qu'elle était disposée à l'élever pour l'amour de Dieu, dans l'espoir que son unique enfant, qu'elle chérissait, serait garanti de tout mal, en récompense de cet acte de charité; en même temps, elle mit dix piastres, équivalant alors à deux francs cinquante centimes, dans la main de la femme; mais celle-ci refusa le cadeau. Cela prouve néanmoins que l'on fait quelquefois un objet de trafic des enfants, et que ceux qui les achètent en peuvent faire des esclaves ou les revendre. Un marchand d'esclaves m'a dit, et d'autres personnes m'ont confirmé le fait, qu'on lui avait remis pour les vendre plusieurs jeunes filles, et cela, de leur propre consentement. On les décidait en leur faisant le tableau des riches habillements et des objets de luxe qu'on leur donnerait; on les instruisait à dire qu'elles étaient étrangères;

mais qu'ayant été conduites en Égypte dès l'âge de trois ou
quatre ans, elles avaient oublié leur langue maternelle et
qu'elles ne connaissaient plus que l'arabe.

Il arrive souvent aux fellahs de se voir réduits à un état de
pauvreté si grand, qu'ils sont forcés, pour de l'argent, de placer leurs fils dans une position pire que l'esclavage ordinaire.
Lorsqu'un village est requis de fournir un certain nombre de
recrues, le cheik suit souvent la marche qui doit lui donner le
moins de peine; c'est-à-dire qu'il prend les fils les plus riches
de l'endroit. Dans ces circonstances, un père, afin de ne pas se
séparer de son fils, offre à l'un des villageois pauvres vingt-cinq
ou cinquante francs, afin de se procurer un remplaçant, et souvent
il réussit, quoique l'amour des Égyptiens pour leurs enfants soit
aussi fort que leur piété filiale, et qu'ils aient, en général, une
grande horreur de les voir enrôlés. Cette horreur est poussée
à un tel point, que souvent ils emploient des moyens violents
pour éviter ce malheur; par exemple, du temps de la guerre
de 1834, on ne trouvait presque pas de jeunes gens bien con-
formés auxquels il ne manquât une ou plusieurs dents qu'on
leur avait brisées pour les rendre incapables de mordre la
cartouche, ou bien on leur coupait un doigt, ou on leur arrachait un œil; il y a même eu des exemples qu'on leur crevait
les deux yeux pour empêcher qu'ils ne pussent être pris et envoyés à l'armée. Des vieilles femmes et d'autres personnes se
sont fait un état de parcourir les villages pour faire ces opérations aux garçons, et quelquefois les parents eux-mêmes se
chargent d'être les opérateurs.

Les *Fellaheen* d'Égypte ne peuvent guère être favorablement notés sous le rapport de leur condition domestique et
sociale, ni sous celui des mœurs. Ils ont une grande ressemblance, au point de vue le plus défavorable, avec leurs ancêtres les *Bedawees*, sans posséder beaucoup des vertus
des habitants du désert, et, s'ils en ont quelques-unes,
elles sont dégénérées. Quant aux défauts dont ils ont hérité,
ils exercent souvent une influence bien funeste sur leur posi-

tion domestique. Il a déjà été dit qu'ils descendent de diverses races arabes qui se fixèrent en Égypte à différentes époques; la distinction des tribus est encore observée par les habitants de tous les villages. L'espace du temps a fait que chacune des tribus originaires s'est divisée en branches nombreuses; ces petites tribus ont des noms distincts, et ces noms sont souvent donnés aux villages ou au district qu'elles habitent. Celles dont l'établissement en Égypte est le plus ancien ont moins retenu des mœurs des premiers *Bedawees*, et la pureté de leur race a été mélangée par des mariages réciproques avec les Cophtes devenus prosélytes de la foi mahométane, ou avec leurs descendants : ce qui fait qu'elles sont méprisées dans leurs tribus plus récemment établies dans le pays; celles-ci les appellent *Fellaheen* et s'arrogent la dénomination d'Arabes ou de *Bedawees*. Lorsque ces derniers convoitent les filles des premiers, ils n'ont aucune répugnance à les épouser; mais jamais ils ne permettent le mariage de leurs filles avec ceux qu'ils appellent *Fellaheen*. Si quelqu'un des leurs est tué par un individu appartenant à une tribu inférieure, pour le venger ils tuent deux, trois et même quatre personnes de cette tribu. L'homicide est ordinairement puni par la mort de quelqu'un de la famille du meurtrier, et, lorsque l'homicide a été commis par une personne d'une tribu autre que celle de la victime, il en résulte souvent de petits combats qui deviennent souvent des guerres ouvertes entre les deux tribus et dont la durée est souvent de quelques années. Une légère insulte, faite par un individu d'une tribu à un membre d'une autre tribu, a souvent les mêmes conséquences.

Dans beaucoup de cas, la vengeance par le sang a lieu un siècle ou davantage après le meurtre commis, si l'un ou l'autre individu la réveille après qu'un si long espace de temps semblait l'avoir fait oublier. Il y a dans la basse Égypte deux tribus, *Saad* et *Haram*, qui se distinguent par leurs combats et leur rancune (il en est de même des *Keys* et des *Yemen* de la Syrie); de là vient qu'on donne ces noms à des personnes ou à des partis qui vivent dans l'inimitié. Il est étonnant que l'on tolère, même en ce moment, de pareils forfaits, qui, s'ils avaient lieu autre part que dans des villages, c'est-à-dire dans de petites ou de grandes villes de l'Égypte, seraient punis d'une sentence de mort qui frapperait plusieurs des personnes impliquées. La vengeance par le sang est permise d'après le Coran ; mais il est recommandé d'y mettre de la modération et de la justice : les petites guerres qu'elle occasionne de notre temps sont donc en opposition avec le précepte du prophète, qui dit : « Si deux musulmans tirent le glaive l'un contre l'autre, celui qui aura tué, ainsi que celui qui sera tué, sera puni par le feu (l'enfer). »

Sous d'autres rapports, les *Fellaheen* ressemblent aux *Bedawees*. Lorsqu'une *Fellahah* est convaincue d'infidélité envers son mari, lui-même, ou le frère de la femme adultère, la précipite dans le Nil avec une pierre au cou, ou bien, après l'avoir coupée en morceaux, jette ses restes à la rivière. Une fille ou une sœur non mariée qui se rend coupable d'incontinence est presque toujours punie de la même manière, et c'est le père ou le frère qui se charge du supplice. On considère les parents de telles filles comme plus offensés que ne l'est un mari par l'adultère de sa femme, et, si la punition ne suit pas le crime, la famille est souvent méprisée par toute la tribu.

XI — LA FÊTE DE MAHOMET

A l'entrée du mois de *Babya-el-Ouel* (c'est-à-dire le troisième mois), on se prépare à célébrer l'anniversaire de la naissance du prophète ; et cette célébration s'appelle la *Mouled-en-Neby*. Le lieu principal de la fête est la partie sud-ouest du grand espace dit *Birket-el-Esbekieh*, dont la presque totalité devient un lac lors des inondations ; ce qui arriva plusieurs années de suite à l'époque de la *Mouled*, que l'on célébrait, dans ce cas, au bord du lac ; mais, quand le sol est à sec, c'est là que la fête a lieu. On y dresse de grandes tentes appelées *secwans*, et dans la plupart desquelles se rassemblent des derviches, toutes les nuits, tant que dure la fête. Au milieu de chacune de ces tentes, on élève un mât appelé *sâry*, qu'on attache solidement avec des cordes, et auquel on suspend une douzaine de petites lampes ou davantage ; et c'est autour de ces mâts qu'une troupe d'environ cinquante ou soixante derviches se rangent en cercle pour chanter les *zikrs*. Près de là, on élève ce qu'on appelle le *çhaïm*, qui consiste en quatre mâts dressés sur une même ligne, éloignés entre eux de quelques verges, et soutenus par des cordes qui passent de l'un à l'autre mât et sont fixées au sol par les deux extrémités.

A ces cordes, on suspend des lampes qui représentent par leur arrangement quelquefois des fleurs, des lions, etc.; et qui, d'autres fois, figurent des mots, tels que le nom de Dieu, celui de Mahomet ou quelque article de foi, ou seulement des ornements de pure fantaisie. Les préparatifs se terminent le second jour du mois, et le jour suivant commencent les cérémonies et les réjouissances, qui doivent se continuer sans interruption jusqu'à la douzième nuit du mois; ce qui signifie, selon la manière de calculer des mahométans, jusqu'à la nuit qui précède le douzième jour, et qui est, à proprement parler, la nuit de la Mouled[1]. Durant cette période de dix jours et dix nuits, une grande partie de la population de la métropole se rassemble à Esbékieh.

Dans certaines parties des rues qui avoisinent la place, on établit des balançoires et divers autres jeux, ainsi qu'une grande quantité d'étalages pour la vente des sucreries, etc.

Nous sommes allé dans une rue appelée *Souk-el-Bekry*, au sud de la place de l'Esbékieh, pour voir le jeu des zikrs qu'on nous avait dit devoir être le mieux exécuté. Les rues qu'il fallait traverser pour s'y rendre étaient remplies de monde, et il n'é-

---

1. Le douzième jour de Babya-el-Ouel est aussi l'anniversaire de la mort de Mahomet. Il est remarquable que sa naissance et sa mort soient toutes deux relatées comme ayant eu lieu le même jour du même mois, et nommément le même jour de la semaine, le lundi.

tait permis à personne de circuler sans lanterne, comme c'est l'ordinaire lorsqu'il fait nuit. On voyait à peine quelques femmes parmi les assistants.

Sur le lieu même du zikr, on avait suspendu un très-grand chandelier, ou plutôt un candélabre portant deux ou trois cents petites lampes de verre superposées les unes aux autres et qui semblaient n'en faire qu'une seule. Autour de ce faisceau de lumière, il y avait encore beaucoup de lanternes en bois contenant chacune plusieurs petites lampes semblables à celles du grand chandelier.

Les *zikkers* (chanteurs de zikrs), qui étaient au nombre de trente à peu près, s'assirent les jambes croisées sur des nattes étendues à cet effet le long des maisons d'un des côtés de la rue, et disposées dans la forme d'un cercle oblong. Au milieu de ce cercle étaient trois chandelles en cire, supportées par des chandeliers très-bas. La plupart des zikkers étaient des *ahmed-derviches*, gens de basse condition et misérablement vêtus ; quelques-uns seulement portaient le turban vert. A l'une des extrémités de ce cercle allongé étaient quatre chanteurs et quatre joueurs d'une espèce de flûte appelée *nay*. C'est parmi ces derniers que nous parvînmes à nous établir pour assister à la *meglis*, ou représentation du zikr, que nous décrirons aussi exactement que possible.

La cérémonie, d'après notre calcul, dut commencer environ trois heures après le coucher du soleil. Les exécutants récitèrent d'abord le *Fathah* tous ensemble ; leur chef s'étant écrié le premier : *El Fathah!* tous poursuivirent ainsi : « O Dieu ! favorise notre seigneur Mahomet dans les siècles ; favorise notre seigneur Mahomet dans le plus haut degré au jour du jugement, et favorise tous les prophètes et tous les apôtres parmi les habitants du ciel et de la terre. Et puisse Dieu, dont le nom est loué et béni, se plaire avec nos seigneurs et nos maîtres Abou-Bekr et Omar, Osman et Ali d'illustre mémoire. Dieu est notre refuge et notre excellent gardien. Il n'y a force ni puissance qu'en Dieu le haut, le grand ! O Dieu ! ô notre seigneur! ô toi, libéral en pardon! ô toi, le meilleur des meilleurs! ô Dieu! — *Amen!* »

Après ces chants, les zikkers restèrent silencieux quelques minutes; ensuite, ils reprirent le chant à voix basse.

Cette manière de préluder au zikr est commune à presque tous les ordres de derviches en Égypte et s'appelle *istifta' hhezzikr*. Aussitôt après, les chanteurs, rangés comme il est dit ci-dessus, commencèrent le zikr *La illah il Allah* (il n'y a d'autre Dieu que Dieu), dans une mesure lente et en s'inclinant deux fois à chaque répétition du *La illah il Allah*; puis ils le continuèrent ainsi environ un quart d'heure, et le répétèrent ensuite un autre quart d'heure dans un mouvement plus vif, tandis que les *moonshids* chantaient sur le même air, ou en le variant, des passages d'une espèce d'ode analogue aux chants de Salomon, et faisant généralement allusion au prophète, comme à un objet d'amour et de louange.

Ces zikrs continuent jusqu'à ce que le muezzin convie à la prière, et les exécutants se reposent seulement entre chaque représentation, les uns en prenant du café, et quelques autres en fumant.

Il était plus de minuit quand nous quittâmes le lieu du zikr de la rue Souk-el-Bekry pour nous rendre à la place de l'Esbékieh; ici, la clarté de la lune, jointe à celle des lampes, produisait un effet singulier; cependant, beaucoup de ces dernières étaient éteintes au *çkaïm* de la *sâry* et aux tentes; et plusieurs personnes sommeillaient sur la terre nue, prenant là le repos de la nuit. Le zikr des derviches autour de la sâry était terminé, et nous ne décrirons ce dernier que d'après les remarques que nous y fîmes la nuit suivante; pour celle-ci, après avoir assisté à plusieurs zikrs dans les tentes, nous nous retirâmes.

Le jour suivant (celui qui précède immédiatement la nuit de la Mouled), nous retournâmes à l'Esbékieh, une heure environ avant midi. Il était trop tôt pour qu'il y eût beaucoup de monde rassemblé et beaucoup de divertissements. Nous ne

vîmes que quelques jongleurs, des bouffons, qui s'efforcaient
de réunir autour d'eux un petit cercle de spectateurs. Mais
bientôt la foule s'accrût graduellement, car il s'agissait d'un
spectacle remarquable, qui attire chaque année, à pareil jour,
une multitude toujours émerveillée. Ce spectacle est appelé
la *dossah* (la marche). Et voici en quoi il consiste :

Le cheik de la *Saadyeh-Derviche* (le saïd Mohammed El-
Meuzela), qui est *khutib* (ou prédicateur) de la mosquée de
Hasaniëh, après avoir, dit-on, passé une partie de la nuit
précédente dans la solitude, à répéter certaines prières, certaines invocations secrètes et des passages du Coran, reparaît
à la mosquée nommée ci-dessus, le vendredi, jour qui précède
la nuit de la Mouled, pour accomplir le devoir accoutumé de
la *dossah*. Les prières de la matinée et la prédication étant
terminées, il quitte la mosquée pour se rendre à cheval à la
maison du cheik-el-bekry, chef de tous les ordres de derviches en Égypte. Cette maison est au sud de la place de l'Esbékieh, et attenante à celle qui est située à l'angle sud-ouest.
Dans le trajet, il est joint successivement par une foule de
derviches de différents districts de la métropole. Le cheik est
un vieillard à tête blanche, d'une belle stature, et dont la
physionomie est aimable et intelligente.

Le jour dont nous parlons, il portait un benieh blanc et un
skaouk blanc aussi (un bonnet ouaté recouvert de drap). Son
turban de mousseline était d'un vert-olive si foncé, qu'à peine
pouvait-on le distinguer du noir, et un bandeau de mousseline
blanche lui traversait obliquement le front. Le cheval qu'il
montait était de taille moyenne et d'un poids ordinaire. On
verra pour quelle raison cette dernière remarque était à faire.

Le cheik entra dans le *Birket-el-Esbekieh*, précédé par
une nombreuse procession des derviches dont il est le chef.
A peu de distance de la maison du cheik-el-bekry, la procession s'arrêta; alors vint un nombre considérable de derviches et autres. Nous ne pûmes les compter, mais ils étaient
certainement plus de soixante; ils s'étendirent à plat ventre sur

le chemin, en avant des pas du cheval monté par le cheik. Ils
se rangèrent côte à côte, le plus près possible les uns des autres,
les jambes allongées, et le front appuyé sur leurs bras croisés,
en murmurant sans interruption le mot *Allah!* Puis environ douze derviches, ou davantage, se mirent à courir sur le
dos de leurs compagnons prosternés, quelques-uns frappant
sur des *bazcs*, ou petits tambours, qu'ils tenaient de la main
gauche, et en s'écriant aussi : *Allah!* Le cheval que montait le
cheik hésita quelques minutes à poser le pied sur le premier
de ces hommes étendus en travers de son chemin; mais, étant
poussé par derrière, il se décida, et, sans crainte apparente,
il prit l'amble d'un pas élevé, et passa sur eux tous, conduit
par deux hommes qui le tenaient de chaque côté, courant eux-
mêmes, l'un sur les pieds, l'autre sur les têtes des prosternés.
Immédiatement, il s'éleva un long cri parmi les spectateurs :
Allah! Allah! Pas un de ces hommes ainsi foulés sous les
pieds du cheval et de ses deux conducteurs ne parut blessé,
et chacun d'eux, se relevant d'un seul bond aussitôt que l'animal avait passé sur lui, se joignait à la procession qui suivait le cheik. Tous avaient supporté deux pas du cheval, l'un
d'un des pieds de devant, l'autre d'un des pieds de derrière,
sans oublier le passage des deux conducteurs. On dit que ces
derviches, aussi bien que le cheik, récitent certaines prières
et certaines invocations le jour précédent, afin de ne courir
aucun risque dans cette cérémonie, et de se relever sains et
saufs. Quelques-uns ayant eu la témérité de participer à cette
dévotion sans s'y être préalablement préparés, ont été, en
maintes occasions, ou tués ou cruellement estropiés. Le succès
de cette pratique religieuse est considéré comme un miracle
accordé à chaque cheik de *Saadyeh*[1].

Une des coutumes de quelques-uns de la *Saadyeh*, en

---

1. On dit que le second cheik de *Saadyeh* (le successeur immédiat du
fondateur de l'ordre) fit courir son cheval sur des amas de morceaux de verre
sans qu'il y en eût un seul de brisé.

cette occasion, est de manger des serpents tout vifs devant une assemblée choisie dans la maison même de cheik - el - bekry ; mais le cheik actuel a dernièrement mis opposition à cette coutume dans la métropole, en déclarant que c'était une pratique dégoûtante et contraire à la religion, qui range les reptiles dans la classe des animaux qu'on ne doit pas manger. Cependant, nous vîmes plus d'une fois les saadis manger des serpents et des scorpions pendant notre première excursion dans cette contrée. Il faut ajouter qu'on arrachait celles des dents du serpent qui contiennent le poison, et que l'animal devenait incapable de mordre, attendu qu'on lui perçait les deux lèvres et qu'on y passait un cordon de soie pour les lier ensemble, lequel cordon de soie était remplacé par deux anneaux d'argent lorsqu'on le menait en procession.

Quand un saadi mangeait la chair d'un serpent vivant, il était ou affectait d'être excité par une sorte de frénésie. Il appuyait fortement le bout de son doigt sur le dos du reptile, en le saisissant à peu près à deux pouces de la tête, et ne mangeait que jusqu'à l'endroit où il avait appuyé ; ce dont il faisait trois ou quatre bouchées. Le reste du corps, il le jetait.

Cependant, les serpents ne sont pas toujours maniés sans danger, même par des saadis. On nous raconta qu'il y a quelques années, un derviche de cette secte, qu'on appelait El-Fil, ou Éléphant, à cause de sa corpulence et de sa force musculaire, et qui était le plus fameux mangeur de serpents de son temps, et même de tous les temps, ayant eu le désir d'apprivoiser un serpent d'une espèce très-venimeuse qu'on lui avait apporté du désert, il mit ce reptile dans un panier, et l'y garda plusieurs jours pour l'affaiblir ; après quoi, voulant le prendre pour lui extraire les dents, il enfonça la main dans le panier, et se sentit mordu au pouce. Il appela à son secours ; mais, comme il n'y avait dans la maison qu'une femme, qui fut trop effrayée pour venir à lui, il s'écoula quelques minutes avant qu'il pût obtenir assistance, et, lorsqu'on vint, tout le bras était noir et enflé, et l'homme mourut au bout de quelques heures.

XII — LES BÉGUINS

Il appartient aux voyageurs d'éclairer l'opinion publique sur les faits qu'ils ont pu remarquer et qui se rattachent par quelque point à notre société européenne. Le procès relatif à la secte des béguins, procès dont tous les journaux ont rendu compte (janvier 1851) n'a donné lieu qu'à un petit nombre de recherches historiques sur l'origine de cette religion.

Il nous a semblé que cette secte ne se rattachait pas seulement, comme on l'a dit, à certaines associations anglaises qui auraient précédé les anabaptistes de France et d'Allemagne, mais qu'elle remontait aux origines mêmes de la religion chrétienne.

Nous avons trouvé sur les côtes de Syrie, depuis le Carmel jusqu'à Tripoli, les traces encore existantes d'une religion dont les fidèles s'appellent dans le pays, *nasariés* (nazaréens) et dont le centre existe dans les pays situés entre Lataquié et Antaquié (Laodice et Antioche). Volney, qui a consacré plusieurs pages à cette religion singulière, les appelle *ansariés*.

Il paraît certain que ces peuples appartiennent aux hérésies primitives du christianisme. Peut-être pourrait-on remonter plus haut en les rattachant à quelque secte hébraïque, celle surtout des *esséniens*, qui avait été fondée sous l'influence de certains inspirés voisins de la Phénicie, tels que Pythagore, dont le souvenir est honoré au Carmel, et Élie, le prophète spécial de cette montagne.

Les chaînes du Liban et de l'Antiliban contiennent un grand nombre de ces sectaires, auxquels on reproche les mêmes erreurs qu'aux béguins de nos pays.

Il ne faut pas oublier, du reste, que les chrétiens primitifs furent accusés, à Rome, de pratiques analogues, et que leurs agapes donnaient aussi lieu à des suppositions d'immoralité.

Chez les nasariés, on reconnaît cette même croyance au prophète Élie, lequel revient, à des temps marqués, sous diverses incarnations, et qui, alors, rétablit les principes oblitérés des dogmes. Tout alors est permis à celui qui représente à la fois le prophète et la Divinité. Et, quoique ces fidèles soient obligés généralement à la continence, son caractère divin lui permet de la méconnaître, lorsqu'il s'agit de produire le Madhi ou Messie attendu.

Les processions se font dans les bois, comme chez les béguins d'Europe; mais il n'y est pas question comme ici d'hommes ou de femmes nus. Seulement, on se retire la nuit dans des temples nommés *kaloués*, où le service divin se borne à la lecture des livres saints, c'est-à-dire d'une sorte de Bible apocryphe que ces peuples possèdent. Il est très-vrai aussi qu'à un moment de la cérémonie, les lumières s'éteignent, ou se trouvent réduites à une faible lueur ; mais il n'a jamais été prouvé, même en Syrie, qu'il se passât alors des actes condamnables.

Nous avons entendu quelques officiers égyptiens, qui occupaient la Syrie, en 1840, s'exprimer sur ce sujet avec quelque légèreté. Ils prétendaient qu'une fois les lumières éteintes, des scènes fort peu édifiantes se passaient dans le kaloué; mais il ne faut pas plus se fier à l'esprit ironique des Égyptiens qu'à celui de nos Marseillais qui, se trouvant en rapport avec ces peuples des basses chaînes du Liban, ont attribué aux cérémonies de ce culte un caractère certainement exagéré. Du reste, il est probable que ce culte, passant dans nos pays froids, s'y est épuré, ainsi qu'il est arrivé du christianisme primitif, dont il fut une secte importante.

XIII — LES ARTS A CONSTANTINOPLE ET CHEZ LES ORIENTAUX [1]

Il existe chez nous un préjugé qui présente les nations orientales comme ennemies des tableaux et des statues. C'est là une vieille récrimination bonne à ranger près de celle qui attribue au lieutenant d'Omar la destruction de la bibliothèque d'Alexandrie, laquelle, bien longtemps auparavant, avait été dispersée après l'incendie et le ravage du Sérapéon.

Les journaux d'Orient nous ont appris cependant que le sultan avait consacré de fortes sommes à la restauration de Sainte-Sophie; au moment où la civilisation européenne semble si peu s'intéresser aux merveilles de l'imagination et de l'exécution artistiques, il serait beau que les Muses trouvassent à se réfugier sur ces rives de Bosphore, d'où elles nous sont venues. Rien ne peut empêcher cela, en vérité.

Nous savons tous qu'il existe des tableaux peints sur parchemin à l'Alhambra de Grenade, et que l'un des rois maures de cette ville avait fait dresser la statue de sa maîtresse dans un lieu qu'on appela *Jardin de la Fille*. J'ai dit déjà que l'on rencontrait dans une des salles du sérail, à Constantinople, une collection de portraits des sultans, dont les plus anciens ont été peints par les Bellin, de Venise, qu'on avait, à grands frais, conviés à ce travail.

J'ai eu même l'occasion d'assister à une exposition de tableaux qui eut lieu, à Constantinople, pendant les fêtes du Ramazan, dans le faubourg de Galata, près de l'entrée du pont de bateaux qui traverse la Corne-d'or. Il faut avouer toutefois que cette exhibition aurait laissé beaucoup à désirer à la critique parisienne. Ainsi l'anatomie y manquait complète-

1. Cette étude complète le chapitre ix ci-dessus : *la Peinture chez les Turcs*. Nous avons pensé que quelques répétitions ne devaient pas nous la faire écarter. (*Note des Éditeurs*.)

ment, tandis que le paysage et la nature morte dominaient avec
uniformité.

Il y avait là cinq ou six cents tableaux encadrés de noir,
qui pouvaient se divise1 ainsi : tableaux de religion, batailles,
paysages, marines, animaux. Les premiers consistaient dans
la reproduction des mosquées les plus considérables de l'empire ottoman; c'était purement de l'architecture avec tout au
plus quelques arbres faisant valoir les minarets. Un ciel d'indigo, un terrain d'ocre, des briques rouges et des coupoles
grises, voilà jusqu'où s'élevaient ces peintures peu variées,
tyrannisées par une sorte de convention hiératique. Quant
aux batailles, l'exécution en était gênée singulièrement par
l'impossibilité établie. par le dogme religieux de représenter
aucune créature vivante, fût-ce un cheval, fût-ce un chameau,
fût-ce même un hanneton. Voici comment s'en tirent les peintres musulmans : ils supposent le spectateur extrêmement éloigné du lieu de la lutte; les plis de terrain, les montagnes et
les rivières se dessinent seuls avec quelque netteté; le plan
des villes, les angles et les lignes des fortifications et des tranchées, la position des carrés et des batteries sont indiqués avec
grand soin; de gros canons faisant feu et des mortiers d'où
s'élance la courbe enflammée des bombes animent le spectacle
et représentent l'*action*. Quelquefois, les hommes sont marqués
par des points. Les tentes et les drapeaux indiquent les nationalités diverses, et une légende inscrite au bas du tableau apprend au public le nom du chef victorieux. Dans les combats
de mer, l'effet devient plus saisissant par la présence des navires, dont la lutte a relativement quelque chose d'animé; le
mouvement de ces tableaux gagne aussi beaucoup d'effet, grâce
à certains groupes de souffleurs et d'amphibies qu'il est
permis de rendre spectateurs des triomphes maritimes du
croissant.

Il est, en effet, assez singulier de voir que l'islamisme permet
seulement la représentation de quelques animaux rangés dans
la classe des monstres. Telle est une sorte de sphinx dont on

rencontre les représentations par milliers dans les cafés et chez les barbiers de Constantinople. C'est une fort belle tête de femme sur un corps d'hippogriffe ; ses cheveux noirs à longues tresses se répandent sur le dos et sur le poitrail, ses yeux tendres sont cernés de brun, et ses sourcils arqués se rejoignent sur son front ; chaque peintre peut lui donner les traits de sa maîtresse, et tous ceux qui la voient peuvent rêver en elle l'idéal de la beauté ; car c'est, au fond, la représentation d'une créature céleste, de la jument qui emporta Mahomet au troisième paradis.

C'est donc la seule étude de figure possible ; un musulman ne peut donner son portrait à sa bien-aimée ou à ses parents. Cependant, il a un moyen de les doter d'une image chérie et parfaitement orthodoxe : c'est de faire peindre en grand et en miniature, sur des boîtes ou des médaillons, la représentation de la mosquée qui lui plaît le plus à Constantinople ou ailleurs. Cela veut dire : « Là se trouve mon cœur, il brûle pour vous sous le regard de Dieu. » On rencontre le long de la place du Sérasquier, près de la mosquée de Bayézid, où les colombes voltigent par milliers, une rangée de petites boutiques occupées par des peintres et des miniaturistes. C'est là que les amoureux et les époux fidèles se rendent à certains anniversaires et se font dessiner ces mosquées sentimentales : chacun donne ses idées sur la couleur et sur les accessoires ; ils y font ajouter, d'ordinaire, quelques vers qui peignent leurs sentiments.

On ne comprend pas trop comment l'orthodoxie musulmane s'arrange des figures d'ombres chinoises, très-bien découpées et finement peintes, qui servent dans les représentations de Caragueus. Il faut citer encore certaines monnaies et médailles d'autrefois et même des étendards de l'ancienne milice des janissaires qui portaient des figures d'animaux. Le vaisseau du sultan est orné d'un aigle d'or aux ailes étendues.

Par une autre anomalie singulière, il est d'usage au Caire de couvrir de peinture la maison de tout pèlerin qui vient de faire le voyage de la Mecque, dans l'idée sans doute de figurer les pays qu'il a vus ; car en cette seule circonstance on se permet d'y représenter des personnages qu'on a bien de la peine, du reste, à reconnaître pour vivants.

Ces préjugés contre les figures n'existent, comme l'on sait, que chez les musulmans de la secte d'Omar ; car ceux de la secte d'Ali ont des peintures et des miniatures de toute sorte. Il ne faut donc pas accuser l'islamisme entier d'une disposition fatale aux arts. Le différend porte sur l'interprétation d'un texte saint qui laisse penser qu'il n'est pas permis à l'homme de créer des formes, puisqu'il ne peut créer des esprits. Un voyageur anglais dessinait, un jour, des figures sous les yeux d'un Arabe du désert, qui lui dit fort sérieusement : « Lorsqu'au jugement dernier toutes les figures que tu as faites se présenteront devant toi, et que Dieu te dira : « Les voilà qui » viennent se plaindre d'exister, et cependant de ne pouvoir » vivre. Tu leur as fait un corps ; à présent, donne-leur une âme ! » Alors, que leur répondras-tu ? — Je répondrai au Créateur, dit l'Anglais : « Seigneur, quant à ce qui est de faire des âmes, » vous vous en acquittez trop bien pour que je me permette de » lutter avec vous... Mais, si ces figures vous paraissent dignes » de vivre, faites-moi la grâce de les animer. »

L'Arabe trouva cette réponse satisfaisante, ou, du moins, ne sut que dire pour y répondre. L'idée du peintre anglais m'a paru fort ingénieuse ; et, si Dieu voulait, en effet, au jugement dernier, donner la vie à toutes les figures peintes ou sculptées par les grands maîtres, il repeuplerait le monde d'une foule d'admirables créatures, très-dignes de séjourner dans la Jérusalem nouvelle de l'apôtre saint Jean.

Il est bon de remarquer, du reste, que les Turcs ont respecté beaucoup plus qu'on ne croit les monuments des arts dans les lieux soumis à leur puissance. C'est à leur tolérance et à leur respect pour les antiquités que l'on doit la conservation d'une foule de sculptures assyriennes, grecques et romaines que la lutte des religions diverses aurait détruites dans le cours des siècles. Quoi qu'on en ait pu dire, la destruction des figures n'a eu lieu qu'aux premières époques du fanatisme, alors seulement que certaines populations étaient soupçonnées de leur rendre un culte religieux. Aujourd'hui, la plus grande preuve de la tolérance des Turcs, à cet égard, nous est donnée par l'existence d'un obélisque placé au centre de la place de l'Atméidan, en face de la mosquée du sultan Sélim, et dont la base est couverte de bas-reliefs byzantins, où l'on distingue plus de soixante figures parfaitement conservées. Il serait difficile, toutefois, de citer d'autres sculptures d'êtres animés conservées dans l'intérieur de Constantinople, hormis celles que contiennent les églises catholiques. Dans le dôme de Sainte-Sophie, les figures des apôtres en mosaïque avaient été couvertes d'une couche de peinture où l'on avait représenté des arabesques et des fleurs. L'*Annonciation de la Vierge* était seulement voilée [1]. Dans l'église des Quarante-Martyrs, située près de l'aqueduc de Valens, les images en mosaïque ont été conservées, bien que l'édifice soit devenu une mosquée.

Pour en finir avec les figures publiquement exposées, je puis citer encore un certain cabaret situé à l'extrémité de Péra, au bord d'une route qui sépare ce faubourg du village de San-Dimitri. — Cette route est formée par le lit d'un ravin, au fond duquel coule un ruisseau qui devient fleuve les jours d'orage. L'emplacement est des plus pittoresques, grâce à l'horizon mouvementé des collines qui s'étendent du petit champ des Morts jusqu'à la côte européenne du Bosphore. Les maisons peintes, entremêlées de verdure, consacrées la plupart à des guinguettes ou à des cafés, se dessinent par centaines sur les crêtes et les pentes des hauteurs. La foule bigarrée se presse autour des divers établissements de cette Courtille musulmane. Les pâtissiers, les frituriers, les vendeurs de fruits et de pas-

---

1. Aujourd'hui, la restauration complète de Sainte-Sophie a été exécutée par MM. Fossati frères. Les mosaïques sont rétablies d'après les dessins de M. Fornari. — Il existe sur cette restauration un très-intéressant travail de M. Noguès.

tèques vous assourdissent de leurs cris bizarres. Vous entendez
des Grecs crier le raisin à *déka* paras (dix paras, un peu plus
d'un sou); puis ce sont des pyramides d'épis de maïs bouillis
dans une eau safranée. Entrons maintenant dans le cabaret :
l'intérieur en est immense ; de hautes galeries à balustres de
bois tourné règnent autour de la grande salle ; à droite se
trouve le comptoir du tavernier, occupé sans relâche à verser
les vins de Ténédos dans des verres blancs munis d'une anse,
où perle la liqueur ambrée ; au fond sont les fourneaux du cuisinier, chargés d'une multitude de ragoûts. On s'assied pour
dîner sur de petits tabourets, devant des tables rondes qui ne
montent qu'à la hauteur du genou ; les simples buveurs s'établissent plus près de la porte ou sur les bancs qui entourent la
salle. Là, le Grec au tarbōuch rouge, l'Arménien à la longue
robe, au *kalpak* noir, et le juif au turban gris, démontrent leur
parfaite indépendance des prescriptions de Mahomet. Le com-
plément de ce tableau est la décoration locale que je voulais
signaler, composée d'une série de figures peintes à fresque sur
le mur du cabaret. C'est la représentation d'une promenade
fashionable, qui, si l'on en croit les costumes, remonterait à la
fin du siècle dernier. On y voit une vingtaine de personnages
de grandeur naturelle, avec les costumes des diverses nations
qui habitent Constantinople. Il y a parmi eux un Français en
costume du Directoire, ce qui donne la date précise de la composition. La couleur est parfaitement conservée, et l'exécution
très-suffisante pour une peinture néo-byzantine. Un trait de
satire que contient le morceau indique qu'il n'est pas dû à un
artiste européen, car on y voit un chien qui lève la patte pour
gâter les bas chinés du merveilleux; ce dernier tente sans
succès de le repousser avec son rotin. Voilà, en vérité, le seul
tableau à personnages publiquement exposé que j'aie pu découvrir à Constantinople. On voit donc qu'il ne serait pas difficile
à un artiste d'y mettre son talent au service des cabaretiers,
comme faisait Lantara. Il ne me reste qu'à m'excuser de la
longueur de cette note, qui peut servir du moins à détruire

deux préjugés européens, en prouvant qu'il y a dans les pays turcs et des peintures et des cabarets. Plusieurs de nos artistes y vivent fort bien, du reste, en faisant des portraits de sainteté pour les Arméniens et les Grecs du Phanar.

Pour ce qui est de la peinture d'ornements, de la grâce et de l'agencement des arabesques, on sait quelle est là-dessus la supériorité des Turcs. La jolie fontaine de Tophana peut édifier les voyageurs sur le génie de l'ornementation à Constantinople.

XIV — LETTRE D'AMROU

L'histoire du calife Hakem a été pour l'auteur un motif de compléter la description du Caire moderne par une description du Caire ancien, animée par les souvenirs de la plus belle époque historique.

Un document qu'il ne faut pas oublier comme première impression de l'Égypte devenue musulmane, c'est la lettre écrite par Amrou ou Gamrou au calife Omar, à l'époque de la conquête de ce pays par les musulmans.

Nous ne pouvons mieux conclure des remarques sur l'Égypte actuelle qu'en la citant. Ce détail nous permet, en outre, de fixer un point d'histoire qui paraît avoir égaré bien des savants. M. Ampère, qui a publié un travail fort étudié et fort important sur l'Égypte, s'est laissé aller à l'erreur commune qui suppose que le calife Omar a fait lui-même le siége d'Alexandrie. On verra, par les faits suivants, que c'est son général Amrou ou Gamrou qui fut chargé de cette expédition. Nous avons conservé ici le vieux style d'un ancien orientaliste, Pierre Vattier, qui rend admirablement le style arabe.

Voici d'abord la lettre qu'écrivit le commandeur des fidèles, Omar, à Amrou ou Gamrou (la langue française ne rend qu'imparfaitement les consonnances de l'arabe) :

« De la part de Gabdolle Omar, fils du Chettabe, à Gamrou, fils du Gase. Dieu vous donne sa paix, ô Gamrou ! et sa miséricorde et ses bénédictions, et à tous les musulmans généralement. Après cela, je remercie Dieu des faveurs qu'il vous a faites, il n'est point d'autre Dieu que lui, et je le prie de bénir Mahomet et sa famille. Je sais, ô Gamrou, par le rapport qui m'a été fait, que la province où vous commandez est belle et bien fortifiée, bien cultivée et bien peuplée; que les Pharaons et les Amalécites y ont régné; qu'ils y ont fait des ouvrages exquis et des choses excellentes; qu'ils y ont étalé les marques de leur grandeur et de leur orgueil, s'imaginant être éternels, et prenant où ils n'avaient point fait de compte. Cependant, Dieu vous a établi en leurs demeures, et a mis en votre puissance leurs biens et leurs serviteurs et leurs enfants, et vous a fait hériter de leur terre. Qu'il en soit loué et béni et remercié; c'est à lui qu'appartient l'honneur et la gloire. Quand vous aurez lu ma lettre que voici, écrivez-moi les qualités particulières de l'Égypte, tant en sa terre qu'en sa mer, et me la faites connaître comme si je la voyais moi-même. »

Amrou, ayant reçu cette lettre, et vu ce qu'elle contenait, fit réponse à Omar; il lui écrivit en ces termes :

« De la part de Gabdolle, fils du Gase, fils de Vaïl le Saharien, au successeur de l'apôtre de Dieu, à qui Dieu fasse paix et miséricorde, Omar, fils du Chettabe, commandeur des fidèles, l'un des califes suivant le droit chemin, dont j'ai reçu et lu la lettre et entendu l'intention; c'est pourquoi je veux ôter de dessus son esprit la nuée de l'incertitude par la vérité de mon discours. C'est de Dieu que vient la force et la puissance, et toutes choses retournent à lui. Sachez, seigneur commandeur des fidèles, que le pays d'Égypte n'est autre chose que des terres noirâtres et des plantes vertes entre une montagne poudreuse et un sable rougeâtre. Il y a entre sa montagne et son sable des plaines relevées et des éminences abaissées. Elle est environnée d'un penchant qui lui fournit de quoi vivre, et qui a de tour, depuis Syène jusqu'à la fin de la terre et au bord de la mer, un mois de chemin pour un homme de cheval. Par le milieu du pays, il descend un fleuve béni au matin et favorisé du ciel au soir, qui coule en augmentant et en diminuant, sui-

vant le cours du soleil et de la lune. Il a son temps auquel les
fontaines et les sources de la terre lui sont ouvertes, suivant
le commandement qui leur est fait par son Créateur, qui gouverne et dispense son cours pour fournir de quoi vivre à la province, et il court, suivant ce qui lui est prescrit, jusqu'à ce que,
ses eaux étant enflées et ses ondes roulant avec bruit, et ses
flots étant parvenus à la plus grande élévation, les habitants du
village ne peuvent passer de village en autre que dans de petites barques, et l'on voit tournoyer les nacelles qui paraissent
comme des chameaux noirs et blancs dans les imaginations.
Puis, lorsqu'il est dans cet état, voici qu'il commence à retourner en arrière et à se renfermer dans son canal, comme il en
était sorti auparavant, et s'y était élevé peu à peu. Et alors, les
plus prompts et les plus tardifs s'apprêtent au travail; ils se
répandent par la campagne en troupes, les gens de la loi que
Dieu garde, et les hommes de l'alliance, que les hommes pro-
tègent; on les voit marcher comme des fourmis, les uns faibles, les autres forts, et se lasser à la tâche qui leur a été or-
donnée. On les voit fendre la terre et ce qui en est abreuvé, et
y jeter de toutes les espèces de grains qu'ils espèrent y pouvoir multiplier avec l'aide de Dieu; et la terre ne tarde point,
après la noirceur de son engrais, à se revêtir de vert et à répandre une agréable odeur, tant qu'elle produit des tuyaux et
des feuilles et des épis, faisant une belle montre et donnant une
bonne espérance, la rosée l'abreuvant d'en haut, et l'humidité
donnant nourriture à ses productions par bas. Quelquefois, il
vient quelques nuées avec une pluie médiocre; quelquefois, il
tombe seulement quelques gouttes d'eau, et, quelquefois, point
du tout. Après cela, seigneur commandeur des fidèles, la terre
étale ses beautés et fait parade de ses grâces, réjouissant ses
habitants et les assurant de la récolte de ses fruits pour leur
nourriture et celle de leurs montures, et pour en transporter
ailleurs, et pour faire multiplier leur bétail. Elle paraît aujour-
d'hui, seigneur commandeur des fidèles, comme une terre poudreuse, puis incontinent comme une mer bleuâtre et comme

une perle blanche, puis comme de la boue noire, puis comme
un taffetas vert, puis comme une broderie de diverses couleurs, puis comme une fonte d'or rouge. Alors, on moissonne
ses blés, et on les bat pour en tirer le grain, qui passe ensuite
diversement entre les mains des hommes, les uns en prenant
ce qui leur appartient, et les autres ce qui ne leur appartient
pas. Cette vicissitude revient tous les ans, chaque chose en son
temps, suivant l'ordre et la providence du Tout-Puissant : qu'il
soit loué à jamais ce grand Dieu; qu'il soit béni le meilleur
des créateurs ! Quant à ce qui est nécessaire pour l'entretien
de ces ouvrages, et qui doit rendre le pays bien peuplé et bien
cultivé, le maintenir en bon état et le faire avancer de bien en
mieux, suivant ce que nous en ont dit ceux qui en ont connaissance pour en avoir eu le gouvernement entre leurs mains,
nous y avons remarqué particulièrement trois choses, dont la
première est de ne recevoir point les mauvais discours que
fait la canaille contre les principaux du pays, parce qu'elle est
envieuse et ingrate du bien qu'on lui fait; la seconde est d'employer le tiers du tribut que l'on lève à l'entretien des ponts et
chaussées, et la troisième est de ne tirer le tribut d'une espèce,
sinon d'elle même, quand elle est en sa perfection. Voilà la
description de l'Égypte, seigneur commandeur des fidèles, par
laquelle vous la pouvez connaître comme si vous la voyiez
vous-même. Dieu vous maintienne dans votre bonne conduite,
et vous fasse heureusement gouverner votre empire, et vous
aide à vous acquitter de la charge qu'il vous a imposée. La paix
soit avec vous. Que Dieu soit loué, et qu'il assiste de ses faveurs et de ses bénédictions notre seigneur Mahomet, et ceux
de sa nation, et ceux de son parti. »

Le commandeur des fidèles, Omar, ayant lu, dit l'auteur, la
lettre de Gamrou, parla ainsi : « Il s'est fort bien acquitté de
la description de la terre d'Égypte et de ses appartenances; il
l'a si bien marquée, qu'elle ne peut être méconnue par ceux
qui sont capables de connaître les choses. Loué soit Dieu, ô
assemblée des musulmans, des grâces qu'il vous a faites en

vous mettant en possession de l'Égypte et des autres pays !
C'est lui dont nous devons implorer le secours. »

XV — CATÉCHISME DES DRUSES

DEMANDE. Vous êtes Druse ? — RÉPONSE. Oui, par le secours
de notre maître tout-puissant.

D. Qu'est-ce qu'un Druse ? — R. Celui qui a écrit la loi et
adoré le Créateur.

D. Qu'est-ce que le Créateur vous a ordonné ? — R. La
véracité, l'observation de son culte et celle des sept conditions.

D. Quels sont les devoirs difficiles dont votre Seigneur vous
a dispensés et qu'il a abrogés; et comment savez-vous que vous
êtes un vrai Druse ? — R. En m'abstenant de ce qui est illicite,
et faisant ce qui est licite.

D. Qu'est-ce que c'est que le licite et l'illicite ? — R. Le
licite est ce qui appartient au sacerdoce et à l'agriculture ; et
l'illicite, aux places temporelles et aux renégats.

D. Quand et comment a paru Notre-Seigneur tout-puissant ?
— R. L'an 400 de l'hégire de Mahomet. Il se dit alors de la
race de Mahomet pour cacher sa divinité.

D. Et pourquoi voulait-il cacher sa divinité ? — R. Parce
que son culte était négligé, et que ceux qui l'adoraient étaient
en petit nombre.

D. Quand a-t-il paru en manifestant sa divinité ? —
R. L'an 408.

D. Combien demeura-t-il ainsi ? — R. L'an 408 en entier ;
puis il disparut dans l'année 409, parce que c'était une année
funeste. Ensuite il reparut au commencement de 410, et il demeura toute l'année 411 ; et enfin, au commencement de 412,
il se déroba aux yeux, et ne reviendra plus qu'au jour du jugement.

D. Qu'est-ce que le jour du jugement ? — R. C'est le jour
où le Créateur paraîtra avec une figure humaine et régnera sur
l'univers avec la force et l'épée.

D. Quand cela arrivera-t-il ? — R. C'est une chose qui n'est pas connue; mais des signes l'annonceront.

D. Quels seront ces signes? — R. Quand on verra les rois changer et les chrétiens avoir l'avantage sur les musulmans.

D. Dans quel mois cela aura-t-il lieu? — R. Dans la lune de Dgemaz ou dans celle de Radjad, selon les supputations de l'hégire.

D. Comment Dieu gouvernera-t-il les peuples et les rois? — R. Il se manifestera par la force et l'épée, et leur ôtera la vie à tous.

D. Et, après leur mort, qu'arrivera-t-il? — R. Ils renaîtront au commandement du Tout-Puissant, qui leur ordonnera ce qu'il lui plaira.

D. Comment les traitera-t-il? — R. Ils seront divisés en quatre parties; savoir : les chrétiens, les juifs, les renégats et les vrais adorateurs de Dieu.

D. Et comment chacune de ces sectes se divisera-t-elle? — R. Les chrétiens donneront naissance aux sectes des nasariés [1] et de métualis; des juifs sortiront les Turcs. Quant aux rénégats, ce sont ceux qui ont abandonné la foi de notre Dieu.

D. Quel traitement Dieu fera-t-il aux adorateurs de son unité? — R. Il leur donnera l'empire, la royauté, la souveraineté, les biens, l'or, l'argent, et ils demeureront dans le monde; princes, pachas et sultans.

D. Et les renégats? — R. Leur punition sera affreuse. Elle consistera en ce que leurs aliments, quand ils voudront boire et manger, deviendront amers. De plus, ils seront réduits en esclavage et soumis aux plus rudes fatigues chez les vrais adorateurs de Dieu. Les juifs et les chrétiens souffriront les mêmes tourments, mais beaucoup plus légers.

D. Combien de fois Notre-Seigneur a-t-il paru sous la forme humaine? — R. Dix fois, qu'on nomme *stations*, et les noms

---

1. Les nasariés (nazaréens), ou ansariés, et les métualis, peuplades du Liban, dans les provinces de Tripoli et de Saïda.

qu'il y porta successivement sont : El-Ali, El-Bar, Alia, El-Maalla, El-Kâïem, El-Maas, El-Azis, Abazakaria, El-Mansour, El-Hakem.

D. Où eut lieu la première station, celle de El-Ali? — R. Dans une ville de l'Inde, appelée *Rchine-ma-Tchine*.

D. Combien de fois Hamza a-t-il apparu, et comment s'est-il nommé à chaque apparition? — R. Il a apparu sept fois dans les siècles écoulés depuis Adam jusqu'au prophète Samed. Dans le siècle d'Adam, il se nommait Chattnil; dans celui de Noé, il s'appelait Pythagore; David fut le nom qu'il porta au temps d'Abraham; du temps de Moïse, il se nomma Chaïb, et de celui de Jésus, il s'appelait le Messie véritable et aussi Lazare; du temps de Mahomet, son nom était Salman-el-Farzi, et du temps de Sayd son nom était Saleh.

D. Apprenez-moi l'étymologie du nom Druse. — Ce nom est tiré de notre obéissance pour le hakem par l'ordre de Dieu, lequel hakem est notre maître Mahomet, fils d'Ismaël, qui se manifesta lui-même par lui-même à lui-même; et, lorsqu'il se fut manifesté, les Druses, en suivant ses ordres, *entrèrent* dans sa loi, ce qui les fit appeler Druses : car le mot arabe *enderaz*, ou *endaradj*, est la même chose que *dahrah*, qui signifie *en-trer*. Cela veut dire que le Druse a écrit la loi, s'en est pénétré et est *entré* sous l'obéissance du hakem. On peut trouver une autre étymologie en écrivant Druse par une *s*; alors, il vient de *daras, iedros, étudier*, ce qui signifie que le Druse a *étudié* les livres de Hamza et adoré le Tout-Puissant, comme il convient.

D. Quelle est notre intention en adorant l'Évangile? — R. Apprenez que nous voulons par là exalter le nom de celui qui est debout par l'ordre de Dieu, et celui-là est Hamza; car c'est lui qui a proféré l'Évangile. De plus, il convient qu'aux yeux de chaque nation nous reconnaissions leur croyance. Enfin, nous adorons l'Évangile, parce que ce livre est fondé sur la sagesse divine, et qu'il contient les marques évidentes du vrai culte.

D. Pourquoi rejetons-nous tout autre livre que le Coran,

lorsqu'on nous questionne sur cet article?—R. Parce que nous avons besoin de n'être pas connus pour ce que nous sommes, nous trouvant au milieu des sectateurs de l'islamisme. Il est donc à propos que nous reconnaissions le livre de Mahomet; et, afin qu'on ne nous fasse pas un mauvais parti, nous avons adopté toutes les cérémonies musulmanes, et même celle des prières sur les morts; et tout cela seulement à l'extérieur, afin d'être ignorés.

D. Que disons-nous de ces martyrs dont les chrétiens vantent tant l'intrépidité et le grand nombre ? — R. Nous disons que Hamza ne les a point reconnus, fussent ils crus et attestés par tous les historiens.

D. Mais, si les chrétiens viennent à nous dire que leur foi n'est pas douteuse, parce qu'elle est appuyée sur des preuves plus fortes et plus immédiates que la parole de Hamza, que répondons-nous et comment avons-nous reconnu l'infaillibilité de Hamza, cette colonne de la vérité dont puisse être le salut sur nous ? — R. Par le témoignage que lui-même a rendu de lui-même, lorsqu'il a dit, dans l'épître du commandement et de la défense : « Je suis la première des créatures de Dieu; je suis sa voix et son point; j'ai la science par son ordre; je suis la tour et la maison bâtie; je suis le maître de la mort et de la résurrection; je suis celui qui sonnera la trompette; je suis le chef général du sacerdoce, le maître de la grâce, l'édificateur et le destructeur des justices; je suis le roi du monde, le destructeur des deux témoignages; je suis le feu qui dévore. »

D. En quoi consiste la vraie religion des prêtres druses ? — R. C'est le contre-pied de chaque croyance des autres nations ou tribus; et tout ce qui est impie chez les autres, nous le croyons, nous, comme il a été dit dans l'épître de la tromperie et de l'avertissement.

D. Mais, si un homme venait à connaître notre saint culte, à le croire et à s'y conformer, serait-il sauvé? — R. Jamais, la porte est fermée, l'affaire est finie, la plume est émoussée; et, après sa mort, son âme va rejoindre sa première nation et sa première religion.

D. Quand furent créées toutes les âmes ? — R. Elles furent créées après le pontife Hamza, fils d'Ali. Après lui, Dieu créa de lumière tous les esprits qui sont comptés, et qui ne diminueront ni n'augmenteront jusqu'à la fin des siècles.

D. Notre auguste religion admet-elle le salut des femmes ? — R. Sans doute, car Notre-Seigneur a écrit un chapitre sur les femmes, et elles ont obéi sur-le-champ, comme il en est mention dans l'épître de la loi des femmes, et il en est de même dans l'épître des filles.

D. Que disons-nous du reste des nations qui assurent adorer le Seigneur qui a créé le ciel et la terre ? — R. Quand même elles le diraient, ce serait une fausseté ; et, quand même elles l'adoreraient réellement, si elles ne savent pas que le Seigneur est le hakem lui-même, leur adoration est sacrilége.

D. Quels sont ceux des anciens qui ont prêché la sagesse du Seigneur à ceux qui ont établi notre croyance ? — R. Il y en a trois dont les noms sont Hamza, Esmaïl et Beha-Eddine.

D. En combien de parties se divise la science ? — R. En cinq parties : deux d'entre elles appartiennent à la religion et deux à la nature. La cinquième partie, qui est la plus grande de toutes, ne se divise point. Elle est la science véritable, celle de l'amour et de Dieu.

D. Comment connaissons-nous que tel homme est notre frère, observateur du vrai culte, si nous le rencontrons en chemin ou s'il s'approche de nous en passant et se dise Druse ? — R. Le voici : après les compliments d'usage, nous lui disons : « Sème-t-on dans votre pays de la graine de myrobolan (aliledji) ? » S'il répond : « Oui, on la sème dans le cœur des croyants ; » alors, nous l'interrogeons sur notre foi : s'il répond juste, c'est notre compatriote ; sinon, ce n'est qu'un étranger.

D. Quels sont les pères de notre religion ? — R. Ce sont les prophètes du hakem, savoir : Hamza, Esmaïl, Mahomet et Ka-limé, Abou-el-Rheir, Beha-Eddine.

D. Les Druses ignorants ont-ils le salut ou un emploi auprès du hakem, quand ils meurent dans cet état d'ignorance ? — R. Il n'est point de salut pour eux, et ils seront dans le dés-honneur et l'esclavage chez Notre-Seigneur jusqu'à l'éternité des éternités.

D. Qu'est-ce que Doumassa ? — R. C'est Adam le premier ; c'est Arkhnourh ; c'est Hermès ; c'est Édris ; Jean ; Esmaïl, fils de Mahomet-el-Taïmi ; et, au siècle de Mahomet, fils d'Abdallah, il s'appelait El-Mekdad.

D. Qu'est-ce que l'antique et l'éternel ? — R. L'antique est Hamza ; l'éternel est l'âme, sa sœur.

D. Qu'est-ce que les pieds de la sagesse ? — R. Ce sont les trois prédicateurs.

D. Qui sont-ils ? — R. Jean, Marc et Matthieu.

D. Combien de temps ont-ils prêché ? — R. Vingt et un ans ; chacun d'eux en prêcha sept.

D. Qu'est-ce que ces édifices qui sont en Égypte et qu'on nomme pyramides ? — R. Ces pyramides ont été bâties par le Tout-Puissant, pour atteindre à un but plein de sagesse qu'il a conçu dans sa providence.

D. Quel est ce but plein de sagesse ? — R. C'est d'y placer et d'y conserver jusqu'au jour du jugement où sera sa seconde venue, les secrets et les quittances que sa main divine a prises de toutes les créatures.

D. Pour quelle raison a-t-il paru à chaque nouvelle loi ? — R. Pour exalter les adorateurs de son vrai culte, afin qu'ils s'y affermissent, qu'ils sussent que c'est lui qui change à sa vo-lonté les justices, et qu'ils ne crussent pas à d'autres que lui.

D. Comment les âmes retournent-elles dans leur corps ? — R. Chaque fois qu'un homme meurt, il en naît un autre, et c'est ainsi qu'est le monde.

D. Comment appelle-t-on les musulmans ? — R. La descente (*el tanzil*).

D. Et les chrétiens? — R. L'explication (*el taaouil*). Ces deux dénominations signifient, pour ceux-ci, qu'ils ont expliqué la parole de l'Évangile; pour ceux-là, le bruit répandu que le Coran est descendu du ciel.

D. Quelle a pu être la volonté de Dieu en créant les génies et les anges qui sont désignés dans le livre de la sagesse de Hamza? — R. Les génies, les esprits et les démons sont comme ceux d'entre les hommes qui n'ont pas obéi à l'invitation de Notre-Seigneur le hakem. Les diables sont des esprits devant ceux qui ont des corps. Quant aux anges, il faut y voir une représentation des vrais adorateurs de Dieu, qui ont obéi à l'invitation du hakem, qui est le Seigneur adoré dans toutes les révolutions d'âge.

D. Qu'est-ce que les révolutions d'âge? — R. Ce sont les justices des prophètes qui ont paru tour à tour, et que les gens du siècle où ils vivaient ont déclarés tels, comme Adam, Noé, Abraham, Moïse, Jésus, Mahomet, Sayd. Tous ces prophètes ne sont qu'une seule et même âme qui a passé d'un corps dans un autre, et cette âme, qui est le démon maudit, gardien d'Ebn-Termahh, est aussi Adam le désobéissant, que Dieu chassa de son paradis, c'est-à-dire à qui Dieu ôta la connaissance de son unité.

D. Quel était l'emploi du démon chez Notre-Seigneur? — R. Il lui était cher; mais il conçut de l'orgueil et refusa d'obéir au vizir Hamza; alors, Dieu le maudit et le précipita du paradis.

D. Quels sont les anges en chef qui portent le trône de Notre-Seigneur? — R. Ce sont les cinq primats qu'on appelle: Gabriel qui est Hamza, Michel qui est le second frère, Esrafil-Salamé-ebn-abd-el-ouahab, Esmaïl, Beha-Eddin, Métatroun-Ali-ebn-Achmet. Ce sont là les cinq vizirs qu'on nomme El-Sabek (le précédent), El-Cani (le second), El-Djassad (le corps), El-Rathh (l'ouverture), et Fhial (le cavalier).

D. Qu'est-ce que les quatre femmes? — R. Elles se nomment Ismaël, Mahomet, Salamé, Ali, et elles sont: El-Kelmé (la parole, El-Nafs (l'âme), Beha-Eddin (beauté de la religion), Omm-el-Rheir (la mère du bien).

D. Qu'est-ce que l'Évangile qu'ont les chrétiens, et qu'en disons-nous?—R. L'Évangile est bien réellement sorti de la bouche du Seigneur le Messie, qui était Salman-el-Farsi dans le siècle de Mahomet, lequel Messie est Hamza, fils d'Ali. Le faux Messie est celui qui est né de Marie, car celui-là est fils de Joseph.

D. Où était le vrai Messie, quand le faux était avec ses disciples?—R. Il se trouvait dans le nombre de ces derniers. Il professait l'Évangile; il donnait des instructions au Messie, fils de Joseph, et lui disait : « Faites cela et cela, » conformément à la religion chrétienne, et le fils de Joseph lui obéissait. Cependant, les Juifs conçurent de la haine contre le faux Messie, et le crucifièrent.

D. Qu'arriva-t-il après qu'il eut été crucifié? — R. On le mit dans un tombeau. Le vrai Messie arriva, déroba le corps du tombeau, et l'enterra dans le jardin; puis il répandit le bruit que le Messie avait ressuscité.

D. Pourquoi le vrai Messie se conduisit-il ainsi? — R. Pour faire durer la religion chrétienne et lui donner plus de force.

D. Et pourquoi favorisa t-il aussi l'hérésie? — R. Afin que les Druses pussent se couvrir comme d'un voile de la religion du Messie, et que personne ne les connût pour Druses.

D. Qui est celui qui sortit du tombeau et qui entra chez les disciples les portes fermées? — R. Le Messie vivant qui ne meurt point, et qui est Hamza.

D. Comment les chrétiens ne se sont-ils pas faits Druses? — R. Parce que Dieu l'a voulu ainsi.

D. Mais comment Dieu souffre-t-il le mal et l'hérésie? — R. Parce que son constant usage est de tromper les uns et d'éclairer les autres, comme il est dit dans le Coran : « Il a donné la sagesse aux uns, et il en a privé les autres. »

D. Et pourquoi Hamza, fils d'Ali, nous a-t-il ordonné de cacher la sagesse et de ne pas la découvrir? — R. Parce

qu'elle contient les secrets et les quittances de Notre-Seigneur, et il ne convient pas de découvrir à personne de
choses où le salut des âmes et la vie des esprits se trouvent
renfermés.

D. Nous sommes donc égoïstes, si nous ne voulons pas que
tout le monde se sauve? — R. Il n'y a point là d'égoïsme; car
l'invitation est ôtée; la porte est fermée; est hérétique qui est
hérétique, et croyant qui est croyant, et tout est comme il doit
être.

Le carême qui était ordonné anciennement est aboli aujour-
d'hui; mais, quand un homme fait carême hors du temps prescrit, et se mortifie par le jeûne, cela est louable; car cela nous
rapproche de la Divinité.

D. Pourquoi a-t-on supprimé l'aumône? — R. Chez nous,
l'aumône envers nos frères les Druses est légitime; mais elle
est un crime à l'égard de tout autre, et il ne convient pas de la
faire.

D. Quel but se proposent les solitaires qui se mortifient? —
R. C'est de mériter, quand le hakem viendra, qu'il nous donne
à chacun, selon nos œuvres, des vizirats, des pachaliks et des
gouvernements.

L'auteur d'un ouvrage sur la Turquie, M. Ubicini, remarque avec raison que, malgré la navigation à la vapeur,
malgré les progrès de la statistique moderne, l'Orient n'est
guère plus connu aujourd'hui qu'il ne l'était durant les deux
derniers siècles. Il est certain que, si le nombre des voyageurs
a augmenté, les rapports de commerce établis autrefois entre
nos provinces du Midi et les cités du Levant ont diminué de
beaucoup. Les touristes ordinaires ne séjournent pas assez
longtemps pour pénétrer les secrets d'une société dont les
mœurs se dérobent si soigneusement à l'observation superfi-
cielle. Le mécanisme des institutions turques est, du reste, entièrement changé depuis l'organisation nouvelle que l'on ap-

pelle *tanzimat*, et qui devient la réalisation longtemps désirée
du hatti-chérif de Gul-Hanè. Aujourd'hui, la Turquie est assurée d'un gouvernement régulier et fondé sur l'égalité complète
des sujets divers de l'empire[1].

Les lettres et les souvenirs de voyage réunis dans ce livre
étant de simples récits d'aventures réelles, ne peuvent offrir
cette régularité d'action, ce nœud et ce dénoûment que com-
porterait la forme romanesque. Le vrai est ce qu'il peut. La
première partie de cet ouvrage semble avoir dû principalement son succès à l'intérêt qu'inspirait l'esclave indienne achetée au Caire, chez le djellab Abd-el-Kérim. L'Orient est moins
éloigné de nous qu'on ne pense, et, comme cette personne
existe, son nom a dû être changé dans le récit imprimé. Des
détails authentiques et circonstanciés nous ont appris qu'elle
est aujourd'hui mariée dans une ville de Syrie, et son sort
paraît être heureusement fixé. Le voyageur qui, sans y trop
songer, s'est vu conduit à déplacer pour toujours l'existence
de cette personne, ne s'est rassuré, touchant son avenir, qu'en
apprenant que sa situation actuelle était entièrement de son
choix. Elle est restée dans la foi musulmane, bien que des
efforts eussent été faits pour l'amener aux idées chrétiennes.
Les Français ne peuvent plus, désormais, acheter d'esclaves en
Égypte; en sorte que personne ne risquera aujourd'hui de se
jeter dans des embarras qui entraînent, d'ailleurs, une certaine
responsabilité morale.

1. Voici les chiffres les plus récents applicables à la situation de l'empire turc :
La race ottomane est de 11,700,000 âmes.
Les autres peuples des diverses parties de l'empire, Grecs, Slaves, Arabes,
Arméniens, etc., complètent le nombre des sujets de tout l'empire, qui est de
35,350,000 âmes. — La population de Constantinople est de 797,000 âmes, dont
400,000 musulmans, le reste se composant d'Arméniens, de Grecs, etc.
Le budget est de 168 millions.
L'armée régulière, de 138,680 hommes, peut être portée, avec sa réserve et
ses contingents, à plus de 400,000 hommes.

XVI — LETTRE A THÉOPHILE GAUTIER[1]

Quel bonheur que tu m'aies écrit par un journal et non par une lettre ! La lettre dormirait à l'heure qu'il est au bureau restant du Grand-Caire, où je ne suis plus, ou bien elle courrait encore sur les traces de ton volage ami de l'une à l'autre des échelles du Levant ; tandis que le journal, tu l'avais bien prévu, le journal, arrivant à la fois à tous les lieux où je pouvais être, me trouvait justement à Constantinople où je suis. De plus, le monde est si petit et la presse est si grande, que je vais pouvoir te répondre à vingt jours de date par la feuille du Bosphore la plus répandue à Paris, que la bienveillance d'anciens amis met à ma disposition. Cela n'est-il pas merveilleux, et même inquiétant pour la direction des postes ? Quant au public, peut-être ne serait-il que trop disposé à respecter nos secrets ; je veux dire surtout les miens.

Mais tu m'entretiens d'une affaire qui l'intéresse autant que nous, et qui même ne doit pas être moins populaire à Stamboul qu'à Paris, puisque, si j'en crois ton récit, l'œuvre que tu viens de produire ferait honneur à l'imagination d'un vrai poëte musulman.

La Péri : c'est à la fois un ballet et un poëme : un poëme comme *Medjnoun et Léila*, un ballet comme tant de ballets charmants que j'ai vu danser chez d'aimables et hospitaliers personnages de l'Orient. Ces derniers ne s'étonneraient guère que d'une chose : c'est qu'il faille à Paris, pour voir ton ballet, s'aller entasser par milliers dans une sorte de cage en bois doré

1. Pendant que Gérard de Nerval voyageait en Orient, M. Théophile Gautier, ayant donné le ballet de *la Péri* à l'Académie royale de musique et de danse, adressa à son ami le compte rendu de la représentation, par la voie de feuilleton de *la Presse*. En réponse à ce compte rendu, Gérard fit insérer dans le *Journal de Constantinople* la lettre que nous reproduisons ici, et dans laquelle on retrouve cet esprit délicat, cette poésie pleine de cœur, cette douce philosophie qui faisaient aimer à la fois, chez Gérard de Nerval, et l'homme et l'écrivain. *(Note des Éditeurs.)*

de cuivre, et très-peu garnie de divans; le tout sans *narguile*
ni *chibouque*, et sans café ni sorbets.

Un habitant un peu aisé d'ici réunirait ses amis sur de bons
coussins, ses femmes derrière un grillage, et ferait jouer *la
Péri* par des danseuses ou par des danseurs, selon son goût; et
je suis certain qu'il serait très-édifié de la composition et très-
ravi des détails chorégraphiques dont Coraly l'a brodée. Il lui
manquerait toutefois Carlotta la divine, que l'Opéra retient par
un fil d'or; mais qui sait si quelque péri véritable n'obéirait
pas au lieu d'elle à l'appel d'un zélé croyant? Pourtant, j'en
conviens, l'Orient n'est plus la terre des prodiges, et les péris
n'y apparaissent guère, depuis que le Nord a perdu ses fées et
ses sylphides brumeuses. Et surtout, ce n'est pas au Caire que
ces filles du ciel viendraient chercher des amours platoniques
et des cœurs fidèles aux vieilles croyances de l'Hedjaz. L'emploi
divin de ces dames risquerait d'être défini un peu matérielle-
ment par une police sévère, qui les enverrait se faire des sectateurs aux environs de la première cataracte, parmi les ruines
d'Esné.

O mon ami! tu m'avais demandé des détails locaux et pittoresques sur les almées du Caire et leurs danses tant célébrées;
je m'étais chargé de faire des recherches touchant le pas de
l'abeille et autres cachuchas locales; j'espérais me poser comme
un Charles Texier chorégraphique, un Lipsins correspondant
de l'Académie de musique. Et tu t'es étonné de ce que, loin de
répondre à une mission si facile et si charmante, je ne t'aie
décrit que des costumes d'Anglais, des défroques de *franguis*,
et des haillons de fellahs... Hélas! c'est qu'au moment où tu
attachais toutes les splendeurs de l'Opéra au Caire de ton imagination, moi, je ne trouvais à réunir au vrai Caire que les éléments baroques d'une pantomime de Deburau.

Si je ne t'ai rien dit des danses du Caire, c'est qu'il eût été
dangereux alors de t'ôter tes illusions. La première danse que
j'ai vue avait lieu dans un brillant café du quartier franc, vulgairement nommé *Mousky*. Je voudrais bien te mettre un peu

la chose en scène ; mais véritablement la décoration ne comporte ni trèfles, ni colonnettes, ni lambris de porcelaine, ni œufs d'autruche suspendus. Ce n'est qu'à Paris que l'on rencontre des cafés si orientaux. Imagine plutôt une humble boutique carrée, blanchie à la chaux, où pour touté arabesque se répète plusieurs fois l'image d'une pendule, posée au milieu d'une prairie, entre deux cyprès. Le reste de l'ornementation se compose de miroirs également peints et destinés à se renvoyer l'éclat d'un lustre en bâtons de palmier, chargé de flacons d'huile où nagent des veilleuses, d'ailleurs d'un assez bon effet. Des divans d'un bois assez dur, qui règnent autour de la pièce, sont bordés de cages en palmier servant de tabourets pour les pieds des fumeurs de tabac, ou des consommateurs de hatchich. C'est là que le fellah en blouse bleue, le Cophte au turban noir, le Bédouin au manteau rayé se livrent à des songes qui sans doute sont juste l'opposé des tiens. Ils rêvent peut-être une patrie sans palmiers et sans dromadaires, des fleuves dénués de crocodiles, un ciel de brouillard, des monts de neige, un paradis surtout dont Méhémet-Ali ne soit pas le dieu. Quant aux *péris* qui leur apparaissent réellement, au milieu de la poussière et de la fumée de tabac, elles me frappèrent au premier abord par l'éclat des calottes d'or qui surmontaient leur chevelure tressée. Leurs talons, qui frappaient le sol pendant que les bras levés en répétaient la rude secousse, faisaient résonner des clochettes et des anneaux ; les hanches frémissaient d'un mouvement qu'illustre chez nous la réprobation *municipale;* la taille apparaissait sous la mousseline, dans l'intervalle de la veste et de la riche ceinture, relâchée comme le ceston de Vénus. A peine, au milieu du tournoiement rapide, pouvait-on distinguer les traits de ces séduisantes personnes, qui se démenaient vaillamment aux sons primitifs du tambourin et de la flûte. Il y en avait deux fort belles, à la mine fière, aux yeux arabes avivés par la teinture, aux joues pleines et délicates légèrement fardées ; la troisième... mais pourquoi ne pas le dire tout de suite ?... la troisième, péri subalterne, trahissait un sexe

moins tendre avec sa barbe de huit jours! Et moi qui m'ap-
prêtais à leur faire un masque de sequins, d'après les traditions les plus pures de l'Orient, je crus devoir refuser cette
galanterie à la face suante des deux autres, qui, tout examen
fait, n'étaient évidemment que des *almées* mâles. Tu comprends
dès lors que je n'avais aucune curiosité de leur faire exécuter
le *pas de l'abeille*, — lequel n'a, dit-on, manqué son effet, à
l'Opéra, que parce que la Carlotta ne l'a pas accompli jusque
dans ses derniers détails.

Tu vas me demander pourquoi au Caire on risque de rencontrer, sous des apparences très-séduisantes parfois, la réalité
définitive d'un pauvre ouvrier sans ouvrage... A quoi je te dirai, d'après de scrupuleuses informations, que c'est dans l'intérêt de la morale publique que le gouvernement relègue à
Esné les véritables almées et autres lorettes du Delta. Cette
même moralité, qui substitue si heureusement un sexe à l'autre,
a réservé encore aux habitants du Caire une compensation
chorégraphique dont il va m'être bien difficile de te donner
une idée convenable.

Pour se rendre de la place de l'Esbékieh au Mousky (quartier
franc), on suit une rue longue et tortueuse, assez large, encombrée de mendiants, d'âniers, de marchands d'oranges et de
vendeurs de cannes à sucre; à gauche, règnent les longs murs
du couvent des derviches tourneurs jusqu'à la remise des voitures de Suez, dont la porte est surmontée d'un grand crocodile
empaillé. A droite, il y a quelques belles maisons, des cafés, des
étalages et même un cabaret italien. Près de là retentissent les
trompettes d'une troupe de danseurs équilibristes grecs. Le
lieu est, comme tu penses bien, très-frayé, très-bruyant, très-
encombré de marchands de friture, de pâtisseries et de pastèques. Il y a toujours aussi des chanteurs de complaintes, des
lutteurs, des jongleurs montrant des singes ou des serpents ; là
enfin se produit publiquement le spectacle que je veux dire,
réalisant les plus exorbitantes images des contes drolatiques de
Rabelais. La principale figure, dont le corps, traversé d'une

ficelle, obéit au genou d'un vieillard jovial, qui la fait parler, danser et mouvoir, n'est autre, comme tu le prévois, que l'immortel *Caragueus*, caricature antique d'un magistrat du Caire qui vivait sous Saladin. Je n'en avais jamais entendu parler que comme d'une simple ombre chinoise; mais on lui accorde au Caire une existence tout à fait plastique. Je ne te raconterai pas le drame parlé, chanté, mimé et dansé au milieu d'un cercle émerveillé de femmes, d'enfants et de militaires; il est classique en Orient, et la censure locale n'y a rien coupé ni rogné, ainsi que l'a fait, dit-on, la nôtre à Alger. Après ce spectacle naïf, j'ai compris moins encore cet exil des pauvres almées, réduites à démoraliser la Thébaïde par respect pour les mœurs du Caire, dont voilà les échantillons.

O mon ami! que nous réalisons bien tous les deux la fable de l'homme qui court après la fortune et de celui qui l'attend dans son lit. Ce n'est pas la fortune que je poursuis, c'est l'idéal, la couleur, la poésie, l'amour peut-être, et tout cela t'arrive, à toi qui restes, en m'échappant, à moi qui cours. Une seule fois, imprudent, tu t'es gâté l'Espagne en l'allant voir, et il t'a fallu bien du talent ensuite et bien de l'invention pour avoir droit de n'en pas convenir. Moi, j'ai déjà perdu, royaume à royaume et province à province, la plus belle moitié de l'univers, et bientôt je ne vais plus savoir où réfugier mes rêves; mais c'est l'Égypte que je regrette le plus d'avoir chassée de mon imagination, pour la loger tristement dans mes souvenirs!... Toi, tu crois encore à l'ibis, au lotus pourpré, au Nil jaune; tu crois au palmier d'émeraude, au nopal, au chameau peut-être... Hélas! l'ibis est un oiseau sauvage, le lotus un oignon vulgaire; le Nil est une eau rousse à reflets d'ardoise; le palmier a l'air d'un plumeau grêle; le nopal n'est qu'un cactus; le chameau n'existe qu'à l'état de dromadaire; les almées sont des mâles, et, quant aux femmes véritables, il paraît qu'on est heureux de ne pas les voir!

Non, je ne penserai plus au Caire, la ville des *Mille et une Nuits*, sans me rappeler les Anglais que je t'ai décrits, les voitures suspendues de Suez, coucous du désert; les Turcs vêtus à l'européenne, les Francs mis à l'orientale, les palais neufs de Méhémet-Ali bâtis comme des casernes, meublés comme des cercles de province avec des fauteuils et canapés d'acajou, des billards, des pendules à sujet, des lampes-carcel, les portraits à l'huile de messieurs ses fils en artilleurs, tout l'idéal d'un bourgeois campagnard!... Tu parles de la citadelle; la décoration qu'on t'a faite à l'Opéra doit y montrer debout encore les colonnes de granit rouge du vieux palais de Saladin; moi, j'y ai trouvé, dominant la ville, une vaste construction carrée qui a l'air d'un marché aux grains, et qu'on prétend devoir être une mosquée quand elle sera finie : c'est une mosquée, en effet, comme la Madeleine est une église; les gouvernements modernes ont toujours la précaution de bâtir à Dieu des demeures qui puissent servir à autre chose quand on ne croit plus en lui!

Oh! que suis curieux d'aller voir à Paris le Caire de Philastre et Cambon; je suis sûr que c'est mon Caire d'autrefois, celui que j'avais vu tant de fois en rêve, qu'il me semblait, comme à toi, y avoir séjourné dans je ne sais quel temps, sous le règne du sultan Bibars ou du calife Hakem!... Ce Caire-là, je l'ai reconstruit parfois encore au milieu d'un quartier désert ou de quelque mosquée croulante; il me semblait que j'imprimais les pieds dans la trace de mes pas anciens; j'allais, je me disais : « En détournant ce mur, en passant cette porte, je verrai telle chose; » et la chose était là, ruinée mais réelle.

N'y pensons plus! ce Caire-là gît sous la cendre et la poussière, l'esprit et les besoins modernes en ont triomphé comme la mort. Encore dix ans, et des rues européennes auront coupé à angles droits la vieille ville poudreuse et muette, qui croule en paix sur les pauvres fellahs. Ce qui reluit, ce qui brille, ce qui s'accroît, c'est le quartier des Francs, la ville des Anglais, des Maltais et des Français de Marseille. Oh! ne viens pas voir celle-là qui dévore l'autre, cet entrepôt du commerce des Indes, ce comptoir florissant du seul négociant de l'Égypte, ce ma-

gasin de son unique producteur! Tu n'aurais plus l'idée d'y
faire voltiger des péris fantastiques sur le front heureux d'un
bon musulman endormi. Ne viens pas voir le Nil, que le pyroscaphe dispute au crocodile, le désert sillonné par les roues anglaises, l'île de Roddah transformée en jardin anglais par Ibra-
him, avec des rivières factices, des gazons et des ponts chinois.
Songe que les pavillons de Choubrah sont éclairés au gaz, que le
Mokattam est couvert de moulins à vent, et qu'on parle de restaurer les pyramides, depuis Gizèh jusqu'au Darfour, pour en
faire des télégraphes!... Oh! reste à Paris, et puisse le succès
de ton ballet se prolonger jusqu'à mon retour! Je retrouverai
à l'Opéra le Caire véritable, l'Égypte immaculée, l'Orient qui
m'échappe, et qui t'a souri d'un rayon de ses yeux divins.
Heureux poëte! tu as commencé par réaliser ton Égypte avec
des feuilles et des livres; aujourd'hui, la peinture, la musique,
la chrorégaphie s'empressent d'arrêter au vol tout ce que tu as
rêvé d'elles; les génies de l'Orient n'ont jamais eu plus de pouvoir. L'œuvre des pharaons, des califes et des soudans disparaît
presque entièrement sous la poudre du khamsin ou sous le
marteau d'une civilisation prosaïque; mais, sous tes regards, ô
magicien! son fantôme animé se relève et se reproduit avec des
palais, des jardins presque réels, et des péris presque idéales!
Mais c'est à cette Égypte-là que je crois et non pas à l'autre :
aussi bien les six mois que j'ai passés là sont passés; c'est déjà
le néant; j'ai vu encore tant de pays s'abîmer derrière mes pas
comme des décorations de théâtre; que m'en reste-il? une
image aussi confuse que celle d'un songe : le meilleur de ce
qu'on y trouve, je le savais déjà par cœur.

FIN DE L'APPENDICE.

DE PARIS A CYTHÈRE

1840

A UN AMI

I — ROUTE DE GENÈVE

J'ignore si tu prendras grand intérêt aux pérégrinations d'un touriste parti de Paris en plein novembre. C'est une assez triste litanie de mésaventures, c'est une bien pauvre description à faire, un tableau sans horizon, sans paysage, où il devient impossible d'utiliser les trois ou quatre *vues* de Suisse ou d'Italie qu'on a faites avant de partir, les rêveries mélancoliques sur la mer, la vague poésie des lacs, les *études* alpestres, et toute cette flore poétique des climats aimés du soleil qui donnent à la bourgeoisie de Paris tant de regrets amers de ne pouvoir aller plus loin que Montreuil ou Montmorency.

Aussi bien la terre est partout revêtue de neige, et, sur cette neige d'hier, il pleut très-fort aujourd'hui. On traverse Melun, Montereau, Joigny, on dîne à Auxerre; tout cela n'a rien de fort piquant. Seulement, imagine-toi l'imprudence d'un voyageur qui, trop capricieux pour consentir à suivre la ligne, à peu près droite, des chemins de fer, s'abandonne à toutes les chances des diligences, plus ou moins pleines, qui pourront passer le lendemain! Ce hardi compagnon laisse partir sans regret le *Laffite et Caillard* rapide, qui l'avait amené à une table d'hôte bien servie; il sourit au malheur des autres con-

vives, forcés de laisser la moitié du dîner, et trinque en paix
avec les trois ou quatre habitués pensionnaires de l'établissement, qui ont encore une heure à rester à table. Satisfait de
son idée, il s'informe, en outre, des plaisirs de la ville, et finit
par se laisser entraîner au début de M. Auguste dans *Buridan*,
lequel s'effectue dans le chœur d'une église transformée en
théâtre.

Le lendemain, notre homme s'éveille à son heure; il a dormi
pour deux nuits, de sorte que la *Générale* est déjà passée.
Pourquoi ne pas reprendre *Laffitte et Caillard*, l'ayant pris la
veille? Il déjeune : *Laffitte* passe et n'a de place que dans le
cabriolet.

— Vous avez encore la *Berline du commerce*, dit l'hôte désireux de garder un voyageur agréable.

La *Berline* arrive à quatre heures, remplie de compagnons
tisseurs en voyage pour Lyon. C'est une voiture fort gaie : elle
chante et fume tout le long de la route; mais elle porte déjà
deux couches superposées de voyageurs.

— Reste la *Chalonaise*.

— Qu'est-ce que cela?

— C'est la doyenne des voitures de France. Elle ne part
qu'à cinq heures; vous avez le temps de dîner.

Ce raisonnement est séduisant; je fais retenir ma place, et
je m'assieds, deux heures après, dans le coupé, à côté du conducteur.

Cet homme est aimable; il était de la table d'hôte et ne paraissait nullement pressé de partir. C'est qu'il connaissait trop
sa voiture, lui!

— Conducteur, le pavé de la ville est bien mauvais!

— Oh! monsieur, ne m'en parlez pas! Ils sont un tas dans le
conseil municipal qui ne s'y entendent pas plus... On leur a
offert des chaussées anglaises, des *macadam*, des pavés de bois,
des *aigledons* de pavés; eh bien, ils aiment mieux les cailloux,
les mœllons; tout ce qu'ils peuvent trouver pour faire sauter
les voitures!

— Mais, conducteur, nous voilà sur la terre et nous sautons presque autant.

— Monsieur, je ne m'aperçois pas... C'est que le cheval est au trot.

— Le cheval?

— Oui, oui; mais nous allons en prendre un autre pour la montée.

A cette délibération, je frémis...

— Au fond, qu'est-ce que c'est donc que la *Chalonaise?*

— Oh! elle est bien connue; c'est la première voiture de la France.

— La plus ancienne?

— Précisément.

Au relais suivant, je descends pour examiner la *Chalonaise*, cette œuvre de haute antiquité. Elle était digne de figurer dans un musée, auprès des fusils à rouet, des canons à pierre et des presses en bois : la *Chalonaise* est peut-être aujourd'hui la seule voiture de France qui ne soit pas suspendue.

Alors, tu comprends le reste; ne trouver de repos qu'en se suspendant momentanément aux lanières de l'impériale, prendre sans cheval une leçon de trot de trente-six heures, et finir par être déposé proprement sur le pavé de Chalon à deux heures du matin, par un des plus beaux orages de la saison.

— Le bateau à vapeur part à cinq heures du matin.

— Fort bien.

Aucune maison n'est ouverte. Est-il bien sûr que ce soit là Chalon-sur-Saône?... Si c'était Châlons-sur-Marne!... Non, c'est bien le port de Chalon-sur-Saône, avec ses marches en cailloux, d'où l'on glisse agréablement vers le fleuve; les deux bateaux rivaux reposent encore, côte à côte, en attendant qu'ils luttent de vitesse; il y en a un qui est parvenu à couler bas son adversaire tout récemment. Nous demandons qu'il passe à l'état de vaisseau de guerre, et qu'on l'envoie en Orient.

Déjà le pyroscaphe se remplit de gros marchands, d'Anglais,

de commis voyageurs et des joyeux ouvriers de la *Berline*. Tout cela descend vers la seconde ville de France; mais, moi, je m'arrête à Mâcon. Mâcon! c'est devant cette ville même que je passais il y a trois ans, dans une saison plus heureuse; je descendais vers l'Italie, et les jeunes filles, en costume presque suisse, qui venaient offrir sur le pont des grappes de raisin monstrueuses, étaient les premières jolies filles du peuple que j'eusse vues depuis Paris. En effet, le Parisien n'a pas l'idée de la beauté des paysannes et des ouvrières telles qu'on peut les voir dans les villes du Midi. Mâcon est une ville à demi suisse, à demi méridionale, assez laide d'ailleurs.

On m'a montré la maison de M. de Lamartine, grande et sombre; il existe une jolie église sur la hauteur. Un regard du soleil est venu animer un instant les toits plats, aux tuiles arrondies, et détacher le long des murs quelques feuilles de vigne jaunies; la promenade aux arbres effeuillés souriait encore sous ce rayon.

La voiture de Bourg part à deux heures; on a visité tous les recoins de Mâcon; on roule bientôt doucement dans ces monotones campagnes de la Bresse, si riantes en été; puis on arrive vers huit heures à Bourg.

Bourg mérite surtout d'être remarqué par son église, qui est de la plus charmante architecture byzantine, si j'ai bien pu distinguer dans la nuit, ou bien peut-être de ce style quasi renaissance qu'on admire à Saint-Eustache. Tu voudras bien excuser un voyageur, encore brisé par la *Chalonaise*, de n'avoir pu éclaircir ce doute en pleine obscurité.

J'avais bien étudié mon chemin sur la carte. Au point de vue des messageries, des voitures *Laffitte*, de la poste, en un mot, selon la route officielle, j'aurais pu me laisser transporter à Lyon et prendre la diligence pour Genève; mais la route dans cette direction formait un coude énorme. Je connais Lyon et je ne connais pas la Bresse. J'ai pris, comme on dit, le chemin de traverse... Est-ce le chemin le plus court?

O Alphonse Karr! ô Jules Janin! ce problème vous intéresserait sans doute ; mais, moi, que m'importe ? je n'écris pas de romans.

Si le journal naïf d'un voyageur enthousiaste a quelque intérêt pour qui risque de le devenir, apprends que, de Bourg à Genève, il n'y a pas de voitures directes. Fais un détour de dix - huit lieues vers Lyon, un retour de quinze lieues vers Pont-d'Ain, et tu résoudras le problème en perdant dix heures.

Mais il est plus simple de se rendre de Bourg à Pont-d'Ain, et, là, d'attendre la voiture de Lyon.

— Vous en avez le droit, me dit-on ; la voiture passe à onze heures ; vous arriverez à trois heures du matin.

Une patache vient à l'heure dite, et, quatre heures après, le conducteur me dépose sur la grande route avec mon bagage à mes pieds.

Il pleuvait un peu ; la route était sombre, on ne voyait ni maisons ni lumières.

— Vous allez suivre la route tout droit, me dit le conducteur avec bonté. A un kilomètre et demi environ, vous trouverez une auberge ; on vous ouvrira, si l'on n'est pas couché.

Et la voiture continua sa route vers Lyon.

Je ramasse ma valise et mon carton à chapeau... J'arrive à l'auberge désignée ; je frappe à coups de pavé pendant une heure... Mais, une fois entré, j'oublie tous mes maux...

L'auberge de Pont-d'Ain est une auberge de cocagne. En descendant le lendemain matin, je me trouve dans une cuisine immense et grandiose. Des volailles tournaient aux broches, des poissons cuisaient sur les fourneaux. Une table bien garnie réunissait des chasseurs très-animés. L'hôte était un gros homme et l'hôtesse une forte femme, très-aimables tous les deux.

Je m'inquiétais un peu de la voiture de Genève.

— Monsieur, me dit-on, elle passera demain vers deux heures.

— Oh ! oh !

— Mais vous avez ce soir le courrier.

— La poste?

— Oui, la poste.

— Ah ! très-bien.

Je n'ai plus qu'à me promener toute la journée. J'admire l'aspect de l'auberge, bâtiment en briques, à coins de pierre du temps de Louis XIII. Je visite le village, composé d'une seule rue encombrée de bestiaux, d'enfants et de villageois avinés : — c'était un dimanche ; — et je reviens en suivant le cours de l'Ain, rivière d'un bleu magnifique, dont le cours rapide fait tourner une foule de moulins.

A dix heures du soir, le courrier arrive. Pendant qu'il soupe, on me conduit, pour marquer ma place, dans la remise où était sa voiture

O suprise! c'était un panier.

Oui, un simple panier suspendu sur un vieux train de voiture, excellent pour contenir les paquets et les lettres; mais le voyageur y passait à l'état de simple colis.

Une jeune dame en deuil et en larmes arrivait de Grenoble par ce véhicule incroyable; je dus prendre place à ses côtés.

L'impossibilité de se faire une position fixe parmi les paquets confondait forcément nos destinées : la dame finit par faire trève à ses larmes, qui avaient pour cause un oncle décédé à Grenoble. Elle retournait à Ferney, pays de sa famille.

Nous causâmes beaucoup de Voltaire. Nous allions doucement, à cause des montées et des descentes continuelles. Le courrier, trop dédaigneux de sa voiture pour y prendre place lui-même, fouettait d'en bas le cheval, qui frisait de temps en temps la crête des précipices.

Le Rhône coulait à notre droite, à quelques centaines de pieds au-dessous de la route; des postes de douaniers se montraient çà et là dans les rochers, car de l'autre côté du fleuve est la frontière de Savoie.

De temps en temps, nous nous arrêtions un instant dans de petites villes, dans des villages où l'on n'entendait que les cris des animaux réveillés par notre passage. Le courrier jetait des paquets à des mains ou à des pattes invisibles, et puis nous repartions au grand trot de son petit cheval.

Vers le point du jour, nous aperçûmes, du haut des montagnes, une grande nappe d'eau, vaste et coupant au loin l'horizon comme une mer : c'était le lac Léman.

Une heure après, nous prenions le café à Ferney en attendant l'omnibus de Genève.

De là, en deux heures, par des campagnes encore vertes, par un pays charmant, au travers des jardins et des joyeuses villas, j'arrivais dans la patrie de Jean-Jacques Rousseau.

Il est bon de convenir aujourd'hui que l'Europe est parfaitement connue à tout le monde ; un voyageur ne peut donc faire tout au plus que l'itinéraire de sa route, la chronique de ses aventures, et, au besoin, transcrire la carte de son dîner, comme faisait Louis XVIII, dans le plus intéressant itinéraire qu'on ait jamais donné. Par exemple, n'est-il pas intéressant de savoir qu'à Genève il est fort difficile d'avoir des truites, et que ces poissons sont aussi rares dans le Léman que les huîtres à Ostende, et les carpes dans le Rhin ? L'an dernier, je m'émerveillais, à une table d'hôte de Mannheim, de ne jamais manger de carpe, l'aimant beaucoup. (Il faut ajouter encore que je n'ai pu obtenir de cidre à Rouen, ni de pâté de foies à Strasbourg, sous prétexte que ce n'était pas la saison.)

— Monsieur, me répondit un Allemand de cette bonne ville de Mannheim, croyez-vous que l'on pêche comme cela des carpes dans le Rhin ?

— On m'a montré, répondis-je froidement, chez Chevet, quelques-uns de ces animaux qui avaient la prétention d'y avoir séjourné.

— Je ne dis pas, monsieur, observa l'Allemand, qu'il n'y ait pas de carpes dans le Rhin...

— Dites-le, si vous voulez, monsieur ; à Paris, nous appellerions cela un paradoxe ; mais, ici, cela peut-être parfaitement vrai.

— Monsieur, dit l'Allemand, les carpes du Rhin sont fort belles ; c'est un régal de têtes couronnées. On en sait le compte, et les pêcheurs du Rhin, qui forment une corporation, se les sont partagées depuis longtemps. Ils les connaissent; et, quand un pêcheur en rencontre une, il dit : « Tiens, c'est la carpe d'un tel; » et il la remet honnêtement dans l'eau.

Je pense qu'il en est de même des truites du Léman. Du reste, la cuisine est assez bonne à Genève, et la société fort agréable. Tout le monde parle parfaitement le français, mais avec une espèce d'accent qui rappelle un peu la prononciation de Marseille. Les femmes sont fort jolies, et ont presque toutes un type de physionomie qui permettrait de les distinguer parmi d'autres. Elles ont, en général, les cheveux noirs ou châtains ; mais leur carnation est d'une blancheur et d'une finesse éclatantes; leurs traits sont réguliers, leurs joues sont colorées, leurs yeux beaux et calmes. Il m'a semblé voir que les plus belles étaient celles d'un certain âge, ou plutôt d'un âge certain. Alors, les bras et les épaules sont admirables, mais la taille est un peu forte. Ce sont des femmes dans les idées de Sainte-Beuve, des beautés *lakistes;* et, si elles ont des bas bleus, il doit y avoir de fort belles jambes dedans.

II — L'ATTACHÉ D'AMBASSADE

Tu ne m'as pas encore demandé où je vais : le sais-je moi-même? Je vais tâcher de voir des pays que je n'ai pas vus; et puis, dans cette saison, l'on n'a guère le choix des routes; il faut prendre celles que la neige, l'inondation ou les voleurs n'ont pas envahies. (Tu ne crois pas aux voleurs, ni moi non plus; je n'en ai jamais vu et j'en ai souvent inventé.) Eh bien, il se trouve ici des gens qui y croient; et les journaux nous assurent que la Bavière en est infestée. Mais, quant aux neiges, on nous en fait de terribles récits. Tantôt c'est un guide qui disparaît aux yeux de son voyageur, comme un démon sous une trappe ; ailleurs, une diligence qui reste dix-sept jours engloutie; les voyageurs sont forcés de se nourrir des chevaux; plus loin, un Anglais, qui allait chercher le printemps en Italie, se perd dans les neiges et n'est sauvé par aucun chien du mont Saint-Bernard, attendu que le théâtre de l'Ambigu, qui, tu le sais, joue en ce moment un drame sur ce sujet, a négligé de les renvoyer à leur poste. Mais les récits d'inondation sont, jusqu'ici, les plus terribles. On vient de nous en faire un dont les circonstances sont si bizarres, que je ne puis résister à l'envie de te l'envoyer.

Un courrier chargé de dépêches a passé ces jours derniers la frontière, se rendant en Italie. C'était un simple *attaché*, très-flatté de rouler, aux frais de l'État, dans une belle chaise de poste neuve, bien garnie d'effets et d'argent; en un mot, un jeune homme en belle position : son domestique par derrière, très-enveloppé de manteaux.

Le jour baissait, la route se trouvait en plusieurs endroits traversée par les eaux; il se présente un torrent plus rapide que les autres; le postillon espère le franchir de même; pas du tout, voilà l'eau qui emporte la voiture, et les chevaux sont à la nage; le postillon ne perd pas la tête, il parvient à décrocher son attelage, et l'on ne le revoit plus.

Le domestique se jette à bas de son siége, fait deux brasses et gagne le bord. Pendant ce temps, la chaise de poste, toute neuve, comme nous l'avons dit, et bien fermée, descendait tranquillement le fleuve en question. Cependant, que faisait l'attaché?... Cet heureux garçon dormait.

On comprend toutefois qu'il s'était réveillé dès les premières secousses. Envisageant la question de sang-froid, il jugea que sa voiture ne pouvait flotter longtemps ainsi, se hâta de quitter ses habits, baissa la glace de la portière, où l'eau n'arrivait pas encore, prit ses dépêches dans ses dents, et, d'une taille fluette, parvint à s'élancer dehors.

Pendant qu'il nageait bravement, son domestique était allé chercher du secours au loin. De telle sorte qu'en arrivant au rivage, notre envoyé diplomatique se trouva *seul* et *nu* sur la terre, comme le premier homme. Quant à sa voiture, elle voguait déjà fort loin.

En faisant quelques pas, le jeune homme aperçut heureusement une chaumière savoyarde, et se hâta d'aller demander asile. Il n'y avait dans cette maison que deux femmes, la tante et la nièce. Tu peux juger des cris et des signes de croix qu'elles firent en voyant venir à elles un monsieur déguisé en modèle d'académie.

L'attaché parvint à leur faire comprendre la cause de sa mésaventure, et, voyant un fagot près du foyer, dit à la tante qu'elle le jetât au feu, et qu'on la payerait bien.

— Mais, dit la tante, puisque vous êtes tout nu, vous n'avez pas d'argent.

Ce raisonnement était inattaquable. Heureusement, le domestique arriva dans la maison, et cela changea la face des choses. Le fagot fut allumé, l'attaché s'enveloppa dans une couverture, et tint conseil avec son domestique.

La contrée n'offrait aucune ressource : cette maison était la seule à deux lieues à la ronde ; il fallait donc repasser la frontière pour chercher des secours.

— Et de l'argent? dit l'attaché à son Frontin.

Ce dernier fouilla dans ses poches, et, comme le valet d'Alceste, il n'en put guère tirer qu'un jeu de cartes, une ficelle, un bouton et quelques gros sous, le tout fort mouillé.

— Monsieur, dit-il, une idée! Je me mettrai dans votre couverture, et vous prendrez ma culotte et mon habit. En marchant bien, vous serez dans quatre heures à A***, et vous y trouverez ce bon général T..., qui nous faisait tant fête à notre passage.

L'attaché frémit à cette proposition : endosser une livrée, passer le pantalon d'un domestique et se présenter aux habitants d'A***, au commandant de la place et à son épouse! Il avait trop vu *Ruy Blas* pour admettre ce moyen.

— Ma bonne femme, dit-il à son hôtesse, je vais me mettre

dans votre lit, et j'attendrai le retour de mon domestique, que j'envoie à la ville d'A*** pour chercher de l'argent.

La Savoyarde n'avait pas trop de confiance; en outre, elle et sa nièce couchaient dans ce lit, et n'en avaient pas d'autre; cependant, la diplomatie de notre envoyé finit par triompher de ce dernier obstacle. Le domestique partit, et le maître reprit comme il put son sommeil d'une heure auparavant, si fâcheusement troublé.

Au point du jour, il s'éveilla au bruit qui se faisait à la porte. C'était son valet suivi de sept lanciers. Le général n'avait pas cru devoir faire moins pour son jeune ami... Par exemple, il n'envoyait aucun argent.

L'attaché sauta à bas de son lit.

— Que diable le général veut-il que je fasse de sept lanciers? Il ne s'agit pas de conquérir la Savoie!

— Mais, monsieur, dit le domestique, c'est pour retirer la voiture.

— Et où est-elle, la voiture?

On se répandit dans le pays. Le torrent coulait toujours avec majesté, mais la voiture n'avait laissé nulle trace. Les Savoyardes commencèrent à s'inquiéter. Heureusement, notre jeune diplomate ne manquait pas d'expédients. Ses dépêches à la main, il convainquit les lanciers de l'importance qu'il y avait à ce qu'il ne perdît pas une heure, et l'un de ces militaires consentit à lui prêter son uniforme et à rester à sa place dans le lit, ou bien devant le feu, roulé dans la couverture, à son choix.

Voilà donc l'attaché qui repart enfin pour A***, laissant un lancier en gage chez les Savoyardes (on peut espérer qu'il n'en est rien résulté qui pût troubler l'harmonie entre les deux gouvernements). Arrivé dans la ville, il s'en va trouver le commandant, qui avait peine à le reconnaître sous son uniforme.

— Mais, général, je vous avais prié de m'envoyer des habits et de l'argent...

— Votre voiture est donc perdue? dit le général.

— Mais, jusqu'à présent, on n'en a pas de nouvelles; lorsque vous m'aurez donné de l'argent, il est probable que je pourrai la faire retirer de l'eau par des gens du pays.

—Pourquoi employer des gens du pays, puisque nous avons des lanciers qui ne coûtent rien?

— Mais, général, on ne peut pas tout faire avec des lanciers! et, quand vous m'aurez prêté quelque autre habit...

— Vous pouvez garder celui-ci; nous en avons encore au magasin...

— Eh bien, avec les fonds que vous pourrez m'avancer, je vais me transporter sur les lieux.

— Pardon, mon cher ami, je n'ai pas de fonds disponibles; mais tout le secours que l'autorité militaire peut mettre à votre disposition...

— Pour Dieu, général, ne parlons plus de vos lanciers!... Je vais tâcher de trouver de l'argent dans la ville, et je n'en suis pas moins votre obligé, du reste.

— Tout à votre service, mon cher ami.

L'attaché produisit très-peu d'effet au maire et au notaire de la ville, surtout sous l'habit qu'il portait. Il fut contraint d'aller jusqu'à la sous-préfecture la plus voisine, où, après bien des pourparlers, il obtint ce qu'il lui fallait. La voiture fut retirée de l'eau, le lancier fut dégagé, les Savoyardes furent bien payées de leur hospitalité, et notre diplomate repartit par le courrier.

Je lui souhaite d'avoir trouvé une voiture meilleure que celle qui m'a transporté à Ferney. Ensuite il y a eu deux jours de perdus pour les dépêches, et qui sait combien de complications cela a pu amener dans une *question* quelconque.

On pourrait faire tout un vaudeville là-dessus, en gazant toutefois certains détails. Le lancier laissé en gage ne peut pas rester tout le temps dans un lit : la jeune Savoyarde lui prête une robe. On le trouve fort aimable ainsi. On rit beaucoup; un mariage s'ébauche, et l'attaché paye la dot.

Mais il n'y a de dénoûment qu'au théâtre : la vérité n'en a jamais.

Veux-tu savoir maintenant le nom de l'attaché?... C'était mon cousin Henri, parti de Paris en même temps que moi, et plus maltraité encore en chaise de poste que je ne l'ai été dans les véhicules modestes que j'ai rencontrés.

Au fond, ces malheurs m'épouvantent; pourquoi n'attendrais-je pas le printemps dans cette bonne ville de Genève, où les femmes sont si jolies, la cuisine passable, le vin, notre vin de France, et qui ne manque, hélas! que d'huîtres fraîches et de carpes du Léman, le peu qu'on en voit nous venant de Paris.

Si je change de résolution, je te l'écrirai.

III — PAYSAGES SUISSES

Me voici donc parvenu à Genève : par quels chemins, hélas! et par quelles voitures! Mais, en vérité, qu'aurais-je à t'écrire, si je faisais route comme tout le monde, dans une bonne chaise de poste ou dans un bon coupé, enveloppé d'un cache-nez, de palétots et de manteaux, avec une chancelière et un rond sous moi?... J'aime à dépendre un peu du hasard : l'exactitude numérotée des stations des chemins de fer, la précision des bateaux à vapeur arrivant à heure et à jour fixes, ne réjouissent guère un poëte, ni un peintre, ni même un simple archéologue, ou collectionneur comme je suis.

La vie sensuelle de Genève m'a tout à fait remis de mes premières fatigues. — Où vais-je? Où peut-on souhaiter d'aller en hiver? Je vais au-devant du printemps, je vais au-devant du soleil... Il flamboie à mes yeux dans les brumes colorées de l'Orient. — L'idée m'en est venue en me promenant sur les hautes terrasses de la ville, qui encadrent une sorte de jardin suspendu. Les soleils couchants y sont magnifiques.

Je n'ai nulle envie non plus de t'amuser beaucoup de mes dangers et de mes mésaventures, comme l'auteur fameux du

Voyage à Saint-Cloud. Et pourtant tu ne m'empêcheras pas de regretter ces bons voyages difficiles de la vieille France, comme on les trouve peints dans Cyrano, dans le chevalier d'Assoucy, et même dans la tournée gastronomique de Bachaumont et de Chapelle. Te souviens-tu des joyeuses pérégrinations du *baron de Fœneste,* lequel avait soin de se payer de sa dépense dans les hôtelleries, en emportant tout au moins de sa chambre les serviettes, le peigne, et jusqu'au pot-à-eau s'il était d'étain. Et, dans les premiers chapitres de *Marianne,* quel voyage encore que celui de ce gros coche de Bordeaux, qui mettait trois semaines pour venir à Paris, versait cinq ou six fois en route et subissait au moins deux attaques de larrons!

Voilà des plaisirs que nous n'avons plus, et une grande source d'intérêt qu'ont perdue les récits des modernes voyageurs. Une fois hors de France, on espère retrouver encore cette bonne veine, dans les pays de montagnes surtout. Mais, hélas! combien l'imprévu est devenu rare, même en Suisse, où l'on voyage à pied la moitié du temps! l'imprévu, c'est-à-dire un torrent qui fait un bateau de votre voiture (tu n'as pas oublié l'histoire de l'attaché); une avalanche qui vous ensevelit; un ours de Berne qui vient vous flairer au passage; un flot de la mer de glace qui manque sous vos pieds, et peut-être (en cas de forte recommandation), une petite aventure de voleurs....

Pardon, je vais trop loin; tu ne crois plus aux voleurs; les voleurs n'existent plus en effet nulle part, et tu sais comme moi que l'on est obligé de payer des malheureux pour se déclarer criminels, afin que les magistrats, les procureurs du roi, les avocats et la gendarmerie départementale, aient quelque raison d'exister et de toucher leurs traitements, afin que les galères et les prisons soient encore habitées. Ce sont de petites comédies qui se jouent en plein jour entre des robes noires et des vestes trouées, et l'on peut voir, en lisant nos feuilles judiciaires, combien il se dépense là d'invention et d'esprit.

Mais, à défaut d'aventures, la description restait du moins au touriste littéraire; il comptait les pierres des monuments et les feuilles des forêts; il faisait des terrains, des fonds fuyants, des horizons; le daguerréotype arrive, il lui coupe le paysage sous le pied; déjà, dans chaque ville nouvelle, nous en rencontrons deux ou trois, qui n'attendent pour fonctionner qu'un rayon de soleil; mais le soleil est rare dans la saison où nous sommes, et nos paysagistes mécaniques n'ont que la ressource de l'aller chercher au-dessus des nuages, en se livrant à des ascensions périlleuses.

Ce sont bien les hautes Alpes que l'on découvre de tous côtés à l'horizon. J'avoue que je ne les connaissais pas encore. On avait prétendu me les montrer à Lyon, du haut de Fourvières; à Nice, du haut d'une montagne qui domine la ville; mais je n'en avais pris qu'une idée fort nulle ou fort vague. Me voilà donc en face du mont Blanc! Je voudrais bien me rappeler les vingt vers de Delille qui l'ont rendu célèbre; mais je ne me souviens que de ceux qui ont immortalisé le café :

Et je crois, du génie éprouvant le réveil,
Boire dans chaque goutte un rayon de soleil !

Ce qui n'est nullement applicable! C'était anciennement un poëte bien commode que celui-là, qui avait cloué sur chaque paysage une belle épigraphe d'alexandrins. Toute la nature se trouvait étiquetée comme au Jardin botanique. Les gens du monde rencontraient là de l'enthousiasme tout fait, comme les compliments de bonne année. Il existe encore à Genève beaucoup d'admirateurs de Delille.

J'ai donc cherché le mont Blanc toute la soirée; j'ai suivi les bords du lac, j'ai monté sur les plus hautes terrasses de la ville; j'ai fait le tour des remparts, n'osant demander à personne : « Où est donc le mont Blanc? » Et j'ai fini par l'admirer sous la forme d'un immense nuage blanc et rouge, qui réalisait le rêve de mon imagination. Malheureusement, pendant que je calculais en moi-même les dangers que pouvait présenter le projet d'aller planter tout en haut un drapeau tricolore, pendant qu'il me semblait voir circuler des ours noirs sur la neige immaculée de sa cime, voilà que ma montagne a manqué de base tout à coup, elle s'est trouvée coupée et suspendue dans le ciel comme le pays de *Laputa;* quant au véritable mont Blanc, tu comprendras qu'ensuite il m'ait causé peu d'impression.

Mais la promenade de Genève était fort belle à ce soleil couchant, avec son horizon immense et ses vieux tilleuls aux branches effeuillées. La partie de la ville qu'on aperçoit en se retournant est aussi très-bien disposée pour le coup d'œil, et présente un amphithéâtre de rues et de terrasses plus agréable à voir qu'à parcourir.

J'entrai dans le théâtre, qui est assez grand, mais qui paraît peu florissant dans son intérieur; on y jouait trois vaudevilles avec une troupe d'invalides dramatiques, dont je n'ai pu suffisamment apprécier le talent. Genève a le même désavantage que la Belgique de se trouver française sans le vouloir; ces fausses nations sont toujours malheureuses, soit dans leur déférence servile, soit dans leur prétention à l'individualité. Depuis 1830, la France a donné un coup de main à l'une et un coup de pied à l'autre; ce qui fait que les Français ne sont guère aimés dans ces deux endroits. A Genève comme à Bruxelles, j'ai vu force caricatures sur nous; la plupart se rapportent à l'époque des menaces de guerre de 1836. Il y en a une qui représente un voltigeur français s'avançant sur la frontière avec une mine de sabreur extrêmement féroce. Du côté de la Suisse, se pose un volontaire génevois, petit mais intrépide, qui lui crie :

Je suis jeune, il est vrai; mais aux âmes bien nées, etc.

J'ai trouvé remarquable que ces messieurs eussent retourné contre nous, en guise de canons, deux vers de Corneille. Il faut convenir, d'ailleurs, que ceci est moins amer que la fameuse caricature de l'entrée des *Fransquillons* en Belgique.

En descendant du théâtre vers le lac, on suit la grande rue parisienne, la rue de la Corraterie, où sont les plus riches boutiques. La rue du Léman, qui fait angle avec cette dernière, et dont une partie jouit de la vue du port, est toutefois la plus commerçante et la plus animée. Du reste, Genève, comme toutes les villes du Midi, n'est pavée que de cailloux. Le bitume commence à s'y montrer de loin en loin; et, en effet, dans les pays si nombreux où le grès manque, le bitume dont Paris s'est lassé si vite, a toujours un bel avenir. De longs passages sombres, à l'antique, établissent des communications entre les rues. Les fabriques qui couvrent le fond du lac et la source du Rhône donnent aussi une physionomie originale à la ville.

Te parlerai-je encore du quartier neuf, situé de l'autre côté du Rhône, et tout bâti dans le goût de la rue de Rivoli; du palais du philanthrope Eynard, dont tu connais les innombrables portraits lithographiés, qui se vendaient jadis au profit des Grecs et des noirs? Mais il vaut mieux s'arrêter au milieu du pont, sur un terre-plein planté d'arbres, où se trouve la statue de Jean-Jacques Rousseau. Le grand homme est là, drapé en Romain, dans la position d'Henri IV sur le pont Neuf; seulement, Rousseau est à pied, comme il convient à un philosophe. Il suit des yeux le cours du Rhône, qui sort du lac, si beau, si clair, si rapide déjà, — et si bleu, que l'empereur Alexandre y retrouvait un souvenir de la Néva, bleue aussi comme la mer!

L'extrémité du lac Léman, tout emboîtée dans les quais de la ville, est couverte en partie de ces laides cabanes qui servent de moulins à eau ou de buanderies, ce qui offre un spectacle plus varié qu'imposant. Au contraire, lorsqu'on tourne le dos à la ville pour se diriger vers Lausanne, lorsque le bateau à vapeur sort du port encombré de petits navires, le coup d'œil présente tout à fait l'illusion de la grande mer. Jamais pourtant on ne perd entièrement de vue les deux rives, mais la ligne du fond tranche nettement l'horizon de sa lame d'azur; des voiles blanches se balancent au loin, et les rives s'effacent sous une teinte violette, tandis que les palais et les villas éclatent par intervalles au soleil levant; c'est l'image affaiblie de ces riants détroits du golfe de Naples, que l'on suit si longtemps avant d'aborder. D'ailleurs, pourquoi te décrirais-je encore ce lac il=

lustré, que Victor Hugo a parcouru vingt-cinq ans après Byron ? Pourquoi te parlerais-je de Vevay, de Clarens, de Chillon, que, d'ailleurs, je n'ai point vus ? Avant d'arriver à ces lieux immortels, le bateau s'arrête à Lausanne, et me dépose sur la rive, avec tout mon bagage, entre les bras des douaniers. Lorsqu'il devient bien constaté que je n'importe pas de cigares français (vraie régie) dont l'Helvétie est avide, on me livre à quatre commissionnaires, qui tiennent à se partager mes effets. L'un porte ma valise, l'autre mon chapeau, l'autre mon parapluie, l'autre ne porte rien. Alors, ils me font comprendre difficilement — car ici s'arrête la langue française — qu'il s'agit de faire une forte lieue à pied, toujours en montant. Une heure après, par le plus rude et le plus gai chemin du monde, j'arrive à Lausanne, et je traverse la charmante plate-forme qui sert de promenade publique et de jardin au Casino.

De là, la vue est admirable. Le lac s'étend à droite à perte de vue, étincelant des feux du soleil, tandis qu'à gauche il semble un fleuve qui se perd entre les hautes montagnes, obscurci par leurs grandes ombres. Les cimes de neige couronnent cette perspective d'Opéra, et, sous la terrasse, à nos pieds, les vignes jaunissantes se déroulent en tapis jusqu'au bord du lac. Voilà, comme dirait un artiste, le *poncif* de la nature suisse : depuis la décoration jusqu'à l'aquarelle, nous avons vu cela partout ; il n'y manque que des naturels en costume ; mais ces derniers ne s'habillent que dans la saison des Anglais ; autrement, ils sont mis comme toi et moi. Ne va pas croire maintenant que Lausanne soit la plus riante ville du monde. Il n'en est rien. Lausanne est une ville tout en escaliers ; les quartiers se divisent par étages ; la cathédrale est au moins au septième. C'est une fort belle église gothique, gâtée et dépouillée aujourd'hui par sa destination protestante, comme toutes les cathédrales de la Suisse, magnifiques au dehors, froides et nues à l'intérieur. Lorsque j'y entrai, on faisait queue à l'une des portes en se battant un peu : c'étaient des gamins du pays qui venaient chercher leur carte d'électeur ; car il paraît que la sacristie est une succursale de la municipalité. Je m'étonnai de voir cette marmaille affublée de droits politiques.

La vue est encore plus belle sur la plate-forme de l'église; toute cette ville biscornue a beaucoup de l'aspect de Blois.

Les clochers même ont l'air gauche et provincial.

Il y a une foule de girouettes de clinquant et de toits pointus d'un aspect fort gai.

Comme je pensais à dîner, en sortant de l'église, il me fut répondu partout que ce n'était plus l'heure. Je finis par me rendre au Casino, comme à l'endroit le plus apparent ; et, là, le maître, accoutumé aux fantaisies bizarres de MM. les Anglais, ne fit que sourire de ma demande et voulut bien me faire tuer un poulet.

Ne sachant plus que faire, le reste de la soirée, jusqu'au départ de la voiture de Berne, je m'établis dans un café, où je retrouvai les mêmes numéros du *Constitutionnel* et du *Siècle* qui ont paru le jour de mon départ, ce qui m'obligea encore à me jeter sur les journaux du lieu. La politique de tous ces petits pays est très-amusante, dans ce sens qu'elle a les mêmes nuances, les mêmes divisions, les mêmes colères, les mêmes lieux communs que la nôtre ; c'est une révolution dans un verre d'eau. Les querelles religieuses y jettent encore des complications que nous n'avons plus ; il paraît, d'après le *premier-Lausanne* que j'avais sous les yeux, qu'il y a encore des straussiens dans beaucoup d'endroits. Le parti de Strauss, vaincu dans le temps à Zurich, levait la tête à Lausanne ; le grand conseil a frappé un grand coup. Il y avait là un certain professeur Scherr, straussien déclaré, auquel la ville donnait, ainsi qu'aux autres professeurs, cinquante louis d'or, le logement, le jardin et le bois : pour le punir d'un discours peu orthodoxe, on lui a retranché le jardin, et, s'il parle encore, on lui retranchera le bois ; ainsi de suite. Ces moyens doux valent assurément mieux que la grande prise d'armes de Zurich, et sont beaucoup plus faits pour convaincre les schismatiques.

Autrefois, on les eût traités plus durement dans ce même canton où Calvin fit rôtir Michel Servet *avec du bois vert*, afin que le supplice durât plus longtemps. Aujourd'hui, l'on se contente de leur ôter le bois ; au lieu de les faire brûler sur la place publique, on les laisse geler dans leurs maisons.

Je suis là tellement désœuvré, que je passe de la politique aux annonces. J'en trouve de fort amusantes ; je serais heureux de pouvoir ajouter à leur publicité, mais elle leur viendrait trop tard en aide. Les avis judiciaires sont conçus dans une forme tout à fait paternelle ; aussi recommandons ces formules d'épîtres à nos juges d'instruction ; cela peut épargner beaucoup de gendarmes, et, si les criminels lisent les journaux, ils ne peuvent manquer d'être touchés par des avertissements si polis.

Ces lectures étant, après tout, peu récréatives, j'ai été charmé de monter dans la diligence, et de m'y incruster chaudement entre deux fortes dames de Lausanne qui se rendaient aussi à Berne. N'est-ce pas moi qui ai dit dernièrement que toutes les femmes de Genève ont quarante ans ? Cela vient sans doute de ce que, ces dames étant en général fort jolies, Paris les enlève dans leur belle saison, et ne les rend à leur patrie qu'après les avoir un peu fanées, un peu brisées... Elles demeurent là quelques années, à l'état d'illusions perdues, elles vont mirer leurs bas bleus dans le lac bleu ; c'est l'école encore vigoureuse de Rousseau, de madame de Staël, de Benjamin Constant. Puis, quand les quarante ans qui leur servaient à en avoir trente, commencent à friser le demi-siècle, ces beautés passent un jour de Genève à Lausanne par la douce transition du lac Léman. C'est alors l'école de Senancour, de madame de Krudner, de madame de Charrière, etc.; cela fait des anges tombés, déchus, abattus, abîmés, à un point extraordinaire ; puis Balzac les relève un jour de son souffle puissant. La femme de cinquante ans demande à s'appuyer sur la canne de notre ami. Je ne fais que lui transmettre ce désir, et lui apprendre combien il est aimé et espéré dans ce pays.

Voici que je quitte enfin cette petite France mystique et rê-
veuse qui nous a doués de toute une littérature et de toute une
politique; je vais mordre cette fois dans la vraie Suisse à pleines
dents. C'est le lac de Neuchâtel que nous laissons sur notre
gauche, et qui, toute la nuit, nous jette ses reflets d'argent. On
monte et l'on descend, on traverse des bois et des plaines, et la
blanche dentelure des Alpes brille toujours à l'horizon. Au point
du jour, nous roulons sur un beau pavé, nous passons sous plusieurs portes, nous admirons de grands ours de pierre sculptés
partout comme les ours de Bradwardine dans *Waverley:* ce
sont les armes de Berne. Nous sommes à Berne, la plus belle
ville de la Suisse assurément.

Rien n'est ouvert. Je parcours une grande rue d'une demi-
lieue toute bordée de lourdes arcades qui portent d'énormes
maisons; de loin en loin, il y a de grandes tours carrées supportant de vastes cadrans. C'est la ville où l'on doit le mieux
savoir l'heure qu'il est. Au centre du pavé, un grand ruisseau
couvert de planches réunit une suite de fontaines monumen-
tales espacées entre elles d'environ cent pas. Chacune est défendue par un beau chevalier sculpté qui brandit sa lance. Les
maisons, d'un goût rococo comme architecture, sont ornées
aussi d'armoiries et d'attributs : Berne a une allure semi-bour-
geoise et semi-aristocratique qui, d'ailleurs, lui convient sous
tous les rapports. Les autres rues, moins grandes, sont du
même style, à peu près. En descendant à gauche, je trouve une
rivière profondément encaissée et toute couverte de cabanes en
bois, comme le Léman à Genève; il en est qui portent le titre
de *bains* et ne sont pas mieux décorées que les autres. Cela
m'a remis en mémoire un chapitre de Casanova, qui prétend
qu'on y est servi par des baigneuses nues, choisies parmi les
filles du canton les plus innocentes. Elles ne quittent point
l'eau par pudeur, n'ayant pas d'autre voile; mais elles folâtrent
autour de vous comme des naïades de Rubens. Je doute, malgré les attestations de voyageurs plus modernes, que l'ont ait
conservé cet usage bernois du xviiie siècle. Du reste, un bain

froid dans cette saison serait de nature à détruire le sentiment
de toute semblable volupté.

En remontant dans la grand'rue, je pense à déjeuner et
j'entre à cet effet dans l'auberge des *Gentilshommes*, auberge
aristocratique s'il en fut, toute chamarrée de blasons et de
lambrequins ; on me répond qu'il n'est pas encore l'heure :
c'était l'écho inverse de mon souper de Lausanne. Je me décide
donc à visiter l'autre moitié de la ville. Ce sont toujours de
grandes et lourdes maisons, un beau pavé, de belles portes,
enfin une ville cossue, comme disent les marchands. La cathédrale gothique est aussi belle que celle de Lausanne, mais d'un
goût plus sévère. Une promenade en terrasse, comme toutes
les promenades de Suisse, donne sur un vaste horizon de vallées
et de montagnes ; la même rivière que j'avais vue déjà le
matin se replie aussi de ce côté ; les magnifiques maisons ou
palais situés le long de cette ligne ont des terrasses couvertes
de jardins qui descendent par trois ou quatre étages jusqu'à
son lit rocailleux. C'est un fort beau coup d'œil dont on ne
peut se lasser. Maintenant, quand tu sauras que Berne a un
casino et un théâtre, beaucoup de libraires ; que c'est la résidence du corps diplomatique et le palladium de l'aristocratie
suisse ; qu'on n'y parle qu'allemand et qu'on y déjeune assez
mal, tu en auras appris tout ce qu'il faut, et tu seras pressé de
faire route vers Zurich.

Pardonne-moi de traverser si vite et de si mal décrire des
lieux d'une telle importance ; mais la Suisse doit t'être si
connue d'avance, ainsi qu'à moi, par tous les paysages et par
toutes les impressions de voyage possibles, que nous n'avons
nul besoin de nous déranger de la route pour voir les curiosités.

Je cherche à constater simplement les chemins du pays, la
solidité des voitures, ce qui se dit, se fait et se mange çà et là
dans le moment actuel.

Par exemple, je dois dire que je n'ai demandé aucun bifteck, craignant qu'il ne soit d'ours ; et qu'ayant appris que,
dans les chalets, *séjours de l'hospitalité*, une tasse de lait se

vendait quatre francs, je m'en suis refusé la consommation.
L'expérience des voyageurs passés n'est donc point inutile;
voilà ce qui doit recommander la présente lettre à ton attention.

Ainsi, lorsque, parti de Berne, tu auras employé une ennuyeuse journée à traverser des bois de sapins et de bouleaux
ornés de chalets fort médiocres, et deux gros villages encombrés d'une population moins belle qu'à l'Opéra, tu seras heureux
de souper, vers onze heures, à Aarau, dans la maison d'une
hôtesse fort jolie, fort décolletée et vêtue (par pure bonté pour
toi) du costume national. Là, moyennant un nombre de *batz*
raisonnable, vous faites un repas où rien ne manque, et où
paraît enfin la véritable truite des lacs et des torrents, la petite
truite bleue, tachetée, cette fraise du règne animal, modeste,
délicate et parfumée, qu'on doit se garder de confondre avec
la truite genevoise, qui, en admettant qu'elle existe encore, n'est
rien qu'un saumon déguisé.

Les murs de la salle à manger sont ornés de vues d'Aarau,
parmi lesquelles on remarque celle de la maison de Zschokke,
l'illustre romancier. Il est triste de quitter enfin cette auberge
agréable, où l'on aimerait à passer la nuit sous plusieurs rapports. L'hôtesse vous fait un salut gracieux, et vous rougissez
de lui glisser, en partant, dans la main, l'humble monnaie
que la Suisse appelle des *batz*. Nous reparlerons sans doute de
ce billon, à propos des *kreutzers* allemands, non moins falla-
cieux pour le voyageur.

L'inégal pavé de Zurich nous éveille à cinq heures du matin.
Voilà donc cette ville fameuse qui a renouvelé les beaux jours
de Guillaume Tell en renversant la toque insolente du professeur Strauss; voilà ces montagnes d'où descendaient des chœurs
de paysans en armes; voilà ce beau lac qui ressemble à celui
de Cicéri. Après cela, l'endroit est aussi vulgaire que possible.
Sauf quelques maisons anciennes, ornées de rocailles et de
sculptures contournées, avec des grilles et des balcons d'un
travail merveilleux, cette ville est fort au-dessous des avan-

tages de sa position naturelle. Son lac et ses montagnes lui
font, d'ailleurs, des vues superbes. La route qui mène à Constance domine longtemps ce vaste panorama et se poursuit toute
la journée au milieu des plus beaux contrastes de vallées et de
montagnes.

Déjà le paysage a pris un nouveau caractère : c'est l'aspect
moins tourmenté de la verte Souabe ; ce sont les gorges ondu-
leuses de la forêt Noire, si vaste toujours, mais éclaircie par
les routes et les cultures. Vers midi, l'on traverse la dernière
ville suisse, dont la grande rue est étincelante d'enseignes
dorées. Elle a toute la physionomie allemande ; les maisons
sont peintes ; les femmes sont jolies ; les tavernes sont remplies
de fumeurs et de buveurs de bière. Adieu donc à la Suisse, et
sans trop de regrets. Une heure plus tard, la couleur de notre
postillon tourne du bleu au jaune. Le lion de Zœringen brille
sur les poteaux de la route, dans son champ d'or et de gueules,
et marque la limite des deux pays. Nous voilà sur le territoire
de Constance, et déjà son lac étincelle dans les intervalles des
monts.

VI — LE LAC DE CONSTANCE — AUGSBOURG

Constance ! c'est un bien beau nom et un bien beau souvenir ! C'est la ville la mieux située de l'Europe, le sceau splendide qui réunit le nord de l'Europe au midi, l'occident et l'o-
rient. Cinq nations viennent boire à son lac, d'où le Rhin sort
déjà fleuve, comme le Rhône sort du Léman. Constance est
une petite Constantinople, couchée, à l'entrée d'un lac immense, sur les deux rives du Rhin, paisible encore. Longtemps
on descend vers elle par les plaines rougeâtres, par les coteaux
couverts de ces vignes bénies qui répandent encore son nom
dans l'univers ; l'horizon est immense, et ce fleuve, ce lac,
cette ville prennent mille aspects merveilleux. Seulement, lorsqu'on arrive près des portes, on commence à trouver que la
cathédrale est moins imposante qu'on ne pensait, que les mai-

sons sont bien modernes, que les rues, étroites comme au moyen âge, n'en ont gardé qu'une malpropreté vulgaire. Pourtant la beauté des femmes vient un peu rajuster cette impression ; ce sont les dignes descendantes de celles qui fournissaient tant de belles courtisanes aux prélats et aux cardinaux du concile : je veux dire sous le rapport des charmes ; je n'ai nulle raison de faire injure à leurs mœurs.

La table d'hôte du *Brochet* est vraiment fort bien servie. La compagnie était aimable et brillante ce soir-là. Je me trouvais placé près d'une jolie dame anglaise dont le mari demanda au dessert une bouteille de champagne ; sa femme voulut l'en dissuader, en disant que cela lui serait contraire. En effet, cet Anglais paraissait d'une faible santé. Il insiste et la bouteille est apportée. A peine lui a-t-on versé un verre, que la jolie lady prend la bouteille et en offre à tous ses voisins. L'Anglais s'obstine et en demande une autre ; sa femme se hâte d'user du même moyen, sans que le malade, fort poli, ose en paraître contrarié. A la troisième, nous allions remercier ; l'Anglaise nous supplie de ne pas l'abandonner dans sa pieuse intention. L'hôte finit par comprendre ses signes, et, sur la demande d'une quatrième, il répond au milord qu'il n'a plus de vin de Champagne, et que ces trois bouteilles étaient les dernières. Il était temps, car nous n'étions restés que deux à table auprès de la dame, et notre humanité risquait de compromettre notre raison. L'Anglais se leva froidement, peu satisfait de n'avoir bu que trois verres sur trois bouteilles, et s'alla coucher. L'hôte nous apprit qu'il se rendait en Italie par Bregenz, pour y rétablir sa santé. Je doute que son intelligente moitié parvienne toujours aussi heureusement à le tenir au régime.

Demain, à cinq heures du matin, le bateau à vapeur m'emporte vers la froide Bavière, et l'on me prévient que la traversée sera orageuse. J'aimerais à subir une belle tempête sur le lac de Constance ; mais il serait triste, ayant échappé déjà aux gouffres de la Méditerranée, d'être noyé dans un bassin !

Tu me demanderas pourquoi je ne m'arrête pas un jour de

plus à Constance, afin de voir la cathédrale, la salle du concile, la place où fut brûlé Jean Huss, et tant d'autres curiosités historiques que notre Anglais de la table d'hôte avait admirées à loisir. C'est qu'en vérité je voudrais ne pas gâter davantage Constance dans mon imagination. — Je t'ai dit comment, en descendant des gorges de montagnes du canton de Zurich, couvertes d'épaisses forêts, je l'avais aperçue de loin par un beau coucher de soleil, au milieu de ses vastes campagnes inondées de rayons rougeâtres, bordant son lac et son fleuve comme une Stamboul d'Occident; je t'ai dit aussi combien, en approchant, on trouvait ensuite la ville elle-même indigne de sa renommée et de sa situation merveilleuse. J'ai cherché, je l'avoue, cette cathédrale bleuâtre, ces places aux maisons sculptées, ces rues bizarres et contournées, et tout ce moyen âge pittoresque dont l'avaient douée poétiquement nos décorateurs d'Opéra; eh bien, tout cela n'était que rêve et qu'invention : à la place de Constance, imaginons Pontoise, et nous voilà davantage dans le vrai. Maintenant, j'ai peur que la salle du concile ne se trouve être une hideuse grange, que la cathédrale ne soit aussi mesquine au dedans qu'à l'extérieur, et que Jean Huss n'ait été brûlé sur quelque fourneau de campagne. Hâtons-nous donc de quitter Constance avant qu'il fasse jour, et conservons du moins un doute sur tout cela, avec l'espoir que des voyageurs moins sévères pourront nous dire plus tard : « Mais vous avez passé trop vite! mais vous n'avez rien vu! »

Aussi bien, c'est une impression douloureuse, à mesure qu'on va plus loin, de perdre, ville à ville et pays à pays, tout ce bel univers qu'on s'est créé jeune, par les lectures, par les tableaux et par les rêves. Le monde qui se compose ainsi dans la tête des enfants est si riche et si beau, qu'on ne sait s'il est le résultat exagéré d'idées apprises, ou si c'est un ressouvenir d'une existence antérieure et la géographie magique d'une planète inconnue. Si admirables que soient certains aspects et certaines contrées, il n'en est point dont l'imagination s'étonne complétement, et qui lui présentent quelque chose de stupéfiant et d'inouï. Je fais exception à l'égard des touristes anglais, qui semblent n'avoir jamais rien vu ni rien imaginé.

L'hôte du *Brochet* a fait consciencieusement éveiller en pleine nuit tous les voyageurs destinés à s'embarquer sur le lac. La pluie a cessé ; mais il fait grand vent, et nous marchons jusqu'au port à la lueur des lanternes. Le bateau commence à fumer ; on nous dirige vers les casemates, et nous reprenons sur les banquettes notre sommeil interrompu. Deux heures après, un jour grisâtre pénètre dans la salle ; les eaux du lac sont noires et agitées ; à gauche, l'eau coupe l'horizon ; à droite, le rivage n'est qu'une fange. Nous voilà réduits aux plaisirs de la société ; elle est peu nombreuse. Le capitaine du bâtiment, jeune homme agréable, cause galamment avec deux dames allemandes, qui sont venues du même hôtel que moi. Comme il se trouve assis auprès de la plus jeune, je n'ai que la ressource d'entretenir la plus âgée, qui prend le café à ma gauche. Je commence par quelques phrases d'allemand assez bien tournées touchant la rigueur de la température et l'incertitude du temps.

— Parlez-vous français ? me dit la dame allemande.

— Oui, madame, lui dis-je un peu humilié ; certainement, je parle *aussi* le français.

Et nous causons désormais avec beaucoup plus de facilité.

Il faut dire que l'accent allemand et la prononciation très-différente des divers pays présentent de grandes difficultés aux Français qui n'ont appris la langue que par des livres. En Autriche, cela devient même un tout autre langage, qui diffère autant de l'allemand que le provençal du français. Ce qui contribue ensuite à retarder sur ce point l'éducation du voyageur, c'est que partout on lui parle dans sa langue, et qu'il cède involontairement à cette facilité qui rend sa conversation plus instructive pour les autres que pour lui-même.

La tempête augmentant beaucoup, le capitaine crut devoir prendre un air soucieux mais ferme, et s'en alla donner des

ordres, afin de rassurer les dames. Cela nous amena naturellement à parler de romans maritimes. La plus jeune dame paraissait très-forte sur cette littérature, toute d'importation anglaise
ou française, l'Allemagne n'ayant guère de marine. Nous ne
tardâmes pas à prendre terre par Scribe et Paul de Kock. Il faut
convenir que, grâce au succès européen de ces deux messieurs,
les étrangers se font une singulière idée de la société et de la
conversation parisiennes. La dame âgée parlait fort bien d'ailleurs : *elle avait vu les Français* dans son temps, comme elle
le disait gaiement; mais la plus jeune avait une prétention au
langage à la mode, qui l'entraînait parfois à un singulier emploi des mots nouveaux.

— Monsieur, me disait-elle, imaginez-vous que Passau, où
nous habitons, n'est en arrière sur rien; nous avons la société
la plus *ficelée* de la Bavière. Munich est si ennuyeux à présent,
que tous les gens *de la haute* viennent à Passau; on y donne
des soirées d'un *chic* étonnant !...

O monsieur Paul de Kock ! voilà donc le français que vous
apprenez à nos voisins ! Mais peut-être ceux de nous qui parlent *trop bien* l'allemand tombent-ils dans les mêmes idiotismes !
Je n'en suis pas là encore, heureusement.

« Il n'y a si bonne compagnie dont il ne faille se séparer ! »
disait le roi Dagobert à ses chiens... en les jetant par la fenêtre.
Puisse cet ancien proverbe, que je cite textuellement, me servir
de transition entre le départ de plusieurs de nos passagers qui
nous quittèrent à Saint-Gall, et le tableau, que je vais essayer
de tracer, d'un divertissement auquel se livraient nos marins
sur le pont, en attendant que le bateau reprît sa course vers
Morseburg. L'idée en est triviale, mais assez gaie et digne d'être
utilisée dans la littérature maritime. Il y avait trois chiens sur
le bateau à vapeur. L'un d'eux, caniche imprévoyant, s'étant
trop approché de la cuisine, un mousse s'avisa de tremper dans
la sauce sa belle queue en panache. Le chien reprend sa promenade ; l'un des deux autres s'élance à sa poursuite et lui
mord la queue ardemment. Voyant ce résultat bouffon, l'on

s'empresse d'en faire autant au second, puis au troisième, et voilà les malheureux animaux tournant en cercle sans quitter prise, chacun avide de mordre et furieux d'être mordu. C'est là une belle histoire de chiens! comme dirait le sieur de Brantôme... Mais que dire de mieux d'une traversée sur le lac de Constance par un mauvais temps ? L'eau est noire comme de l'encre, les rives sont plates partout, et les villages qui passent n'ont de remarquable que leurs clochers en forme d'oignon, garnis d'écailles de fer-blanc, et portant à leur pointe des boules de cuivre enfilées.

Le plus amusant du voyage, c'est qu'à chaque petit port où l'on s'arrête on fait connaissance avec une nouvelle nation. Le duché de Bade, le Wurtemberg, la Bavière, la Suisse se posent là, de loin en loin, comme puissances maritimes... d'eau douce. Leur marine donne surtout la chasse aux mauvais journaux français et suisses qui voltigent sur le lac sous le pavillon neutre; il en est un, intitulé justement *les Feuilles du Lac*, journal allemand progressif, qui, je crois bien, n'échappe aux diverses censures qu'en s'imprimant sur l'eau, et en distribuant ses abonnements de barque en barque sans jamais toucher le rivage.

La liberté sur les mers ! comme dit Byron.

En rangeant à gauche les côtes de Bade, voici que nous apercevons enfin les falaises brumeuses du royaume de Wurtemberg. Une forêt de mâts entrecoupés de tours pointues et de clochers nous annonce bientôt l'unique port de la Bavière; c'est Lindau; plus loin, l'Autriche possède Bregenz.

Nous ne subissons aucune quarantaine ; mais les douaniers sévères font transporter nos malles dans un vaste entrepôt. En attendant l'heure de la visite, on nous permet d'aller dîner. Il est midi : c'est l'heure où l'on dîne encore dans toute l'Allemagne. Je m'achemine donc vers l'auberge la plus apparente, dont l'enseigne d'or éclate au milieu d'un bouquet de branches de sapin fraîchement coupées. Toute la maison est en fête, et les nombreux convives ont mis leurs habits de gala. Aux fenêtres ouvertes, j'aperçois de jolies filles à la coiffure étincelante, aux longues tresses blondes, qui en appellent d'autres accourant de l'église où des marchés; les hommes chantent et boivent; quelques montagnards entonnent leur *tirily* plaintif.

La musique dominait encore tout ce vacarme, et, dans la cour, les troupeaux bêlaient. C'est que, justement, j'arrivais un jour de marché. L'hôte me demande s'il faut me servir dans ma chambre.

— Pour qui me prenez-vous, vénérable Bavarois ? Je ne m'assois jamais qu'à table d'hôte !

Et quelle table ! elle fait le tour de l'immense salle. Ces braves gens fument en mangeant; les femmes valsent (aussi en mangeant) dans l'intervalle des tables. Bien plus, il y a encore des saltimbanques bohèmes qui font le tour de la salle en exécutant la pyramide humaine, de sorte que l'on risque à tout moment de voir tomber un paillasse dans son assiette.

Voilà du bruit, de l'entrain, de la gaieté populaire; les filles sont belles, les paysans bien vêtus; cela ne ressemble en rien aux orgies misérables de nos guinguettes; le vin et la double bière se disputent l'honneur d'animer tant de folle joie, et les plats homériques disparaissent en un clin d'œil. J'entre donc en Allemagne sous ces auspices riants; le repas fini, je parcours la ville, dont toutes les rues et les places sont garnies d'étalages et de boutiques foraines, et j'admire partout les jolies filles des pays environnants, vêtues comme des reines, avec leur bonnet de drap d'or et leur corsage de clinquant. Voilà du moins un pays où les femmes n'ont pas adopté encore les chiffons sans goût de nos grisettes; ces surprises sont rares en voyage et se reproduiront peu dans le mien.

Il s'agit maintenant de choisir un véhicule pour Augsbourg; mais je n'ai point à choisir : la poste royale, et partout la poste; il n'y a nulle part, de ce côté, de diligences particulières; point de concurrence dont on ait à craindre la rivalité; — les chevaux ménagent les routes, les postillons ménagent les chevaux,

les conducteurs ménagent les voitures, le tout appartenant à
l'État; — nul n'est pressé d'arriver, mais on finit par arriver
toujours; le fleuve de la vie se ralentit dans ces contrées et
prend un air majestueux. « Pourquoi faire du bruit? » comme
disait cette vieille femme dans *Werther*.

Chacun des gouvernements d'Allemagne a donc le monopole
de la circulation; il en faut excepter les petits pays de la confédération, sillonnés par les réseaux des postes féodales du prince
de la Tour-et-Taxis. Ce prince, dont tu as dû souvent entendre répéter le nom, est le marquis de Carabas de l'Allemagne. Vous demandez à qui ce château-là? — Au prince de la
Tour-et-Taxis. — A qui ces chevaux, ces voitures, ces journaux, etc.? — Même réponse. (Car il possède aussi des journaux
dans différents pays, toujours à *titre féodal*, notamment la *Gazette des postes* et le *Journal de Francfort*.) Ses apanages in-
dustriels sont innombrables. Ce prince, dont la principauté est
imperceptible, a les revenus d'un puissant monarque; son
peuple de postillons, d'écrivains et d'ouvriers, paraît vivre
heureux sous ses lois, dans une étendue de peut-être cent lieues,
du nord au midi. Bien plus, il a tant de bonheur, qu'ayant un
médecin toujours auprès de sa personne, et dont il avait fait
un de ses ministres, que crois-tu qu'il en soit arrivé dernièrement? C'est le médecin qui est mort! Le prince le pleure et
n'en veut plus avoir d'autre. Cet homme ne mourra jamais;
et pourtant on attend sa fin pour créer une foule de chemins
de fer dont ses droits féodaux entravent de tous côtés l'exécution.

Que te dire du pays, que je parcours à l'heure qu'il est?
C'est une route assez monotone : des plaines, des montagnes ou
plutôt des montées, et toujours, toujours des sapins; la plus
grande partie de l'Allemagne est ainsi; c'est ce qui la rend si
verte dans les chants des poëtes. Hâtons-nous donc d'arriver
à Augsbourg, une belle vieille ville, comme nous en verrons
peu de ce côté, et qui m'a rappelé les bonnes cités des bords
du Rhin. Celle-là mériterait un fleuve ou un lac pour baigner

ses murailles et n'a pas même un ruisseau. Sa cathédrale est fort belle; les rues sont charmantes avec leurs grandes maisons peintes à fresque du haut en bas. Il y a là des Michel-Ange et des Caravage ignorés, que la pluie dégrade tous les jours; ce sont des galeries sans fin d'immenses tableaux sacrés ou profanes, trouées par les portes et les fenêtres, et dont la vue réjouit l'œil du passant; le plus grand nombre de ces peintures appartient au style rococo des deux derniers siècles; elles sont relevées souvent de sculptures et de dorures fort éclatantes. Dans la plus longue rue, qui est presque une longue place, on rencontre l'hôtel de ville, où l'on fait voir aux étrangers la célèbre chambre dorée, toute éclatante d'or et de bois sculpté, et éclairée d'un nombre infini de fenêtres. Une grande fontaine de marbre et de bronze, dans le style de la renaissance, orne la place voisine de ce palais; c'est une des plus riches et des plus élégantes que j'aie vues, et c'est de quoi faire honte aux groupes de naïades et de tritons en fonte dont on décore économiquement nos places de Paris.

Après avoir admiré toutes ces beautés et rendu visite même aux bureaux de la *Gazette d'Augsbourg*, le premier des journaux de l'Allemagne, je voulus compléter ma soirée par le spectacle. Il y avait deux affiches à tous les coins de rue : l'une annonçait *Preciosa*, opéra de Weber, et l'autre la représentation du *Docteur Faust* au théâtre des Marionnettes. J'eus la malheureuse idée de négliger cette occasion de voir le drame naïf et enfantin qui inspira à Gœthe son chef-d'œuvre éternel, et j'allai prendre une stalle au grand Opéra du lieu. — On jouait d'abord un acte traduit d'un vaudeville français. C'est ce qui commence le spectacle dans toute l'Allemagne. Ensuite, une première cantatrice de Vienne devait se faire entendre dans l'entr'acte; en effet, le vaudeville terminé, voilà que la porte du fond s'ouvre, et il paraît une énorme femme vêtue de noir. Elle chante un couplet avec une voix de basse superbe. Serait-ce un homme déguisé? Point du tout : elle entonna le second couplet avec un soprano plus aigu que celui de Déjazet.

Qu'est-ce donc que ce monstre musical? Au troisième couplet, elle chante le premier vers avec sa voix de basse, le second avec sa voix de tête, et ainsi de suite. Après ce tour de force inouï, l'enthousiasme du public éclata vivement, la grosse femme fut couverte de fleurs, et il en fallait beaucoup. Puis l'on commença *Preciosa*. Mais je ne tardai pas à m'apercevoir d'une chose : c'est que les acteurs déclamaient purement et simplement les vers du poëme, pendant que l'orchestre jouait en sourdine la musique de Weber. Je me hâtai de sortir du théâtre, espérant trouver encore ouvert celui des Marionnettes; mais je n'arrivai que pour entendre la dernière détonation qui engloutissait le docteur Faust dans les enfers.

J'ai pourtant fini par arriver à Munich par le chemin de fer d'Augsbourg.

V — UN JOUR A MUNICH

A une époque où l'on voyageait fort peu, faute de bateaux à vapeur, de chemins de fer, de chemins ferrés, et même de simples chemins, il y eut des littérateurs, tels que d'Assoucy, Le Pays et Cyrano de Bergerac, qui mirent à la mode les voyages dits *fabuleux*. Ces touristes hardis décrivaient la lune, le soleil et les planètes, et procédaient du reste dans ces inventions de Lucien, de Merlin Coccaïe et de Rabelais. Je me souviens d'avoir lu, dans un de ces auteurs, la description d'une étoile qui était toute peuplée de poëtes. En ce pays-là, la monnaie courante était de vers bien frappés; on dînait d'un ode, on soupait d'un sonnet; ceux qui avaient en portefeuille un poëme épique pouvaient traiter d'une vaste propriété.

Un autre pays de ce genre était habité seulement par des peintres; tout s'y gouvernait à leur guise, et les écoles diverses se livraient parfois des batailles rangées. Bien plus, tous les types créés par les grands artistes de la terre avaient là une existence matérielle, et l'on pouvait s'entretenir avec la Judith de Caravage, le Magicien d'Albert Durer, ou la Madeleine de Rubens.

En entrant à Munich, on se croirait transporté tout à coup dans cette étoile extravagante. Le roi-poëte qui y réside aurait pu tout aussi bien réaliser l'autre rêve, et enrichir à jamais ses confrères en Apollon; mais il n'aime que les peintres, eux seuls ont le privilége de battre monnaie snr leur palette. Le rapin fleurit dans cette capitale qu'il proclame l'*Athènes* moderne; mais le poëte s'en détourne et lui jette en partant la malédiction de Minerve; il n'y a là rien pour lui.

En descendant de voiture, en sortant du vaste bâtiment de la Poste royale, on se trouve en face du palais, sur la plus belle place de la ville; il faut tirer vite sa lorgnette et son *livret*; car déjà le musée commence, les peintures couvrent les murailles, tout resplendit et papillote en plein air, en plein soleil.

Le palais neuf est bâti exactement sur le modèle du palais Pitti, de Florence; le théâtre, d'après l'Odéon de Rome; l'hôtel des postes, sur quelque autre patron classique; le tout badigeonné du haut en bas de rouge, de vert et de bleu-ciel. Cette place ressemble à ces décorations impossibles que les théâtres hasardent quelquefois; un solide monument de cuivre rouge établi au centre, et représentant le roi Maximilien Ier, vient seul contrarier cette illusion. La poste, toute peinte d'un rouge sang de bœuf, qualifié de *rouge antique*, sur lequel se détachent des colonnes jaunes, est égayée de quelques fresques dans le style de Pompéi, représentant des sujets équestres. L'Odéon expose à son fronton une fresque immense où dominent les tons bleus et roses, et qui rappelle nos paravents d'il y a quinze ans; quant au palais du roi, il est uniformément peint d'un beau vert tendre. Le quatrième côté de la place est occupé par des maisons de diverses nuances. En suivant la rue qu'elles indiquent et qui s'élargit plus loin, on longe une seconde face du palais plus ancienne et plus belle que l'autre, où deux portes immenses sont décorées de statues et de trophées de bronze d'un goût maniéré mais grandiose. Ensuite la rue s'agrandit encore; des clochers et des tours gracieuses se dessinent dans le lointain; à gauche, s'étend à perte de vue une file de palais modernes, propres à satisfaire les admirateurs de notre rue de Rivoli; à droite, un vaste bâtiment dépendant du palais, qui, du côté de la rue, est garni de boutiques brillantes, et qui forme, du côté des jardins, une galerie qui les encadre presque entièrement. Tout cela a la prétention de ressembler à nos galeries du Palais-Royal; les cafés, les marchandes de modes, les bijoutiers, les libraires, sont *à l'instar de Paris.* Mais une longue suite de fresques représentant les fastes héroïques de la Bavière entremêlées de vues d'Italie témoignent, d'arcade en arcade, de la passion du roi Louis pour la peinture, et pour toute peinture, à ce qu'il paraît. Ces fresques, le livret l'avoue, sont traitées par de simples élèves. C'est une économie de toiles; les murs souffrent tout.

Le jardin royal, entouré de ces galeries instructives, est planté en quinconce et d'une médiocre étendue; la face du palais qui donne de ce côté, et qui vient d'être terminée, présente une colonnade assez imposante; en faisant le tour par le jardin, on rencontre une autre façade composée de bâtiments irréguliers, et dont fait partie *la basilique*, le mieux réussi des monuments modernes de Munich.

Cette jolie église, fort petite d'ailleurs, est un véritable bijou; construite sur un modèle byzantin, elle étincelle, à l'intérieur, de peintures à fond d'or, exécutées dans le même style. C'est un ensemble merveilleux de tout point; ce qui n'est pas or ou peinture est marbre ou bois précieux; le visiteur fait tache dans un intérieur si splendide, auquel on ne peut comparer dans toute l'Europe que la chapelle des Médicis, de Florence.

En sortant de la basilique, nous n'avons plus que quelques pas à faire pour rencontrer le nouveau théâtre; car nous venons de faire le tour du palais auquel se rattachent tous ces édifices comme dépendances immédiates. Pourquoi n'entrerions-nous pas dans cette vaste résidence? Justement le roi va se mettre à table, et c'est l'heure où les visiteurs sont admis dans les salles où il n'est pas, bien entendu.

On nous reçoit d'abord dans la *salle des gardes*, toute garnie de hallebardes, mais gardée seulement par deux factionnaires et autant d'huissiers. Cette salle est peinte en grisailles, figurant des bas-reliefs, des colonnes et des statues absentes, selon les procédés surprenants et économiques de M. Abel de Pujol. Assis sur une banquette d'attente, nous assistons aux allées et venues des officiers et des *courtisans*. Et ce sont, en effet, de véritables courtisans de comédie, par l'extérieur du moins. Quand M. Scribe nous montre, à l'Opéra-Comique, des intérieurs de cours allemandes, les costumes et les tournures de ses comparses sont beaucoup plus exacts qu'on ne croit. Une dame du palais, qui passait avec un béret surmonté d'un oiseau de paradis, une collerette ébouriffante, une robe à queue et des diamants jaunes, m'a tout à fait rappelé madame Boulanger. Des chambellans chamarrés d'ordres semblaient prêts à se faire entendre sur quelque ritournelle d'Auber.

Enfin le service du roi a passé, escorté par deux gardes. C'est alors que nous avons pu pénétrer dans les autres salles. Je plains fort le roi de ce pays, qui se défend pourtant d'être un monarque constitutionnel, de s'être imposé l'usage d'admettre deux fois par jour une trentaine de personnes dans l'intérieur de son domicile. En sortant de table, il retrouve ses parquets et ses meubles souillés d'empreintes inconnues : ce qu'il touche vient d'être touché; l'air est encore plein d'haleines impures; des Anglais ont gravé furtivement leurs noms sur les glaces et sur les marbres des consoles. Qui sait ce qu'on a pris, et qui sait ce qu'on a laissé? Cela me rappelle qu'un jour on m'a fait voir, à Trianon, le lavabo du duc de Nemours à côté de celui de Joséphine, et un petit morceau de savon dont le prince s'était servi la dernière fois qu'il y avait couché.

Je m'abstiendrai de décrire en détail l'intérieur du palais de Munich, dont tous les Guides de voyageurs ont énuméré les richesses artistiques. Ce qu'il faut le plus remarquer, c'est la salle décorée de fresques de Schnorr sur les dessins de Cornélius, dont les sujets sont empruntés à la grande épopée germanique des *Niebelungen*. Ces peintures, admirablement composées, sont d'une exécution lourde et criarde, et l'œil a peine à en saisir l'harmonie ; de plus, les plafonds, chargés de figures gigantesques et furibondes, écrasent leurs salles mesquines et médiocrement décorées ; il semble partout à Munich que la peinture ne coûte rien ; mais le marbre, la pierre et l'or sont épargnés davantage. Ainsi ce palais superbe est construit en briques, auxquelles le plâtre et le badigeon donnent l'aspect d'une pierre dure et rudement taillée ; ces murailles éclatantes, ces colonnes de portor et de marbre de Sienne, approchez-vous, frappez-les du doigt, c'est du stuc. Quant au mobilier, il est du goût le plus *empire* que je connaisse : les glaces sont rares ; les lustres et les candélabres semblent appartenir au matériel d'un cercle ou d'un casino de province ; les richesses sont au plafond ; c'est encore un rêve, où le roi-poëte peut poursuivre en passant les magnificences de l'Olympe ou les vagues splendeurs du Walhalla.

Je suis loin de vouloir rabaisser les beautés de cette résidence, et le goût du roi de Bavière pour les arts plastiques n'a pas de quoi donner de prise au ridicule ; mais je me demande s'il est bien vrai que M. Cornélius, lorsqu'il vint à Paris il y a quelques années, n'ait pas été émerveillé des richesses de Versailles et qu'il ait à peu près parlé comme le Gascon, qui trouvait que le Louvre ressemblait aux écuries du château de son père ; nous le croyons un homme de trop de goût et de bonne foi pour que cette histoire soit vraie, d'autant plus que, si le palais de Munich a quelques beautés incontestables, c'est un point où le talent de M. Cornélius est presque seul intéressé, et à nous seuls aussi il appartient de lui en rapporter la gloire.

Le repas du roi étant fini, nous pouvons commencer le nôtre ; il n'y a qu'un seul restaurateur dans la ville, qui est un Français ; autrement, il faut prendre garde aux heures des tables d'hôte. La cuisine est assez bonne à Munich, la viande a bon goût; c'est là une remarque plus importante qu'on ne croit en pays étranger. On ne sait pas assez que la moitié de l'Europe est privée de biftecks et de côtelettes passables, et que le veau domine dans certaines contrées avec une déplorable uniformité. Songez-vous, Parisiens! que l'Espagne et l'Italie manquent de beurre absolument. Peut-être n'as-tu jamais fait grande attention à l'humble ingrédient du beurre. Eh bien, quand le bateau à vapeur qui vient de Naples touche à Nice, la première idée des passagers est de courir au café royal, sur la grande place, et d'y déjeuner avidement avec du beurre et du lait. Du lait! et sais-tu comment les dames italiennes font leur café du matin? Ces infortunées délayent des blancs d'œuf dans du café, faute de lait, et elles boivent ce mélange. Voilà ce qu'on ne sait pas!

Munich manque d'huîtres et de poissons de mer, naturellement; ses vins sont médiocres et chers; mais elle vante sa bière, qui, en effet, a une grande réputation dans toute l'Allemagne. Il ne faut pas parler de la bière de Munich à des voyageurs qui ont bu des bières belges et anglaises. Le faro, l'ale et la lambic sont des bières dont on n'a pas l'idée même à Paris; ce sont de véritables vins du Nord, qui égayent et grisent plus vite que le vin lui-même. Les bières impériales et royales d'Autriche et de Bavière n'ont aucun rapport avec ces nobles boissons. Aussi disputent-elles au tabac le privilége d'engourdir et d'assoupir de plus en plus ce grand corps du peuple allemand.

Tu me pardonneras ce *hors-d'œuvre* culinaire, qui n'est pas hors de propos; car les voyageurs ont faim comme les héros, et la nourriture est une *impression* de voyage incontestable. Les deux cafés de la Galerie royale ne sont pas fort brillants et n'ont aucun journal français. Un vaste cabinet de lecture et une sorte de casino, qu'on appelle le Musée, contiennent, en revanche, la plupart des feuilles françaises que la censure laisse entrer librement. De temps en temps, il est vrai, quelque numéro manque, et les abonnés lisent à la place cet avis : que le journal a été saisi à Paris, à la poste et dans les bureaux. Cela se répète si souvent, que nous soupçonnons le parquet de Munich de calomnier celui de Paris. Il résulte encore de ce subterfuge, que les braves Munichois ont des doutes continuels sur la tranquillité de notre capitale ; la leur est si paisible, si gaie et si ouverte, qu'ils ne comprennent pas les agitations les plus simples de notre vie politique et civile ; la population ne fait aucun bruit, les voitures roulent sourdement sur la chaussée poudreuse et non pavée. Le Français se reconnaît partout à ce qu'il déclame ou chantonne en marchant ; au café, il parle haut ; il oublie de se découvrir au théâtre ; même en dormant, il remue sans cesse, et un lit allemand n'y résiste pas dix minutes. Imagine-toi des draps grands comme des serviettes, une couverture qu'on ne peut border, un édredon massif qui pose en équilibre sur le dormeur. Eh bien, l'Allemand se couche, et tout cela reste sur lui jusqu'au lendemain ; de plus, connaissant sa sagesse, on lui accorde des oreillers charmants, brodés à l'entour, et découpés en dentelles sur un fond de soie rouge ou verte. Les plus pauvres lits d'auberge resplendissent de ce luxe innocent.

Puisque nous parlons des oreillers, parlons tout de suite des poêles. Les poêles bavarois sont les plus beaux du monde ; leur construction est de l'architecture, et leurs ornements sont de la sculpture en réalité. Si l'on connaissait bien à Paris les poêles allemands, on ne voudrait plus de cheminées. C'est la plus belle pièce d'un mobilier. Cela convient à une chambre comme à une salle de palais. J'ai vu un poêle allemand au château de Rastadt, enrichi, il est vrai, de peintures et de porcelaines, qu'on estimait cent mille florins. Les plus beaux de ces *monuments* disparaissent peu à peu de l'Allemagne, car les princes et les grands seigneurs adoptent presque partout la cheminée française ; mais la bourgeoisie tient toujours pour ses vieux poêles, et elle a raison.

Je sens bien que tu es pressé de faire connaissance avec la Glyptothèque et la Pinacothèque ; mais ces musées sont fort loin du centre de la ville, et il faut le temps d'y arriver. Dans

21.

sa pensée d'agrandissement indéfini pour sa capitale, le roi
Louis a eu soin de construire à de grandes distances les uns
des autres ses principaux monuments, ceux du moins autour
desquels on espère que les maisons viendront un jour se grouper. La ville de Munich était naturellement une fort petite
ville, de la grandeur d'Augsbourg tout au plus; la lyre du roi-
poëte en a élevé les murailles et les édifices superbes. Il eût,
comme Amphion, fait mouvoir les pierres à ce grand travail,
mais il n'y avait pas de pierres dans tout le pays. C'est là le
grand malheur de cette capitale improvisée d'un royaume encore si jeune; de là la brique réchampie, de là le stuc et le
carton-pierre, de là des rues boueuses ou poudreuses, selon la
saison. Le grès manque; l'autorité hésite entre divers projets
soumis par les compagnies de bitume, la ville hésite devant la
dépense, et Munich n'est encore pavée, comme l'enfer, que de
bonnes intentions.

Après bien des places indiquées à peine, bien des rues seulement tracées et où l'on donne des terrains gratuits, comme dans
les déserts de l'Amérique, à ceux qui veulent y bâtir, nous
arrivons à la Glyptothèque, c'est-à-dire au musée des statues.
On est tellement Grec à Munich, que l'on a dû être bien Bavarois
à Athènes; c'est du moins ce dont se plaignaient les Grecs véritables... Le bâtiment est tellement antique dans ses proportions, que les marches qui conduisent à l'entrée ne pourraient
être escaladées que par des titans; un petit escalier caché dans
un coin répare cet inconvénient, que nous nous garderons d'appeler un vice de construction. A l'intérieur, les salles sont vastes
et pratiquées dans toute la hauteur du monument. Elles sont
enduites partout de cette teinture de garance foncée, que les
livrets continuent à garantir *vrai rouge antique*. Les ornements
qui s'en détachent sont toujours de ce style pompéien sur
lequel nous avons été blasés par nos cafés, nos passages, et par
les décorations du Gymnase. On a donc le droit de récuser
notre mauvais goût parisien, surtout lorsqu'on a soin de faire
remarquer (dans ce livret autorisé et censuré) que le roi de

Bavière, dans la décoration de ses palais et de ses musées, s'est toujours éloigné du faux goût qui florissait dans les XVIIe et XVIIIe siècles. Ceci paraît encore dirigé contre Versailles, et plusieurs allusions que je n'ai plus sous la main me confirment dans cette pensée.

Les peintres se sont livrés sur les plafonds de la Glyptothèque à des intempérances de couleur que nous sommes loin d'approuver. Les magnifiques bas-reliefs de Phidias, le *Silène*, et les marbres si purs de Canova, qu'on rencontre plus loin, eussent dû faire honte aux prétentieuses compositions des peintres germaniques. Nous exceptons toujours celles de M. Cornélius, qui ne sont, en effet, que des compositions, puisqu'elles ne sont pas peintes par lui. Il a décoré toute une salle avec des sujets tirés de l'*Iliade*, dont on a pu voir les dessins à Paris. Je n'ai pas besoin de répéter ce que tout le monde sait aujourd'hui, que les dessins envoyés ici comme copies des fresques de l'école de Munich ne donnent qu'une idée très-fausse de l'effet des peintures originales ; il n'est pas de voyageur qui n'ait fait cette observation.

La Glyptothèque renferme une collection d'antiques fort précieuse et des chefs-d'œuvre de Canova parmi lesquels se trouvent *la Frileuse*, la *Vénus-Borghèse*, un buste de Napoléon et un autre du prince Eugène. Quelques statues du trop célèbre Thorwaldsen partagent, avec celles de Canova, les honneurs d'une salle particulière, où leurs noms sont accolés à ceux de Phidias et de Michel-Ange. On ignore probablement à Munich les noms français de Puget et de Jean Goujon.

La Pinacothèque, c'est-à-dire le musée de peinture, est située à peu de distance de la Glyptothèque. Son extérieur est beaucoup plus imposant, quoique le style grec en soit moins pur. Ces deux édifices sont d'un architecte nommé Léon de Glenze. Ici, je n'aurai plus qu'à louer ; les salles sont grandes et ne sont ornées que de peintures de maîtres anciens. Une galerie extérieure, ouverte depuis peu de temps au public, est fort gracieusement peinte et décorée, et l'ornement antique y a été compris à la manière italienne avec beaucoup de richesse et de légèreté. Il serait trop long d'énumérer tous les chefs-d'œuvre que renferme la Pinacothèque. Qu'il suffise de dire que la principale galerie renferme une soixantaine de Rubens choisis et des plus grandes toiles. C'est là que se trouve *le Jugement dernier* de ce maître, pour lequel il a fallu exhausser le plafond de dix pieds. Là aussi se rencontre l'original de *la Bataille des Amazones*. Après avoir parcouru les grandes salles consacrées aux grands tableaux, on revient par une suite de petites salles divisées de même par écoles, et où sont placées les petites toiles. Cette intelligente disposition est très-favorable à l'effet des tableaux.

Que reste-t-il encore à voir dans la ville? On est fatigué de tous ces édifices *battants neufs*, d'une architecture si grecque, égayés de peintures antiques si fraîches. Il y aurait encore, pour tout Anglais, à admirer six ministères avec ou sans colonnes, une maison d'éducation pour les filles nobles, la bibliothèque, plusieurs hospices ou casernes, un obélisque de la grandeur du nôtre, mais couvert de cuivre rouge, destiné à conserver le souvenir de trente mille Bavarois qui perdirent la vie dans la campagne de Russie; une église romaine, une autre byzantine, une autre renaissance, et puis une autre gothique. Cette dernière est dans le faubourg; l'on aperçoit de loin sa flèche aiguë. Tu m'en voudrais d'avoir manqué de visiter une église gothique de 1839. Je sors donc de la ville en passant sous un arc de triomphe dans le goût italien du XIVe siècle, orné d'une large fresque représentant des batailles bavaroises; un quart de lieue plus loin, l'on rencontre l'église, bâtie aussi, comme tous les autres monuments, de briques réchampies de plâtre. Cette église est petite et n'est pas entièrement finie à l'intérieur. On y pose encore une foule de petits saints, statuettes en plâtre peint. Le carton-pierre y domine; c'est là une grande calamité. Les vitraux sont *mieux* que le gothique; d'après les nouveaux procédés et les découvertes de la chimie, on parvient à obtenir de grands sujets sur un seul verre au lieu d'employer les

petits vitraux plombés; le dallage est fait en bitume de couleur,
les sculptures de bois sont figurées parfaitement en pâte colorée;
les flambeaux et les crucifix sont en métal anglais, se nettoyant
comme de l'argent. — J'ai pu monter dans la flèche, entièrement construite en fer creux, selon les procédés modernes,
et qui m'a rappelé celle de la cathédrale de Rouen, refaite
par M. Alavoine. Cette dernière est un morceau dont les
Rouennais sont bien fiers. On sait que l'ancienne flèche de
Rouen, rivale de celles de Strasbourg et d'Anvers, avait été
brûlée il y a quelques années. Le conseil municipal de Rouen
décida qu'on la reconstruirait en *fer creux*, ce qui s'est fait.
Maintenant, cette flèche durera plus que l'église elle-même;
c'est léger, économique, incombustible; cela se démonte avec
des boulons, cela peut se revendre au poids. Seulement, vu d'en
bas, ce clocher est grêle et mesquin; c'est un clocher araignée;
cela ressemble à un mât garni de ses cordages; c'est une flèche
étique, amaigrie; cela gâte la vue de Rouen, si gâtée déjà par
son pont de fer et son quai de belles maisons. — Mais revenons à Munich : ne la blâmons pas trop de ce sacrifice au
progrès. En revanche, elle a toujours les deux belles tours de
sa cathédrale, le seul monument ancien qu'elle possède, et qu'on
aperçoit de six lieues. Au temps où fut bâti ce noble édifice,
on mettait des siècles à accomplir de telles œuvres; on les
faisait de pierre dure, de marbre ou de granit; alors aussi,
on n'improvisait pas en dix ans une capitale qui semble une
décoration d'opéra, prête à s'abîmer au coup de sifflet du ma-
chiniste. Que le roi-poëte me pardonne ces critiques sévères;
avant de faire des bâtisses, il faisait des livres signés de son
nom royal, avec les armes de Bavière au frontispice; il s'est
donc reconnu de tout temps justiciable de la critique.

D'ailleurs, je comprends bien que l'ancien duché de Bavière,
qui est passé royaume par la grâce de Napoléon, ait eu à cœur
de se faire une capitale avec une ancienne petite ville mal
bâtie, qui n'a pas même des pierres pour ses maçons; mais
Napoléon lui-même n'aurait pu faire que la population devînt

en rapport avec l'agrandissement excessif de la ville; il eût simplement déporté là des familles qui y seraient mortes d'ennui; il n'aurait pu faire un fleuve de l'humble ruisseau qui coule à Munich et que l'on tourmente en vain avec des barrages, des fonds de planches et des estacades, pour avoir le droit un jour d'y bâtir un pont dans le goût romain. Hélas! sire roi de Bavière! ceci est une grande consolation pour nous autres, pauvres gens; vous êtes roi, prince absolu, chef d'une monarchie *à états*, que vous nous priez de ne pas confondre avec notre monarchie constitutionnelle; mais vous ne pouvez faire qu'il y ait de l'eau dans votre rivière, et de la pierre dans le sol où vous bâtissez!

En rentrant dans la ville, nous rencontrâmes plusieurs monuments nouveaux propres à immortaliser la gloire bavaroise sous toutes les formes. On remarque surtout, je l'ai dit, un obélisque entièrement pareil au nôtre, mais tout en cuivre rouge comme la statue de Maximilien. Il est consacré aux trente mille Bavarois qui perdirent la vie dans la campagne de Russie; nous ne nous y opposons pas.

On donnait au théâtre un vaudeville traduit, et la représentation de *Medea*, mélodrame en prose, joué par madame Schrœder-Devrient, qui est, dit-on, la première tragédienne de l'Allemagne. Cette actrice nous a rappelé mademoiselle Duchesnois dans ses derniers jours. La pièce était bouffonne, remplie de combats réglés, d'incendies et de meurtres, et finissait par une illumination en flammes de Bengale. C'est donc là qu'en est réduit aussi l'art dramatique en Allemagne? Mais du moins nos auteurs du boulevard ne choisissent point de sujets classiques. Un mélodrame intitulé *Médée* aurait peu de succès à la Porte-Saint-Martin.

Je n'ai passé qu'un jour à Munich, ayant rencontré justement à la table d'hôte de la *Poule d'or* cet excellent cousin Henri, dont je t'ai déjà parlé; j'ai pris place dans sa chaise de poste et je suis parti pour Vienne, d'où j'espère gagner Constantinople en descendant le Danube. J'ai vu Salzbourg, où naquit Mozart et où l'on montre sa chambre chez un chocolatier. La ville est une sorte de rocher sculpté, dont la haute forteresse domine d'admirables paysages. Mais Vienne m'appelle, et sera pour moi, je l'espère, un avant-goût de l'Orient.

VI — LES AMOURS DE VIENNE

Tu m'as fait promettre de t'envoyer de temps en temps les impressions *sentimentales* de mon voyage, qui t'intéressent plus, m'as-tu dit, qu'aucune description pittoresque. Je vais commencer. Sterne et Casanova me soient en aide pour te distraire. J'ai envie simplement de te conseiller de les relire, en t'avouant que ton ami n'a point le style de l'un ni les nombreux mérites de l'autre, et qu'à les parodier il compromettait gravement l'estime que tu fais de lui. Mais enfin, puisqu'il s'agit surtout de te servir en te fournissant des observations où ta philosophie puisera des maximes, je prends le parti de te mander au hasard tout ce qui m'arrive, intéressant ou non, jour par jour si je le puis, à la manière du capitaine Cook, qui écrit avoir vu un tel jour un goëland ou un pingouin, tel autre jour n'avoir vu qu'un tronc d'arbre flottant; ici, la mer était claire; là, bourbeuse. Mais, à travers ces signes vains, ces flots changeants, il rêvait des îles inconnues et parfumées, et finissait par aborder un soir dans ces retraites du pur amour et de l'éternelle beauté.

Le 21. — Je sortais du théâtre de Léopoldstadt. Il faut te dire d'abord que je n'entends que fort peu le patois qui se parle à Vienne. Il est donc important que je cherche quelque jolie personne de la ville qui veuille bien me mettre au courant du langage usuel. C'est le conseil que donnait Byron aux voyageurs. Voilà donc trois jours que je poursuivais, dans les théâtres, dans les casinos, dans les bals, appelés vlgairement *sperls*, des *brunes* et des *blondes* (il n'y a presque ici que des blondes), et j'en recevais en général peu d'accueil. Hier, au théâtre de Léopoldstadt, j'étais sorti, après avoir marqué ma place : une charmante jeune fille blonde me demande à la porte, si le spectacle est commencé. Je cause avec elle, et j'en obtiens ce renseignement, qu'elle était ouvrière, et que sa maîtresse, voulant la faire entrer avec elle, lui avait dit de l'attendre à la porte du théâtre. J'accumule sur cette donnée les offres les plus exorbitantes ; je parle de première loge et d'avant-scène ; je promets un souper splendide, et je me vois outrageusement refusé. Les femmes ici ont des superlatifs tout prêts contre les insolents ; ce dont, au reste, il ne faut pas trop s'effrayer.

Cette personne paraissait fort inquiète de ne pas voir arriver sa maîtresse. Elle se met à courir le long du boulevard ; je la suis en lui prenant le bras, qui semblait très-beau. Pendant la route, elle me disait des phrases en toute sorte de langues, ce qui fait que je comprenais à la rigueur. Voici son histoire. Elle est née à Venise, et elle a été amenée à Vienne par sa maîtresse, qui est Française ; de sorte que, comme elle me l'a dit fort agréablement, elle ne sait bien aucune langue, mais parle un peu trois langues. On n'a pas d'idée de cela, excepté dans les comédies de Machiavel et de Molière. Elle s'appelle *Catarina Colassa*. Je lui dis en bon allemand (qu'elle comprend bien et parle mal) que je ne pouvais désormais me résoudre à l'abandonner, et je construisis une sorte de madrigal assez agréable. A ce moment, nous étions devant sa maison ; elle m'a prié d'attendre, puis elle est revenue me dire que sa maîtresse était en effet au théâtre, et qu'il fallait y retourner.

Revenu devant la porte du théâtre, je proposais toujours l'avant-scène ; mais elle a refusé encore, et a pris au bureau une deuxième galerie ; j'ai été obligé de la suivre, en donnant au contrôleur ma première galerie pour une deuxième, ce qui l'a fort étonné. Là, elle s'est livrée à une grande joie en apercevant sa maîtresse dans une loge, avec un monsieur à moustaches. Il a fallu qu'elle allât lui parler ; puis elle m'a dit que le spectacle ne l'amusait pas, et que nous ferions mieux d'aller

nous promener : on jouait pourtant une pièce de madame Birch-
Pfeiffer (*Robert le Tigre*) ; mais il est vrai que ce n'est pas
amusant. Nous sommes donc allés vers le Prater, et je me suis
lancé, comme tu le penses, dans la séduction la plus compliquée.

Mon ami ! imagine que c'est une beauté de celles que nous
avons tant de fois rêvées, — la femme idéale des tableaux de
l'école italienne, la Vénitienne de Gozzi, *bionda e grassota*, la
voilà trouvée ! je regrette de n'être pas assez fort en peinture
pour t'en indiquer exactement tous les traits. Figure-toi une
tête ravissante, blonde, blanche, une peau d'un satin, à croire
qu'on l'ait conservée sous des verres ; les traits les plus nobles,
le nez aquilin, le front haut, la bouche en cerise ; puis un col
de pigeon gros et gras, arrêté par un collier de perles ; puis
des épaules blanches et fermes, où il y a de la force d'Hercule
et de la faiblesse et du charme de l'enfant de deux ans. J'ai
expliqué à cette beauté qu'elle me plaisait, surtout, parce
qu'elle était pour ainsi dire *Austro-Vénitienne*, et qu'elle réalisait en elle seule le saint-empire romain, ce qui a paru peu
la toucher.

Je l'ai reconduite à travers un écheveau de rues assez em-
brouillé. Comme je ne comprenais pas beaucoup l'adresse qui
devait me servir à la retrouver, elle a bien voulu me l'écrire à
la lueur d'un réverbère, — et je te l'envoie ci-jointe pour te
montrer qu'il n'est pas moins difficile de déchiffrer son écriture que sa parole. J'ai peur que ces caractères ne soient d'aucune langue ; aussi tu verras que j'ai tracé sur la marge un
itinéraire pour reconnaître sa porte plus sûrement.

Maintenant, voici la suite de l'aventure. Elle m'avait donné
rendez-vous dans la rue, à midi. Je suis venu de bonne heure
monter la garde devant son bienheureux nº 189. Comme on
ne descendait pas, je suis monté. J'ai trouvé une vieille sur un
palier, qui cuisinait à un grand fourneau, et, comme *d'ordinaire une vieille en annonce une jeune*, j'ai parlé à celle-là,
qui a souri et m'a fait attendre. Cinq minutes après, la belle
personne blonde a paru à la porte et m'a dit d'entrer. C'était

dans une grande salle ; elle déjeunait avec sa dame et m'a prié de m'asseoir derrière elle sur une chaise. La dame s'est retournée : c'était une grande jeune personne osseuse, et qui m'a demandé en français mon nom, mes intentions et toute sorte de tenants et d'aboutissants ; ensuite, elle m'a dit :

— C'est bien ; mais j'ai besoin de mademoiselle jusqu'à cinq heures aujourd'hui ; après, je puis la laisser libre pour la soirée.

La jolie blonde m'a reconduit en souriant, et m'a dit :

— A cinq heures.

Voilà où j'en suis ; je t'écris d'un café où j'attends que l'heure sonne ; mais tout cela me paraît bien berger.

Le 22. — Voilà bien une autre affaire ! Mais reprenons le fil des événements. Hier, à cinq heures, la Catarina ou plutôt la Katty, comme on l'appelle dans sa maison, m'est venue trouver dans un *kaffechaus* où je l'attendais. Elle était très-charmante, avec une jolie coiffe de soie sur ses beaux cheveux ; — le chapeau n'appartient ici qu'aux femmes du monde. — Nous devions aller au théâtre de la Porte-de-Carinthie, voir représenter *Belisario*, opéra ; mais voilà qu'elle a voulu retourner à Léopoldstadt, en me disant qu'il fallait qu'elle rentrât de bonne heure. La Porte-de-Carinthie est à l'autre extrémité de la ville. Bien ! nous sommes entrés à Léopoldstadt ; elle a voulu payer sa place, me déclarant qu'elle n'était pas une *grisette* (traduction française), et qu'elle voulait payer, ou n'entrerait pas. O Dieu ! si toutes les dames comprenaient une telle délicatesse !... Il paraît que cela continue à rentrer dans les mœurs spéciales du pays.

Hélas ! mon ami, nous sommes de bien pâles don Juan. J'ai essayé la séduction la plus noire, rien n'y a fait. Il a fallu la laisser s'en aller, et s'en aller seule ! du moins jusqu'à l'entrée de sa rue. Seulement, elle m'a donné rendez-vous à cinq heures pour le lendemain, qui est aujourd'hui.

A présent, voici où mon iliade commence à tourner à l'odyssée. A cinq heures, je me promenais devant la porte du n° 189,

frappant la dalle d'un pied superbe; Catarina ne sort pas de
sa maison. Je m'ennuie de cette faction (la garde nationale te
préserve d'une corvée pareille par un mauvais temps!); j'entre
dans la maison, je frappe; une jeune fille sort, me prend la
main et descend jusqu'à la rue avec moi. Ceci n'est point encore mal. Là, elle m'explique qu'il faut m'en aller, que la
maîtresse est furieuse, et que, du reste, Catarina est allée chez
moi dans la journée pour me prévenir. Moi, voilà que, là-
dessus, je perds le fil de la phrase allemande; je m'imagine, sur
la foi d'un verbe d'une consonnance douteuse, qu'elle veut
dire que Catarina ne peut pas sortir et me prie d'attendre encore; je réponds : « C'est bien ! » et je continue à battre le pavé
devant la maison. Alors, la jeune fille revient, et, comme je
lui explique que sa prononciation me change un peu le sens des
mots, elle rentre et m'apporte un papier énonçant sa phrase.
Ce papier m'apprend que Catarina est allée me voir à l'*Aigle
noir*, où je suis logé. Alors, je cours à l'*Aigle noir*; le garçon
me dit qu'en effet une jeune fille est venue me demander dans
la journée; je pousse des cris d'aigle, et je reviens au n° 189 :
je frappe; la personne qui m'avait parlé déjà redescend; la
voilà dans la rue, m'écoutant avec une patience angélique;
j'explique ma position; nous recommençons à ne plus nous
entendre sur un mot; elle rentre, et me rapporte sa réponse
écrite. Catarina n'habite pas la maison; elle y vient seulement
dans le jour, et pour l'instant elle n'est pas là. Reviendra-
t-elle dans la soirée? On ne sait pas; mais j'arrive à un éclair-
cissement plus ample. La jeune personne, un modèle, du reste,
de complaisance et d'aménité (comprends-tu cette fille dans la
rue jetant des cendres sur le feu de ma passion?) me dit que la
dame, la maîtresse, a été dans une grande colère (et elle m'é-
nonce cette colère par des gestes expressifs).

— Mais enfin?...

— C'est qu'on a su que Catarina a un autre amoureux dans
la ville.

— Oh! pardieu! dis-je là-dessus. (Tu me comprends, je ne

m'étais pas attendu à obtenir *un cœur tout neuf*.) Eh bien, cela suffit, je le sais, je suis content, je prendrai garde à ne pas la compromettre.

— Mais non, a répliqué la jeune ouvrière (je t'arrange un peu tout ce dialogue ou plutôt je le resserre), c'est ma maîtresse qui s'est fâchée parce que le *jeune homme* est venu hier soir chercher la Catarina, qui lui avait dit que sa maîtresse la devait garder jusqu'au soir; il ne l'a pas trouvée, puisqu'elle était avec vous, et ils ont parlé très-longtemps ensemble.

Maintenant, mon ami, voilà où j'en suis : je comptais la conduire au spectacle ce soir, puis à la *Conversation*, où l'on joue de la musique et où l'on chante, et je suis seul à six heures et demie, buvant un verre de rosolio dans le *gasthoff*, en attendant l'ouverture du théâtre. Mais la pauvre Catarina ! Je ne la verrai que demain, je l'attendrai dans la rue où elle passe pour aller chez sa maîtresse, et je saurai tout !

Le 23. — Je m'aperçois que je ne t'avais pas encore parlé de la ville. Il fallait bien cependant un peu de mise en scène à mes aventures romanesques, car tu n'es pas au bout. Aussi, je voudrais bien t'écrire une lettre sur Vienne; mais j'ai tant tardé à le faire, que je ne sais plus que t'apprendre, ni comment t'intéresser; ce travail m'eût été facile aussitôt après mon arrivée, parce que tout m'étonnait encore, tout m'était nouveau, les costumes, les mœurs, le langage, l'aspect de cette grande ville, située presque à l'extrémité de l'Europe civilisée, riche et fière comme Paris, et qui ne lui emprunte ni toutes ses modes, ni tous ses plaisirs; ces contrastes, dis-je, me saisissaient vivement, et j'étais en état de les rendre avec chaleur et poésie. Aujourd'hui, je suis trop familiarisé avec toutes ces nouveautés; me voilà aussi embarrassé qu'un Parisien auquel on demanderait une description de Paris; je suis devenu tout à fait un badaud de Vienne, vivant de ses habitudes sans y plus songer, et contraint de faire un effort pour trouver en quoi elles diffèrent des nôtres. Il est vrai qu'ayant pénétré davantage dans la société, il me faudra maintenant beaucoup des-

cendre si je veux rechercher cette individualité locale, qui
partout n'existe plus guère que dans les classes inférieures.
J'avais besoin de faire comme ce bon Hoffmann, qui, dans la
nuit de Saint-Sylvestre, sortant en habit et en culotte courte
de la soirée du conseiller intime, s'était si convenablement
abreuvé de *thé esthétique*, que, chemin faisant, la pauvre créature nommée *petite bière* lui revint en mémoire. Ce fut alors
qu'au mépris d'une foule de considérations sociales et privées,
il ne craignit point de descendre en habit de gala, les marches usées de cet illustre cabaret, où il devait se rencontrer à
la même table avec l'homme qui avait perdu son ombre, et
l'homme qui avait perdu son reflet.

Ne t'étonne donc pas si je te parle tour à tour du palais et
de la taverne ; ma qualité d'étranger me donne aussi le droit de
fréquenter l'un et l'autre, de coudoyer le paysan bohême ou
styrien, vêtu de peaux de bêtes, ou le prince et le magnat, couverts d'un frac noir comme moi. Mais ces derniers, tu les connais bien ; ce sont des gens de notre monde de Paris ; ils se
sont faits nos concitoyens et nos égaux, tant qu'ils ont pu,
comme ces rois de l'Orient qui se montraient fiers jadis du titre
de bourgeois romains. Commençons donc par la rue et la taverne, et nous nous rendrons ensuite, si bon nous semble, au
palais quand il sera paré, illuminé, plein de costumes éblouis-
sants et d'artistes sublimes ; quand, à force de splendeur et de
richesse, il cessera de ressembler à nos hôtels et à nos maisons.

Aussi bien c'est là une ville qu'il faut voir à tous ses étages ;
car elle est singulièrement habitée, et pourtant son premier
aspect n'a rien que de très-vulgaire. On traverse de longs faubourgs aux maisons uniformes ; puis, au milieu d'une ceinture
de promenades, derrière une enceinte de fossés et de murailles,
on rencontre enfin la ville, grande tout au plus comme un
quartier de Paris. Suppose que l'on isole l'arrondissement du
Palais-Royal, et que, lui ayant donné des murs de ville forte
et des boulevards larges d'un quart de lieue, on laisse alentour les faubourgs dans toute leur étendue, et tu auras ainsi

une idée complète de la situation de Vienne, de sa richesse et
de son mouvement. Ne vas-tu pas penser tout de suite qu'une
ville construite ainsi n'offre point de transition entre le luxe
et la misère, et que ce quartier du centre, plein d'éclat et de
richesses, a besoin, en effet, des bastions et des fossés qui l'iso-
lent pour tenir en respect ses pauvres et laborieux faubourgs?
Mais c'est là une impression toute libérale et toute française,
et que le peuple heureux de Vienne n'a jamais connue, à coup
sûr. Pour moi, je me suis rappelé quelques pages d'un roman,
intitulé, je crois, *Frédéric Styndall*, dont le héros se sentit mor-
tellement triste le jour où il arriva dans cette capitale. C'était
vers trois heures, par une brumeuse journée d'automne; les
vastes allées qui séparent les deux cités étaient remplies
d'hommes élégants et de femmes brillantes, que leurs voitures
attendaient le long des chaussées; plus loin, la foule bigarrée se
pressait sous les portes sombres, et tout d'un coup, à peine l'enceinte franchie, le jeune homme se trouva au plein cœur de la
grande ville : et malheur à qui ne roule pas en voiture sur ce
beau pavé de granit, malheur au pauvre, au rêveur, au passant
inutile! il n'y a de place là que pour les riches et pour leurs
valets, pour les banquiers et pour les marchands. Les voitures
se croisent avec bruit dans l'ombre, qui descend si vite au milieu de ces rues étroites, entre ces hautes maisons; les boutiques éclatent bientôt de lumières et de richesses; les grands
vestibules s'éclairent, et d'énormes suisses, richement galonnés,
attendent, presque sous chaque porte, les équipages qui rentrent peu à peu. Luxe inouï dans la ville centrale et pauvreté
dans les quartiers qui l'entourent: voilà Vienne au premier
coup d'œil. Tout ce luxe effrayait Frédéric Styndall; il se
disait qu'il faudrait bien de l'audace pour pénétrer dans ce
monde exceptionnel si bien clos et si bien gardé, et ce fut en
pensant à cela, je crois, qu'il fut renversé par la voiture d'une
belle et noble dame, qui devint son introductrice et la source
de sa fortune.

Si j'ai bonne mémoire, tel est le début de ce roman, oublié

de nos jours ; je regrette de n'en avoir pas conservé d'autre impression, car celle-là est juste et vraie ; de même aussi rien n'est
triste comme d'être forcé de quitter, le soir, le centre ardent
et éclairé, et de traverser encore, pour regagner les faubourgs,
ces longues promenades, avec leurs allées de lanternes qui
s'entre-croisent jusqu'à l'horizon : les peupliers frissonnent
sous un vent continuel ; on a toujours à traverser quelque rivière ou quelque canal aux eaux noires, et le son lugubre des
horloges avertit seul de tous côtés qu'on est au milieu d'une
ville. Mais, en atteignant les faubourgs, on se sent comme
dans un autre monde, où l'on respire plus à l'aise ; c'est le séjour d'une population bonne, intelligente et joyeuse ; les rues
sont à la fois calmes et animées ; si les voitures circulent encore, c'est dans la direction seulement des bals et des théâtres ;
à chaque pas, ce sont des bruits de danse et de musique, ce
sont des bandes de gais compagnons qui chantent des chœurs
d'opéra ; les caves et les tavernes luttent d'enseignes illuminées et de transparents bizarres : ici, l'on entend des chanteuses styriennes ; là, des improvisateurs italiens ; la comédie
des singes, les hercules, une première chanteuse de l'Opéra de
Paris ; un Van-Amburg morave avec ses bêtes, des saltimbanques ; enfin, tout ce que nous n'avons à Paris que les jours
de grandes fêtes est prodigué aux habitués des tavernes sans la
moindre rétribution. Plus haut, l'affiche d'un *sperl* encadrée
de verres de couleur, s'adresse à la fois à la haute noblesse,
aux honorables militaires et à l'aimable public ; les bals mas-
qués, les bals *négligés*, les bals consacrés à telle ou telle sainte,
sont uniformément dirigés par *Strauss* ou par *Lanner*, le
Musard et le Julien de Vienne ; c'est le goût du pays. Ces deux
illustres chefs d'orchestre n'en président pas moins en même
temps aux fêtes de la cour et à celles de chaque riche maison ;
et, comme on les reconnaît, sans nul doute, partout où ils sont
annoncés, nous les soupçonnons d'avoir fait faire des masques
de cire à leur image, qu'ils distribuent à des lieutenants habiles.
Mais nous parlerons plus loin de ces *sperls* et de ces redoutes,

qui ressemblent assez à nos Prados et à nos Wauxhalls; nous irons aussi sans hésiter dans une *cave*, et nous trouverons là quelque chose de vraiment allemand, l'épaisse fumée qui enivrait Hoffmann, et l'atmosphère étrange où Gœthe et Schiller ont fait tant de fois mouvoir leurs types grotesques ou sauvages d'ouvriers ou d'étudiants.

Entrons au théâtre populaire de Léopoldstadt, où l'on joue des farces locales (*local posse*) très-amusantes, et où je vais très-souvent, attendu que je suis logé dans le faubourg de ce nom, le seul qui touche à la ville centrale, dont il n'est séparé que par un bras du Danube.

VII — SUITE DU JOURNAL

Le 23.—Hier au soir, me trouvant désœuvré dans ce théâtre, et presque seul entre les prétendus civilisés, le reste se composant de Hongrois, de Bohêmes, de Grecs, de Turcs, de Tyroliens, de Romains et de Transylvaniens, j'ai songé à recommencer ce rôle de Casanova, déjà assez bien entamé l'avant-veille. Casanova est bien plus probable qu'il ne semble dans les usages de ces pays-ci. Je me suis assis successivement près de deux ou trois femmes seules; j'ai fini par lier conversation avec l'une d'elles dont le langage n'était pas trop viennois; après cela, j'ai voulu la reconduire, mais elle m'a permis seulement de lui toucher le bras un instant sous son manteau (encore un très-beau bras!) parmi toute sorte de soieries et de poils de chat ou de fourrures. Nous nous sommes promenés très-long-temps, puis je l'ai mise devant sa porte, sans qu'elle ait voulu, du reste, me laisser entrer; toutefois, elle m'a donné rendez-vous pour ce soir à six heures.

Et de deux! Celle-là ne vaut pas tout à fait l'autre comme beauté, mais elle paraît être d'une classe plus relevée. Je le saurai ce soir. Mais cela ne te confond-il pas, qu'un étranger fasse connaissance intime de deux femmes en trois jours, que l'une vienne chez lui, et qu'il aille chez l'autre? Et nulle apparence suspecte dans tout cela. Non, on me l'avait bien dit, mais je ne le croyais pas; c'est ainsi que l'amour se traite à Vienne! Eh bien, c'est charmant. A Paris, les femmes vous font souffrir trois mois, c'est la règle; aussi peu de gens ont la patience de les attendre. Ici, les arrangements se font en trois jours, et l'on sent dès le premier que la femme céderait, si elle ne craignait pas de vous faire l'effet d'une *grisette;* car c'est là, il paraît, leur grande préoccupation. D'ailleurs, rien de plus amusant que cette poursuite facile dans les spectacles, casinos et bals; cela est tellement reçu, que les plus *honnêtes* ne s'en étonnent pas le moins du monde; les deux tiers au moins des femmes viennent seules dans les lieux de réunion, ou vont seules dans les rues. Si vous tombez par hasard sur une *vertu,* votre recherche ne l'offense pas du tout, elle cause avec vous tant que vous voulez. Toute femme que vous abordez se laisse prendre le bras, reconduire; puis, à sa porte, où vous espérez entrer, elle vous fait un salut très-gentil et très-railleur, vous remercie de l'avoir reconduite, et vous dit que son mari ou son père l'attend dans la maison. Tenez-vous à la revoir, elle vous dira fort bien que, le lendemain ou le surlendemain, elle doit aller dans tel bal ou tel théâtre. Si au théâtre, pendant que vous causez avec une femme seule, le mari ou l'amant, qui s'était allé promener dans les galeries ou qui était descendu au café, revient tout à coup près d'elle, il ne s'étonne pas de vous voir causer familièrement; il salue et regarde d'un autre côté, heureux sans doute d'être soulagé quelque temps de la compagnie de sa femme.

Je te parle ici un peu déjà par mon expérience et beaucoup par celle des autres; — mais à quoi cela peut-il tenir? car, vraiment, je n'ai vu rien de pareil même en Italie; — sans doute à ce qu'il y a tant de belles femmes dans la ville, que les hommes qui peuvent leur convenir sont, en proportion, beaucoup moins nombreux. A Paris, les jolies femmes sont si rares, qu'on les met à l'enchère; on les choie, on les garde, et elles sentent aussi tout le prix de leur beauté. Ici, les femmes font très-peu de cas d'elles-mêmes et de leurs charmes; car il est évident que cela est commun comme les belles fleurs, les beaux animaux, les beaux oiseaux, qui, en effet, sont très-communs si l'on a soin de les cultiver ou de les bien nourrir. Or, la fertilité du pays rend la vie si facile, si bonne, qu'il n'y a pas de femmes mal-nourries, et qu'il ne s'y produit pas, par conséquent, de ces races affreuses qui composent nos artisanes ou nos femmes de la campagne. Tu ne t'imagines pas ce qu'il y a d'extraordinaire à rencontrer, à tout moment dans les rues, des filles éclatantes et d'une carnation merveilleuse qui s'étonnent même que vous les remarquiez.

Cette atmosphère de beauté, de grâce, d'amour, a quelque chose d'enivrant : on perd la tête, on soupire, on est amoureux fou, non d'une, mais de toutes ces femmes à la fois. *L'odor di femina* est partout dans l'air, et on l'aspire de loin comme don Juan. Quel malheur que nous ne soyons pas au printemps ! Il faut un payage pour compléter de si belles impressions. Cependant, la saison n'est pas encore sans charmes. Ce matin, je suis entré dans le grand jardin impérial, au bout de la ville ; on n'y voyait personne. Les grandes allées se terminaient très-loin par des horizons gris et bleus charmants. Il y a au delà un grand parc montueux coupé d'étangs et pleins d'oiseaux. Les parterres étaient tellement gâtés par le mauvais temps, que les rosiers cassés laissaient traîner leurs fleurs dans la boue. Au delà, la vue donnait sur le Prater et sur le Danube ; c'était ravissant malgré le froid. Ah ! vois-tu, nous sommes encore jeunes, plus jeunes que nous ne le croyons. Mais Paris est une ville si laide et si peuplée de gens si sots, qu'elle fait désespérer de la création, des femmes et de la poésie...

Ce 7 décembre. — Je transcris ici cinq lignes sur un autre papier. Il s'est écoulé bien des jours depuis que les quatre pages qui précèdent ont été écrites. Tu as reçu des lettres de moi, tu as vu le côté riant de ma situation, et près d'un mois me sépare de ces premières impressions de mon séjour à Vienne. Pourtant il y a un lien très-immédiat entre ce que je vais te dire et ce que je t'ai écrit. C'est que le dénoûment que tu auras prévu en lisant les premières pages a été suspendu tout ce temps... Tu me sais bien incapable de te faire des histoires à plaisir et d'épancher mes sentiments sur des faits fantastiques, n'est-ce pas? Eh bien, si tu as pris intérêt à mes premières amours de Vienne, apprends...

Ce 13 décembre. — Tant d'événements se sont passés depuis les quatre premiers jours qui fournissent le commencement de cette lettre, que j'ai peine à les rattacher à ce qui m'arrive aujourd'hui. Je n'oserais te dire que ma carrière don-juanesque se soit poursuivie toujours avec le même bonheur... La Katty est à Brunn en ce moment auprès de sa mère malade; je devais l'y aller rejoindre par ce beau chemin de fer de trente lieues qui est à l'entrée du Prater; mais ce genre de voyage m'agace les nerfs d'une façon insupportable. En attendant, voici encore une aventure qui s'entame et dont je t'adresse fidèlement les premiers détails.

Comme observation générale, tu sauras que, dans cette ville, aucune femme n'a une démarche naturelle. Vous en remarquez une, vous la suivez; alors, elle fait les coudes et les zigzags les plus incroyables de rue en rue. Puis choisissez un endroit un peu désert pour l'aborder, et jamais elle ne refusera de répondre. Cela est connu de tous. Une Viennoise n'éconduit personne. Si elle appartient à quelqu'un (je ne parle pas de son mari, qui ne compte jamais); si, enfin, elle est trop affairée de divers côtés, elle vous le dit et vous conseille de ne lui demander un rendez-vous que la semaine suivante, ou de prendre patience sans fixer le jour. Cela n'est jamais bien long; les amants qui vous ont précédé deviennent vos meilleurs amis.

Je venais donc de suivre une beauté que j'avais remarquée au Prater, où la foule s'empresse pour voir les traîneaux, et j'étais allé jusqu'à sa porte sans lui parler, parce que c'était en plein jour. Ces sortes d'aventures m'amusent infiniment. Fort heureusement, il y avait un café presque en face de la maison. Je reviens donc, à la brune, m'établir près de la fenêtre.

Comme je l'avais prévu, la belle personne en question ne tarde pas à sortir. Je la suis, je lui parle, et elle me dit avec simplicité de lui donner le bras, afin que les passants ne nous remarquent pas. Alors, elle me conduit dans toute sorte de quartiers : d'abord chez un marchand du Kohlmarkt, où elle achète des mitaines; puis chez un pâtissier, où elle me donne la moitié d'un gâteau; enfin, elle me ramène dans la maison d'où elle était sortie, reste une heure à causer avec moi sous la porte et me dit de revenir le lendemain au soir. Le lendemain, je reviens fidèlement; je frappe à la porte, et tout à coup je me trouve au milieu de deux autres jeunes filles et de trois hommes vêtus de peaux de mouton et coiffés de bonnets plus ou moins valaques. Comme la société m'accueillait cordialement, je me préparais à m'asseoir : mais point du tout. On éteint les chandelles et l'on se met en route pour des endroits éloignés dans le faubourg. Personne ne me dispute la conquête de la veille, quoique l'un des individus soit sans femme, et enfin nous arrivons dans une taverne fort enfumée. Là, les sept ou huit nations qui se partagent la bonne ville de Vienne semblaient s'être réunies pour un plaisir quelconque. Ce qu'il y avait de plus évident, c'est qu'on y buvait beaucoup de vin doux rouge, mêlé de vin blanc plus ancien. Nous prîmes quelques carafes de ce mélange. Cela n'était point mauvais. Au fond de la salle, il y avait une sorte d'estrade où l'on chantait des complaintes dans un langage indéfini; ce qui paraissait amuser beaucoup ceux qui comprenaient. Le jeune homme qui n'avait pas de femme s'assit auprès de moi, et, comme il parlait très-bon allemand, chose rare dans ce pays, je fus content de sa conversation. Quant à la femme avec qui j'étais venu, elle était absorbée dans le spectacle qu'on voyait en face de nous. Le fait est que l'on jouait derrière ce comptoir de véritables comédies. Ils étaient quatre ou cinq chanteurs, qui montaient, jouaient une scène et reparaissaient avec de nouveaux costumes. C'étaient des pièces complètes, mêlées de chœurs et de couplets. Pendant les intervalles, les Moldaves, Hongrois, Bohémiens et autres

mangeaient beaucoup de lièvre et de veau. La femme que j'avais
près de moi s'animait peu à peu, grâce au vin rouge et grâce
au vin blanc. Elle était charmante ainsi, car naturellement elle
est un peu pâle. C'est une vraie beauté slave ; de grands traits
solides indiquent la race qui ne s'est point mélangée.

Il faut encore remarquer que les plus belles femmes ici sont
celles du peuple et celles de la haute noblesse. Je t'écris d'un
café où j'attends l'heure du spectacle ; mais décidément l'encre
est trop mauvaise, et j'ajourne la suite de mes observations.

VIII — SUITE DU JOURNAL

31 *décembre, jour de la Saint-Sylvestre.* — Diable de conseiller intime de *sucre candi!* comme disait Hoffmann, ce
jour-là même. Tu vas comprendre à quel propos cette inter-
jection.

Je t'écris, non pas de ce cabaret enfumé et du fond de cette
cave fantastique dont les marches étaient si usées, qu'à peine
avait-on le pied sur la première, qu'on se sentait sans le vouloir
tout porté en bas, puis assis à une table, entre un pot de vin
vieux et un pot de vin nouveau, tandis qu'à l'autre bout étaient
« l'homme qui a perdu son reflet » et « l'homme qui a perdu
son ombre » discutant fort gravement. Je vais te parler d'un
cabaret non moins enfumé, mais beaucoup plus brillant que
le *Rathskeller* de Brême ou l'*Auerbach* de Leipzig ; d'une certaine cave que j'ai découverte près de la porte Rouge, et dont
il est bon de te faire la description ; car c'est celle-là même
dont j'ai déjà dit quelques mots dans ma lettre précédente...
Là s'ébauchait la préface de mes amours.

C'est bien une cave, en effet, vaste et profondément creusée :
à droite de la porte est le comptoir de l'hôte, entouré d'une
haute balustrade toute chargée de pots d'étain ; c'est de là que
coulent à flots la bière impériale, celle de Bavière et de Bohême,
ainsi que les vins blancs et rouges de la Hongrie, distingués
par des noms bizarres. A gauche de l'entrée est un vaste

buffet chargé de viandes, de pâtisseries et de sucreries, et où fument continuellement le würschell, ce mets favori du Viennois. D'alertes servantes distribuent les plats de table en table, pendant que les garçons font le service plus fatigant de la bière et du vin. Chacun soupe ainsi, se servant pour pain de gâteaux anisés ou glacés de sel, qui excitent beaucoup à boire. Maintenant, ne nous arrêtons pas dans cette première salle, qui sert à la fois d'office à l'hôtelier et de coulisse aux acteurs. On y rencontre seulement des danseuses qui se chaussent, des jeunes premières qui mettent leur rouge, des soldats qui s'habillent en figurants; là est le vestiaire des valseurs, le refuge des chiens ennemis de la musique et de la danse, et le lieu de repos des marchands juifs, qui s'en vont, dans l'intervalle des pièces, des valses ou des chants, offrir leurs parfumeries, leurs fruits d'Orient, ou les innombrables billets de la grande loterie de Miedling.

Il faut monter plusieurs marches et percer la foule pour pénétrer enfin dans la pièce principale : c'est comme d'ordinaire une galerie régulièrement voûtée et close partout; les tables serrées règnent le long des murs, mais le centre est libre pour la danse. La décoration est une peinture en rocaille ; et, au fond, derrière les musiciens et les acteurs, une sorte de berceau de pampres et de treillages. Quant à la société, elle est fort mélangée, comme nous dirions ; rien d'ignoble pourtant ; car les costumes sont plutôt sauvages que pauvres. Les Hongrois portent la plupart leur habit semi-militaire, avec ses galons de soie éclatante et ses gros boutons d'argent ; les paysans bohêmes ont de longs manteaux blancs et de petits chapeaux ronds couronnés de rubans ou de fleurs. Les Styriens sont remarquables par leurs chapeaux verts ornés de plumes et leurs costumes de chasseurs du Tyrol ; les Serbes et les Turcs se mêlent plus rarement à cette assemblée bizarre de tant de nations qui composent l'Autriche, et parmi lesquelles la vraie population autrichienne est peut-être la moins nombreuse.

Quant aux femmes, à part quelques Hongroises, dont le cos-

tume est à moitié grec, elles sont mises en général fort simplement; belles presque toutes, souples et bien faites, blondes
la plupart, et d'un teint magnifique, elles s'abandonnent à la
valse avec une ardeur singulière. A peine l'orchestre a-t-il pré-
ludé, qu'elles s'élancent des tables, quittant leur verre à moitié
vide et leur souper interrompu, et alors commence, dans le
bruit et dans l'épaisse fumée du tabac, un tourbillon de valses
et de galops dont je n'avais nulle idée. Il ne s'agit point là
de nos danses de barrière, timides bacchanales du Parisien
égrillard, où le municipal joue le rôle de la Pudeur, et se pose
de loin en loin comme une cariatide sévère. Ici, le municipal
manque entièrement (ou, du moins, ce qui tient lieu à Vienne de
cette institution); la valse est l'unique danse du peuple ; mais
la valse comme ils la comprennent doit avoir été celle des orgies
païennes ou du sabbat gothique; Gœthe avait ce modèle sous
les yeux lorsqu'il peignit la nuit de Walpurgis, et fit tourner
Faust dans les bras de cette folle sorcière, dont la jolie bouche
laissait échapper des souris rouges dans l'enivrement du plaisir.

D'ailleurs, point d'intentions, point de gestes équivoques
dans ces danses éperdues, dont rougiraient nos faubouriens
dépravés ; cela est simple et grave comme la nature et l'amour ;
c'est une valse voluptueuse et non lascive, digne d'une population ardente et simple, qui n'a point lu Voltaire et qui ne
chante point Béranger. Ce qui étonne, c'est la force de ces
hommes, c'est la grâce, le calme et la constante fraîcheur de
ces femmes infatigables, qui n'ont jamais à craindre de montrer
au jour levant des traits fatigués et ternis; du reste, il faut
remarquer encore que les danseurs paraissent leur être indif-
férents : elles valsent avec l'homme et non avec un homme;
j'expliquerai peut-être comment elles semblent pousser plus
loin encore cette facilité, cette froideur et cet abandon.

La valse finie, on se remet à manger et à boire, et voici que
des chanteurs ou des saltimbanques paraissent au fond de la
salle, derrière une sorte de comptoir garni d'une nappe et illuminé de chandelles; ou bien, plus souvent encore, c'est une

représentation de drame ou de comédie qui se donne sans plus
d'apprêts. Cela tient à la fois du théâtre et de la parade; mais
les pièces sont presque toujours très-amusantes et jouées avec
beaucoup de verve et de naturel. Quelquefois, on entend de
petits opéras-bouffes à l'italienne, *con Pantaleone e Pulcinella.*
L'étroite scène ne suffit pas toujours au développement de
l'action; alors, les acteurs se répondent de plusieurs points;
des combats se livrent même au milieu de la salle entre les
figurants en costume; le comptoir devient la ville assiégée ou
le vaisseau qu'attaquent les corsaires. A part ces costumes et
cette mise en scène, il n'y a pas plus de décorations qu'aux
théâtres de Londres du temps de Shakspeare, pas même l'écri-
teau qui annonçait alors que là était une ville et là une forêt.

Quand la pièce est terminée, comédie ou farce, chacun
chante les couplets au public, sur un air populaire, toujours
le même, qui paraît charmer beaucoup les Viennois; puis les
artistes se répandent dans la salle et s'en vont de table en table
recueillir les félicitations et les kreutzers. Les actrices ou chanteuses sont la plupart très-jolies; elles viennent sans façon
s'asseoir aux tables, et il n'est pas un des ouvriers, étudiants
ou soldats qui ne les invite à boire dans son verre; ces pauvres
filles ne font guère qu'y tremper leurs lèvres, mais c'est une
politesse qu'elles ne peuvent refuser. Ensuite il vient encore
quelque improvisateur ou rapsode déclamant des poésies.

Un jour, mes oreilles furent frappées du nom de Napoléon,
qui me sembla résonner bien haut sous ces voûtes, au milieu
de cette réunion de tant de gens à demi civilisés. C'était la magnifique ballade de Sedlitz, la *Revue nocturne,* que l'on récitait
ainsi. Cette grande poésie fut applaudie avec enthousiasme, car
l'Allemagne ne se souvient plus que de la gloire du conquérant;
mais cela n'empêcha pas la valse de reprendre avec fureur,
tout de suite après cette élégie, qui, du sol de l'Allemagne ou
de la France, évoque tant d'ombres sacrées.

Tels sont, mon ami, les plaisirs intelligents de ce peuple. Il
ne s'engourdit point, comme on le croit, avec le tabac et la

bière ; il est spirituel, poétique et curieux comme l'Italien,
avec une teinte plus marquée de bonhomie et de gravité ; il
faut remarquer ce besoin qu'il semble avoir d'occuper à la fois
tous ses sens, et de réunir constamment la table, la musique,
le tabac, la danse, le théâtre. Cela m'a rappelé ce passage des
Confessions dans lequel Rousseau dépeint le suprême plaisir
qu'il éprouvait, assis dans un bon fauteuil, devant une fenêtre
ouverte, devant un vaste horizon au coucher du soleil, à lire
un livre qui lui plaisait, tout en trempant quelque biscuit dans
un verre de vin de Champagne : cependant l'Angélus résonnait
dans le lointain, et le jardin lui envoyait des brises parfumées.
Faut-il croire que plusieurs impressions réunies se détruisent
ou fatiguent les sens ? Mais ne serait-il pas vrai plutôt qu'il
résulte de leur choix une sorte d'harmonie, précieuse aux esprits d'une activité étendue ?

En sortant de ces tavernes, on s'étonne de trouver toujours
au-dessus de la porte un grand crucifix, et souvent aussi dans
un coin une image de sainte en cire et vêtue de clinquant.
C'est qu'ici, comme en Italie, la religion n'a rien d'hostile à la
joie et au plaisir. La taverne a quelque chose de grave, comme
l'église éveille souvent des idées de fête et d'amour. Dans la
nuit de Noël, il y a huit jours, j'ai pu me rendre compte de
cette alliance étrange pour nous. Le population en fête passait
de l'église au bal sans avoir presque besoin de changer de disposition ; et, d'ailleurs, les rues étaient remplies d'enfants qui
portaient des sapins bénits, ornés, dans leur feuillage, de bougies, de gâteaux et de sucreries. C'étaient les arbres de Noël,
offrant par leur multitude l'image de cette forêt mobile qui
marchait au-devant de Macbeth. L'intérieur des églises, de
Saint-Étienne surtout, était magnifique et radieux. Ce que j'ad-
mirais, ce n'était pas seulement l'immense foule en habits de
fête, l'autel d'argent étincelant au milieu du chœur, les centaines de musiciens suspendus pour ainsi dire aux grêles balustrades qui règnent le long des piliers, c'était cette foi sincère et
franche qui unissait toutes les voix dans un hymne prodigieux.

L'effet de ces chœurs aux milliers de voix est vraiment surprenant pour nous autres Français, accoutumés à l'uniforme basse-taille des chantres ou à l'aigre fausset des dévotes. Ensuite les violons et les trompettes de l'orchestre, les voix de cantatrices s'élançant des tribunes, la pompe théâtrale de l'office, tout cela, certes, paraîtrait fort peu religieux à nos populatious sceptiques. Mais ce n'est que chez nous qu'on a l'idée d'un catholicisme si sérieux, si jaloux, si rempli d'idées de mort et de privation, que peu de gens se sentent dignes de le pratiquer et de le croire. En Autriche, comme en Italie, comme en Espagne, la religion conserve son empire, parce qu'elle est aimable et facile, et demande plus de foi que de sacrifices.

Ainsi toute cette foule bruyante, qui était venue, comme les premiers fidèles, se réjouir aux pieds de Dieu de l'*heureuse naissance,* allait finir sa nuit de fête dans les banquets et dans les danses, aux accords des mêmes instruments. Je m'applaudissais d'assister une fois encore à ces belles solennités que notre Église a proscrites, et qui véritablement ont besoin d'être célébrées dans les pays où la croyance est prise au sérieux par tous.

Je sens bien que tu voudrais savoir la fin de ma dernière aventure. Peut-être ai-je eu tort de t'écrire tout ce qui précède. Je dois te faire l'effet d'un malheureux, d'un cuistre, d'un voyageur léger qui ne représente son pays que dans les tavernes et qu'un goût immodéré de bière impériale et d'impressions fantasques entraîne à de trop faciles amours. Aussi vais-je bientôt passer à des aventures plus graves... et, quant à celle dont je te parlais plus haut, je regrette bien de ne pas t'en avoir écrit les détails à mesure : mais il est trop tard. Je suis trop en arrière de mon journal, et tous ces petits faits que je t'aurais détaillés complaisamment alors, je ne pourrais plus même les ressaisir aujourd'hui. Contente-toi d'apprendre que, comme je reconduisais la dame assez tard, il s'est mêlé dans nos amours un chien qui courait comme le barbet de Faust et qui avait l'air fou. J'ai vu tout de suite que c'était de mauvais

augure. La belle s'est mise à caresser le chien, qui était tout
mouillé; puis elle m'a dit qu'il avait sans doute perdu ses maîtres, et qu'elle voulait le recueillir chez elle. J'ai demandé à y
entrer aussi, mais elle m'a répondu : *Nicht!* ou, si tu veux :
Nix! avec un accent résolu qui m'a fait penser à l'invasion
de 1814. Je me suis dit :

— C'est ce gredin de chien noir qui me porte malheur. Il est
évident que, sans lui, j'aurais été reçu.

Eh bien, ni le chien ni moi ne sommes entrés. Au moment
où la porte s'ouvrit, il s'est enfui comme un être fantastique
qu'il était, et la beauté m'a donné rendez-vous pour le lendemain.

Le lendemain, j'étais furieux, agacé; il faisait très-froid;
j'avais affaire. Je ne vins pas à l'heure, mais plus tard dans la
journée. Je trouve un individu mâle qui m'ouvre et me demande, ainsi que la tête de chameau de Cazotte : *Chè vüoi?*
Comme il était moins effrayant, j'étais prêt à répondre : « Je
demande mademoiselle... » Mais, ô malheur ! je me suis aperçu
que j'ignorais totalement le nom de ma maîtresse. Cependant,
comme je te l'ai dit, je la connaissais depuis trois jours. Je bal-
butie; le monsieur me regarde comme un intrigant; je m'en
vais. Très-bien.

Le soir, je rôde autour de la maison; je la vois qui rentre;
je m'excuse, et je lui dis fort tendrement :

— Mademoiselle, serait-il indiscret maintenant de vous demander votre nom?

— Vhahby.

— Plaît-il ?

— Vhahby.

— Oh ! oh ! celui-là, je demande à l'écrire. Ah çà! vous êtes
donc Bohême ou Hongroise?

Elle est d'Olmutz, cette chère enfant... Vhahby, c'est un
nom bien bohême, en effet, et cependant la fille est douce et
blonde, et dit son nom si doucement, qu'elle a l'air d'un agneau
s'exprimant dans sa langue maternelle.

Et puis voilà que cela traîne en longueur; je comprends que c'est une cour à faire. Un matin, je viens la voir, elle me dit avec une grande émotion :

— Oh! mon Dieu! il est malade.

— Qui, lui ?

Alors, elle prononce un nom aussi bohême que le sien ; elle me dit :

— Entrez donc.

J'entre dans une seconde chambre, et je vois, couché dans un lit, un grand flandrin qui était venu avec nous, le soir du spectacle dans la taverne, et qui était vêtu en chasseur d'opéra-comique. Ce garçon m'accueille avec des démonstrations de joie ; il avait un grand chien lévrier couché près du lit. Ne sachant que dire, je dis : « Voilà un beau chien ; » je caresse l'animal, je lui parle, cela dure très-longtemps. On remarquait au-dessus du lit le fusil du monsieur ; ce qui, du reste, vu sa cordialité, n'avait rien de désagréable. Il me dit qu'il avait la fièvre, ce qui le contrariait beaucoup, car la chasse était bonne. Je lui demande naïvement s'il chassait le chamois ; il me montre alors des perdrix mortes avec lesquelles des enfants s'amusaient dans un coin.

— Ah ! c'est très-bien, monsieur.

Alors, pour soutenir la conversation, comme la beauté ne revenait pas, je dis bourgeoisement :

— Eh bien, ces enfants sont-ils bien savants? D'où vient qu'ils ne sont pas à l'école ?

Le chasseur me réplique :

— Ils sont trop petits.

Je réponds que, dans mon pays, on les met aux écoles mutuelles dès le berceau. Je continue par une série d'observations sur ce mode d'enseignement. Pendant ce temps-là, Vhabby rentra une tasse à la main; je dis au chasseur :

— Est-ce que c'est du quinquina (vu sa fièvre)?

Il me dit :

— Oui.

Il paraît qu'il n'avait pas compris, car je le vois, un instant après, qui coupe du pain dans la tasse; je n'avais jamais ouï dire qu'on se trempât une soupe de quinquina, et, en effet, c'était du bouillon. Le spectacle de ce garçon mangeant sa soupe était aussi peu récréatif que le récit que je t'en fais... Voilà un joli rendez-vous qu'on m'a donné là. Je salue le chasseur en lui souhaitant une meilleure santé, et je repasse dans l'autre pièce.

— Ah çà! dis-je à la jeune Bohême, ce monsieur malade est-il votre mari?

— Non.

— Votre frère?

— Non.

— Votre amoureux?

— Non.

— Qu'est-ce qu'il est donc?

— Il est chasseur. Voilà tout.

Il faut observer, pour l'intelligence de mes questions, qu'il y avait dans la seconde chambre trois lits, et qu'elle m'avait appris que l'un était le sien, et que c'était cela qui l'empêchait de me recevoir. Enfin, je n'ai jamais pu comprendre la fonction de ce personnage. Elle m'a dit, toutefois, de revenir le lendemain; mais j'ai pensé que, si c'était pour jouir de la conversation du chasseur, il valait mieux attendre qu'il fût rétabli. Je n'ai revu Vhahby que huit jours après; elle n'a pas été plus étonnée de mon retour que de ce que j'avais été si longtemps sans revenir. Le chasseur était rétabli et sorti... Je ne savais à quoi tenait sa sauvagerie, elle m'a dit que les enfants étaient dans l'autre pièce.

— Est-ce à vous, ces enfants?

— Oui.

— Diable!

Il y en a trois, blonds comme des épis, blonds comme elle. J'ai trouvé cela si respectable, que je ne suis pas revenu encore dans la maison; j'y reviendrai quand je voudrai. Les trois enfants, le chasseur et la fille n'auront pas bougé ; — j'y reviendrai quand j'aurai le temps.

. . . .

IX — SUITE DU JOURNAL

Voilà ma vie : tous les matins, je me lève, j'échange quel-, ques salutations avec des Italiens qui demeurent à l'*Aigle noir*, ainsi que moi ; j'allume un cigare et je descends la longue rue du faubourg de Léopoldstadt. Aux encoignures donnant sur le quai de la Vienne, petite rivière qui nous sépare de la ville centrale, il y a deux cafés, où se rencontrent toujours de grands essaims d'israélites au *nez pointu*, selon l'expression d'Henri Heine, lesquels tiennent là une sorte de bourse, les uns en plein air, les autres, les plus riches, dans les salles du café. C'est là que l'on voit encore de merveilleuses barbes, de longues lévites de soie noire, plus ou moins graisseuses, et que l'on entend un bourdonnement continuel qui justifie l'expression du poëte. Ce sont, en effet, des essaims, mêlés d'abeilles et de frelons.

Il est bon, le matin, de prendre un petit verre de kirchen- wasser dans l'un de ces cafés ; ensuite on peut se hasarder sur le pont Rouge, qui communique à la Rothenthor, porte fortifiée de la ville. Arrêtons-nous cependant sur le glacis pour lire au coin du mur les affiches des théâtres. Il y en a presque autant qu'à Paris. Le Burg-Theater, qui est la Comédie-Française de l'endroit, annonce quelques pièces de Gœthe ou de Schiller, le Corneille et le Racine du théâtre *classique* allemand ; ensuite arrive le *Kœrtner-thor-Theater*, ou théâtre de la Porte-de-Carinthie, qui donne soit du Meyerbeer, soit du Bellini ou du Donizetti ; après, nous avons le théâtre *an der Wien* (de la Vienne), qui joue des mélodrames et des vaudevilles généralement traduits du français ; puis les théâtres de Josephstadt, de Léopoldstadt, etc., sans compter une foule de cafés-spectacles, dont je t'ai parlé précédemment.

Une fois décidé sur l'emploi de ma soirée, je traverse la

porte Rouge au-dessous du rempart, et je me dirige à gauche vers un certain *gasthoff*, où les vins de Hongrie sont d'assez bonne qualité. Le *tokaïer-wein* (tokay) s'y vend à raison de six kreutzers la choppe, et sert à arroser quelques côtelettes de mouton ou de porc frais, dont on relève le goût avec un quartier de citron.

Il y a ici une manière de payer charmante; on n'a pas de bourse; on ne connaît l'argent que sous la forme des petits kreutzers de billon, qui valent environ dix-sept sous de France. Ceci ne sert que d'appoint; autrement, l'on paye en billets. De jolis assignats, gradués depuis un franc jusqu'aux sommes les plus folles, garnissent votre portefeuille et sont ornés de gravures en taille-douce d'une perfection étonnante. Un délicieux profil de femme, intitulé *Austria* (l'Autriche), vous inspire le regret le plus vif de vous séparer de ces images, et le désir plus grand d'en acquérir de nouvelles. Il importe de remarquer que ces billets sont de deux sortes, soit en monnaie de *convention*, qui ne représente que la moitié de la valeur, soit en monnaie *réelle*, qui se maintient plus ou moins, selon les circonstances politiques.

Je ne sais si tous ces détails t'intéressent, mais ils me sont précieux pour le moment, d'autant plus que le nombre des images que je possède diminue de jour en jour. Ne nous arrêtons pas à ce détail et allons prendre notre café au centre de la ville, près de la brillante place du *Graben*, dont le nom funèbre (tombeau) ne répond guère à toutes ces splendeurs.

Généralement, après mon déjeuner, je suis la *Rothen-thurmstrasse*, rue commerçante, animée par le voisinage des marchés, jusqu'à ce que je me trouve sur la place de l'église Saint-Étienne, la célèbre cathédrale viennoise, dont la flèche est la plus haute de l'Europe. La pointe en est légèrement inclinée, ayant été frappée jadis par un boulet de canon parti de l'armée française. Le toit de l'édifice présente une mosaïque brillante de tuiles vernies, qui reflète au loin les rayons du soleil. La pierre brune de cette église étale des raffinements inouïs d'architecture féodale. En laissant à gauche cet illustre monument, on arrive au coin de deux rues dont l'une conduit vers la porte de Carinthie, l'autre vers le *Mahl-Markt*, et la troisième vers le Graben. A l'angle des deux premières se trouve une sorte de pilier dont la destination est fort bizarre. On l'appelle le *Stock-im-Eisen*. C'est simplement un tronc d'arbre qui, dit-on, faisait autrefois partie de la forêt sur l'emplacement de laquelle Vienne a été bâtie. On a conservé religieusement cette souche vénérable incrustée dans la devanture d'un bijoutier. Chaque compagnon des corps de métier qui arrive à Vienne doit planter un clou dans l'arbre. Depuis bien des années, il est impossible d'en faire entrer un seul de plus, et des paris s'établissent à ce sujet avec les arrivants. Heureux peuple qui s'amuse encore de telles facéties !... Je me demande quelquefois si jamais il y aura une révolution à Vienne. Les pavés de granit, admirablement taillés, sont pour ainsi dire soudés avec du bitume et engrenés l'un dans l'autre, de sorte qu'il semble impossible de les déplacer pour faire des barricades. Chaque pavé coûte au gouvernement un *zwanzig*. Parviendra-t-on par de tels sacrifices à éviter une révolution ?

Nous voici sur le Graben ; c'est la place centrale et brillante de Vienne ; elle présente un carré oblong, ce qui est la forme de toutes les places de la ville. Les maisons sont du XVIIIᵉ siècle ; la rocaille fleurit dans tous les ornements. Au milieu se trouve une colonne monumentale ressemblant à un bilboquet. La boule est formé de nuages sculptés qui supportent des anges dorés. La colonne elle-même semble torse, comme celles de l'ordre salomonique, le tout est chargé de festons, de rubans et d'attributs. Représente-toi maintenant tous les élégants magasins des plus riches quartiers de Paris, et la comparaison en sera d'autant plus juste que la plupart des boutiques sont occupées par des marchands de modes et de nouveautés qui font partie de ce qu'on appelle ici la colonie française. Il y a au milieu de la place un magasin dédié à l'archiduchesse Sophie, laquelle a dû être une bien belle femme, s'il faut s'en rapporter à l'enseigne peinte à la porte.

Il ne me reste plus qu'une petite rue à suivre pour arriver au principal café du Kohlmarkt, dans lequel ton ami s'adonne aux jouissances de ce qu'on appelle un *mélange*, et qui n'est autre chose que du café au lait servi dans un verre à patte, en lisant ceux des journaux français que la censure permet de recevoir.

11 *janvier*. — Je me vois forcé d'interrompre la narration des plaisirs de ma journée pour t'informer d'une aventure beaucoup moins gracieuse que les autres, qui est venue interrompre ma sérénité.

Il est bon que tu saches qu'il est fort difficile à un étranger de prolonger son séjour au delà de quelques semaines dans la capitale de l'Autriche. On n'y resterait pas même vingt-quatre heures, si l'on n'avait soin de se faire recommander par un banquier, qui répond personnellement des dettes que vous pourriez faire. Ensuite arrive la question politique. Dès les premiers jours, j'avais cru m'apercevoir que j'étais suivi dans toutes mes démarches... Tu sais avec quelle rapidité et quelle fureur d'investigation je parcours les rues d'une ville étrangère, de sorte que le métier des espions n'a pas dû être facile à mon endroit.

Enfin, j'ai fini par remarquer un particulier d'un blond fadasse, qui paraissait suivre assidûment les mêmes rues que moi. Je prends ma résolution ; je traverse un passage, puis je m'arrête tout à coup, et je me trouve, en me retournant, nez à nez avec le monsieur qui me servait d'ombre. Il était fort essoufflé.

— Il est inutile, lui dis-je, de vous fatiguer autant. J'ai l'habitude de marcher très-vite, mais je puis régler mon pas sur le vôtre et jouir ainsi de votre conversation.

Ce pauvre homme paraissait très-embarrassé ; je l'ai mis à son aise, en lui disant que je savais à quelles précautions la police de Vienne était obligée vis-à-vis des étrangers, et particulièrement des Français.

— Demain, ajoutai-je, j'irai voir votre directeur et le rassurer sur mes intentions.

L'estafier ne répondit pas grand'chose et s'esquiva en feignant de ne point trop comprendre mon mauvais allemand.

Pour t'édifier sur ma tranquillité dans cette affaire, je te dirai qu'un journaliste de mes amis m'avait donné une excellente lettre de recommandation pour un des chefs de la police viennoise. Je m'étais promis de n'en profiter que dans une occasion grave. Le lendemain donc, je me dirigeai vers la *Politzey-direction*.

J'ai été parfaitement accueilli : le personnage en question, qui s'appelle le baron de S***, est un ancien poëte lyrique, ex-membre du *Tugendbund* et des sociétés secrètes, qui a passé à la police, en prenant de l'âge, à peu près comme on se *range*, après les folies de la jeunesse... Beaucoup de poëtes allemands se sont trouvés dans ce cas. A Vienne, du reste, la police a quelque chose de patriarcal qui explique mieux qu'ailleurs ces sortes de transitions.

Nous avons causé littérature, et M. de S***, après s'être assuré de ma position, m'a admis peu à peu dans une sorte d'intimité.

— Savez-vous, m'a-t-il dit, que vos aventures m'amusent infiniment ?

— Quelles aventures?

— Mais celles que vous racontez si agréablement à votre ami***, et que vous mettez ici à la poste pour Paris.

— Ah ! vous lisez cela ?

— Oh! ne vous en inquiétez pas ; rien dans votre correspondance n'est de nature à vous compromettre. Et même le gouvernement fait grand cas de ceux des étrangers qui, loin de fomenter des intrigues, profitent avec ardeur des plaisirs de la bonne ville de Vienne.

Je fus loin de m'étonner de cette confidence ; je savais parfaitement que toutes les lettres passaient par un *cabinet noir*, non pas seulement en Autriche, mais dans la plupart des pays allemands. Je tournai le tout en plaisanterie ; — si bien que je suis arrivé fort loin dans la confiance du baron de S***, qui me fournira lui-même bien des sujets d'observation. Ne sommes-nous pas aussi, nous autres écrivains, les membres d'une sorte de police morale ?...

Il finit par m'engager à venir, quand je le voudrais, lire les journaux de l'opposition à la police,... attendu que c'était l'endroit le plus libre de l'empire... On pouvait y causer de tout sans danger.

14 *janvier*. — Hier, le baron de S*** m'a fait mander chez lui, et m'a dit : « Amusez-vous donc à lire cette lettre. » Mon étonnement fut très-grand en reconnaissant qu'elle s'adressait à mon oncle du Périgord, et qu'elle était la copie d'une lettre de mon cousin Henri, le diplomate, qui a quitté Vienne depuis quelques jours.

Voici l'écrit :

« Mon cher oncle,

» Depuis le moment où M. le ministre des affaires étangères a daigné, sur votre puissante recommandation, m'ouvrir enfin la carrière diplomatique, en m'attachant à l'ambassade de Suède, je puis dire qu'un nouveau jour s'est levé pour moi ! Mon esprit, agrandi par les conseils de votre expérience, demande à se déployer largement dans cette sphère, où vous avez obtenu jadis de si beaux triomphes. Quoique je doive, d'après vos conseils, me borner, quant à présent, à écrire lisiblement les dépêches, notes, mémorandum, conférences, etc., dont la copie me sera confiée, à donner des légalisations et des visas en l'absence du chancelier, à résumer des rapports, et surtout à couper des enveloppes et à former des cachets de cire d'une rondeur satisfaisante, je sens que je ne m'arrêterai pas toujours à ces préliminaires de l'art diplomatique, qui ne sont pas à négliger, sans doute, mais qui recouvrent comme d'un voile les profonds arcanes politiques auxquels je brûle d'être bientôt initié.

» Et d'abord, puisque vous m'avez permis de vous soumettre mes observations personnelles avec toute la prudence possible, je profite d'un courrier extraordinaire pour vous envoyer cette lettre, qui ne sera point lue à la poste, ainsi que peuvent l'être celles que je vous adresserai par la voie ordinaire dans le courant de mon voyage.

» Ne vous étonnerez-vous pas, me sachant parti pour la froide Suède, de recevoir ma lettre datée de Vienne, capitale de l'Autriche? J'en suis moi-même tout surpris encore et ne puis attribuer ce qui m'arrive qu'aux complications nouvelles qui ont surgi tout à coup dans la question d'Orient.

» Il y a justement sept jours, j'allais prendre congé de mes supérieurs afin de partir le soir même pour ma destination; j'avais choisi la voie de terre, vu la saison avancée, et je comptais d'abord me rendre en droite ligne à Francfort, puis à Hambourg, en me reposant dans chacune de ces deux villes, n'ayant plus ensuite, comme vous le savez, qu'une courte traversée par mer de Hambourg à Stockholm. J'ai étudié cent fois la carte en attendant l'audience du ministre; mais ce dernier en a décidé autrement. Son Excellence était, ce jour-là, visiblement préoccupée. J'ai été reçu entre deux portes après bien des difficultés. « Ah! c'est vous, monsieur de N***? Votre » oncle est toujours en bonne santé, n'est-ce pas? — Oui, mon-» sieur le ministre, mais un peu souffrant... c'est-à-dire qu'il » se croit malade. — Une belle intelligence, monsieur! Voilà » de ces hommes qu'il nous faudrait encore; de ceux dont » Bonaparte avait dit : *C'est une race à créer!* Et il l'a créée. » Mais la voilà qui s'éteint comme le reste... » J'allais répondre que j'espérais vous succéder en tout, quand le chef du cabinet est entré : « Pas un courrier! » a-t-il dit au ministre; « celui » qui arrive d'Espagne est malade; les autres sont partis, » ou ne sont pas arrivés. Les routes sont si mauvaises! — Eh » bien, » dit le ministre, « nous avons là M. de N***; don-» nez-lui vos lettres; il faut bien qu'un attaché serve à quel-» que chose. — Pouvez-vous partir aujourd'hui? » me dit le

secrétaire. « Je comptais partir justement ce soir. — Quelle
» route prenez-vous? — Par Trèves et par Francfort. — Eh
» bien, vous irez porter ce paquet à Vienne. Cela vous dé-
» tournera un peu, » a dit le ministre avec bonté; « mais vous
» étudierez l'Allemagne en passant, c'est utile... Vous avez
» une chaise de poste? — Oui, monsieur le ministre. — Il vous
» faut six jours. — Six jours et demi peut-être, à cause des
» inondations, a observé le secrétaire. — Enfin, c'est aujour-
» d'hui jeudi, M. de N*** arrivera jeudi prochain. » Telles furent
les dernières paroles du ministre, et je partis le même soir.

» Vous jugez de ma joie, mon cher oncle, en me voyant
chargé d'un message d'État! Et quel bon conseil vous m'aviez
donné d'acheter cette chaise de poste, que ma tante a trouvée
si chère! « Un attaché sans chaise de poste, » m'avez-vous dit,
« c'est un... (je crois que vous avez employé cette comparaison)
» c'est un colimaçon sans coquille. » L'image me semble fort
juste, à part la rapidité, qui n'est nullement dévolue à l'animal
cité par vous.

» J'aime à plaisanter, j'ai même fait bien des folies de jeunesse; mais je songe sérieusement à ma carrière, je me préoccupe de mon avenir, suivant en cela vos bons avis; tous les
jeunes gens ne pensent pas de même, malheureusement. Qui
croyez-vous que je rencontre à Munich à la table d'hôte de
l'hôtel d'*Angleterre*?... Je m'entends appeler d'un bout à
l'autre de la table, je me détourne, je crois me tromper... Point
du tout : c'était mon cousin Fritz, parti de Paris huit jours
avant moi, et parti pour aller vous voir dans votre terre du
Périgord.

» Vous comprenez, mon oncle, que l'idée n'était pas venue
de lui, mais de son père, lequel imagine toujours que je vous
fais la cour aux dépens de mon cousin. Dieu merci, vous savez
si j'en ai dit jamais le moindre mal. Qu'il ait rejeté toute occupation sensée, ou du moins qu'il se soit livré à mille occupations frivoles; qu'il ait dissipé tout le bien de sa mère, et le
tiers de notre domaine de M***; qu'il ait promené par le monde

ses goûts d'artiste, ses prétentions d'esprit, ses amourettes
folles, et ses mille caprices qui choquent toutes les idées reçues,
vous savez, mon oncle, que je m'en préoccupe fort peu. Cependant, j'avouerai qu'il ne m'est jamais agréable de me rencontrer avec un pareil étourdi dans les hautes sociétés où m'appelle ma position.

» Ce n'est point encore là le cas, nous ne sommes encore qu'à
une table d'hôte de Munich. Je ne sais pourquoi, d'ailleurs, je
ne m'étais point fait servir dans mon appartement, ce qui
m'aurait épargné cette rencontre. Chaque fois qu'on n'agit pas
en homme très comme il faut, on peut être sûr d'avoir à s'en repentir; c'est un de vos principes que je n'oublierai plus. Enfin,
voilà la conversation qui s'établit de loin entre nous deux; vous
pensez bien que je ne répondais que par monosyllabes. La table
n'était garnie que d'Anglais et d'Allemands, mais on nous com-
prenait très-bien. Il me plaisante avec l'esprit que vous lui
connaissez sur ma nouvelle position diplomatique, me demande
si j'apporte la guerre ou la paix, et autres folies. Je lui fais
signe qu'il n'est pas prudent de parler ainsi; et, en effet, j'ai
appris ensuite qu'il y avait à cette même table un espion prus-
sien et un espion anglais; moi-même, je passais pour un espion
français, malgré mon titre d'attaché. Les Allemands ignorent
u ne veulent pas croire que notre gouvernement n'use pas de
pareils moyens et que nous n'employons jamais qu'une poli-
ique loyale ou constitutionnelle.

» J'ai fini par me lever, je l'ai pris à part, et je lui ai fait
comprendre tout ce que sa conduite avait d'indiscret à mon
égard. « Nous ne sommes plus de jeunes fous, » lui ai-je dit;
« la confiance du gouvernement m'a créé un titre et des
» devoirs nouveaux. La chaise de poste qui me transporte à
»-Vienne est peut-être chargée des destinées d'un grand pays...
» —Tu es en chaise de poste? » m'a dit aussitôt mon cousin.
« Je ne voyage pas autrement. — C'est fort commode, en effet,
» quand on n'aime pas aller à pied. Moi, je voyage à pied quand
« le pays est beau. — Bien du plaisir. — Par exemple, ce

» pays-ci est fort triste : des campagnes plates, sablonneuses,
» et des forêts de sapins pour varier ; des rivières sans eau,
» des villes sans pierres, des tavernes sans vin, des femmes... »
Je me hâtai de lui couper la parole, car il m'aurait compromis
davantage encore. « Il faut que je reparte, » lui dis-je ; « je ne
» me suis arrêté à Munich que pour dîner. — C'est-à-dire
» pour souper, car on dîne ici à une heure, et il en est huit. —
» Adieu donc. — Tu ne restes pas pour voir la vieille ma-
» dame Schrœder-Devrient dans *Médée*? — J'ai des devoirs
» plus pressants. — Je suis capable de faire une folie... —
» Je le crois. — Voici ma position. J'étais parti de Paris pour
» aller voir notre oncle ; j'ai pris par la Bourgogne, afin d'é-
» viter la monotonie de nos routes du centre. J'ai fait un
» coude pour voir le Jura, puis pour voir Constance, la ville
» des conciles (les décorations de l'Opéra sont tout à fait
» inexactes, et elles ont bien raison) ; ce qu'il y a de plus beau
» à Constance, c'est le bateau à vapeur qui vous en éloigne, et
» qui vous fait toucher en six heures à cinq nations diffé-
» rentes. Je ne voulais que poser le pied en Bavière ; mais, à
» Lindau, l'on m'a dit des merveilles de Munich. Je viens de
» parcourir la ville en un jour, et j'en ai assez ; tu as une place
» vide dans ta chaise de poste, tu vas à Vienne, je t'y ac-
» compagne. Je suis fort curieux de voir cette capitale. »

» Je crus l'arrêter en lui demandant s'il avait des lettres de
crédit ; il me montra une circulaire de l'un des Rothschild, qui
le recommandait à tous ses correspondants. Je ne sais trop ce
que vaut ce papier, qui me paraît être une simple lettre de politesse ; mais, à Vienne, on en jugera. J'ai appris de bonne
source que l'on n'y garderait pas vingt-quatre heures un étranger dont le portefeuille ne serait pas bien et valablement garni.

» Après tout, sa conversation m'a distrait pendant la route,
qui n'était pas fort commode, surtout dans le pays de Salzbourg, l'un des endroits les plus sauvages de la terre. A Vienne,
il est descendu dans une auberge de faubourg, voulant, dit-il,
garder le plus strict incognito. J'en suis charmé, et je désire

le rencontrer le moins possible. Il vous écrira sans doute pour s'excuser d'avoir pris la route de Vienne au lieu de celle du Périgord. Il est vrai que, la terre étant ronde, rien ne l'empêchera de vous aller rendre ses devoirs dans le courant de l'an prochain. »

Voilà la lettre de l'enfant... Qu'en dis-tu? C'est ainsi que l'on est servi par ses parents :

M. de S*** m'a recommandé le plus grand secret sur sa communication amicale; mais ne trouves-tu pas que la police paternelle de Vienne est bonne à quelque chose... au moins quand on a des amis !

Vienne me fait entièrement l'effet de Paris au XVIII\e siècle, en 1770, par exemple; et, moi-même, je me regarde comme un poëte étranger, égaré dans cette société mi-partie d'aristocratie brillante et de populaire en apparence insoucieux. Ce qui manque à la classe inférieure viennoise pour représenter l'ancien peuple de Paris, c'est l'unité de race. Les Slaves, les Magyares, les Tyroliens, Illyriens et autres sont trop préoccupés de leurs nationalités diverses, et n'ont pas même le moyen de s'entendre ensemble, dans le cas où leurs principes se rapprocheraient. De plus, la prévoyante et ingénieuse police impériale ne laisse pas séjourner dans la ville un seul ouvrier sans travail. Tous les métiers sont organisés en corporations; le compagnon qui vient de la province est soumis à peu près aux mêmes règles que le voyageur étranger. Il faut qu'il se fasse recommander par un patron ou par un habitant notable de la ville qui réponde de sa conduite ou des dettes qu'il pourrait faire. S'il ne peut pas offrir cette garantie, on lui permet un séjour de vingt-quatre heures pour voir les monuments et les curiosités, puis on lui signe son livret pour toute autre ville qu'il lui plaît d'indiquer et où les mêmes difficultés l'attendent. En cas de résistance, il est reconduit à son lieu de naissance, dont la municipalité devient solidaire de sa conduite et le fait généralement travailler à la terre, si l'industrie chôme dans les villes.

Tout ce régime est extrêmement despotique, j'en conviens ; mais il faut bien se persuader que l'Autriche est la Chine de l'Europe. J'en ai dépassé la grande muraille... et je regrette seulement qu'elle manque de mandarins lettrés.

Une telle organisation, dominée par l'intelligence, aurait, en effet, moins d'inconvénients : c'est le problème qu'avait voulu résoudre l'empereur philosophe Joseph II, tout empreint d'idées voltairiennes et encyclopédistes. L'administration actuelle suit despotiquement cette tradition, et n'étant plus guère philosophique, reste simplement *chinoise*.

En effet, l'idée d'établir une hiérarchie lettrée est peut-être excellente ; mais, dans un pays où la tradition de l'hérédité domine, il est assez commun de penser que le fils d'un lettré en est un lui-même. Il reçoit l'éducation qui convient, fait des vers et des tragédies, comme on apprend à en faire au collége, et succède au génie et à l'emploi de son père, sans exciter la moindre réclamation. S'il est entièrement incapable, il fait faire un livre historique, un volume de vers ou une tragédie héroïque par son précepteur, et le même effet est obtenu.

Ce qui prouve combien la protection accordée aux lettrés par la noblesse autrichienne est intelligente, c'est que j'ai vu les écrivains allemands les plus illustres, méconnus et asservis, traînant dans des emplois infimes une majesté dégradée.

J'avais une lettre de recommandation pour l'un d'eux, dont le nom est plus célèbre peut-être à Paris qu'à Vienne ; j'eus beaucoup de peine à le découvrir dans l'humble coin de bureau ministériel qu'il occupait. Je voulais le prier de me présenter dans quelques salons, où j'aurais voulu n'être introduit que sous les auspices du talent ; je fus surpris et affligé de sa réponse.

— Présentez-vous simplement, me dit-il, en qualité d'étranger ; dites aussi que vous êtes parent d'un attaché d'ambassade (mon cousin Henri !), et vous serez parfaitement reçu ; car ici tout le monde est bon, et l'on est heureux d'accueillir les Français, ceux du moins qui ne font aucun ombrage au gouvernement. Quant à nous autres, pauvres poëtes, de quel droit irions-nous briller parmi les princes et les banquiers ?

Je me sentis navré de cet aveu et de l'ironique misanthropie de l'homme célèbre, que cependant le sort avait forcé d'accepter un emploi misérable dans une société qui pourtant sait ce qu'il vaut, et qui n'a accordé à son talent que des lauriers stériles.

La position des artistes n'est pas la même : ils ont l'avantage d'amuser directement les nobles compagnies qui les accueillent avec tous les dehors de la sympathie et de l'admiration. Ils deviennent aisément les familiers et les amis des grands seigneurs, dont l'amour-propre est flatté de leur accorder une ostensible protection. Aussi les invite-t-on à toutes les fêtes. Seulement, il faut qu'ils apportent leur instrument, leur *gagne-pain :* c'est là le collier. — L'un d'eux, qui affecte des idées socialistes, s'est avisé de déclarer au prince de..., *son ami,* — et remarque qu'il était aussi l'ami de la princesse, — qu'il voulait paraître comme simple invité, à la première fête qui serait donnée dans le palais, et ne jouerait d'aucun instrument.

— C'est facile, lui dit le prince ; je dirai que vous êtes malade.

— Non, je tiens à ne pas paraître malade.

— Eh bien, mon ami, j'en parlerai à mes amis.

Le résultat est que l'artiste n'a pas reçu d'invitation. Il est parti, furieux, pour la Hongrie, où des ovations magnifiques le vengent déjà de la sotte étiquette des salons de Vienne.

18 janvier. — Parlons un peu encore des plaisirs du peuple viennois ; c'est plus gai. Le carnaval approche, et je fréquente beaucoup les bals du Sperl et de la Birn plus amusants que d'autres, et qui s'adressent spécialement à la classe bourgeoise. Ce sont de vastes établissements splendidement décorés. Les femmes sont mieux mises, c'est-à-dire d'une mise plus parisienne, que celles de la classe inférieure ; c'est ce qui représenterait ici la classe des grisettes. La valse est aussi énergique, aussi folle que dans les tavernes, et le nuage de tabac qu'elle agite n'est guère moins épais.

Au Sperl aussi, l'on dîne ou l'on soupe toujours au milieu des danses et de la musique, et le galop serpente autour des tables sans inquiéter les dîneurs. Le premier aspect du Sperl m'a rappelé un peu celui des *musicos* de Hollande ; j'aime à croire, toutefois, que les danseuses appartiennent en général à une condition plus respectable que celles dont les aïeules ont fourni tant de modèles à Rubens.

Ces dernières, par exemple, ne seraient point souffertes par le gouvernement paternel de l'Autriche. Les étrangers présomptueux assurent que ce système est loin d'avoir amélioré les mœurs, et chacun d'eux, pour peu qu'il ait passé seulement un hiver à Vienne, vous énumérera tout au moins les *deux cent et trente* conquêtes qui forment le contingent de l'Allemagne sur la liste de don Juan. Mais ce sont des exagérations auxquelles a pu donner lieu la facilité des Viennoises à entrer en conversation avec les cavaliers qui se placent près d'elles, dans les spectacles ou dans les bals. Si l'on te dit aussi que les grandes dames sont toujours un peu du xviii\e siècle dans ce pays, où le xix\e siècle n'a pas encore commencé, ne crois pas tous les récits de nos modernes Casanovas ; mais songe aussi que le nombre des femmes belles est si grand dans toute l'Autriche, que la plupart deviennent moins fières en raison de ce qu'elles sont moins appréciées.

La beauté des femmes est encore une chose qui saisit l'étranger d'étonnement en passant à Lintz, la première ville d'Autriche du côté de la Bavière. J'arrivai un dimanche, et je vis les femmes de la campagne qui se rendaient aux églises ; elles portaient presque toutes le costume national : des jupons de couleur éclatante, des corsets brodés, des colliers et de grands bonnets de drap d'or, à ravir un directeur de théâtre. Ces femmes étaient en général d'une éclatante beauté ; les livres de voyages ne manquent pas d'en prévenir les voya-

geurs, et, en cela du moins, leur indication est parfaitement
juste. Je passai la journée à parcourir les places et les rues
sans me lasser de cette admiration. Toutefois, à Lintz, le type
des physionomies est toujours à peu près le même : ce sont de
grandes femmes à la figure régulière et douce, à l'œil beau,
blondes et blanches, avec une délicatesse de teint qui est le
même chez les paysannes et chez les personnes de la ville. A
la longue, on se fatiguerait de cette uniformité de figures, qui
explique leur beauté, comme la pureté du sang et l'excellence du climat font comprendre les belles races parmi les
animaux.

A Vienne, au contraire, les figures sont très-variées, bien
qu'il soit possible encore de les classer en un petit nombre de
types analogues. En général, blondes et brunes ont toutes la
peau extrêmement blanche et délicate, la taille parfaite et les
bras superbes. On pourrait dire que la classe moyenne est
moins favorisée; mais les beautés de l'aristocratie, que l'on
voit toutes réunies dans les grandes soirées et dans les concerts, et celles de la classe inférieure, qui ne manquent guère
les réunions du Sperl et du *Volksgarten*, luttent, à chance
égale, de beauté, de fraîcheur, et même souvent d'élégance et
de grâce.

Ce sont là d'heureux pays, surtout lorsque l'on pense aux
tristes créatures qui peuplent nos villes et nos campagnes ;
c'est le signe à la fois du bien-être de la population inférieure
et du facile travail qui suffit à le lui procurer. Sans prétendre
faire ici le panégyrique du gouvernement de l'Autriche, je puis
t'assurer que c'est le plus favorable de tous au bonheur du
peuple, ainsi que des classes élevées; quant à la bourgeoisie,
nous savons déjà qu'il n'y a qu'elle qui gagne aux révolutions.

Je regrette de ne pouvoir te parler encore que des plaisirs
d'hiver de la population viennoise. Le Prater, que je n'ai vu
que lorsqu'il était dépouillé de sa verdure, n'avait pas perdu
pourtant toutes ses beautés; les jours de neige surtout, il présente un coup d'œil charmant, et la foule venait de nouveau

envahir ses nombreux cafés, ses casinos et ses pavillons élégants, trahis tout d'abord par la nudité de leurs bocages. Les troupes de chevreuils parcourent en liberté ce parc où on les nourrit, et plusieurs bras du Danube coupent en îles les bois et les prairies. A gauche commence le chemin de Vienne à Brunn. A un quart de lieue plus loin coule le Danube (car Vienne n'est pas plus sur le Danube que Strasbourg sur le Rhin). Tels sont les Champs-Élysées de cette capitale. Son plus grand jardin public se rencontre à peu de distance, dans le quartier de Léopoldstadt. Lorsque j'y suis entré, ses longues allées étaient vides, ses parterres jaunis. De loin en loin, on découvrait des horizons charmants; des montagnes couronnées de châteaux indiquent à distance les rives du Danube. Un autre jardin qu'on appelle jardin du Peuple, est situé dans l'intérieur même des remparts, près du château impérial.

Les jardins de Schœnbrunn n'étaient pas les moins désolés dans le moment où je les ai parcourus. Schœnbrunn est le Versailles de Vienne; le village de Hitzing qui l'avoisine est toujours, chaque dimanche, le rendez-vous des joyeuses compagnies. Strauss fils préside toute la journée son orchestre au casino de Hitzing, et n'en retourne pas moins, le soir, diriger les valses du Sperl. Pour arriver à Hitzing, on traverse la cour du château de Schœnbrunn; des Chimères de marbre gardent l'entrée, et toute cette cour déserte est négligée et décorée dans le goût du xviiie siècle; le château lui-même, dont la façade est imposante, n'a rien de riche dans son intérieur que l'immensité de ses salles, où le badigeonnage recouvre presque partout les vieilles rocailles dorées. Mais, en sortant du côté des jardins, on jouit d'un coup d'œil magnifique, dont les souvenirs de Saint-Cloud et de Versailles ne rabaissent pas l'impression.

Le pavillon de Marie-Thérèse, situé sur une colline qui déroule à ses pieds d'immenses nappes de verdure, est d'une architecture toute féerique, et à laquelle je ne puis rien comparer. Composé d'une longue colonnade tout à jour, et dont les

quatre arcades du milieu sont seules vitrées de glaces pour former un cabinet de repos, ce bâtiment est à la fois un palais et
un arc de triomphe. Vu de la route, il couronne le château dans
toute sa largeur et semble en faire partie, parce que la colline
sur laquelle il est bâti élève sa base au niveau des toits de
Schœnbrunn. Il faut monter longtemps par les allées de pins,
par les gazons, le long des fontaines sculptées dans le goût du
Puget et de Bouchardon, en admirant toutes les divinités de cet
Olympe maniéré, pour parvenir enfin aux marches de ce temple digne d'elles, qui se découpe si hardiment dans l'air, et y
fait flotter tous les festons et tous les astragales de mademoiselle de Scudéri...

Je me sauve au travers du jardin pour revenir aux faubourgs de Vienne par cette belle avenue de Maria-Hilf, ornée
pendant une lieue d'un double rang de peupliers immenses.
La foule endimanchée se presse toujours vers Hitzing en faisant des haltes nombreuses dans les cafés et les casinos qui
bordent toute la chaussée. C'est la plus belle entrée de Vienne :
c'est une Courtille décente et bourgeoise dont les beaux équipages ne se détournent pas.

Pour en finir avec les faubourgs de Vienne, desquels on ne
peut guère séparer Schœnbrunn et Hitzing, je dois te parler
encore des trois théâtres qui complètent la longue série des
amusements populaires. Le théâtre de la Vienne (*an der Wien*),
celui de Josephstadt, et celui de Léopoldstadt, sont, en effet,
des théâtres consacrés au peuple, et que nous pouvons comparer à nos scènes de boulevard. Les autres théâtres de Vienne,
celui de la Burg pour la comédie et le drame, et celui de la
Porte-de-Carinthie pour le ballet et l'opéra, sont situés dans
l'enceinte des murs. Le théâtre de la Vienne, malgré son humble destination, est le plus beau de la ville et le plus magnifiquement décoré. Il est aussi grand que l'Opéra de Paris, et
ressemble beaucoup, par sa coupe et ses ornements, aux grands
théâtres d'Italie. On y joue des drames historiques, de grandes
féeries-ballets et quelques petites pièces d'introduction, imitées

généralement de nos vaudevilles. Lorsque j'arrivai à Vienne, un mélodrame de madame Birch-Pfeiffer, *les Styriens*, y obtenait un grand succès. Pendant ce temps, on représentait à Léopolstadt, ainsi que je te l'ai déjà appris, une autre pièce de cette même dame. Madame Birch-Pfeiffer est le Bouchardy du théâtre allemand. Elle intitule franchement ses pièces drames populaires; mais ce serait lui faire trop d'honneur que de la comparer à notre compatriote autrement que par ses succès. J'ai vu jouer aussi au théâtre de la Vienne le *Guillaume Tell* de Schiller; ce qui prouverait que la censure impériale n'est pas si farouche qu'on la fait; car, assurément, personne ne lui contesterait le droit de défendre la représentation de *Guillaume Tell*.

Mais la censure nous a permis de voir représenter aussi *Ruy Blas* à Léopoldstadt, sous le titre de *Maître et Valet*; il est vrai que le dénoûment est légèrement modifié. Ruy Blas ne fait que menacer son maître avec cette fameuse épée qu'il lui arrache si hardiment. On s'explique alors; le valet retrouve ses parents, comme Figaro; mais, plus heureux que ce dernier, il les retrouve riches et grands seigneurs. Je crois même qu'au dénoûment il épouse la reine, et devient une sorte de mari-Cobourg, ce qui est encore bien plus constitutionnel.

Les théâtres de Léopoldstadt et de la Vienne sont desservis tous les deux par la troupe du directeur Carl. Le fond de leur répertoire se compose de *farces locales*, sortes de pièces bizarres à grand spectacle, dont les Viennois ne peuvent se lasser. Pour s'en faire une idée en France, il faudrait réunir la pantomime de Deburau aux vaudevilles les plus excentriques du théâtre des Variétés. Celui des *Saltimbanques* en donnerait une sorte d'aperçu. L'esprit logique et régulier du bourgeois parisien ne supporterait pas la liberté folle et la gaieté humoristique de ces compositions. La plus célèbre, et pour ainsi dire le modèle du genre, est intitulée *Trente ans de la vie d'un mauvais sujet*. Presque toutes ces farces locales ont pour auteur un acteur nommé Nestroy, qui en joue les principaux rôles avec beaucoup de verve et d'esprit.

Le théâtre de Josephstadt, dont l'intérieur ressemble à la salle du Gymnase, vient d'être occupé pendant deux mois par les séances d'un physicien nommé Dobier. Cet artiste ne s'élève point au-dessus de Bosco, qui charme en ce moment le public de Constantinople. Depuis son départ, Josephstadt a rajeuni l'éternel sujet de *la Révolte au sérail*, qui, grâce aux jolies figurantes et aux tribulations des malheureux Turcs européanisés, fait fureur en ce moment; le peuple viennois ne commence à rire des Turcs que depuis fort peu d'années, ce qui explique aussi l'excès de sa satisfaction.

J'ai été témoin, à Josephstadt, d'une représentation dont nous n'avons guère l'idée en France. C'était l'*Académie* du célèbre Saphir, l'un des journalistes et des poëtes les plus distingués d'Allemagne. Une foule d'artistes concourait, d'ailleurs, à cette *séance littéraire*. Elle a commencé par une scène en vers, de Saphir, intitulée *la Conjugaison du verbe aimer*. Trois des plus jolies actrices du Théâtre-Impérial représentaient, l'une la maîtresse, les deux autres les écolières. Cette ingénieuse idée était d'une exécution charmante. Ensuite, *la Revue nocturne* chantée par un acteur du théâtre de la Porte-de-Carinthie, était accompagnée au piano par Liszt. Puis mademoiselle Caroline Miller vint jouer, elle seule, une comédie en trois actes, fort courte heureusement, composée aussi par Saphir. C'était une sorte de parodie où le spirituel bénéficiaire faisait la critique de nos comédies modernes. Mademoiselle Miller partagea les applaudissements donnés à l'ouvrage. On sait que cette actrice est appelée la Mars de l'Allemagne. Un journaliste de Vienne remarquait dernièrement, à ce propos, qu'il serait peut-être plus convenable de dire que mademoiselle Mars est la Caroline Miller, de la France. Nous déclarons ne nous y point opposer. La séance *académique*, après plusieurs lectures de vers, fut terminée par une *lecture humoristique* que Saphir vint faire en personne. Nous avions conçu d'abord quelque inquiétude sur le sort de cette longue production littéraire, qui arrivait après les chanteurs et les acteurs, après Liszt, après Bériot. On viendrait lire alors à un public français un article inédit de Voltaire, qu'il demanderait bien vite ses chevaux et ses socques, comme M. de Buffon. Eh bien, tout ce public brillant de Vienne resta à la lecture de cet article, qui était le développement d'un paradoxe philosophique, et l'on applaudit Saphir, et on le redemanda deux fois. Voilà ce que c'est qu'une académie dans les villes d'Allemagne; un homme de lettres donne des concerts de poésie et de musique, comme un simple artiste exécutant. L'*Académie* de Saphir lui a rapporté trois mille florins. Impossible de te donner une idée plus exacte des plaisirs du *grand monde* à Vienne; il faut séparer absolument celui-là de l'autre; car, ici, il y a encore un grand monde, n'en doute pas.

Ce sont là les plaisirs de la population de Vienne pendant l'hiver. Et c'est l'hiver seulement qu'on peut étudier cette ville dans toutes les nuances originales de son caractère semi-slave et semi-européen. L'été, le beau monde s'éloigne, parcourt l'Italie, la Suisse et les villes de bains, ou va siéger dans ses châteaux de Hongrie et de Bohême; le peuple transporte au Prater, à l'Augarten, à Hitzing, toute l'ardeur et tout l'enivrement de ses fêtes, de ses valses et des interminables soupers. Il faut donc prendre alors les bateaux du Danube ou la poste impériale, et laisser cette capitale à sa vie de tous les jours, si variée et si monotone à la fois.

Vienne, pendant l'été, devient une ville aussi ennuyeuse que l'est Munich dans tous les temps.

X — SUITE DU JOURNAL

1er *février*. — Reprenons l'histoire de nos aventures... Et maintenant, sonnons de la trompette; couvrons nos défaites passées avec tous les triomphes de ce qui nous arrive aujourd'hui. Ce sont de beaux drapeaux, des drapeaux de lin et de soie que nous élevons à présent. Nous voilà du faubourg dans la ville; et de la ville...

Pas encore.

Mon ami, je t'ai décrit jusqu'à présent fidèlement mes liaisons avec des beautés de bas lieu; pauvres amours! elles sont cependant bien bonnes et bien douces. La première m'a donné tout l'amour qu'elle a pu; puis elle est partie comme un bel ange pour aller voir sa mère à Brünn. Les deux autres m'accueillaient fort amicalement et m'ouvraient leur bouche souriante comme des fleurs attendant les fruits; ce n'était plus que patience à prendre quelque temps pour l'honneur de la ville et de ses faubourgs. Mais, ma foi, mes belles, le Français est volage!... le Français a rompu cette glace viennoise qui présente des obstacles au simple voyageur, à celui qui passe et qui s'envole. Maintenant, nous avons droit de cité, pignon sur rue : nous nous adressons à de grandes dames!... « Ce sont de grandes dames, voyez-vous! » comme disait mon ami Bocage.

Tu vas croire que je suis fou de joie; mais non, je suis très-calme; cela est comme je te le dis, voilà tout.

J'hésite à te continuer ma confession, ô mon ami! comme tu peux voir que j'ai longtemps hésité à t'envoyer cette lettre. Ma conduite n'est-elle pas perfide envers ces bonnes créatures, qui n'imaginaient pas que les secrets de leur beauté et de leurs caprices s'éparpilleraient dans l'univers, et s'en iraient à quatre cents lieues réjouir la pensée d'un moraliste blasé (c'est toi-même), et lui fournir une série d'observations physiologiques ?...

Ne va pas révéler, à des Parisiens surtout, le secret de nos confidences, ou bien dis-leur que tout cela est de pure imagination; que, d'ailleurs, cela est si loin (comme disait Racine dans la préface de *Bajazet*)! et enfin, que les noms, adresses et autres indications sont suffisamment déguisés pour que rien, en cela, ne ressemble à une indiscrétion. Et, d'ailleurs, qu'im-

porte après tout?... Nous ne vivons pas, nous n'aimons pas.
Nous étudions la vie, nous analysons l'amour, nous sommes
des philosophes, pardieu !

Représente-toi une grande cheminée de marbre sculpté. Les
cheminées sont rares à Vienne, et n'existent guère que dans
les palais. Les fauteuils et les divans ont des pieds dorés.
Autour de la salle, il y a des consoles dorées ; et les lambris...
ma foi, il y a aussi des lambris dorés. La chose est complète,
comme tu vois.

Devant cette cheminée, trois dames charmantes sont assises :
l'une est de Vienne ; les deux autres sont, l'une Italienne,
l'autre Anglaise. L'une des trois est la maîtresse de la maison.
Des hommes qui sont là, deux sont comtes, un autre est un
prince hongrois, un autre est ministre, et les autres sont des
jeunes gens *pleins d'avenir*. Les dames ont parmi eux des maris et des amants avoués, connus ; mais tu sais que les amants
passent en général à l'état de maris, c'est-à-dire ne comptent
plus comme individualité masculine. Cette remarque est très-
forte, songes-y bien.

Ton ami se trouve donc seul d'homme dans cette société, à
bien juger sa position ; la maîtresse de la maison mise à part
(cela doit être), ton ami a donc des chances de fixer l'attention
des deux dames qui restent, et même il a peu de mérite à cela
par les raisons que je viens d'exposer.

Ton ami a dîné confortablement ; il a bu des vins de France
et de Hongrie, pris du café et de la liqueur ; il est bien mis,
son linge est d'une finesse exquise, ses cheveux sont soyeux et
frisés très-légèrement ; ton ami fait du paradoxe, ce qui est usé
depuis dix ans chez nous, et ce qui est ici tout neuf. Les seigneurs
étrangers ne sont pas de force à lutter sur ce bon terrain que
nous avons tant remué. Ton ami flamboie et petille ; on le
touche, il en sort du feu.

Voilà un jeune homme bien posé ; il plaît prodigieusement
aux dames ; les hommes sont très-charmés aussi. Les gens de
ce pays sont si bons ! Ton ami passe donc pour un causeur

agréable. On se plaint qu'il parle peu ; mais, quand il s'échauffe, il est très-bien !

Je te dirai que, des deux dames, il en est une qui me plaît beaucoup, et l'autre beaucoup aussi. Toutefois, l'Anglaise a un petit parler si doux, elle est si bien assise dans son fauteuil ; elle a de si beaux cheveux blonds à reflets rouges, la peau si blanche ; de la soie, de la ouate et des tulles, des perles et des opales : on ne sait pas trop ce qu'il y a au milieu de tout cela, mais c'est si bien arrangé !

C'est là un genre de beauté et de charme que je commence à présent à comprendre ; je vieillis. Si bien que me voilà à m'occuper toute la soirée de cette jolie femme dans son fauteuil. L'autre paraissait s'amuser beaucoup dans la conversation d'un monsieur d'un certain âge qui semble fort épris d'elle, et dans les conditions d'un *patito* tudesque, ce qui n'est pas réjouissant. Je causais avec la petite dame bleue ; je lui témoignais avec feu mon admiration pour les cheveux et le teint des blondes. Voici l'autre, qui nous écoutait d'une oreille, qui quitte brusquement la conversation de son soupirant et se mêle à la nôtre. Je veux tourner la question. Elle avait tout entendu. Je me hâte d'établir une distinction pour les brunes qui ont la peau blanche ; elle me répond que la sienne est noire... De sorte que voilà ton ami réduit aux exceptions, aux conventions, aux protestations. Alors, je pensais avoir beaucoup déplu à la dame brune. J'en étais fâché, parce qu'après tout elle est fort belle et fort majestueuse dans sa robe blanche, et ressemble à la Grisi dans le premier acte de *Don Juan*. Ce souvenir m'avait servi, du reste, à rajuster un peu les choses. Deux jours après, je me rencontre au Casino avec l'un des comtes qui étaient là ; nous allons par occasion dîner ensemble, puis au spectacle. Nous nous lions comme cela. La conversation tombe sur les deux dames dont j'ai parlé plus haut ; il me propose de me présenter à l'une d'elles : la noire. J'objecte ma maladresse précédente. Il me dit qu'au contraire, cela avait très-bien fait. Cet homme est profond.

Je craignis d'abord qu'il ne fût l'amant de cette dame et ne tendît à s'en débarrasser, d'autant plus qu'il me dit :

— Il est très-commode de la connaître, parce qu'elle a une loge au théâtre de la Porte-de-Carinthie, et qu'alors vous irez quand vous voudrez.

— Cher comte, cela est très-bien ; présentez-moi à la dame.

Il l'avertit, et, le lendemain, me voici chez cette belle personne vers trois heures. Le salon est plein de monde. J'ai l'air à peine d'être là. Cependant, un grand Italien salue et s'en va, puis un gros individu, qui me rappelait le co-registrateur Heer-brand d'Hoffmann, puis mon introducteur, qui avait affaire. Restent le prince hongrois et le *patito*. Je veux me lever à mon tour ; la dame me retient en me demandant si... (j'allais écrire une phrase qui serait une indication). Enfin, sache seulement qu'elle me demande un petit service que je peux lui rendre. Le prince s'en va pour faire une partie de paume. Le vieux (nous l'appellerons marquis, si tu veux), le vieux marquis tient bon. Elle lui dit :

— Mon cher marquis, je ne vous renvoie pas, mais c'est qu'il faut que j'écrive.

Il se lève, et je me lève aussi. Elle me dit :

— Non, restez ; il faut bien que je vous donne la lettre.

Nous voilà seuls. Elle poursuit :

— Je n'ai pas de lettre à vous donner ; causons un peu ; c'est si ennuyeux de causer à plusieurs ! Je veux aller à Munich, dites-moi comment cela est ?

Je réponds :

— J'en ai un itinéraire superbe avec des gravures, je vous l'apporterai demain.

C'était assez adroit ; puis je dis quelques mots de Munich, et nous passons à d'autres sujets de conversation.

Mais... il me semble que je vais te raconter l'aventure la plus commune du monde. M'en vanter ? Pourquoi donc ? Je t'avoue-rai même que cela a mal fini. Je m'étais laissé aller avec com-

plaisance à décrire mes amours de rencontre, mais ce n'était
que comme étude de mœurs lointaines ; il s'agissait de femmes
qui ne parlent à peu près aucune langue européenne... et, pour
ce que j'aurais à dire encore, je me suis rappelé à temps le
vers de Klopstock : « Ici, la discrétion me fait signe de son doigt
d'airain. »

P.-S. — Ne sois pas trop sévère pour cette correspondance
à bâtons rompus... A Vienne, cet hiver, j'ai continuellement
vécu dans un rêve. Est-ce déjà la douce atmosphère de l'Orient
qui agit sur ma tête et sur mon cœur ? — Je n'en suis pourtant
ici qu'à moitié chemin.

XI — L'ADRIATIQUE

Quelle catastrophe, mon ami ! Comment te dire tout ce qui
m'est arrivé, ou plutôt comment oser désormais livrer une
lettre confidentielle à la poste impériale ! Songe bien que je suis
encore sur le territoire de l'Autriche, c'est-à-dire sur des
planches qui en dépendent, — le pont du *Francesco-Primo*,
vaisseau du Lloyd autrichien. Je t'écris en vue de Trieste, ville
assez maussade, située sur une langue de terre qui s'avance
dans l'Adriatique, avec ses grandes rues qui la coupent à angles droits et où souffle un vent continuel. Il y a de beaux paysages, sans doute, dans les montagnes sombres qui creusent
l'horizon ; mais tu peux en lire d'admirables descriptions dans
Jean Sbogar et dans *Mademoiselle de Marsan*, de Charles No-
dier ; il est inutile de les recommencer. Quant à mon voyage
de Vienne ici, je l'ai fait en chemin de fer, sauf une vingtaine
de lieues dans les gorges de montagnes couvertes de sapins
poudrés de frimas... Il faisait très-froid. Cela n'était pas gai,
mais c'était en rapport avec mes sentiments intérieurs. Contente-toi de cet aveu.

Tu me demanderas pourquoi je ne me rends pas en Orient
par le Danube, comme c'était d'abord mon intention. Je t'ap-

prendrai que les aimables aventures qui m'ont arrêté à Vienne beaucoup plus longtemps que je ne voulais y rester, m'ont fait manquer le dernier bateau à vapeur qui descend vers Belgrade et Semlin, où, d'ordinaire, on prend la poste turque. Les glaces sont arrivées, il n'a plus été possible de naviguer. Dans ma pensée, je comptais finir l'hiver à Vienne et ne repartir qu'au printemps... peut-être même jamais. Les dieux en ont décidé autrement.

— Non, tu ne sauras rien encore. Il faut que j'aie mis l'étendue des mers entre moi et... un doux et triste souvenir. Sais-tu maitenant où je vais, sur ce beau paquebot du Lloyd autrichien?

Je vais rêver à mes amours... dans l'île même de Cythère (Cérigo).

Nous descendons l'Adriatique par un temps épouvantable; impossible de voir autre chose que les côtes brumeuses de l'Illyrie à notre gauche et les îles nombreuses de l'archipel dalmate. Le pays des Monténégrins ne dessine lui-même à l'horizon qu'une sombre silhouette, que nous avons aperçue en passant devant Raguse, ville tout italienne. Nous avons relâché plus tard à Corfou, pour prendre du charbon et pour recevoir quelques Égyptiens, commandés par un Turc qui se nomme Soliman-Aga. Ces braves gens se sont établis sur le pont, où ils restent accroupis le jour et couchés la nuit, chacun sur son tapis. Le chef seul demeure avec nous, dans l'entre-pont, et prend ses repas à notre table. Il parle un peu l'italien et semble un assez joyeux compagnon.

La tempête a augmenté quand nous approchions de la Grèce. Le roulis était si violent pendant notre dîner, que la plupart des convives avaient peu à peu gagné leurs hamacs.

Dans ces circonstances, où, après maintes bravades, la table d'abord pleine se dégarnit insensiblement, aux grands éclats de rire de ceux qui résistent à l'effet du tangage, il s'établit entre ces derniers une sorte de fraternité maritime. Ce qui n'était pour tous qu'un repas devient pour ceux qui restent un festin, qu'on prolonge le plus possible. C'est un peu comme la poule au billard; il s'agit de ne pas mourir.

Mourir!... et tu vas voir si l'allusion est plaisante. Nous étions restés quatre à table, après avoir vu échouer honteusement trente convives. Il y avait, outre Soliman et moi, un capitaine anglais et un capucin de la terre sainte, nommé le père Charles. C'était un bonhomme qui riait de bon cœur avec nous et qui nous fit remarquer que, ce jour-là, Soliman-Aga ne s'était pas versé de vin, ce qu'il faisait abondamment d'ordinaire. Il le lui dit en plaisantant.

— Pour aujourd'hui, répondit le Turc, il tonne trop fort.

Le père Charles se leva de table et tira de sa manche un cigare qu'il m'offrit fort gracieusement.

Je l'allumai, et je voulais encore tenir compagnie aux deux autres; mais je ne tardai pas à sentir qu'il était plus sain d'aller prendre l'air sur le pont.

Je n'y restai qu'un instant. L'orage était encore dans toute sa force. Je me hâtai de regagner l'entre-pont. L'Anglais se livrait à de grands éclats de gaieté et mangeait de tous les plats en disant qu'il consommerait volontiers le dîner de la chambrée entière (il est vrai que le Turc l'y aidait puissamment). Pour compléter sa bravade, il demanda une bouteille de vin de Champagne et nous en offrit à tous; personne de ceux qui étaient couchés dans les cadres n'accepta son invitation. Il dit alors au Turc :

— Eh bien, nous la boirons ensemble!

Mais, en ce moment, le tonnerre grondait encore, et Soliman-Aga, croyant peut-être que c'était une tentation du diable, quitta la table et se précipita dehors sans rien répondre.

L'Anglais, contrarié, s'écria :

— Eh bien, tant mieux! je la boirai tout seul, et j'en boirai encore une autre après!

Le lendemain matin, l'orage était apaisé; le garçon, en entrant dans la salle, trouva l'Anglais couché à demi sur la table, la tête reposant sur ses bras. On le secoua. Il était mort!

— *Bismillah !* s'écria le Turc.

C'est le mot qu'ils prononcent pour conjurer toute chose fatale.

L'Anglais était bien mort. Le père Charles regretta de ne pouvoir prier comme prêtre pour lui ; mais certainement il pria en lui-même comme homme.

Étrange destinée ! cet Anglais était un ancien capitaine de la compagnie des Indes, souffrant d'une maladie de cœur, et à qui l'on avait conseillé l'eau du Nil. Le vin ne lui a pas donné le temps d'arriver à l'eau.

Après tout, est-ce là un genre de mort bien malheureux ?

On va s'arrêter à Cérigo pour y laisser le corps de l'Anglais. C'est ce qui me permet d'aborder à cette île, où le bateau ne relâche pas ordinairement. Tu auras compris sans doute la pensée qui m'a fait brusquement quitter Vienne... Je m'arrache à des souvenirs. — Je n'ajouterai pas un mot de plus. J'ai la pudeur de la souffrance, comme l'animal blessé qui se retire dans la solitude pour y souffrir longtemps ou pour y succomber sans plainte.

LORELY

SOUVENIRS D'ALLEMAGNE

A JULES JANIN

Cologne, 21 juin 1853.

Vous la connaissez comme moi, mon ami, cette Lorely ou *Lorelei*, — la fée du Rhin, — dont les pieds rosés s'appuient sans glisser sur les rochers humides de Baccarach, près de Coblence. Vous l'avez aperçue sans doute avec sa tête au col flexible, qui se dresse sur son corps penché. Sa coiffe de velours grenat, à retroussis de drap d'or, brille au loin comme la tête sanglante du vieux dragon de l'Éden.

Sa longue chevelure blonde tombe à sa droite sur ses blanches épaules, comme un fleuve d'or qui s'épancherait dans les eaux verdâtres du fleuve. Son genou plié relève l'envers chamarré de sa robe de brocart, et ne laisse paraître que certains plis obscurs de l'étoffe verte qui se colle à ses flancs.

Son bras gauche entoure négligemment la mandore des vieux minnesingers de Thuringe, et entre ses beaux seins, aimantés de rose, étincelle le ruban pailleté qui retient faiblement les plis de lin de sa tunique. Son sourire est doué d'une grâce invincible, et sa bouche entr'ouverte laisse échapper les chants de l'antique sirène.

Je l'avais aperçue déjà dans la nuit, sur cette rive où la vigne

verdoie et jaunit tour à tour, relevée au loin par la sombre
couleur des sapins et par la pierre rouge de ces châteaux et de
ces forts, dont les balistes des Romains, les engins de guerre
de Frédéric Barberousse et les canons de Louis XIV ont édenté
les vieilles murailles.

Eh bien, mon ami, cette fée radieuse des brouillards, cette
ondine fatale comme toutes les *nixes* du Nord qu'a chantées
Henri Heine, elle me fait signe toujours : elle m'attire encore
une fois !

Je devrais me méfier pourtant de sa grâce trompeuse, —
car son nom même signifie en même temps charme et mensonge ;
et, une fois déjà, je me suis trouvé jeté sur la rive, brisé dans
mes espoirs et dans mes amours, et bien tristement réveillé
d'un songe heureux qui promettait d'être éternel.

On m'avait cru mort de ce naufrage, et l'amitié, d'abord
inquiète, m'a conféré d'avance des honneurs que je ne me
rappelle qu'en rougissant, mais dont plus tard peut-être je me
croirai plus digne.

Voici ce que vous écriviez, il y a environ dix ans, — et cela
n'est pas sans rapport avec certaines parties du livre que je
publie aujourd'hui. Permettez-moi donc de citer quelques
lignes de cette biographie anticipée, que j'ai eu le bonheur de
lire autrement que des *yeux de l'âme*.

Alas! poor Yorick!...

« Ceux qui l'ont connu pourraient dire au besoin toute la
grâce et toute l'innocence de ce gentil esprit qui tenait si bien
sa place parmi les beaux esprits contemporains. Il avait à peine
trente ans, et il s'était fait, en grand silence, une renommée
honnête et loyale, qui ne pouvait que grandir. C'était tout simplement, mais dans la plus loyale acception de ce mot-là, *la
poésie*, un poëte, un rêveur, un de ces jeunes gens sans fiel,
sans ambition, sans envie, à qui pas un bourgeois ne voudrait
donner en mariage même sa fille borgne et bossue ; en le voyant
passer le nez au vent, le sourire sur la lèvre, l'imagination

éveillée, l'œil à demi fermé, l'homme sage, ce qu'on appelle un homme sage, se dit à lui-même :

» — Quel bonheur que je ne sois pas fait ainsi !

» Il vivait au jour le jour, acceptant avec reconnaissance, avec amour, chacune des belles heures de la jeunesse, tombées du sein de Dieu. Il avait été riche un instant ; mais, par goût, par passion, par instinct, il n'avait pas cessé de mener la vie des plus pauvres diables. Seulement, il avait obéi plus que jamais au caprice, à la fantaisie, à ce merveilleux vagabondage dont ceux-là qui l'ignorent disent tant de mal. Au lieu d'acheter avec son argent de la terre, une maison, un impôt à payer, des droits et des devoirs, des soucis, des peines et l'estime de ses voisins les électeurs[1], il avait acheté des morceaux de toile peinte, des fragments de bois vermoulu, toute sorte de souvenirs des temps passés, un grand lit de chêne sculpté de haut en bas ; mais, le lit acheté et payé, il n'avait plus eu assez d'argent pour acheter de quoi le garnir, et il s'était couché, non pas dans son lit, mais à côté de son lit, sur un matelas d'emprunt. Après quoi, toute sa fortune s'en était allée pièce à pièce, comme s'en allait son esprit, causerie par causerie, bons mots par bons mots ; mais une causerie innocente, mais des bons mots sans malice et qui ne blessaient personne. Il se réveillait en causant le matin, comme l'oiseau se réveille en chantant, et en voilà pour jusqu'au soir. Chante donc, pauvre oiseau sur la branche ; chante et ne songe pas à l'hiver ; — laisse les soucis de l'hiver à la fourmi qui rampe à tes pieds.

» Il serait impossible d'expliquer comment cet enfant, car, à tout prendre, c'était un enfant, savait tant de choses sans avoir rien étudié, sinon au hasard, par les temps pluvieux, quand il était seul, l'hiver, au coin du feu. Toujours est-il qu'il était très-versé dans les sciences littéraires. Il avait deviné

---

1. Électeur en 1830, — électeur de *naissance*, et il ne s'en est jamais vanté... ; mais il ne s'est guère permis la vie des pauvres diables qu'à ses moments de loisir. (*Note des Éditeurs*.)

l'antiquité, pour ainsi dire, et jamais il ne s'est permis de blasphème contre les vieux dieux du vieil Olympe; au contraire, il les glorifiait en mainte circonstance, les reconnaissait tout haut pour les vrais dieux, et disant son *meâ culpâ* de toutes ses hérésies poétiques. Car, en même temps qu'il célébrait Homère et Virgile, comme on raconte ses visions dans la nuit, comme on raconte un beau songe d'été, il allait tout droit à Shakspeare, à Gœthe surtout; si bien qu'un beau matin, en se frottant les yeux, il découvrit qu'il savait la langue allemande dans tous ses mystères, et qu'il lisait couramment le drame du docteur Faust. Vous jugez de son étonnement et du nôtre. Il s'était couché la veille presque Athénien, il se relevait le lendemain un Allemand de la vieille roche. Il acceptait non-seulement le premier, mais encore le second *Faust*; et cependant, nous autres, nous lui disions que c'était bien assez du premier. Bien plus, il a traduit les deux *Faust*, il les a commentés; il les a expliqués à sa manière; il voulait en faire un livre classique, disait-il. Souvent il s'arrêtait en pleine campagne, prêtant l'oreille, et, dans ces lointains lumineux que, lui seul, il pouvait découvrir, vous eussiez dit qu'il allait dominer tous les bruits, tous les murmures, toutes les imprécations, toutes les prières venus à travers les bouillonnements du fleuve, de l'autre côté du Rhin.

» Si jeune encore, comme vous voyez, il avait eu toutes les fantaisies, il avait obéi à tous les caprices. Vous lui pouviez appliquer toutes les douces et folles histoires qui se passent, dit-on, dans l'atelier et dans la mansarde, tous les joyeux petits drames du grenier où l'on est si bien à vingt ans, et encore c'eût été vous tenir un peu en deçà de la vérité. Pas un jeune homme, plus que lui, n'a été facile à se lier avec ce qui était jeune, beau et poétique; l'amitié lui poussait comme à d'autres l'amour, par folles bouffées; il s'enivrait du génie de ses amis comme on s'enivre de la beauté de sa maîtresse! Silence! ne l'interrogez pas! où va-t-il? Dieu le sait. A quoi? que veut-il? quelle est la grande idée qui l'occupe à cette heure? Respectez

sa méditation, je vous prie; il est tout occupé du roman ou du
poëme et des rêves de ses amis de la veille. Il arrange dans
sa tête ces turbulentes amours; il dispose tous ces événements
amoncelés; il donne à chacun son rêve, son langage, sa joie ou
sa douleur. « Eh bien, Ernest, qu'as-tu fait? Moi, j'ai tué cette
nuit cette pauvre enfant de quinze ans, dont tu m'as conté
l'histoire. Mon cœur saigne encore, mon ami, mais il le fallait;
cette enfant n'avait plus qu'à mourir !... Et toi, cher Auguste,
qu'as-tu fait de ton jeune héros que nous avons laissé dans la
bataille philosophique? Si j'étais à ta place, je le rappellerais
de l'Université, et je lui donnerais une maîtresse. » Telles étaient
les grandes occupations de sa vie : marier, élever, accorder
entre eux toute sorte de beaux jeunes gens, tous frais éclos de
l'imagination de ses voisins; il se passionnait pour les livres
d'autrui bien plus que pour ses propres livres; quoi qu'il fît, il
était tout prêt à tout quitter pour vous suivre. « Tu as une fantaisie, je vais me promener avec elle, bras dessus, bras dessous,
pendant que tu resteras à la maison à te réjouir. » Et, quand
il avait bien promené votre poésie, çà et là, dans les sentiers
que, lui, seul, il connaissait, au bout de huit jours, il vous la
ramenait calme, reposée, la tête couronnée de fleurs, le cœur
bien épris, les pieds lavés dans la rosée du matin, la joue
animée au soleil du midi. Cela fait, il revenait tranquillement à
sa propre fantaisie qu'il avait abandonnée, sans trop de façon,
sur le bord du chemin. Cher et doux bohémien de la prose
et des vers! admirable vagabond dans le royaume de la
poésie! braconnier sur les terres d'autrui! Mais il abandonnait
à qui les voulait prendre les beaux faisans dorés qu'il avait
tués!

» Une fois, il voulut voir l'Allemagne, qui a toujours été
son grand rêve. Il part; il arrive à Vienne par un beau jour
pour la science, par le carnaval officiel et gigantesque qui se
fait là-bas. Lui alors, il fut tout étonné et tout émerveillé de sa
découverte. Quoi! une ville en Europe où l'on danse toute la
nuit, où l'on boit tout le jour, où l'on fume le reste du temps

de l'excellent tabac. Quoi ! une ville que rien n'agite, ni les
regrets du passé, ni l'ambition du jour présent, ni les inquié-
tudes du lendemain ! une ville où les femmes sont belles sans
art, où les philosophes parlent comme des poëtes, où les poëtes
pensent comme des philosophes, où personne n'est insulté, pas
même l'empereur, où chacun se découvre devant la gloire,
où rien n'est bruyant, excepté la joie et le bonheur ! Voilà une
merveilleuse découverte. Notre ami ne chercha pas autre
chose. Il disait que son voyage avait assez rapporté. Son enthousiasme fut si grand et si calme, qu'il en fut parlé à M. de
Metternich. M. de Metternich voulut le voir et le fit inviter à sa
maison pour tel jour. Il répondit à l'envoyé de Son Altesse
qu'il était bien fâché, mais que justement, ce jour-là, il allait
entendre Strauss, qui jouait avec tout son orchestre une valse
formidable de Liszt, et que, le lendemain, il devait se trouver
au concert de madame Pleyel, qu'il devait conduire lui-même
au piano, mais que, le surlendemain, il serait tout entier aux
ordres de Son Altesse. En conséquence, il ne fut qu'au bout
d'un mois chez le prince. Il entra doucement, sans se faire annoncer ; il se plaça dans un angle obscur, regardant toutes
choses et surtout les belles dames ; il prêta l'oreille sans mot
dire à l'élégante et spirituelle conversation qui se faisait autour
de lui ; il n'eut de contradiction pour personne, — il ne se
vanta ni des chevaux qu'il n'avait pas, — ni de ses maisons ima-
ginaires, — ni de son blason, — ni de ses amitiés illustres ;
il se donna bien de garde de mal parler de quelques hommes
d'élite dont la France s'honore encore à bon droit. — Bref, il
en dit si peu et il écouta si bien, que M. de Metternich demandait à la fin de la soirée quel était ce jeune homme blond, bien
élevé, si calme, au sourire si intelligent et si bienveillant à la
fois ; et, quand on lui eut répondu : « C'est un homme de lettres français, monseigneur ! » M. de Metternich, tout étonné, ne
pouvait pas revenir d'une admiration qui allait jusqu'à la
stupeur.

» Ainsi il serait resté à Vienne toute sa vie peut-être ; mais

les circonstances changèrent, et il revint après quelques mois
de l'Allemagne en donnant toute sorte de louanges à cette vie
paisible, studieuse et cependant enthousiaste et amoureuse,
qu'il avait partagée. Le sentiment de l'ordre, uni à la passion,
lui était venu en voyant réunis tout à la fois tant de calme
et tant de poésie. Il avait bien mieux fait que de découvrir
dans la poussière des bibliothèques quelques vieux livres tout
moisis qui n'intéressent personne; il avait découvert comment
la jeune Allemagne, si fougueuse et si terrible, initiée à toutes
les sociétés secrètes, qui s'en va le poignard à la main, marchant incessamment sur les traces sanglantes du jeune Sand,
quand elle a enfin jeté au dehors toute sa fougue révolutionnaire, s'en revient docilement à l'obéissance, à l'autorité, à la
famille. — Double phénomène qui a sauvé l'Allemagne et qui
la sauve encore aujourd'hui.

» Toujours est-il que notre ami se mit à songer sérieusement
à ce curieux miracle, dont pas une nation moderne ne lui offrait
l'analogie, à toute cette turbulence et à tout ce sang-froid, et
que, de cette pensée-là, longtemps méditée, résulta un drame,
un beau drame sérieux, solennel, complet. Mais vous ne sau-
riez croire quel fut l'étonnement universel quand on apprit que
ce rêveur, ce vagabond charmant, cet amoureux sans fin et sans
cesse, écrivait quoi? Un drame! — Lui, un drame, un drame
où l'on parle tout haut, un drame tout rempli de trahisons, de
sang, de vengeances, de révoltes? Allons donc, vous êtes dans
une grave erreur, mon pauvre homme! Moi qui vous parle,
pas plus tard qu'hier, j'ai rencontré Gérard dans la forêt de
Saint-Germain, à cheval sur un âne qui allait au pas. Il ne songeait guère à arranger des coups de théâtre, je vous jure; il
regardait tout à la fois le soleil qui se couchait et la lune qui se
levait, et il disait à celui-là : « Bonjour, monsieur ! » à
celle-là : « Bonne nuit, madame! » Pendant ce temps, l'âne
heureux broutait le cytise en fleurs.

» Et, comme il avait dit, il devait faire. Tout en souriant à
son aise, tout en vagabondant selon sa coutume, et sans quitter

les frais sentiers non frayés qu'il savait découvrir, même au milieu des turbulences contemporaines, il vint à bout de son drame. Rien ne lui coûta pour arriver à son but solennel. Il avait disposé sa fable d'une main ferme; il avait écrit son dialogue d'un style éloquent et passionné; il n'avait reculé devant pas un des mystères du carbonarisme allemand; seulement, il les avait expliqués et commentés avec sa bienveillance accoutumée. — Voilà tout son drame tout fait. Alors, il se met à le lire, il se met à pleurer, il se met à trembler, tout comme fera le parterre plus tard. Il se passionne pour l'héroïne qu'il a faite si belle et si touchante; il prend en main la défense de son jeune homme, condamné à l'assassinat par le fanatisme; il prête l'oreille au fond de toutes ces émotions souterraines pour savoir s'il n'entendra pas retentir quelques accents égarés de la muse belliqueuse de Kœrner. Si bien qu'il recula le premier devant son œuvre. Une fois achevée, il la laissa là parmi ses vieilles lames ébréchées, ses vieux fauteuils sans dossier, ses vieilles tables boiteuses, tous ces vieux lambeaux entassés çà et là avec tant d'amour, et que déjà recouvrait l'araignée de son transparent et frêle linceul. Ce ne fut qu'à force de sollicitations et de prières, que le théâtre put obtenir ce drame, intitulé *Léo Burckart*. Il ne voulait pas qu'on le jouât. Il disait que cela lui brisait le cœur, de voir les enfants de sa création exposés sur un théâtre, et il se lamentait sur la perte de l'idéal. « De l'huile, disait-il, pour remplacer le soleil! Des paravents pour remplacer la verdure; la première venue, qui usurpe le nom de ma chaste jeune fille, et, pour mon héros, un grand gaillard en chapeau gris qu'il faut aller chercher à l'estaminet voisin ! » Bref, toutes les peines que se donnent les inventeurs ordinaires pour mettre leurs inventions au grand jour, il se les donnait, lui, pour garder les siennes en réserve. Le jour de la première représentation de *Léo Burckart*, il a pleuré.

» — Au moins, disait-il, si j'avais été sifflé, j'aurais emporté ces pauvres êtres dans mon manteau; eux et moi, nous serions partis à pied pour l'Allemagne, et, une fois là, nous aurions récité en chœur le *Super flumina Babylonis!*

» Il avait ainsi à son service toute sorte de paraboles et de consolations ; il savait ainsi animer toutes choses, et leur prêter mille discours pleins de grâce et de charme ; mais il faudrait avoir dans l'esprit un peu de la poésie qu'il avait dans le cœur, pour vous les raconter.

» Je vous demande pardon si je vous écris, un peu au hasard, cette heureuse et modeste biographie ; mais je vous l'écris comme elle s'est faite, au jour le jour, sans art, sans préparation aucune, sans une mauvaise passion, sans un seul instant d'ambition ou d'envie. Un enfant bien né, naturellement bien élevé, qui serait enfermé dans quelque beau jardin des hauteurs de Florence, au milieu des fleurs, et tenant sous ses yeux tous les chefs-d'œuvre amoncelés, n'aurait pas de plus honnêtes émotions et de plus saints ravissements que le jeune homme dont je vous parle. Seulement, il faisait naître les fleurs sur son passage, c'est-à-dire qu'il en voyait partout ; et, quant aux chefs-d'œuvre, il avait la vue perçante, il en savait découvrir sur la terre et dans le ciel. Il devinait leur profil imposant dans les nuages, il s'asseyait à leur ombre ; il savait si bien les décrire, qu'il vous les montrait lui-même souvent plus beaux que vous ne les eussiez vus de vos yeux. Tel il était ; et si bien que pas un de ceux qui l'ont connu ne se refuserait à ajouter quelque parole amie à cet éloge. »

Cet éloge, qui traversa l'Europe et ma chère Allemagne, — jusqu'en cette froide Silésie, où reposent les cendres de ma mère, jusqu'à cette Bérésina glacée où mon père lutta contre la mort, voyant périr autour de lui les braves soldats ses compagnons, — m'avait rempli tour à tour de joie et de mélancolie. Quand j'ai traversé de nouveau les vieilles forêts de pins et de chênes et les cités bienveillantes où m'attendaient des amis inconnus, je ne pouvais parvenir à leur persuader que j'étais moi-même. On disait : « Il est mort, quel dommage ! une vive intelligence, bonne surtout, sympathique à notre Allemagne, comme à une seconde mère, — et que nous apprécions seulement depuis son dernier instant illustré par Jules Janin... Et vous qui passez parmi nous, pourquoi dérobez-vous la seule chose qu'il ait laissée après lui, un peu de gloire autour d'un nom. Nous les connaissons trop, ces aventuriers de France, qui se font passer pour des poëtes, vivants ou morts, et s'introduisent ainsi dans nos cercles et dans nos salons! » Voilà ce que m'avaient valu les douze colonnes du *Journal des Débats*, seul toléré par les chancelleries ; — et, dans les villes où j'étais connu personnellement, on ne m'accueillait pas sans quelque crainte en songeant aux vieilles légendes germaniques de vampires et de morts fiancés. Vous jugez s'il était possible que, là même, quelque *bourgeois* m'accordât sa fille *borgne* ou *bossue*. C'est la conviction de cette impossibilité qui m'a poussé vers l'Orient.

Je serais toutefois plus Allemand encore que vous ne pensez si j'avais intitulé la présente épître : *Lettre d'un mort*, ou *Extrait des papiers d'un défunt*, d'après l'exemple du prince Puckler-Muskau.

C'est pourtant ce prince fantasque et désormais *médiatisé*, qu'm'avait donné l'idée de parcourir l'Afrique et l'Asie. Je l'ai vu un jour passer à Vienne, dans une calèche que le monde suivait. Lui aussi, avait été cru mort, ce qui donna sujet à une foule de panégyriques et commença sa réputation ; — par le fait, il avait traversé deux fois le lac funeste de *Karon*, dans la province égyptienne du Fayoum. Il ramenait d'Égypte une Abyssinienne cuivrée qu'on voyait assise sur le siége de sa voiture, à côté du cocher. La pauvre enfant frissonnait dans son *habbarah* quadrillé, en traversant la foule élégante, sur les glacis et les boulevards de la porte de Carinthie, et contemplait avec tristesse le drap de neige qui couvrait les gazons et les longues allées d'ormes poudrés à blanc.

Cette promenade a été un des grands divertissements de la société viennoise, et je ne sais si le regard éclatant de l'Abyssinienne ne fut pas encore pour moi un des coups d'œil vainqueurs de la trompeuse Lorely. Depuis ce jour, je ne fis que rêver à l'Orient, comme vous l'avez dit dans la suite de votre article, et je me promenais tous les soirs pensif le long de ce Danube orageux qui touche au Rhin par ses sources et par ses bouches vaseuses aux flots qui vont vers le Bosphore.

Alors, j'ai tout quitté, Vienne et ses délices, et cette société qui vivait encore en plein XVIII siècle, et qui ne prévoyait ni sa révolution sanglante, — ni les révoltes de ces magyars chamarrés de velours et d'or, avec leurs boutons d'opale et leurs ordres de diamants, qui vivaient si familièrement avec nous, artistes ou poëtes, — adorant madame Pleyel, admirant Listz et Bériot. Je vous adressais alors les récits de nos fêtes, de nos amitiés, de nos amours, et certaines considérations sur le tokay et le johannisberg, qui vous ont fait croire que j'étais dans l'intimité de M. de Metternich. Ici se trouve une erreur dans votre article biographique. J'ai rencontré bien des fois ce diplomate célèbre, mais je ne me suis jamais rendu chez lui. Peut-être m'a-t-il adressé quelque phrase polie, peut-être l'ai-je complimenté sur ses vignes du Danube et du Rhin, voilà tout. Il est des instants où les extrêmes se rapprochent sur le terrain banal des convenances...

Finissons ce bavardage, et louons encore une fois ce joyeux Rhin, qui touche maintenant à Paris, et qui sépare, en les embrassant, ses deux rives amies. Oublions la mort, oublions le passé, et ne nous méfions pas désormais de cette belle *aux regards irrésistibles* que nous n'admirons plus avec les yeux de la première jeunesse !

SENSATIONS

D'UN VOYAGEUR ENTHOUSIASTE

I

DU RHIN AU MEIN

(1838-1840)

INTRODUCTION

Pourquoi le public supporte-t-il les feuilletons de théâtre les plus insipides, les analyses les plus nues, les chroniques théâtrales les plus minutieuses? C'est que, d'après l'article, il ira voir la pièce, ou bien qu'il en saura assez pour se dispenser de la voir. Le goût des voyages n'est pas aujourd'hui moins répandu que le goût du spectacle, et l'on tient à recueillir plusieurs avis, car chacun voit à sa manière, et les impressions sont plus diverses encore entre les voyageurs qu'entre les critiques.

Cela est tellement vrai, qu'il y a eu des temps où l'impression de voyage n'existait pas. Chapelle et Bachaumont n'ont vu que des tables plus ou moins bien servies dans les diverses provinces de France; ajoutez-y comme couleur locale le *Suisse avec sa hallebarde*, peint sur la porte de *Notre-Dame de la Garde*, et, comme poésie, toutes les rimes du *Château d'If*, et vous n'avez point d'autre idée de la France pendant tout un siècle. Les voyages de Casanova ne sont que le commentaire de la liste de don Juan; Dupaty ne s'occupe que des statues et des tableaux; le spirituel *Ermite*, l'auteur des paroles de *Guillaume Tell*, M. de Jouy, ne voit sur toute la surface de la France que des opprimés, des philanthropes, des galériens vertueux, des soldats laboureurs et des tabatières-Touquet, que les commis voyageurs propagent avec courage et précaution.

Jusque-là, on ne sait pas même qu'il existe une cathédrale en France; on n'a pas dit un mot des richesses que le moyen âge et la renaissance ont semées sur le sol, et qui sont comme les glorieux ossements de notre gloire nationale. Voltaire a rempli le xviiie siècle et n'en a pas dit un mot, à part quelques allusions vagues à l'art des Velches et des Vandales. Bien plus, Rousseau, si coloré, si habile à retracer les grands spectacles de la nature, Rousseau a vu Gênes et Milan, et Venise, et n'a pas une ligne d'étonnement ou d'admiration touchant l'aspect des cités.

Il est donc possible qu'on voyage sans regarder, ou bien qu'on regarde sans voir. Il a fallu que Bernardin de Saint-Pierre vît les étranges paysages de l'Amérique et des Indes, pour créer en quelque sorte la *couleur locale*, dont on a tant abusé depuis. Eh bien, Bernardin de Saint-Pierre lui-même ne trouve d'admiration que pour les arbres et pour les fleurs; il a vu l'Italie, et la Flandre, et l'Allemagne, sans y remarquer autre chose que des villes bien ou mal bâties, et Dieu sait celles qu'on appelait alors *bien bâties !* il a trouvé Venise malsaine, et le *clocher* d'Anvers bizarrement tailladé; il a vu l'Espagne, et n'en a pas conçu d'autres idées que celles qui avaient pu naître dans le cerveau de M. de Florian! La Révolution arrive, échauffe toutes les idées, laboure toutes les cervelles, change l'axe de tous les systèmes et de toutes les opinions, et il en sort, comme poëtes didactiques, l'abbé Delille, Esmenard, Roucher et vingt autres qui ont décrit tout l'univers, sans laisser une impression vraie et sentie, une peinture, une image.

On comprend que je ne parle pas ici des voyageurs spéciaux qui se bornent à dire : « Ce pays est agréablement varié et coupé de rivières, qui y répandent l'abondance et la fertilité, etc. La ville est grande et bien bâtie, et les rues sont suffisamment aérées ; ses habitants sont actifs et industrieux ; le commerce des cuirs y fleurit particulièrement. » A la fin du xviiie siècle déjà, l'on s'apercevait que ces froides nomenclatures avaient peu d'intérêt pour le lecteur ; aussi quelques écrivains avaient-ils imaginé de mêler à leurs tableaux une certaine dose d'idées sentimentales ; Raynal, par exemple, l'encyclopédiste, s'écriait en décrivant un pays des rives du Gange : « O rivage d'Ayauba ! tu n'es rien, mais tu possèdes le tombeau d'Élisa ! » suivait une méditation à la façon des *Nuits* d'Young, sur la mort d'Élisa, amie du voyageur, dont le destin se trouvait singulièrement mêlé à l'*Histoire philosophique des deux Indes*.

Vous comprenez que je ne prétends pas ici sacrifier l'intelligence des écrivains d'autrefois à celle des modernes, mais constater seulement ce fait singulier, que les *paysagistes* littéraires sont presque tous de notre siècle.

Il semble ainsi que cette faculté soit un appendice à des qualités de peinture et de poésie beaucoup plus élevées encore. Il y a dans tout grand poëte un voyageur sublime ; mais plusieurs, comme Walter Scott, comme Chateaubriand et comme Victor Hugo, ne se servent des impressions qu'ils ont recueillies, recomposées ou devinées à l'aspect des villes et des pays, que pour poser la scène de leurs vastes compositions ; d'autres, comme Byron et Lamartine, font des poésies et des poëmes avec la partie idéale et majestueuse de leur voyage ; ceux-là parcourent la terre comme les anges de Thomas Moore, en la frôlant à peine du pied. Il est vrai que leur génie les met au-dessus des impressions vulgaires et triviales, et que leur fortune les défend également des bizarres traverses qui peuvent émouvoir la fantaisie humoristique d'un touriste ordinaire.

En effet, le *Voyage* de Sterne, les *Feuilles éparses d'un voyageur enthousiaste* d'Hoffmann, les *Impressions de voyage* d'Alexandre Dumas, les *Reisebilder* de Henri Heine, les *Tournées flamandes* de Royer et de Roger de Beauvoir, appartiennent tous à une façon particulière et fantastique de voir et de sentir, dont l'expression paraît avoir un grand attrait pour le public. Il est tels poëtes aussi, qui, sans sortir de Paris, devinent complétement la couleur et l'effet des régions étrangères, et qui ne trouvent plus rien à dire quand la réalité succède à cette sorte de mirage intellectuel et magique. Tels sont, par exemple, Balzac, Janin, de Musset et Eugène Sue, et je me fierais plus volontiers à de pareils voyageurs d'imagination et d'intention qu'à bien d'autres qui ont traîné leurs semelles sur tous les chemins des deux mondes. On pourrait leur appliquer la magnifique pensée d'un sonnet de Schiller sur Christophe Colomb : « Va devant toi, et, si ce monde que tu cherches n'a pas été créé encore, il jaillira des ondes exprès pour justifier ton audace ; car il existe un Éternel entre la nature et le génie, qui fait que l'une tient toujours ce que l'autre promet. » N'allez pas croire maintenant que toutes ces généralités tendent à fournir une préface à mes impressions personnelles. Je pensais plutôt, en les écrivant, au travail que prépare en ce moment mon illustre compagnon de voyage [1], qui s'est déjà acquis en Allemagne, comme voyageur, la popularité de Pierre Schlemild. Je dis mon compagnon de voyage sans savoir encore seulement si je le rejoindrai ailleurs qu'au bout du monde, ou, pour mieux dire, à Paris. Jusqu'ici, nous avançons parallèlement vers l'Allemagne, à cinquante lieues l'un de l'autre, et les journaux seulement des villes qu'il traverse m'apportent tous les matins de ses nouvelles ; pour moi qui ne jouis pas du même privilége de célébrité, j'ai besoin de ces lignes pour lui faire savoir des miennes, et je n'aurais, d'ailleurs, à écrire aujourd'hui qu'une causerie de route seulement, et tout au plus, ensuite, une chronique des eaux de Bade, comme celles d'Aix ou de Bagnères, points *cardinaux* où l'on rencontrerait la plus grande partie de

1. Alexandre Dumas.

la société parisienne, éparse et rayonnant partout loin du centre, comme la *rose des vents.*

D'ailleurs, on sait comment je voyage, et que je n'ai aucune
des habitudes et des qualités du touriste littéraire; j'ai déjà
parcouru autant de pays que Joconde, et je suis sorti ou rentré
par toutes les portes de la France; mais, quant à voir les points
de vue et les curiosités selon l'ordre des itinéraires, c'est de
quoi je me suis toujours soigneusement défendu. Je suis
rarement préoccupé des monuments et des objets d'art, et, une
fois dans une ville, je m'abandonne au hasard, sûr d'en rencontrer assez toujours pour ma consommation de flâneur. J'ai
perdu beaucoup sans doute à cette indifférence; mais je lui
dois aussi beaucoup de rencontres et d'admirations imprévues
que le guide officiel ne m'eût pas fait connaître ou qu'il m'aurait gâtées. Ce que j'aime surtout en voyage, c'est à respirer
l'air des forêts et des plaines, c'est à suivre rapidement les longues prairies brumeuses de la Flandre, ou lentement les campagnes joyeuses de l'Italie, pleines d'or et de soleil; c'est à
parcourir au hasard les rues tortueuses des villes, à me mêler
inconnu à cette foule bigarrée qui bruit d'un langage étrange;
à prendre part, pour un jour, à sa vie éternelle; curieuse
épreuve, isolement salutaire pour l'homme qui sait échapper
quelquefois aux molles contraintes de l'habitude, et qui, après
une âpre montée, se retourne et parvient à regarder sa vie d'un
point unique et sublime, comme on parcourt de ses yeux, du
haut du clocher de Strasbourg, le chemin qu'on vient de faire
péniblement durant une longue journée.

I — STRASBOURG

Vous comprenez que la première idée du Parisien qui descend de voiture à Strasbourg est de demander à voir le Rhin;
il s'informe, il se hâte, il fredonne avec ardeur le refrain semi-

germanique d'Alphonse Karr : « Au Rhin ! au Rhin ! c'est là
que sont nos vignes ! » Mais bientôt il apprend avec stupeur
que le Rhin est encore à une lieue de la ville. Quoi ! le Rhin
ne baigne pas les murs de Strasbourg, le pied de sa vieille cathédrale ?... Hélas ! non. Le Rhin à Strasbourg et la mer à
Bordeaux sont deux grandes erreurs du Parisien sédentaire.
Mais, tout moulu qu'on est du voyage, le moyen de rester une
heure à Strasbourg sans avoir vu le Rhin ? Alors, on traverse
la moitié de la ville, et l'on s'aperçoit à peine que son pavé de
cailloux est plus rude et plus raboteux encore que l'inégal
pavé du Mans, qui cahotait si durement la charrette du *Roman
comique*. On marche longtemps encore à travers les diverses
fortifications, puis on suit une chaussée d'une demi-lieue ; et,
quand on a vu disparaître enfin derrière soi la ville tout entière, qui n'est plus indiquée à l'horizon que par le doigt de
pierre de son clocher, quand on a traversé un premier bras du
Rhin, large comme la Seine, et une île verte de peupliers et de
bouleaux, alors on voit couler à ses pieds le grand fleuve, rapide et frémissant, et portant dans ses larmes grisâtres une tempête éternelle. Mais, de l'autre côté, là-bas à l'horizon, au
bout du pont mouvant de soixante bateaux, savez-vous ce qu'il
y a ?... Il y a l'Allemagne ! la terre de Gœthe et de Schiller, le
pays d'Hoffmann ; la vieille Allemagne, notre mère à tous !...
Teutonia !...

    N'est-ce pas là de quoi hésiter avant de poser le pied sur ce
pont qui serpente, et dont chaque barque est un anneau ; l'Allemagne au bout ? Et voilà encore une illusion, encore un
rêve, encore une vision lumineuse qui va disparaître sans retour de ce bel univers magique que nous avait créé la poésie !... Là, tout se trouvait réuni, et tout plus beau, tout plus
grand, plus riche et plus vrai peut-être que les œuvres de la
nature et de l'art. Le microcosmos du docteur Faust nous apparaît à tous au sortir du berceau ; mais, à chaque pas que
nous faisons dans le monde réel, ce monde fantastique perd un
de ses astres, une de ses couleurs, une de ses régions fabu-

leuses. Ainsi, pour moi, déjà bien des contrées du monde se sont réalisées, et le souvenir qu'elles m'ont laissé est loin d'égaler les splendeurs du rêve qu'elles m'ont fait perdre. Mais qui pourrait se retenir pourtant de briser encore une de ces portes enchantées, derrière lesquelles il n'y a souvent qu'une prosaïque nature, un horizon décoloré? N'imagine-t-on pas, quand on va passer la frontière d'un pays, qu'il va tout à coup éclater devant vous dans toute la splendeur de son sol, de ses arts et de son génie!... Il n'en est pas ainsi, et chaque nation ne se découvre à l'étranger qu'avec lenteur et réserve, laissant tomber ses voiles un à un comme une pudique épousée.

Tout en songeant à cela, nous avons traversé le Rhin; nous voici sur le rivage et sur la frontière germaniques. Rien ne change encore; nous avons laissé des douaniers là-bas, et nous en retrouvons ici; seulement, ceux de France parlaient allemand, ceux de Bade parlent français; c'est naturel. Kehl est aussi une petite ville toute française, comme toutes les villes étrangères qui avoisinent nos frontières. Si nous voulons observer une ville allemande, retournons à Strasbourg.

Aussi bien il n'existe à Kehl que des débitants de tabac. Vous avez là du tabac de tous les pays, et même du tabac français *vraie régie*, façon de Paris, passé en contrebande sans doute, et beaucoup meilleur que tous les autres; les étiquettes sont très-variées et très-séduisantes, mais les boîtes ne recèlent que de ce même *caporal*, autrement nommé *chiffonnier*.

Il n'y a donc point de contrebande à faire, et il faut bien repasser, pur de tout crime, devant les douanes des deux pays.

Mais, pour votre retour, les douaniers vous demandent deux kreutzers (prononcez *kritch*); vous donnez deux sous, et l'on vous rend une charmante petite médaille ornée du portrait du grand-duc de Bade, et représentant la valeur d'un kreutzer. Vous avez donc fait une première fois connaissance avec la monnaie allemande; puissiez-vous vous en tenir là!

La seconde idée du Parisien, après avoir vu le Rhin et foulé la terre allemande, se formule tout d'abord devant ses yeux quand il se retourne vers la France ; car les rocs dentelés du clocher de Strasbourg, comme dit Victor Hugo, n'ont pas un instant quitté l'horizon. Seulement, les jambes du voyageur frémissent quand il songe qu'il a bien une lieue à faire en ligne horizontale, mais que, du pied de l'église, il aura presque une lieue encore en ligne perpendiculaire. A l'aspect d'un clocher pareil, on peut dire que Strasbourg est une ville plus haute que large ; en revanche, ce clocher est le seul qui s'élance de l'uniforme dentelure des toits ; nul autre édifice n'ose même monter plus haut que le premier étage de la cathédrale, dont le vaisseau, surmonté de son mât sublime, semble flotter paisiblement sur une mer peu agitée.

En rentrant dans la ville, on traverse la citadelle aux portes sculptées, où luit encore le soleil de Louis XIV, *nec pluribus impar*. La place contient un village complet, à moitié militaire, à moitié civil. Dans Strasbourg, après avoir passé la seconde porte, on suit longtemps les grilles de l'arsenal, qui déploie une ostentation de canons vraiment formidable pour l'étranger qui entre en France. Il y a là peut-être six cents pièces de toutes dimensions, écurées comme des chaudrons, et des amas de boulets à paver toute la ville. Mais hâtons-nous vers la cathédrale, car le jour commence à baisser.

Je fais ici une tournée de flâneur et non des descriptions régulières. Pardonnez-moi de rendre compte de Strasbourg comme d'un vaudeville. Je n'ai ici nulle mission artistique ou littéraire, je n'inspecte pas les monuments, je n'étudie aucun système pénitentiaire, je ne me livre à aucune considération d'histoire ni de statistique, et je regrette seulement de n'être pas arrivé à Strasbourg dans la saison du jambon, de la *sauercraut* et du foie gras. Quant à la bière de Strasbourg, elle est jugée partout ; où l'eau est mauvaise, la bière est mauvaise, et l'eau de Strasbourg n'est bonne qu'à faire débiter son vin. Je me refuse donc à toute description de la cathédrale : chacun en connaît les gravures, et, quant à moi, jamais un monument dont j'ai vu la gravure ne me surprend à voir ; mais ce que la

gravure ne peut rendre, c'est la couleur étrange de cet édifice, bâti de cette pierre rouge et dure dont sont faites les plus
belles maisons de l'Alsace. En vieillissant, cette pierre prend
une teinte noirâtre, qui domine aujourd'hui dans toutes les
parties saillantes et découpées de la cathédrale.

Je ne vous dirai ni l'âge ni la taille de cette église, que vous
trouverez dans tous les itinéraires possibles; mais j'ai vu le
clocher de Rouen et celui d'Anvers avant celui de Strasbourg,
et je trouve sans préférence que ce sont trois beaux clochers.
Que dis-je! celui de la cathédrale de Rouen n'est qu'une
flèche, encore est-elle démolie, et figurée seulement aujour-
d'hui en fer creux; le parallèle ne peut donc s'établir qu'avec
le clocher d'Anvers. Ce dernier est d'un gothique plus grandiose, plus hardi, plus efflorescent. On distingue dans le clocher de Strasbourg une minutie de détails fatigante. Toutes ces
aiguilles et ces dentelures régulières semblent appartenir à une
cristallisation gigantesque. Quatre escaliers déroulent leurs
banderoles le long du cône principal, et l'ascension dans cette
cage de pierre, dont les rampes, les arêtes et les découpures à
jour n'ont guère, en général, que la grosseur du bras, veut une
certaine hardiesse que tous les curieux n'ont pas. Pourtant la
pierre est dure comme du fer, et l'escalier de la plus haute
flèche ne tremble point, comme celui d'Anvers, où les pierres
mal scellées font jouer leurs crampons de fer d'une manière
inquiétante.

De la dernière plate-forme, le panorama qui se déroule est
fort beau; d'un côté les Vosges, de l'autre les montagnes de la
forêt Noire, les unes et les autres boisées de chênes et de pins;
au milieu, le Rhin dans un cours de vingt lieues, les premières
masses touffues de la forêt des Ardennes, et puis un damier de
plaines les plus vertes et les plus fraîches du monde, où serpente l'Ille, petite rivière qui traverse deux fois Strasbourg. A
vos pieds, la ville répand inégalement ses masses de maisons
dans l'enceinte régulière de ses fossés et de ses murs. L'aspect
est monotone et ne rappelle nullement les villes de Flandre,

dont les maisons peintes, sculptées et quelquefois dorées, den-
tellent l'horizon avec une fantaisie tout orientale. Les grands
carrés des casernes, des arsenaux et des places principales,
jettent seuls un peu de variété dans ces fouillis de toits revêtus
d'une brique terreuse et troués presque tous de trois ou quatre
étages de lucarnes. On ne rencontre, d'ailleurs, aucune ville remarquable sur cette immense étendue de pays; mais, comme
il y a dans les belvéders quelque chose qu'on n'aperçoit jamais que quand le temps est très-pur, le cicérone prétend qu'on
peut voir, à de certains beaux jours, le vieux château de Bade
sur sa montagne de pins.

À Fourvières, de même, on prétend qu'il est possible de
distinguer les Alpes; à Anvers, Rotterdam; au phare d'Ostende, les côtes d'Angleterre. Tout cela n'est rien : à Rome, on
vous jure que vous pourrez, du haut de la boule d'or de Saint-
Pierre, voir à l'horizon les deux mers qui baignent les États
romains. Il y a partout des nuages complaisants qui se prêtent,
d'ailleurs, à de pareilles illusions.

Tout l'extérieur de l'église est restauré avec un soin extrême; chaque statue est à sa place; pas une arête n'est ébré-
chée, pas une côte n'est rompue; les deux portes latérales
sont des chefs-d'œuvre de sculpture et d'architecture; l'une
est moresque, l'autre est byzantine, et chacune est bien préfé-
rable à l'immense façade, plus imposante par sa masse qu'originale par les détails. Quant à l'intérieur, le badigeon y règne
avec ferveur, comme vous pensez bien, tout clergé possible
tenant à habiter avant tout une église bien propre et bien close.
Les vitraux sont, en général, réparés selon ce principe, et répandent çà et là de grandes plaques de clarté qui sont les
marques de cette intelligente restauration; le xviiie siècle avait
commencé l'œuvre en faisant disparaître l'abside gothique
sous une décoration en style pompadour, que l'on doit, ainsi
que le bâtiments de l'archevêché, au cardinal de Rohan.

Mais j'ai promis de ne point décrire, et je vais me replonger
en liberté dans les rues tortueuses de la ville. Le premier as-

pect en est assez triste, puis on s'y accoutume, et l'on découvre des points de vue charmants à certaines heures du jour.
Les quais de l'Ille surtout en fournissent de fort agréables.
L'Ille, avec ses eaux vertes et calmes, embarrassées partout de
ponts, de moulins, de charpentes soutenant des maisons qui
surplombent, ressemble, dans les beaux jours d'été, à cette
partie du Tibre qui traverse les plus pauvres quartiers de
Rome. Le faubourg de Saverne fait surtout l'effet du quartier
des Transtévères. Pour si haute que soit ma comparaison, je
sais qu'elle n'est pas à l'éloge de l'administration municipale;
mais, pourquoi le cacher? Strasbourg est une ville mal tenue :
elle a, dans ce sens même, un parfum de moyen âge beaucoup
trop prononcé. Le marché à la viande, qui se recommandait
jadis à la plume de Théophile Gautier, a été reconstruit et assaini
depuis quelques années; mais on rencontre encore, derrière,
de vastes espaces pleins de mares et de gravois, où les animaux
indépendants trouvent à vivre sans rien faire. Près de là, il y
a toute une rue de juifs, comme au moyen âge; puis les plus
infâmes complications de ruelles, de passages, d'impasses, serpentent, fourmillent, croupissent, dans l'espace contenu entre
la place d'Armes et le quai des Tanneurs, qui est une rue. Du
reste, en accusant la ville de sa négligence à l'égard de tout ce
quartier, nous devons dire qu'elle apporte des soins particuliers à l'embellissement des rues qui avoisinent la résidence
des autorités : la place d'Armes est fort belle, et l'on s'y promène entre deux allées d'orangers. La rue Brûlée, où siége le
gouvernement, ne manque que de largeur, et la rue du Dôme
est devenue la rue Vivienne de Strasbourg; à l'heure qu'il
est, on l'a pavée en asphalte, et ses trottoirs, déjà terminés,
portent partout la signature ineffaçable de la société Lobsann.
Le bitume envahit peu à peu Strasbourg, et ce n'est pas malheureux, vu l'imperfection du pavage actuel; dans une ville
pavée en cailloux, le bitume est roi. Toutefois, les dames prétendent ici que la boue qu'on emporte d'un pavé de bitume
tache les vêtements d'une manière indélébile; en revanche,

elle est excellente pour *marquer le linge*. N'y a-t-il pas là matière à quelque spéculation ?

Si vous êtes déjà las de la ville, je ne le suis pas moins que vous ; nous n'y laissons plus rien de remarquable que le tombeau du maréchal de Saxe, énorme catafalque de marbre noir et blanc, sculpté par Pigalle, et d'un rococo remarquable, bien que présentant de belles parties de sculpture. Le héros, fièrement cambré dans son armure et dans ses draperies, produit exactement l'effet du commandeur de *Don Juan*. On est tenté de l'inviter à souper.

Pour sortir de Strasbourg et se rendre aux promenades publiques, il faut traverser de nouveau l'Ille, qui coule de ce côté entre le théâtre et les remparts. Lorsqu'il s'est agi d'établir des bateaux à vapeur devant naviguer de Strasbourg à Bâle, par le canal intérieur, la ville a dû faire couper la plupart des ponts pour les rendre mobiles. Alors, ses architectes y ont construit des ponts-levis qui rappellent l'enfance de la mécanique. Imaginez un énorme cadre en charpente, équivalent juste à la pesanteur du pont et suspendu sur la tête du promeneur ; l'idée de ce système doit dater des premières invasions des Saxons ; depuis l'obélisque et M. Lebas, la mécanique n'ayant plus de progrès à faire, elle remonte à son origine.

Quand on a traversé les fossés, les tranchées, les bastions, partout revêtus de verdure, on trouve une charmante promenade, des allées silencieuses, une rivière où traîne mollement le feuillage des saules. A droite et à gauche, sont des jardins publics, les Tivoli et les Mabille de l'endroit. Au jardin Lips, on donne tous les dimanches des fêtes et des feux d'artifice ; sa décoration serait pour nous un peu passée : des temples de l'Amour, des ermitages, des rochers à cascades, dans le goût bourgeois des pendules et des assiettes montées ; puis un moulin d'eau et un pont en fil de fer qui conduit dans un îlot. Tout cela devient fort bruyant et fort animé le dimanche, ce qui me conduit à vous parler de la population.

Il faut bien l'avouer, on parle moins français à Strasbourg

qu'à Francfort ou à Vienne, et de plus mauvais français, quand on le parle. Il est difficile de se faire comprendre des gens du peuple, et nous en sommes à nous demander ce qu'apprennent les enfants aux écoles mutuelles qu'on dit si fréquentées dans ce département. Peut-être savent-ils le latin. Cependant, il y a peu d'Allemands réels à Strasbourg, et cette ville a donné des preuves de patriotisme incontestables. Pourquoi ne se fait-elle pas un point d'honneur de parler sa langue maternelle? Le type allemand se retrouve, sans être absolu pourtant, dans les traits gracieux des dames de la société : leur tournure n'a rien de provincial, et elles se mettent fort bien. Nous ne pouvons faire le même éloge des hommes, qui manquent en général d'élégance dans les manières et de distinction dans les traits. La garnison a beau jeu près des dames, si les dames ne sont pas, comme leur ville, imprenables. On ne rencontre plus à Strasbourg ces vêtements pittoresques des paysans de l'Alsace, qui nous étonnent encore le long de la route ; mais un grand nombre de femmes du peuple portent, le dimanche, des ajustements très-brillants et très-variés : les uns se rapprochent du costume suisse, les autres même du costume napolitain. Des broderies d'or et d'argent éclatent surtout sur la tête et sur la poitrine. L'harmonie et la vivacité des couleurs, la bizarrerie de la coupe, rendraient ces costumes dignes de figurer dans les opéras. Recommandons-les au directeur de l'Académie royale de musique.

C'est dans les brasseries, le dimanche, qu'il faut observer la partie la plus grouillante de la population. Là, point de sergents de ville, point de gendarmes. Le cancan règne en maître au militaire et au civil ; les tourlourous s'y rendent fort agréables ; les canonniers sont d'une force supérieure, et les femmes en remontreraient aux Espagnols et aux bayadères pour la grâce et la liberté des mouvements. Il existe pourtant des brasseries qui se rapprochent davantage de nos cafés ; mais la musique y élit domicile, soit que l'on danse ou non. Strasbourg est parcouru à toute heure par des bandes de violons, qui viennent

même accompagner les repas de table d'hôte. On dîne de midi
à une heure. A peine êtes-vous admis à consommer une soupe
aux boulettes ou un bouilli aux betteraves, que vous voyez six
individus qui viennent s'asseoir derrière vous, à une table
ronde, où ils étalent leur partition, et se mettent à exécuter
avec verve une ouverture, une valse, ou même une symphonie. La musique doit se joindre à tous les assaisonnements bizarres dont s'accompagne forcément la cuisine allemande, qui
est encore aujourd'hui la cuisine de Strasbourg.

Maintenant, connaissez-vous assez Strasbourg, et voulez-vous
connaître Bade ? Nous partirons quand vous voudrez.

II — LA FORÊT NOIRE

J'entame ce chapitre sur un point bien délicat, que nul touriste n'a encore osé toucher, ce me semble, hormis, peut-être,
notre vieux d'Assoucy, le joueur, le bretteur, le goinfre, enfin
le plus aventureux compagnon du monde. C'est à savoir le cas
plus ou moins rare où un voyageur se trouve manquer d'argent.

Faute d'argent, c'est douleur sans pareil.

comme disait François Villon.

En général, les *impressions* les plus déshabillées se taisent à
cet endroit; ces livres véridiques ressemblent aux romans de
chevalerie, qui n'oseraient nous apprendre quel a été tel jour
le gîte et le souper de leur héros, et si le linge du chevalier
n'avait pas besoin de temps en temps d'être rafraîchi dans la
rivière.

George Sand nous donne bien quelques détails parfois sur sa
blouse de *forestière*, sur sa chaussure éculée ou sur ses mai-
gres soupers, assaisonnés de commis voyageurs ou de larrons
présumés dans mainte auberge suspecte. Le prince Puckler-
Muskau lui-même nous avoue qu'il vendit un jour sa voiture,
congédia son valet de chambre, et daigna traverser deux
ou trois principautés allemandes pédestrement, en costume

d'artiste. Mais tout cela est drapé, arrangé, coloré d'une façon
charmante. Le vieux Cid avouait bien qu'il manqua de courage
un jour ; mais qui donc oserait compromettre son crédit et ses
prétentions à un honorable établissement en avouant qu'un
jour il a manqué d'argent ?

Mais, puisque enfin j'ai cette audace, et que mon récit peut
apprendre quelque chose d'utile aux voyageurs futurs, j'en dois
donner aussi les détails et les circonstances. J'avais formé le
projet de mon voyage à Francfort avec un de nos plus célèbres
écrivains touristes, qui a déjà, je crois, écrit de son côté nos
impressions communes ou distinctes ; aussi me tairai-je sur les
choses qu'il a décrites, mais je puis bien parler de ce qui m'a
été personnel.

Mon compagnon était parti par la Belgique, et moi par la
Suisse ; c'est à Francfort seulement que nous devions nous rencontrer, pour y résider quelque temps et revenir ensemble. Mais,
comme sa tournée était plus longue que la mienne, vu qu'on
lui faisait fête partout, que *les rois le voulaient voir*, et qu'on
avait besoin de sa présence au *jubilé de Malines*, qui se célébrait à cette époque, je crus prudent d'attendre à Bade que les
journaux vinssent m'avertir de son arrivée à Francfort. Une
lettre *chargée* devait nous parvenir à tous deux dans cette dernière ville. Je lui écrivis de m'en envoyer ma part à Bade, où
je restais encore. Ici, vous allez voir un coin des tribulations de
voyage. Les banquiers ne veulent pas se charger d'envoyer
une somme au-dessous de cinq cents francs en pays étranger, à
moins d'arrangements pris d'avance. A quoi vous direz qu'il
est fort simple de se faire ouvrir un crédit sur tous les correspondants de son banquier ; à quoi je répondrai que cela n'est
pas toujours si simple qu'il le paraît. Le prince Puckler-Muskau
dirait comme moi, qui ne suis que littérateur, s'il osait avoir
cette franchise. Aussi bien je pourrais inventer mille excuses ;
j'étais alors à Baden-Baden, et l'année justement de l'ouverture
des jeux Bénazet ; je pourrais avoir risqué *quelques centaines
de louis* à la table où l'électeur de Hesse jetait tous les jours

vingt-cinq mille francs; je pourrais, ayant gagné, avoir été dévalisé dans la forêt Noire par quelque ancien habitué de Frascati, transplanté à la maison de conversation de Bade et s'étiolant au pied de son humide colline. En effet, vous êtes là entre deux dangers : la forêt Noire entoure la *maison de jeu;* les *pontes* malheureux peuvent *se refaire* à deux pas du bâtiment. Vous entrez riche, et vous perdez tout par la rouge et la noire, ou par les trois coquins de zéros; vous sortez gagnant, et l'on vous met à sec à l'ombre du sapin le plus voisin : c'est un *cercle vicieux* dont il est impossible de se tirer.

Eh bien, je ne veux avoir recours à aucun de ces fauxfuyants. Je n'avais été dépouillé ni par le jeu, ni par les voleurs, ni par aucune de ces ravissantes baronnes allemandes, princesses russes ou ladies anglaises, qui se pressent dans le salon réservé, séparé des jeux par une cloison, ou qui même viennent s'asseoir en si grand nombre autour des tables vertes, avec leurs blanches épaules, leurs blonds cheveux et leurs étincelantes parures : j'avais vidé ma bourse de poëte et de voyageur, voilà tout. J'avais bien vécu à Strasbourg et à Bade; ici, à l'hôtel du *Corbeau,* et, là, à l'hôtel du *Soleil;* maintenant, j'attendais la lettre *chargée* de mon ami, et la voici enfin qui m'arrive à Bade, contenant une lettre de change, tirée par un M. Éloi fils, négociant à Francfort, sur un M. Elgé, également négociant à Strasbourg.

Bade est à quinze lieues de Strasbourg, la voiture coûte cinq francs, et, mon compte payé à l'hôtel du *Soleil,* il me restait la valeur d'un écu de six livres d'autrefois. La lettre chargée arrivait bien. Vous allez voir que c'était justement le billet de la Châtre. Je descends, en arrivant, à l'hôtel du *Corbeau,* (j'avais laissé mon bagage à Bade, puisqu'il fallait toujours y repasser); je cours de là chez M. Elgé, lequel déploie proprement le billet Éloi, l'examine avec tranquillité, et me dit :

— Monsieur, avant de payer le billet Éloi fils, vous trouverez bon que je consulte M. Éloi père.

— Monsieur, avec plaisir.

— Monsieur, à tantôt..

Je me promène impatiemment dans la bonne ville de Strasbourg. Je rencontre Alphonse Royer, qui arrivait de Paris,
et partait pour Munich à quatre heures. Il me témoigna son
ennui de ne pouvoir dîner avec moi et aller ensuite entendre la
belle madame Janick dans *Anna Bolena* (c'était la troupe allemande qui jouait alors à Strasbourg). J'embarque enfin mon
ami Royer, en me promettant de le rencontrer quelque part
sur cette bonne terre allemande que nous avons tant de fois
sillonnée tous deux ; puis, avant six heures, je me dirige posé-
ment, sans trop me presser, chez M. Elgé, songeant seulement
qu'il est l'heure de dîner, si je veux arriver de bonne heure
au spectacle. C'est alors que M. Elgé me dit ces mots mémo-
rables derrière un grillage :

— Monsieur, M. Éloi père vient de me dire... que M. Éloi
fils était un *polisson*.

— Pardon ; cette opinion m'est indifférente ; mais payez-
vous le billet ?

— D'après cela, monsieur, nullement... Je suis fâché...

Vous avez bien compris déjà qu'il s'agissait de dîner à l'hôtel
du *Corbeau* et de retourner coucher à Bade à l'hôtel du *Soleil*,
où était mon bagage, le tout avec environ un franc, monnaie
de France ; mais, avant tout, il fallait écrire à mon correspondant de Francfort qu'il n'avait pas pris un moyen assez sûr
pour m'envoyer l'argent.

Je demandai une feuille de papier à lettre, et j'écrivis couramment l'épître suivante :

A M. Alexandre Dumas, à Francfort

(En réponse à sa lettre du *** octobre).

En partant de Baden, j'avais d'abord songé
Que par monsieur Éloi, que par monsieur Elgé,

Je pourrais, attendant des fortunes meilleures,
Aller prendre ma place au bateau de six heures [1];
Ce qui m'avait conduit, plein d'un espoir si beau,
De l'hôtel du *Soleil* à l'hôtel du *Corbeau*;
Mais, à Strasbourg, le sort ne me fut point prospère :
Éloi fils avait trop compté sur Éloi père...
Et je repars, pleurant mon destin nonpareil,
De l'hôtel du *Corbeau* pour l'hôtel du *Soleil!*

Ayant écrit ce billet, versifié dans le goût Louis XIII, et qui fait preuve, je crois, de quelque philosophie, je pris un simple potage à l'hôtel du *Corbeau*, où l'on m'avait accueilli en prince russe. Je prétextai, comme les beaux du *Café de Paris*, mon mauvais estomac qui m'empêchait de faire un dîner plus solide, et je repartis bravement pour Bade, aux rayons du soleil couchant.

III — LES VOYAGES A PIED

Je vous préviens qu'une fois passé sur le pont de Kehl, qui balance sur le Rhin son chapelet immense de bateaux, après avoir payé le passage du pont aux douaniers badois et échangé mes gros sous français contre des kreutzers légèrement argentés, voilà que j'entre en pleine forêt Noire. Est-ce moi qui ai à redouter les voleurs? est-ce moi que les voyageurs ont à redouter?

Cette forêt n'a rien de bien terrible au premier abord; du haut des remparts de Strasbourg, on aperçoit sa verte lisière qui cerne des monts violets; des villages riants se montrent dans les éclaircies; les charbonneries fument de loin en loin. Les maisons n'ont pas un air trop sauvage; les cabarets présentent cette particularité locale, que, quand vous demandez un verre d'eau-de-vie, on vous sert un verre de kirsch. Du moment qu'on s'est bien entendu sur ces deux mots, l'on vit avec eux en parfaite intelligence.

1. Le bateau à vapeur du Rhin.

Mon voyage à pied à travers cette contrée ne tiendra donc pas ce qu'il semble promettre; et, d'ailleurs, la route est peuplée de piétons comme moi, et, si ce n'était la grande traite que j'ai à faire, justement à la tombée du jour, avec le risque de ne plus reconnaître les routes, je n'aurais nulle inquiétude sur ma position. Mais il est dur de songer, en regardant les poteaux dressés de lieue en lieue, et qui indiquent en même temps les heures de marche, que je ne puis arriver à Bade avant trois heures du matin. De plus, une fois la nuit tombée, je ne verrai plus les poteaux.

Depuis Bichoffsheim, j'étais accompagné obstinément d'un grand particulier chargé d'un havresac, et qui semblait tenir beaucoup à régler son pas sur le mien. Malgré le vide de mes poches, mon extérieur était assez soigné pour annoncer... que je ne voyageais à pied que parce que ma voiture était brisée, ou que, habitant quelque château, je me promenais dans les environs, cherchant des végétaux ou des minéraux, égaré peut-être. Mon compagnon de route, qui était Français, commença par m'ouvrir ces diverses suppositions.

— Monsieur, lui dis-je pour lui ôter tout espoir de bourse ou de portefeuille, je suis un artiste, voyageant pour mon instruction, et je vous avouerai que je n'ai plus qu'une vingtaine de kreutzers pour aller à Bade ce soir. Si je trouvais un cabaret où je pusse souper pour ce prix, cela me donnerait des jambes pour arriver.

— Comment, monsieur, ce soir à Bade? Mais ce sera demain matin; vous ne pouvez pas marcher toute la nuit.

— J'aimerais mieux dormir en effet dans un bon lit; mais j'ai toujours vu que, dans les auberges les plus misérables, on payait le coucher au moins le double de ce que je possède. Alors, il faut bien que je marche jusqu'à ce que j'arrive.

— Moi, me dit-il, je couche à Schœndorf, dans deux heures d'ici. Pourquoi n'y couchez-vous pas? Vous ferez demain le reste de la route.

— Mais je vous dis que je n'ai que vingt kreutzers!

— Eh bien, monsieur, avec cela, on soupe, on dort et on déjeune ; je ne dépenserai pas davantage, moi.

Je le priai de m'expliquer sa théorie, n'ayant jamais rencontré de pareils gîtes, et pourtant j'ai couché dans de bien affreuses auberges, en Italie surtout. Il m'apprit alors une chose que je soupçonnais déjà, c'est qu'il y avait partout deux prix très-différents pour les voyageurs en voiture et pour les voyageurs à pied.

— Par exemple, me dit-il, moi, je vais à Constantinople, et j'ai emporté cinquante francs, avec quoi je ferai la route.

Cette confiance m'étonna tellement, que je lui fis expliquer en détail toutes ses dépenses ; il est clair qu'il ne pouvait y aller ainsi par le paquebot du Danube.

— Combien dépensez-vous par jour? lui dis-je.

— Vingt sous de France par jour, au plus. Je vous ai dit ce que coûtait la dépense d'auberge ; le reste est pour les petits verres de rack, et un bon morceau de pain vers midi.

Il m'assura qu'il avait déjà fait la route de Strasbourg à Vienne pour seize francs. Les auberges les plus chères étaient dans les pays avoisinant la France. En Bavière, le lit ne coûte plus que trois kreutzers (deux sous). En Autriche et en Hongrie, il n'y a plus de lits ; on couche sur la paille, dans la salle du cabaret ; on n'a à payer que le souper et le déjeuner, qui sont deux fois moins chers qu'ailleurs. Une fois la frontière hongroise passée, l'hospitalité commence. A partir de Semlin, les lieues de poste s'appellent lieues de chameau ; pour quelques sous par jour, on peut monter sur ces animaux, et chevaucher fort noblement ; mais c'est plus fatigant que la marche.

La profession de ce brave homme était de travailler dans les cartonnages ; je ne sais trop ce qui le poussait à l'aller exercer à Stamboul. Il me dit seulement qu'il s'ennuyait en France. La conquête d'Alger a développé chez beaucoup de nos ouvriers le désir de connaître l'Orient ; mais on va à Constantinople par terre, et, pour se rendre à Alger, il faut payer le passage ; ceux donc qui ont de bonnes jambes préfèrent ce dernier voyage.

Je laissai mon compagnon s'arrêter à Schœndorf, et je continuai à marcher ; mais, à mesure que j'avançais, la nuit devenait plus noire, et une pluie fine ne tarda pas à tomber. Dans la crainte qu'elle ne devînt plus grosse, et, malgré tout mon courage, je n'avais pas prévu ce désagrément, je résolus de m'arrêter au premier village, et de réclamer pour moi le tarif des compagnons, étudiants et autres piétons.

J'arrive enfin à une auberge d'une apparence fort médiocre et dont la salle était déjà remplie de voyageurs du même ordre que celui que j'avais rencontré ; les uns soupaient, les autres jouaient aux cartes. Je me mêle le plus possible à leur société, je hasarde des manières simples, et je demande à souper en même temps que l'un d'eux.

— Faut-il tuer un poulet? me dit l'hôte.

— Non ; je veux manger, comme ce garçon qui est là, de la soupe et un morceau de rôti.

— De quel vin désire monsieur?

— Un pot de bière, comme à tous ces messieurs.

— Monsieur couche-t-il ici?

— Oui, comme tous les autres ; mettez-moi où vous voudrez.

On me sert, en effet, le même souper qu'à mon vis-à-vis ; seulement, l'hôte était allé chercher une nappe, de l'argenterie, et avait couvert la table autour de moi de hors-d'œuvre auxquels prudemment je ne touchai pas.

Ce brillant service me parut de mauvais augure, et je vis tout de suite que le monsieur perçait sous le piéton ; c'était à la fois flatteur et inquiétant. Ma redingote n'avait rien de merveilleux ; en somme, plusieurs des jeunes gens qui étaient là en portaient d'aussi propres ; ma chemise fine peut-être m'avait trahi. Je suis sûr que ces gens me prenaient pour un prince d'opéra-comique, qui se découvrirait plus tard, montrerait son cordon, et les couvrirait de bienfaits. Autrement, je m'expliquerais mal les cérémonies qui se firent pour mon coucher. On commença par m'apporter des pantoufles dans la salle même du *gasthaus* (cabaret); puis la maîtresse de la maison avec un

flambeau, et l'hôte avec les pantoufles, que je n'avais pas
voulu chausser devant tout le monde, m'accompagnèrent par
un escalier tortueux, dont ces gens paraissaient honteux, à
une chambre, la plus belle de la maison, qui était à la fois la
chambre nuptiale et celle des enfants; on avait déplacé à la
hâte ces malheureux petits, traîné leurs lits dans le corridor,
et rassemblé dans la chambre, ainsi débarrassée, toutes les
richesses de la famille : deux miroirs, des flambeaux de plaqué,
une timbale, une gravure de Napoléon, un petit Jésus en cire
orné de clinquant sous un verre, des pots de fleurs, une table
à ouvrage, et un châle rouge pour parer le lit.

Voyant tout ce remue-ménage, je pris décidément mon parti,
je me confiai à Dieu et à la fortune, et je dormis profondément
dans ce lit qui était fort dur et d'une propreté médiocre sous
toutes ces magnificences.

Le lendemain, je demandai mon compte sans oser déjeuner.
On m'apporta une carte fort bien rédigée par articles, dont le
total était de deux florins (près de deux francs cinquante centimes). L'hôte fut bien étonné quand je tirai ma bourse, ou
plutôt mes vingt kreutzers. Je ne voulus pas discuter, et les
offris au garçon pour m'accompagner jusqu'à Bade. Là, grâce
à mon bagage, l'hôte du *Soleil* prit assez de confiance en moi
pour acquitter ma dette, et, huit jours après, ayant vécu fort
bien chez ce brave homme, toujours sur la foi du même bagage,
je reçus enfin de Francfort tout l'argent de la lettre de change,
cette fois par les *packwagan* (messageries), et en beaux frédérics
d'or collés sur une carte avec de la cire. Ceci me parut valoir
beaucoup mieux que le *papier de commerce* qui m'avait été
adressé d'abord, et mon hôte fut du même avis.

IV — LA MAISON DE CONVERSATION

Ne va-t-on pas me dire, comme Alphonse Royer, que je
trahis mon compagnon de route, et que je tends à lui *couper
l'impression de voyage sous le pied !* Dieu merci, je n'ai pas

tant d'ambition, et ce que j'écris ici ne deviendra peut-être jamais un chapitre de livre; il passait à Strasbourg; en effet, le voyageur lointain et sérieux, qui nous abandonne l'Europe, parce qu'il a choisi l'Orient, quand il m'a lancé cette phrase dédaigneuse. Et, certes, nous sommes bien hardis de parler de voyage, nous autres Parisiens craintifs, qui flânons tout au plus sur un rayon de deux cents lieues; autant vaudrait recommencer encore le *Voyage à Saint-Cloud par terre et par mer*, ce beau chef-d'œuvre humoristique du temps passé, dont l'auteur n'avait pas prévu que ce même trajet pourrait un jour s'accomplir aussi *par fer*, d'une façon non moins périlleuse. Bade est le Saint-Cloud de Strasbourg. Le samedi, les Strasbourgeois ferment leurs boutiques et s'en vont passer le dimanche à Bade; c'est aussi simple que cela. Cette circonstance n'ôte-t-elle pas quelque chose à l'auréole aristocratique des eaux de Baden-Baden? Les grisettes du *jardin Lips* coudoient, au bal du samedi, les comtesses de l'Allemagne et les princesses de la Russie, car la *présentation* au *Cercle des étrangers*, dont on fait si grand bruit à Bade, n'exclut guère que les femmes en bonnet, les ouvriers en veste et les militaires non gradés.

Me voilà donc partant un samedi, comme un simple Strasbourgeois, mais partant en poste à une heure, sur une route encombrée de voitures. Il s'agit seulement d'arriver le soir même et de pouvoir s'habiller pour le bal. Nous traversons les marchés, nous brûlons ce qui sert de *pavé* à Strasbourg, simple cailloutage, que le polonceau menace d'envahir; nous longeons l'arsenal et ses six cents canons, empilés dans les cours comme des saumons de plomb; nous suivons l'Ille aux eaux verdâtres, bordée de militaires qui pêchent toute la journée, amorçant leurs lignes avec des sauterelles, moyen économique, qui leur réussit rarement; nous laissons à droite le monument de Desaix, sculpté en pierre rouge, au milieu des saules pleureurs; nous laissons derrière nous encore la douane française, les deux bras du Rhin, et nous nous trouvons enfin face à face avec la douane de Kehl.

La douane de Kehl est fort bonne personne et fort expédi-tive. Et que pourrions-nous, en effet, introduire en Allemagne ? Des gants de Paris ; du damassé de coton ; de la dentelle de blonde ; des cigares de la régie ; des cachemires Ternaux ? Ce serait un commerce peu lucratif. Nous avons, il est vrai, la prétention d'y introduire des idées, mais cela n'est encore qu'une prétention.

Le postillon remonte à cheval, et nous repartons fièrement ; car nous jouissons d'un postillon à cheval. Et savez-vous bien, vous autres Français, nés malins, qui avez créé *le Postillon de Longjumeau* et *le Postillon de mam'Ablou*, savez-vous qu'il n'existe plus en France un seul postillon, un postillon pur sang, à l'heure qu'il est? Chantez donc à pleine gorge : « Ah ! ah ! ah ! qu'il était beau!... » Je vous défie de me trouver des *postillons*, ailleurs qu'au bal Musard ou à l'Opéra-Comique. Les adminis-trations de toutes les postes françaises se sont entendues pour dépouiller le postillon de son uniforme et le faire asseoir sur le siége. A présent, ce postillon si avenant, si fringant, si français, n'est plus qu'un mauvais paysan revêtu d'une blouse usée, qui ronfle auprès du conducteur, ou se mêle à la conversation des voyageurs de la banquette. Ainsi s'en est allé encore ce reste d'une couleur oubliée, ce dernier des costumes français, débris surnageant à peine, auquel s'étaient repris un instant la poésie et la chanson !

Le postillon de Bade, autrefois méprisé, fait claquer son fouet et sonner ses grelots en passant devant nos diligences ; il a toujours la culotte de peau, lui, le chapeau ciré, la trom-pette entourée de torsades éclatantes ; malheureusement, son habit est forcément jaune, avec des revers cramoisis, ce sont les couleurs du grand-duc de Bade : *d'or et de gueules*. Le seul moyen d'échapper héraldiquement à ce drap jaune serait de porter du drap d'or. Le gouvernement n'a pas les moyens d'en faire les frais ; toutefois, ses postillons sont encore fort pré-sentables. Rougis de ta blouse, postillon français!... Tu n'es plus *beau!*

La route est droite comme un chemin de fer ; dans la singulière contrée que nous traversons, tout est montagne ou plat pays, point de collines ni d'accidents de terrain ; les prés sont magnifiques, les chemins vicinaux, bordés d'arbres fruitiers, ont de quoi exciter l'enthousiasme du général Bugeaud ; de temps en temps, nous suivons le Rhin, qui serpente à gauche, et, vers le milieu du voyage, le fort Louis nous apparaît à l'horizon. D'un autre côté, l'on nous indique le vieux noyer près duquel fut tué Turenne. Est-ce bien le même ? En tout cas, on fait voir le boulet dont il fut frappé. La route traverse encore plusieurs villages assez laids ; puis nous nous rapprochons enfin de ces montagnes violettes qui semblent si voisines quand on les regarde du haut des remparts de Strasbourg. Ce sont les vraies montagnes de la forêt Noire, et pourtant leur aspect n'a rien de bien effrayant. Mais quand apercevrons-nous Bade, cette ville d'hôtelleries, assise au flanc d'une montagne que ses maisons gravissent peu à peu comme un troupeau à qui l'herbe manque dans la plaine ? Son amphithéâtre célèbre de riches bâtiments ne nous apparaîtra-t-il pas avant l'arrivée ? Non ; nous ne verrons rien de Bade avant d'y entrer ; une longue allée de peupliers d'Italie ferme ainsi qu'un rideau de théâtre, cette décoration merveilleuse, qui semble être la scène arrangée d'une pastorale d'opéra. C'est ailleurs qu'il faut se placer pour jouir de ce grand spectacle. Prenez vos billets d'entrée au salon de conversation, payez votre abonnement, retenez votre stalle, et alors, du milieu des galeries de Chabert, aux accords d'un orchestre qui joue en plein air toute la journée, vous pourrez jouir de l'aspect complet de Bade, de sa vallée et de ses montagnes, si le bon Dieu prend soin d'allumer convenablement le lustre et d'illuminer les coulisses avec ses beaux rayons d'été.

Car, à vrai dire, et c'est là l'impression dont on est saisi tout d'abord, toute cette nature a l'air artificiel ; ces arbres sont découpés, ces maisons sont peintes, ces montagnes sont de vastes toiles tendues sur châssis, le long desquelles les *villageois* descendent par des *praticables*; et l'on cherche sur le *ciel de fond* si quelque tache d'huile ne va pas trahir enfin la main humaine et dissiper l'illusion. On ajouterait foi, là surtout, à cette rêverie d'Henri Heine qui, étant enfant, s'imaginait que, tous les soirs, il y avait des domestiques qui venaient rouler les prairies comme des tapis, décrochaient le soleil, et serraient les arbres dans un magasin; puis, le lendemain matin, avant qu'on fût levé dans la nature, remettaient toutes choses en place, brossaient les prés, époussetaient les arbres, et rallumaient la lampe universelle.

Et, d'ailleurs, rien qui vienne déranger ce petit monde romanesque; vous arrivez, non pas par une route pavée et boueuse, mais par les chemins sablés d'un jardin anglais; à droite des bosquets, des grottes taillées, des ermitages et même une petite pièce d'eau, ornement sans prix, vu la rareté de ce liquide, qui se vend *au verre* dans tout le pays de Bade; à gauche, une rivière (sans eau) chargée de ponts splendides, et bordée de saules verts, qui ne demanderaient pas mieux que d'y plonger leurs rameaux. Avant de traverser le dernier pont, qui conduit à la poste *grand-ducale*, on aperçoit la rue commerçante de Bade, qui n'est autre chose qu'une vaste allée de chênes, le long de laquelle s'étendent des étalages magnifiques: des toiles de Saxe, des dentelles d'Angleterre, des verreries de Bohême, des porcelaines, des marchandises des Indes, etc.; toutes magnificences prohibées chez nous, dont l'attrait porte les dames de Strasbourg à des crimes politiques que nos douaniers répriment avec ardeur.

L'hôtel d'*Angleterre* est le plus bel hôtel de Bade, et la salle de son restaurant est plus magnifique qu'aucune des salles à manger parisiennes; malheureusement, la grande table d'hôte est servie à une heure (c'est l'heure où l'on dîne dans toute l'Allemagne), et, quand on arrive plus tard, on ne peut faire mieux que d'aller dîner chez Chabert. Chabert, alors l'adjudicataire des jeux, qui depuis a cédé sa place à M. Bénazet, tenait à Bade l'un des meilleurs restaurants de l'Europe; aussi les

personnes de la plus haute société ne faisaient-elles pas de difficulté de dîner là dans le salon public. En général, la cuisine
est fort bonne à Bade ; les truites de la Mourgue sont dignes
de leur réputation ; on y mange le gibier frais et non faisandé,
c'est un système de cuisine qui donne lieu à diverses luttes
d'opinion ; les côtelettes se servent frites, les gros poissons
grillés. La pâtisserie est médiocre, les puddings se font admirablement. Pardon de tous ces détails, qui rappellent la célèbre
relation du *Voyage à Coblence* de Louis XVIII ; mais je sais que
cette littérature ne manque pas de charmes pour vous.

La nuit est tombée, des groupes mystérieux errent sous les
ombrages et parcourent furtivement les pentes de gazon des
collines ; au milieu d'un vaste parterre entouré d'orangers, la
maison de conversation s'illumine, et ses blanches galeries se
détachent sur le fond splendide de ses salons. A gauche est le
café, à droite le théâtre, au centre l'immense salle de bal dont
le principal lustre est grand comme celui de notre Opéra. La
décoration intérieure est d'un style *pompéi* un peu classique,
les statues sentent l'Académie, les draperies rappellent le goût
de l'Empire ; mais l'ensemble est éblouissant et la cohue qui s'y
presse est du meilleur ton. L'orchestre exécute des valses et des
symphonies allemandes auxquelles la voix des croupiers ne
craint pas de mêler quelques notes discordantes. Ces messieurs
ont fait choix de la langue française, bien que leurs *pontes*
appartiennent en général à l'Allemagne et à l'Angleterre. « Le
jeu est fait, messieurs ! rien ne va plus ! — Rouge gagne,
couleur perd ! Treize, noir, impair et manque ! » Voilà les
phrases obligées qui se répondent du bord des trois tapis verts,
dont le plus entouré est celui du *trente-et-quarante*. On ne peut
trop s'étonner du nombre de belles dames et de personnes distinguées qui se livrent à ces jeux publics. J'ai vu des mères de
famille qui apprenaient à leurs petits enfants à jouer sur les
couleurs ; aux plus grands, elles permettaient de s'essayer sur
les *numéros*. Tout le monde sait que le grand-duc de Hesse est
l'habitué le plus exact des jeux de Bade. Ce prince, qui pos-

sède de fort belles moustaches grises, apporte, dit-on, tous les
matins douze mille florins, qu'il perd ou quadruple dans la
journée. Une sorte d'estafier le suit partout lorsqu'il change de
table, et reste debout derrière lui, afin de surveiller ses voisins.
A quiconque s'approche trop, ce commissaire adresse des observations : « Monsieur, vous gênez le prince; monsieur, vous
faites ombre sur le jeu du prince. » Le prince ne se détourne
pas, ne bouge pas, ne voit personne. Ce serait bien lui qu'on
pourrait frapper par derrière sans que son visage en sût rien.
Seulement, l'estafier vous dirait du même ton glacé : « Votre
pied vient de toucher le prince !... prenez-y garde, monsieur ! »

Le samedi, le jour du grand bal, une cloison divise la salle
en deux parties inégales, dont la plus considérable est livrée
aux danseurs. Les abonnés seuls sont reçus dans cette dernière.
Vous ne pouvez vous faire une idée de la quantité de blanches
épaules russes, allemandes et anglaises que j'ai vues dans cette
soirée. Je doute qu'aucune ville soit mieux située que Bade
pour cette exhibition de beautés européennes, où l'Angleterre
et la Russie luttent d'éclat et de blancheur, tandis que les
formes et l'animation appartiennent davantage à la France et à
l'Allemagne. Là, Joconde trouverait de quoi *soupirer* sans
courir le monde au hasard ; là, don Giovanni ferait sa liste en
une heure, comme une carte de restaurant, quitte à séduire
ensuite tout ce qu'il aurait inscrit. Seulement, il aurait à regretter l'*Espagne,* avec son chiffre de *mille e tre.* L'Espagne
n'est pas représentée dans ce congrès féminin; et, pour tout
dire, la femme brune, le *tigre,* l'Andalouse, n'y existe que pour
mémoire. Dites à Théophile Gautier, qui, après notre voyage
en Flandre, niait obstinément l'existence de la femme blonde,
dites à ce feuilletoniste paradoxal que la femme blonde existe,
que la femme blonde est trouvée ! Non ! ce n'était pas un rêve
d'artiste et de poëte; non ! la chevelure blonde nuancée de
reflets rougeâtres des beautés du xvie siècle ne s'est pas ré-
fugiée et perdue aux toiles de Rubens et d'Albane, comme la

chevelure de Bérénice, qui ne rayonne plus qu'au ciel! Qu'il vienne en Allemagne, et le *blond* flamand, le *blond* vénitien éclateront partout autour de lui, sur des fronts et sur des épaules dignes d'une telle auréole. La *Madeleine* d'Anvers, la *Judith* de Naples et l'*Anna Boleynn* du Musée de Paris, ont d'innombrables sœurs dans cette belle contrée, qu'il a dédaigné de parcourir.

Que vous dirais-je, d'ailleurs, de ce bal, sinon que ce sont là d'heureux pays, où l'on danse l'été, pendant que les fenêtres sont ouvertes à la brise parfumée, que la lune luit sur les gazons et veloute au loin le flanc bleuâtre des collines, quand on peut s'en aller de temps en temps respirer sous les noires allées et qu'on voit les femmes parées garnir au loin les galeries et les balcons. Ces trois choses, beauté, lumière, harmonie, ont tant besoin de l'air du ciel, des eaux et des feuillages et de la sérénité de la nuit! Nos bals d'hiver de Paris, avec la chaleur étouffée des salles, l'aspect des rues boueuses au dehors, la pluie qui bat les fenêtres et le froid impitoyable qui veille à la sortie, sont quelque chose d'assez funèbre, et nos mascarades dansantes de février ne nous préparent pas mieux au carême qu'à la mort.

Il n'y a donc jamais eu un homme riche à Paris qui ait conçu cette idée assez naturelle : un bal masqué au printemps? un bal qui commence aux splendides lueurs du soir, qui finisse aux teintes bleuâtres du matin ; un bal où l'on entre gaiement, d'où l'on sorte gaiement, admirant la nature et bénissant Dieu? Des masques sur les gazons le long des terrasses, venant et disparaissant par les routes ombragées; des salles ouvertes à tous les parfums de la nuit, des rideaux qui flottent au vent, des danses où l'haleine ne manque pas, où la peau garde sa fraîcheur? Tout cela n'est-il qu'un rêve de jeune homme, que la mode refusera de prendre au sérieux? L'hiver n'a-t-il pas assez des concerts et des théâtres, sans prendre encore les bals et les mascarades à l'été?

Mais que feront à tout cela nos plaintes et nos regrets? La

foule s'amuse bien suffisamment de la danse et du bruit, sans chercher à compléter l'harmonie de ses fêtes par le costume et par la nature. Quant à moi, sans avoir trouvé là encore mon idéal complet, j'avouerai que Bade m'a gâté d'avance tous les bals de l'hiver prochain.

Ne trouvez-vous pas ma journée du samedi fort complète et suffisamment remplie d'*impressions* variées? Eh bien, le dimanche qui vient ne le cédera pas au samedi. Demain, je vais entendre la messe au couvent des Dames-Augustines de Lichtenthal; demain, j'irai visiter le vieux château de Bade sur sa montagne de sapins, et je serai redescendu assez tôt pour prendre part aux réjouissances qui ont lieu dans le pays à l'occasion de la fête du grand-duc. C'est une journée qui mérite bien encore un chapitre tout entier.

V — LICHTENTHAL

Imaginez un peu le bonheur de s'éveiller à Bade, je veux dire d'y être réveillé, par une charmante musique d'orchestre, qui, avant d'aller prendre place dans son pavillon de la promenade, parcourt toutes les rues de la ville et donne une sérénade sous la fenêtre de chaque hôte; cela n'est-il pas d'un usage et d'un goût charmants? Notez que la musique est bonne et que ces modestes exécutants d'Allemagne, qui n'ont pas la prétention de nos seigneurs les grands artistes de l'orchestre de l'Opéra, nous régalent cependant d'ouvertures et de symphonies du meilleur choix et de la plus grande difficulté! C'est le cas ou jamais de se débarrasser de toute cette menue monnaie française, qui n'a plus cours dans le duché de Bade, mais dont ces braves gens sauront bien tirer parti. Tout en exécutant cette heureuse idée, avec la bonne humeur d'un homme éveillé à point, éveillé le matin d'un beau jour d'automne, dans le plus délicieux pays du monde, éveillé noblement par des musiciens, comme M. de Turenne, on a pris place à la fenêtre, et l'on admire longuement cette vallée paisible, qui changera d'aspect dix fois dans la journée, sous les fantasques variations de la lumière et des brouillards.

Vous décrirai-je tout cela? C'est inutile. Ouvrez Gessner, ce tableau se lit à toutes les pages; mais il faut le voir en effet pour imaginer qu'il existe et qu'il n'a point été rêvé. Après cela, transformez les habitants en bergers de l'idylle, et vous n'aurez pas fort à faire, un dimanche surtout. Tenez, quelque plaisir que nous ayons à dépoétiser toutes choses, nous n'échapperons pas aux impressions du livre et du théâtre, et toute notre consolation sera de croire que nous n'avons ici que de la pastorale arrangée après coup, que le grand-duc de Bade est un habile directeur qui a *machiné* tout son pays, comme nous disions hier, dans le but d'une illusion scénique, et qui s'est formé, en outre, une population de comparses pour animer la ville et la contrée. Voyez déjà la campagne se garnir d'une foule riante et bigarrée; ces costumes ne sortent-ils pas des magasins de l'Opéra-Comique? Est-il vraisemblable qu'on porte naturellement ces habits français à larges boutons miroitants, ces gilets rouges, ces tricornes, ces culottes, ces bas chinés? Ne voilà-t-il pas là M. le bailli, qui rêve à sa fameuse harangue :

Ainsi qu'Alexandre le Grand, à son entrée à Babylone, etc.

Ces paysannes aux vêtements coquets qui courent sur la route en se tenant par la main, ne les reconnaissons-nous pas pour les avoir vues *folâtrer dans la prairie fraîche et fleurie, où dame jolie viendra s'asseoir?*

Mais justement n'est-ce pas aujourd'hui la fête du grand-duc de Bade (*der Gross-Herzog von Baden*)? Hâtons-nous de descendre et d'aller prendre part à la joie publique.

Quelles réjouissances imaginer dans une ville perpétuellement en fête? Le seul moyen de distinguer ce jour serait de n'en faire aucune, de supprimer les orchestres, les danses, les théâtres, les illuminations de tous les soirs. Mais peut-être

aurons-nous des parades, des revues, des messes solennelles?
C'est de quoi il est bon de s'informer.

En effet, la ville fait grandement les choses : à dix heures,
grand'messe et *Te Deum*, tant à Bade qu'à Lichtenthal; à
midi, revue, parade, marches militaires; le soir, une pièce
féerie au Théâtre-Allemand, composée en l'honneur du grand-
duc de Bade. Toute la journée, des coups de canon de quart
d'heure en quart d'heure; mais, la ville ne possédant aucun
canon, nous soupçonnons qu'on a recours à tout autre procédé
pour obtenir ces détonations qui se multiplient le long des
montagnes.

La route de Lichtenthal se couvre d'équipages, de promeneurs, de cavaliers; c'est tout le mouvement, tout le luxe, tout
l'éclat d'une promenade parisienne. Lichthenthal est le Long-
champs de Bade. *Lichtenthal* (vallée de lumière) est un couvent de religieuses augustines qui chantent admirablement :
leurs prières sont des cantates, leurs messes sont des opéras.
La *vallée de lumière* n'est point une vallée de larmes : les religieuses n'y font des vœux que pour trois ans. Cette retraite
romanesque, cette chartreuse riante, est, dit-on, l'hospice des
cœurs souffrants. On y vient guérir des grands amours; on y
passe un bail de trois, six, neuf avec la douleur : mais qui
sait combien de temps le traitement peut survivre à la guérison !

En vérité, c'est bien là un cloître d'héroïnes de petits romans; un monastère dans les idées de madame Cottin et de
madame Riccoboni; les bâtiments sont adossés à une montagne
qui, à de certaines heures, projette dans les cœurs l'ombre té-
nébreuse des sapins. La rivière de Bade coule au pied des
murs, mais n'offre nulle part assez de profondeur pour devenir
le tombeau d'un désespoir tragique; son éternelle voix se
plaint dans les rochers rougeâtres; mais, une fois dans la plaine
unie, ce n'est plus qu'un ruisseau du Lignon, un paisible courant de la carte du Tendre, le long duquel s'en vont errer les
moutons du village bien peignés et enrubannés dans le goût de

Vatteau. Vous comprenez que les troupeaux font partie du matériel du pays et sont entretenus par le gouvernement comme les colombes de Saint-Marc à Venise. Toute cette prairie qui compose la moitié du paysage ressemble à la petite Suisse de Trianon, comme en effet le pays entier de Bade est l'image de la Suisse en petit; la Suisse, moins ses glaciers et ses lacs, moins ses froids, ses brouillards et ses rudes montées. Il faut aller voir la Suisse, mais il faut vivre à Bade.

L'église du couvent est située au fond de la grande cour, ayant à droite la maison du cloître, et, à gauche, en retour d'équerre, une chapelle gothique neuve, où sont les tombeaux des margraves et tout ce qu'on a pu recueillir de vitraux historiques et de légendes inscrites sur les marbres. Maintenant, représentez-vous une décoration intérieure d'église d'un Pompadour exorbitant; des saintes en costumes mythologiques, dans les attitudes les plus maniérées du monde, portées, soutenues, caressées par des petits démons d'anges, nus comme des petits Amours. Les chapelles sont des boudoirs; la rocaille s'enlace autour de charmants médaillons et de peintures exquises de Vanloo. Deux autels seulement ramènent l'esprit à des idées lugubres, en exposant aux yeux les reliques trop bien conservées de saint Pius et de saint Bénédictus. Mais, là encore, on a cherché le moyen de rendre la mort présentable et presque coquette. Les deux squelettes, bien nettoyés, vernis, chevillés en argent, sont couchés sur un lit de fleurs artificielles, de mousses et de coquillages, dans une sorte de *montre* en glaces. Ils sont couronnés d'or et de feuillages; une collerette de dentelle entoure les vertèbres de leur cou, et chacune de leurs côtes est garnie d'une bande de velours rouge brodé d'or; ce qui leur compose une sorte de pourpoint tailladé à jour, du plus bizarre effet. Bien plus, leurs tibias sortent d'une espèce de haut de chausses du même velours, à crevés de soie blanche. L'aspect ridicule et pénible à la fois de cette mascarade d'ossements ne peut se comparer qu'à celui des momies d'un duc de Nassau et de sa fille, que l'on fait voir à Strasbourg, dans

l'église Saint-Thomas ; il est impossible de mieux dépoétiser la
mort et de railler plus amèrement l'éternité.

Maintenant, résonnez, notes sévères du chant d'église, notes
larges et carrées qui traduisez en langue du ciel l'idiome sacré
de Rome ! Orgue majestueux, répands tes sons comme des flots
autour de cette nef à demi profane ! Voix inspirées des saintes
filles, élancez-vous au ciel, entre le chant de l'ange et le chant
de l'oiseau ! La foule est grande et digne sans doute d'assister
au saint sacrifice ; les étrangers ont la place d'honneur ; ils occupent le chœur et les chapelles latérales ; les habitants du pays
remplissent modestement le fond de l'église agenouillés sur la
pierre, ou rangés sur leurs bancs de bois.

Ici commença la plus singulière messe que j'aie jamais entendue, moi qui connais les messes italiennes pourtant. C'était
une messe d'un goût rococo, comme toute l'église ; une messe
accompagnée de violons et fort gaiement exécutée. Bientôt les
exécutants du chœur s'interrompirent et les voix des sœurs
augustines descendirent d'une sorte de grande soupente établie
derrière l'orgue et masquée d'une grille épaisse. Ensuite on
n'entendit plus qu'une seule voix qui chanta une sorte de grand
air selon l'ancienne manière italienne : c'étaient des traits, des
fioritures incroyables, des broderies à faire perdre la tête à
madame Damoreau, et la voix à mademoiselle Grisi ; cela, sur
une musique du temps de Pergolèse tout au moins. Vous comprenez mon plaisir ! je ne veux cacher à personne que cette
musique et ce chant m'ont ravi au troisième ciel.

Après la messe, je suis monté au parloir. Le parloir ne faisait nulle disparate avec le reste ; un vrai parloir de nouvelle
galante ; le parloir de *Marianne*, de *Mélanie* et, si vous voulez
même, le parloir de *Vert-Vert*. Quel bonheur de se trouver en
plein xviiie siècle tout à coup et tout à fait ! Malheureusement,
je n'avais aucune religieuse à y faire venir, et je me suis con-
tenté de voir passer deux jeunes novices bleues, qui portaient
du café à la crème à madame la supérieure. Là s'est arrêté
mon roman.

On revient à Bade en suivant le cours de la rivière; et
quelle rivière! Elle n'est guère navigable que pour les ca-
nards; les oies y ont pied presque partout. Pourtant des ponts
orgueilleux la traversent de tous côtés; des ponts de pierre,
des ponts de bois et jusqu'à des ponts suspendus en fil de fer.
Vous n'imaginez pas à quel point on tourmente ce pauvre filet
d'eau limpide, qui ne demanderait pas mieux que d'être un
simple ruisseau. On a construit des barrages de l'autre côté de
la ville, afin que, pendant qu'il y passe, il présente plus de surface. Lorsqu'on annonçait à Bade l'arrivée de l'empereur de
Russie, on parla de jeter quelques seaux d'eau dans la rivière
pour la faire passer à l'état de fleuve.

Mais laissons en paix cette pauvre rivière de Baden-Baden,
le pays le moins lymphatique du monde. Toute la ville est en
rumeur; qu'arrive-t-il? C'est l'armée du grand-duc qui passe
par la promenade: cinquante hommes de cavalerie, cent hommes
d'infanterie, huit tambours et vingt-cinq musiciens. Cette revue
majestueuse me donne une assez pauvre idée de l'éducation
militaire des troupes badoises. Mais, plus tard, j'appris que
presque tous ces soldats n'étaient que d'honnêtes cultivateurs
du pays, qui s'en vont, les jours de parade, se faire habiller au
château, et y reportent ensuite fidèlement cette défroque em-
pruntée. Les forces militaires de la ville de Bade ne se composent, en réalité, que de deux cents uniformes un peu piqués,
avec équipement complet, qu'il est loisible à la ville de faire
remplir par des figurants quelconques, quand elle veut donner
aux étrangers une idée de sa puissance.

Les divertissements du reste de la fête se réduisaient à ceux
de tous les jours. Nous allons passer à la *pièce de circonstance*,
jouée au Théâtre-Allemand en l'honneur du grand-duc et de sa
famille. Là surtout, il faut louer l'intention; des guirlandes de
fleurs et de feuillage véritables ornaient le devant des loges,
dont les belles spectatrices décoraient mieux l'intérieur. Le
rideau levé, une actrice s'est avancée, dans le costume de
Thalie, et a prononcé, en quelques centaines de vers, l'éloge

du grand-duc régnant. Nous pensions que la pièce se réduisait
à un monologue, lorsqu'une autre actrice, vêtue en Melpo-
mène, est venue reprocher à l'autre de ne parler que du souverain actuel, et d'oublier son prédécesseur. Alors, ces deux
muses ont conversé en strophes alternées, comme les bergers de l'églogue, chacune produisant les divers mérites du
souverain et de son père. Puis un buste s'est élevé par une
trappe, au fond de la scène, et toutes deux y sont venues déposer des guirlandes, une Gloire a couronné le tout, et des
flammes bleues et rouges accompagnaient ce tableau final. Cela
n'était pas plus ridicule que la cérémonie de la fête de Molière
au Théâtre-Français, mais cela l'était tout autant. Une forte
pluie, qui a tombé toute la soirée, aurait empêché le feu d'artifice, s'il y en avait eu un sur le programme; ce qui aura fait
regretter sans doute aux ordonnateurs de la fête de ne pas
l'avoir annoncé.

VI — FRANCFORT

Alexandre Dumas avait donc fait honneur à ma lettre en
vers datée de Strasbourg. Il m'avait envoyé une forte somme
qui me permit de sortir avec éclat de l'hôtel du *Soleil*.
Me voilà enfin à Francfort, reçu, choyé, fêté, au sein de ma
famille littéraire; je raconte mes peines, mes travaux, mes
dangers; les terreurs de la forêt Noire (*sylva Hercynia*), le
Rhin orageux pendant toute une *traversée* de Bade à Mayence;
et, de là à Francfort, les ennuis d'une route de six heures, côtoyée par un chemin de fer en construction, ce qui veut dire
une contrée fort plate, et qu'on a le désagrément de parcourir
quelques mois trop tôt. Enfin les flèches gothiques de la vieille
ville impériale se développent et croissent, le cours du Mein
devient parallèle à la route, et Francfort apparaît de loin dans
sa ceinture de bosquets fleuris. Francfort doit à la paix de 1815
cette parure nouvelle qui a remplacé ses vieux remparts; c'est
un labyrinthe de lilas, d'acacias et de rosiers qui, entourant

la ville, touche au fleuve par ses deux côtés. Le soir, ces ombrages parfumés, ces allées mystérieuses s'emplissent de rires, d'harmonies et de danses ; des barques pavoisées sillonnent le Mein paisible , et s'en vont aboutir souvent à l'îlot de *Mein-lust*. Rien n'égale cet aspect de Francfort, entourée d'une ceinture de promenades qui remplacent ses antiques fortifications. Quand on a parcouru ces allées riantes, qui aboutissent de tous côtés aux bords du Mein, on peut s'aller reposer dans l'île verte et fleurie du Meinlust. C'est là le centre des plaisirs de la population, et aussi le rendez-vous des belles compagnies. Du pavillon élégant qui domine ce jardin, on admire une des plus belles perspectives du monde, la vue de Francfort s'étendant sur la rive gauche, avec ses quais bordés d'une forêt de mâts, et du faubourg de Sachsenhausen situé à droite, qu'un pont immense joint à la ville ; des palais aux riantes terrasses, de longues suites de jardins et des restes de vieilles tours embellissent les bords du fleuve, où le soleil couchant se plonge comme dans la mer, tandis que la chaîne du Taunus ferme au loin l'horizon de ses dentelures bleuâtres. C'est une de ces belles et complètes impressions dont le souvenir est éternel ; une vieille ville, une magnifique contrée, une vaste étendue d'eau : spectacle qui réunit dans une harmonie merveilleuse toutes les œuvres de Dieu, de l'homme et de la nature.

Dès qu'on pénètre dans les rues, on retrouve avec plaisir cette physionomie de ville gothique qu'on a rêvée pour Francfort, et que le goût moderne a presque partout altérée dans les cités allemandes. Il y a encore des rues tortueuses, des maisons noires, des devantures sculptées, des étages qui surplombent, des puits surmontés d'une cage de serrurerie, des fontaines aux attributs bizarres, des chapelles et des églises d'une architecture merveilleuse, mais qui malheureusement, catholiques au dehors, sont protestantes à l'intérieur, c'est-à-dire nues et dégradées. L'esprit a été tué dans ces superbes enveloppes de pierre, et elles ressemblent aujourd'hui aux coquillages de nos musées, où l'oreille attentive croit distinguer un vent sonore, mais que la vie n'habite plus.

Les rues de Francfort sont très-animées, et les étalages encombrés partout de marchandises; les fourrures et les cristaux de Bohême font maudire à chaque pas nos douanes françaises, et excitent le voyageur aux projets de contrebande les plus immoraux. Je ne veux point cacher que nous rêvâmes pendant plusieurs jours aux moyens d'introduire frauduleusement dans notre patrie un certain nombre de verres, de fioles, de carafes, et autres ravissantes bagatelles dont nos dames étaient folles et que la douane ne laisse entrer *à aucun prix*. N'est-ce pas là une cruelle raillerie de l'industrie française? Mais la question est trop sérieuse pour que je veuille l'entamer ici.

L'hôtel de ville de Francfort, qu'on appelle le *Rœmer*, est d'un gothique peu ouvragé, surtout pour qui a vu les hôtels de ville de Flandre. Les salles basses sont remplies de boutiques et d'étalages, comme l'était notre Palais de justice de Paris, et la décoration des salles conservées est plus curieuse que brillante. La plupart ont été décorées, dans le courant des deux siècles derniers, avec des plafonds, des panneaux et des sculptures d'un rococo allemand fort bizarre. Les salles des sénateurs, des bourgmestres, des conseillers, etc., appartiennent à ce goût suranné qui par toute l'Allemagne a fleuri si hardiment dans l'intérieur des édifices gothiques. Une seule salle, la fameuse *salle des Empereurs*, conserve encore sa configuration primitive; mais on l'a si singulièrement peinte, qu'elle a maintenant tout l'effet d'un décor *moyen âge* de l'Ambigu.

Cette salle n'a nullement, du reste, le caractère imposant qu'on pourrait lui attribuer. Les *Guides du voyageur* annoncent qu'elle contient les statues et les armures de trente-deux empereurs d'Allemagne; mais il faut bien dire que tout cela n'existe qu'en peinture. Les trente-deux niches, qui répondent à autant de nervures partant de la voûte et que relient des arcs-boutants de bois sculpté, sont peintes uniformément en

couleur de marbre blanc et noir, et sur la muraille même les
statues des empereurs sont figurées en trompe-l'œil, à dater, je
crois, du grand Witikind jusqu'à feu l'empereur François, que
pourtant Napoléon a réduit à n'être plus qu'empereur d'Autriche, et non d'Allemagne. Ce qu'il y a de merveilleux, c'est
que la salle ne contenant, en effet, que trente-deux niches,
l'empire a fini juste au trente-deuxième empereur. On parle
de gagner sur l'épaisseur de mur une trente-troisième niche
pour le César actuel; mais nous sommes certains que l'empereur d'Autriche se refusera à cette plaisanterie de mauvais
goût. Il n'y a plus de César au monde, et Napoléon lui-même
n'en a été que le fantôme éblouissant!

La Diète germanique ne se tient pas à l'hôtel de ville,
mais dans le palais du prince de la Tour et Taxis, le souverain des postes féodales de la Confédération, et de plusieurs journaux également féodaux; le président perpétuel de
la Diète est, en ce moment, M. de Bellinghausen. Nous
rencontrâmes souvent ce personnage considérable, soit dans
les fêtes où il accompagne souvent une jeune personne charmante, qui, je crois, est sa fille, soit au théâtre, où l'on représentait alors une tragédie composée par son neveu le baron de
Bellinghausen, connu dans la littérature sous le nom plébéien
de Frédéric Hahn.

Cette pièce, intitulée *Griseldis*, obtenait, d'ailleurs, un succès
immense sur tous les théâtres d'Allemagne, et nous eûmes
beaucoup de peine à nous procurer une loge, car toutes appartiennent à des souscripteurs assidus, et ce fut la famille Rothschild qui nous permit d'occuper l'une des siennes. Je me tais,
du reste, sur l'accueil qui fut fait partout à mon compagnon
de voyage et à moi par contre-coup, ayant l'habitude prudente
de ne point parler des relations de société, si bienveillantes et
si charmantes pour les Français dans toute l'Allemagne. Je dois
cette précaution à un mot que j'ai entendu dire à une grande
dame de Vienne qui parlait du prince Puckler-Muskau : « C'est
un homme très-dangereux, disait-elle, c'est un homme *qui*

nous met dans ses livres. » Je désire que le lecteur se contente
de cette explication.

D'ailleurs, qui pourrait se vanter de connaître les mœurs
d'un pays sans y être resté plusieurs années ; ce n'est qu'à
l'imperturbable *tourysme* des Anglais qu'il appartient de se
prononcer au hasard sur les personnes comme sur les choses.
La bienveillance universelle de mistress Trolloppe n'a guère
moins déplu en Allemagne que les révélations épigrammatiques
du prince Puckler-Muskau.

On me permettra donc de ne point dire en quelle compagnie
nous fîmes un jour une excursion dans la principauté de Hesse-
Hombourg, ni à quelle charmante fête nous prîmes part dans
un château *gothique* tout moderne, au milieu d'une épaisse forêt
de chênes et de sapins. Je croyais faire un de ces romanesques
voyages de *Wilhelm Meister*, où la vie réelle prend des airs
de féerie, grâce à l'esprit, aux charmes et aux sympathies
aventureuses de quelques personnes choisies. Le but de l'expédition était d'aller à *Dornshausen*, mot qui, dans la prononciation allemande, se dit à peu près *Tournesauce*. Or, savez-
vous ce que c'est que ce lieu, dont le nom est si franchement
allemand et si bizarrement français à la fois ? C'est un village
où l'on ne parle que notre langue, bien que l'allemand règne
à cinquante lieues à la ronde, même en dépassant de beaucoup
la frontière française. Ce village est habité par les descendants
des familles protestantes exilées par Louis XIV. Dornshausen
leur fut donné à cette époque, m'a-t-on dit, par le prince
électeur de Nassau, et ils sont restés, eux et leur lignée, dans
cet asile austère et calme comme leur résignation et leur piété.

Cette population est toute française encore, car les habitants
ne se sont jamais mariés qu'entre eux, et le beau langage du
xviie siècle s'est transmis à ceux d'aujourd'hui dans toute sa
pureté. Vous peindrez-vous toute notre surprise en entendant
de petits enfants, jouant sur la place de l'Église, qui parlaient
la langue de Saint-Simon et se servaient sans le savoir des
tours surannés du grand siècle ? Nous en fûmes tellement ravis,

que, voulant mieux les entendre parler, nous arrêtâmes une marchande de gâteaux pour leur distribuer toute sa provision. Après le partage, ils se mirent à jouer bruyamment sur la place, et la marchande nous dit :

— Vous leur avez *fait tant de joye*, que les voilà qui courent *présentement* comme des *harlequins*.

Il faut remarquer que le nom d'Arlequin s'écrivait ainsi du temps de Louis XIV, avec un *h* aspiré, comme on peut le voir notamment dans la comédie des *Comédiens* de Scudéri.

N'est-ce pas là une merveilleuse rencontre, et qui valait tout le voyage? Je dois ajouter, malheureusement, que cette population française de Dornshausen n'est pas physiquement brillante, bien qu'elle ait, nous a-t-on dit, donné le jour à M. Ancillon, le ministre de Berlin. Les Allemands que nous rencontrions en nous y rendant nous disaient :

— Vous allez entrer dans le pays des bossus.

Il est vrai que jamais nous ne vîmes plus de bossus que dans ce canton; cette race, qui ne s'est jamais mélangée, est grêle et rachitique, comme la noblesse espagnole, qui de même ne se marie qu'entre elle. Les familles de Francfort prennent des servantes à Dornshausen, afin d'apprendre le français à leurs enfants. Le grand souvenir de la révocation de l'édit de Nantes et d'une si noble transmission d'héritage aboutit à cette vulgaire spécialité.

Après un mois de séjour, nous avons quitté Francfort, dont j'aurai à reparler plus tard.

VII — MANNHEIM ET HEIDELBERG

Nous venions de remonter le Rhin, de Mayence à Mannheim, toute une longue journée; nous avions passé lentement devant Spire, éclairée des derniers rayons du jour, et nous regrettions d'arriver en pleine nuit à Mannheim, qui présente, le soir, comme Mayence, l'aspect d'une ville orientale. Ses édifices de pierre rouge, ses coupoles, ses tours nombreuses aux flèches bizarres, confirment cette illusion, qui serait beaucoup plus complète encore si le soleil ne se couchait pas sur la rive opposée du fleuve. Mais un clair de lune très-pur nous rendit une partie de l'effet que nous espérions. Mon illustre compagnon de voyage put emporter de ce spectacle une *impression* assez complète pour que je doive me dispenser d'en rendre compte au public avant ou après lui.

La même raison m'interdirait la description intérieure de Mannheim, si je n'étais habitué à traverser les villes en flâneur plutôt qu'en touriste, content de respirer l'air d'un lieu étranger, de me mêler à cette foule que je ne verrai plus, de hanter ses bals, ses tavernes et ses théâtres, et de rencontrer par hasard quelque église, quelque fontaine, quelque statue qu'on ne m'a pas indiquée et qui souvent manque en effet sur le livret du voyageur. J'aurai donc fini ma description en deux mots. Cette ville est fort jolie, fort propre, et toute bâtie en damier. Les grands-ducs de Bade ont été de tout temps fanatiques de la ligne droite ou de la courbe régulière; ainsi Carlsruhe est bâtie en éventail; du centre de la ville, où est situé le palais, on peut regarder à la fois dans toute les rues; le souverain, en se mettant à sa fenêtre, est sûr que personne ne peut entrer ou sortir des maisons, circuler dans les rues ou sur les places, sans être vu de lui. Une ville ainsi construite peut épargner bien des frais de police et de surveillance de tout genre. Mannheim, cette seconde capitale du duché, ne le cède guère à Carlsruhe sous ce rapport. Il suffit d'une douzaine de factionnaires postés aux carrefours à angle droit pour tenir en respect toute la cité. C'est pourtant à Mannheim que fut commis l'assassinat de Kotzebue par Carl Sand; mais aussi faut-il dire qu'à peine sorti de la maison de sa victime, Sand se trouva saisi par les pacifiques soldats du grand-duc.

Cette lugubre tragédie nous préoccupait avant tout dans le court séjour que nous fîmes à Mannheim; aussi nous fûmes heureux d'apprendre que le célèbre acteur tragique Jerrmann se trouvait alors dans la ville. Nous l'allâmes demander au

théâtre, sûrs qu'il serait charmé de nous servir de cicerone et
d'obliger à la fois un poëte dramatique et un feuilletoniste
français, lui qui, quoique Allemand, à joué les tragédies de
Corneille à la Comédie-Française. M. Jerrmann était à la répétition. Dès que nous apprîmes que c'était *le Roi Lear* qu'on
répétait, nous demandâmes à être introduits; ce qu'on nous
accorda facilement, toujours en raison de nos qualités.

L'intérieur des théâtres allemands est complétement semblable à celui des nôtres; nos habitudes de coulisses nous servi-
rent donc merveilleusement à gagner sans bruit une place au
parterre, et, là, nous entendîmes deux beaux actes, joués en
redingotes et paletots, mais avec cette intelligence et cette harmonie d'ensemble que l'on admire sur les plus petites scènes
de l Allemagne.

Toutefois, cette épithète ne peut être donnée à celle de
Mannheim. Nous songions avec un saint respect, auquel aidait
du reste l'obscurité du lieu, que ce fut à ce théâtre même que
l'on représenta les premiers drames de Schiller. La répétition
qui avait lieu devant nous montrait que ce noble théâtre n'avait
pas dégénéré.

Dès que M. Jerrmann fut averti de notre présence, il vint à
nous, se félicita surtout de faire la connaissance d'un auteur
dont il avait traduit plusieurs ouvrages, et voulut bien nous
montrer la ville en détail. Nous visitâmes la résidence tout à
fait royale, les vastes jardins qui côtoient le Necker, prêt à se
jeter dans le Rhin; nous admirâmes la disposition des massifs
de verdure, les longs chemins sablés qui vont se perdre au
bord du fleuve, les pelouses touffues, et ce cercle d'eaux vives
qui partout encadre l'horizon; mais nous fûmes distraits facilement de cette admiration, lorsque M. Jerrmann nous apprit
que, dans ces jardins mêmes, le long d'une de ces allées, Carl
Sand s'était rencontré avec Kotzebue, qu'il devait frapper trois
heures plus tard, et, sans le connaître, avait croisé sa marche
plusieurs fois.

Je ne prétends pas raconter cette histoire si connue, que

l'autre plume, plus sûre et plus dramatique, a nouvellement
retracée dans tous ses détails; je glane seulement quelques
souvenirs échappés ou négligés comme de peu d'importance; d'ailleurs, Carl Sand obtiendra toujours un privilége
d'intérêt.

En sortant de la résidence par une galerie latérale, nous
rencontrâmes l'église des Jésuites, bâtie en style *rococo*, et dont
la grille est un chef-d'œuvre de serrurerie du temps. Je n'oserais affirmer que le portail ne soit pas orné de divinités mythologiques; peut-être aussi sont-ce de simples allégories chrétiennes; mais alors la *Foi* ressemblerait bien à Minerve, et la
Charité à Vénus. Du reste, le théâtre est situé tout en face, et
ses muses classiques paraissent être de la même époque et des
mêmes sculpteurs. C'est un magnifique bâtiment qui tient la
moitié de la place. Deux rues plus loin, nous arrivâmes à la
maison de Kotzebue, qui n'a rien de remarquable à l'extérieur.
On sait tout ce qui s'y passa. Carl Sand, arrivé le matin même,
vint demander à parler à l'écrivain célèbre, qui était soup-
çonné d'avoir vendu sa plume à la Russie. On fit entrer le
jeune homme dans une pièce du rez-de-chaussée. Ce jour-là
même (c'était dans la soirée), Kotzebue recevait du monde,
plusieurs dames venaient d'arriver. A peine Kotzebue fut-il
entré dans la chambre où Sand l'attendait, que ce dernier se
jeta sur lui et le frappa d'un poignard. La fille de Kotzebue
entra la première et se précipita en criant sur le corps de son
père. Sand, vivement ému de ce spectacle, sortit rapidement
de la maison, et, près d'être saisi par des soldats qui passaient,
il se frappa lui-même en criant :

— Vive l'Allemagne!

La blessure qu'il se fit alors fut si grave, qu'il en souffrit
continuellement pendant les dix mois que dura son procès et
qu'il en serait mort sans doute dans le cas même où sa liberté
lui aurait été rendue.

Plus loin, l'on nous montra l'auberge où il était descendu et
où il avait dîné à table d'hôte le jour même de l'assassinat. Après

le repas, il était resté une demi-heure encore à causer sur la théologie avec un ecclésiastique. Toute la ville est remplie de ce drame, et les habitants n'ont guère d'autres récits à faire aux étrangers. On nous conduisit encore au cimetière, où la victime et l'assassin reposent dans la même enceinte. Seulement, Carl Sand est enterré dans un coin, et la place où furent déposés son corps et sa tête n'a d'autre ornement qu'un prunier sauvage. Pendant longtemps, ce fut, nous dit-on, un lieu de pèlerinage, où l'on venait de toute l'Allemagne; le prunier était dépouillé de toutes ses feuilles et de toutes ses branches à chaque saison.

La tombe de Kotzebue avait eu aussi ses fidèles moins nombreux. C'est un monument de pierre grise d'une apparence bizarre. Une pierre carrée qui le surmonte, posée sur un de ses angles, est soutenue par deux masques antiques qui expriment la douleur. Le tout a un aspect de tombeau païen, qui convient assez aux mânes philosophiques du voltairien Kotzebue. On ne peut douter qu'il n'y ait eu dans l'action de Carl Sand beaucoup de fanatisme religieux.

Nous remontâmes en voiture à la porte du cimetière pour nous diriger vers Heidelberg, où nous devions coucher. La soirée était charmante après une belle journée d'automne; la foule bigarrée rentrait déjà dans la ville, abandonnant les jolies maisons de campagne, les jardins publics, les cafés et les brasseries; la plupart nous saluaient sans nous connaître, comme c'est l'usage dans le pays de Bade, et ce tableau du retour en ville d'une population calme et bienveillante, qui avait assurément bien employé sa journée, nous faisait penser à Auguste Lafontaine et à Gessner. Pourtant mon compagnon ne pouvait s'arracher au souvenir sanglant de Carl Sand. Il venait de voir le cimetière, il voulait encore voir le lieu de l'exécution, tant c'est un fidèle voyageur et un fidèle historien. On nous avait bien dit que nous rencontrerions, au sortir de Mannheim, une grande prairie verte, à gauche, et que c'était là; mais rien n'indiquait le lieu particulier du sacrifice. Nous n'osions trop arrêter les paysans pour nous le montrer, de peur d'inquiéter la police du pays; mais on nous apprit, depuis, qu'il était aussi simple de parler de cela, dans le duché, que de la pluie et du beau temps. Un vénérable monsieur, nous voyant arrêtés sur la route, se douta de l'objet de notre attention, et nous indiqua tout dans le plus grand détail. Ici était l'échafaud, là les troupes rangées dès la pointe du jour; par là, on attendait les étudiants d'Heidelberg; mais ils arrivèrent trop tard, l'heure ayant été avancée; ils ne purent que tremper leurs mouchoirs dans le sang et se partager les reliques de celui qu'ils appelaient le martyr.

Notre interlocuteur voulut bien nous donner une foule d'autres détails, tant sur cette fatale journée de l'exécution que sur le caractère, les habitudes et les conversations de Sand pendant les dix mois de captivité qui précédèrent sa mort; il nous offrit de nous conduire chez lui pour nous faire voir un portrait unique qu'il avait fait faire lui-même à cette époque; mais il était trop tard pour que nous pussions nous arrêter encore à Mannheim. Lorsque nous remerciâmes cet obligeant inconnu en prenant congé de lui, il nous dit :

— Vous venez de causer avec le directeur de la prison de Mannheim, qui a gardé Sand pendant dix mois.

Il n'eût pas été moins étonné s'il eût su à qui il venait de parler lui-même; mais mon compagnon ne jugea pas à propos de compléter le coup de théâtre.

Je croyais, pour ma part, en avoir fini avec Sand, dont je n'ai jamais beaucoup affectionné l'héroïsme, sans nier toutefois l'espèce de grandeur qui s'attache à ce souvenir; mais un écrivain consciencieux a des curiosités qui sont aussi des devoirs, et c'est ce qui va expliquer jusqu'à quelles profondeurs d'investigation nous dûmes descendre, mon compagnon de route et moi, lui pour les charges de sa renommée, et moi pour l'agrément de sa société.

Le directeur de la prison nous avait parlé beaucoup de l'exécuteur qui avait tranché la tête de Sand. Un crime est une chose si rare dans le duché de Bade, que cette profession est presque une sinécure. Toutefois, elle rapporte près de trois mille florins, sans compter une foule de bénéfices accessoires. L'exécution de Sand fut une fortune pour cet homme, qui vendit tous les cheveux du jeune homme un à un, à la moitié de l'Allemagne. Je vous dirai que ce serait là un terrible peuple, si ce n'était bien évidemment le plus heureux des peuples et le mieux gouverné peut-être. Je vais citer un trait qui montre que ce fanatisme alla jusqu'au ridicule le plus violent. Le même exécuteur, connu pour l'un des plus grands admirateurs de *son héros*, fit construire, en découpant le bois de l'échafaud, une tonnelle égayée de vignes grimpantes, où l'on venait pieusement boire de la bière à la mémoire de Sand.

Puisque j'en dis tant déjà, il faut tout dire. Nous apprîmes que, le bourreau de Sand étant mort, son fils continuait le même état, et demeurait à Heidelberg. On nous conseilla de l'aller voir. Sur notre premier mouvement de répugnance, on nous répondit qu'en Allemagne les exécuteurs n'étaient pas précisément entourés du même préjugé que chez nous. Le bourreau est ordinairement, dit-on, d'une famille noble déchue. Dans les cérémonies du siècle passé, il marchait à la suite du cortége de la noblesse, et en tête, par conséquent, de celui des bourgeois. En outre, il est tenu d'avoir pris le grade de docteur en chirurgie. C'est donc une sorte de médecin, qui coupe la tête comme les autres couperaient une jambe : peut-on dire que ses opérations aient seules le privilége de donner la mort?

C'était au bout de la ville d'Heildelberg, riante et brumeuse, encaissée par les montagnes, baignée par le Necker, pleine d'étudiants, de cafés et de brasseries avec son beau château de la Renaissance à demi ruiné. Quel dommage! un château de Touraine dans une forteresse de Souabe! Mais la description sera pour une autre fois : au bout de la ville, dis-je, *la dernière maison à gauche....* Comme tout cela est allemand et romantique! et tout cela est vrai pourtant.... C'est la maison *du docteur Widmann*, c'est la *sienne*.

VIII — UNE VISITE AU BOURREAU DE MANNHEIM

Nous n'étions pas sans émotion en touchant le marteau de ce logis d'une apparence particulièrement propre et gaie. Des enfants de la ville s'assemblaient derrière nous, mais sans mauvaise intention ; à Paris, l'on eût jeté des pierres. Une seule idée nous fit rire : ce fut le souvenir d'un monsieur, dégoûté de la vie, qui avait fait une visite pareille à M. Samson, et lui avait dit, en le saluant poliment :

— Monsieur, je désirerais que vous me *guillotinassiez*.

Je crois avoir lu le fait dans les *Contes* du lycanthrope Pétrus Borel.

Cet imparfait du subjonctif d'un pareil verbe m'a toujours paru fort plaisant.

Nous voilà donc toujours frappant à la porte du bourreau, car on n'ouvre pas. Quel épisode pour un de ces romans qu'on faisait il y a quelques années ! Mais le temps n'était plus de ces ogreries littéraires, et notre démarche était bien naïve et toute dans l'intérêt de l'art et de la vérité.

Au bout de dix minutes, nous entendîmes un bruit de talons éperonnés, puis on ouvrit la porte en tirant beaucoup de verrous. Un homme fort jeune, un peu trapu dans sa taille, à la figure romantique, nous demanda ce que nous voulions, sans nous prier d'entrer. Nous lui dîmes que nous étions écrivains et cherchions à réunir des renseignements sur Carl Sand. Alors, il nous ouvrit entièrement la porte et nous indiqua une salle de rez-de-chaussée fort claire, nous priant d'attendre qu'il eût refermé la lourde porte, ce qu'il fit avec soin.

La chambre où il nous rejoignit après un instant, et qui semblait être son cabinet de travail, était ornée de gravures et d'oiseaux empaillés.

— Vous êtes chasseur ? lui dit mon compagnon en frappant sur un fusil à deux coups suspendu au mur.

Il répondit par un signe.

Pendant l'instant que nous étions restés seuls, j'avais pu jeter les yeux sur une bibliothèque où se trouvaient des livres d'histoire et de poésie. La table placée au milieu de la chambre était couverte de livres et de feuilles manuscrites ; sur la cheminée, il y avait des bocaux d'animaux conservés dans l'esprit-de-vin ; il nous apprit lui-même qu'il s'occupait beaucoup d'histoire naturelle. On comprend que notre conversation ne pouvait rester longtemps dans le vague ; nos préoccupations historiques pouvaient-seules-donner quelque convenance à notre visite, surtout vis-à-vis d'un homme auquel il paraissait impossible d'offrir quelque rémunération. Le docteur Widmann nous donna encore beaucoup de détails, dont plusieurs répétaient ceux que nos passants de la veille nous avaient racontés déjà ; il nous fit voir même, après quelque hésitation, le sabre dont son père s'était servi : la forme nous étonna.

Nous nous étions imaginé jusque-là que l'on enlevait la tête fort simplement d'un bon coup de sabre de dragon ou de cimeterre à la turque. L'instrument que nous avions sous les yeux confondait toutes nos idées. Le tranchant était en dedans comme celui d'une serpette ; de plus, la lame était creuse et contenait du vif-argent, afin que, l'élan étant donné au sabre, ce métal, se portant vers la pointe, rendît le coup plus assuré. Ainsi toute l'adresse du... docteur consiste à combiner un mouvement de rotation autour du col, qui, avant de toucher l'os, enlève presque toute la chair ; on ne tranche donc pas la tête, on la *cueille* pour ainsi dire. Nous nous contentâmes de l'explication sans demander aucune expérience.

D'ailleurs, notre pauvre exécuteur de Bade n'a jamais exercé le terrible état de son père. Il nous a confié même qu'il tremblait tous les jours qu'il ne se commît un crime dans le duché, ce qui est heureusement fort rare, et qu'il ne savait trop à quoi il se résoudrait dans ce cas. Curieux comme des Anglais, nous demandâmes encore à voir la *tonnelle* dont on nous avait parlé à Heidelberg. Le docteur Widmann, n'ayant pas le temps de nous accompagner au jardin de son père où elle se trouve, appela son *domestique*, qui nous y conduisit à travers les champs.

Ce jardin est situé au sommet d'une colline chargée de vignes. Un joli pavillon, autrefois ouvert aux buveurs et maintenant fermé, depuis que l'enthousiasme s'est refroidi par le temps, s'élève au centre de cette petite propriété, et, des deux côtés de ce pavillon, il y a une tonnelle dont le bois disparaît sous les pampres. Mais laquelle des deux est la tonnelle sacrée aux fidèles de Carl Sand? Notre scrupule historique allait à ce point que nous voulions pouvoir dire si c'était celle de gauche ou de droite. Le valet l'ignorait lui-même, mais il nous dit :

— Avez-vous un couteau?

— Oui; pour quoi faire?

— Pour faire une entaille dans le bois. Les échafauds se font en sapin.

En effet, l'un des berceaux était en chêne, l'autre en sapin.

Tout ce que je raconte a déjà plus d'un an de date (1840); il y a quelques mois, j'ai traversé de nouveau ce beau duché de Bade, qui est le plus charmant pays de l'Allemagne, je le sais à présent; l'hiver ne lui avait pas enlevé tout son charme; sous un ciel un peu pâle, l'horizon se teignait toujours de la verdure éternelle des sapins; les monts couronnés de châteaux s'élançaient toujours du sein de cette forêt Noire qui règne sur une étendue de cent lieues, et la pierre rouge des édifices, des églises et des palais semblait toujours chauffée des rayons d'un soleil ardent. Quand j'arrivai à Carlsruhe, on ne parlait que d'une séance orageuse de la chambre des députés (de Bade), qui venait d'avoir lieu la veille. Des membres de l'opposition avaient demandé l'abolition de la peine de mort; le parti conservateur s'était vivement prononcé contre cette proposition. Enfin, des esprits modérés avaient proposé un amendement qui devait concilier les partisans des coutumes féodales et les propagateurs des idées nouvelles. Ces philanthropes demandaient l'introduction de la guillotine, pour remplacer le vieux système d'exécution.

Cette motion révolutionnaire a été au moment de triompher. Seulement, les conservateurs ont exprimé leurs craintes que l'introduction de la guillotine ne fût un acheminement vers les idées libérales, et ne provoquât la sympathie du peuple pour les autres institutions progressives de la France. La question en est encore là, je crois. Notre connaissance d'Heidelberg, le docteur Widmann, attend sans doute avec impatience la décision représentative qui, probablement, fixera son sort et ses attributions futures. Je doute que ce jeune homme, qui paraissait effrayé de sa condition, terrible et noble à la fois, de chirurgien de gens bien portants, se résigne à l'humble emploi que nos mœurs ont fait à ses pareils, et qui ressemble terriblement à un service de portier.

IX — EN DESCENDANT LE RHIN

J'ai mis le pied une fois encore sur le *steamboat* du Rhin. — C'est toujours la Lorely qui m'appelait. A partir de Mayence, lorsqu'on voit décroître et plonger les six tours derrière les bois et les montagnes que traverse le Mein, qui vient apporter ses eaux paisibles au grand fleuve; lorsqu'on a vu l'immense dôme, et tout ce bel édifice en pierre rouge disparaître sous les derniers versants du Taunus, — on s'engage dans une sorte de rue obscure que bordent, comme de gigantesques maisons, les vieux châteaux qu'ont détruits tour à tour Barberousse et Turenne. Goëtz de Berlichingen fut le don Quichotte de cette chevalerie, abritée dans les tours rougeâtres et dans l'ombre des forêts de pins toujours vertes qui montent jusqu'au pied des murs.

La vigne étend ses longues lignes vertes sur les coteaux inférieurs, et, de temps en temps, les vieilles villes commerçantes du moyen âge sont indiquées par le coup de cloche du bateau. Près de Bieberich, à droite, j'ai vu le pèlerinage des fidèles du dernier Bourbon légitime. — C'est plus tard, à gauche, Coblence avec son monument de Hoche, qui appartient au Rhin, comme celui de Kléber, près de Strasbourg. La ville est bien une ville d'émigrés, une *petite Provence* politique comprise dans l'angle que forment le Rhin et la Moselle, sa sœur rivale.

Le vin de Moselle ne se conserve pas dans d'immenses tonnes, comme celles d'Heidelberg et d'autres lieux ; mais certains crus rivalisent avec les meilleurs des coteaux du Rhin, — en exceptant toujours ceux du Johannisberg, lesquels justifient les honneurs que l'on a rendus à la famille de Metternich, dans la cathédrale de Mayence.

La nuit vient. On se lasse peu à peu d'admirer au clair de lune cette double série de montagnes vertes que la brume argente.

La *cajute* est garnie suffisamment de tabourets en forme d'X. La question pour chaque voyageur est d'en amasser au moins trois avec lesquels on se fait un lit dont l'oreiller est formé par les coussins du divan qui règne autour de la salle. J'ai dormi ainsi à deux pieds d'une charmante comtesse qui venait de rendre au prétendant l'hommage dû par ses ancêtres. Elle a ouvert ses beaux yeux le matin, — ne sentant plus la secousse des machines qui avait bercé son sommeil, a passé ses mains dans ses cheveux dénoués et a dit :

— Où sommes-nous ?

Cela pouvait s'adresser au voisin de gauche, mais il dormait profondément. J'ai répondu, connaissant les lieux et l'heure :

— Madame la comtesse, nous arrivons à Cologne.

Un sourire de dents blanches, accompagné d'un *Ah!* modulé, m'a payé de cette réponse qui n'était que bien naturelle.

J'ai un bonheur singulier pour me trouver dans les pays au moment des fêtes. Cologne respirait la joie. On fêtait la Vierge d'août, et tous les quartiers catholiques, qui forment la majorité dans cette ville, étaient en kermesse avec des bannières flottant au vent, des guirlandes à toutes les fenêtres, des branches de chêne formant une épaisse litière sur le pavé des rues. Des processions triomphales se dirigeaient vers les églises et surtout vers la cathédrale, dont l'abside terminée est livrée au culte, tandis que le transsept, encombré de matériaux et de charpentes, coupe en deux, par l'absence de ses constructions, les portions plus avancées. Les énormes grues qui dominent le chevet de l'église rappellent ces mots de Virgile :

.... Pendant opera interrupta, minæque
Murorum ingentes, æquataque machina cœlo.

Cette église est l'image de la constitution allemande, qui n'est pas près non plus de se voir terminée, malgré tous les soins qu'y apportent les peuples et les princes.

Comme commerce, on peut avouer que Cologne abuse du nom de Farina. Tout un quartier est occupé par ces marchands d'eau de toilette. On peut aller voir Deutz, le faubourg, au bout du grand pont de bateaux, faire de petites excursions à Dusseldorf, la ville des artistes, à Bonn, la ville des étudiants ; — les vapeurs et le chemin de fer vous conduisent, en une heure, à l'une ou à l'autre. Les gens pressés jettent un dernier coup d'œil aux tours qui regardent le fleuve, aux vertes promenades situées au sud de la ville, et le chemin de fer du Nord les mène, en trois heures, à la station d'*Aachen*, que nous appelons Aix-la-Chapelle.

On connaît ce vieux séjour de Charlemagne, le lac voisin où il jeta son anneau, l'église byzantine où sa tête incrustée d'or, son bras gigantesque et ses ornements impériaux sont montrés aux fidèles à certaines époques de l'année. La ville est, au reste, toute classique et presque neuve, avec de grandes rues, où l'ombre n'existe guère et cette belle place devant le casino des bains où coule la fontaine chaude. Chacun peut descendre dans la crypte et s'y faire servir, gratis, un verre d'eau minérale que distingue un goût prononcé d'œufs pourris. Trois heures après, vous quittez le duché du Rhin, en saluant les braves soldats de la Prusse, vêtus en Romains du Nord, avec des casques à pointe qu'on voit briller au loin. On traverse douze tunnels, espacés par de fraîches vallées où serpente un ruisseau paisible qui se plaint doucement dans les cailloux. On a laissé Spa sur la gauche, Verviers sur la droite; — la ville de Liége apparaît du fond de sa vallée, côtoyée par la Meuse qui se découpe entre les montagnes et la forêt des Ardennes, comme un long serpent argenté.

J'ai quitté le Rhin en infidèle, mais en infidèle reconnaissant. J'aurais pu gagner la Hollande en prenant les bateaux de Dusseldorf; — on m'a dit que les rives s'aplatissaient au delà de cette ville, que les bords marneux et sablonneux ne présentaient plus ces beautés solennelles qu'on n'admire pleinement que de Mayence à Cologne. J'ai cédé alors au désir de traverser la Flandre septentrionale et le Brabant.

II

SOUVENIRS DE THURINGE

(1850)

A Alexandre Dumas.

I — L'OPÉRA DE *FAUST* A FRANCFORT

Je vais avec peine — et plaisir — vous rappeler des idées et des choses qui datent déjà de dix années. Nous étions à Francfort-sur-Mein, où nous avons écrit chacun un drame dans le goût allemand. — J'y reviens seul aujourd'hui.

J'ai passé par Cologne, dont la cathédrale est toujours imparfaite, quoique les bons Allemands fassent admirer la perfection des détails de ce qui est bâti.

J'ai revu ces bords du Rhin (du Rhin où sont nos vignes!) et ces vieux châteaux édentés, que nous avons admirés ensemble.

Puis, à Bieberich, le bateau à vapeur a déposé sur la berge une dizaine de pèlerins légitimistes qu'un omnibus conduisait à Wiesbaden.

J'ai pris une voiture de retour qui m'a fait arriver avant eux. Cette fantaisie aristocratique m'a valu les coups de chapeau d'une foule d'habitants du duché de Nassau, qui me prenaient pour un prince. Cependant, ce coup d'éclat ne représentait que soixante kreutzers.

On est prince à bon marché à Wiesbaden. Toute la ville est en fête, à cause des *louis* que répand l'émigration française; —

mais les Allemands sont si honnêtes, de toute façon, que le prix des subsistances n'a pas même augmenté.

En parcourant les longues allées de la promenade peuplée d'une foule brillante et côtoyée par des équipages nombreux, j'ai demandé en allemand où était la *maison de conversation* : — personne ne savait l'allemand. En me servant du français, j'ai été tout de suite compris.

J'espérais trouver, pour le soir, quelque représentation qui m'aidât à tuer le temps ; mais les affiches n'annonçaient qu'un concert du jeune Raucheratz, âgé de dix ans, *sous la coopération* de mademoiselle Franzisca.

En me promenant dans la ville, je lisais partout le mot *restauration*. Ce terme de circonstance ne voulait pourtant dire autre chose que *restaurant*.

Je suis entré dans une *restauration*, et l'on m'a dit :

— Voulez-vous être à la table d'hôte des *blancs?*

J'ai demandé à réfléchir. L'hôtelier a ajouté :

— Nous avons une autre table pour les *rouges*.

N'admirez-vous pas cette question en partie double!

Toujours prudent, en voyage, j'ai fini par me faire servir à part, et à la carte. L'hôtelier m'a dit :

— Vous avez raison.

Et lui-même avait aussi ses raisons!

Pardon, mon cher Dumas ! — je vous écris un peu à la manière allemande, mais je ne puis faire autrement. Dès que je prends pied de l'autre côté du Rhin, je fredonne aussitôt le *tirily* joyeux que chantait Henri Heine en voyant l'Italie, — et j'oublie un peu le français, bien que je ne sache pas beaucoup l'allemand.

J'ai appris cette langue, comme on étudie une langue savante, — en commençant par les *racines*, par le *haut allemand* et le vieux dialecte souabe. De sorte que je ressemble ici à ces professeurs de chinois ou de thibétain que l'on a la malice de mettre en rapport avec des naturels de ce pays.... Peut-être pourrais-je prouver à tel Allemand que je sais sa langue mieux que lui; mais rien ne me serait plus difficile que de le lui démontrer dans sa langue.

J'ai donc demandé à l'hôte, avec beaucoup de peine, quels étaient les spectacles de Wiesbaden, autres que le concert de l'enfant de dix ans.

— Vous avez encore, me dit-il, *les singes* (*die Affen*).

— Mais que joue-t-on au théâtre Grand-Ducal?

— Au Grand-Théâtre, vous avez l'exposition de l'industrie du duché de Nassau....

Imaginez, mon cher Dumas, la déception d'un voyageur qui cherche à tout prix une pièce à analyser, des acteurs à critiquer, et qui se voit réduit à juger une exposition de l'industrie.

On prend son billet au bureau, moyennant douze kreutzers.

— Il y a d'abord, dans le foyer des acteurs, une salle de machines, des charrues, des métiers, une presse à bras et une presse mécanique..., puis des coffres-forts : — il paraît qu'on a de l'argent dans ce pays-là.

On arrive ensuite au grand foyer. Première salle : jardinières, poterie, savons et bottes. J'y ai remarqué principalement un poêle monumental, élevé à la mémoire de trois poëtes, et surmonté par la figure gracieuse de Thalie.

Voilà de ces idées dont il faut se garder de sourire; les Allemands ont chez eux des figures de dieux et de grands hommes multipliés comme les lares des Romains; c'est le poêle, généralement, qui, dans ses détails, représente ce culte inoffensif. — Il en est d'immenses, comme au château de Rastadt, où l'on admire tout l'Olympe en porcelaine de Saxe, avec les poëtes du temps, qu'Apollon aide à gravir la montagne divine. Ce poêle vaut simplement cent mille florins.

On voit aussi là une pendule à sonnerie, commandée par le sultan. C'est le carillon de Dunkerque en petit. J'ai eu le malheur d'entendre sonner midi dans cette salle, consacrée principalement à l'horlogerie. Depuis la pendule à colonnes importée de Paris, jusqu'au simple coucou de la forêt Noire, en passant par les mille combinaisons des inventeurs secon=

daires, on entendait résonner toutes les harmonies possibles de l'acier frappant sur l'airain. Je me suis enfui vers la salle consacrée aux cuirs.

C'est là le triomphe de l'industrie de Nassau. La sellerie offre de beaux échantillons de harnachements, dont pourront profiter nos modernes chevaliers. On fabrique aussi, à Wiesbaden, des meubles en laque de Chine, dont les amateurs feront bien de se méfier. C'est presque du chinois pur.

— J'ai remarqué aussi des *lyres* perfectionnées, des pipes en corne de cerf, et des oiseaux imités en cire. — Quelques pianos reproduisent dans la dernière salle, sous les doigts des personnes chargées de les vendre, l'effet des pendules qu'on avait entendues en entrant.

Je me suis rendu, au sortir de cette exposition *dramatique*, à la maison de conversation, située au fond d'une place entourée de galeries, où l'on étale d'autres produits commerciaux vendus généralement par de jolies filles coiffées du chapeau tyrolien. On entre ensuite au cabinet de lecture; là, j'ai trouvé les journaux français qui avaient paru l'avant-veille de mon départ.

— Le jeu est fait, rien ne va plus!

Telle est la phrase que j'ai entendue dans les salons. Je me suis échappé à travers les jardins, qui, du reste, sont délicieux.

Au café de la Kursaal, on m'a dit que le *prince* avait l'habitude de parcourir en calèche, à sept heures, les allées de la promenade. Mais il commençait à pleuvoir, et, craignant de ne pas jouir du seul spectacle encore possible à Wiesbaden, celui de la légitimité passant en revue ses derniers fidèles, j'ai pris le chemin de fer de Francfort.

La ville n'a guère changé malgré les révolutions; les promenades qui l'entourent depuis 1815, et qui remplacent ses fortifications, ont seules gagné de l'ombrage et de la fraîcheur. Arrivé le soir, j'étais, du reste, plus avide de spectacle que de promenades, et je me suis informé bien vite de ce qu'on jouait au grand théâtre. — On jouait *Faust* avec la musique de Spohr.

Nous avions si souvent discuté ensemble sur la possibilité de faire un *Faust* dans le goût français, sans imiter Gœthe, l'inimitable, en nous inspirant seulement des légendes dont il ne s'est point servi, — que, malgré l'heure avancée, je me hâtai d'aller voir au moins la seconde partie de l'opéra.

Il était huit heures, et le spectacle finissait à neuf.

Vous rappelez-vous cette grande salle, située au bout des allées de la promenade, et où nous avons vu représenter *Griseldis*, dans la loge de la famille Rothschild?... C'était beau, n'est-ce pas, cette pièce héroïque, qui a été en Allemagne le dernier soupir de la tragédie? Et quelle émotion l'actrice inspirait, même à ceux qui ne comprenaient pas la langue! et quel drame populaire que celui-là, dans lequel une reine est obligée, au dénoûment, de demander pardon à la fille d'un charbonnier!

La salle, cette fois, était garnie d'une foule plus compacte et plus brillante que celle que nous avions vue assister à *Griseldis*. C'est qu'ici comme partout la musique exerce l'attraction principale. La salle est fraîchement restaurée, jaune et or, — et l'on voit toujours au-dessus du rideau l'horloge qui, continuellement, indique l'heure aux spectateurs : attention toute germanique.

Lorsque j'entrai, on en était à cette scène de bal où l'on danse une sarabande dans laquelle chacun tient un flambeau à la main; rien n'est plus gracieux et plus saisissant. Chaque couple s'éloigne ensuite et disparaît tour à tour dans la coulisse, et le nombre des flambeaux diminuant ainsi, amène peu à peu l'obscurité, image de la mort. Puis le tamtam résonne et le diable paraît.

Quelle entrée! Alors éclate un chant de basse moitié mélancolique et moitié sauvage, tour à tour énergique et chevrotant, avec des modulations finales dans le goût du xviiie siècle, qu'interrompent des accords stridents. L'acteur a laissé quelque chose à désirer dans l'exécution de ce morceau, développé à la manière de l'air de la *Calomnie*. La musique de Spohr rappelle

beaucoup celle de Mozart. Ayez soin, si jamais vous mettez à
la scène un *Faust*, comme je crois que vous en avez l'intention, de faire le diable très-rouge de figure; c'est ainsi qu'on
le représente en Allemagne, et cela est d'un bon effet.

Ensuite, j'admirai la facilité des changements à vue : une
toile qui tombe et deux pans de coulisse qui avancent, voilà
tout, excepté dans les décorations compliquées. Nous étions
tout à l'heure dans un palais, nous voilà dans une rue; puis
voici la campagne éclairée des feux du soir. Faust roucoule
son amour à la blonde enfant qu'il aime, et le diable ricane
dans le fond, avec une ariette de vieux buveur.

Nous passons à une salle gothique : quatuor magnifique qui
finit par devenir une quintette. — Toute la salle éclate de rire.
Qu'est-ce donc? C'est le diable qui vient d'entrer avec un costume de jésuite; la ville protestante de Francfort se permet
cette allusion irrévérente. Le visage rouge du diable se découpe
comme un as de cœur entre la souquenille et le chapeau noirs.
Mais ce n'est plus le temps de rire; l'heure sonne au cadran
du ciel; Méphistophélès fait un signe; un démon entièrement rouge sort de terre et pose la main sur Faust : le diable
de la pièce est trop grand seigneur pour l'emporter lui-même.
Puis l'œil plonge dans les cavernes souterraines; une pluie de
fusées tombe du cintre... et le spectacle est terminé... à neuf
heures. Un théâtre qui a une horloge est un théâtre consciencieux. Aussitôt que la représentation dépasse l'heure de quelques minutes, on siffle. Je vous recommande aussi cela comme
amélioration à introduire chez nous.

Il n'y a rien à tirer du libretto que Spohr a réchauffé des
sons de sa musique; mais, à ce propos, je veux vous entretenir
de quelques recherches que j'ai faites sur ce personnage, en
traversant les Pays-Bas pour me rendre ici. Faust, pour un
grand nombre d'érudits, est le même que le Johann Fust, dont
le nom brille entre ceux de Gutenberg et Faust Schœffer, autour du célèbre médaillon des éditions stéréotypes. Il y a trois
têtes barbues qu'on a réunies, ne sachant au juste laquelle des

trois avait réellement inventé cette terrible machine de guerre appelée *la presse*.

Strasbourg célèbre Gutenberg; Mayence célèbre Faust. Quant à Schœffer, il n'a jamais passé que pour le serviteur des deux autres. Faust était orfévre à Mayence; Gutenberg, simple ouvrier, l'aida dans sa découverte, et cette union du capitaliste inventeur avec le travailleur ingénieux produisit ce dont nous usons et abusons aujourd'hui.

Faust était, dit-on, le gendre de Laurent Coster, imagier à Haarlem. Ce dernier avait déjà trouvé l'art d'imprimer les figures des cartes. Faust eut l'idée de tailler sur bois les légendes, c'est-à-dire les noms de *Lancelot*, d'*Alexandre* et de *Pallas*, qui, jusque-là, avaient été écrites à la main. Cette pensée en fit naître encore une autre chez Faust, ce fut de sculpter des lettres isolées, en bois de poirier, afin d'en former facultativement des mots. Gutenberg, chargé d'assembler ces lettres, eut, à son tour, l'idée de les faire fondre en plomb, et Schœffer, le travailleur en sous-ordre, qui, à ses moments perdus, était vigneron, conçut la pensée d'employer, pour la reproduction nette des caractères, une sorte de machine établie dans le système du pressoir qui foule les raisins.

Telle fut la triple combinaison d'idées qui sortit de ces trois têtes, semblable dans ses résultats aux trois rayons tordus de la foudre de Jupiter.

Rentrerons-nous dans le roman en admettant la légende qui suppose que Faust, s'étant ruiné dans les premiers frais de son invention, se donna au diable afin de pouvoir l'accomplir? Ceci est probablement une invention des moines du temps, irrités, et de l'effet prévu de l'imprimerie et du tort qu'elle leur faisait dans leurs intérêts comme copistes de manuscrits.

Voici comment quelques auteurs supposent que Faust conçut l'idée de la reproduction des lettres. — En sa qualité d'orfévre, il avait été chargé d'exécuter les fermoirs d'une Bible, dont le supérieur d'un couvent voulait faire présent à l'évêque de Mayence.

Il se rendit au couvent pour remettre son travail et se faire payer. On le fit attendre dans une salle, dont le centre était occupé par une vaste table, autour de laquelle une vingtaine de moines travaillaient assidûment.

A quoi travaillaient ces moines? Ils s'occupaient à gratter des manuscrits grecs et latins pour les rendre propres à subir une écriture nouvelle. Faust jeta les yeux sur un Homère dont les premières lignes allaient disparaître....

— Malheureux! dit-il au moine, que veux-tu écrire à la place de l'*Iliade*?

Et ses yeux tombaient attendris sur le vers qu'on peut traduire ainsi :

Il s'en allait le long de la mer retentissante.

En ce moment, le supérieur entrait. Faust lui demanda à quel usage on destinait ces feuilles quand elles seraient grattées.

Il s'agissait de reproduire un livre de controverse, *Thomas A'Kempis* ou quelque autre. Faust ne demanda d'autre prix de son travail que ce manuscrit qu'il sauva ainsi de la destruction. Les moines sourirent de sa fantaisie et de sa simplicité. Il fallait un écrit pour qu'il pût sortir du couvent avec le livre. Le prieur le lui donna obligeamment, et imprima son cachet sur le parchemin. Un trait de lumière traversa l'esprit de l'orfèvre, il pouvait s'écrier : *Eurêka!* comme Archimède. Et combien il faut reconnaître la main de la Providence dans la combinaison de deux idées, quand on songe que, depuis des milliers d'années, on avait imprimé des sceaux et des cachets avec légendes, des inscriptions même (comme on en a retrouvé à Pompéi), qui servaient à marquer les étoffes! Faust concevait la pensée de multiplier les lettres et les épreuves pour reproduire la parole écrite.

Faust emporta, comme la proie de l'aigle, le manuscrit et l'idée. Cette dernière ne se présentait pas encore nettement à son esprit.

— Quoi ! se disait-il, il peut dépendre de l'ignorance ou de l'intention funeste de quelques couvents de moines de détruire à tout jamais la tradition intelligente et libre de l'esprit humain ! Les chefs-d'œuvre des philosophes et des poëtes, qu'ils appellent profanes, pourraient entièrement périr par le crime d'un fanatisme aveugle, comparable à celui qui anéantit jadis la bibliothèque d'Alexandrie ! L'ordre d'un pape tel que Borgia, qui règne à Rome, suffirait pour faire exécuter cela dans toute la chrétienté ; car les moines sont à peu près les seuls dépositaires de ces trésors qu'ils prétendent conserver....

En se répétant cela, en serrant contre sa poitrine l'Homère qu'il venait de sauver, et qui peut-être était le dernier, Faust rêvait à la reproduction du cachet du supérieur, à la possibilité de graver des pages entières de lettres en relief qui viendraient se marquer sur des tablettes ou sur du vélin. Rentré dans sa maison et en proie aux combinaisons de son esprit, il ne songeait pas que la misère et le désespoir, cortége ordinaire du génie, venaient d'y pénétrer avec lui.

Peut-être est-ce l'idée de cette scène du barbet noir que Faust rencontre dans une promenade, et qui, une fois dans sa chambre, grandit jusqu'au plafond et révèle l'esprit du mal.

Tout le monde connaît les souffrances de l'*inventeur*, si admirablement décrites par Balzac dans *la Recherche de l'absolu* et dans *Quinola*. Celles de Faust, si l'on en croit les légendes, ne le cédèrent à aucun autre. Persécuté en Allemagne, il vint à Paris avec sa première Bible imprimée, et se présenta à Louis XI, qui d'abord l'accueillit bien. Mais le fanatisme guettait sa proie ; on parvint à le faire passer pour sorcier, et il faillit être brûlé en place de Grève, pour avoir vendu des Bibles entièrement semblables l'une à l'autre, et qui n'avaient pu être exécutées que par artifice diabolique....

C'est comme magicien que les légendes répandues ou fabriquées par les moines le considèrent principalement. Il en existe d'innombrables, tant en Allemagne qu'en France, où la *Biblio-*

thèque bleue a réuni ses exploits principaux. Le plus curieux de tous est celui qui consiste à avoir avalé sur une route une voiture de foin qui gênait son passage, — avec les chevaux et le cocher.

Il y a aussi la scène de fantasmagorie à la cour de l'empereur d'Allemagne, dans laquelle ce dernier prie l'enchanteur de le faire souper avec Alexandre, César et Cléopâtre ; ce qui, dit-on, eut lieu en effet.

Gœthe s'est servi, dans le second *Faust*, de cette anecdote, en la modifiant et en faisant apparaître Hélène ; ce qui appartient encore à la tradition primitive. On se demande pourquoi celle-ci suppose unanimement que Faust avait commandé au diable de ressusciter pour lui la belle Hélène de Sparte dont il eut un fils, et avec laquelle il vécut vingt-quatre ans, aux termes de son pacte ? Peut-être est-ce le souvenir de l'anecdote relative au manuscrit de l'*Iliade* qui conduisit à cette idée. L'admirateur d'Homère devait être en esprit l'amant d'Hélène.

Dans le *Faust* primitif qui se joue en Allemagne, sur les théâtres de marionnettes, on voit paraître ce personnage d'Hélène. Là, le diable s'appelle Gaspard, et un duc de Parme y joue le rôle de l'empereur, qu'on n'aurait pas sans doute laissé représenter sous forme de pantin.

On peut citer encore le roman de Klinger, sur *Faust*, écrit très-spirituellement à la manière de Diderot, et dans lequel o voit Faust porter son invention dans toutes les cours de l'Europe, sans réussir à autre chose que se faire rouer, pendre ou brûler, ce dont le diable le sauve toujours au dernier moment, en vertu de leur pacte. Dans chacun des pays où il se réfugie tour à tour, il ne voit que meurtres, débauches et iniquités ; en France, Louis XI ; en Angleterre, Glocester ; en Espagne, l'inquisition ; en Italie, Borgia.... Si bien que le diable lui dit :

— Quoi ! tu te donnes tant de peine pour ce misérable genre humain ?

— Pour le sauver! pour le transformer!... s'écrie Faust; car l'ignorance est la source du crime.

— Ce n'est pas, répond le diable, ce qui se dit dans l'histoire du pommier....

Il n'est pas dans tout cela question de Marguerite; c'est que Marguerite est une création de Gœthe, et même le type d'une femme qu'il avait aimée. Cette figure éclaire délicieusement toute la première partie de *Faust*, tandis que celle d'Hélène, dans la seconde partie, est généralement moins sympathique et moins comprise, quoiqu'elle appartienne exactement à la tradition.

Il y a encore à Francfort un autre théâtre qu'on appelle *Théâtre d'été;* on y jouait ce même jour une pièce en deux actes sur la jeunesse de Voltaire. L'affiche annonce que les spectateurs sont à couvert contre le soleil et la pluie, ce qui indique que c'est une sorte de théâtre forain.

II — LA STATUE DE GŒTHE

Vous comprenez, mon ami, combien j'ai été heureux en me levant, le lendemain matin, de rencontrer sur cette même place du théâtre, au milieu des arbres, un monument qui n'existait pas lorsque nous nous trouvions ici ensemble : la statue colossale de Gœthe, par Schwanthaler.

La place aussi, qui était appelée auparavant place de la Comédie, s'appelle aujourd'hui Gœthe-Platz. Francfort n'a dans ses murs que deux statues, celle de Gœthe et celle de Charlemagne : la première en bronze, l'autre en pierre rouge du Rhin.

Gœthe a été représenté dans l'attitude de la méditation, appuyé du coude sur un tronc de chêne autour duquel s'enlace la vigne. La composition est fort belle, ainsi que celle des bas-reliefs qui entourent le piédestal. On voit sur la face du devant trois figures, qui représentent la Tragédie, la Philosophie et la Poésie; sur les autres côtés, les principales scènes de ses drames, de ses poëmes et de ses romans. Werther et Mignon occupent une face entière, l'un ayant au bras Charlotte, l'autre accompagné du vieux joueur de harpe.

Après avoir admiré la statue, je suis allé voir la maison de la rue du Marché-aux-Herbes, où le poëte est né il y a juste cent un ans. Elle est indiquée par une plaque de marbre qui porte qu'il était né là le 28 août (*august* en allemand) 1749. Au-dessus de la grande porte, on voit un ancien écusson armorié, dont le champ d'azur, par un singulier hasard, porte une bande semée de trois lyres d'or.

Je suis entré dans la maison, et j'ai pu voir encore la chambre du poëte, avec sa petite table, ses chaises couvertes de vieux velours d'Utrecht, ses collections d'oiseaux, et le cadre où il a lui-même placé en évidence son brevet de président de la Société minéralogique de Francfort, dont il s'honorait plus que de tous ses autres titres. — En regardant du haut de ce troisième étage, qui donne à gauche sur une cour étroite, et à droite sur quelques toits entremêlés d'arbres, mais presque sans horizon, on comprend cette phrase de *Faust :*

« Et c'est là ton monde !... Et cela s'appelle un monde ! »

Les escaliers sont immenses, et, à chaque étage, on remarque d'immenses armoires sculptées dans le style de la Renaissance.

Je n'ai voulu qu'indiquer ici les deux points extrêmes de la vie du grand poëte, sa misère primitive en regard de la splendeur où se termina sa destinée.

Mais je ne vous ai pas encore dit le but de mon voyage. Je vais voir à Weimar les fêtes qui célèbrent après cent ans l'anniversaire de la naissance de Herder, l'ami de Gœthe. Le temps me presse.

Je n'ai pu donner qu'un coup d'œil d'admiration et de regret à cette belle promenade du Meinlust, où se croisent les allées d'ébéniers et de tilleuls qui bordent le fleuve. Au delà, le faubourg de Sachsenhausen étend, le long de la rive opposée, une ligne de blanches villas se découpant dans la brume et dans la verdure des jardins.

Les flottes pacifiques du Mein fendent au loin la surface unie des eaux, enflant à la brise du soir ces voiles gracieuses, qui rendent si pittoresques l'aspect des grands fleuves d'Allemagne. Un adieu encore à la cathédrale de Francfort, à cet édifice si curieux du Rœmer, où l'on voit les trente-trois niches de trente-trois empereurs d'Allemagne, établies d'avance avec tant de certitude par l'architecte primitif, qu'il serait impossible d'y loger un trente-quatrième César.

Victor Hugo a tracé une peinture impérissable de cette ville si animée et si brillante. Je me garderai d'essayer le croquis en regard du tableau. Aussi bien, quelque chose d'attristant plane aujourd'hui sur la cité libre, qui fut si longtemps le cœur du vieil empire germanique. J'ai traversé avec un sentiment pénible cette grande place triangulaire dont le monument central est un vaste corps de garde, et où l'on a rétabli les deux canons de bronze qui continuent à menacer Francfort et qui ne l'ont jamais défendu. J'ai jeté un dernier regard sur la verdoyante ceinture de jardins qui remplacent les fortifications; puis je suis allé prendre mon billet à l'*Eisenbahn* (chemin de fer) de Cassel.

Ce chemin de fer est une déception. On vous promet de vous faire arriver à Cassel directement et sans secousse, sauf une légère interruption d'un bout de ligne non terminé que desservent des omnibus. — La locomotive fume, elle crache, elle part. — Les locomotives allemandes ne sont pas douées de la puissance nerveuse que possèdent celles d'Angleterre et de Belgique.... (Je craindrais de faire de la réclame en parlant des nôtres.) Le spirituel écrivain viennois Saphir prétendait que les locomotives allemandes avaient des *motifs* pour rester *in loco;* cela tient, je pense, au désir de garder les voyageurs le plus longtemps possible dans cette multitude de petits États souverains qui ont chacun leur douane, leurs hôtels, ou même leurs simples buffets de station dans lesquels le vin, la bière et la nourriture se combinent pour vous donner une idée avantageuse des productions du pays. Dans les voitures, on fume; dans les stations, on boit et on mange. C'est toujours par ces

deux points essentiels qu'il a été possible de dompter les vel-
léités libérales de ce bon peuple allemand.

A dix heures, après nous être suffisamment amusés sur ce
brimborion de chemin de fer, nous arrivons à la station des
omnibus intermédiaires. On charge les bagages ; on prend
place dans un berlingot à rideaux de cuir, qui doit remonter
au temps du baron de Thunder-ten-Tronck, et qui a peut-être
servi de calèche à la belle Cunégonde. J'ai trouvé là, du reste,
une fort aimable société d'étudiants, vêtus du costume classique : pantalon blanc collant, bottes à l'écuyère, redingote de
velours à brandebourgs de soie, pipe à long tuyau emmanchée
d'un fourneau en porcelaine peinte, qui fonctionne abondamment. J'entendais retentir à tout propos dans la conversation le
nom de M. Hassenpflug, qu'ils prononçaient *Hessenfluch* (malheur de la Hesse). L'Allemagne aime beaucoup les calembours
par à peu près.

A minuit, on changea de voiture dans un village, en nous
laissant une demi-heure sur le pavé, par une pluie très-fine.
Deux heures plus tard, nous sommes encore transvasés dans
une nouvelle patache, et une autre fois encore, vers trois heures
du matin. A six heures, nous descendions à Marburg.

III — EISENACH

Nous voilà enfin sur un nouveau chemin de fer qui appartient au territoire de la Hesse. Le nom de M. Hassenpflug
revient plus fréquemment encore, criblé d'imprécations cette
fois par des bourgeois, non moins bruyants dans leur haine
que les étudiants. Cependant, ces cris s'évaporaient en fumée à
travers les nuages des longues pipes, et, quand j'arrivai à
Cassel, je trouvai à cette petite ville l'aspect morne et paisible
que présentait Paris l'avant-veille de la révolution de Juillet.
On fumait, on consommait beaucoup de bière, mais on ne dé-
pavait pas.

II. 29

Cassel est une ville monotone, avec un château qui semble une caserne, des églises surmontées de clochers aigus, couverts d'ardoises, quelques-uns renflés en boule, comme si l'on y avait enfilé d'énormes oignons. Je ne pensai pas que le spectacle d'une révolution commençante, mais pacifique, valût ce que j'allais voir, c'est-à-dire l'inauguration de la statue de Herder et la fête de Gœthe, à Weimar. — Je repris le chemin de fer pour Eisenach.

Mon esprit, agité par les conversations révolutionnaires de la nuit, reprenait du calme en franchissant les limites de ce beau pays de Thuringe, séjour d'une population intelligente et plein de souvenirs poétiques et légendaires.

A Eisenach, on s'arrêta trois heures. C'était juste le temps qu'il fallait pour aller visiter le château de la Wartburg, deux fois célèbre par les anciennes luttes de chant et de poésie des *minnesingers* (ménestrels), et par le séjour de Luther, qui y trouva à la fois un abri et une prison.

Après avoir traversé la petite ville d'Eisenach, simple localité allemande, dépourvue de beautés artistiques, on voit le terrain s'élever. Une verte montagne, couverte de chênes, qu'on avait aperçue de loin, s'ouvre à vous par une longue allée de peupliers d'Italie, entremêlés de sr biers dont les grappes éclatent dans la verdure comme des grains de corail. Après une heure de marche, on aperçoit le vieux château de la Wartburg, dont les bâtiments, construits en triangle, n'offrent aucune recherche d'architecture, aucun ornement. Il faut se contenter d'admirer la hauteur des murailles grises se découpant sinistrement sur la verte pelouse qui l'entoure, et commandant au delà des vallées profondes.

L'intérieur n'a de curieux qu'un musée d'armures anciennes, et les deux salles gothiques où l'on retrouve les souvenirs de Luther : la chapelle, avec la haute tribune où il prêchait la réforme; et le cabinet de travail où il passa trois jours en extase et où il jeta son encrier à la tête du diable. On montre toujours l'encrier et la tache d'encre répandue sur la muraille.... Mais le diable, intimidé par la malice des esprits modernes, n'ose plus se faire voir de notre temps !

Deux heures après, j'avais traversé Gotha et Erfurth. L'aspect d'une vallée riante, d'un groupe harmonieux de palais, de villas et de maisons, espacés dans la verdure, m'annonça la paisible capitale du grand-duché de Saxe-Weimar.

IV — LES FÊTES DE WEIMAR — LE *PROMÉTHÉE*

« Commençons par les dieux.... » Le 25 *august*, comme disent les Allemands, — et nous savons aussi que Voltaire donnait ce nom au mois d'août, — a été le premier jour des fêtes célébrées dans la ville de Weimar, en commémoration de la naissance de Herder et de la naissance de Gœthe. Un intervalle de trois jours seulement sépare ces deux anniversaires ; aussi les fêtes comprenaient-elles un espace de cinq jours.

Un attrait de plus à ces solennités était l'inauguration d'une statue colossale de Herder, dressée sur la place de la cathédrale. Herder, à la fois homme d'Église, poëte et historien, avait paru convenablement situé sur ce point de la ville. On a regretté cependant que ce bronze ne fît pas tout l'effet attendu près du mur d'une église. Il se serait découpé plus avantageusement sur un horizon de verdure, ou au centre d'une place régulière.

Arrivé un jour trop tard pour voir l'inauguration de la statue, à cause du retard éprouvé sur le prétendu chemin de fer de Francfort à Cassel, j'ai pu du moins admirer cette statue et assister aux fêtes des jours suivants. Je dois donc, pour atteindre une complète exactitude, traduire la relation détaillée de cette cérémonie, qui doit intéresser les artistes ainsi que les littérateurs.

L'Allemagne élève tous les jours de nouveaux monuments destinés à glorifier et à populariser ses hommes les plus remarquables. Ce fait peut être attribué, en partie, à l'impulsion énergique donnée par le roi Louis de Bavière à tous les arts,

mais en particulier à la sculpture, et qui ne se borna point
aux frontières de ses États.

Il voulut faire surgir des œuvres d'art assez durables pour
représenter aux siècles futurs les siècles passés ; et ceux en qui
la nature avait déposé l'étincelle inspiratrice vinrent exécuter
de si belles résolutions. Savons-nous si, sans être secondé par
la volonté et les immenses sacrifices que ce souverain faisait
aux arts, Schwanthaler eût pu faire connaître au monde toute
la portée de son génie? Autour de cet illustre maître, Munich
vit avec orgueil se grouper bientôt d'autres artistes distingués,
et bientôt aussi tous les pays de l'Allemagne, enviant à la Bavière
de telles richesses, essayèrent de suivre son noble exemple. Ils
ornèrent leurs grandes villes de monuments, et souhaitèrent,
avec un juste discernement, qu'elles fussent d'abord honorées
par les produits de la statuaire, rappelant le souvenir des
grands hommes qui les avaient illustrées. Peu à peu tous les
héros se virent ressuscités et dominèrent, du haut de leur pié-
déstal, les lieux qu'ils avaient enrichis de leur célébrité.

Entre toutes les villes de l'Allemagne, il en était une d'importance politique très-secondaire, mais qui, par un concours
de circonstances qu'avait provoquées le génie d'un grand
prince, comme l'était Charles-Auguste, ayant acquis un immortel renom, s'élevait, dans la sphère intellectuelle, au-dessus
des plus grandes capitales, et avait mérité le surnom de *Nouvelle Athènes*.

A cette ville s'adjoignait l'université d'Iéna, placée à sa
porte, et dont les nombreuses chaires avaient retenti de la
parole des plus hautes illustrations scientifiques et littéraires
de ce pays, durant les dernières années du siècle précédent et
les premières de celui-ci. Invitées, encouragées par l'hospitalité généreuse d'un souverain qui eût pu donner son nom à son
époque, les supériorités de tout genre que l'Allemagne possédait, s'étaient longtemps rencontrées, comme hôtes constants
ou comme visiteurs passagers, dans la verdoyante enceinte de
Weimar.

Cette ville semblait donc devoir être une des premières favorisées par l'empressement que les populations témoignaient à ériger des statues à leurs grands hommes. Il n'en fut pourtant pas ainsi. Il est vrai que, dans le nombre des rares génies qui passèrent leur vie à Weimar, il en est peu qui y aient vu le jour. Néanmoins, comme Weimar s'était si fièrement passée de leur gloire, il était assez simple de s'attendre qu'elle songerait à remplir les charges attachées à tous les bénéfices; et nous ne sommes sans doute pas les premiers à remarquer avec étonnement que les statues de Schiller et de Gœthe s'élevaient à Stuttgard et à Francfort, avant que le moindre monument fût placé à Weimar, en souvenir d'aucun des hommes auxquels cette ville doit sa renommée. Son prince lui-même, ce Périclès, ce Médicis de l'Allemagne, ne fut point réveillé de son cercueil, et rendu à la vie et au respect de ses sujets.

La loge franc-maçonnique de Darmstadt résolut, il y a quelques années, de combler ce vide, en partie du moins : elle ouvrit une souscription pour une statue de Herder. On s'adressa aussitôt à un des artistes les plus distingués de Munich, et M. Schaffer fut chargé d'en faire le dessin.

Ici, nous ne saurions faire autrement que de rappeler encore le généreux amour de l'art, l'intelligente entente du sentiment national, dont le roi Louis de Bavière fit si souvent preuve, et de citer un trait qui mérite d'être connu. En visitant un jour l'atelier de M. Schaffer, il y vit le dessin de la statue de Herder, et, après l'avoir examiné, il répéta plusieurs fois avec humeur le mot *Trop petit! trop petit!* Peu de temps après, le roi revint, demanda à revoir l'esquisse, et répéta les mêmes paroles. L'artiste lui fit remarquer que la statue devait avoir neuf pieds de haut, et que les proportions paraissaient répondre aux exigences habituelles de pareils monuments.

— Vous ne me comprenez pas, reprit le roi; si elle était deux fois plus haute, ce serait encore *trop petit.* Il faut pour Weimar un groupe représentant Charles-Auguste entouré des quatre grands poëtes qui furent les astres de son règne, et, si on vous le commande, vous pouvez assurer que, pour ma part, je me charge des frais du bronze et de la fonte de ce monument.

Comment se fait-il qu'une si noble proposition soit restée sans réponse, et que Weimar n'ait pas concentré toutes ses ressources sur le devoir qui lui était fait de contribuer à un si patriotique dessein? C'est une de ces énigmes dont la solution ne sera point recherchée.

La souscription proposée et ouverte par les francs-maçons pour la statue de Herder se propagea avec activité et par le concours de toute l'Allemagne, ainsi que par celui de tous ses enfants disséminées dans les pays les plus éloignés, et jusqu'en Amérique. Elle atteignit une somme suffisante : dès que le chiffre fut obtenu, la statue dut être coulée par M. Schaffer, qui la termina au printemps de cette année. Nous l'avons longtemps contemplée, c'est-à-dire longtemps admirée, la couleur du bronze est trop claire et peut-être trop éclatante. Le piédestal est en marbre de Thuringe, d'une teinte verdâtre, et porte le nom et la date de la naissance et celle de la mort du poëte. Au dessous, on lit encore ces mots : *Von Deutschen allen Landen.* (Érigée *par les Allemands de tous les pays.*) La statue est très-heureusement conçue, et l'auteur l'a empreinte d'une rare noblesse. Il a réussi à rendre, en l'idéalisant, le caractère de son modèle, dans l'attitude qu'il a donnée à son corps, et dans l'expression qu'il a imprimée à son visage. Le jour anniversaire de la naissance du poëte, 25 août, fut fixé pour l'inauguration du monument : cette date précède de peu celle du 28 août, que toute l'Allemagne avait célébrée l'année dernière, comme étant le centième anniversaire de la naissance de Gœthe.

Weimar, comme patrie adoptive de ces deux grands hommes et de tant d'autres célébrités, avait réuni toutes les forces dont elle disposait pour célébrer la mémoire de Herder, et commémorer une fois de plus celle de Gœthe. On fixa donc pour cette époque la représentation de quelques œuvres dramatiques, et l'exécution de grandes compositions lyriques; car cette ville, possédant actuellement une des renommées musicales les plus brillantes de notre temps, le principal intérêt de ses habitants se concentre sur le développement qu'y acquiert la musique. Ce développement est dû à la protection que lui accorde une souveraine qui possède cet art, dit-on, à un haut degré, et qui, instruite de tous ses secrets, peut en apprécier et en goûter toutes les grandeurs, toutes les beautés, toutes les finesses, ainsi qu'à l'intelligente et infatigable activité que Listz déploie pour amener les faibles ressources qu'il a trouvées dans cette ville à produire tout ce qu'il est possible de leur demander. L'attrait que ces fêtes pouvaient offrir aux étrangers reposait encore, cette année comme la précédente, sur le festival dont elles devaient être l'occasion. L'inauguration de la statue de Herder a eu lieu le 25 au matin. La garde nationale et toutes les corporations de la ville ont défilé en nombre imposant. La place était remplie d'une foule silencieuse et émue. Quelques discours furent prononcés; celui du conseiller Scholl, président du comité, qui s'était occupé de cette entreprise, fut seul entendu : les paroles des autres orateurs furent complétement perdues pour tous ceux qui ne les entouraient pas immédiatement, et surtout pour la famille souveraine à laquelle elles s'adressaient souvent, et qui, d'une tribune située de l'autre côté de la place, n'en pouvait certes distinguer un seul mot. Le dernier de ces discours fut celui du conseiller docteur Hom, collègue et ami de Herder, et dont l'âge, par conséquent, ne pouvait guère permettre une haute élocution. A cet instant, ce fut encore la musique qui fixa le plus l'attention des spectateurs. Le cortége défila aux sons d'une belle marche de Listz, et la statue fut dévoilée pendant qu'on chantait un chœur composé par lui sur des vers écrits par le conseiller Scholl, qui paraphrasaient, avec une heureuse ampleur de pensées et de sentiments, la devise adoptée par Herder, gravée sur sa tombe et inscrite sur le rouleau que la statue tient dans sa main droite : *Lumière, vie, amour.*

L'effet de ce chœur fut saisissant, et le temps de sa durée, le

plus émouvant de la cérémonie. Les paroles que chacun lisait
trouvaient une si puissante vibration dans ces accords lon-,
guement modulés, que tous les cœurs tressaillirent.... Là statue
dé Herder est posée très-près de l'église cathédrale, et ne
ressemble pas mal à celle d'un saint quelque peu sorti de sa
niche. Le choix de cet emplacement nous a paru peu heureux.
L'église cathédrale possède déjà les cendres de ce prédicateur
qui fit si souvent retentir ses voûtes de sa voix d'une persuasive
douceur. Mais on pourrait croire à une étrange méprise sur le
génie poétique et philosophique de cet écrivain, de la part de
ceux qui se sont le plus ardemment occupés de sa glorification, en le voyant adossé aux murs d'un temple dans lequel il
n'enfermait ni sa pensée, ni sa croyance. Cet esprit amoureux
du mythe, du symbole, de l'allégorie, de l'emblème, se fût
trouvé peu à l'aise, s'il avait dû à jamais borner ses rêveries
poétiques et ses spéculations philosophiques par l'infranchis-
sable enceinte d'un dogme positif, tel que le représente nécessairement un autel, un prêtre, un rite. Nous aurions cru plus
appropriée à son génie une place de la ville plus fréquentée que
ne l'est celle qui a été choisie. *Humanité*, tel est le mot par
lequel on est convenu de résumer toute la direction de sa
pensée et de ses sentiments. *Lumière, vie, amour*, telle fut sa
devise. Dans aucun de ces mots, d'une si vague application,
ne se trouve résumée clairement la foi aux mystères chrétiens,
telle qu'on s'attend à la trouver dans ceux dont l'image ne doit
point quitter les saints murs d'une église.

   Quittons maintenant la statue de Herder, pour arriver à
l'exécution du *Prométhée*, vaste composition doublement *lyrique*, dont les paroles, écrites jadis par Herder, ont été mises
en musique par Listz. C'était l'hommage le plus brillant que
l'on pût rendre à la mémoire de l'illustre écrivain.

   Dans la journée, la chambre de Herder fut ouverte au public. On y voyait trois portraits du poëte, le représentant à
différents âges et entourés de fleurs ; son pupitre, meuble
chétif de bois peint en noir, sa Bible aux fermoirs d'or avec

son chiffre, et les signets encore placés par sa main. Dans une boîte sous verre, on avait réuni des objets qui lui avaient appartenu, ses dernières plumes, un bonnet brodé, sorti des mains de la duchesse Amélie, et des vers pour sa femme, qu'il avait dictés à ses enfants.

On voyait dans la cérémonie un cortége d'enfants, parmi lesquels marchaient les petits-fils de ses fils; car la naissance de Herder remonte à plus d'un siècle. — Mais l'Allemagne, bonne mère, n'oublie rien de ce qui peut ajouter de l'éclat ou de la grâce au culte de ses grands hommes.

Le cortége d'enfants, vêtus de blanc et couronnés de feuilles de chêne, se dirigea vers une place, située sur le chemin de Weimar à Ellersberg (résidence du prince héréditaire). Ce lieu était la promenade favorite du poëte, et s'appelle aujourd'hui le *Repos de Herder*.

Le soir du 24, veille de la fête, avait eu lieu au théâtre la représentation de *Prométhée délivré*, poëme de Herder qui n'avait pas été écrit pour la scène, mais dont Listz avait mis en musique les chœurs, en faisant précéder l'ouvrage d'une ouverture. Les vers du poëme étaient déclamés. Le succès de cette représentation fut immense, et Listz a été prié de transformer cette œuvre en une symphonie dramatique complète, qui aura toute l'importance d'un opéra.

N'étant arrivé que le second jour des fêtes, ainsi que je l'ai déjà dit, je n'ai pu assister à la représentation du *Prométhée délivré*. Il ne me reste que la ressource de traduire une analyse allemande que j'ai tout lieu de croire exacte.

Herder n'écrivit jamais pour le théâtre. — Toutefois, on rencontre dans ses ouvrages plusieurs poëmes dialogués, qu'il intitulait *Grandes scènes dramatiques*. Presque toutes sont empreintes de symbolisme. Dans quelques-unes, chacun des personnages est allégorique. Dans quelques autres, des noms de héros servent à représenter vivement à l'imagination telles ou telles pensées. De toutes ces esquisses, la plus heureuse, sans contredit, est le *Prométhée délivré*. La figure principale, étant une des plus grandioses conceptions de l'antiquité, domine puissamment tout le groupe d'idées que Herder a rattaché à cette tradition, qui a si vivement frappé les plus grands génies parmi les premiers chrétiens, tels que Tertullien et autres.

L'auteur nous représente d'abord Prométhée seul et souffrant sur son rocher. Comme dans la tragédie d'Eschyle, les océanides arrivent à lui, mais pour se plaindre des hardiesses des hommes, qui domptent les fureurs de tous les éléments, et se rient de leurs obstacles. Prométhée, à ce récit, saisi d'un élan prophétique, voit d'avance leur puissance sur la nature augmenter, s'agrandir et atteindre à une souveraineté qui doit un jour soumettre à leurs désirs toutes les forces du globe, leur domaine. Aux océanides succèdent les dryades, conduites par Cybèle. La terre se plaint de perdre sa beauté virginale, sa richesse première, d'être labourée, éventrée par le soc des charrues, dépouillée par la hache, mutilée par les travaux des hommes. Mais Prométhée prévoit qu'une harmonie suprême succédera à ce désordre transitoire. Il voit dans une sorte d'extase l'humanité chercher, à travers les peines et les douleurs, au milieu des maux et des souffrances de tout genre, une mystérieuse solution, problème de son existence, et il prophétise une ère nouvelle où la nature sera appelée à porter des fruits bénis pour tous ses enfants, sans qu'une sueur aussi amère et un sang aussi généreux viennent incessamment souiller, en les fécondant, ses tristes sillons. Cérès apparaît, et la déesse des moissons, amie des hommes, vient saluer Prométhée et lui parler de cet âge d'or encore à naître.

Un douloureux frémissement saisit le titan prisonnier. A ses regards se déroule la longue suite des tourments qui doivent accabler sa race chérie, avant que cette époque fortunée vienne à luire. Et, dans un cruel désespoir, il ne sent que l'atteinte de tant de désolations. Bacchus vient rejoindre Cérès et offre d'unir, pour consoler tant d'infortunes, les joies de l'inspiration aux bienfaits que répandra la bonne déesse sur ces âpres malheurs. En recevant ce don dangereux, cet Isaïe de la Grèce antique déplore les égarements qui accompagneront, parmi les hommes, les vives lueurs de l'inspiration ; et, pendant que son âme est en proie à ce martyre des tristes prévisions, un chœur infernal se fait entendre. Ce sont les voix de l'Érèbe qui doivent rendre leurs victimes ; c'est Alcide, l'emblème des *forces généreuses*, qui descend aux enfers et leur arrache Thésée. Soudain il apparaît avec le héros sauvé, et, apercevant Prométhée, il tue le vautour, il brise les chaînes rivées par Jupiter, l'usurpateur, dont Prométhée ne reconnut jamais le sceptre arbitraire. Le fier supplicié, après sa délivrance, adresse un touchant adieu au roc, témoin de ses longues misères, et Alcide le mène devant le trône de sa mère Thémis. Il contemple enfin la *justice suprême*, et Pallas, dont la *sagesse* avait présidé à son œuvre, appelle toutes les Muses pour célébrer et chanter sa gloire.

Il est aisé de voir combien, sous la richesse des pensées qui s'entrelacent dans ces scènes diverses, l'art musical devait trouver de nombreux motifs et de plus nombreuses difficultés. Cette composition poétique est trop courte pour jamais pouvoir être adoptée par le théâtre, d'autant plus que l'action n'est point pour cela assez dramatique. Néanmoins, elle serait trop longue pour former un texte à une œuvre purement musicale. Si nous étions à même d'exprimer notre avis à ce sujet, nous conseillerions volontiers à Listz de tailler dans cette riche étoffe un de ces *oratorios profanes*, comme on les appelle en Allemagne, et que nous nommerions symphonies avec chant. Pour cela, il devrait nécessairement raccourcir, modifier les vers mis dans la bouche des divers personnages par le poëte allemand, dont Listz a conservé intégralement les chœurs, remarquables par leur variété, leur beauté et leur grâce.

Nous avons tout lieu de croire que c'est par une sorte de piété pour la mémoire de Herder qu'on célébrait, que Listz a voulu faire réciter ce poëme avec une si scrupuleuse exactitude. C'est sous forme de mélodrame que cette œuvre fut représentée le soir du 28 août. Les premiers artistes dramatiques du théâtre en déclamèrent les rôles. La mise en scène était brillante. Le peu de mouvement, l'absence totale de situations passionnées furent heureusement remplacés par un effet de décorations scéniques assez neuf. Les costumes antiques se prêtèrent à de beaux groupes et offrirent à chaque fois un tableau attachant pour les yeux. Le succès de cette représentation devint très-grand.

L'ouverture de Listz a été considérée par les musiciens, rassemblés à cette solennité, comme une œuvre d'une haute portée. Les vieux maîtres et les jeunes disciples admirèrent surtout un morceau fugué, dont l'impression est grandiose, la structure très-savante, le style sévère et plein de clarté. Le commencement de l'ouverture est aussi sombre que pouvaient l'être les solitaires nuits du prisonnier sur les roches caucasiennes. Les éclats d'instruments en cuivre frappent l'oreille comme le battement des ailes de bronze du vautour fatidique. La première scène de la tragédie d'Eschyle est forcément évoquée devant notre souvenir par ces accords brusques et impérieux, et l'on croit voir la *Force brutale*, l'envoyée criminelle de Jupiter, rivant les chaînes du bienfaiteur des hommes.

Au silence qui suit cette introduction succèdent des gémissements étouffés que les violoncelles font entendre avec angoisse, jusqu'à ce qu'une phrase, empreinte d'un sentiment ému, comme une prière, comme une piété, comme une promesse, comme une bénédiction, soit suivie d'un morceau largement traité dans le style fugué. Un calme imposant règne dans cette partie et fait ressortir encore davantage la fougue entraînante et la majesté triomphale de la *stretta*.

Si nous avions à faire une analyse musicale de l'œuvre de Listz, telle qu'il l'a donnée ce jour-là, il nous serait impossible de ne point parler en particulier de chacun de ses chœurs; nous nous bornons, toutefois, à rendre compte de l'impression générale qu'en a eue le public.

Le chœur des océanides, auquel se joignent les voix des tritons, a rencontré des applaudissements unanimes. Il s'y trouve d'heureux contrastes, des transitions imprévues. Sur une phrase lente et grave, le mot de *paix* flotte comme un souffle divin, et une solennité d'un caractère religieux empreint l'accompagnement instrumental; après quoi, les fanfares éclatent et les voix se modulent sur un rhythme de marche si mélancolique, que l'oreille l'aspire avidement et le garde longtemps. Les dryades s'avancent comme en silence d'abord, et l'on n'entend qu'un murmure dans les instruments à cordes, si léger qu'il semble un bruissement de feuillage formé par le plus imperceptible souffle. Peu à peu ces sons, à peine distincts, deviennent des mots; mais ils sont si doucement articulés, le chant est si vaporeux, son accompagnement si diaphane, qu'ils semblent arriver à travers l'écorce des arbres, du fond des calices des plantes, comme un soupir exhalé par une végétation qui emprisonne des âmes.

Le chœur des moissonneurs et moissonneuses est celui qui a excité la plus bruyante admiration dans cette soirée. Un chant d'alouette se dessine avec délicatesse sur une orchestration aussi sobre que fine. Le sentiment en est pur, calme, comme celui d'une allégresse sereine. Nous avons été tenté, dans le premier moment, d'associer dans notre pensée l'impression délicieuse, produite par ces accents vibrants d'une si chaste sonorité, avec celle que réveille dans l'âme le magnifique tableau des *Moissonneurs* de Robert. Mais, en écoutant encore ce morceau, qu'on a bissé, nous avons senti que la différence de coloris qui existait entre ces œuvres, également belles, inspirées par des sujets analogues, laissait les émotions qu'elles produisent apparentées entre elles, mais non complétement identiques.

Le pinceau de Robert nous retrace une nature plus vigoureuse, et nous sommes surtout frappés par la chaleur des rayons de son soleil, et les brillants reflets de son atmosphère, baignant de leurs riches lumières ces visages mâles, en qui le travail n'a pas abattu un joyeux sentiment de la vie. Les notes de Listz nous font rêver à des organisations plus délicates, plus éthérées, plus poétiquement idéales. Quelque chose du recueil-

lement involontaire de l'innocence se révèle dans ce chant
d'une si charmante modulation, et nous reporte comme en
songe vers ces existences paradisiaques qui eussent été le
partage de l'homme, dit-on, alors que le mal n'eût pas été
connu.

Sans nous arrêter au chœur infernal, dont la déclamation
rappelle le style de Gluck, et produit une terreur infinie,
sourde et pénible comme l'approche d'une puissance malfai-
sante, nous ne parlerons que du chœur des Muses, qui termine
la pièce, et qui nous paraît le plus grandement conçu. Il est
simple et richement nuancé, plein de force et de grâce en même
temps. Il s'évase comme la large coupe de ces fleurs monopé-
tales au tissu aussi ferme et moelleux que le velours, aux rai-
nures accentuées et aux suaves parfums.

Listz, en entreprenant cette tâche, avait hasardé une difficulté des plus malaisées à vaincre. Il lui fallait trouver un style
musical approprié à une œuvre assez étrange, qui n'avait pour
ainsi dire ni sol ni cadre. Il lui fallait conserver un caractère
d'unité au milieu d'une grande diversité de motifs, ne point
s'éloigner de la majesté et de la plasticité antiques ; mouve-
menter et passionner des personnages symboliques ; donner un
corps et une vie à des idées abstraites ; formuler en plus des
sentiments profonds et violents, sans l'aide de l'intrigue dramatique, sans le secours de la curiosité qui s'attache à la succession des événements. Par la beauté frappante et l'attrait
incontestable de ses mélodies, il a échappé aux dangers contra-
dictoires de sa tâche, et son œuvre a eu le singulier bonheur
de surprendre, en les charmant, les personnes du monde, qui
ne s'attendaient pas, vu la hauteur d'un sujet si imposant, à y
trouver tant de morceaux, non-seulement à leur portée, mais
si bien faits pour les séduire, en même temps que pour étonner les maîtres de l'art par un mérite si sérieux.

V — *LOHENGRIN*

Comme nous l'avons dit plus haut, le 25, la statue a été découverte au milieu d'une grande affluence, des corps d'état et des sociétés littéraires et artistiques. Un grand dîner, donné à l'hôtel de ville, a réuni ensuite les illustrations venues des divers points de l'Allemagne et de l'étranger. On remarquait là deux poëtes dramatiques célèbres, MM. Gutzkow et Dingelstedt. Ce dernier avait composé un prologue qui fut récité au théâtre le 28, jour de l'anniversaire spécial de Gœthe.

On a donné aussi, ce jour-là, pour la première fois, *Lohengrin*, opéra en trois actes, de Wagner. Listz dirigeait l'orchestre, et, lorsqu'il entra, les artistes lui remirent un *bâton de mesure* en argent ciselé, entouré d'une inscription analogue à la circonstance. C'est le sceptre de l'artiste-roi, qui provoque ou apaise tour à tour la tempête des voix et des instruments.

Le *Lohengrin* présentait une particularité singulière : c'est que le poëme avait été écrit en vers par le compositeur. — J'ignore si le proverbe français est vrai ici, « qu'on n'est jamais si bien servi que par soi-même; » toujours est-il qu'à travers d'incontestables beautés poétiques, le public a trouvé des longueurs qui ont parfois refroidi l'effet de l'ouvrage.

Presque tout l'opéra est écrit en vers *carrés* et majestueux, comme ceux des anciennes épopées. Il suffit de dire aux Français que c'est de l'*alexandrin* élevé à la troisième puissance.

Lohengrin est un chevalier errant qui passe par hasard à Anvers, en Brabant, vers le XIe siècle, au moment où la fille d'un prince de ce pays, que l'on croit mort, est accusée d'avoir fait disparaître son jeune frère dans le but d'obtenir l'héritage du trône en faveur d'un amant inconnu.

Elle est traduite devant une cour de justice féodale, qui la condamne à subir le *jugement de Dieu*. Au moment où elle désespère de trouver un chevalier qui prenne sa défense, on voit arriver Lohengrin, dans une barque dirigée par un cygne.

Ce paladin est vainqueur dans le combat, et il épouse la princesse, qui, au fond, est innocente, et victime des propos d'un
couple pervers qui la poursuit de sa haine.

L'histoire n'est pas terminée; il reste encore deux actes, dans
lesquels l'innocence continue à être persécutée. On y rencontre
une fort belle scène dans laquelle la princesse veut empêcher
Lohengrin de partir pour combattre ses ennemis. Il insiste et
se livre aux plus grands dangers; mais un génie mystérieux le
protége, — c'est le cygne, dans le corps duquel se trouve l'âme
du petit prince, frère de la princesse de Brabant, — péripétie
qui se révèle au dénoûment, et qui ne peut être admise que
par un public habitué aux légendes de la mythologie septentrionale.

Cette tradition est du reste connue, et appartient à l'un des
poëmes ou *roumans* du cycle d'Artus. — En France, on com-
prendrait *Barbe-Bleue* ou *Peau-d'âne;* il est donc inutile de
nous étonner.

Lohengrin est un des chevaliers qui vont à la recherche de
Saint-Graal. C'était le but, au moyen âge, de toutes les expédi-
tions aventureuses, comme, à l'époque des anciens, la Toison
d'or, et aujourd'hui la Californie. Le Saint-Graal était une
coupe remplie du sang sorti de la blessure que le Christ reçut
sur sa croix. Celui qui pouvait retrouver cette précieuse relique
était assuré de la toute-puissance et de l'immortalité. — Lohengrin, au lieu de ces dons, a trouvé le bonheur terrestre et l'a-
mour. Cela suffit de reste à la récompense de ce chevalier.

La musique de cet opéra est très-remarquable et sera de
plus en plus appréciée aux représentations suivantes. C'est un
talent original et hardi qui se révèle à l'Allemagne, et qui n'a
dit encore que ses premiers mots. On a reproché à Wagner
d'avoir donné trop d'importance aux instruments, et d'avoir,
comme disait Grétry, mis le piédestal sur la scène et la statue
dans l'orchestre; mais cela a tenu sans doute au caractère de
son poëme, qui imprime à l'ouvrage la forme d'un drame lyrique plutôt que celle d'un opéra.

Les artistes ont exécuté vaillamment cette partition difficile, qui, pour en donner une idée sommaire, semble se rapporter à la tradition musicale de Gluck et de Spontini. La mise en scène était splendide et digne des efforts que fait le grand-duc actuel pour maintenir à Weimar cet héritage de goût artistique qui a fait appeler cette ville l'Athènes de l'Allemagne.

La salle du théâtre de Weimar est petite et n'est entourée que d'un balcon et d'une grille; mais les proportions en sont assez heureuses et le cintre est dessiné de manière à offrir un contour gracieux aux regards qui parcourent la rangée de femmes bordant comme une guirlande non interrompue le rouge ourlet de la balustrade. L'absence de loges particulières et la riche décoration de la loge grand-ducale lui donnent tout à fait l'apparence d'un théâtre de cour, et l'effet général est loin d'y perdre. L'œil n'est heurté ni par ce mélange de jolies figures de femmes et de laides figures d'hommes qu'on remarque ailleurs sur le devant des loges et des amphithéâtres, ni par cette succession de petites boîtes ressemblant tantôt à des tabatières, tantôt à des bonbonnières, qui divisent d'une façon si peu gracieuse les divers groupes de spectateurs.

Mais revenons à Wagner, le poëte et le compositeur de la soirée. Les difficultés de tout genre que renfermait son opéra semblaient devoir en réserver l'exécution aux plus grands théâtres seulement. Or, Wagner, mêlé aux événements de Dresde du mois de mai 1849, connu pour ses opinions démocratiques, réfugié en Suisse, n'eût probablement point trouvé, à l'heure qu'il est, et de longtemps encore, un théâtre de quelque grande capitale qui eût consenti à mettre son opéra au répertoire, d'autant plus que cet opéra n'est point écrit en vue d'un succès banal. On doit une véritable reconnaissance à la cour éclairée de Weimar, qui étend sa protection aux œuvres de génie, sans s'informer de ce qui n'est point du domaine de l'art.

Wagner révèle dans ses œuvres littéraires et musicales une âme poétique, une intelligence cultivée, un esprit vif, fin, acéré, qui, comme une flèche, atteint au cœur, soit pour tou-

cher, soit pour blesser. Dans sa jeunesse, il voulait embrasser
la carrière d'auteur dramatique, et se sentait porté à ressusciter
la tragédie germanique, telle que l'ont créée ses illustres maîtres. L'influence du drame bourgeois, qui envahissait la scène
allemande, lui paraissait fatale. Son imagination ardente demandait aux ressources dont dispose le théâtre de mettre en jeu
des éléments plus imposants, de parler au cœur et à l'esprit un
langage plus pompeux, et de faire concevoir à la foule des
personnages et des événements que le merveilleux de la poésie
peut grandir à des proportions plus hautes que la taille des
contemporains. Vivement préoccupé de cette pensée, fortement nourri du suc puissant que renferment les tragédies antiques, les vieux poëmes germaniques et les plus hardies conceptions des Gœthe et des Schiller, il cherchait encore un
moule à son propre sentiment, et n'avait produit que des ébau-
ches qui ne le satisfaisaient point.

Un soir, il assistait à la représentation d'*Egmont*, accompagné
de la musique de Beethoven. Saisi, transporté, en proie à une
émotion inconnue jusque-là, il voulut se rendre compte de ce
qui l'impressionnait si fortement. Il résolut de rechercher
tous les moyens d'éveiller aussi de pareilles impressions dans
son auditoire, et, attribuant la vive émotion qu'il avait res-
sentie à la réunion de deux arts différents concourant à réveiller les mêmes sentiments, à la coopération de deux génies de
sphères diverses réunissant leurs prestiges pour provoquer les
mêmes sensations, il se persuada que l'art dramatique tel que
nous le possédons est un art incomplet, et que, pour l'amener
à sa plus parfaite expression, il fallait tendre à en faire une
sorte de foyer vers lequel tous les autres arts convergeraient.

Suivant la pente des esprits de sa nation, vers la réduction
en théorie abstraite de tous les points de vue qu'ils découvrent,
il imagina que la scène était destinée à devenir une sorte d'autel de l'art, autour duquel toutes ses branches viendraient
se grouper. Nous croyons aisément que cette pensée, déve-
loppée par Wagner dans les brochures qu'il a publiées depuis

à Leipzig, exista dans son esprit longtemps avant qu'il se la formulât nettement à lui-même, et nous appuyons cette supposition sur la marche que suivit le développement de son génie. Dans la soirée où il vit la tragédie d'*Egmont* puiser une double puissance d'émotion dans les accords de Beethoven, le sort l'avait mis sur la voie de sa véritable vocation; il voulut que l'éloquence de sa poésie fût également secondée par les charmes de la musique, et se mit à l'étudier. Bientôt, l'instinct supérieur dont il était doué trouva dans cet art sa naturelle expression, et ce qui ne devait être qu'un accessoire devint l'objet principal de ses drames.

En traversant ces diverses phases, son talent y puisa nécessairement une originalité à laquelle il doit sa renommée; mais elle ne se fit point jour immédiatement. La musique classique et les secrets de l'instrumentation fixèrent d'abord sa curiosité ardente. Il devint l'admirateur passionné de Gluck, et commença par suivre son exemple, se contentant, ainsi qu'il paraît dans son opéra de *Rienzi*, de lier intimement la déclamation de l'orchestre et des chanteurs aux situations dramatiques de la scène.

Toutefois, à mesure qu'il devenait plus maître de sa nouvelle conquête, à mesure qu'il trouvait la palette musicale plus obéissante à ses inspirations, sa pensée se reporta plus fréquemment vers l'art abandonné, vers la parole et la poésie. Les sujets qu'il choisit alors pour ses livrets semblent traités avec un soin particulier de perfection poétique, et peu subordonnés aux nécessités et aux convenances de la musique.

Après *Rienzi* et avant *Lohengrin*, Wagner avait donné déjà le *Tannhauser*, qui obtint un grand succès à Dresde et ensuite à Weimar. Le dernier opéra a paru un essai moins heureux de cette idée qu'il poursuit de l'alliance intime de la poésie et de la musique. Cependant, ces tentatives ont une valeur qui a frappé tous les esprits en Allemagne, et dont il serait bon que nos compositeurs se préoccupassent à leur tour.

Quoique les livrets français soient, en général, exécutés avec plus de soin que ceux des opéras étrangers, nous ne pouvons nous dissimuler qu'ils n'appartiennent ni à une composition ni à une poésie élevée. Si une réforme est à introduire en France sur ce point, il sera bon de ne point trop nous laisser devancer par les autres nations.

VI — LA MAISON DE GOETHE

Le lendemain de la représentation, j'avais besoin de me reposer de cinq heures de musique savante, dont l'impression tourbillonnait encore dans ma tête à mon réveil. Je me mis à parcourir la ville à travers les brumes légères d'une belle matinée d'automne.

Mme de Staël disait de Weimar : « Ce n'est pas une ville, c'est une campagne où il y a des maisons. » Cette appréciation est juste, en raison du nombre de promenades et de jardins qui ornent et séparent les divers quartiers de la résidence. Cependant, je dois avouer que je me suis perdu deux fois en parcourant les rues pour regagner mon hôtel. Je ne cherche pas ici à flatter cette jolie petite ville, mais je dois constater qu'elle est tracée en labyrinthe, par l'amour-propre sans doute de ses fondateurs, qui auront voulu la faire paraître immense aux yeux du voyageur.

Mais le moyen de leur en vouloir quand, à chaque pas, on retrouve les souvenirs des grands hommes qui ont aimé ce séjour, quand, au prix d'une heure perdue, on peut errer dans les sentiers silencieux de ce parc qui envahit une partie de la ville, et où, comme à Londres, on trouve tout à coup la rêverie et le charme, en s'isolant pour un instant du mouvement de la cité ? Une rivière aux eaux vertes s'échappe au milieu des gazons et des ombrages ; l'eau bruit plus loin en un diminutif de Niagara. A l'ombre d'un pont qui joint la ville au faubourg, on observe les jeux de la lumière sur les masses de verdure, en contraste avec les reflets lumineux qui courent sur les eaux.

Tout est repos, harmonie, clarté ; — il y a là un banc où Gœthe aimait à s'asseoir, en regardant à sa droite des jolies servantes de la ville, qui venaient puiser de l'eau à une fontaine située devant une grotte.... Il pensait là, sans doute, aux nymphes antiques, sans oublier tout à fait la phrase qu'il avait écrite dans sa jeunesse : « La main qui tient le balai pendant la semaine est celle qui, le dimanche, pressera la tienne le plus fidèlement !... » Mais Gœthe, premier ministre alors, ne devait plus que sourire de ce souvenir de Francfort.

J'étais impatient de comparer la petite chambre d'étudiant que j'avais vue deux jours auparavant, au lieu de sa naissance, avec le palais où il termina sa longue et si noble carrière. On me permit d'y pénétrer, mais sans rendre la faveur complète, car son cabinet et sa chambre à coucher sont fermés à tout visiteur. Les descendants de Gœthe, c'est-à-dire ses petits-fils, dont l'un cependant est poëte et l'autre musicien, n'ont pas hérité de sa générosité européenne. Ils ont refusé les offres de tous les États d'Allemagne, réunis pour acquérir la maison de Gœthe, afin d'en faire un musée national. Ils espèrent encore que l'Angleterre leur offrira davantage des collections et des souvenirs laissés par leur aïeul.

Toutefois, voyons du moins ce qu'il est permis d'admirer. Sur une place irrégulière dont le centre est occupé par une fontaine, s'ouvre une vaste maison dont l'extérieur n'a rien de remarquable, mais qui, depuis le vestibule, porte à l'intérieur les traces de ce goût d'ordonnance et de splendeur qui brille dans les œuvres du poëte.

L'escalier, orné de statues et de bas-reliefs antiques, est grandiose comme celui d'une maison princière ; les marbres, les fresques et les moulures éclatent partout fraîchement restaurés, et forment une entrée imposante au salon et à la galerie qui contiennent les collections.

En y pénétrant, on est frappé de la quantité de statues et de bustes qui encombrent les appartements. Il faut attribuer cette recherche aux préoccupations classiques qui dominaient l'es-

prit de Gœthe dans ses dernières années. L'œil s'arrête principalement sur une tête colossale de Junon, qui, parmi ces
dieux lares, se dessine impérialement comme la divinité protectrice.

Au moment où j'examinais ces richesses artistiques, une
jeune princesse, amenée par la même curiosité pieuse, était
venue visiter la demeure du grand écrivain ; sa robe blanche,
son manteau d'hermine, frôlaient çà et là les bas-reliefs et les
marbres. Je m'applaudissais du hasard qui amenait là cette
apparition auguste et gracieuse, comme une addition inattendue
aux souvenirs d'un pareil lieu. Distrait un instant de l'examen
des chefs-d'œuvre, je voyais avec intérêt cette fille du passé
errer capricieusement parmi les images du passé !

— Sous cette peau si fine et si blanche, me disais-je, dans ces
veines délicates coule le sang des Césars d'Allemagne ; ces yeux
noirs sont vifs et impérieux comme ceux de l'aigle ; seulement,
la rêverie mêlée à l'admiration les empreint parfois d'une douceur céleste.

Cette figure convenait bien à cet intérieur vide, — comme
l'image divine de Psyché représentant la vie sur la pierre d'un
tombeau.

La première salle est entourée de hautes armoires à vitrages
où sont renfermés des antiques, des bas-reliefs, des vases
étrusques et une collection des médaillons de David, parmi
lesquels on reconnaît avec plaisir les profils de Cuvier, de
Chateaubriand, puis ceux de Victor Hugo, de Dumas, de Béranger, de Sainte-Beuve, sur qui les yeux du vieillard ont pu
encore se reposer. Dans la galerie qui vient ensuite, les intervalles des fenêtres sont occupés par une riche collection de
gravures anciennes, reliées dans d'immenses in-folios.

Entre les massives bibliothèques qui les contiennent, sont
placées des montres vitrées consacrées à une collection de
médailles de tous les peuples. La galerie est peinte à fresque,
dans le style de Pompéi, et les dessus de porte cintrés ont été
peints sur toile par un artiste nommé Muller, dont Gœthe

aimait le talent. Ce sont des sujets antiques, sobrement traités, avec une grande science du dessin, froids et corrects, — en un mot de la sculpture peinte. On voit encore dans cette salle quelques figures de Canova et un buste de Gœthe lui-même, qui est loin de valoir celui de David, mais qui, dit-on, est plus ressemblant.

On nous a permis encore de voir le jardin, assez grand, mais planté pour l'utilité plus que pour l'agrément, — ce qu'on appelle chez nous un jardin de curé. Un pavillon en charpente, qui s'avance devant la maison avec l'aspect d'un chalet suisse, et des charmilles de vigne vierge, donnent pourtant un certain caractère à tout l'ensemble.

Le pays de Saxe-Weimar est un duché littéraire. On y distribue aux poëtes et aux artistes des marquisats, des comtés et des baronnies.... Les noms des hommes illustres qui l'ont habité y marquent des places et des stations nombreuses qui deviennent des lieux sacrés. Si jamais le flot des révolutions modernes doit emporter les vieilles monarchies, il respectera sans doute ce coin de terre heureux où le pouvoir souverain s'est abrité depuis longtemps sous la protection du génie. Charles-Auguste, qui avait fait de Gœthe son premier ministre, a voulu qu'on l'ensevelît lui-même dans une tombe placée entre celles de Gœthe et de Schiller. — Il prévoyait des temps d'orage, et, renonçant au monument blasonné des empereurs ses aïeux, il s'est trouvé mieux couché entre ces deux amis, dont la gloire s'ajoute à la sienne et le défend à jamais contre l'oubli.

VII — SCHILLER, WIELAND, LE PALAIS

Les spectateurs étrangers des fêtes passaient comme moi une partie de leur temps à visiter les anciennes demeures des grands hommes qui ont séjourné à Weimar, telles que celles de Lucas Cranach, qui a orné la cathédrale d'un beau tableau ; de Wieland, de Herder et de Schiller. J'ai visité encore

Schiller, c'est-à-dire la modeste chambre qu'il occupait dans une maison dont le propriétaire a inscrit au-dessus de la porte ces simples mots : « Ici Schiller a habité. »

Je m'étonnais de trouver les meubles plus brillants et plus frais que ceux de la petite chambre de Gœthe, que j'avais vus à Francfort; mais on m'apprit que les fauteuils et les chaises étaient de temps en temps recouverts de tapisseries que les dames de Weimar brodaient à cet effet. Ce qui est conservé dans toute sa simplicité, c'est un piano ou épinette dont la forme mesquine fait sourire, quand on songe aux pianos à queue d'aujourd'hui. Le son de chaudron que rendaient les cordes n'était pas au-dessus de cette humble apparence.

Listz, qui m'accompagnait dans cette pieuse visite rendue au grand dramaturge de l'Allemagne, voulut venger de toute raillerie l'instrument autrefois cher au poëte.

Il promena ses doigts sur les touches jaunies, et, s'attaquant aux plus sonores, il sut en tirer des accords doux et vibrants qui me firent écouter avec émotion les *Plaintes de la jeune fille*, ces vers délicieux que Schubert dessina sur une si déchirante mélodie, et que Listz a su arranger pour le piano avec le rare coloris qui lui est propre. — Et, tandis que je l'écoutais, je pensais que les mânes de Schiller devaient se réjouir en entendant les paroles échappées à son cœur et à son génie, trouver un si bel écho dans deux autres génies qui leur prêtent un double rayonnement.

Mais on se fatigue même de l'admiration et de cette tension violente que de tels souvenirs donnent à l'esprit. Nous fûmes heureux de voir le dernier jour des fêtes occupé par une de ces bonnes et joyeuses réunions populaires qui se rattachent si heureusement aux souvenirs poétiques de l'ancienne Thuringe.

C'était un dimanche; les paysans affluaient de toutes parts en habits de fête, et peuplaient d'une foule inaccoutumée les rues de Weimar, venant à leur tour admirer la statue de Herder. La société des chasseurs donnait une grande fête dans un local qui lui appartient, et que précède une place verte située aux portes de la ville.

Il y avait là tout l'aspect d'une kermesse flamande; un grand nombre de guinguettes couvertes en treillage entouraient le champ; des alcides, des écuyers, des théâtres de marionnettes, et jusqu'à un éléphant savant, se partageaient l'admiration de la foule, dont la majeure partie se livrait à une forte consommation de bière, de saucisses et de pâtisseries. Rien n'est charmant comme ces jeunes filles allemandes en jupe courte, avec leurs cheveux partagés sur le front en *ailes de corbeau*, leurs longues tresses et leurs solides bras nus.

Dans les cabarets comme à l'église, les deux sexes sont séparés. La danse seule les réunit parfois. Le bal des chasseurs nous montrait des couples d'une société plus élevée; mais, dans la vaste salle à colonnes où se donnait le bal, on ne voyait également que des coiffures en cheveux et que des jeunes filles. Pendant la danse, les femmes mariées et les mères soupaient dans d'autres salons, avec cet appétit infatigable qui n'appartient qu'aux dames allemandes.

Il ne me restait plus à voir que le palais grand-ducal, dont l'architecture imposante a été complétée par une aile qu'a fait bâtir à ses frais la grande-duchesse Amélie, sœur de l'empereur de Russie. Cette noble compagne de Charles-Auguste, l'ami de Gœthe et de Schiller, fut aussi la protectrice constante des grands hommes qui ont habité Weimar, et tout respire, dans la partie du palais qui lui appartient, le culte qu'elle a voué à leur mémoire. Là, point de batailles, point de cérémonies royales peintes ou sculptées; on y chercherait même en vain les images des empereurs qui ont donné naissance à la famille royale de Saxe-Weimar. Les quatre salles principales sont consacrées, l'une à Wieland, la seconde à Herder, les deux dernières à Gœthe et à Schiller. Celle de Wieland est la plus remarquable par l'exécution des peintures. Sur un fond de rouge antique se détachent des médaillons peints à fresque, qui représentent les principales scènes d'*Obéron*, le chef-d'œuvre du Voltaire allemand. Ils sont de M. Heller, qui a su grouper dans de remarquables paysages les figures romanesques du poëte.

Les arabesques qui entourent les cadres, représentant des rocailles, des animaux et des groupes de génies ailés qui s'élancent du sein des fleurs, sont bien agencées et d'un coloris harmonieux ; elles ont été peintes par M. Simon. La salle de Herder a été exécutée par Jœger. On y voit retracée une légende où la Vierge apparaît en songe au peintre endormi devant son chevalet. Au centre du parquet, une mosaïque représente dans un écusson une lyre ailée, — armes parlantes données à Herder par Charles-Auguste. Sur la cheminée est un buste de l'écrivain. Entre les deux portes, un buste de Lucas Cranach, l'ami de Luther et du duc de Weimar Jean-Frédéric, qui partagea la captivité du réformateur pendant les cinq ans qu'il fut prisonnier de Charles-Quint.

La salle de Gœthe est illustrée des principales scènes de ses ouvrages. Une scène mythologique du second *Faust* couvre une grande partie des murs. Les sujets sont composés avec grâce, mais l'exécution des peintures n'a pas le même mérite. Il y a de jolis détails dans les médaillons de la salle de Schiller, surtout les scènes de *Jeanne d'Arc* et de *Marie Stuart*.

La chapelle du palais, dont les parois et la colonnade sont de marbre précieux, est d'un bel effet qu'augmentent de riches tapis suspendus à la rampe des galeries. Il y a aussi une chapelle grecque pour la grande-duchesse, avec les décorations spéciales de cette religion. On admire encore, dans les appartements des princes, de fort beaux paysages de M. Heller, dont la teinte brumeuse et mélancolique rappelle le Ruysdael. Ce sont des paysages de la Norvége, éclairés d'un jour gris et doux, des scènes d'hiver et de naufrages, des contours de rochers majestueux, de beaux mouvements de vagues, une nature qui fait frémir et qui fait rêver.

La grande-duchesse était malade, et l'on venait de recevoir la nouvelle de la mort de Louis-Philippe, de sorte qu'il n'y eut

point de grandes soirées à la résidence. La plupart des étrangers réunis à Weimar et beaucoup de personnages du pays
sont partis après les fêtes pour assister, à Leipzig, aux représentations de mademoiselle Rachel.

Je n'ai pas voulu quitter Weimar sans visiter la cathédrale,
où se trouve un fort beau tableau de Lucas Cranach, représentant le Christ en croix, pleuré par les saintes femmes. En
vertu d'une sorte de synchronisme mystique et protestant, le
peintre a placé au pied de la croix Luther et Mélanchthon discutant un verset de la Bible.

A la Bibliothèque, j'ai pu voir encore trois bustes de Gœthe,
parmi lesquels se trouve celui de David, puis un buste de
Schiller, par Danneker, et des autographes curieux, — notamment un vieux diplôme français, signé *Danton* et *Roland*,
adressé au « célèbre poète *Gilles*, ami de l'humanité ». La
prononciation allemande du nom de Schiller a donné lieu,
sans doute, à cette erreur bizarre, qui n'infirme en rien, du
reste, le mérite d'avoir écrit ce brevet républicain.

Le tombeau de Wieland est à quelque distance de la ville.
C'est une pierre sous des arbres, entourée d'un gazon. Une
des faces est consacrée à son nom surmonté d'une lyre, l'autre
à celui de sa femme, une autre au souvenir de Cécile Brentans,
son amie idéale et poétique; un papillon, image de l'âme, surmonte cette dernière inscription.

Dans le temps où nous vivons, il est bon de retremper parfois son âme à de tels souvenirs. Si Weimar n'avait à nous
montrer que des tombes, nous en sortirions seulement avec
une pensée douce et triste. Mais la vie de l'intelligence y est
restée et y repose dans des cœurs fidèles, qui la transmettront
à l'avenir.

En reprenant le chemin de fer, on se trouve, au bout de
quatre heures, à Leipzig par Iéna et Halle. J'ai pu y assister
à la fête de la Constitution, composée seulement de parades
militaires, de fanfares exécutées à la maison de ville, et d'une
foule de divertissements dans les casinos et jardins publics,

parmi lesquels il faut compter le spectacle d'un panorama des bords du Rhin, — *animé* par le passage de l'armée française, — c'étaient les termes de l'affiche.

Quand on a vu, à Leipzig, l'Observatoire, la Bourse des libraires, la place du Marché et le tombeau de Poniatowsky, il est fort agréable de pouvoir, le soir même, revoir mademoiselle Rachel dans le rôle de Marie Stuart. Elle a obtenu, naturellement, un immense succès, surtout dans la scène des deux reines et dans celle où elle se dépouille de ses bijoux en faveur de ses femmes. — Par exemple, la tragédie française était peu en faveur près du public allemand, révolté de voir qu'on eût osé mutiler Schiller. Les poëtes, aussi, sont furieux des triomphes de Rachel, parce qu'ils prétendent que leurs actrices nationales ne pourront plus faire d'effet après elle, ou l'imiteront servilement.

— Nous devrions, me disait l'un d'eux, écraser ce joli serpent, qui vient répandre un venin destructeur sur notre art dramatique!...

Heureusement, la masse du public ne partage pas cette opinion intéressée.

Après avoir vu et admiré tant de choses en peu de jours, il est heureux encore de pouvoir se reposer devant une bouteille de vin de Hongrie, dans la vieille cave de l'*Auerbach*, illustrée jadis par la visite de Faust et de Méphistophélès.

L'établissement vient d'être mis à neuf, et l'on a restauré les curieuses peintures du moyen âge qui représentent les exploits du docteur et de son étrange compagnon, le tout accompagné de légendes en vers et d'un buste de Gœthe. Hâtons-nous maintenant d'échapper au vaste rayonnement de cette gloire, dont il ne faut pas fatiguer nos lecteurs.

III

LES FÊTES DE HOLLANDE

I — BRUXELLES

Hoffmann parle d'un promeneur solitaire qui avait coutume de rentrer dans la ville à l'heure du soir où la masse des habitants en sortait pour se répandre dans la campagne, dans les brasseries et dans les bals *parés* ou *négligés* que l'étiquette allemande distingue si nettement. — Il était forcé alors de s'ouvrir avec ses coudes et ses genoux un chemin difficile à travers les femmes en toilette, les bourgeois endimanchés, et ne se reposait de cette fatigue qu'en retrouvant une nouvelle solitude dans les rues désertes de la ville.

Je songeais à ce promeneur bizarre le 9 mai 1852, me trouvant seul dans le wagon de Mons à Bruxelles, tandis que les trains de plaisir, encombrés de voyageurs belges, se dirigeaient à toute vapeur sur Paris. Il me fallut fendre encore une foule très-pressée pour sortir de l'embarcadère du Midi et gagner la place de l'Hôtel-de-Ville, — afin d'y boire dans la *maison des Brasseurs* une première chope authentique de faro, accompagnée d'un de ces *pistolets* pacifiques qui s'ouvrent en deux tartines garnies de beurre. C'est toujours la plus belle place du monde que cette place où ont roulé les deux têtes des comtes de Horn et d'Egmont, d'autant plus belle aujourd'hui qu'elle a conservé ses pignons ouvragés, découpés, festonnés d'astragales, ses bas-reliefs, ses bossages vermiculés, — tandis que la plupart des maisons de la ville, grattées et nettoyées de cette lèpre d'architecture qui n'est plus de mode, ont été encore décapitées presque toutes de leurs pignons dentelés, et soumises au régime des toits anguleux d'ardoise et de brique. La physionomie des rues y perd beaucoup certainement. — On restaure et l'on repeint l'hôtel de ville, qui va paraître tout battant neuf, ce qui obligera la ville à faire réparer et blanchir aussi cette sombre *maison du Roi*, dite autrement *maison au Pain*, qui semble un palais de Venise en s'éclairant toutes les nuits derrière ses rideaux rouges.

J'ai rencontré sur cette place un grand poëte qui l'aime, et qui en déplore comme moi les restaurations. Nous avons discuté quelque temps sur la question grave de savoir si la partie haute de l'édifice était en brique ou en pierre, et si les ogives qui surmontent les longues fenêtres avaient été autrefois aussi simples qu'aujourd'hui, car les anciennes estampes les représentent contournées et lancéolées dans le goût du gothique efflorescent. On peut penser que les dessinateurs du XVIe siècle ont voulu parer le monument plus que de raison, et que les arcs d'ogive ont toujours eu cette simplicité de bon goût. J'ai été assez heureux pour pouvoir raconter au savant poëte une légende que j'avais recueillie dans un précédent séjour à Bruxelles.

L'architecte qui construisit cet hôtel de ville eut le désagrément d'abord de ne pouvoir accomplir son œuvre. L'aile gauche, établie sur un terrain peu solide, s'écroula tout entière. On pensa qu'il s'agissait d'un terrain marneux, et on planta des pilotis : la construction s'effondra une seconde fois, laissant paraître un vaste abîme. On crut qu'il y avait là d'anciennes carrières, et l'on y versa des tombereaux de gravois; mais plus on en versait, plus le trou devenait profond. Enfin le malheureux architecte fut contraint de se donner au diable. Dès lors, les constructions s'élevèrent avec facilité. Il mourut le jour même où l'on posait le bouquet sur le toit achevé, et l'on n'apprit qu'alors le fatal secret. L'archevêque de Malines fut appelé pour bénir l'édifice. Un craquement soudain se déclara dans les murs, et tout rentra bientôt dans le troisième dessous. On aspergea le gouffre d'eau bénite ; des ouvriers munis de scapulaires osèrent y descendre, et, dans le fond, on trouva une tête colossale en bronze ornée de cornes portant des traces de dorure. C'était, selon les uns, une tête antique de Jupiter-Ammon ; selon d'autres, le buste officiel de Satan. Cette même tête a été appliquée depuis sur les épaules du maudit que transperce la lance de saint Michel sur la flèche du monument. On redore maintenant ce groupe magnifique, qui s'aperçoit dans un rayon de six lieues. J'ignore si les ouvriers qui restaurent la tête du diable se sont munis de scapulaires.

Du reste, Bruxelles est catholique toujours comme au temps des Espagnols. Nous savons à peine, à Paris, que le mois de mai est le mois de Marie. Je l'ai appris en sortant de la place par l'angle opposé à la *maison des Mariniers*, dont on restaure aussi le toit curieux, qui représente une poupe ancienne de galère. La rue de la Madeleine était remplie par une longue procession, au milieu de laquelle on portait une grande Vierge en bois, coloriée, vernie et dorée, dont les pieds disparaissaient ainsi que l'estrade sous une montagne de bouquets. — Au-dessus des boutiques fermées, les fenêtres et les plinthes étaient garnies de branches de tilleul, et cela jusqu'à la porte de Louvain. La garde civique, les sociétés de chant et les corporations ouvrières, avec bannières et écussons, se déroulaient sur tout cet espace. C'était un dimanche, et la kermesse d'Ixelles était annoncée aux coins des rues par d'immenses affiches.

Ixelles est un bourg situé à dix minutes de la porte de Louvain. La procession ne tarda pas à en envahir les rues, également parées de branches vertes et de poteaux soutenant de longues bandes aux couleurs nationales. Ce fut dans l'église, neuve et magnifiquement décorée, que la procession vint s'absorber tout entière pour entendre un office à grand orchestre. Les sociétés et les corporations se dirigèrent ensuite vers leurs locaux respectifs. — Les kermesses de Belgique inspireraient

difficilement aujourd'hui un nouveau Rubens ou même un nouveau Téniers. L'habit noir et la blouse bleue y dominent, —
ainsi que, pour les femmes, les modes arriérées de Paris. On y
boit toujours de la bière, accompagnée de *pistolets* beurrés et
de morceaux de raie ou de morue salée découpés régulièrement
qui poussent à boire. La musique et les pas alourdis des danseurs retentissent dans de vastes salles avec moins d'entrain
qu'à nos cabarets de barrière, mais, pour ainsi dire, avec plus
de ferveur. Le beau monde se dirigeait vers des casinos situés
le long d'un étang chargé de barques joyeuses, et qui figure en
petit celui d'Enghien. Bruxelles est la lune de Paris, aimable
satellite d'ailleurs, auquel on ne peut reprocher que d'avoir
perdu, en nous imitant, beaucoup de son originalité braban-
çonne. La fête d'Ixelles s'est terminée, comme toutes nos fêtes
dominicales par l'ascension d'un ballon jaune qui s'est élevé
très-haut en emportant l'écho des applaudissements de la
foule.

En revenant, je suis entré dans l'église du Sablon, où reposent les cendres de Jean-Baptiste Rousseau, en face de l'hôtel
d'Arenberg, dont l'ancien maître l'avait accueilli dans son
exil. Je me disais à ce propos, et en songeant aux nombreux
exilés qu'avaient en divers temps recueillis les Pays-Bas, que
leur séjour dans ces contrées à la fois étrangères et françaises
avaient toujours servi beaucoup à propager au dehors notre
littérature et nos idées. Pour moi, j'ai toujours considéré les
pays de langue française, tels que la Belgique, la Savoie et
une partie de la Suisse et des duchés du Rhin, comme des
membres de notre famille dispersée. N'existe-t-il pas, malgré
les divisions politiques, un lien pareil entre les pays de langue
allemande? Je n'entends parler ici que d'une frontière morale,
dont les étrangers peuvent aussi, çà et là, rejeter les limites au
delà des nôtres; mais, si le style est l'homme, il faut reconnaître
que la partie éclairée et agissante des populations dont je viens
de parler est de même nature que la nôtre, comme sentiment
et comme esprit. — Je ne crois pas à la culture de la langue

flamande, malgré les chambres de rhétorique et les concours
de poésie ; et, au contraire, on connaît, ou plutôt on ne reconnaît pas chez nous, un grand nombre d'écrivains belges qui
sont loin de se vanter de n'être pas Français. Paris absorbe
tout, et, dépouillant Bruxelles de son amour-propre, lui rend
ce qu'il lui emprunte en splendeur et en clarté. Qui oserait
dire que Grétry n'est pas Français et ne voir dans Rousseau
que le citoyen de Genève ? Nos grands hommes appartiennent
aussi à tous ceux qui, dans le monde, acceptent l'influence de
notre langue et de nos travaux.

Le lendemain, je lisais les journaux au café *Suisse*, sur la
place de la Monnaie, lorsque j'entendis des tambours qui bat-
taient une marche. Deux porte-drapeaux les suivaient, l'un
portant l'étendard belge, et l'autre l'étendard français surmonté
d'un aigle. C'étaient les anciens soldats belges de l'empire
français qui célébraient l'anniversaire du 5 mai, et qui, cette
année, avaient remis au 10 la cérémonie, afin qu'elle concor-
dât avec la fête de Paris. Ils allaient se faire dire une messe et
se livrer ensuite à un banquet fraternel. J'admirai la tolérance
vraiment libérale du gouvernement belge et de la partie de la
population qui, indifférente à ces souvenirs, saluait, sous un
roi, ces vieux fidèles de l'Empire. La même cérémonie avait
lieu ce jour-là dans toutes les villes de Belgique.

En rentrant à mon hôtel, je trouvai une lettre qui m'enjoi-
gnait d'avoir à venir causer vers midi avec le gouvernement.
C'est la première fois que cela m'arrivait en Belgique, où j'ai
passé bien souvent dans ma vie, puisque c'est la route de l'Allemagne. Un sage de l'antiquité partait pour un voyage, lorsqu'au sortir de la ville on lui demanda : « Où allez-vous ? —
Je n'en sais rien, » répondit-il. Sur cette réplique on le
conduisit en prison. « Vous voyez bien, dit-il, que je ne savais
pas où j'allais. » Je pensais à cette vieille anecdote en traversant la cour splendide de ce même hôtel de ville que je n'avais
admiré que du dehors. — L'employé à qui je me présentai
me dit : « Vous êtes réfugié ? — Non. — Exilé ? — Nullement.

— Cependant vous voici inscrit sur ce livre en cette qualité.

— C'est sans doute qu'à la frontière on aura porté ce jugement d'un homme qui venait seul à Bruxelles, tandis que tout Bruxelles se dirigeait vers Paris. Certes, je n'y ai pas mis d'intention, j'étais parti depuis huit jours. » Déjà j'étais effacé de la liste fatale, et l'on me dit d'un ton bienveillant : « Où allez-vous ? — En Hollande. — Vous aurez peut-être de la peine à y séjourner. — Je ne le pense pas, je n'y vais que pour voir les fêtes données pour l'inauguration de la statue de Rembrandt. — Oui, dit un employé qui dressa la tête derrière une table voisine, ils disent qu'ils ont une statue, *savez-vous ?* qui est encore plus belle que la nôtre de Rubens, à Anvers. Il faudra voir cela, *savez-vous ?* — Je le verrai bien, monsieur, » répondis-je. Et j'admirai cette émulation artistique des deux pays, même dans les bureaux de police.

II — D'ANVERS A ROTTERDAM

Je n'étais donc pas destiné à figurer parmi les proscrits internés à Bruxelles ou dans les autres localités. Du reste, on s'aperçoit à peine de la présence d'un si grand nombre de nos compatriotes : on ne les voit ni dans les cafés, ni dans les lieux publics, ni presque dans les théâtres. La société belge n'a pas, comme on sait, de réceptions ou de soirées, et c'est dans les cercles seulement que tous les partis se rencontrent sur un terrain commun. « Êtes-vous libéral ? — Êtes-vous clérical ? » Ce sont les questions à l'ordre du jour. Et les Français n'ont pas même à choisir, car ces divisions sont entendues autrement qu'elles ne le seraient chez nous.

Après tout, l'impression qu'on emporte de Bruxelles est triste. J'ai plus aimé cette ville autrefois ; je me suis trouvé heureux de respirer plus librement, au bout d'une heure, dans la solitude des rues d'Anvers. J'avais encore admiré en passant les aspects charmants du parc anglais de Laeken ; Malines, plus belle en perspective qu'en réalité ; les bras de l'Escaut miroitant au loin dans leurs berges vertes et les champs de seigle ondoyant, rayés des bandes jaunes du colza en fleur. Le houblon grimpait déjà sur ses hauts treillages, réjouissant l'œil comme les pampres d'Italie et promettant à ces contrées les faveurs du Bacchus du Nord. Des chevaux et des bœufs erraient en paix çà et là dans les pâturages, dont la lisière est brodée de beaux genêts d'or. — Voici enfin la flèche d'Anvers qui se dessine au-dessus des bouleaux et des ormes, et qui s'annonce de plus près encore avec son carillon, monté éternellement sur des airs d'opéra-comique.

J'ai franchi bientôt les remparts, la place de Meer, la place Verte, pour gagner la cathédrale et y revoir mes Rubens : je ne trouvai qu'un mur blanc, c'est-à-dire rechampi de cette même peinture à la colle dont la Belgique abuse, — par le sentiment, il est vrai, d'une excessive propreté. « Où sont les Rubens ? dis-je au suisse. — Monsieur, on ne parle pas si haut pendant l'office. » Il y avait un office, en effet. « Pardon ! repris-je en baissant la voix ; les deux Rubens, qu'en a-t-on fait ? — Ils sont à la restauration, » répondit le suisse avec fierté.

O malheur ! Non contents de restaurer leurs édifices, ils restaurent continuellement leurs tableaux. Notez que la même réponse m'avait été faite il y a dix ans dans le même lieu. J'ai songé alors avec émotion à ce qui s'était passé un peu avant cette époque au musée d'Anvers. L'histoire est encore bonne à répéter. On avait confié la direction du musée à un ancien peintre d'histoire, enthousiaste de Rubens, quoique très-fidèle au goût classique et n'admirant son peintre favori qu'avec certaines restrictions. Ce malheureux n'avait jamais osé avouer qu'il trouvait quelques défauts, faciles du reste à corriger, dans les chefs-d'œuvre du maître. Ce n'était rien au fond : un glacis pour éteindre certains points lumineux, un ciel à bleuir, un attribut, un détail bizarre à noyer dans l'ombre, et alors ce serait sublime. Cette préoccupation devint maladive. N'osant témoigner ses réserves ni s'attaquer en plein jour à de tels-

chefs-d'œuvre, craignant le regard des artistes étudiants et même celui des employés, il se levait la nuit, ouvrait délicatement les portes du musée et travaillait jusqu'au jour sur une échelle double à la lueur d'une lanterne complice. Le lendemain, il se promenait dans les salles en jouissant de la stupéfaction des connaisseurs. On disait : « C'est étonnant comme ce ciel a bleui ! c'est sans doute la sécheresse, — ou l'humidité.... Il y avait là autrefois un triton : la couleur d'ocre l'aura noyé par un effet de décomposition chimique. » Et on pleurait le triton. On s'aperçut de ces améliorations trop rapides bien longtemps avant d'en pouvoir soupçonner l'auteur. Convaincu enfin de manie restauratrice, le pauvre homme finit ses jours dans un de ces villages sablonneux de la Campine où l'on emploie les fous à l'amélioration du sol.

La statue de Rubens, sur la place Verte, est campée assez crânement, et doit consoler ce mort illustre des outrages que le bon goût lui a fait subir. Elle faisait moins bien autrefois sur le quai de l'Escaut, en face de la Tête de Flandre. Je suis entré dans un des cafés de la place pour demander une côtelette ou un bifteck. « Nous n'avons plus de viande, me dit-on, parce que c'est demain vendredi. — Mais c'est demain que vous ne devriez pas en avoir. — Pardon, c'est que, comme on n'en vendra pas demain dans la ville, les ménages s'en approvisionnent aujourd'hui. »

Je vois qu'à Anvers la religion est aussi bien suivie qu'à Londres, où l'on achète le samedi une grande quantité de porter, de sherry et de gin, afin de pouvoir se griser en liberté le dimanche, seul jour où cela soit défendu.

Pourquoi ne pas dire que les salles de danse du port, vulgairement nommées *riddecks*, sont en ce moment ce qu'il y a de plus vivant à Anvers ? Pendant que la ville se couche une heure après qu'elle a couché les enfants, c'est-à-dire à dix heures, les orchestres très-bruyants de ces bals maritimes résonnent le long des canaux comme au temps des Espagnols. On parle bien à Paris du bal Mabille et du Château-Rouge ; je puis donc parler ici de ces réunions cosmopolites, qui ne sont qu'un peu plus décentes. — Le jour où j'arrivai à Anvers, il y avait un banquet de soixante-deux capitaines de navire dans un des plus vastes établissements du quai de l'Escaut. Les bassins étaient si remplis, qu'un grand nombre de bricks et de frégates louvoyaient sur le fleuve en attendant leur tour. Quelle forêt de mâts, plus serrée et plus touffue qu'aucune forêt possible, car les arbres de cette taille ne sont jamais si rapprochés ! Des affiches annonçaient ce même jour quatre départs pour Archangel. — Replongeons-nous dans les rues, de peur de céder à de telles séductions.

En multipliant le nombre des capitaines de haut bord par celui des simples caboteurs, des officiers et des matelots d'une telle agglomération, on comprendra l'éclat inouï de ces *rid-decks*, survivant au siècle où Rubens y a étudié les enlacements robustes de ses dieux marins et de ses océanides. Malheureusement, l'imitation de Paris gâte tout ! Plus de danses nationales, plus de costumes, excepté celui des Frisonnes, qui viennent vous offrir, avec leur coiffure de reine, leurs dentelles et leurs longs bras blancs, des œufs durs, de la morue découpée, des pommes rouges et des noix. Les vareuses et les chemises coloriées des matelots répandent aussi quelque gaieté dans cette foule. — De temps en temps, de belles personnes en costume de bal, et qui ne seraient désavouées dans aucun monde, forment le carré d'un quadrille tout féminin. Ensuite la valse mugit avec furie, imitant tous les balancements de vagues que peut créer l'union du triton et de la sirène. Des familles anglaises viennent voir cela par curiosité, car il y a des estrades consacrées aux bourgeois, où l'on ne voit naturellement s'attabler que des étrangers.

Le lendemain matin, j'étais à bord du paquebot *Amicitia*, qui, tous les jours, fait le trajet d'Anvers à Rotterdam en huit heures. Les armes des deux villes décorent le bastingage. Les mains coupées du géant d'Anvers se tendent affectueusement comme pour caresser les quatre lions de gueule et de sable de

l'écusson néerlandais. On n'a rien de mieux à faire alors que
de s'attabler pour plusieurs heures dans la *cajute*, avec la certitude d'échapper aux prescriptions sévères du vendredi belge.
La viande protestante s'étale sous toutes les formes, et, toujours trop peu cuite pour nous, inonde de son sang les pommes
de terre de Dordrecht. On laisse à gauche Flessingue, à droite
Berg-op-Zoom en fredonnant la vieille chanson française :
C'ti-là qu'a pincé Berg-op-Zoom, et l'on se fatigue peu à peu
de ces méandres de bras de mer et d'embouchures de fleuve
qui découpent la Zélande en guipures. A la hauteur d'un certain fort qui doit s'appeler Loo, le pavillon belge nous avait
salués une dernière fois. — Puis nous avions retrouvé nos
couleurs françaises, disposées en longueur et non plus en largeur. — Les douaniers des Pays-Bas inspectent les bagages et
les marquent d'un crayon blanc. Puisse-t-il nous porter bonheur comme la craie dont les Latins marquaient les jours
heureux !

Il n'y a rien à tirer de cette mer bourbeuse côtoyée de berges
vertes où apparaissent çà et là les grands bœufs de Paul Pot-
ter, que n'étonne plus le passage du *steamboat*, ni sa trace
d'écume, ni son panache de fumée. Parfois le roulis nous apprend que nous tournons sur un bras de mer. Ailleurs, une
branche de l'Escaut ou de la Meuse offre à la navigation des
difficultés toujours vaincues. On frôle en passant ou l'on courbe
des bois marins, de frêles genévriers qui s'amusent à verdir
dans dix pieds d'eau, et qui secouent leurs panaches après notre
passage comme des chats qui font leur toilette après avoir traversé un ruisseau. — Toujours sur les berges, souvent à peine
perceptibles, des maisons peintes, des fabriques ou des moulins
d'une carrure imposante, égratignant l'air de leurs grandes
pattes d'araignées embarrassées dans les toiles ! La cloche annonce enfin Dordrecht, et nous passons si près des quais, que
nous voyons très-bien les femmes dans leurs maisons de briques,
nous inspectant à leur tour dans ces miroirs placés au dehors
des fenêtres, qui concilient leur curiosité naturelle avec leur

réserve néerlandaise. — Puis nous n'avons plus à suivre qu'un fleuve paisible bordé de magnifiques pâturages à fleur d'eau que bornent au loin des bois de sapins et de bouleaux. La cloche retentit encore. C'est déjà Rotterdam.

Je regrette de n'avoir pu m'arrêter un instant à Dordrecht. On dit qu'il s'y trouve une statue d'Érasme lisant dans un livre en face de l'horloge publique. Chaque fois qu'une heure sonne, le philosophe tourne une des pages de bronze de son livre. Naturellement, il en tourne douze à midi. Je n'ai pas vu cette statue; mais, au détour du port de Rotterdam encombré de paquebots, suivant à droite un bassin immense ombragé d'ormes où plongent les lourdes carcasses goudronnées des bateaux marchands, suivant encore longtemps la *Hochstrat* bordée de boutiques toutes parisiennes, puis tournant autour de la splendide maison de ville, où il faut faire viser son passeport, — j'ai fini par rencontrer, sur la place du Marché-aux-Légumes, la statue du bon Érasme, qui, comme à Dordrecht, a la tête penchée sur un livre, mais qui n'en retourne pas les feuillets. On avait prétendu que, par un sentiment exagéré de propreté, les magistrats de Rotterdam faisaient écurer tous les samedis la statue de leur grand homme, ce qui finissait nécessairement par l'user. — N'est-ce qu'une fable, ou bien se sont-ils arrêtés à temps? Il est certain qu'aujourd'hui la statue est parfaitement bronzée et n'a nul besoin d'être traitée comme un chaudron. J'ai regretté de ne pas rencontrer sur quelque autre place une statue consacrée à Bayle. Il est vrai que ce serait la France qui la lui devrait, puisqu'il est né dans le comté de Foix; mais Rotterdam doit bien quelque chose au souvenir de cet illustre proscrit.

Au bout de la ville, au delà d'une porte sombre qui semble un arc de triomphe des Romains, on rencontre l'embarcadère du chemin de fer d'Amsterdam, qui se dessine dans le goût du gothique anglais au milieu des villas et des jardins. Une heure après, j'arrive à la Haye en traversant de riantes prairies éclairées du soleil couchant.

III — LA KERMESSE DE LA HAYE

De la station de la Haye, que ses gens appellent *S'Graven-hage*, il y a encore un kilomètre de marche pour gagner la ville. La nuit était venue, j'ai suivi une rue très-belle, voyant peu à peu étinceler le gaz des boutiques et de plus en plus s'augmenter la splendeur des étalages, jusqu'à la place du Marché. Arrivé là, je ne sais quelle animation extraordinaire, quels sons lointains de violons et de trompettes, entremêlés de coups de grosse caisse, me révélèrent l'existence d'un divertissement public. Une petite rue très-propre, mais toute bordée de fruitiers, de marchands de tabac, de merciers et de pâtissiers, me conduisit sur la droite à une grande place plus silencieuse, entourée d'hôtels et de cafés. — Plus loin, il n'y avait pas à en douter, des théâtres en plein vent, illuminés de lampions et décorés d'affiches monstrueuses, trahissaient les plaisirs d'une fête foraine. J'entrai dans un café pour prendre des informations; puis, à travers le ramage néerlandais du garçon, je finis par comprendre que j'arrivais en pleine kermesse : — la kermesse de la Haye, qui n'a lieu qu'une fois par an! C'était heureux! — Du reste, pas de journaux français sur les tables, sauf des journaux belges et *l'Écho de la Haye*, qui n'a qu'une page imprimée des deux côtés. Il paraît rue le *Journal de la Haye*, qui avait pris une certaine importance; dans la presse européenne, n'existe plus depuis longtemps en revanche, *l'Écho* annonçait deux théâtres de vaudeville et un théâtre d'opéra français, plus un théâtre allemand et un théâtre flamand, sans compter une foule de ciques et de fantoccini.

Je ne tardai pas à m'engager dans la grande rue formée par les constructions légères de la fête. Le théâtre du Vaudeville jouait *les Saltimbanques;* celui des Variétés, *la Dame aux Camélias;* mais est-ce bien la peine d'aller à la Haye pour y retrouver Paris? La foule augmente, et le bruit se continue au delà d'une porte noire, bariolée d'affiches, qui est une ancienne porte de la ville, et des deux côtés règne une véritable comédie en plein vent, formulée par des dialogues bizarres de cinq ou six vendeurs de poisson salé qui se disputent la faveur du public. Celui qui s'époumone à débiter les turlupinades les plus comiques arrive à placer quelques morceaux de morue ou quelques anguilles fumées avidement reçues par les enfants, les jeunes filles et les militaires. — L'anguille fumée est un régal délicat; seulement, il faut s'habituer au goût de suie qui en parfume la peau. Il y en a de toutes les tailles, depuis un cents (deux centimes) jusqu'à dix cents.

Au delà de la porte, il n'y avait qu'à choisir entre une grande rue de guinguettes, de cirques et de baraques consacrées à divers exercices, et une autre plus étroite qui bordait un vaste bassin au milieu duquel se trouve une île ronde habitée par des cygnes. A peine pouvait-on voir par échappées, sur l'autre bord, les toits solennels du grand palais des états reflétant dans l'eau leurs teintes plombées des pâles rayons de la lune. Mais que d'éclat, que de vie, que de mouvement dans cette rue improvisée! Pour tout dire en deux mots, la kermesse hollandaise, c'est une ville en bois dans une ville en briques.

Les grandes rues, les larges places, les promenades, s'effacent pour représenter l'aspect tumultueux d'une capitale immense, et leur attitude, ordinairement paisible, n'est plus qu'un cadre obscur qui raffermit l'effet de ces décorations inouïes. Il y avait dans cette rue une centaine de maisons, très-solidement établies, peintes, vernies et dorées, qui m'ont rappelé l'aspect des plus belles rues de Stamboul pendant les nuits du Ramazan. Toutes avaient au dedans la même disposition : une salle assez grande, éclairée par des lustres de cristaux et des bras dorés, meublée de cabinets de laque et de bois des îles surmontés de pots de porcelaine et de chinoiseries diverses; — au fond, un vitrail de verres de couleur; des deux côtés, quatre cabinets en forme d'alcôve, dont le cintre extérieur est soutenu par des colonnes, et qui sont garnis de ri-

deaux en toile de Perse, en brocatelle ou en velours d'Utrecht.
A l'entrée trône la maîtresse de l'établissement sur un fauteuil
élevé, d'où elle préside d'un air solennel à la confection de
certains gâteaux de crème frite qui ont la forme de gros maca-
rons. A ses pieds est une grande plaque de cuivre dont les bos-
suages donnent à cette pâtisserie la forme nécessaire. Tenant
une longue cuiller avec la majesté de la déesse Hébé, elle distribue la pâte blanche dans plusieurs séries de petites cases
rondes, chauffées en dessous par la flamme d'un grand brasier. A ses côtés brillent d'immenses coquemards en cuivre
jaune, aux anses sculptées, qui ne sont sans doute là que pour
l'ornement. — Ce qui frappe encore plus l'étranger qui passe,
c'est que chacun de ces cafés est desservi par trois ou quatre
jeunes filles frisonnes qui, avec leurs casques d'or, leurs dentelles et leurs jupes de toile de Perse, se précipitent sur le
passant en criant : « Dis donc, monsieur ! » L'une vous enlève
votre chapeau, l'autre votre manteau, la troisième vous enlève
vous-même avec la force que l'habitude du lessivage des maisons et des frottements du cuivre peut communiquer à de si
beaux bras, et, quoi qu'on fasse, on se trouve bientôt attablé
dans un de ces cabinets-alcôves, dont il était difficile d'abord
de deviner la destination.

Une fois que vous vous êtes laissé servir un plat de crème
frite imprégnée de sucre et de beurre, ou des gaufres, ou toute
autre pâtisserie qu'il faut digérer à l'aide de plusieurs tasses
de café ou de thé, ces belles du Nord reprennent leur vertu et
ne se montrent pas moins sauvages que des cigognes d'Héligoland. D'ailleurs, la police l'exige.— C'est une singulière race
que ces Frisonnes si grandes, si blanches, si bien découplées,
et si différentes d'aspect des Hollandaises ordinaires. On ne
peut mieux les comparer, je crois, qu'à nos Arlésiennes, en
faisant la différence de la couleur et du climat. Sont-ce là les
nixes d'Henri Heine ou les cygnes des ballades scandinaves ?
Elles sont vives, très-spirituelles même, et n'ont rien du calme
flamand ; cependant, on sent une certaine froideur sous cette

animation, qui étincelle comme les prismes irisés de la neige aux rayons d'un soleil d'hiver.

En Hollande, on boit le café comme du thé; seulement, il est plus léger que chez nous. — Je sentis moi-même la nécessité d'en avaler plusieurs tasses, pour corriger l'amas de crème frite au beurre dont ces belles vous bourrent en éclatant de rire. — *Capitaine*, disent-elles, *capitaine! ah! capitaine!* — Et l'on se laisse faire comme un enfant, en admirant ces jolies têtes couronnées, ces longs cous onduleux et ces bras blancs irrésistibles. — Pourquoi vous appellent-elles *capitaine*, exactement comme le font les jolies Grecques dans les échelles du Levant? C'est qu'elles sont aussi de la famille des antiques sirènes. Le long des quais sont rangés les bateaux qui transportent de ville en ville leurs kiosques chinois, que l'on démonte après les quinze jours de chaque kermesse. Le passant est toujours pour elles un navigateur, un Ulysse errant, qui ne se méfie pas assez souvent des enchantements de Circé. — Cela me fait souvenir qu'il existe au musée de la Haye trois sirènes à queue de poisson conservées en momies, et dont on serait mal venu à contester l'authenticité.

Sortons enfin de cette rue merveilleuse, et, laissant à droite la bibliothèque, suivons encore les longues allées de la place jusqu'à l'opéra français. Des deux côtés règne une exposition d'horticulture où les arbustes fleuris de l'Inde et du Japon forment une haie délicieuse, bordée sur le devant des tulipes les plus rares. Ensuite recommence une nouvelle cité de baraques, de tentes et de pavillons destinés aux saltimbanques, aux hercules et aux animaux savants. La foule se pressait surtout devant une femme à deux nez et à trois yeux, dont l'un occupe le milieu du front. Ce dernier n'est pas très-ouvert, mais les deux nez sont incontestables, et donnent à la femme, quand elle se tourne, deux profils réguliers et différents. Il faut recommander ce phénomène aux méditations de M. Geoffroy Saint-Hilaire. J'ai pu voir encore le dernier acte d'*Haydée* et complimenter l'*impresario*, qui est l'un des fils de Monrose.

Le lendemain, j'ai fait un tour dans le célèbre *bois* de la Haye, qui, comme on sait, est planté sur pilotis, ce qui a été nécessaire pour affermir le terrain. — En revanche, j'ai vu un spectacle non moins étrange que les sirènes et la cyclopesse. On va croire que je rédige une relation à la manière de Marco Polo : ce n'était pas moins qu'une troupe de singes folâtrant en liberté dans les tilleuls qui bordent le canal. Les corbeaux, troublés dans leur asile, ne pouvaient comprendre cette invasion d'animaux inconnus, et défendaient avec acharnement leurs malheureuses couvées. On riait à se tordre au pied des arbres. Il est assez rare de voir rire des Hollandais ; mais, quand ils s'y mettent, cela ne finit plus.

Les soldats du poste montraient le corps d'un corbeau auquel l'un des singes, étourdi de ses piaillements, avait tordu le cou fort habilement. Il n'en avait aucun remords, et tantôt s'amusait à croquer des bourgeons, tantôt se livrait sur un de ses pareils à des recherches d'entomologie. — Ces singes étaient simplement les compagnons ordinaires d'un certain *compagnon d'Ulysse* pesant douze cents livres, et amené pour la fête sur un bateau dont il remplissait la cabine. Pendant le jour, on lâchait les singes pour les distraire d'une société sans doute monotone, et il suffisait de les siffler pour les faire rentrer le soir.

La kermesse continuait dans tout son éclat, lorsque j'ai repris le chemin de fer pour Amsterdam. Après la station de Leyde et celle de Haarlem, où brillaient encore les dernières tulipes de la saison, le chemin de fer passe comme une bande à peine bordée de terre entre deux mers, dont la ligne extrême coupe l'horizon avec la netteté brillante d'un damas. Celle de Haarlem, plus paisible, et l'autre, plus orageuse, offrent un contraste curieux par les reflets du ciel et la teinte des eaux ; mais le plus merveilleux, c'est l'œuvre de tels hommes qui, non contents de défier les éléments avec ces digues qu'on aperçoit au loin au delà des dunes stériles, ont jeté de Haarlem à Amsterdam ce formidable trait d'union dont il semble que les vaisseaux s'étonnent, comme si les oiseaux voyaient passer un cerf dans les nues, selon l'expression du poëte latin.

IV — AMSTERDAM ET SAARDAM

L'entrée d'Amsterdam est magnifique : à deux pas du débarcadère, on passe sous une porte hardiment découpée, qui semble un arc de triomphe; puis on a une demi-lieue à faire avant de gagner la place du Palais. De temps en temps, on traverse les ponts des canaux, qui font d'Amsterdam une Venise régulière dessinée en éventail. Les canaux forment, comme on sait, une série d'arcs successifs dont le port est l'unique corde. La ville est trop connue pour qu'il soit nécessaire de la peindre plus minutieusement. Les grands bassins qui coupent çà et là le dessin dont je viens de donner une idée sommaire sont, comme à Rotterdam et à la Haye, bordés de magnifiques tilleuls qui se découpent en vert sur les façades de briques, dont quelques-unes sont peintes, mais où les pignons dentelés, festonnés et sculptés du vieux temps se sont conservés mieux qu'en Belgique. On a peint et décrit les bords de l'Amstel, où les couchers de soleil sont si beaux, le groupe de tours qui s'élève entre le port et le grand bassin, les hautes flèches découpées à jour des anciennes églises devenues temples protestants, — et que l'on peut toujours comparer à ces coquillages splendides où l'oreille attentive croit distinguer un vent sonore, mais d'où la vie qui leur était propre s'est retirée depuis longtemps.

Si l'on veut voir la Venise du Nord dans toute sa beauté maritime, il faut d'abord parcourir le quai d'une lieue qui borde le Zuiderzée. Les vaisseaux, paisibles dans les bassins comme ces hautes forêts de pins que le vent agite à peine, font contraste à la flotte éternelle qui, de l'autre côté, sillonne la mer agitée ou paisible. Il y a là des cafés élevés sur des estacades et entourés de petits jardins flottants. Tout le quai est bordé de buffets de *restauration*, — où l'on peut consommer debout des concombres au vinaigre, des salades de betterave, des poissons salés, arrosés de thé et de café. On remplace le pain par des œufs durs.

Rien n'est plus engageant que les grandes affiches et les inscriptions peintes des bureaux de *steamboat* qui annoncent des départs continuels pour Leuwarden en Frise, pour Saardam, qu'ils appellent *Zaadam*, pour Groningue, pour Héligoland, pour le Texel ou pour Hambourg. Si nous ne voulons qu'admirer la magnifique perspective d'Amsterdam, mettons le pied sur le paquebot de Saardam, qui, trois fois par jour, transporte les promeneurs sur le rivage de la Nord-Hollande. Le bateau fume et se détache de l'estacade prodigieuse chargée d'un petit village de comptoirs et d'offices maritimes, de restaurants et de cafés. — Déjà toute la ligne du port nous apparaît dentelée au loin par les découpures des toits variés de dômes et de tours aux chaperons aigus au-dessus desquels se dressent, sur trois ou quatre points, de hauts clochers ouvragés comme les pions d'un échiquier chinois. Puis le panorama s'abaisse; chaque dôme, chaque flèche fait le plongeon à son tour. Seule, la vieille cathédrale, située à gauche, lève toujours son doigt de pierre dont on aperçoit la dernière aiguille de l'autre côté du golfe. L'étendue de la mer est vaste; cependant, une ligne verte égayée de moulins trace partout, comme un mince ourlet, les derniers contours de l'horizon. On finit par reconnaître l'autre rivage en voyant s'y multiplier les moulins, qui, autour de Saardam, sont au nombre de quatre cents. Une petite anse, ouverte au milieu des pâturages à fleur d'eau, vous mène au port de la charmante ville, que je me garderai bien d'appeler chinoise, parce que cela déplaît aux habitants. Voici le cadran d'une jolie église au toit pointu qui nous annonce que nous n'avons mis qu'une heure pour la traversée. Une nuée de cicerones en bas âge s'attache à nos vêtements avec l'âpreté des Frisonnes de la Haye, mais avec des moyens de séduction moins infaillibles.

J'ai été obligé de me réfugier dans un café pour n'être pas

mis en lambeaux. Un homme très-poli est venu s'asseoir à ma table, et a demandé un verre de bière. En causant, il m'a parlé de la maison de Pierre le Grand, et a offert de m'y conduire. Les petits cicerones hurlaient tellement à la porte et faisaient de telles grimaces, que cet obligeant personnage crut devoir leur distribuer des coups de canne. « Monsieur, me dit-il, je me ferai un plaisir d'accompagner un voyageur qui paraît distingué, et de lui faire les honneurs de la ville. Ces drôles vous auraient volé votre argent; ils sont incapables d'apprécier les choses d'art. Je vous préviens qu'il ne faut donner que quatre sous à la maison du czar Pierre. On abuse ici de la facilité des étrangers. Maintenant, si vous voulez voir la maison, accompagnez-moi; je vais de ce côté. »

A cent pas du port, presque dans la campagne, on rencontr une petite porte verte sur le bord d'un ruisseau. Au fond d'une cour de ferme, est une maison qui a l'aspect d'une grange. C'est dans cette maison — qui recouvre l'ancienne comme un verre couvre une pendule — qu'existe encore la cabane parfaitement conservée du charpentier impérial. Dans la première pièce, on voit une haute cheminée dans l'ancien goût flamand, que surmonte une plaque gravée qu'a fait poser l'empereur Alexandre; de l'autre côté, un lit pareil à nos lits bretons; au milieu, la table de travail de Pierre, chargée d'une quantité d'albums qui reçoivent les autographes et les inspirations poétiques des visiteurs. La seconde pièce contient divers portraits et légendes. Les cloisons de sapin sont entièrement couvertes de signatures et de maximes, comme si les albums n'avaient pas suffi! mais chacun veut prendre une part de l'immortalité du héros. J'ai remarqué cette citation de Gœthe : « Ici, je me sens homme! ici, j'ose l'être! » C'était un homme, en effet, que ce grand homme; mais abrégeons. — Mon obligeant inconnu s'était retiré par discrétion, car on permet aux curieux de méditer dans cette maison et de se supposer un instant à la place du czar Pierre. Ouvrier et empereur, les deux bouts de cette échelle se valent en solidité, et il est impossible de réunir plus de noblesse à plus de grandeur. Pierre le Grand, c'est l'Émile de Rousseau idéalisé d'avance.

Je compris, en retrouvant l'inconnu à la porte et lui voyant un air embarrassé, qu'il obligeait *ses amis* à la manière de M. Jourdain; mais il s'y était pris spirituellement. J'offris de lui prêter un florin, qu'il accepta sans difficulté.

« Maintenant, monsieur, voulez-vous venir voir Broëk? Cela ne coûte que quatre florins. — C'est trop. — Deux florins, et j'y perds. — Je n'y tiens pas. — Alors, monsieur, ce sera un florin... Je fais ce sacrifice à l'amitié. » En effet, ce n'était pas cher; il fallait une voiture pour franchir les deux lieues. On sait déjà par Gozlan que Broëk est un village dont tous les habitants sont immensément riches. Le plus pauvre, n'étant que millionnaire, a accepté les fonctions de gardien des portes et de garde champêtre à ses moments perdus. La vérité est que les paysans de ce village sont des commerçants et des armateurs retirés, chez lesquels sont venues s'amasser pendant plusieurs générations les richesses des Indes et de la Malaisie. Ces nababs vivent de morue et de pommes de terre au milieu du rire éternel des potiches et des magots. Chaque maison est un musée splendide de porcelaines, de bronzes et de tableaux. Il y a toujours une grande porte, qui ne s'ouvre que pour la naissance, le mariage ou la mort. On entre par une porte plus petite. L'aspect du village offre un carnaval de maisons peintes, de jardinets fleuris et d'arbustes taillés en forme d'animaux. C'est là que l'on rabote, par un sentiment exquis de propreté, les troncs des arbres, qui sont ensuite peints et vernis. Ces détails sont connus; mais il y a quelque exagération dans ce qu'ont dit certains touristes, que les rues sont frottées comme des parquets. — Le pavé se compose simplement de tuiles vernies, sur lesquelles on répand du sable blanc, dont la disposition forme des dessins. Les voitures n'y passent pas et doivent faire le tour du village. Ce n'est que dans le faubourg que l'on peut rencontrer des auberges, des marchands et des cafés. Les femmes ont conservé, comme à Saardam, les cos-

tumes pittoresques de la Nord-Hollande. Les couronnes d'orfè-
vrerie, souvent incrustées de pierres fines, les dentelles somp-
tueuses et les robes mi-parties de rouge et de noir sont les
mêmes qu'à l'époque où une reine d'Angleterre se plaignait
d'être éclipsée par les splendeurs d'une cuisinière ou d'une fille
de ferme. Il y a au fond beaucoup de clinquant dans tout cela;
mais l'aspect n'en est pas moins éblouissant.

Il ne faut pas mépriser Saardam, où nous rentrons après cette
excursion rapide. — J'ai demandé à voir le bourgmestre, et je
m'attendais à voir surgir tout à coup l'ombre de Potier. Le
bourgmestre était absent, heureusement pour lui et pour moi.
— La mairie était située dans une grande rue où l'esprit français a encore pénétré : ce sont deux lignes de magasins splendides, qu'on ne s'attendrait pas à rencontrer auprès d'un vaste
canal qui suit parallèlement les jardins situés derrière. Les
plates-bandes de tulipes égayent toujours les carrés de verdure
découpés par des ruisseaux d'eau verte qui s'argentent ou se
dorent aux derniers reflets du soleil couchant. C'est le printemps encore, tandis que Paris doit être en proie à l'été. Les
maisons, peintes de toutes les nuances possibles du vert,
depuis le vert-pomme jusqu'au vert-bouteille, *se doublent* dans
ces eaux paisibles, comme le château du Gascon, qui s'imagine
alors qu'il en possède deux.

Le port de Saardam n'est pas non plus à dédaigner... Déjà
la cloche nous appelle, et nous n'avons que le temps d'admirer
la sérénité de ces rivages et de ces eaux, où dorment les lourds
bateaux à voiles qui, de temps en temps, se réveillent pour faire
le grand voyage des Indes.

V — HET REMBRANTS FEEST

O Érasme ! — dont je porte humblement le nom traduit du
grec, — inspire-moi les termes choisis et nécessaires pour
rendre l'impression que m'a causée Amsterdam au retour. Les
lumières étincelaient comme les étoiles dorées dont parlent les

ballades allemandes. Toi qui as fait l'éloge de la folie, tu comprendras le ravissement que j'ai éprouvé en voyant toute la ville en fête à la veille de l'érection officielle de la statue de Rembrandt. Le gouvernement n'accordait qu'un jour, mais le peuple en voulait au moins trois. On se réjouissait d'avance dans les *gastoffs* et dans les *musicos*. J'ai trouvé à la porte d'un de ces derniers une femme qui représentait très-sincèrement l'image de la Folie dont Holbein a orné tes pages savantes. C'était encore, si l'on veut, « Calliope longue et pure, » charmant de ses accords la foule assemblée dans un carrefour. Son violon, poudré au milieu par la colophane, exécutait des airs anciens d'un mauvais goût sublime. En me voyant, cette femme eut l'intuition de ma nationalité, et joua aussitôt *la Marseillaise*. La foule sympathique répétait le chœur en langue flamande. Il est naturel, du reste, qu'on accueille bien les étrangers qui viennent assister à une fête artistique.

Le lendemain, toutes les maisons étaient pavoisées, ainsi que les vaisseaux du port; le canon retentissait pour marquer les pas du temps, — si précieux ce jour-là ! — et les guirlandes de fleurs et de ramées s'étendaient le long de la grande rue jusqu'au *Marktplein*.

Il ne faut pas trop s'étonner de voir Rembrandt logé sur le Marché-au-Beurre, puisque nous n'avons pu obtenir pour Molière, à Paris, qu'une encoignure entre deux rues, servant de fontaine, et livrée aux porteurs d'eau de l'Auvergne, qui me rappellent cette belle phrase de M. Villemain dans *Lascaris* : « Les Arabes attachaient leurs chevaux à ces colonnes romaines, qu'ils ne regardaient pas ! »

Toute la population d'Amsterdam était sur la place du Marché lorsque la statue apparut dépouillée des voiles qui la couvraient depuis le 17 mai, époque de son installation. — On entendit sur la place un *huzza* colossal, que couvrit bientôt l'exécution à grand orchestre du chant national : *Wien Neerlands bloed in d'aderen Vloeit* [1].... Il était midi et demi, le roi

---

1. C'est le sang de la Néerlande qui coule dans nos veines, etc.

venait de paraître dans sa loge en costume d'officier de marine. Ce souverain a fort bonne mine sous l'uniforme, et se trouve parfaitement rendu dans un portrait de M. Pieneman, le célèbre peintre historique qui est à la tête aujourd'hui de l'école hollandaise. — Les honneurs de la fête étaient rendus au roi par les membres de la société *Arti et Amicitiæ*, qui avaient eu l'initiative de cette inauguration. Dans les Pays-Bas, où l'écorce monarchique couvre toujours un ancien fruit républicain, le gouvernement n'apparaît qu'à titre honoraire dans les fêtes de l'art, de la littérature ou de l'industrie. Le roi souscrit comme les autres, en raison de ses moyens.

La statue de Rembrandt n'a rien de la crânerie de celle de Rubens à Anvers. Je ne sais pourquoi les grands hommes de Hollande sont toujours représentés la tête penchée et méditant sur leurs œuvres. Érasme a le nez dans son livre ; Laurent Coster, à Haarlem, songe à tailler des lettres de bois ; Rembrandt médite un chef-d'œuvre en croisant sur son ventre ses mains, dont l'une ramène un des coins de son manteau. Son costume de troubadour est varié d'une trousse dans le goût du xviiᵉ siècle et de souliers à bouffettes qu'on a pu porter, en effet, vers ce temps-là. — Sur le piédestal, on remarque les lettres R. V. R., Rembrandt van Rhyn, et l'on peut lire encore cette devise : *Hulde van het nageschlacht* (hommage de la postérité). Le statuaire s'appelle Royer, le même qui a modelé la statue de Ruyter.

Trois noms, Ruyter, Vondel et Rembrandt, brillaient partout en or sur les bannières. On m'a traduit les discours prononcés par les autorités. M. Scheltema, savant archiviste, s'est occupé beaucoup de rassembler des documents sur la vie de Rembrandt. Il a rappelé avec bonheur le souvenir d'une fête où, il y a juste deux siècles, le vieux Vondel fut couronné de lauriers par les associations de peintres et de sculpteurs. L'orateur a cherché ensuite à venger le grand artiste de diverses inculpations, qui réellement font du tort à notre pays, dans je ne sais quel article de la biographie Michaud. — Le discours du savant semblait calqué, à l'inverse, sur les arguments de l'inconnu qui a écrit cet article, dont nous ne savons même si nous devons être responsables. « On a accusé Rembrandt, a dit M. Scheltema, d'être avare et *crapuleux (schraapzugtig)*. » M. Scheltema a peut-être un peu trop vengé Rembrandt du reproche d'avoir fréquenté le bas peuple. Nous possédons à la Bibliothèque nationale une collection de gravures qu'il eût été difficile à l'artiste de réaliser sans se mêler un peu à la basse société. Le beau monde était très-beau sans doute du temps de Rembrandt, mais les gens en guenilles n'étaient pas à dédaigner pour un peintre. Ne cherchons pas à faire, des poëtes et des artistes, des *gentlemen* accomplis et méticuleux. La main qui tient la plume ou le pinceau ne s'accommode des gants paille que quand il le faut absolument, pour toucher parfois d'autres mains ornées de gants paille, — et des esprits de la force de Rembrandt sont ceux qui, comme les dieux, épurent l'air où ils ont passé.

On s'attendait à revoir le roi au grand bal que donnait la société *Arti et Amicitiæ*. Il avait fort bien répondu à une allusion imprudente d'un discours municipal touchant le monument de Waterloo. « Ceci, a-t-il répliqué, *n'est pas un monument sanglant.* » Mais le souverain, un peu fatigué de la journée, avait laissé pour le représenter au bal le prince Henri, qui a seul été salué du chant : *Leve het Waderland !... hoezee !*

En consultant mes souvenirs de cette journée du 27 mai, je suis encore frappé de l'aspect de toute cette ville en fête, des maisons pavoisées et des fenêtres ornées de guirlandes, du sol jonché de fleurs, et de ces milliers de bannières flottant au vent ou portées en pompe par les sociétés et les corporations. Le soir, tout était illuminé, et les rues qui conduisent du marché au musée étaient particulièrement sablées et parées de verdure. Les tableaux du prince de la peinture hollandaise étaient éclairés *a giorno*, et *la Ronde nocturne* surtout était encore admirée avec délices : il aurait fallu peut-être faire venir de la Haye *la Leçon d'anatomie*. Mais le parc, véritable centre de cette solennité, nous gardait d'autres merveilles et d'autres hommages rendus à Rembrandt. Pourquoi faut-il que le grand artiste n'ait été si unanimement fêté qu'après deux cents ans dans la ville où il a passé presque toute sa vie? Ne pouvant attaquer son talent, on l'a traité d'avare : on a raconté que ses élèves peignaient, sur des fragments de cartes découpées, des ducats et des florins qu'ils semaient dans son atelier, afin qu'il les fît rire en les ramassant. Ce qui est vrai, c'est que Rembrandt le réaliste employait toutes ses économies à acquérir des armes, des costumes et des curiosités qui lui servaient pour ses tableaux. Ne lui a-t-on pas reproché d'avoir épousé une paysanne et d'avoir feint d'être mort pour profiter de la plus value d'une vente après décès? La biographie fondée sur des preuves nouvelles que va publier dans trois mois M. Scheltema rétablira sans doute la vérité des faits. — Il s'est rencontré même un critique qui appréciait le talent d'après une échelle arithmétique, et qui, supposant le nombre 20 comme *étalon* général, accordait à Rembrandt 15 comme composition, 6 comme dessin, 17 comme coloris et 12 comme expression? Ce mathématicien s'appelait de Piles.

Le parc, illuminé de deux mille becs de gaz, a bien vengé l'artiste de ces obscurs blasphémateurs. Au delà des allées d'arbres précieux et des parterres bariolés des dernières bandes de tulipes, on entrait dans une vaste salle dont les peintures latérales avaient été exécutées par les peintres actuels de l'école hollandaise ; Gérard Dow, Flinck et Eeckout, les élèves de Rembrandt avaient leur part de cette glorification. J'ai remarqué les compositions de MM. Pieneman, van Hove père et fils, Rochussen, Peduzzi, Israëls, Bosboom, Schwartze, von de Laar, Calisch, etc. Chaque panneau offrait une scène de la vie artistique du maître, et j'ai trouvé très-ingénieuse l'idée de le représenter peignant ses principaux tableaux. Notamment pour *la Ronde de nuit*, on voyait le peintre dans son atelier, entouré de ses modèles en costume : les deux fiers compagnons vêtus à la mode espagnole, la jeune bohémienne en robe de soie

jaune avec le gibier pendu à sa ceinture, et jusqu'au petit chien
qui attend son tour pour poser. — Le *Tobie* de notre musée
a aussi sa place dans ces décorations. Il serait trop long de tout
décrire. Et, d'ailleurs, l'attente générale a été détournée bientôt
par une ouverture à grand orchestre, suivie d'une représentation allégorique dans le goût flamand, qui avait lieu sur une
sorte de théâtre dressé pour la circonstance. Les chambres de
rhétorique et de poésie fleurissent toujours dans ce pays, et
gardent éternellement les traditions du moyen âge. Nous avons
donc vu une scène où les dieux sont mêlés, et qui symbolisait
cette pensée que la poésie, la philosophie et les arts devaient
s'unir pour fêter le grand homme. Dame Rhétorique, dame
Philosophie et dame Sapience n'auraient pas mieux parlé au
xiv⁻ siècle que ne l'ont fait les acteurs de cette *moralité*
déclamant les vers de M. van Lennep. Les dieux peints et
sculptés de la salle accueillaient ainsi cette composition mythologique d'un sourire bienveillant. — Ensuite a commencé le
bal, et une valse échevelée, où brillaient les blanches épaules
et les diamants séculaires des dames de Hollande, a couronné
la fête, qui avait commencé par la distribution des lots d'une
tombola artistique à laquelle tous les peintres du pays s'étaient
intéressés par des offrandes. Cette loterie a produit plus de
vingt mille florins.

Le palais était magnifiquement pavoisé. On m'avait permis
de le visiter avant l'arrivée du roi. Le palais d'Amsterdam est
digne de remplacer une des sept merveilles du monde dispa-
rues. Il est bâti sur onze mille pilotis, formés des plus grands
mâts de vaisseaux. La salle de bal est la plus grande et la plus
belle de l'Europe, plus grande peut-être que la salle de la
Bourse de Paris. Toute la partie supérieure est revêtue de
sculptures admirables en marbre blanc. Huit salles également
pleines de chefs-d'œuvre entourent cet immense local, et y
correspondent de plain-pied. Tous les itinéraires donnent les
dimensions et énumèrent les ornements de cette agrégation
d'intérieurs superbes. On admire aussi au même étage les appar-

tements royaux décorés encore comme au temps de Louis
Bonaparte, — dans le style de l'Empire, — et que le roi Guillaume fait aujourd'hui restaurer. Du haut de cet édifice, on
embrasse parfaitement la vue d'Amsterdam découpée en hémi-
cycle, et l'on compte les bandes d'argent des canaux qui vont
se rétrécissant jusqu'au bord. L'Amstel se perd au loin dans
les campagnes. Le Rhin aboutit à la mer en traversant les
dunes couvertes de moulins qui avoisinent Leyde aux tours
rougeâtres. C'est là qu'est né Rembrandt van Rhyn, — Rembrandt du Rhin.

NOTE

Lorsqu'on recueille après tant d'autres quelques impressions éparses, le long de ce vieux Rhin, qui s'en va finir dans la patrie de Rembrandt, on ne peut avoir la prétention soit de dire quelque chose de nouveau, soit de donner un fidèle itinéraire; il y a des livres pour cela. Dans cette vue prise à vol d'oiseau des aspects et des mœurs, on risque aussi de choquer certaines susceptibilités locales. C'est ce qu'indiquent quelques lettres de personnes honorables d'Amsterdam, reçues à la *Revue des Deux Mondes*, où ont paru pour la première fois *les Fêtes de Hollande*, et qui reprochent à l'auteur de n'avoir pas écrit un article sérieux sur Rembrandt, d'avoir traité légèrement les *chambres de rhétorique* et les concours de poésie, et d'avoir parlé d'un Érasme mécanique qui existerait à Dordrecht. C'est, dit-on, « un *cancan* des gamins de Rotterdam. » Cela prouverait que la statue a pu exister autrefois. L'auteur n'a pas dit qu'il l'eût vue. Il a rapporté ce *cancan*, ainsi que celui du bois de la Haye planté sur pilotis, dont l'ancienne tradition n'a rien d'extraordinaire en raison du peu de stabilité des terrains.

Ensuite, il est impossible d'écrire un article *sérieux* sur Rembrandt, puisque l'on prétend, à Amsterdam, que les nouveaux documents recueillis, et non encore communiqués à l'Europe, démontreront les erreurs grossières contenues dans les biographies que nous possédons. Il faut attendre.

Le public sérieux du pays ne s'est certainement pas préoccupé de ces questions de détail, et reconnaîtra sans doute que la légèreté française, si inquiétante quelquefois pour les étrangers, se trouve tempérée ici par des éloges bien sincères, qui doivent être appréciés dans la patrie de Vondel, d'Érasme et de Jean Second.

TABLE

LES NUITS DU RAMAZAN

I — STAMBOUL ET PÉRA

II — THÉÂTRES ET FÊTES

III — LES CONTEURS

IV — LE BAIRAM

APPENDICE

DE PARIS A CYTHERE

(1840)

LORELY

SOUVENIRS D'ALLEMAGNE

I — DU RHIN AU MEIN

(1838-1840)

II — SOUVENIRS DE THURINGE

(1850)

III — LES FÊTES DE HOLLANDE

(1852)

FIN DE LA TABLE

Imprimerie générale de Ch. Lahure, rue de Fleurus, 9, à Paris.

www.ingramcontent.com/pod-product-compliance
Lightning Source LLC
Chambersburg PA
CBHW070348030726
47504CB00001B/103